蒲魯塔克札記 IV

Moralia *by* Plutarch

蒲魯塔克◎著

席代岳◎譯

目　次

第一冊

譯　序 ………………………………………………………… v

第 一 章　子女的教育 ………………………………………… 1
第 二 章　年輕人何以應該學詩 ……………………………… 23
第 三 章　論課堂的聽講 ……………………………………… 87
第 四 章　如何從友人當中分辨阿諛之徒 ………………… 105
第 五 章　人之如何自覺於德行的精進 …………………… 159
第 六 章　如何從政敵那裡獲得好處 ……………………… 181
第 七 章　論知交滿天下 …………………………………… 197
第 八 章　機遇 ……………………………………………… 207
第 九 章　善與惡 …………………………………………… 213
第 十 章　致阿波羅紐斯的弔慰信 ………………………… 217
第十一章　養生之道 ………………………………………… 259
第十二章　對新婚夫妻的勸告 ……………………………… 285
第十三章　七位哲人的午宴 ………………………………… 303
第十四章　迷信 ……………………………………………… 339
第十五章　國王和將領的嘉言警語 ………………………… 355
第十六章　羅馬人的格言 …………………………………… 423
第十七章　斯巴達人的格言 ………………………………… 459
第十八章　斯巴達的古代習慣 ……………………………… 535
第十九章　斯巴達婦女的嘉言懿行 ………………………… 545
第二十章　勇敢的婦女 ……………………………………… 553

第二冊

第二十一章　羅馬掌故 …… 589
第二十二章　希臘掌故 …… 651
第二十三章　希臘和羅馬類似的故事 …… 679
第二十四章　論命運女神庇護羅馬人 …… 703
第二十五章　論亞歷山大的命運和德行 …… 723
第二十六章　雅典人在戰爭抑或在智慧方面更爲有名？ …… 765
第二十七章　埃及的神：艾希斯和奧塞里斯 …… 779
第二十八章　德爾斐的E字母 …… 839
第二十九章　德爾斐的神讖不再使用韻文的格式 …… 859
第 三 十 章　神讖的式微 …… 889
第三十一章　德行是否能學而致之？ …… 939
第三十二章　論倫理的德行 …… 943
第三十三章　論控制憤怒 …… 967
第三十四章　論寧靜的心靈 …… 993
第三十五章　手足之情 …… 1021
第三十六章　論子女之愛 …… 1049
第三十七章　惡習是否足以引起不幸 …… 1059
第三十八章　靈性之愛是否較肉體之愛更有價值 …… 1065
第三十九章　言多必失 …… 1069
第 四 十 章　論做一個多管閒事的人 …… 1095
第四十一章　論愛財 …… 1111
第四十二章　論羞怯 …… 1121
第四十三章　論嫉妒與憎恨 …… 1137
第四十四章　論不會得罪人的自誇 …… 1143

第三冊

第四十五章　論天網恢恢之遲延 …… 1163
第四十六章　論命運 …… 1201

第四十七章　論蘇格拉底的保護神及其徵兆 …… 1217
第四十八章　論放逐 …… 1259
第四十九章　安慰拙荊 …… 1281
第 五 十 章　愛的對話 …… 1289
第五十一章　愛的故事 …… 1339
第五十二章　哲學家應與掌權者多多交談 …… 1347
第五十三章　致未受教育的統治者 …… 1355
第五十四章　花甲老人是否應該忙於公事 …… 1363
第五十五章　爲政之道的原則和教訓 …… 1391
第五十六章　論君主政體、民主政體、和寡頭政體 …… 1441
第五十七章　何以吾人不應借貸 …… 1445
第五十八章　十位演說家的傳記 …… 1455
第五十九章　亞里斯托法尼斯和米南德的綜合評比 …… 1495
第 六 十 章　論希羅多德的《歷史》是充滿惡意的著述 …… 1499
第六十一章　自然現象的成因 …… 1539
第六十二章　論月球的表面 …… 1563
第六十三章　論寒冷的原則 …… 1605
第六十四章　火或水是否能夠發揮更大效用 …… 1623
第六十五章　陸生或海生動物是否能更爲靈巧 …… 1629
第六十六章　野獸都有理性 …… 1675
第六十七章　論肉食者鄙 …… 1689
第六十八章　柏拉圖學派的論題 …… 1701
第六十九章　論柏拉圖《泰密烏斯篇》有關「靈魂的出生」 …… 1723
第 七 十 章　「論柏拉圖《泰密烏斯篇》有關『靈魂的出生』」的概述 …… 1755

第四冊

第七十一章　論斯多噶學派的自相矛盾 …… 1759
第七十二章　斯多噶學派的言論較之詩人更爲荒誕悖理 …… 1797
第七十三章　對斯多噶學派一般概念的駁斥 …… 1801
第七十四章　伊庇鳩魯不可能過歡樂的生活 …… 1845
第七十五章　答覆科洛底：爲其他哲學家提出辯護 …… 1887

第七十六章　「隱士生活」難道是明智的選擇？ ······ 1925
第七十七章　會飲篇：清談之樂 ······ 1931
第七十八章　論音樂 ······ 2181

附錄

蒲魯塔克作品目錄 ······ 2209
英漢譯名對照 ······ 2229
漢英譯名對照 ······ 2281

第七十一章

論斯多噶學派的自相矛盾

1 我開宗明義提出的主張[1]，就是一個人的生活方式要與他的信念完全一致，特別是哲學家的言行更要符合他的理論[2]，如同伊司契尼斯(Aeschines)[3] 所說，演說家的談話總離不開法律的範疇。這種道理非常明顯，哲學家的學說對自己而言就是法律，只是出於個人的選擇而已，至少他們對於所相信的哲理，不能看成表達語文才智的遊戲，認爲它的目的只是爲了獲得讚譽，否則怎麼值得花費心血去努力學習。

2 我們得知有關政治、統治和被統治階層以及審判和上訴的案件，季諾(Zeno)因爲文字簡潔著作不多[4]，克利底斯(Cleanthes)寫了不少，克里西帕斯(Chrysippus)留下大量資料。然而在他們一生的經歷當中，沒有投身軍事、政治、立法、司法、外交的工作，更沒有執干戈以衛社稷[5]，只是身處異國過著閒暇的生活[6]，享有高壽，卻將一生的時間用在學院的講課、寫作和散步上面。因此，可以明顯看出，他們保持不變的態度，不願自己有任何建樹，要生活在別人的著作和講授之中，因爲他們要過平靜無爲的日子，只有如此，才會受到

---

1 斯多噶學派的成員始終強調思想系統的連續性和一貫性；參閱戴奥吉尼斯·利久斯《知名哲學家略傳》第7卷40節，西塞羅《論目的》第3卷78節。

2 參閱柏拉圖《拉奇斯篇》188C-E。斯多噶哲學家季諾死後接受城邦的頌揚，特別推崇他的言行合一，堪為所有市民的表率；參閱戴奥吉尼斯·利久斯《知名哲學家略傳》第8卷10-11節。

3 伊司契尼斯的演說〈控訴帖西奉〉16節。

4 希臘主要哲學家有三位名叫季諾，本節所指是生於西蒂姆的大師，有關他為學立言事蹟可以參閱戴奥吉尼斯·利久斯《知名哲學家略傳》第7卷18節，以及西塞羅《論神的本質》第2卷20節；克里西帕斯在對比之下顯得冗長囉唆。

5 參閱本書第75章〈答覆科洛底：為其他哲學家提出辯護〉32-33節；同樣的言辭用來指控伊庇鳩魯，當然不會提及市民的消極行為，認為與他們信奉的原則發生牴觸。

6 如同荷馬《奥德賽》第9卷94-97行提到的忘憂草，只要嘗過以後始終記得其甜美的滋味。

伊庇鳩魯和海羅尼穆斯的讚譽。

克里西帕斯至少在他的著作《我的人生觀》(*The Ways of Living*)第四卷，提到身爲學者的一生就是過著快樂的生活，我一字不漏引用他的話：「大家都有一種認知，以爲哲學家從開始就特別適合過著學者的生活，我卻把它看成極大的錯誤。我們認爲這些人所以如此，好像在於一種積極的人生觀，或者要進一步達成某種企圖；事實上根據他們的解釋，只是生活得更加清閒和容易而已。他們對這方面的意見不會加以隱瞞，很多人公開承認，當然保持低調的人也不在少數。」[7]

還有誰比克里西帕斯、克利底斯、戴奧吉尼斯(Diogenes)、季諾和安蒂佩特(Antipater)過的學者生活更爲長久？他們放棄自己的國家[8]，不是因爲發生喪亂和憂患，而是爲了要在音樂廳和佐斯特(Zoster)，度過講學和清談的悠閒歲月。亞里斯托克里昂(Aristocreon)是克里西帕斯的門生和親戚，他爲亡故的老師樹立一座青銅雕像，基座上面刻著推崇的對句：

> 哲人的睿智解除門徒的疑惑，
> 處理難題有如秋葉遇風而落。

克里西帕斯是位齒德皆尊的哲學家，曾經頌揚君王和政治家的叱咤風雲，自認學者生涯充滿歡樂。

3 很多人踏入政壇以後，無論是擔任行政和司法的職位，從事政務和立法的工作，參與懲處和獎勵的會議，發現他們的作爲竟然與自己的人生觀，形成矛盾和尖銳的對立；他們暗示城邦的事務，即使充當參議還是法官，一切都要靠抽籤決定；從而得知經由選舉產生的將領，還有制定法律的克萊昔尼斯、萊克格斯和梭倫，雖然他們立下蓋世功勳，仍舊被大家稱爲壞蛋和傻瓜[9]。因爲他們只要參與政治的事務，很多地方必須言行不一和反覆無常。

---

7 阿尼姆《古代斯多噶學派殘卷》第3卷No.702。克里西帕斯《我的人生觀》與伊庇鳩魯的一本作品同名，看來他就是要引起一場論戰。

8 參閱本書第48章〈論放逐〉14節，這裡提到的季諾來自西蒂姆，克利底斯來自亞索斯，克里西帕斯來自索利。巴比倫的戴奧吉尼斯跟隨克里西帕斯學習，後來又有塔蘇斯的季諾，這兩位都成為學院派的領導人物，他們的接班人是塔蘇斯的安蒂佩特；看來這些學者都是遠道而來的異邦人士。

9 參閱阿尼姆《古代斯多噶學派殘卷》第3卷No.324、327和599；以及西塞羅《論義務》第3卷16節。

4 安蒂佩特在他的著作當中，特別提到克利底斯與克里西帕斯的爲人處世，從理想和實際相比眞是大相逕庭，因爲季諾和克利底斯都不願成爲雅典市民，免得傷害到自己國家的感情。如果他們能夠堅持原則，那麼克里西帕斯的歸化就有值得商榷的餘地；這些事還是不提也罷。不過，等到他們本人和整個生涯遠離家園，僅僅爲了城邦的名聲保留自己的姓氏，看起來實在是過分的矯情和矛盾。這樣做豈不是很像某個人離開元配，與另外的婦人同床共枕，讓她爲自己生下子女，這時還不願與後者結婚，在於免得做出對不起前妻的事。

5 還有就是克里西帕斯在他的〈論修辭〉(On Rhetoric)這篇隨筆當中，提到一位智者公開發表演說或是參加政治活動，如同他經過一番考量，認爲財富、名聲和健康都是值得追求的目標，等於承認斯多噶學派的理論不能解決問題，只會引起社會的不安，同時他們的學說陳義過高，完全缺乏實用的效果。

6 再者，季諾的教條提到不要給神明建廟宇，說它沒有多大價值也不能算是神聖的地點，這一類的工作對於木匠和泥水工都沒有什麼好處。斯多噶學派的人士經過糾正，對於這件事倒是讚譽備至，他們要到神廟參加神秘的祭典，登上衛城向雅典娜的雕像致敬，將花圈放在神龕的祭壇上面，雖然這些東西都是由工匠的手裡製造出來。然而他們認爲伊庇鳩魯學派人士向神明獻祭[10]，卻又駁斥祂有能力干預世間的事務，豈不是如同他們在祭壇和神廟進行膜拜，還要抱殘守缺否定宗教的存在和廟宇的建造。

7 季諾也像柏拉圖承認某幾種德行的多重性質[11]：就是審愼、勇敢、節制、正義，相互之間密不可分卻又各具特色；從另一方面來看，彼此可以相互用來定義它的範圍，因此他說勇氣是對需要忍耐的事物能夠審愼，節制是對需要選擇的事物能夠審愼，審愼則是針對需要執行的事物而言，公正則是對需要分配的事物能夠審愼；暗示德行的存在具備單一的性質，還是可以明顯看出，運用的時候會與它的目標產生形形色色的關係。

不僅季諾對於這些項目會產生矛盾，克里西帕斯亦復如此，因爲後者責備亞

---

10 有關伊庇鳩魯參加傳統的地區宗教儀式，在於指控他的行為不僅自我矛盾還帶有偽善的意味；參閱烏西尼爾《伊庇鳩魯學派殘卷》No.13、169和386-387。

11 參閱柏拉圖《國家篇》第4章427E-435B，以及《法律篇》963C-964B。

里斯頓斷言德行的守恆，所以會有名目眾多只是針對不同的狀況，同時又爲季諾辯護每種德行是用類似的方式定出它的意義。克利底斯在他的著作《物理學評注》(*Physical Treatises*)中提到，精力來自火的衝擊，以及靈魂對於完成應盡的義務變得極其勝任，可以稱之爲實力或能量，接著還表示很多意見：「每個人具備的實力和能量，與堅持有關就是剛毅，與忍耐有關是勇氣，與報酬有關是公正，與選擇和避免有關是節制。」

8 有人反對克利底斯的論點，就說

> 你沒聽兩造的話就不能判決，[12]

季諾站在駁斥的立場，提出下面的辯辭：「如果第一位發言者已經證明他所說的話，第二位發言者就不必放在心上，因爲問題已經結束；或者他沒有提出證明也沒有關係。無論他證明所說的話或沒有證明，第二位發言者根本無須理會。」在他提出這種辨證的方式以後，他繼續寫成雙刃論法用來反對柏拉圖的對話錄《國家篇》，以及駁斥詭辯術，同時吩咐他的門生研究邏輯，認爲這是有用的工具，可以發揮同樣的成效。無論柏拉圖在《國家篇》提出或沒有提出證明，季諾使用的兩種方法不僅無效且根本沒有需要，即使對於詭辯術也不能達成他的目標。

9 克里西帕斯認爲年輕學生的課目安排，首先是邏輯學，其次是倫理學，接著是物理學，最後才用神學結束求知的過程。他曾經多次提到這件事，《我的人生觀》第四卷有詳盡的說明，特別不厭其煩引用如下：「首先，應該與古人正確的陳述保持完全一致，論及哲學家沉思的範圍不外乎三種，就是邏輯學、倫理學和物理學[13]。當然要將邏輯學放在首位，第二是倫理學，第三是物理學；至於神學與物理學的臆測有關，應該列在最後[14]。所以這種知識的傳授過程

12 這是託名為福西利德的偽作，參閱貝爾克《希臘抒情詩集》第2卷93頁。

13 古代的學者通常將哲學思想區分為三種主要內涵，歸於柏拉圖的首創，參閱西塞羅《學院思想》第1卷19節、阿蒲列烏斯《論柏拉圖學派》第1卷3節，以及戴奧吉尼斯·利久斯《知名哲學家略傳》第3卷56節。

14 克里西帕斯和季諾的課程次序是邏輯學、物理學和倫理學；參閱戴奧吉尼斯·利久斯《知名哲學家略傳》第7卷39-40節。

才會稱之爲『堅信和確認』。」

他說有關神學的問題留在最後，習慣上將倫理學放在前面當作研究的起點，可以明顯得知他並沒有談起這方面的事情，像是人生的目標、正義的行爲、爲善與去惡、婚姻與子女的教育、法律與人民的福祉，除了作爲提案者要在城邦敕令的前面，冠上「命運女神」的稱呼，還將宙斯、氣數、天意和宇宙的狀況列舉其上，要在單獨的權力之下聚集起來，成爲唯一和有限的存在；一個人要是沒有深入探討自然哲學的理論，不可能受到說服就會相信這些說辭。

可以聽一聽他在第三卷對神抱持何種說法：「除了從天神宙斯以及宇宙的本質，不可能發現正義來自其他的肇始和源頭，我們只要談論到善與惡的問題，即使追根究柢還是出於同樣的開端。」他還在〈物理學的命題〉(Physical Propositions)中提到：「沒有比遵從『自然之道』和宇宙的運行更爲適切的方式，接近善與惡的原則、德行或幸福。」還進一步說明：「善與惡的原則必定會與『自然之道』密不可分，因爲兩者沒有更好的起源或建立更佳的關係，物理學的沉思不能產生別的作用，卻有助於分辨善與惡之間的差異。」

然而，根據克里西帕斯的意見，物理學的理論是產生在倫理學的「直前或直後」[15]，或者可以這樣說，要是將物理學放在倫理學的後面，安排的變動會讓人感到手足無措，因爲沒有物理學的理論，所有的部分都無法確實掌握；這種矛盾的現象經常在學者身上見到，他們斷言物理學是有關善與惡之類的問題，最早可以運用的原則，教導大家按照次序，問題不能放在原則的前面而是跟在後面。

克里西帕斯在〈論演說的用途〉(The Use of Ciscourse)的隨筆當中，提到一個人要把邏輯學當成第一個課目，等於不會放棄其他所有的學門，可以提供良好的機會能夠更上層樓。如果任何人談起這個問題，承認他的主張雖然非常正確，卻可以用來證實對他的指控，因爲克里西帕斯將神學放在最後用來結束整個課程，看來是違背自己的理念，從它將這樣的程序稱爲「堅信和確信」可以證明所言不虛。還有人提到神學應該與邏輯學同時進行，算是最早的課目；事實上這種安排沒有任何意義，就所有的論點來看只能算是以偏概全。要是進一步的考量，就善與惡的原則來說可以將神學當成起點，這樣就會與倫理學的研究，收到齊頭並進和相得益彰的效果。

15　荷馬《伊利亞德》第1卷343行，原文有「瞻前顧後」或「承先啟後」之意。

10 要是一個問題引起雙方的爭執，克里西帕斯說他並不反對有這種狀況的出現，但是他勸我們要特別小心，就像在法庭一樣，不是只把訟案提出來就算數，而是想出辦法擊敗對造能言善道的本事。他說道：「這種做法就某些人而言是一種應盡的責任，讓他們對所有的事務不要急著做出判斷，這樣對他們達成所望的目標大有助益；從另一個角度來看，有義務灌輸他們需要的知識；因此我們要保持一貫的生活方式，按照原則去教導他們的學生，從開始到結束不斷加強他們的信心，摧毀對手所提似是而非的論點。如同我們在法院所堅持的姿態，只要有機會就會提出辯駁，非要讓訴訟獲得勝利不可。」

他對這方面說了很多；要人相信有如哲學家會做出反面陳述，如果他同樣有這種需要豈不是令人感到無法思議，就像律師為當事人進行的訟案，運用手段追求打贏官司而不是完全訴諸公平正義，在其他的著作當中也有諸如此類的描述[16]；他對於內容相反的論點還是說了不少，很多地方可以證明他充滿活力和熱誠以及競爭的精神，還可以覺察到一點，就是他的見解並非任何人都能擁有。的確如此，斯多噶學派的人士用這種方式，讚譽一個人的精明能幹，他們認為喀尼德(Carneades)從來自己沒有主張，總是抓住克里西帕斯對某個論點的反對意見，拿來廣為宣揚，然後厲聲疾呼：

> 力大無窮會讓自己喪失性命。[17]

有些人不僅懷疑還討厭克里西帕斯的學說，看來他像是提供最有用的武器，好讓他們對他發起攻擊。因為他的寫作主要反對傳統的習俗和經驗，這是大家感到驕傲和光榮的地方，就是將所有學院派人士主張的論點集中在一個人身上，也沒有資格與克里西帕斯不相信表象的寫作方式進行較量。對於講這種話的人而言，成為無知和自負的明顯證據，後來他想站在習俗和感覺一邊，所以第二本書沒有第一本那樣堅持立場，軟弱的態度讓他難以達到預定的成就。他的內心感到不斷的衝突：經常對於對手的意見明確表示不會贊同，同時還要指出他們的過錯，還是不願負起訴訟的責任，然而他對於自己所堅持的原則，作為一個指控者

---

16 像是蒲魯塔克列入蘭普瑞阿斯《目錄》的兩部作品，第45號《論問題正反兩面的辯駁》(*On Arguing Both Sides of a Question*)共五卷和第156號《作為倡導者的行動應否及於整體？》(*Should One Acts as Advocate for Any and All ?*)，都已佚失，沒有留傳下來。

17 荷馬《伊利亞德》第6卷407行，這是赫克托的妻子安德羅瑪琪對他說的話，勸他不要恃勇而鬥。

比做一個辯護人更爲精明，規勸其他人要提防對手提出的意見，可以作爲質疑他們喪失信心的理由，就會更加勤勉的羅致證據，不讓他們了解整個案情，比起確認他們已經陷入困境，會對我們的打贏官司愈爲有利。

他直截了當表示自己對這方面感到害怕，所以在《我的人生觀》第二卷才有這樣的文字：「我們不要很衝動或很草率，就向對手提出相反的意見和似是而非的論點，應該非常小心謹慎，免得聽眾受到他們的吸引不再追究整個案情，不是沒有能理解提出的解答，而是他們的信心是如此薄弱，使得他們的認知變得很容易動搖。甚至那些按照習慣行事的人，對於明顯的目標和其他依據感官發覺的事物，具有預知的本領很快來到領先的位置，這時麥加拉人的盤查以及其他更多更有力的訊問，會給他們帶來極大的煩惱和困擾。」因而我向斯多噶學派的人士請教，是否麥加拉人的質疑，比起克里西帕斯的六卷著作，就反對我們的習俗而言，可以發揮更加強而有力的作用，或者這件事應該問問克里西帕斯才對。

他在〈論演說的用途〉一文當中，特別提到麥加拉人所持的理由：「類似的狀況出現在司蒂坡(Stilpo)和麥內迪穆斯(Menedemus)的談論之中[18]，雖然他們的智慧享有很高的名聲，發生的爭執給他們帶來羞辱，認爲他們所說部分是誹謗的言詞，其餘也不過強辭奪理而已[19]。」閣下，這些受到你嘲笑的論點，說它充滿明顯的錯誤會給它的發言者帶來羞辱，爲何你還怕那些聽到的人會因而轉變他們的立場？只是你在寫了很多本反對日常習俗的著作，就會給讀者帶來困擾，何況你還加上一些杜撰之辭，滋長的野心已經超越阿昔西勞斯，難道這不是你期望的目標？當然不會如此，甚至沒有運用辨證法的言詞來反對社會的習俗，如同在一場民事訴訟當中，大家的情緒會受到感染，所以他非常激動的宣稱，這些對話都是胡說八道，完全在浪費時間。他對自己的矛盾已經不可能否認，因爲他在《物理學的命題》有這樣的文字：「甚至他們已經有明確的了解，還可能說一些違心之論，這是法律所容許的事，有時即使對雙方爭執的來龍去脈並不清楚，還是要盡力爲當事人辯護。」

然而他在〈論演說的用途〉當中提到理由如同武器，不要將它的功能用於不

18 司蒂坡(380-300 B.C.)早年在雅典求學，後來創立麥加拉學院，季諾成為他的門生，參閱戴奧吉尼斯·利久斯《知名哲學家略傳》第2卷114節；伊里特里亞的麥內迪穆斯(339-265 B.C.)是一個政治家，在家鄉建立一所學院，因為政見不合，與季諾的門生帕西烏斯成為死對頭。

19 參閱西塞羅《學院思想》第2卷75節，提到司蒂坡、戴奧多魯斯和阿勒克西努斯等人的處世之道；戴奧吉尼斯·利久斯《知名哲學家略傳》第2卷120節，說是司蒂坡的對話相當「冷漠無情」。

適當的目標，接著補充說明：「必須用於追求眞理以及有關的事項，不要從事相反的工作，雖然很多人都是背道而馳。」他所指的「很多人」就是無法做出正確的判斷。他們參與雙方的爭辯，獲得的概念是任何事情要是易於理解，只有在這種狀況之下，才足以讓人得知它的眞實一面。但是當你在反駁他們的時候，由於了解到傳統的習俗，自己所寫的東西完全與事實不符，還向其他人士提出保證，要做的事不會有任何改變，甚至對於無益和有害的項目，基於野心勃勃的虛榮，你承認自己惡意運用好辯的才能。

11 他們提到法律規定正確的行爲，罪惡的過錯明文加以禁止；所以法律不讓我們去做卑劣和邪惡的事，至於大家無法做到正人君子，即使加以規定必須如此也無法產生作用。要說一個人無法爲善也就不會爲惡，這種事又有誰知道？因此他們使得法律本身就有矛盾，規定我們的善事無法奉行，禁止我們的罪孽無法根絕；因爲一個人要是無法保持清醒，即使他能節制還是沒有用處；一個人要是沒有一點見識，即使他並不愚蠢還是毫無幫助；然而他們有這樣一種說法，宣布禁止的事項是第一步，禁止是第二步，規定是第三步。譬如他說「不可偷竊」就是指宣布這件事，眞正的「不可偷竊」是禁止偷竊和規定不能偷竊。

他們說醫生指示門徒進行手術和燒灼傷口，省略像是「在適當的時間運用正確的方式」一般用語；音樂家的演奏樂器或歌唱，不會先講一些「配合曲調」和「掌握節奏」的話；那也是門徒爲什麼會因不夠專業和失誤而受到責罵，他們受到的指示是盡善盡美，然而他們卻沒有達成要求。同樣一位賢明的主人交代他的奴僕一些話或者要做的事，如果沒有遵照辦理就會遭到懲罰；那麼，他指使別人無須去行善或者去做是非不分的事[20]，難道這樣說還不夠清楚？即使那些難以分辨好壞的行爲，連智者都會要求一個歹徒做了再說，法律也可能如此，試問還有什麼辦法可以用來阻止他們不要犯錯？

再者，他認爲衝動是每個人用來說服自己採取行動的理由，這在他的《論法律》已經說得非常清楚。嫌惡是帶有禁止意味的理由，可以用來反對我們的意圖；根據他的說法謹愼就是合乎理性的避免。須知智者會將小心翼翼當成禁止的理由，因爲見識高明的人才會審愼從事，邪惡之徒通常大膽妄爲。要是智者所持

---

20 斯多噶學派的智者極其自信，認為一個人缺乏慧根就不會有正確的行為，因此他對有些人從不抱任何指望；參閱阿尼姆《古代斯多噶學派殘卷》第3卷No.548。

的道理是一回事，而法律又是另一回事，他會謹言愼行，不讓道理與法律產生衝突，如果法律比起他的道理看起來一無是處，那麼他的行事就不受法律的規範，同時也把穩重細密置之度外。

12 克里西帕斯曾經說過，邪惡之徒不受禮法的約束萬事可爲。《我的人生觀》第一卷對「善行」有詳盡的敘述，還在後面提到實用和滿足延伸到善惡難分的事物，要是按照斯多噶學派人士的說法，這種狀況已經是沒有任何好處可言。那些無惡不作的敗類沒有忌憚之心，所以他提到：「正人君子不會引起大家的反感嫌棄，奸邪小人同樣無法讓人贊許感激，因爲前者的特質是爲善，後者的習氣是作惡。」爲何他所寫有關物理學和倫理學的每一本書，從完成的那一刻起都是冗長得令人厭煩，難道會使我們自己、親戚朋友和後代子孫都感到心滿意足？他在《我的人生觀》第一卷中談到「正義」，說是野獸都會愛護它的後代，樂於提供生存的需要，只有魚類是例外，從卵中孵出以後自行覓食成長[21]。感官要是沒有對象就無法發揮感覺的效果，溝通要是沒有目標就無法產生心靈的契合，彼此的情投意合在於感官和認知的配合得當[22]。

13 這種信念是基本原則所能獲得的結果；克里西帕斯雖然寫了很多反面的題材，還是可以明顯看出他堅持自己的立場，他曾經說過這樣的話，爲善去惡不在於比較它的大小，亦即勿以善小而不爲，勿以惡小而爲之。事實上，他在《我的人生觀》第三卷討論與「自然」有關的事物，說道：「如同宙斯將光榮歸於自己，要過想要的生活，從而變得更加傲慢，這些都是合情合理的事，我們可以這樣說，一個人所以會趾高氣揚和大事吹噓，在於他生活的環境有值得誇耀的地方，須知任何正人君子也沒有可以與宙斯相比之處。」

然而他在《我的人生觀》第三卷提到[23] 有關「正義」的問題，就說那些將快樂當成人生目標的人，正義對他們已經失去作用，至於將快樂當成生活當中美好的事物，到是不會如此。下面引用他的話：「或許我們認爲快樂是美好的事物而非人生的目標，應該將誠信當成選擇的對象，這樣就可以保有正義，使得誠信和公正較之快樂帶來更美好的人生。」不過，如果只有誠信才算是美好，有人認爲

21　參閱阿尼姆《古代斯多噶學派殘卷》第2卷No.724；西塞羅《論神的本質》第2卷129節。

22　參閱波菲利《論禁絕》第3卷19節。

23　這段文字和本章第15節維持正義所講的話，以及本書第73章〈對斯多噶學派一般概念的駁斥〉25節，克里西帕斯主張的論點：都來自阿尼姆《古代斯多噶學派殘卷》第3卷No.232。

誰將快樂視為美好的事物就犯了大錯，要是與那些將快樂當成人生目標的人相比，其實這種錯誤還沒有多嚴重；因為後者要將正義摧毀殆盡而前者是要保存，後者要顛覆人類社會而前者為善意和人性留下施展的空間。

再者，他在隨筆當中提到宙斯的「德行在不斷的增長」[24]，我會置之不理，雖然克里西帕斯對於柏拉圖和其他人士的攻擊，可以說張牙舞爪無所不用其極，我還是不會對他的文字表現出吹毛求疵的模樣；等到他禁止讚譽任何符合美德要求的行為，可以看出這與正確的做法還是有很大的差異。所以他才會在隨筆當中對宙斯有這樣的說法：「雖然符合美德要求的行為都很適切，況且能為大家所接受，其中有些不會引用作為例子，諸如一個人有伸出手指的勇氣，對一個即將入土的老婦人保持禁欲的決心，某人在說三不能等於四還能耐心聆聽。從而了解對別人的讚譽和稱頌，可以藉著這種例子拿極其乏味又不值一提的事實當成證據。」

他在《我的人生觀》第三卷對於神有同樣的陳述：「我經過深入的思考，讚譽那些毫無意義的行為，雖然可以安上德行的名目，仍舊讓人感到厭惡，像是對一個乾癟即將踏入墳墓的老婦人斷了欲念，或是能夠忍受蚊蟲的叮咬。」他除了宣揚自己的人生觀，還能有任何人可以期待？一個人要是頌揚那些一無是處的行為，就會將正確的行為看成枯燥乏味，想要到達更為高貴的程度，那更是連門都沒有。忍受蚊蟲叮咬與忍受手術刀和燒灼器所需的勇氣，或是對一個乾癟老太婆較之於看到美豔的拉伊斯(Lais)和弗里妮(Phryne)[25] 產生的禁欲，一位重視德行的君子是否稱讚後者，在我看來其實並沒有什麼差別。

還有就是他在《我的人生觀》第二卷對「友誼」做出一番解釋，並非所有的差錯都可以用來結束友誼，他經常用這些話來說明：「完全視狀況而定，很多過失雙方根本不予理會，有些或許會引起輕微的指責，還有一些會帶來嚴重的影響，至於經過判斷以後產生情誼完全斷絕的狀況，算起來究竟還是少數。」他在同一本書中提到，我們與有些人談起此事覺得極其重要，要是對象不同就會輕描淡寫說幾句，因為有的人朋友眾多，也有人是寥寥無幾，其間的變化有寬廣的範圍，各人的友情也有不同的程度，完全視相互值得信任與否而定。不管他曾經做了些什麼，重要的是他要讓兩者之間維持很大的差異？

---

24 阿尼姆《古代斯多噶學派殘卷》第3卷No.226；參閱西塞羅《論目的》第3卷48節；塞尼加《書信集》第74卷28節，對此深表同感。

25 拉伊斯和弗里妮都是西元前4世紀名聲極其響亮的交際花，兩位女士各張豔幟從事競爭互不相讓。

在他的書中提到有關誠實的問題，已經表示唯有誠實才是真正的美德：「善行在於抉擇，抉擇在於認同，認同在於贊許，贊許歸於誠實。」以及：「善行出於感激，感激出於崇高，崇高歸於誠實。」這些論點還是與其他的主張發生衝突，因爲無論何種善行都受到讚揚，即使對老婦人斷絕欲念仍然被人稱許不已；或許所有的善行都沒有受到尊重，也不會讓人感到高興，那麼他說的道理就會變得一無是處；事實上如果對於不值一提的瑣事都贊許不已，還要找出什麼理由使得自己的感激和推崇的德行不會讓人覺得荒謬？

14 他一生的行事大都如此，等到他的論點與別人發生爭執，這時所發表的主張很難避免自我矛盾和反覆無常。在他的書中討論到「勸戒」，就對柏拉圖大肆攻訐，說一個人沒有見識又不知道如何生活，最好還是不要活在世上，下面一字不改引用他的陳述[26]：「這種言論本身充滿矛盾完全欠缺說服的能力。首先我要指出，要是有人勸我們去做哲學家要做的事情，給人帶來的感覺是這樣活著還不如死掉；因爲他即使能過哲學家的生活，還是無法在經歷長久的邪惡和無知以後變得更加明智。」他接著還說了很多，甚至就是邪惡之徒應該繼續活下去：「首先，僅僅倚靠德行對我們的生計毫無用處，就是惡行也沒有道理讓我們非要拋棄現在的生活方式。」

從這裡可以看出克里西帕斯無法自圓其說，已經無須從其他的作品中，找出可供對照的資料。然而他在書中引用並且讚賞安蒂塞尼斯(Antisthenes)的話[27]，說是一個人在需要知識的時候，還得加上一副用來控制的繮繩，還有特提烏斯(Tyrtaeus)的詩句：

> 生死懸於一線之間何其狹窄，
> 苟全性命背棄禮義太不值得。[28]

這樣看來，歹徒與傻瓜難道更適合於死去而不是活著？有時他還修改狄奧吉尼斯

26 參閱阿尼姆《古代斯多噶學派殘卷》No.761。

27 穆拉克《希臘哲學殘篇》第2卷〈安蒂塞尼斯〉292頁No.121；有的學者認為說這些話的人是夕諾庇的戴奥吉尼斯，或為犬儒學派的克拉底。

28 貝爾克《希臘抒情詩集》第2卷〈特提烏斯篇〉20頁No.14；特提烏斯是西元前7世紀的悲歌體詩人，激勵斯巴達人參加第二次梅西尼戰爭，結果成為希臘世界的霸主。

(Theognis)[29] 的詩，他說：「這位詩人不應該寫成：

> 你缺乏所需之物要趕快逃走；

而是

> 啊！朋友！你必須逃離邪惡，
> 縱使從懸崖和深淵向下墜落。」

可以明顯看出，他將很多做法寫進書中當作自己的人生觀，要是別人在著作中有同樣的觀點，他就將它刪除；他已將目標對準柏拉圖，說是與其活在罪惡和無知之中，還不如死去更有價值，那他為何還要勸狄奧吉尼斯，為了逃離邪惡不如從懸崖上面縱身跳下？安蒂塞尼斯提到愚蠢的人需要一副用來控制的繮繩，這句話已經受到他的讚揚，然而卻責備他另外一句名言，罪惡沒有理由可以讓我們告別現在的生活方式。

15 他在那本談論「正義」的書中，雖然要攻擊的對象是柏拉圖，卻在開頭就掌握與神有關的議論，特別提到神是不正義的制止者，西法盧斯的過錯在於對神的不公正產生畏懼之心[30]，只要爭辯的項目涉及神的懲罰，非常容易讓人感到懷疑，就會產生吸引的魅力和爭辯的可能，就會誘導至相反的方向；這與婦女為了不讓小孩淘氣，就會用鬼怪的故事予以恐嚇，並沒有什麼不同的地方。等到有了可以用來貶損柏拉圖的言辭，他在其他場合讚譽並且經常引用優里庇德的詩句[31]：

> 神的話標示凡夫俗子的悲哀，
> 即使加以嘲笑還是痛苦難挨。

同樣在《我的人生觀》第一卷論及正義，特別提到赫西奧德的名言：

---

29 貝爾克《希臘抒情詩集》第2卷134-135頁；麥加拉的狄奧吉尼斯是西元前6世紀輓詩體詩人。

30 柏拉圖《國家篇》330D-331B。

31 瑙克《希臘悲劇殘本》之〈優里庇德篇〉679頁No.991。

宙斯從上天撒下無窮的災禍，
瘟疫和饑饉使人類身填溝壑，[32]

然而他認定神所以會如此，是為了懲處十惡不赦的歹徒，誠然會有無辜的人受到牽連，可以當作一種警告不要犯下同樣的錯誤。

討論「正義」那一卷書當中，後來還建議大家要將快樂當成美好的事物，而不是人生的目標，就可以保存正義的特性，他為了肯定所持的立場，還講了下面一番話：「或許我們可以將這些留給快樂，將它看成美好的東西而不是人生的目標，誠實就是其中之一，非常適合當成尋求的對象，我們需要保持公正的態度，務必讓德行較之快樂給大家帶來更大的好處。」這是克里西帕斯對快樂抱持的看法，在書中為了反對柏拉圖，指責後者將健康視為最美好的事物，不僅是正義，就是慷慨、節制以及其他的德行都被取代，如果我們堅持快樂、健康和任何東西當作美好的事物，那麼我們就毫無誠信可言。想要知道柏拉圖的辯護之辭，老實說真是無所不在；可以明顯看出其中的差異，因為克里西帕斯的指控就是反覆無常，他在某個段落認為只要達到誠信的要求，快樂同樣可以成為美好的事物，正義還是保留原有的性質；在另外的地方又說誠信是唯一美好的事物，不能堅持誠信的原則會讓所有的德行都失去作用。

他為了不讓自相矛盾當作辯護的藉口，在《我的人生觀》第三卷提到與「正義」有關的問題，針對亞里斯多德的主張持反駁的態度，認為後者的說法並不正確，如果歡樂是人生的目標，正義就會喪失效能，其他的德行亦復如是。他所犯的錯誤在於正義可能因為歡樂帶來的影響不履行它的功能，其他的德行並沒有受到妨害以至於無法存在，雖然它本身不能成為選擇的目標，仍然讓每一種德行都有自己的名字。不過，最好還是重複他所說的話：「根據某種學說將快樂指為人生的目標，就我的看法，所有這一類的德行不致全都受到牽連。這也是為何要特別指出，沒有任何一種德行就它的本身而言成為選擇的對象，也沒有任何一種惡行必須盡力避免，所有這一切都是前面提到的快樂，成為唯一假定的目標。在他們的學說當中，對於歸類於善的德行像是勇氣、審慎、節制、堅忍，以及處於對立的惡行所要規避的項目，都不會形成任何妨害和障礙。」

那麼，現在還有那一位較之克里西帕斯，更要不顧一切爭論這個問題？他已經對於兩位名聲最響亮的哲學家提出訴狀，一位的理由僅有誠信是美好的事物，

32　赫西奧德《作品與時光》242-243行。

如果不能維持這種狀況會使所有的德行喪失效用，另一位的理由設若歡樂是人生的目標，不相信所有德行當中只有正義可以保留原有的性質。他的傲慢自大眞是讓人感到極其驚異，同樣的題目經過大家的討論，他斷言自己的做法已經無懈可擊，用來駁斥亞里斯多德的言辭，反過來對於譴責柏拉圖的論點可以表示異議。再者，對於有關「正義」的檢驗和證實，他非常明確的指陳：「每一個正確的行動必須合乎法律的規範和公正的原則，它的執行要符合節制、堅忍、審愼或勇敢的要求，這樣才能稱之爲正義的行爲。」無論何種正確的行動，他們在執行的時候都與剛才提到的德行有關，就事實來說就是正義的行爲；要是有人贊同審愼、勇敢和節制，我們又怎能說他在否定正義？

16 柏拉圖說過不正義存在於靈魂的傾軋與內部的爭執，任何人處於這種狀況不會使它喪失力量，反倒是邪惡的人會因而產生矛盾。克里西帕斯反對這種觀點，特別提到要將不正義施加在本身是荒謬的說法，因爲不正義的存在是與別人的關係而非自己；然而他忘記在有關「正義」的檢驗和證實後面的文字當中，他提到犯錯者就是對不起本人，只要虧待別人就是用不正義的態度對付自己，變爲一種使自己犯罪或不當受害的成因。在他的書中眞是用這個題材反對柏拉圖的論點，然而不正義可以當成一個術語，不是用在自己身上而是與別人發生關係：「單獨的個體無所謂不正義，只有相互對立的組織和個人才會出現，那是相互之間個人的矛盾；據了解不正義存在於多數人之中，彼此都會受到影響，有時連鄰居都無法幸免。」

有關「正義」的檢驗和證實，他發表的議論如同下面有關不正義的人傷害到自己一樣：「法律禁止一個人成爲犯罪的當事人，做出不正義的事就是違法的行爲，任何人只要犯下傷害別人的罪行，也就是對自己造成傷害。」接著他還說：「邪惡的行爲是對別人的傷害，任何人只要做壞事是對自己的侵犯，因此，每一位犯錯的人都會極其不當的傷害自己；如果這樣，他也就是對自己做出不正義的行爲。」

17 他說無論是行善或爲惡的價值觀完全取決於自己，不僅與一生的際遇息息相關，況且與天生的成見更是密不可分。這些在《我的人生觀》第三卷的「勸戒」之中都有提及，然而他在第一卷中曾經說過，這種觀點使得一個人不受外物的羈絆，如同它們的存在與人類沒有關係，也不會幫助我們走向幸福的人生。現在卻說這一切與他配合良好，當他斷言這種人生觀可以讓我們脫離生活、健康、怠惰和正直的理性，又說這些外物並非我們所有，要向神明乞求才能獲得，非常適合我們的生活和與生俱來的成見。他的自我矛盾在於害怕受到否定，不過，他在第三卷有關「正義」的討論中提到：「所以我們才會將過於崇高和美麗的事物，看成虛構的情節而不是眞實的人生。」一個人對世事有極其透徹的認知，能夠如此表達內心的想法，所用的言辭可以說入木三分，竟然出現自我矛盾和前後牴觸的狀況，難道眞會有這種可能發生？

18 他宣稱不幸的本質是邪惡，無論是在物理學或倫理學的每一本著作中，始終強調不道德的生活就是悲慘的生活，在第三卷討論「自然」的章節當中，特別提到一個人即使沒有多大的智慧，然而要他過愚人的生活還不如死掉算了，隨後他加以補充：「因爲人類的本性是要求美好，即使邪惡總比沒沒無聞要強得多。」雖然他曾經說過愚蠢之徒一無是處，現在認爲像傻子一樣生活可以無憂無慮，只是我將它放過不予理會。不過，斯多噶學派人士將不好不壞稱爲中間路線，那只是表示惡行一樣有利可圖；所以他說做壞事比不做壞事更好，豈不是不幸比幸運更爲有利；如果這樣的話，他認爲幸福比起不幸更加無益，所謂更加無益就是帶來更多的傷害。他的意圖是想要減少這種讓人感到荒謬的印象，就對邪惡這個題目多說了幾句：「並非邪惡而是理性可以讓我們獲得好處，雖然我們是如此愚蠢，理性會使我們的生活過得更加舒適。」

他在前面直截了當指出過失就是罪惡，任何事物帶有幾分罪惡變得一無是處；又說罪惡具備理性或者是合理的誤入歧途，過著罪惡的生活總比過著愚蠢的生活要好得多。他在後面則說活在世上像傻子的人，就是不幸的可憐蟲在那裡苟且偷生。就那一方面來說，他認爲成爲一個惡漢，難道要比一個傻子能夠得到更大的好處？他確實沒有談到幸福的問題，只是說處於不幸的狀況會占有更大的優勢。他們提到克里西帕斯對生與死的衡量標準，不是所有的善行歸於前者，所有的罪惡由後者承受，而是生與死兩者之間要遵循自然之道。這也是爲什麼會出現這種狀況的道理所在，那就是有人處於幸福的環境自殺身亡，陷入不幸地步的可憐蟲繼續活下去。有的人擁有天大的福分卻將最寶貴的東西棄之若敝屣，一心要追求無關重要的事物，爲何人的選擇和規避會產生比生與死更大的矛盾？然而斯多噶學派不會將漠不關心的事物當成選擇或規避的目標，他們的選擇和規避分別在於美德和惡行。因此，結果是他們承認確實有所考量，到是與選擇或規避的目標即美德或惡行無關，而是把心思用在如何生存這一方面，至於死亡則是另一回事，須知他們對於生和死不能規避也無法選擇。

19 克里西帕斯認爲美好的事物與邪惡的事物，根本是南轅北轍完全不同，它也必須如此，後者的現身會直接給人類帶來不幸，前者讓人類獲得最大的幸福[33]；同樣他說美好和邪惡的事物都是知覺可以感受的東西，因此在第一卷討論「目標」的時候，曾經有下面這段文字：「甚至就是沒有主見的人都會這樣表示，我們的知覺可以感受到善與惡；不僅是與感情有關的悲傷、畏懼以及其他情緒反應，還可以察知偷竊、通姦以及類似的事情，一般來說還有愚蠢、怯懦和其他方面的缺失；不僅是快樂、仁慈和很多正確的行爲，還有審慎、勇敢和其他的德行。」讓我們不去理會這段陳述當中有任何荒謬之處，誰也不承認這樣的說法會有矛盾的地方，特別是由一位智者所提出，難道他沒有先行覺察出來？如果知覺可以感受美好的事物，只是與邪惡的事物截然不同，要是對其中之一從壞變到好竟然無法得知，也沒有察覺到現在的德行，認爲邪惡還存在中間，這種狀況難道不是極大的荒謬？一個人擁有所有的德行，不會對事實產生無知或是對它存著疑惑，特別是善與惡、幸福與不幸、美好的生活與卑劣的生活，要是其中的轉變都無法察覺，那麼其間微小的差異就更難以辨識。

20 《我的人生觀》這部作品共有四卷，他在第四卷提到一位智者不要多管閒事，全心全意放在自己的工作上面：「我認爲一個謹言愼行的人不要惹事生非，更不必干預公務，把全副心思用在個人的事業，這才是一個體面的市民應有的態度。」他的作品談到「目標的選擇」這個題材，提出的觀點倒是大同小異：「老實說靜寧的生活可以獲得安全和免於危險，只是大多數人沒有辦法了解這點。」可以看出他並不同意伊庇鳩魯的觀點，因爲後者認爲神明不會干預凡人的生活，天意對於塵世也不加理會；克里西帕斯在《我的人生觀》第一卷提到，智者應該主動據有王國將福利給予民眾，如果他自己不能統治，就要與一個國王住在一起，隨著他前往戰場，這位國王如同錫西厄人艾敦色蘇斯或潘達斯的琉柯(Leuco)[34]。

我必須拿他的話來引用這件事，爲了使我們知道最高和最低的音程會產生和聲，只是這種狀況倒是與人的生活並不一致；他的選擇是不多管閒事和不干預公

33 斯多噶學派討論善惡之間的關係，特別涉及生活的幸福與否，可以參閱阿尼姆《古代斯多噶學派殘卷》第3卷No.106、107及113。

34 波斯國王大流士在514 B.C.入侵錫西厄人的國土，參閱希羅多德《歷史》第4卷76、120、126-127各節；琉柯是博斯普魯斯(Bosporus)和狄奧多西亞(Theodosia)的統治者，雖然與錫西厄的部落比鄰而居，對雅典人極其友善。

務，然而基於需要或其他原因，得與錫西厄人騎在馬上衝鋒陷陣，或者要在博斯普魯斯[35] 關心僭主的政務；他說道：「一個有見識的人無論是趕赴戰場還是日常生活，都要與君王在一起，我們在未來應該對這方面多加考量；有些人並不是因爲過多的疑慮才引起爭論，我們也可以爲類似的原因給予認同。」接著又加上幾句：「他要是在琉柯和艾敦色蘇斯的宮廷，從事體能的訓練或複習慣常的動作，一定會獲得相當的進展。」

有人非難凱利昔尼斯(Callisthenes)[36] 隨著亞歷山大遠航，如同亞里斯多德保護史塔吉拉(Stagira)[37] 一樣，抱著重建奧林蘇斯(Olynthus)[38]的希望；同時讚譽埃弗魯斯(Ephorus)、色諾克拉底和麥內迪穆斯能夠拒絕亞歷山大的邀請[39]；只是克里西帕斯爲了獲得好處，要將智者頭朝下投向遙遠的潘蒂卡皮姆(Panticapaeum)和錫西厄的荒原[40]；然而他在前面說過，所要追求的利益是適合智者的要求，一共有三種，第一是王國，第二是朋友，第三是教書。然而他再三不厭其煩的引用下面的詩句：

德米特的穀物和陶甕的清水，
難道人活著只靠這兩樣東西？[41]

35　這裡的博斯普魯斯不是指海峽而是一個區域的名字，位於黑海和米奧提斯海之間，就是今天的刻赤半島(Kerch Peninsula)，古代又稱博斯普魯斯·辛米里亞(Bosporus Cimmerians)，最早是米勒都斯人建立的殖民地。

36　凱利昔尼斯出生於奧林蘇斯，是亞里斯多德的外甥，當代知名的歷史學家和哲學家，陪同亞歷山大大帝遠征東方，直到328 B.C.遭到處死為止，除了記錄亞歷山大的功勳，還寫出一部希臘編年史，時期是從387-357 B.C.。

37　史塔吉拉是亞里斯多德的故鄉，350 B.C.遭到摧毀，因為他願意出任亞歷山大的家庭老師，所以菲利浦下令重建；蒲魯塔克讚譽亞里斯多德的工作，不是為了金錢和名位而是謀求同胞的福利。

38　奧林蘇斯是位於卡夕得西半島的希臘城市，348 B.C.被菲利浦夷為平地。

39　埃弗魯斯(405-330 B.C.)生於賽麥，伊索克拉底的門人，寫出文字極其流暢的《希臘史》，亞歷山大東征是在334 B.C.，當時埃弗魯斯已有七十一歲；蒲魯塔克在《希臘羅馬英豪列傳》之〈亞歷山大傳〉8節，提到亞歷山大致贈色諾克拉底五十泰倫鉅款；這裡提到的麥內迪穆斯來自派拉，是柏拉圖的朋友，到334 B.C.已是柏拉圖死後十三年的事，那時的麥內迪穆斯應該非常衰老。所以就上面三個人的狀況看來，不太可能受到亞歷山大的邀請。

40　潘蒂卡皮姆是博斯普魯斯一個小鎮；古代希臘的錫西厄荒原是指喀爾巴阡山脈到塔內斯河(頓河)之間的廣大區域，甚至延伸到裡海的北部地區。

41　瑙克《希臘悲劇殘本》之〈優里庇德篇〉646頁No.892；德米特是耕種和穀物女神，祂是天神宙斯的姊姊。

他在談論「自然」相關問題的時候，提到智者對於損失大筆財產，如同丟掉一個銀幣那樣泰然自若。他在官場獲得擢升感到得意洋洋以後，仍舊可以貶低身分去賺取工資或靠教書爲生。

有人說智者要求支付束脩有兩種方式，一種是學期開始的時候，還有就是可以過一段時間，後者的做法比較體諒門人，只是早付更加實惠，不會出現拖欠不交的狀況。所以他才說出這番話：「身爲老師的人都有見識，不會全用同樣的方法索取財物，即使他們之中大多數都不認爲學生會是正人君子，還是會同意一個期限或者訂在一年之內。」他繼續說道：「他知道什麼時候最爲適合，是否他應該在門生進入學校就直接收取束脩，這是大多數人運用的方式，或是答應一段時間，雖然到時可能完全落空，至少這樣做更加體面一點。身爲藐視財富的智者，要用德行取代金錢，如果他沒有能力做到這種地步，就是接受一點束脩又有什麼不對？當他如此小心以免辜負微薄的報酬，還能對自己的名聲造成多大的損害？須知只要他盡心盡力將門生弟子教好，就不會損害到自己的名聲。」克里西帕斯口口聲聲說智者不會受到傷害，然而他使用的方法卻要讓他負起這方面的責任。

21 他的書中討論到「公眾福祉」的問題[42]，特別提到市民的所作所爲不要只顧追求自己的歡樂，所以會對優里庇德讚譽不已，還引用他的詩句：

> 德米特的穀物和陶甕的清水，
> 難道人活著只靠這兩樣東西？

接著他稱讚戴奧吉尼斯，當眾手淫以後向大家所說的話：「要是用這種方式摩擦肚皮就把饑餓趕走那該多好[43]。」在同一本書中先讚譽一個人能夠斷絕快樂，接著又去頌揚另一個人爲了滿足欲念從事如此猥褻的行爲，這樣看來他還有一點理性沒有？再者，他的書中寫到有關「自然」這個部分，提到自然界喜愛美麗的物種和形形色色的變化，爲了達成這個目標特別創造許多動物，同時還添加最無理性的議論，孔雀因爲有了美麗的尾巴才來到這個世界，同時在討論「公眾福祉」

42 參閱阿尼姆《古代斯多噶學派殘卷》第3卷177頁No.706。

43 參閱戴奧吉尼斯·利久斯《知名哲學家略傳》第6卷46節和49節；夕諾庇的戴奧吉尼斯是犬儒學派的大師，憤世嫉俗和標新立異是一貫的作風，用這種方式雖可達成教誨大眾的目的，有時讓人覺得他毫無羞恥之心。

的章節中，對於飼養孔雀和夜鶯的人發出嚴厲的指責，看來他要與宇宙的立法者比一高下，嘲笑自然界將所喜愛的美麗賜與動物，然而身爲智者卻不讓這些動物在城市裡面有容身之地。他讚譽上天創造出來的動物，受到人們的養育竟然被他指責，這種做法豈不讓人覺得極其荒謬？

他的第五本著作是《論自然》，認爲臭蟲可以不讓我們貪睡，老鼠會使我們小心收拾物品以後，提到自然界可能喜愛美麗和形形色色的變化，接著寫出下面的文字：「孔雀的尾巴是讓人印象特別深刻的證據，自然界非常清楚表示，這種動物因爲美麗的尾巴才能來到世上，雄性的存在是根源，接著雌性才有生存的餘地。」然而在作品當中有關「公眾的福祉」這一部分，他說我們就要對著糞堆寫生，接著提到有些人爲了美化他們的田園，四周栽植盤繞在樹上的葡萄以及成行的桃金孃，「他們還養著孔雀、鴿子和松雞，到處可以聽到牠們的咕咕聲以及夜鶯的鳴啼。」

我很想問他對蜜蜂和蜂蜜有什麼看法，因爲他說臭蟲有用到是蜜蜂無用，如果他讓後者留在城市裡面，又有什麼理由讓他的市民同胞得不到耳目之娛？簡而言之，豈不是如同一個人指責來客吃下佳餚飲下美酒，接著讚揚主人準備的充分和接待的殷勤一樣的荒謬，似乎更像那些對自己的前後矛盾絲毫不會感到良心不安的傢伙，一方面爲上天給他們供應鮮魚、家禽、蜂蜜和美酒欣喜若狂，一方面又不准大家拿這些東西大快朵頤，要讓他們滿足於德米特的穀物和汲來的泉水，宣稱人活在世上要靠著這兩樣隨手可得的飲食。

22 再者，他在那本談到「勸戒」的著作中，提到一個人與他的母親、女兒或姊妹發生肉體關係，或是吃了宗教或習俗上禁止的食物，或是從婦人的床上或死者的身邊直接前往廟宇，他認爲都沒有理由加以譴責；他非常肯定的表示，我們應該看看那些畜生，牠們的行爲無所謂不合常理或是違背自然，還可以引用其他的動物當成例子，無論是牠們的交媾、生產或是死亡在廟宇裡面，都不能算是瀆褻神聖[44]。

換一個角度來看，在第五本作品《論自然》，他認爲赫西奧德不讓人們小便在河流和泉水裡面[45] 是非常好的建議，當然對著祭壇或是神明的雕像小便更應受

44 參閱希羅多德《歷史》第2卷64節，認為除了埃及人和希臘人對此比較重視，其他民族都沒有嚴格的規定。亞里斯托法尼斯的喜劇《雲層》1427-1429行以及《鳥群》757-768行，對於褻瀆神聖的行為大肆抨擊。

45 赫西奧德《作品與時光》757-758行。

到制止，如果是狗、驢子和小孩就沒有關係，因爲牠們受到本能的驅使，並不了解這有什麼不對。現在出現不尋常的地方，那是他在前面的狀況中要考量無理性的動物，引用牠們作爲例子是合理的事，到了後面的狀況就認爲這與牠們毫無關係，豈不是這一切都變成厚此薄彼？

23 有些哲學家認爲制止外在的成因可以避免引起衝動，等到可行的選擇已經明顯處於無法區別的狀況之下，設法將偶發的反應限定在統轄的功能之內。他們辯稱當兩件類似而又同等重要的事項，需要接受其中之一，這時沒有成因使之產生某種傾向，因爲兩者之間不會有差異存在，靈魂的偶發力量導正逸出的可能，用來除去遲疑不決帶來困擾。克里西帕斯用言辭反駁這些人，如同設想一種沒有成因的功效，可以給自然界供應所要的力量，他在很多地方舉出骰子、天平和其他幾種物品作爲例證，要是沒有某些成因或差異，就不會落下來或是傾斜到這一邊或是那一邊，因爲所有的狀況都不可能無中生有；至於他所說沒有成因完全不能存在，或許出於意料之外，產生的運動可以稱爲偶發事件，有些晦澀難解的成因，隱藏起來不讓我們知道，影響我們的意願向這一邊或那一邊轉移。

有些事情他會經常提到讓大家很清楚他所持的觀點，至於站在反對立場表示的意見，並沒有暴露在每個人的視線之下，所以我要引用他曾經說過的話：因此，有段文字出現在談論「決心」的著作當中，他假設兩位選手最後跑得難分勝負，這時提出的問題是裁判如何處理。他說：「裁判當然可以依據自己的意願做出獎勵的決定，與他關係親密的選手就會受他的青睞，要是他放棄這種權利，因爲他不願因爲厚愛其中一人而受到另外一位的埋怨，也可以用抽籤的方式聽取命運的安排。後面這種方式如同拿出兩個同樣的銀幣要我們選擇，我們總會挑出一個將它帶走。」

還有就是他在第六本著作談到「責任」，認爲很多事情不值得煩心或是多加注意，他堅持在這方面可以用抽籤的方式，抱持完全碰運氣的想法；他說：「例如這裡有兩個銀幣，有人說其中一個是貨眞價實的東西，其他人則說另一個，這時我們要拿走其中一個，只有放棄進一步的檢查，要按照機會的原則隨手從中選擇，甚至冒險可能得到一個贗品。」因而「隨機選擇」和「碰碰運氣」的概念，在他的推薦之下爲大家所接受，根本不在乎事物竟然沒有成因。

24 他的第三卷討論到「辨證法」，提到柏拉圖和亞里斯多德都非常重視這個題材，他們的後續者一直到波勒蒙(Polemon)和斯特拉托(Strato)[46] 莫不如此，其中特別是蘇格拉底高聲宣示，他與很多人這樣選擇這條道路，即使發生偏離還是義無反顧[47]，同時還說：「如果他們很草率的談論這些事項，有人或許還會對題目表示輕藐之意，然而他們說話的樣子非常審慎，像是辨證法擁有無比強大和不可或缺的力量，他們不可能犯下如此重大的差錯，對於所有這些人只是我們的揣測之辭。」為何你不願停息與這些偉大人物的爭執，或許有人也如此表示，難道你相信他們在這樣重大的事件上面出現不可原諒的過失？我認為他們不可能用嚴肅的態度寫出辨證法的著作，有關它的原則、目標、神明和正義都出自一種隨心所欲和開玩笑的方式，你可以非難他們的討論是微不足道、自相矛盾和充滿無數謬誤。

25 他在一個地方提到惡意的快樂不會存在，因為從無一個正人君子會因別人犯錯感到高興，何況一個卑劣的小人根本沒有快樂可言；但是在《我的人生觀》第二卷談到《善行》，他對嫉妒的看法是見到別人的美滿覺得悲傷，亦即希望他的鄰人處於沮喪和抑鬱的狀況，自己能在各方面都居於優勢，這時已經將悲傷與惡意的快樂連接起來：「人們經由同樣的成因盼望他的鄰人處於低卑的地位，連接這方面的悲傷才會產生惡意的快樂；這種感情的自然趨勢經過轉變就會產生同情和憐憫。」他在這裡很明確的表示，惡意的快樂如同嫉妒和憐憫能夠存在；然而在另外的地方他說惡意的快樂如同憎恨和貪婪不能存在。

26 雖然他在很多章節中提到一個長久享有福分現已失去的人，與同樣方式和程度獲得短暫幸福的人，應該是沒有多大的差別；然而在其他地方又多次肯定的表示，為了審慎起見甚至連一根手指都不要伸出，即使時間短暫有如電光的一閃而過。還可以引用他在第六本著作談到「倫理學課題」(Moral Questions)所說，每一種善行不會產生同樣程度的樂趣，也不會得到應有

46 雅典的波勒蒙在315 B.C.接替色諾克拉底成為學院的首腦人物，他過世在斐洛克拉底出任執政之年即276 B.C.；至於蘭普薩庫斯的斯特拉托，在其老師狄奧弗拉斯都斯(Theophrastus)亡故之年288 B.C.開始領導逍遙學派，後來成為托勒密二世費拉德法斯(Ptolemy II Philadelphus)的老師，他的逝世是在270-268 B.C.之間。

47 參閱西塞羅《突斯庫隆討論集》第1卷39-40節，可以與柏拉圖《國家篇》595C，以及亞里斯多德《奈科瑪克斯倫理學》1096A的內容做一比較。

的感激之心；以及下面的話：「要是一個人的智慧只能保持片刻工夫或者出現在臨終的時光，為了審慎起見連一根手指都不讓它伸出，即使是很短的瞬間都不可以。」

人類既不可能在長期保有幸福以後還能獲得更多，也不可能接受永遠的運氣比起延長片刻更為適合。如果人們能像伊庇鳩魯所想的那樣，靠著謹言慎行和樂善好施謀求幸福，那麼他受到譴責的地方，僅是一些荒謬和弔詭的論點；因為審慎對他而言，並非與幸福毫無關係，按理說就是幸福；那麼短暫的幸福是選擇的目標，從某種程度來看就是永恆，然而卻說它沒有價值，要是與前面的說法相比又有什麼自相矛盾之處？

27 克里西帕斯提到德行是前後相互依隨，不僅是他得到其中之一等於得到全部，而且他的行為只要遵從其中之一等於遵從全部；同時他非常肯定的表示，一個人要是不能擁有所有的德行，那他就算不上完美，要是所作所為不能依循所有的德行，那他的行為不能稱之為完美。然而在他第六本的「倫理學課題」，曾經提到一個正人君子不會經常出現英勇的行為，一個卑劣小人不會經常表露恐懼的態度；因為某種目標的達成是出於想像，有人會堅持他的判斷，其他人則放棄不管，他說即使是一個邪惡之徒，也不可能經常縱情於聲色之中。英勇的行為有時離不開堅忍，懦弱的行為基本上來自害怕，要是按照不是擁有所有的美德就是擁有所有的惡行這種說法，一個人同時擁有美德或惡行，就不能認定他的說法帶有自相矛盾的意味；即使是一個勇士也不會經常出現英勇的行為，一個懦夫也不會總是一味的逃避退縮。

28 克里西帕斯將修辭學定義為美化和規範言語表達的技術，在《我的人生觀》第一卷中，他寫出下面的文字：「我認為注意力不僅在於語句的意義和簡略的修飾，更要重視音調的起伏高低以及表情和手勢的配合。」然而在同一本書中，就這段文章看來他像是一位熱中演講的人，特別提到發音帶來的困擾，他說他要盡快掌握最佳的狀況，不必理會這方面的問題，即使是某些晦澀難解、字詞缺陷和文法錯誤，也只有置之事外，須知有很多人對此感到慚愧。的確如此，只要他們小心翼翼發揮談話的技巧，甚至就是音調和手勢的運用全都得體，在這樣一來當然可以讓這些人達成辯才無礙的要求，同時在另一方面願意讓步，不會注意晦澀難解和字詞缺陷，對於犯下文法錯誤認為無所謂，提到這個人就說所有的學識都來自他的頭腦。

29 他在〈物理學的命題〉這篇論文當中，勸我們對於需要科學的經驗和探索的事項，如果我們無法得到有力而清晰的主張，就應該保持沉默；他說：「我們無須像柏拉圖那樣，認爲液體的養分是經由肺[48] 傳輸到全身，固體的養分則是靠著胃；務必要使自己不得犯下同樣性質的錯誤。」有的人只知道一味怪罪別人的過失，然而自己仍舊難逃覆轍，我認爲這種人不僅應該受到譴責，而且已經犯下最可恥的錯誤。他沒有小心的求證或是得到專家給予的幫助，卻說藉著十種範疇所產生的連接詞它的數量超過一百萬。即使柏拉圖有這樣的說法，認爲酒在人體之內要經過肺部，那些最有名望的醫生諸如希波克拉底(Hippocrates)、菲利斯提昂(Philistion)和希波克拉底的門生戴奧克賽帕斯(Dioxippus)，以及詩人優里庇德(Euripides)、阿爾西烏斯(Alcaeus)、優波里斯(Eupolis)和伊拉托昔尼斯(Eratosthenes)[49]，都願出面爲他作證；然而所有的數學家都拒絕爲克里西帕斯背書，希帕克斯(Hipparchus)[50] 證明他的計算錯得非常離譜，事實上肯定連接詞有十萬三千零四十九個，否定連接詞有三十一萬九百五十二個。

30 有人在更早的時代說過，季諾處於一個常人都會遇到的困境，就是他釀出的酒會變酸，使他在賣出去的時候，既不能當作醋也不能當成葡萄酒，這對季諾的「推廣或促銷」而言，不僅無法達到美好的程度，同樣使得自己不能漠然視之。不過，克里西帕斯使得事物的處置變得更加困難，有時他會說他們已經瘋狂，完全不理會財富、沒有病痛的健康以及強壯的體魄，更無須費力到達企望的目標；還引用赫西奧德[51] 的詩句：

帕西斯的家世顯赫而又高貴，

---

48 柏拉圖《泰密烏斯篇》70C-D及91A；這種論點遭到亞里斯多德和希波克拉底的駁斥和反對。

49 三位醫生當中希波克拉底是醫藥之父；洛克里(Locri)的菲利斯提昂是名醫，寫出很多醫學的著作；戴奧克賽帕斯繼承希波克拉底的醫術並且發揚光大；提及的四位詩人：優里庇德是舉世聞名的悲劇作家；阿爾西烏斯是西元前6世紀生於列士波斯的抒情詩人；優波里斯是西元前5世紀最著名的「老式喜劇」作家和詩人；伊拉托昔尼斯生於塞倫，是西元前3-2世紀的詩人和學者。

50 希帕克斯是西元前2世紀生於尼西亞的天文學家，終其一生居住在羅得島從事研究工作，從古老的巴比倫記錄熟悉天文運算的門徑，求得太陽和月球的直徑和距離，唯一存世的作品是阿拉都斯對他的《自然現象》一書所做的評論。

51 赫西奧德《作品與時光》299行。

仍舊保持勤勞和儉樸的習性，

他大聲喊叫說他發瘋才會有完全相反的建議：

帕西斯的家世顯赫而又高貴，
無須保持勤勞和儉樸的習性。

他在《我的人生觀》這本書中曾經說過，提到智者的兩種生活方式，一種是如同國王要爲全民謀求福利，或是爲了賺錢開班授課，事先要門徒送束脩，還有就是定下繳款的契約；在他的第七本書談到「責任」，說是智者要是能得到一泰倫的報酬，就會高興得連翻三個觔斗；同時在《我的人生觀》第一卷討論「善行」的問題，只要有人促成和贊同爲善去惡的義舉，他都願意在這方面稍做讓步，因而他說出下面一番話[52]：「要是一個人爲了符合不同的願望，對於某些行爲或事物，爲他們之中一個階層使用『美德』的稱呼，卻爲另一個階層加上『惡行』的名字，這樣做並不會出現任何差錯，即使不了解它的意義也沒有什麼好奇怪，因爲他們都是按照習慣行事。」因而在他的文章中會把他想要做的事，安排得盡量接近美德，然後將它們混合在一起；他還說這些事情不再與我們有任何關聯，等到原來的理由遭到撤回，同時會讓我們產生完全的轉變。

其實這些都已寫進第一卷的「勸戒」，同時在第三卷有關「自然」的討論之中，他提到有些人擁有皇親國戚的地位和萬貫家財的身價，如同使用黃金的夜壺和穿著有金線流蘇的衣物，就自認有天大的福分；然而對有見識的人而言，喪失全部家財如同丟掉一個銀幣，所謂陷入災難也不過等於摔了一跤。所以他既不讓自己的德行也不會任由難測的天意，落入自相矛盾的處境。只有德行看來是如此的可憐和愚蠢，才會讓自己忙於瑣碎的事務，或是吩咐智者爲著他們向著博斯普魯斯航行，或者高興到翻幾個觔斗；宙斯要是因爲這個緣故非常喜歡人類，稱祂爲天國的管家和護衛以及歡樂的賜與者，那將是極其荒謬的事；毫無疑問，祂完全基於一種卑劣的念頭，才將黃金的夜壺和金線織成的流蘇賜給他們，即使世人的德行可以得到無數的財寶，在祂看來卻不值一個銅板；要說阿波羅的狀況更加怪誕，不僅讓金色的流蘇和黃金的夜壺得到神讖的啓示，還涉及摔得瘀青的腳踝和脛骨。

52 阿尼姆《古代斯多噶學派殘卷》第3卷No.137。

31 有些人愈是想要證實自己做得很對，卻讓自相矛盾的現象愈加明顯的展示在眾人面前。他們提到運用可以有對與錯的區分，實質上沒有好與壞的差別；毫無見識的愚夫愚婦會對財富、健康和體力做出有害的用途，因此沒有具備這樣的條件反到是一樁好事。如果神不將德行賜給人類，所謂美好只是一個自由選擇的目標；要是給了財富和健康而沒有德行，等於讓我們不做好事只做壞事，這些都是有害無益和帶來羞辱的運用方式。然而，神能將德行授與人類，如果祂們不能如此就是缺乏慈悲之心；如果神不能使人類實踐德行，那就是祂們沒有將福祉授與眾生，須知除了德行沒有善意或利益可言。人類經由德行和能力的基準做的判斷，比起其他任何事物使得他們變得更加注意自己的言行，從而可以獲得更大的幫助。因爲只有重視德行的人才會認定神同樣要依據德行和能力的基準，結果是神承認祂們接受的助益不能與給予人類者相比。

須知克里西帕斯並沒有表示自己或者任何一位他的門生或老師是正人君子，那麼他們對其他人士又能有什麼看法？或許他們認爲正如所說的那樣，設若瘋狂和愚蠢的人，邪惡和犯法的人，都已陷入極端不幸和全然災難的處境？誠如我們提到的狀況，人類所以會犯下邪惡行爲是出自神意的指使？不管怎麼說，要是神改變心意，就會對我們施加傷害、虐待、酷刑，直到最後粉身碎骨爲止，然而祂們不可能讓我們落入更爲悲慘的狀況，如同克里西帕斯曾經公開宣稱，不容許生命接受無法容忍的災難和不幸；這時可以朗誦海克力斯的詩句：

> 我已飽嘗悲痛再無接納餘地，[53]

克里西帕斯提到神和人類有截然不同的論點，前者履行天意是最好的模式，後者立下誓言是最壞的榜樣，試問還有那種自相矛盾的說法比起這個更讓人感到厭惡？

32 有些畢達哥拉斯學派的人士怪罪克里西帕斯，說他在討論「正義」的著作中提到公雞[54]：「是非常有用的動物，可以將我們從睡夢中喚醒，捕食蠍子，以及讓我們在戰場效法牠那勇武的精神；然而大部分的公雞還是

53　優里庇德《海克力斯讚歌》1245行；再度引用在本書第73章〈對斯多噶學派一般概念的駁斥〉11節。

54　參閱亞里斯托法尼斯的喜劇《鳥群》488-492行與普里尼《自然史》第10卷46節；亞里斯托法尼斯的喜劇《黃蜂》794行；以及伊利安《歷史文集》第2卷28節。

被我們吃掉，因為牠的數量太多已超過在這方面的需要。」他嘲笑這些人對他的責備，不過，如同他在第三卷描述的宙斯，說祂是人類的救主，職掌公理、正義、秩序與和平的天父[55]：「等到城市裡面有太多的市民，就要大批遷移到殖民地或是為了反對某人發起戰爭，從而神開始將毀滅的機會授與人類」；所以祂特別叫優里庇德作為證人，還有很多人提到神帶來的特洛伊戰爭，它的目的是要消滅過量的人口[56]。

在這些描述當中有關其他愚昧可笑的事項可以置之不理(因為我們並不願找出斯多噶學派的錯誤，而是想要知道他們何以總是前言不對後語)，深入考量他將美好和仁慈的頭銜歸於神明，同時又抱怨神的行為是何等的殘暴、野蠻和粗魯。除非斯多噶學派的人士知道某些城市向著地府遷移，或者置於哈得斯的控制之下，否則沒有任何類似的殖民行動，能像特洛伊戰爭以及以後的波斯戰爭和伯羅奔尼撒戰爭[57]，能給人類帶來如此大規模的屠殺和毀滅。

克里西帕斯將蓋拉夏人戴奧塔魯斯(Deiotarus)[58] 視為神明，這位國王有很多兒子，為了讓其中一位繼承他的王位，就將其餘可能的競爭者全部殺死，很像除去葡萄藤多餘的苞芽，只留下一個，等到抽出枝條可以長得更加茂盛和茁壯。葡萄種植者的修剪工作要趁著枝條仍舊細小尚未長成的時機，就是母狗對於產下太多的小狗要加以汰除，也是在剛生下來眼睛沒有睜開時；宙斯在創造人類以後就掉以輕心，不僅沒有讓他們順利成長，反而帶來各種折磨直到死亡為止，祂不該將人類來到世間的成因和起源，當作將他們摧殘和絕滅的時機和藉口。

33 現在說這些算不了什麼，下面提到的問題才是真正的嚴重。人類只要沒有戰爭就不會犯下很大的惡行，所以會引起戰爭，有時是因為喜愛歡樂，有時是因為貪圖財富，有時是因為垂涎光榮和統治的權力[59]。如果神是戰爭的始作俑者，同樣會帶來無邊的罪孽，用來煽動人類加以濫用。克里西帕斯在〈論決心〉這篇文章和《我的人生觀》第二卷有關神的問題，提到神性有助

55 參閱赫西奧德《神譜》901-902行；科努都斯(Cornutus)《希臘神話》(*Theologia Graeca*)29節。

56 優里庇德的悲劇《伊里克特拉》1282-1283行；《海倫娜》38-40行以及《歐里斯底》1639-1642行。

57 蒲魯塔克認為波斯戰爭是從490到449 B.C.，接著就是「凱利阿斯的和平」，至於伯羅奔尼撒戰爭從431 B.C.延續到404 B.C.。

58 這是蓋拉夏的國君戴奧塔魯斯一世，死於40 B.C.。

59 參閱柏拉圖《國家篇》373D-E及《斐多篇》66C-D。

於人類犯下可恥的罪行，是一種極不合理的說法，如同說法律有助於人類從事不法的勾當，或是說神有助於人類從事瀆褻神聖的行爲，因此合理的說法是神性不是人類犯罪的成因。

有任何事情能比得上人與人相互殘殺更爲邪惡可恥嗎？克里西帕斯在一開始就表示這是神要人類接受的宿命。有人會說：「不錯，這些都是出自上天的安排，他應該感激優里庇德寫出這樣的詩句：

崇高的神不會做失格的事情，[60]

以及：

你怪罪到神是為了貪圖方便。」[61]

與其引用他那相互對立的觀點和概念，我們不管怎麼說做總比不做要好得多。

34 看起來全都沒有差別，克里西帕斯像這樣的讚譽之辭：

你怪罪到神是為了貪圖方便，

不僅是一次二次或三次，即使說上無數次還是會受到大家的否決。首先，在第一卷有關「自然」的討論中，他將永恆的運動比擬爲一種由各種成分混合起來的飲料，它的旋轉和跳躍因爲性質不同而有完全相異的方式，接著就有這樣的陳述：「宇宙的結構使得它用這種方式進行整體的運行，如同我們需要依據我們所擁有的條件，絕對不是基於個別的狀況，像是我們生病或是身體有了殘疾，或者有人成爲文法學家或音樂家。」接著在後面又說：「就像我過去曾經說過的那樣，我們要按照這種原則做出類似的陳述，無論是我們的美德或惡行都有關係，特別是與兩者有關的技巧和對任一方的欠缺。」再過一會就直截了當的說清楚：「所有事物要順從宇宙的性質和它據以運行的道理，絕無任何例外或存在微小的差異，更不會有其他別種可行的方式。」

60　瑙克《希臘悲劇殘本》之〈優里庇德篇〉447頁No.292。
61　瑙克《希臘悲劇殘本》之〈優里庇德篇〉434頁No.254。

宇宙的性質和運行的道理完全出於天命、神意和宙斯的安排，至於這方面的狀況，不可能連「對蹠點」(Antipodes)的居民都不知道；因爲斯多噶學派人士一直囉唆個不停，克里西帕斯宣稱荷馬的陳述非常正確：

宙斯的構想和意圖何其完美，[62]

因爲他將宇宙的天命和性質視爲一個整體，萬物都要順從它的規範和管轄。爲何神眞的不會成爲人類做出任何可恥事件的幫凶，以及在同時即使再微小的事物都不會順從宇宙的性質和它據以運行的道理？因爲所有的事務都要進行，就我的看法自然會將讓人羞辱的項目都包括在內。這時伊庇鳩魯爲了沒有離開罪惡免於受到譴責，在侷促不安的狀況下訴諸策略，要憑藉意志力的運用，能從持續不斷的運動中脫身，克里西帕斯放縱惡行到大膽妄爲的程度，如同它的成因不僅起於天命的需要，同時還符合神的性質和自然之道。

同樣還要一字不漏引用他說的話：「基於宇宙的自然之道已經延伸到萬物，無論是整體還是部分的運作，都要符合它的性質和道理，正常的進行程序不會出現任何阻礙，這時它的整個架構不會受到干擾，所有的組成部分除了遵從自然之道，不會擅自行動或是順應習性的安排。」那麼它的組成部分處於何種狀態以及出現那些動作？可以明顯看出它的狀態是邪惡和混亂，渴望財富、歡樂和光榮，出於怯懦和沒有正義的形式；它的動作是通姦、偷竊、背叛、謀殺和弒親等等罪行。克里西帕斯認爲任何一個人，無論多麼偉大或渺小，都不能否定宙斯的理智、法律、正道和天意；不能用違背法律的方式來反對法律，不能用採取不正義的行爲來反對正義，不能用從事犯罪的手段來反對天意。

35 即使如此，他說神懲治邪惡的行爲，基於處罰罪犯和歹徒的觀點採取很多方法和手段[63]。例如在《我的人生觀》第二卷與神有關的章節中，說善良人士經常面臨橫逆的迫害，並不是他個人犯下十惡不赦的罪行，因爲城市遭到報應接受連帶的處罰；他再度說出下面的話：「首先，我們可用前面說過的方式了解邪惡；然後，這些事情要按照宙斯的道理去分配，是否出於處罰或是順從其他的天意，這要訴諸與宇宙整體之間的關係。」令人感到惱怒的地方

62 荷馬《伊利亞德》第1卷5行。

63 阿尼姆《古代斯多噶學派殘卷》第2卷No.1176。

在於邪惡的起源和懲處都要符合宙斯的道理，克里西帕斯在《我的人生觀》第二卷有關「自然」的章節當中，特別強調其間的矛盾：「邪惡有關悲慘的意外事件基於它本身的理由，它同時訴諸遵循於自然之道，我可以說對於關係到宇宙的整體能夠發生作用，要是尋找其他的途徑可以保證不存在任何好處。」

這個人指責那些帶著偏頗的心態，站在問題相反立場不斷強辯的傢伙；他不管在任何場合或是那種題目，總是溯本追源將貪婪、勒索和愚昧說得毫無是處，須知他認爲邪惡的行爲之所以不能發揮作用，在於對象是那些無用、受害和不幸的人類。我的意思是說克里西帕斯筆下的宙斯，對於不爲自己前來的事物或者能夠發揮作用的事物，何以會對它施以懲處？邪惡要是按照克里西帕斯的理由可以全然免於譴責，那麼宙斯所以會受到怪罪，是否祂所創造的邪惡不能發生作用？或是創造出來以後爲何還用得上懲處？

36 再者，在第一卷有關「正義」的討論當中，提到神反對某些錯誤行爲以後他說：「完全除去惡行既不可能也沒有必要。」目前寫的文字無關於批判的工作，亦即檢視是否廢除不遵法律、違背正義和愚蠢無知不能算作一件好事；經過再三的考量，他還是盡量從事制止惡行的工作，如果他認爲這樣做一無是處，那麼他不僅與自己的人生觀發生衝突，同時也違背神明的指示。除此以外，非要認定神反對某些錯誤的行爲，讓他聯想到眾多的過失和罪孽，彼此之間存在很大的差異。

37 再者，雖然他經常寫作的題目，就是宇宙當中沒有任何地方值得加以非難和責備，因爲所有的事物的出現都要符合它那最好的性質，所以會在某些狀況之下允許例外的存在，那是因爲怠忽所引起的疏失和過失絕非微不足道的瑣事。不管怎麼說，在第三卷有關「物質」這本著作裡面，他提到的實情就是正直的好人會遇到這一類的事故，同時還說：「如同一個人口眾多的家庭，即使所有的事務都有良好的管理，難免出現疏忽，像是遺失很少的穀子和麥粒；或許應該加以譴責是怠惰造成的錯誤，不能非要說是搗鬼的小人必須爲此事負責，其實這一類的事又能帶來多大的損害？」他說生存必需的物品涉及的範圍非常龐大。

現在我加以略過不提，要是與落在正人君子頭上的意外事件相比，又是如何的微不足道；如同對蘇格拉底做出處死的判決[64]，以及畢達哥拉斯被塞隆派黨徒用火活活燒死[65]，還有季諾在暴君狄邁盧斯(Demylus)的酷刑之下亡故[66]，安蒂奉(Antiphon)逃不掉戴奧尼休斯的毒手[67]；如同一個國王何以會將行省交付給邪惡又瘋狂的總督和將領，至於他們對於最有德行的人士，施加暴虐和濫權的行爲根本不以爲意？再者，就這些情形來看，如果生存必需的物品涉及的範圍非常龐大，那麼神不可能控制所有的事物，何況所有的事物不可能秩序井然符合祂的道理。

38 他攻擊伊庇鳩魯和那些從神給予的概念中除去天意的學者，須知我們應該感激神賞賜的恩典。斯多噶學派人士經常撰寫和提到這方面的狀況，根本不必再引證他們的論點。然而他們卻沒有覺察到神的好意和厚愛，可以看一看猶太人和敘利亞人是如何對待神，以及詩人的觀念當中何以充滿迷信。有人會說沒有任何人認爲神會滅亡以及需要輪迴降世。不必多提其他的人士，塔蘇斯的安蒂佩特在他的著作中，提到神的時候曾經說過：「我們在討論的開始需要簡短的重述對神應有的信念，那就是了解神是所有生靈仿效的對象，給人類帶來幸福、恩惠和綿延不息的生命。」接著對每一句話都做出解釋，他說道：「所有的人只要堅持這種信念就不會遭到毀滅。」處於那種景況，安蒂佩特所說「所有的人」並沒有將克里西帕斯包括在內；因爲後者認爲除了火之外，神不可能單獨免於絕滅，祂們同樣面對有生就有死的處境。

由於他經常有這樣的表示，所以我要引用他在第三卷對於神這個題目所說的話：「大家對於這個問題有不同的觀點，有人認爲神會死亡和出生，還有人說神不會出生。從開始就說明這些狀況更適合於物理學的項目，因爲太陽、月球和其

---

64 參閱蒲魯塔克《希臘羅馬英豪列傳》之〈尼西阿斯傳〉23節；本書第75章〈答覆科洛底：為其他哲學家提出辯護〉32節；西塞羅《論神的本質》第3卷82節。

65 參閱本書第47章〈論蘇格拉底的保護神及其徵兆〉13節，蒲魯塔克並沒有暗示畢達哥拉斯死於塞隆黨徒的縱火，與他亡故有關的資料均未提及此事。

66 季諾曾經提過他的朋友當中有一位伊里亞人，是巴門尼德的追隨者；蒲魯塔克在本章和第75章〈答覆科洛底：為其他哲學家提出辯護〉說起僭主的名字，第39章〈言多必失〉8節略而未提；這個故事有不同的情節，可以參閱戴奧吉尼斯·利久斯《知名哲學家略傳》第9卷26-27節；狄爾斯、克朗茲《希臘古代哲學殘卷》之〈季諾〉No.6-9；以及西塞羅《論神的本質》第3卷82節。

67 參閱本書第4章〈如何從友人當中分辨阿諛之徒〉27節，以及亞里斯多德《修辭學》1385A；這位安蒂奉是一位悲劇的角色，可以參閱瑙克《希臘悲劇殘本》792-793頁，只是很容易與拉姆努斯的安蒂奉分不清楚。

他的神祇都有同樣的結構原則，除了宙斯可以永生之外，它們全要接受出生的事實。」還要做進一步的聲明：「要是論及亡故和出生，同樣關係到宙斯和其他的神祇，後者無法免於絕滅的結局，前者會有部分可以保有持續的生機。」我要拿這些陳述與他在下面所說的話進行比較，他說道：「那些人不讓神獲得將恩典賜與人類的名聲，同樣在他們的想法當中存有先入爲主的偏見，難免要與我們的觀念發生衝突，因爲他們相信神要分享出生和死亡的結局。」要是他還堅持神無法避免滅亡，那麼荒謬的程度就如同他認可神沒有先見之明，以及缺乏慈悲救世的情懷；克里西帕斯所犯的錯誤不下於伊庇鳩魯，因爲後者不讓神擁有慈悲爲懷之心，前者卻讓神喪失金剛不壞之身。

39 克里西帕斯在第三卷論及神的問題，有關其他神祇的養育說出下面一番話：「其他神祇得到養分是運用同樣的方式，都可以達成它的需要，宙斯和宇宙卻用不同的手法，就是周期性從火中吸收所需，從而在火中成長茁壯。」雖然他在這裡表示的意思，所有的神祇除了宙斯和宇宙都要獲得養分，然而在第一卷的論「天意」，卻說宙斯繼續成長直到將一切物體消耗殆盡：「由於死亡是靈魂離開身體，宇宙的靈魂不會分離而且繼續成長，一直要到所有的物質都被吸收，這就不能說宇宙有滅亡的可能。」克里西帕斯在提到同一位神祇的時候，先說祂成長再說祂不必獲得養分，難道還有那位人士的說話比他更加矛盾？獲得的答案已經到了無須達成結論的程度，因爲在同一卷當中已經寫得非常清楚：「只有宇宙可以認定能夠自我滿足所有的需求，獲得養分和成長在於不同部分之間，彼此進行相互的轉移和交換。」

他之所以無法自圓其說，不僅因爲在前面的文字當中，曾經提到除了宙斯和宇宙，其他的神祇需要養育，他又在後面提到這是宇宙的養分，更離譜的是他還說過宇宙的成長要從本身獲得所需。還有很多發生相互矛盾和前後不一的地方：諸如只有宇宙不會成長，因爲它的滅亡在於獲得的養分；其他的神祇所以能夠增加和成長，在於不能從本身獲得養分，逼得要從其他地方謀求資源，總比宇宙在成長當中耗盡從它本身獲得的養分要好得多。

40 第二個因素包含在神的概念之中，也就是神具備快樂、幸福和自由自在不受羈絆的特質。那也是大家何以會讚譽優里庇德寫出這樣的詩句：

> 真正的神何以會有任何需求？[68]
> 只有詩人杜撰出悲慘的緣由。

我曾經引用克里西帕斯的論點，只有宇宙可以自我滿足所需不必外求。從而可以追問為何只有宇宙可以自我滿足所需？特別是太陽、月球甚至其他的神祇都不能自我滿足；要是這方面得不到解決，它們又怎能得到幸福或圓滿？

41 他相信子宮裡面的胎兒如同植物從自然界得到養分，只是在出生的時候，空氣帶來寒冷和寧靜，充滿活力的精靈就會使它改換原來的性質變成動物，經過這樣的過程靈魂才算是名實相副。就另一方面來說，他堅持靈魂在較之自然更為純淨和微妙的狀態之下，成為充滿活力的精靈，這樣一來他又變得前後矛盾，寒冷和凝結的過程所提升的密度，如何能從其中產生一種微妙和純淨的狀態？他可以持另外一種說法，就是將太陽視為效法的對象，從而因為火可以產生炙熱的蒸氣，然而他為何非要堅持寒冷的成果當作模仿的目標？因為他在第一卷論及「自然」曾經說過：「火的變形如同這樣：它在氣當中可以化為水；土因為它的關係會固結在一起，氣就會蒸發；稀薄的氣使得以太能夠擴散到到處，只有星辰和太陽會被海洋點燃而且燒得極其熱烈。」那麼，還有什麼能比寒冷不利於燃燒以及凝結有礙於擴散？後者可以從火和氣產生水和土，前者使得液體和固體分化為火和氣；雖然他在不同的地方，分別讓燃燒和寒冷成為仿效的源頭；他還說當大火整個蔓延開來，宇宙變得充滿活力，動物全都燒死以後凝結成塊，然後化為水和土以及任何有形的物質。

在第一卷提到「天意」的時候，他說道：「宇宙整個陷入烈焰之中，本身的存在是它的靈魂和它的管轄功能；等到轉變成為液體和殘留的餘燼，就用另一種方式變成身體和靈魂，如同處於對立的位置，可以得到不同的結構原則。」確實如此，他很坦誠的表示，就是宇宙沒有生命的部分，受到大火的影響成為充滿活力的東西，等到再度絕滅以後，甚至連靈魂都鬆弛下來能夠加以液化，最後變成有形的物質。寒冷的過程使得有活力的生物成為沒有感覺的對象，現在是宇宙最大部分的靈魂變成沒有感覺和失去活力的目標，這樣會讓他看起來是如何的荒謬。要是與這些沒有關係，他的著作中提到靈魂的出生就會與他的觀點形成牴

68 優里庇德《海克力斯讚歌》1345-1346行；所謂悲慘的緣由是指帖修斯在1316-1319行，敘述神明之間縱情聲色的畸戀和兩敗俱傷的戰爭。

觸，這時他會說胎兒的降生使得靈魂來到世間，充滿活力的精靈經過一番調和，寒冷作用使它發生變化才會出現這樣的結局。

他認爲後裔子孫無論在嗜好和性格方面都肖似雙親，成爲用來證明靈魂的出生和優於肉體的主要論點。這種主張的前後矛盾是非常明顯的事：靈魂來到世間不可能是肉體出生以後，也不能說它的性格是在出生之前形成；或者說肉體如同靈魂也不會在靈魂之後來到世間；那麼這種說法表示兩者同時存在，要是沒有出生就沒有存在。有人會說類似的起源在於肉體的混合，靈魂的變化是來到世間之後的事，這樣會使靈魂的出生這一類的論點沒有立足的餘地，因爲在這種狀況之下靈魂不會出生，或者出於類似的結構，進入肉體以後會因混合的影響促成它的變化。

42 有時他說氣的質量很輕有上升的傾向，有時又說它既不重也不輕。他在第二卷論及「運動」的章節提到火由於沒有重量，非常類同氣的向上趨勢，所以才會使得水與土以及氣與火形成更緊密的結合；然而在《物理學入門》(*The Arts of Physics*)一書中，他採用其他人的見解，氣的本身沒有重量也不會輕盈。

43 再者，他提到氣的性質是黑暗陰森，並且用這個作爲一個論點，說它存在最原始的寒冷，同時認爲它的黑暗和寒冷相對火的光明和炎熱。這個觀念他在第一卷的「物理學論題」當中有進一步的闡釋，還在他的著作《論狀態》(*On Habitudes*)中提到狀態就是氣的質量，否則沒有存在的必要：「因爲氣可以使物體產生凝聚力，每一事物所處的狀態在於所包含的氣，擁有特定的量所產生的凝聚作用，表現在鐵是它的堅硬，石材是它的厚重，銀是它的白色。」

這種主張充滿荒謬和矛盾的論點，如果氣保有原有的性質，本來沒有白色、堅硬和厚重，如何能使黑變成白、柔軟變成堅硬，以及稀薄變成厚重？要是從另一個角度來看，這些物體當中存在混合的狀況，就會改變它的性質使得彼此可以適應，這時物體的狀態、力量和成因如何對此加以控制？這種改變會使得事物喪失原來的特性，這是當事人而非代理人的所有物，不是某些事物的凝聚非常緊密，而是過分鬆散到無力抵抗的程度。然而他們不論在何處都會談起，事物本身即擁有遲鈍和不動的底層本質，這種本質存在充滿活力的精靈或大氣的張力，只要這些事物來到世間，就會對它各個不同的部分，給予特性和形狀。他們提及這些事物不可能全都合理，至於氣倒是如同原來認定的樣子；因爲它所具備的狀態和擁有的張力，使得每一種物體都與它相似，那就是黑色的外形和柔軟的質地；等到這些物體混合在一起，接受與原先全然相反的形狀，成爲各種形形色色的物品，不再具備它應有的成因或力量。

44 克里西帕斯經常斷言宇宙的外部是無限的空間，所謂無限是指沒有開端、中點或結束；斯多噶學派特別用來駁斥伊庇鳩魯所說原子的向下運動，他們之間的爭執不在於無限的觀念，問題的關鍵在於運動的方向是朝上還是向下。不過，克里西帕斯在第四卷論及「可能性」的文字當中，曾經假設某個中點或居於中央的空間，說它就是宇宙所處的位置。下面是他說的話：「因此，甚至就是有關宇宙的問題，是否最後必定淪亡，我認爲還得從長計議。雖然有的說法大同小異，在我看來還是接受下面的論點：宇宙免於絕滅與它的位置以及占領的空間大有關係，現在大家都說它位於中央，要是在其他位置就可以想像得到，必定難逃摧毀的結局。」過了一會接著寫道：「物質出於偶發狀況才能運用諸如此類的方式，從實情得知有些事物，還是可以永久占有中央位置，看來除此以外其他的意外因素，不讓毀滅的事故發生，同樣可以達成恆常的目標。」

在這一段陳述當中，出現的矛盾明顯又刺目，就是同意在無限的範疇有某些位置居於中央的空間；他們還提到第二點，雖然證據不足，似乎更沒有道理可言；那是說宇宙只要位於空間當中任何一個其他的部分，最後還是無法免除絕滅，這時他們生怕主要的部分朝著中央移動，宇宙還是難逃不幸的下場。不過，他對於這方面倒是沒有任何顧慮，因爲他並沒有持某種觀點，就是物體自然而然從四周朝向中央移動；因爲所謂中央並不是物質所占的位置，而是環繞著物質的空間。關於這方面他經常提起它的不可能和違背自然之道，因爲在這個空間的存在沒有任何相異之處；物體拖到一個方向而不是另外的方向，宇宙的構造相應於所有部分的運動，要從四周朝向中心，最後終止在中央的位置。

第二卷有關「運動」的敘述，大可多加引用，特別提到宇宙是一個完美的物體，然而它的組成部分還未達到完美的程度，因爲這些部分的存在無法自主，還要依靠與整體的關係；以及解釋它的運動，在於藉著所有各組成部分的進行方向，是朝著它們的繼續和凝聚，而不是它們的瓦解和分散；他還對這方面給予補充：「由於整體的張力和運動只有單一的方向，它的組成部分獲得的位移必然是整體造成的結果，很可能朝宇宙中心的運動是所有物體最原始的方式，整個宇宙與所有的組成部分全都存在與本身有關的運動。」閣下，或許有人會說，爲何你會忘記先前提出的主張，如果宇宙不是機緣湊巧占有居於中央位置的空間，就會落入瓦解和毀滅的處境？如果宇宙通常順其自然朝向本身的中央運行，它的組成部分全都努力從四周向這裡移動，產生的凝聚和壓力使得它保持原狀，無論輸送到空間的任何位置，都不至於面臨毀滅和散失的下場；只有組成部分的離開和分解，各自朝向適當的地方無聲無息的溜走，雖然這種方式不合乎自然之道，才會讓事物遭遇消失和滅亡。

你始終認爲宇宙不論位於空間的何處，等於存在著必然的毀滅，爲了維護這種主張，當然有理由要從無限找出一個中點，即使這是不可能的狀況，你除了只有放棄，就想爲自己保留「張力」、「凝聚」和「趨勢」這些用語，都無法提出保證，因爲這些用語可以作爲合理的成因，堅持對中央位置的占領。然而針對前面講過的話，你只有添加下面的說辭以免露出馬腳，就像一個野心勃勃的人經常會否定自己的言行：「任何一個組成部分的運動，等到與其他部分結合起來，所形成的位移就是原來的方式，並沒有什麼不同之處，甚至爲了辯論起見，我們基於想像認爲宇宙還是位於一個空間之內，從各方面形成的凝聚作用，使得它朝向中央進行運動；雖然下面這種說法會引起爭論，還是有人認爲所有一切在突發狀況之下來到這個空間。」然而在那種情勢之下，即使沒有任何一個組成部分會被空間環繞，還是會讓促使它向宇宙中心前進的趨向面臨瓦解；事實上就宇宙的本身而論，除非在偶發狀況之下提供居於中央位置的空間，各種組成部分的物質全都向不同的方向運動，就會喪失相互結合所形成的張力。

45 有關這方面的陳述，使得他提出的物理學原理陷入非常嚴重的矛盾之中，至於涉及神和天意的學說，同樣面臨類似的處境；他雖然將這些問題看得無比重要，能夠提出的成因卻微不足道到極其懸殊的程度。還有什麼能比宇宙的永恆、物質的統一，以及組成部分的凝聚更爲重要？然而按照克里西帕斯的說法，這些都是偶然發生的狀況，如果占領的位置與它的免於毀滅有相應的關係，以及它的來到是出自偶發的因素；那麼宇宙能夠保存完整的形象顯然是意外獲得的成果，與命中注定的天意毫無牽連。

46 何以他的可能性原則不會與他的宿命論原則發生衝突？如果「可能」被戴奧多魯斯（Diodorus）[69] 定義爲不能爲眞或是不應爲眞，然

69　這位戴奧多魯斯的綽號叫作「克羅努斯」，表示他神通廣大和無所不能，他的父親是伊阿蘇

而每一種事物還是容許可能的到來，即使無法來到，很多事物還是有可能不會符合注定的宿命；因此，宿命即使喪失所向無敵、不能避免和凌駕一切的力量，或者如同克里西帕斯保有的觀念，即使容許的存在都會經常落入不可能的範疇，每一事物都需要眞實不虛，就會在各方面受到限制，等到每一事物因爲不可能出現差錯，主要成因在於無法接受眞正的實情。一個人已經死在海上或是沒有出門旅行，怎麼可能說他命中注定要在陸地喪生或是人在麥加拉現在前往雅典[70]？

47 還有就是他提到心靈的想像會與命運的原則形成難以克服的矛盾。他的意圖是要證明心靈的想像就本身而論，並非一個理由充足的成因，可以用來支持他的說法；如果幻覺能夠促成同意的行動，智者會將錯誤的觀念和偏見灌輸到我們的心中，因爲有見識的人經常用虛僞的謊言對付邪惡的歹徒，表示一種可能發生的想像，這時已經與同意沒有關係，因爲在這種狀況之下，只能爲不實的假定和欺騙的行爲負起責任[71]。因此，任何人要將這些事情從智者轉移到命運，很可以說不是因爲命中注定的關係才會出現同意的行動；因爲那種狀況產生錯誤的認同、承擔和欺騙，全部都是命中注定的緣故，人類受到傷害也是出於時運的不濟；基於這樣的理由使得智者免於擔負誤導我們的罪名，同時可以證明命運並非所有事物的成因。如果人類產生幻想和遭到傷害不是因爲命運的關係，那麼他們實施或感覺正確的行爲，以及從堅定自己的信念到獲得它帶來的恩惠，也都莫不如此；同時也不會留下一種論點認爲命運是所有事物的成因。

有人提到克里西帕斯曾經考慮相關的事項，認爲命運沒有爲自己提出足夠的成因，僅僅算是一種偏見而且在本身引起爭執。他極其讚賞荷馬對宙斯的看法：

各位只有接受他送來的悲傷[72]

(續)

斯的阿密尼阿斯(Ameinias)，後來成為哲學家阿波羅紐斯的門生，這時阿波羅紐斯正主持優布利德(Eubulides)學院；據說斯多噶學派的創始人季諾，曾經在那裡學習辨證法。

70 皮修斯(Boethius)對斯多噶學派提出類似的問題，要求戴奧多魯斯給予答覆。

71 斯多噶學派的智者不會害人也不受別人的傷害，不會騙人也不受別人的欺騙，在某些狀況和環境當中也會犯錯，絕不是有意為之或存心為惡；參閱阿尼姆《古代斯多噶學派殘卷》第3卷No.554、555、567、587、588。

72 荷馬《伊利亞德》第15卷109行；參閱阿尼姆《古代斯多噶學派殘卷》第2卷No.925。

或者好處；以及優里庇德的詩句：

宙斯啊！為何我們這些凡人，
非得要明瞭極其不幸的事情；
除了你神聖的智慧給予指引，
否則沒有依靠變得寸步難行。[73]

他詳盡描述自己完全贊同的情緒，最後還說自己順從宙斯與命運吻合的主意，毫無一點猶豫和猜疑的心理。前面已經提過的成因要是與後面有充分理由的成因經過比較，就顯得它的立場不夠堅實，等到其他更加優越的成因出面反對，就更加難以達成預定的效果；克里西帕斯宣稱命運是一種所向無敵、難以抗拒和堅毅頑強的成因，可以將它稱爲「忠誠正直」、「不屈不撓」和「下定決心」，如同用一個名詞可以代表所有的事項。那麼是否我們該說，無論是贊同的行動或者問題的是非對錯，都已經失去應有的控制？或者我們該說命運已經失效、決定已經無望以及宙斯的運動和靜止已經落空？提到的兩種結果之中，命運居前是有充分理由的成因，後者是前面已經提過的成因；如果在所有事物當中它是有充分理由的成因，命運會逼我們放棄自由意志，不讓我們的力量發揮作用；如果是前面提到的成因，就會喪失毫無阻礙和最大效益的特性。

不僅是一二次而已，他把握所有的機會總要表示自己的看法，事實上甚至在他的物理學著作中，都要撰寫一些文字，提到自然界某些特定的實體和運動，存在很多的險阻和妨礙，只有宇宙從整體來看可以完全付之闕如。宇宙的運動延伸到一些特定的組成部分，如果這時出現停止和受阻的狀況，何以原先的運動不受干擾和妨礙？一個人無法幸免於阻隔是很自然的事，就是他的手和腳有時也會受到束縛；一艘船的運動同樣無法避開各種妨礙，如果它的帆和槳在操作上面產生問題，還是給它的航行帶來很大的影響。除了這些以外，如果心靈的想像完全與命運無關，那麼命運無須對同意的行爲負起任何責任，然而，要是命運產生心靈的想像，有助於出現同意的行動，那就可以說同意的發生是順從命運的安排，等到命運在事物的重要時刻產生幻覺，其間的差異在於彼此都將心意投向相反的方位，這時怎麼能說命運的本身不會產生爭執？

等到發生這樣的狀況，斯多噶學派人士[74] 會說，他們所犯的錯誤在於用依附

73　優里庇德的悲劇《哀求者》734-736行。

某種幻想，取代應該暫時停止的判斷，如果幻想出於微不足道的事項，他們覺得受到冒犯；如果幻想的內容過於虛假，他們覺得受到欺騙；如果幻想讓人無法理解，他們覺得相當失望。然而三件事情當中總有一件眞實無虛：並非每一個心靈的想像必然是命運的工作；或者一個心靈的想像每次的接受也就是每次同意的行動必然不會發生錯誤；或者命運的本身對於上述兩者必然不會產生牽連；因爲我並不了解何以在產生這一類的幻想以後，命運還能免於受到大家的責備，特別是那些並沒有抗拒這方面影響的人士，反而引起斯多噶學派的非難，說他們不該屈服和聽從幻想的指使。你可以看一看，克里西帕斯和安蒂佩特會與學院派人士發生激烈的爭辯[75]，到底是什麼樣的題目？可以證明在沒有行爲或衝動之下不會出現同意，他們僅僅說些虛無縹緲的話，做出一無是處的假設，即使發生一種適合現狀的幻想，隨著產生的衝動還是沒有任何先期的屈從或同意。不過，克里西帕斯還說導致心靈的想像是神和智者，並不願意我們對它同意或屈從，對於它的提示僅有行爲和衝動，我們只有陷於邪惡的處境，懦弱的性格才會讓我們同意此種幻覺。

從這些陳述當中不難發覺其間的混亂和相互矛盾。他不會不表示同意[76]，只是這方面的行動不夠積極，等到能夠提供某些想像的空間，這時他把自己當成神或智者，知道憑著幻覺就可採取行動，已經沒有必要獲得同意。如果他知道無法接受的幻想不會產生有效的衝動，就會用虛假不實的錯覺誘導需要說服的對象。這時他成爲一個讓大家自動接受的成因，所以我們才會同意無法理解的事物，以至於犯下莫大的錯誤，落入很難堪的處境。

(續)

74 阿尼姆《古代斯多噶學派殘卷》第2卷No.993；斯多噶學派成員對命運所持的態度，可以參閱本書第8章〈論機遇〉和第46章〈論命運〉。

75 參閱阿尼姆《古代斯多噶學派殘卷》第3卷No.177；學院學派主要的問題都由阿昔西勞斯和喀尼德出面辯護，因為季諾提出斯多噶學派的原理原則，受到阿昔西勞斯的攻訐，引起克里西帕斯與他發生爭執；後來喀尼德想要駁斥克里西帕斯提出的論點，反而受到與他同時代人物的杯葛，特別是塔蘇斯的安蒂佩特極力反對不遺餘力。

76 參閱阿尼姆《古代斯多噶學派殘卷》第3卷No.177；這方面的爭辯與斯多噶學派的理論沒有關係，只是用來加強對於自相矛盾的說法給予支持而已。

第七十二章

斯多噶學派的言論較之詩人更為荒謬悖理

1 品達的詩描述西尼烏斯(Caeneus)有很大的本領，雖然出於虛構，卻說他的身體能夠刀槍不入，最後

毛髮無損沉入陰曹冥府，
地面開裂只要舉起雙足。[1]

斯多噶學派的拉佩茲(Lapith)[2]，大家把他看成意志有如鋼鐵的人物，雖然不能幸免於傷害、疾病或煩惱，卻對丟掉性命絲毫不感到畏懼，身受酷刑一點都不覺得痛苦，就是家園受到摧毀以及面臨個人的災禍，都不會因而懷憂喪志坐困愁城。再者，品達筆下的西尼烏斯遭到打擊不會負傷，要是與斯多噶學派的智者相比，後者囚禁在監牢不會覺察任何妨礙，懸岩上面扔下還能保持心平氣和，綁在拷問架用刑還是若無其事，砍去四肢不會認爲有任何傷害，拋進角力場中仍舊不屈不撓奮戰到底，等到四周都是攻城機具還說沒有受到包圍，即使被敵人出售爲奴還是不承認自己是俘虜。他像是一條經歷暴風雨破壞不堪的船，上面刻著「航行順遂」、「上天保佑」和「逃脫危險」這些字樣。

1 貝爾克、希里德《品達的吉光片羽》No.167；希臘神話的西尼烏斯是一位所向無敵的拉佩茲人，馬人拿起巨大的樹幹當武器，將他打進黑暗的地獄；參閱蒲魯塔克《希臘羅馬英豪列傳》之〈帖修斯傳〉29節，以及奧維德《變形記》第12卷189-209、450-535行。

2 拉佩茲人是居住在帖沙利地區一個部族，素以英勇善戰知名於世，據說帖修斯在他們的協力之下，馬人被打得大敗而逃。前面提到的西尼烏斯原本是個婦女，海神波塞登將她變成雄赳赳氣昂昂的男士。

2 優里庇德的詩中人物愛奧勞斯(Iolaus)是位虛弱多病的老人，經過一番祈禱突然變成年輕力壯的勇士[3]，斯多噶學派的智者昨天還是醜陋又邪惡的歹徒，今天在一剎那之間改頭換面非常講求德行，像是一個滿臉皺紋和病容如同伊斯啓盧斯所說

受腰痛折磨的可憐老人，[4]

變成英俊又瀟灑的翩翩君子。[5]

3 雅典娜讓奧德修斯的皺紋消失長滿頭髮，猙獰的面孔變得容光煥發[6]；斯多噶學派當中那位智者，雖然歲月不饒人，身上多了若干病痛，即使還是駝背、獨眼加上牙齒都已脫落，身體沒有變形，容貌沒有損毀，看起來倒是不會讓人感到厭惡……[7] 就像一般人提到蟑螂避開香味追逐腐臭的東西，因之斯多噶學派的成員喜歡結交污穢又有殘疾的人物，他們經常保持孤獨不與世人來往，然而智慧的光輝會變化氣質，使得他們浮現美麗的面孔和挺拔的身材[8]。

4 一個人接受斯多噶學派的教誨，即使早晨還是十惡不赦之徒，只要把握可貴的機會，到了中午變成敦品勵學的君子。落入夢境竟會如此瘋狂、愚蠢、偏頗、放縱和平凡，像是受到上天的指使，成爲一個奴隸、一個賤民或一個窮人，就在同一天從夢中醒來，又回復到一個幸福又富裕的國王，變得清醒、公正、穩定而且不受幻想的迷惑。他沒有長出鬍鬚，年輕又柔軟的身體還沒有出現思春期的特徵，卻能在那薄弱、嬌嫩、細緻和易變的心靈當中，擁有完美的智慧、周到的審慎、神性的氣質、免於幻想的知識和堅持理性的習慣；這些不會讓他的邪惡和腐敗，獲得任何先期的減輕和廢除，而是瞬間從最凶狠的野獸，轉變

3 優里庇德《海克力斯讚歌》849-863行；這裡提到的愛奧勞斯是海克力斯的姪兒。

4 瑙克《希臘悲劇殘本》之〈伊斯啟盧斯篇〉No.361。

5 按照斯多噶學派的論點，只有智者才配得上美男子的稱呼；參閱阿尼姆《古代斯多噶學派殘卷》第1卷No.221及第3卷No.591。

6 荷馬《奧德賽》第6卷229-235行、第16卷172-176行。

7 中間像是有一段脫落的文字，否則情節顯得過分的突兀；只有運用詩人神奇的想像，奧德修斯才會變得如此英俊，瑙西卡在一瞥之下就愛上了他，參閱荷馬《奧德賽》第6卷242-245行。

8 參閱本書第73章〈對斯多噶學派一般概念的駁斥〉28節；以及阿尼姆《古代斯多噶學派殘卷》第3卷No.716、717。

成幾乎要稱之爲英雄、精靈和神明之類的人物。如果一個人能從斯多噶學派得到德行，很可能會說：

> 問吧！全都能如其所願。[9]

因爲德行會給他帶來傲人的財富，會讓他擁有君王的權勢，會使他萬事順遂好運連連，雖然他自己沒有一個銅板，還是享盡世間的榮華，滿足所有的需要。

5 帶有詩情畫意的傳說，會讓人看出前後不一的情節，海克力斯像是不食人間煙火，他和他的同伴如同高山流出的清泉，來自富饒之地從來不吝惜任何物品[10]。即使讓他得到斯多噶學派龐大的寶藏，雖然變得極其富有，還是要向別人乞求麵包，雖然他是一個國王，解決三段論法的問題還是要付學費，雖然他擁有一切，還要租房子住和借錢買吃的東西，甚至向一無所有的人要求給予施捨。

6 再者，伊色卡的國王所以要求別人的救濟，那是提防有人認出他的身分，盡可能「裝扮成一個可憐的乞丐」[11]；他要是來自斯多噶學派就會大喊大叫：「只有我才是國王，只有我富有四海」，經常在看到其他人的家門就說[12]：

> 可憐的神劇作家真貧窮，
> 請大家送他禦寒的斗篷。[13]

---

9 柯克《阿提卡喜劇殘本》之〈米南德篇〉No.537。

10 河神阿奇洛斯(Achelous)從海克力斯的手裡得到失去的羊角，就將一塊肥沃的地區送給他作為回報，因為這角是阿瑪昔婭(Amaltheia)死後留下的遺物，阿瑪昔婭是一隻母羊，宙斯還是嬰兒的時候，曾經受過牠的哺乳。

11 荷馬《奧德賽》第16卷273行及第17卷337行。

12 作者是西元前6世紀以弗所的詩人希波納克斯(Hipponax)；貝爾克《希臘抒情詩集》No.17。

13 蘭普瑞阿斯《目錄》列入的蒲魯塔克作品中，編號79的題目是〈斯多噶學派的言論較之詩人更為荒誕悖理〉，編號143的題目是〈伊庇鳩魯學派人士的談吐較之詩人更為自相矛盾〉，這兩個主題的內容應該非常類似，甚至就是一篇隨筆有兩個名稱也說不定，只是前者保存部分殘卷，後者已經完全失傳；本篇隨筆從文字的結構來看，留存的只占很少的篇幅，至於到底喪失多少，根本無從臆測。

第七十三章

對斯多噶學派一般概念的駁斥

對話者：蘭普瑞阿斯和戴杜米努斯

1 蘭普瑞阿斯：戴杜米努斯(Diadumenus)，有人認爲你們的學院[1] 在哲理方面，對於一般概念並不表示贊同，看來你也對這個問題抱著毫不在意的態度。總而言之，你承認你藐視所有的感官，然而我們大部分的概念因而產生，毫無疑問，所幸你對於自然現象深具信心，這才是最穩固的基礎[2]。今天我在這裡心情非常激動，因爲討論的問題對我而言不僅重要而且陌生，除非你知道一種平息此事的方法，否則就會急著要用某種辯論或是符咒來對付我的輕率從事。

我已陷入如此重大的騷動之中，如同你看到的狀況，那是斯多噶學派人士讓我感到心煩意亂，他們不僅是正人君子還是我非常親近的朋友，卻抱著極其冷酷和激烈的態度來反對我就讀的學院。我的話不多，只是用來表示對他們的尊敬，然而面對事實我不會視而不見，知道他們用清醒而溫和的方式保持一貫反對的立場。他們對於年長的學院派成員，帶著怒氣將他們稱爲詭辯家和哲學家當中的墮落分子、方法論的顛覆者，以及其他非常惡毒的話，最後他們將攻擊的矛頭指向概念，雙方的談論像是學院派的成員，將會同意讓它完全失效或是將它整個撤銷。

他們之中有人這樣表示，克里西帕斯(Chrysippus)接踵阿昔西勞斯(Arcesilaus)而來，又能現身在喀尼德的面前，並非機運而是天意使然[3]；須知克里西帕斯對於日常經驗亦即習慣，是反對不遺餘力的始作俑者；喀尼德卻是學院派成員當中

---

1 這是指季諾在西元前4世紀設置在雅典波伊克勒柱廊附近，並以「柱廊」為名的學院。

2 柏拉圖學派成員攻擊斯多噶學派的認識論，主要的依據是感官的不足信賴；參閱西塞羅《學院思想》第2卷42節。

3 阿昔西勞斯(316-241 B.C.)生於伊奧利亞的普塔尼，接替克拉底，成為學院學派的領導者；克里西帕斯(280-206 B.C.)生於西里西亞的索利，開始在學院追隨阿昔西勞斯，受到克利底斯的影響投向斯多噶學派，成為斯多噶學院的首腦人物；喀尼德(213-129 B.C.)是來自塞倫的哲學家，新柏拉圖學派的倡導者。三人當中前兩者有師生關係，後兩者因年歲相差太遠，不可能產生直接的影響。

的精英。不管怎麼說，克里西帕斯來到兩人當中，他用反對阿昔西勞斯的措辭，大肆攻訐喀尼德的精明能幹。因爲他留給感官的知覺作用很多強大的援軍，能夠對抗外來的圍攻，使得混亂的狀況全部得以暫停，特別是成見和概念兩者大不相同，應該將它們放在適當的位置；結果是他們再度捲入糾紛之中，無法平靜的局勢幾乎不能完成任何工作，受到說服要成爲帶有惡意和欺騙的詭辯家。即使是在涼爽的清晨，這樣的談話還是讓我感到渾身發熱，就像是發炎以後需要退燒一樣，我要使迷惑的心靈能夠豁然開朗。

2 戴杜米努斯：你所遇到的狀況很多人都有這種經驗，可以說沒有什麼奇怪的地方。好吧，你相信詩人描述的狀況，古老的城市夕庇盧斯(Sipylus)遭到摧毀出自神的意願，因爲那裡的市民懲處坦塔盧斯(Tantalus)[4]；還接受來自斯多噶學派的同伴所持的說法，自然女神讓克里西帕斯來到世間，不是機緣湊巧而是天意使然，祂要讓活在底層的人上升，原來在上位者下降。就達成這個企圖而言，沒有任何人比他更爲適合。如同加圖口中提到的凱撒，沒有人能像他那樣，靠著清醒的頭腦和堅毅的心志進入政壇，目的是爲了連根摧毀當時的共和政體[5]；就我看來凱撒運用過人的勤奮和精明，顛覆和推翻傳統的習慣和日常的經驗。等到他們與他發生爭論，這時關係到巧辯的能力就將他稱爲「說謊的騙子」[6]，他們使用誇張的手法已經獲得證實；閣下，據說從相對的立場得到這樣的結論並非很明顯的錯誤，再說同樣的命題有精準的前提和正確的歸納，得到眞實的結論卻完全相反，概念的展示和假定的保證難道就不會面臨翻覆的下場？

有人提到章魚在冬季會咬齧自己的觸鬚[7]，克里西帕斯的辨證法對於本身的學理，會削減和毀損其中最重要的部分，還有那些會出現差錯的概念沒有受到懷疑能夠保存下來？他們沒有眞正的考量，動搖的基礎位於產生如此重大迷惑和混亂的環境，它的上層結構實在有欠堅實和穩固[8]。如同對付全身泥濘或灰塵的敵

---

4 夕庇盧斯是利底亞位於夕庇盧斯山麓的小鎮；坦塔盧斯是宙斯的兒子，犯了十惡不赦的罪行，打進地獄受盡各種折磨。世人不應舉行祭典給予懲處，難免會引起宙斯的憤怒要施加報復。

5 參閱蘇脫紐斯《封神的朱理烏斯》53節；以及蒲魯塔克《希臘羅馬英豪列傳》之〈小加圖傳〉66節；甚至凱撒受到暗殺都是基於這個緣故。

6 這種顛倒黑白和不辨是非的謾罵之辭，優布利德在爭論當中落到下風，就用在亞里斯多德身上，參閱戴奧吉尼斯・利久斯《知名哲學家略傳》第2卷108-109節。

7 參閱赫西奧德《作品與時光》524行；以及伊利安《論動物的習性》第1卷27節。

8 參閱柏拉圖《法律篇》793C；盧克里久斯《論萬物的本質》第4卷513-521行。

手，當他們想要拂去或是擦掉這些污物的時候，看起來像是要多加一些而不是清除乾淨。因此這些人責備學院派人士，相信他們是發生這些狀況的成因，同時還證明他們已經變得污穢不堪，事實上等於說他們受到抹黑，試問還有什麼人能比斯多噶學派成員，更會曲解傳統的習慣和日常的經驗？只要你樂意這樣做，就讓我們放棄對於斯多噶學派人士的譴責，全心用來防範他們提出的指控。

3 蘭普瑞阿斯：戴杜米努斯，看來我今天要扮演一個多重性格又善變的角色，剛才我還感到沮喪和震驚，像是要向人道歉的樣子，現在我變成一個指控者，看到各位先生為哲學的理論說服，反對日常的經驗和推測的假定，心中不禁暗自享受報復的快慰；因為追本溯源主要是從這些經驗和假定當中，使他們能夠建立言行的規範和準則，同時他們還說這一切都符合自然之道。

戴杜米努斯：好吧，看來我們要以常用和著名的概念，當成居於首位的訴訟目標，甚至斯多噶學派人士都認同這些概念何其荒謬，可以稱之為悖論亦不為過，因為在他們的概念當中，只將智者視為國王，或者是有錢的財主和英俊的男士，或者是市民和法官；對於他們的主張和論點應該從事最嚴密的檢驗，難道就像我們為了腐敗和破爛的貨物來到市場，最後只能置之不理？

蘭普瑞阿斯：就我的立場情願運用後面這種方式，對於提到的悖論還有誰尚未準備好反駁的言辭？

4 戴杜米努斯：首先要立即考量這個問題。他們認為那些順應自然的事物彼此都是漠不相關[9]，所以不會讓健康、活力、美麗和強壯成為選擇、利益、長處或自然完美結構的目標，再者不會受到它們的反面，像是殘缺、痛苦、畸形或疾病給予的傷害，也不致成為避免的目標，要是這些都是根據一般概念，還能說它已經與自然之道完全一致？就是斯多噶學派人士都會表示，自然讓我們帶著容忍之心，厭惡後面所提反面的事物，對於前面的健康、活力、美麗和強壯，表現出情投意合的態度；這些同樣與一般概念形成尖銳的對立，可以說完全出於自然律的引導，會讓無法運用和一無是處的事物，彼此變得契合無間，反而使相當美好或沒有傷害的事物，彼此產生仇恨敵意。雙方的親密和厭惡是如此強烈，甚至會使人拋棄生命自殺身亡，一個合理的解釋就是錯失兩情相悅的意念，陷入反目成仇的處境。

9　參閱阿尼姆《古代斯多噶學派殘卷》第3卷No.146。

5 我認爲這些人說起他們所以會背棄一般概念，那是因爲自然界抱著漠不關心的態度，贊同自然之道比較起來是最好的做法，如果法律和道理都不夠完美和正直，即使順從法律的規範或者爲道理說服，都不能算是盡了個人的責任。看來這方面的說辭是最不足取的地方，如同克里西帕斯在第一本作品討論有關「勸戒」的問題，特別提到幸福的生活在於遵從德行的規範，還說「所有其他的事情不能發生多少作用，對於達成人生的目標也沒有什麼助益」，看來自然界不僅不會視若無睹，還用愚蠢和可笑的態度，將那些情投意合的事物授與我們，其實對我們是一無是處；當然我們也是聰明一世糊塗一時，爲了緊抓已經到手的東西，就認同自然界的觀點，誰知表面看來吸引我們的事物，對於幸福的生活沒有一點貢獻。前面提到爲了要過贊同自然之道的生活，就把順應自然的事物當成選擇的目標，還有就爲了過舒適生活所需要的事物，究竟以何者更能符合一般概念？不過，斯多噶學派不會談起這方面的事，他們將贊同自然之道的生活當成人生目標的同時，卻對那些順應自然的事物抱著毫不在意的態度。

6 要說那些有見識而且生性謹慎的人，他們對於同樣美好的事物毫無偏頗之心，還是認爲有些部分不值得信賴，對於剩下的部分認爲可以接受和容忍，雖然這些事物彼此之間就重要性而言沒有什麼差別，我們拿來與背離一般概念做一比較，只有過之而無不及。根據斯多噶學派的說法，一個人無論他的節制在於不受拉伊斯或弗里妮的誘惑，他的毅力在於忍受手術刀和燒灼術帶來的痛苦，要與忍受蚊蟲叮咬的毅力與拒絕快要踏入墳墓的老嫗談情說愛那種節制做一番比較，認爲都是正確的行爲因而無分軒輊；我們只要稍有見識，知道前者的舉止多麼高尚，何況還有性命之憂；要說後者的光彩，僅是一種反嘲和笑談而已。其實克里西帕斯在他的著作《論宙斯》和第三卷有關「神明」的章節當中，特別提到這件事，說是將忍受蚊蟲叮咬的勇敢與禁絕不久人世的老婦人帶來的引誘，當作無上的美德大肆表揚，不僅荒謬絕倫而且讓人感到厭惡。等到他們知道沒有任何行爲，能夠比起對於不當的讚譽感到羞辱更加美好，難道就不深入考量這樣做會與一般概念背道而馳？到底是什麼原因使得這些選擇或接受的目標，視爲不值得稱許或讚美，甚至使得斯多噶學派認定這些大肆頌揚的人不僅荒謬而且乏味？

7 我想要是從這方面來看，顯然你對於一般概念更無好感，一個有見識的人對於他是否欣賞偉大的事物，總是露出無所謂的神情，對於這些事情

的處理和對待，同樣抱著不置可否的態度。因爲所有的人都可以從

廣袤的大地獲得豐碩的收成，[10]

有人認爲那些收成是指利益、好處和抉擇的目標，只要出現大家就可以充分運用，一旦缺乏就會引起欲念和渴望；還有人不予理會，那是不願自己爲了身外之物增加煩惱，特別是爲了娛樂或消遣更沒有這個必要。事實上，要想分辨勤奮的人物或輕浮的傢伙，沒有任何標準比起這個更爲管用，那就是他們經常工作非常忙碌：顯然後者也會應接無暇，重要是否幾乎沒有任何差別；前者的繁忙都是有用和有利的事物。

斯多噶學派對這方面的著眼是反向思考，一個睿智又生性謹慎的人與他們交談，提到很多值得理解和記憶的事，只是其中很少屬於他關心的範圍，當然他對其餘的題材不予理會，最後給他的印象如同去年張三打了一個噴嚏，或是與李四玩球一樣，記不記得已經沒有關係。然而每一種理解或記憶對於智者而言，只要成爲明確和堅實的知識，這不僅重要而且極其美好[11]。智者對於健康的惡化，病痛的折磨和財產的損失，因爲沒有發生在自己身上，難道會同樣毫無關懷之情？或者如同克里西帕斯所說的那樣，生病非得付費給醫生，賺錢非得航向博斯普魯斯去見那裡的君主琉柯，或是到海外去找錫西厄的國王艾敦色蘇斯？他喪失某些知覺以後，還能忍受這種生活沒有度日如年的痛苦？他們對於漠然以待的事物帶來的煩惱和付出的關懷，根本不在乎是否擁有或喪失它的極度完美，處於知識欠缺的狀況何以還能對反駁一般概念進行應有的沉思？

8 這也用來反駁一般概念，等到一個人從最壞進入最好的處境，他不會願意這樣做。因此斯多噶學派的智者就會遭遇類似的狀況，經由極惡到極善的變化，以及逃避最悲慘的生活同時還能獲得最幸福的生活之後，他沒有顯出快樂的跡象和欣喜欲狂的表情，甚至重大的改變也不會讓他產生激動，就在抵達明確而牢靠的至善福地，他把邪惡的行爲和不幸的往事全部留在後面。一個人爲了保持穩定不變的判斷和決定，即使違背一般概念還是值得嘉許，然而他想要進

10　貝爾克《希臘抒情詩殘卷》之〈賽門尼德篇〉No.5；引用於本書第34章〈論寧靜的心靈〉10節。

11　斯多噶學派的智者擁有明確和堅實的理解能力，從而可以得到知識和實踐善行；參閱阿尼姆《古代斯多噶學派殘卷》第1卷17頁和第3卷147頁。

步抵達最高的境界就不必這樣做，等他得到以後無須過分關切，在很多狀況之下，爲了這方面的安定和繼續，甚至連反掌折枝的努力都認爲沒有必要，他們相信這是完美的至善。

斯多噶學派的成員不僅只說這些話，接著還加以補充，須知時間的延續不會增多美好的事物，一個生性謹慎的人處於如此短暫的時刻，不會感到自己的命運不如別人，只要全力實踐德行就會生活在幸福之中。就在他們用激烈的態度堅持原來的看法，換個方式說是短暫的德行沒有多大意思：「一個人馬上面臨海難或是從懸崖上面墜落，即使再謹慎又能發揮什麼作用？利查斯(Lichas)被海克力斯射殺之際，想要去惡爲善又能帶來什麼好處[12]？」那是說一個人經過諸如此類的思考，提到片刻的德行可以擁有無上幸福的同時，又將它貶得一文不值，看來不僅要與一般概念唱反調，同樣會使自己的論點弄得糟不可言。

9 讓你感到最驚訝的地方不在這裡，而是斯多噶學派成員對德行和幸福所持的信心，問題是他到現在仍未了解到一件事，那就是沒有多久之前，他還是最可憐和最愚蠢的人，突然之間變得謹愼而且受到上天的厚愛。事實上，他非常清楚而且避開無知的指責，現在不能很幼稚的表示，因爲每個人對這個問題都很審愼，所以他對此一無所悉；根據一般的說法，他要是對於出現的狀況沒有反應，那是他們讓這些優點和長處，變得不重要而且失去影響力。因此按照他們的說法，並非感官無法很自然的察覺，從相反的觀點來看，甚至克里西帕斯在他的著作當中，討論有關「人生的目標」這個問題的時候，特別表示善可以感覺，他還認爲能夠提出證明。僅僅留下一種可能就是它過於微弱和細小，才會規避感官的知覺作用，就會對它的在場一無所知也難以發現。再者，視覺的意識作用讓人感到荒謬，很容易發覺稍微帶有白色的物體，反倒是白到極點的東西，看起來會模糊不清，就觸覺來說對於溫熱非常敏感，物品處於炙熱的狀況會讓人失去感覺。

更爲荒謬的地方在於人類的理解和認知通常要順從自然律，像是健康和體力的狀況，自己很容易感覺得到，反倒是德行的實踐無法得知，何況斯多噶學派始終認定德行完全順從自然律。一個人明白健康與病痛之間的差異，卻無法理解智

---

12 利查斯是一名傳令官，從笛阿妮拉(Deianeira)那裡帶來一件長袍，送給她的丈夫海克力斯穿用，誰知她將馬人尼蘇斯的血染在上面，只要穿上就會慢慢窒息而死，海克力斯發現大事不好，立即將利查斯摔死，屍身投入大海；參閱索福克利的悲劇《特拉契斯的婦女》772-782行。

慧與愚蠢有何不同，難道只是認爲這可以表示病痛或愚蠢已經除去，並不能表示健康或智慧已經獲得？人們到達發展的頂點就會讓幸福和德行互換，兩者之一必須爲眞：這個發展並不是指罪惡和不幸而言，或者說美德與惡行相距不遠，即使幸運與悲慘亦復如是；惡與善之間的差異很小，甚至感官都無法辨別，局外人要是未能多加注意，就無法用後者取代前者。

10 斯多噶學派拒絕放棄任何互相衝突的主張，宣稱要將它們放在一起，須知人們所以要求進步，那是知道自己的愚蠢和墮落，等到他們變得睿智和善良就會忘記追求進步，這就是精明和糊塗最大的差異；在你看來似乎他們像是用一種令人驚異的方式，好來肯定在他們的論點當中所發現的矛盾[13]？更爲明顯的是他們的行爲，等到宣稱這些人不是智者，全部具有相當程度的罪孽、不義、失信和愚笨；從另一方面來說他們受到厭惡和憎恨，甚至被人白眼相看拒絕交談，爲何還有人對他們信任備至，願意將錢財託付他們保管，選舉他們出任官吏，或是將女兒嫁給他們爲妻？要是他們帶著戲謔的態度提到這些事情，就會放鬆嚴肅的面孔變得平易近人，要是用哲學思惟的方式像是非常認眞的樣子，就會背離一般概念像是用同樣的話去指責所有的人，其中有些是謙和的君子也有邪惡的小人；這時會對克里西帕斯感到驚奇不已，對於阿勒克西努斯(Alexinus)[14] 則大肆嘲笑，認爲這兩位比起其他人士不會愚蠢多少。

他們說道：「不錯，一個人的身高無論一肘尺還是五百噚，同樣會在大洋當中淹死；如同這兩位都沒有什麼惡行，卻能向著德行精進，何以還得要求他們去完成做不到的事；如同一位瞽者雖然恢復少許視力，別人還是把他看成一個瞎子，所以一個人始終會爲大家當成無知的傻瓜和墮落的壞蛋，除非他能達到德行所要求的標準。」這些人求得進步不會效法瞎子或淹死的人，因爲他們看到東西非常明晰，或是他們會游泳而且又接近港口；斯多噶學派已用他們的行爲加以證實。他們不會運用顧問、將領和立法者當作瞎眼的嚮導，如果在他們看來所有的人同樣會淹死在愚蠢和墮落之中，也就不會效法這些人的工作、行爲、語言和生活。讓大家不要理會這些，只對斯多噶學派的人員感到驚奇，他們沒有能從自己的經驗中記取教訓，放棄原來遵循的觀點，使得那些稱爲智者的人，對於沒有遭

13　斯多噶學派一直強調他們的體系能夠保持內部的和諧，蒲魯塔克力言他們的行為和主張的信念，彼此之間充滿衝突和對立；參閱本書第71章〈論斯多噶學派的自相矛盾〉1-3節。

14　阿勒克西努斯是西元前4世紀末葉一位知名的詭辯家。

到淹死以及白天看得清楚一事，根本從無覺察也不了解現況，仍舊讓邪惡的氣焰高張，使得他們只有嘆息而已。

11 有些事實還是會與一般概念相違，像是一個人擁有所有美好的事物，過著毫無缺陷的幸福生活，竟然要自我了斷放棄生命；還有更爲背離一般概念的狀況，一個人從未擁有任何美好的事物，一生總是陪伴著橫逆、困苦和災禍，還是奮鬥不息絕不輕言離別人世。這是爲斯多噶學派制定的法律[15]，說服很多智者願意爲了追求幸福捨棄性命，使得很多卑劣的傢伙情願苟且偷生，理由是他們適合過不幸的生活。雖然對他們而言，智者受到上天的保佑享有幸運和美好，終生免於頓挫和危險，這時貧寒和落魄的人會說：

> 我已飽嘗悲痛再無接納餘地。[16]

他們認爲後者還是應該活下去，到是前者就此了斷殘生已無遺憾。

克里西帕斯說道：「衡量生命不能僅用善和惡作爲標準，要看事物順從抑或違反自然律。」這種方式是讓普通人和哲學家用日常經驗來檢視一般概念，你有什麼意見？人們沉思生與死的問題卻沒有考量

> 好與壞都有機會發生在住處，[17]

或者像是新鑄的錢幣在天平上面用來稱它的重量，可以查知有關幸福或不幸的現況，至於需要活下去還是放棄，何以非要拿沒有利益或造成傷害的東西作爲計算的基礎？等到產生的後果是只有規避的事物才會到手，渴望獲得的目標始終無法達成，爲何這才知道選擇的生活方式並不適合這些原則和前提？

蘭普瑞阿斯，有的人並沒有厄運落到他的身上，還是不願倖存於世，這種事根本沒有道理可言；更荒謬的狀況是把擁有的美好事物，無論丟掉還是錯失都抱著漠不關心的態度；如同有些人渴望所沒有的財富和健康，情願放棄現有的幸福和美德。

---

15 阿尼姆《古代斯多噶學派殘卷》第3卷No.759；斯多噶學派的信條認定智者獲得盡善盡美的幸福，所有其他人等都要陷入不幸的處境；參閱西塞羅《論目的》第3卷26節。

16 優里庇德《海克力斯讚歌》1245行。

17 荷馬《奧德賽》第4卷582行，據說犬儒學派的戴奧吉尼斯經常引用這句詩。

克羅努斯之子宙斯有番說辭，
心甘情願上當就是格勞庫斯；[18]

就拿價值一百頭牛的黃金鎧甲交換只值九頭牛的青銅鎧甲。然而在戰鬥的時候，兩者的效果並沒有什麼差別，鑑於斯多噶學派認爲形體的美觀和健康，對於幸福的生活不見得有很大的助益和好處，然而他們還是願意用身體的健康來交換聰明的頭腦。

他們提到赫拉克利都斯和菲里賽德兩人，前者爲了除去蝨子帶來的傳染病，後者想要治癒水腫，他們同意放棄擁有的德行和智慧；如果喀耳刻有兩種神奇的藥水，一種可使聰明的人變得很笨仍然保持人的形狀，另一種是使一個傻瓜變成聰明的驢子[19]，奧德修斯還是願意飲下讓人變笨的藥水，也不願失去人形成爲可憎的野獸，雖然這時可以保持原有的智慧，如同有人認爲智慧才能讓人幸福。他們會說這是智慧本身的訓誡和指示：「不要管我讓我走，因爲我像固執的驢子已經無藥可救。」有人說這是一頭驢子的智慧才會給予這種命令，如果確實享有智慧和幸福那該多麼美好，就是長著一副變形的容貌也會表示不在乎的樣子。

他們提到埃塞俄比亞有一個部族是在一條狗的統治之下，牠享用國王的名號、福利和禮遇，只是所有的政務還是掌握在人的手裡。斯多噶學派難道沒有使用同樣的方式？他們將神的名字和外貌給予德行，說只有它是欲望、利益和效用所要達成的目標；等到他們執行這些行動，思索這些情況以及他們的愛好、生活和死亡，如同他們對這些事務的指使，表現出一副與自己無關的模樣。狗不會遭到埃塞俄比亞人的殺害，反倒享有崇高的地位接受他們的致敬；至於斯多噶學派的成員對於健康和沒有痛苦的生活，懷有深厚的情感和依戀，所以才會讓他們的德行從根基開始腐爛和崩潰。

12 克里西帕斯讓他的主張接近最後的終結，就所討論的題目而言，我們不必再因他的說法感受困擾。自然界當中有些事物稱之爲善以及一些稱之爲惡，還有位於中間稱爲善惡難分[20]，沒有人說不願行善而以可善可惡

18 荷馬《伊利亞德》第6卷234行，提到的格勞庫斯是科林斯國王，希臘人當中只有他是特洛伊人的盟友。

19 荷馬《奧德賽》第10卷210-243行，凡人只要喝下喀耳刻的藥水，就會變成狼、獅子和野豬，就是沒有驢子。

20 根據色克都斯的評述，舊學院學派、逍遙學派和斯多噶學派主要的差異，就是對善與惡所持

爲滿足，或者捨棄可善可惡非要爲惡。不僅如此，我們還要讓神明成爲證人，特別拿來用在我們的祈禱當中，首先乞求祂讓大家擁有美好的事物，如果這樣做辦不到，就拯救我們免於邪惡；心中不要懷著不好的念頭，不能在無意之中讓邪惡取代美好，總是一心一意要讓美好接替邪惡。不過，問題在於他們變更自然律以及顚倒它的次序，從中間的位置向著極端移動，如同暴君將首席大臣賜與邪惡之徒一樣，它將極端的事物帶回中央。同時還爲我們制定一條法律，要以善爲首，其次是惡，最後經過判斷最低的等級屬於非善非惡，如同常人會將冥府的領域放在天國的事物之後，驅逐塵世和人間的事物進入地底的世界，那裡

遠離地表是暗無天日的深淵。[21]

第三卷討論有關「自然」的章節當中，他特別提起一個傻子活著總比死去有利，雖然他不管如何努力還是達不到智慧的境界，接著做進一步的說明：「善對於人類非常符合自然之道，這種方式就惡來說，較之居於中間位置據有更大的優勢；這不是它本身的長處而是理性使然，雖然我們都是傻子，還有責任讓我們遵從理性活在世上。」可以很顯然的看出，雖然我們處於不幸之中，對於神明不義、邪惡而又痛恨，至於那些存活在愚蠢當中的人，並不是不知道這方面的狀況。如果祂有權做出決定，爲何祂僅盡責使得我們過悲慘的日子，使得我們遭到痛苦的打擊，使得我們經常犯下錯誤，使得我們違背法律的規定；爲何不盡責讓我們免於這些可以避開的災禍？祂爲何能讓我們過舒服的生活卻不願意這樣做，祂有義務讓我們過得更好卻不願負起這方面的義務？「不錯，沒有理性和見識比當一個傻子更加難堪。」那麼如何才使他拒絕認同邪惡要比邪惡更壞這種說法？因爲他們宣稱在所有的理由當中，只有愚蠢可以成爲免除的藉口，如果他對我們負有更多責任，能夠規避提及的狀況，就是不讓我們成爲傻子，那麼這種事祂又何樂而不爲？

13 他在第二卷有關「自然」的章節當中，宣稱惡的起源使得整個宇宙並非無利可圖，任何記得他寫過這段文字的人爲何會感到煩惱？非

（續）

的論點和看法；參閱赫因茲(Heinze)《色諾克拉底的吉光片羽》No.76；亞里斯多德《範疇論》12A；以及柏拉圖《高吉阿斯篇》467E-468B和《會飮篇》202B。

21 荷馬《伊利亞德》第8卷14行；參閱柏拉圖《斐多篇》112A。

常值得用他的話來重複敘述他提出的主張，那是爲了使你能夠了解對於惡所持的觀點，以及與它有關的理論從這個人的手裡發展出來，堅持自己的原則認爲健康並非漠不相關，而且財富也不是一無是處[22]，所以才會對色諾克拉底和史樸西帕斯大肆抨擊：「惡一定要與可怕的事故加以區別，它之所以會被覺察在於它要依據自然律的規範，如果我能這麼說，它的起源對於整個宇宙並非無利可圖，除此以外善同樣無法存在。」

神明之中沒有所謂的善，因而也沒有惡的存在；等到宙斯靠著自己解決所有的問題，成爲唯一的主事者，所有的差異全部袪除，使得目前狀況之下的惡無法存在，同樣沒有善的生存餘地。如同合唱團沒有一位成員唱的和聲會走調，或是健康的身體沒有一個部位會生病，不過，就德行而言沒有惡的對比它不會呈現；如同蝮蛇的毒液或是土狼的膽汁，某些藥物的處方有它的需要[23]，因而梅勒都斯(Meletus)的陰狠可以凸現蘇格拉底的正義[24]，克利昂的庸俗可以襯托伯里克利的高貴[25]。如果宙斯沒有爲我們創造出薩達納帕拉斯(Sardanapalus)[26] 和費拉瑞斯(Phalaris)[27]，祂又怎麼會讓海克力斯和萊克格斯(Lycurgus)[28] 來到凡間？有時還能提到由於某人有強壯的身體才讓他患上肺癆，或是健步如飛才讓他得到痛風，阿奇里斯沒有長出一頭鬈髮，瑟西底也不會變成禿子[29]。斯多噶學派提到放蕩的緣起並不是沒有節制，或是不義的肇始沒有用得著正義，請問從上面的說法看來，毫無知識的販夫走卒與斯多噶學派的人士又有什麼差別？讓我們務必小心翼翼向著神明祈禱，因爲祂經常會使出邪惡的手段，諸如

22 赫因茲《色諾克拉底的吉光片羽》No.92；朗(Lang)《史樸西帕斯殘卷》No.59；參閱西塞羅《論目的》第4卷49節、《論法律》第1卷55節；因為柏拉圖學派的論點，認為健康和財富都可以為善或為惡，參閱柏拉圖《法律篇》661A-D。

23 土狼的膽汁可以入藥，參閱本書第45章〈論天網恢恢的遲延〉7節。

24 梅勒都斯負責起訴蘇格拉底，哲人得到處死的判決，參閱柏拉圖《優特弗羅篇》2B，蒲魯塔克在本書多次提到梅勒都斯的罪孽。

25 有關克利昂和伯里克利的比較，可以參閱蒲魯塔克《希臘羅馬英豪列傳》之〈尼西阿斯傳〉2、8節及〈伯里克利傳〉33節；以及本書第55章〈為政之道的原則和教訓〉。

26 薩達納帕拉斯是亞述國王，生性懦弱不理朝政，整天都在梳理和紡織紫色羊毛，亡故於636 B.C.。

27 費拉瑞斯是西西里最惡名昭彰的僭主，在位期間大約是570-544 B.C.，用極其殘暴的酷刑統治阿克拉加斯和阿格瑞堅屯，參閱本書第45章〈論天網恢恢之遲延〉7節。

28 海克力斯是斯多噶學派公認的英雄人物，成為勇敢和堅忍這兩種德行的楷模；萊克格斯是斯巴達體制的創立者，長久以來在法律方面最受推崇和讚揚。

29 荷馬《伊利亞德》第2卷219行；參閱本書第2章〈年輕人何以應該學詩〉10節，以及第43章〈論嫉妒與憎恨〉5節。

滿口仁義道德和奉承的謊言，
運用偷竊以及詐術加以欺騙；[30]

只要祂的企圖得逞，會使所有的德行全都蕩然無存。

14 何以你願意從祂那伶牙俐齒和似是而非的言辭當中，檢驗出最令人感到愉悅的樣本？他說道：「如同一位喜劇作家在他的作品當中，包含最有趣又生動的詩文和道白，雖然有時會庸俗不堪，卻讓整個劇本帶來歡樂的情節；所以惡會受到大家的譴責，然而對於整個宇宙並非毫無用處。」這是首次得知惡的肇始基於神明的天意，如同合於庶民口味的詩句爲了達成劇作家的企圖一樣，這種概念的荒謬已經超過我們的想像。爲何神明願意擔任善而非惡的分配者？爲何邪惡遭到神明的憎恨和厭棄？何以我們還要說出褻瀆的言辭如同：

神明對人類所犯最大的過失，
在於可以隨心所欲任意處置；[31]

以及

那位神祇挑起雙方拚死決鬥？[32]

再者，通俗的文字用來裝飾喜劇有助於目標的達成，會給觀眾營造出歡樂的氣氛和環境。

宙斯是至高無上的天父和執掌正義者，也是品達所稱最完美的工匠[33]，祂創造整個宇宙，我並不把它看成一幕富麗堂皇又情節動人的戲劇，而是一個適合神明和人類的城市，一起生活在和諧、幸福、公正和美德之中，爲了達到至善至美的境界，難道還需要強盜、凶手、逆子和暴君？因爲惡的到來並不像一個動聽的插曲讓神性感到滿意，不正義的行爲玷污人類的事務，並不是詼諧、歡謔和猥褻的表達方式，甚至就是豎琴演奏的時候，邪惡和偏頗不讓他們見到和諧的幽靈。

---

30 赫西奧德《作品與時光》78行。
31 瑙克《希臘悲劇殘本》之〈伊斯啟盧斯篇〉No.156。
32 荷馬《伊利亞德》第1卷8行。
33 貝爾克、希里德《品達的吉光片羽》No.57。

再者，通俗的詩句只是整齣戲中很小的部分，特別是在喜劇中只能占據有限的空間，用到的詩句不會多過其他的文字，無損於帶來驚訝和歡笑的情節，大家認爲這是寫得最好的地方。然而惡會使人情世故和整個生活變得齷齪不堪，人生從開始到最後的結束，整個過程充滿粗鄙、墮落和混亂，找不到一個不受污染和無須譴責的地方，如同斯多噶學派所說[34] 的那樣，這是一齣醜陋又讓人大起反感的悲劇。

15 因此我很想進一步的探討，證明惡確實有利於整個宇宙。他並沒有很肯定的表示，這些都是與上天和神明有關的事務；如果說在人類當中，從未存在或出現惡行、貪婪和謊言，或是我們沒有搶劫、勒索和謀殺，太陽不會照著規定的路線運行，或者宇宙保留它的時代和季節使之停滯，或是地球據有萬有[35] 的中央空間引起風和雨的襲擾。仍然有這樣的看法，惡對於人類和有關的事務，經過證明可以發揮功能，或許這些學者也要表達同樣的意思。

難道我們的身體更加健康是爲了做壞事，或是所有更好的事物都只是爲了供應生活的需要？或許證明惡對我們的用處在於促使更加美麗抑或更加強壯？他們對這些都加以否認。因而在這個世界上爲何只有最後的結局才讓惡發揮作用？或許是「一個沒有名字以及在夜間趕路像黑暗鬼魂[36]」的詭辯家，雖然在夢中是模模糊糊的樣子，現在如同惡一樣站在前面，讓那些清醒的人看得明白，知道它根本沒有任何用處，豈不是對起源於我們的德行而言，更爲荒謬？無論是農夫、船員和御手的工具都能發揮功能，有助於他們達成期望的目標，何以神明爲德行製造的工具，會用來破壞和毀滅德行，這能說它不令人感到奇怪嗎？看來時間已經用得差不多，現在應該換個題目了。

16 蘭普瑞阿斯：閣下，我個人沒有任何意見，倒是樂於聽到各位學者發表高論，問題就是壞何以在這個世界上會先於好，以及惡何以會先於善。

戴杜米努斯：蘭普瑞阿斯，毫無疑問，你說的題目到是値得聽一聽。他們結

34　或許就斯多噶學派的觀點而論，所有的人士除了智者，都無法避免落入極其不堪的處境；參閱阿尼姆《古代斯多噶學派殘卷》第3卷No.165、167及216。

35　這是斯多噶學派常用的術語，英譯是the sum of things非常口語化，中文可以譯為萬事萬物、大千世界、宇宙或萬有，譯者除少數例外，大都譯為「萬有」。

36　優里庇德《海克力斯讚歌》111-112行。

結巴巴講得實在過分詳盡，直到最後使用的語氣才比較謹慎；由於知道事物區分善與惡，如果沒有惡那麼善全部都要廢除；沒有假那麼眞就不能存在於任何事物上面，然而眞與假要說能夠同時適合，他們認爲這是不可能的狀況。從而得到的結論是只要善存在那麼惡必然存在。

蘭普瑞阿斯：不僅如此，剛剛提到的一部分內容是很重要；我認爲其他的狀況同樣引起我的注意。我已經發覺其中的差別，那就是不眞必然是假，不過，然而不好並非必然是壞。因爲事情的眞與假之間沒有可以緩衝的餘地，最大的區別是事情的好與壞之間有一個重疊的區域，說是兩者同時存在也沒有那個必要，按照自然律只有善並不需要惡，相互比較之下可以同時沒有善與惡[37]。如果你對前面所提的理由還有什麼意見，我們願意聽聽你的高論。

17 戴杜米努斯：爲何要如此，須知我已經答覆很多問題，目前僅就最需要者爲限。那麼，首先要指出，有人認爲惡與善的產生是基於謹愼選擇的著眼，這完全是毫無見識的想法。事實上善與惡已經存在，接著才有謹愼的作爲；如同先有爲害健康和有益身心的事物，才會有醫藥的發明和運用。所以善與惡的存在不是爲了謹愼，反倒是謹愼得到這個稱呼是爲了辨別善與惡。如同視力是一種感覺可以察知黑與白的物體，雖然色澤並不是爲了我們可以看見而存在，然而我們卻需要視力來分辨這些目標。

根據斯多噶學派的論點，等到宇宙陷入大火之中，惡不能留存下來，所有一切在這個時候都是謹愼和智慧。雖然這時沒有惡謹愼還是維持原狀；謹愼成爲一個存在的實體，已經不需要惡的存在。假設謹愼必須認清善與惡的內涵，不要害怕因爲惡的袪除使得謹愼無法存在，因爲我們可以用其他的德行取代，這時認知的對象不是善與惡，難道只有善而已？如同黑從顏色當中完全消失不見，有人就會強調視覺跟著喪失，因爲感官的知覺作用已經沒有黑和白的存在；那又有什麼不可以讓我們這樣的回答，就說不要擔心視覺的問題，可以用其他的知覺和機能來取代，同樣能夠分辨出白色和不是白色的物體？就我個人的看法，即使苦澀的食物沒有出現在餐桌，味覺還是不會失去；或者說沒有感到疼痛也不會影響到觸覺，如果惡不存在我們還是會很謹愼；所以前面提到的感覺仍舊發揮作用，像是品嘗甜美的飲食以及淡而無味的東西，後面提到的謹愼還是能夠分辨美好和並不

37 這種論點可以參閱阿尼姆《古代斯多噶學派殘卷》第2卷No.175，要是克里西帕斯事先看到這段文字，必定會大吃一驚。

美好的事物。還是有人不以爲然，看來可以讓他享用虛名，留下我們來面對事實。

18 除此以外，爲何對於惡的了解和善的存在要加以阻止和妨礙？我認爲就像神明享受健康長壽，還是知道什麼是熱病和肋膜炎；如同斯多噶學派的說法，即使我們多災多難無法過安定的日子，至少還是有足夠的能力去理解謹愼、善良和幸福。還有一點讓人感到驚奇，如果人們眞的感覺不到善，爲何要把有關善的一切教給我們，從而激起一種關懷和理解之情；還有惡要是沒有來到世間，那就不可能對它得到一種概念。可以看到斯多噶學派想要說服我們，就用經過思考的論點去反駁一般概念；如同我們因爲愚蠢才會擔心謹愼，何況謹愼若非愚蠢的關係，當然不會擔心自己以及愚蠢本身。

19 自然界如果對於惡的產生確實有其必要，那麼就惡舉出一二個案例已經綽綽有餘；或許，只要你願意，即使將十個、一千甚至一萬個歹徒壞蛋帶到你的面前，須知罪孽和惡行像是

世上的砂粒灰塵和鳥的羽枝，
都無法累積如此巨大的數字，[38]

要想加以描述是不可能的事，甚至就是夢中出現德行的幻影，要是比較起來還是有所不如。負責斯巴達公共餐廳的主事，不定期將兩三個希洛特農奴帶進來，猛灌不攙水的葡萄酒，好在年輕人面前展示醉鬼的醜態，讓他們有所警惕不要酗酒誤事[39]；我們生活當中很多事情變成展現罪惡的案例，提到有關德行方面，沒有一個人能夠保持清醒，大家都在悲傷和不幸的狀況下蹣跚而行。即使我們有理由讓自己喝醉，還是給我們帶來困擾和瘋狂，如同伊索所說的那隻母狗[40]，看到海面上漂浮一堆皮毛，就拚命飲水非要把海洋喝乾，早在牠得手之前，肚子已經爆裂。我們同樣期望藉著理性達成德行的要求以及獲得幸福的生活，只是在抵達德

38 戴爾《希臘抒情詩》之〈Adesp篇〉162頁No.15。

39 參閱蒲魯塔克《希臘羅馬英豪列傳》之〈萊克格斯傳〉28節、〈德米特流斯傳〉1節；阿昔尼烏斯《知識的盛宴》第14卷657C；以及戴奧吉尼斯·利久斯《知名哲學家略傳》第1卷103節。

40 伊索《寓言集》No.138。

行的目標之前，已經早使我們遭到腐化和毀滅；我們背起沉重的負擔在於過多純粹而又苦澀的惡，事實上如同斯多噶學派所說的那樣，甚至到達進步的顛峰，還是不能減輕、平息或暫停他們的愚蠢和不幸。

20 還是有個人非常明確的表示，惡就它的起源而言並非一無是處，這要看擁有者如何運用而定。他的著作裡面敘述有關「正確的行爲」，曾經提到卑鄙的小人毫無忌憚之心，不把天下的事物放在眼中，也不受任何的限制和約束。如果惡能夠發揮很大的用處，那麼健康、財富和德行還能給人類帶來那些利益？一個人何以不必像斯多噶學派一樣，非要將這些事物稱之爲「倡導」和「贊同」和「運用」而其他都是「順從自然之道」？

因此，除非成爲智者，否則沒有任何人能用這些東西，卑鄙的傢伙就是變作一個智者，同樣不能使用；人們在成爲智者之前要能沒有饑渴，不管如何，他們不能僅用飲水和麵包來解除口渴和饑餓的痛苦。

他是心存感激又謙卑的來客，
只求容身處所和溫暖的爐火；[41]

身爲主人難道不講究待客之道？或是有人提到一件斗篷就說，

為何不送給窮作家用來禦寒？[42]

何以你眞想說些荒謬的事，不僅過分而又奇特？那麼就說智者好了，他們非僅一無所用況且一無所求，天生好命沒有任何需要，能夠感到自足、幸福和完美。

要說一個人沒有匱乏然而無法滿足需要，相較之下作奸犯科的傢伙身無一物卻沒有任何需要，難道是處於暈眩狀態下才有這種想法？克里西帕斯才會說無恥之徒不是爲了滿足必須而是滿足欲望，一般概念就像是棋盤上面的棋子，受到擺布在那裡前後移動。事實上所有的人都相信必須的存在先於欠缺，所以大家才會心懷這種想法，就是一個人對不屬於自己的東西產生需要，所謂匱乏是指不易到

41 這兩句詩的作者是安納克里昂(Anacreon)，西元前5世紀生在愛奧尼亞地區提奧斯(Teos)的抒情詩人，參閱戴爾《希臘抒情詩》第1卷〈安納克里昂篇〉186頁No.85。

42 作者是西元前6世紀以弗所的詩人希波納克斯；貝爾克《希臘抒情詩集》No.17。

手的東西而言；不管怎麼說，沒有人覺得自己缺少額頭的角和背上的翅膀，因爲沒有人對這兩者感到必須，然而我們對於武器、金錢和衣物會說缺少，因爲要使用這些東西卻不在手裡或者無法獲得。不過，斯多噶學派人士抱著很大的熱誠，公開表示有些事物就是與一般概念背道而馳，放棄自己習以爲常的語言，運用更爲新奇的表達方式，特別是處於目前的狀況之下必得如此。

21 回想剛剛講過的話再做一番考慮[43]。這是他用來駁斥一般概念所提出的主張之一，亦即行爲卑劣的人不能從它那裡獲得任何好處。然而還是有很多人分別藉著教育得到進益，或是從奴役之中得到解放，或是在圍攻之中得到援救，或是目盲靠著雙手摸索前進，或是生病獲得醫藥的治療。「不錯，由於得到這些東西，他們不能再想其他的好處，也不能將好處送給別人；他們不應該有任何恩人，也不能對恩人抱著猜忌之心。」然而卑鄙的小人並非不知感激，有見識的人更不會如此；只是前者天生不會感到滿足，後者在感到滿足以後不會沒有感激之心，因此，忘恩負義不會存在[44]。那麼請看他們爲何會這樣說：這種感激延伸到中央位置，同時授與和接受恩惠是智者的特性，甚至卑劣之徒都會感恩圖報[45]。在何種狀況之下，這些人才會分享感激而不是加以利用？爲何感激擴大範圍以後，不會更加適用或是讓人更爲滿意？除了供給者在某些方面服務提出特定需要的人，否則爲何要讓人對服務心存感激？

22 蘭普瑞阿斯：好吧，讓這些問題平安過關。我懇求你告訴我，爲何要將最受尊敬的利益和好處，如同極其冠冕堂皇的物品要讓智者擁有，甚至連虛名都不留給那些沒有見識的人？

戴杜米努斯：只要有一位智者不論對著那一個方向，運用審慎的態度伸出他的手指，有人居住的世界上面所有的智者都會因爲他的行爲得到好處。這個工作是要表示友好的關係，這樣做完全基於智者的德行，公共福利的建立是他的成果。亞里斯多德和色諾克拉底實在過於天眞[46]，他們宣稱人類從神明那裡得到好

---

43 參閱柏拉圖《國家篇》528A以及本書第75章〈答覆科洛底：為其他哲學家提出辯護〉7節。

44 有關這方面的爭論，可以參閱塞尼加《論恩惠》第5卷12節。

45 即使塞尼加為感恩圖報極力辯護，他對於尼祿的弒母雖然不是始作俑者，袖手旁觀還是有虧拔擢之恩，可見說說是一回事，要想貫徹履行又是另一回事；參閱塞尼加《書信集》第81封8-14節，以及《論恩惠》第5卷13-14節。

46 參閱赫因茲《色諾克拉底的吉光片羽》No.94；要說亞里斯多德過於天真，在別的地方找到

處，從父母那裡得到好處，從師長那裡得到好處，卻不肯承認這令人感到驚訝的好處，卻是智者得自彼此之間美德的運行，即使他們沒有相處在一起，甚至就是毫無交往也沒有關係。再者，所有的人都認爲挑選、保護和贈與都是至當之舉，不論是收益或利潤都能恢復原狀再度利用。家業興旺的人要買好鑰匙，注意看管貯儲的房間，時機到來就會

親手打開守財奴喜愛的錢櫃；[47]

只是過於小心謹愼的挑選和保護，這種事情做起來無利可圖，也不見得多麼光彩，有時還讓人感到可笑。

如果奧德修斯綑綁東西所打的結是喀耳刻所教，那麼他收到的禮物，像是大鼎、銅鍋、衣物和黃金，就不是亞西諾斯(Alcinous)所送[48]，因爲亞西諾斯要送的只是垃圾、石塊以及無用的雜物，要是認爲幾經困難才能到手，就會將它們的獲得和保護視爲如同幸福和美好的工作，然而誰會羨慕瑣碎的先見和愚蠢的勤奮？即使如此，斯多噶學派能夠保持前後一貫的學說，認爲他們認同的方式是多麼的美好、堂皇和幸運：那就是什麼事情都不做，只會愼重挑選和嚴密保護一無是處和沒人關心的東西；這些事物的特性就是能夠順乎自然，還能凸顯外部的形狀，就算一個最有錢的富豪，事實上，斯多噶學派將他置於使用流蘇和金製夜壺的生活水平，不錯，老天有時還將他拿來與油瓶放在一起。

這就如同一些人擺出傲慢的模樣，羞辱和咒罵供奉某個神明或精靈的廟宇，感到後悔以後就會變得畏縮而謙卑，開始頌揚讚美神性的光輝；因此，這些斯多噶學派人士會因爲他們的自大和虛榮遭到報應，再度使他們涉入無關重要的事件，同時對於他們顯露本性的大聲疾呼，諸如單一事項的美好和讓人印象深刻，以及這些事項的選擇和處置，全都置之不理；如果人們不能得到這些，就不值得活在世上，就會奉命與德行告別，不是割斷自己的咽喉就是絕食而死。因此，只有他們認爲狄奧吉尼斯不懷好意才寫出下面的詩句：

(續)

類似的陳述，有關他對這方面的論點，可以參閱《奈科瑪克斯倫理學》1099B、1162A及1179A。

47 優里庇德的悲劇《貝勒羅豐》；參閱瑙克《希臘悲劇殘本》之〈優里庇德篇〉444頁No.285。

48 參閱荷馬《奧德賽》第8卷438-448行；要是提到奧德修斯的禮物，參閱《奧德賽》第8卷10-14、120-124、217-218行；這裡提到的亞西諾斯是斐亞賽人的國王，待客極其慷慨。

啊！朋友！你必須逃離邪惡，
縱使從懸崖和深淵向下墜落，[49]

要是面對貧窮表現出怯懦的姿態，這種事情可以說微不足道。他們用散文的體裁給予同樣的規勸，讓一個人肯定的表示，只要遭到嚴重的疾病和劇烈的疼痛，如果手邊沒有刀劍或毒藥，就會投身大海或從絕壁上面跳下，從而根據他們的說法，這樣做不會傷害無辜，或者變得邪惡，或者惹來麻煩，或者讓別人遭到不幸。

23 他說道：「我應該從那裡開始？我如何得到責任的原則和德行的事項，以及在背離以後如何再遵從自然之道？」閣下，對於亞里斯多德和狄奧弗拉斯都斯發表的議論而言，什麼才是他們的出發點？何以色諾克拉底和波勒蒙要拿來當成他們需要遵守的原則[50]？這裡有什麼道理存在？難道季諾沒有贊同他們的假定，順乎自然是幸福最基本的因素？這些在前面提到的人，會將堅持的事項視同經過選擇的美好目標；將得到的德行加入其中，使得每一個都能有效的運用，認爲可以成就完美的生活，每一種方式都能產生和諧的關係，這才能眞正適應且符合自然之道。

說到人類沒有落到混亂的狀態，或者像有的人在跳出以後目前又陷入其中，就將同樣的事物換成另一種說法：雖然不是選擇的目標還是可以接受，雖然不夠美好還是適合要求，雖然好處不多還是可以利用，雖然與我們的關係不太密切還是基於責任不得不爾。舉凡成爲典範的人士堅持的原則就是他們的人生觀，展現的行爲與他們的言論完全吻合。斯多噶學派的哲學體系如同阿契洛克斯筆下描述的婦女[51]：

雙手捧出飲水騙人於指掌間，
誰知竟冒出燒焦來客的火焰；

49 阿尼姆《古代斯多噶學派殘卷》第3卷No.167；以及狄奧吉尼斯《悲歌》175-176行。

50 赫因茲《色諾克拉底的吉光片羽》No.78，從而獲得確鑿的證據，知道波勒蒙對於色諾克拉底提出的學說，就細節方面的周詳和嚴謹，給予極高的贊許和稱譽。

51 戴爾《希臘抒情詩》第1卷〈阿契洛克斯篇〉237頁No.86；以及艾德蒙《悲歌與抑揚格詩體》第2卷146頁No.93；參閱蒲魯塔克《希臘羅馬英豪列傳》之〈德米特流斯傳〉35節。

那就是他們將列出的原則稱爲合乎自然，還有一些被他們排除在外；或者是斯多噶學派認爲那些與各種事務有關的工作和行爲，能夠順乎自然之道，不僅美好而且無須挑選；卻在語言和文字的表達方面，他們會用漠不關心的態度加以反駁和排斥，覺得它對幸福的生活不能發生任何作用。

24 鑑於所有的人都知道至善就是樂觀、仁慈、運道、謙虛和知足，可以拿斯多噶學派人士的言行做一比較。你有想過所謂謹慎就是伸出一根指頭就感到滿足？什麼？謹慎是不能稱心如意帶來的苦惱？能說他的幸運在於有很好的理由去摔斷自己的頸脖？難道爲了尋求高官顯爵情願選擇去善爲惡的道路？除非他們使得所有的事物變得漠不關心，否則他們既不能也不願忍受這種生活方式，還能說享受他的完美和自足？斯多噶學派的原則強行取代眞正的概念，像是一個粗野蠻橫的私生子，奪走合法嬰兒在家中的地位，還不讓他得到應有的照顧和餵食；當然，他們提出的原則，所關懷的事物包括美好與邪惡、選擇與避免、喜歡與厭惡，更加明顯是那些冷與熱和白與黑的事物；看來感官的知覺作用以無中生有的方式將這些事物帶進想像之中，難道都是我們與生俱來的原則所能達成的功效？還有其他的原則能對一般經驗和傳統習慣造成更大的迫害？斯多噶學派用幸福這個題材指控辨證法，如同他們用上「大騙子」和「統治者」[52]這些稱呼，對於它的含義模糊和晦澀難懂毫無助益，到是平白增添更多的困難。

25 再者，每一個人都不會否認，如果只拿一二個美德作爲目標，其餘用來從旁協助，就會變得更加偉大和完美。甚至克里西帕斯都承認其間的差別，在第三卷有關「美好」的敘述當中做出明確的表示，他並不同意斯多噶學派將知識當成目標；最早的考量是維持這種論點最大的好處，有助於達成所望的企圖；現在依據眞正的理由反倒是有失敗的可能。同樣在有關「正義」的著作裡面[53]，他認爲一個學派要是將快樂當成人生的目標，那麼正義就不在考慮之列；如果能將快樂排除在外，簡樸就是最美好的生活。我想你並不需要聽我一字不漏朗誦那篇文章，第三卷有關「正義」的章節當中都可以找出來。

---

52 本書第11章〈養生之道〉20節、第77章〈會飲篇：清談之樂〉第1篇問題1第5節特別提到，這場爭論的發生是因為戴奧多魯斯·克羅努斯(Diodorus Cronus)支持他的主張，加上克利底斯和克里西帕斯用另外的方式發起攻訐所致。

53 阿尼姆《古代斯多噶學派殘卷》第3卷No.23；參閱本書第71章〈論斯多噶學派的自相矛盾〉13節和15節。

閣下，斯多噶學派人士在另一方面又說，不同的美好之間沒有或多或少的差異，也就是人生沒有或擁有目標所能產生的作用完全相等，從這裡可以明顯得知，不僅是一般概念，就連自己堅持的原則都已經出現矛盾。再者，如果有兩種惡存在，一種會使我們變得更壞，另一種帶來傷害只是不會變得更壞。須知惡的出現使我們變得更壞而不是帶來傷害，較之帶來傷害而不致變得更壞，所造成的損失更為嚴重，所謂違背一般概念就是否認這種說法。通常我們情願受到傷害也不願變得更壞，只要認同這種狀況，就不會與一般概念產生衝突，然而斯多噶學派卻要反其道而行，那就是他們願意變得更壞也不想受到傷害。克里西帕斯認同某些畏懼、悲痛和欺騙只會傷害我們卻不會使我們變得更壞。可以在他的第一卷有關「正義」的章節當中，讀到他所寫反對柏拉圖的文字，看到一個人完全不顧事實和原則，無論是自己或別人的主張，也都視若無睹，他的理由即使再有價值，也會變得一無是處。

26 人生要是追求兩個目標就是違背一般概念，因為我們所有的行動就不會專注到某單一事物上面；要是一個事物成為我們的目標，這時每一個特定的行動要聽從其他的目標的指使，出現這種不尋常的狀況更加違背一般概念。然而從二中選一的原則，斯多噶學派人士必須默認。要是原始的事物因為本身的美好，沒有順應自然之道，只有經過理性的選擇然後接受；要是每一個人順從自然之道，將所有的行動投向首先來到的事物，隨後其他所有事物的作為應該參考順序的方式，按照自然律的法則可以獲得重要的事物；他們認為人類為了達成目標，並不以為擁有這些事物可以滿足欲望的要求。這方面的選擇應該歸之於其他原因，不能當成同樣的關係，對於相關的事物在選擇和接受的時候務必謹慎，完全出於事物的本身以及獲得它不能算是達成目標，而是給予一種擁有「選擇價值」的東西；因此我認為不同的表達方式，就是用說和寫指出兩者相異之處。

蘭普瑞阿斯：你只要回想他們提到的內容以及講述的方式，那麼你的反應會變得更加有價值。

戴杜米努斯：不過，列舉當時所遭遇的狀況，像是他們一直渴望跳越自己的影子，須知那是徒然無用之事：更為荒謬是要取消一般概念，因為它並沒有為他們認知所超越而且始終具有影響力。如果某人認為一個弓箭手已經盡力施為，不是命中對方的頭盔就算數，而是拿出百步穿楊的全副本領[54]；可以視爲他在講述一些怪誕又神秘的故事，如同一個喋喋不休的昏聵老者，堅持他的對象是順應自然之道的事物，達成的目標不是爲了獲得而是接受和選擇。每個人都想擁有健康的身體，得到健康並不是這個問題的目標，從另一角度來看，擁有健康必須依靠他們的欲望和努力，包括散步、交談、忍受手術的痛苦以及服用各種藥劑，這些不是目標只是爲了達成健康的手段。

他們的談話沒有什麼學問，只是一些瑣碎雜事，像是大家等

> 宴會開始就可以祭神和沐浴。[55]

或許這種狀況在於破壞原來的次序以及改變過去的習慣，所以這些人才說他們已涉及全然的混亂之中，甚至於顚覆事實亦在所不惜，亦即：「我們關心之處不在於適當的時間進行的散步可以消化吃下的食物，而是爲了要消化吃下的食物才在適當的時間進行散步。」毫無疑問，自然界所以人類會健康是爲了有藜蘆屬植物的緣故，並非這種植物的存在是爲了人類的健康。其實，他們除了做出如此可笑的陳述，還能有什麼似是而非的悖論？有個人斷言健康的到來是爲了藥物，並非藥物的目的在於健康，另外還有一個人對於藥物和它的成分加以選擇，想要對健康產生更大的效用，試問這兩個人又有何不同之處？或許後者在於有人認爲健康並非全然是選擇的對象，可以讓這種事情的商討能有一個結果，難道是情願有可以享受的欲望，而不是去享受他心中的欲望？

他們會說：「不錯，老天爺，欲望出於『謹愼』起見，應該屬於『理性』的範疇。」我們會說必然如此，那就是擁有追求的東西可以說是達到他的目標，要是理性不能發生效用，即使獲得所想的東西還是得不到榮譽和幸福。

27 因爲我們對這個問題已經進行討論，一個人要是沒有掌握或擁有善的概念，就想將它當作達成的目標，豈不是比起背離一般概念更沒有道理？因爲你可以得知這樣會給克里西帕斯帶來很大的困擾，同時還貶低亞里斯頓(Ariston)的名聲[56]；因爲他無法提供善惡難分的概念，如果不是前面已經有

---

54 參閱西塞羅《論目的》第3卷22節，提到喀尼德經常用弓箭手這個例子，那就是發揮射術的功效在於命中目標致敵於死。

55 柯克《阿提卡喜劇殘本》之〈Adesp篇〉No.464。

56 阿尼姆《古代斯多噶學派殘卷》第3卷No.26；有關亞里斯頓以及克里西帕斯對他的攻擊，參

了善和惡的概念，就會說善惡難分是沒有善也沒有惡，因此善惡難分的狀況明顯先期存在於本身，如果一個概念不能沒有善的先驗概念，那麼除了本身，別的再也沒有善的存在。斯多噶學派對它的無關緊要加以否認，同時還將它稱之爲言行一致。現在想要了解的狀況，就是何時抑或運用何種方式供應可以稱之爲善的概念？善惡難分在沒有善的狀況之下就不可能了解善，會使得不到善的概念之前，多少會就行善的認知給予一些信息。人們要是對於好的事物或壞的事物沒有先驗的獲得，就不可能對於事物的好壞有一種認知和分辨的概念。

蘭普瑞阿斯：請問什麼是善？

戴杜米努斯：除了謹言愼行別無他物。

蘭普瑞阿斯：那麼什麼是謹愼？

戴杜米努斯：就是對德行的認知。

蘭普瑞阿斯：因而「宙斯的兒子科林蘇斯(Corinthus)」[57] 完全同意他們的觀點。

戴杜米努斯：不錯，我要除去的閒言閒語有如「不停轉動的杵」，免得你被人視爲笑柄，雖然在這種情況之下他們的觀點已經涉入其中；看來想要了解善的概念需要將謹愼放在我們的內心，只有在善的概念當中才能找到謹愼；經常被迫利用對方達成追求其中之一的要求，因爲我們需要知道兩造的相異之處，並不知道對方並非早已被我們知道。還有另外一種方式用來辨別他們的觀點，能夠免於扭曲和混亂，完全貶低到失效的地步。他們認爲對於事物做出理性的選擇，可以順應自然之道成爲善的本質；只是如同前面所說，要是選擇失去理性就無法與某些目標發生關係。然而可以請問，這又是怎麼一回事？

他說，沒有別的，只是理性的行爲對事物的選擇產生作用，使得它能順應自然之道。那麼，首先是善的概念已經一去不返，理性的行爲對選擇產生作用就是共有的特質，發生的過程是出自習慣。因爲受到限制要從目標得知此事，況且目標並非沒有包括此事在內，我們仍然對兩造都毫無知悉。理性的選擇就更爲嚴格的規範而論，選出的事物更爲美好和有利，對於達成目標更有助益。爲何理性對於選出的事物，就選擇的功能、價值和對象來看，已經完全不能產生任何作用？他們提到這些事情認爲是當然之理，理性選擇的事物擁有的價值在於獲得幸福，

(續)

閱本書第71章〈論斯多噶學派的自相矛盾〉30節，以及阿尼姆《古代斯多噶學派殘卷》第3卷No.27。

57 這是一句諺語，有「翻來覆去說個不停」之意。

可以看到他們的研討帶來美好和重大的結論。按照這種方式達成的目標就選擇的事物而言是理性的行為，它的價值也在於此點。

蘭普瑞阿斯：不僅如此，閣下，在第一次聽到這些話的時候，條理分明的敘述有如可怕的陌生人施予的打擊，我還是想要知道如何得到這樣的結果。

戴杜米努斯：那麼你必須更要多加注意，因為這不是一條任何人都可以解讀出來的謎語。現在請聽清楚接著馬上回答。事物的選擇要順從自然之道，難道目標能不依據理性的行為？

蘭普瑞阿斯：他們也是如此表示。

戴杜米努斯：設若提到的事物都能順應自然之道，那麼他們選擇的理由出於事物的美好，或是出於關係到目標的價值或好處，或是出於關係到目標更為重要的實體？

蘭普瑞阿斯：我認為除了與目標有關，沒有其他的東西。

戴杜米努斯：好吧！看看他們現在所處的困境，因為你已經將一切都揭發出來；目標使得理性的行為對於事物的選擇產生作用，斯多噶學派認為理性行為與善良或幸福的本質沒有任何關聯，卻能比起有關事物的選擇行動能否合乎情理更有價值。還有人認為這些議論是直接對著安蒂佩特而發，並不是用來駁斥斯多噶學派的哲學體系，根據他們的說法，安蒂佩特禁不住喀尼德的逼迫，就用這些口頭的強辯之辭當作他的護身符。

28 不過，斯多噶學派的哲理教條何其荒謬，特別在愛情這個題目上面，完全與一般概念唱反調，所有學校的成員都難以逃離它帶來的影響。他們提到年輕人因為卑劣和愚蠢顯得極其醜陋，智者雖然美麗卻不受人喜愛，也不值得被人喜愛。這些還不算是最怪誕的部分。他們進一步表示，等到醜陋的形象變得美麗，那些曾經付出愛意的人士，不願保持原來的感情。有人是否認為這種愛情的點燃和維持在於墮落的靈魂與醜陋的肉體相互結合，然而它的熄滅和喪失在於美麗伴同謹慎、正義和節制？我認為正在戀愛的人與蚊蚋沒有什麼不同，牠們樂於停留的地方，是酒中浮起的渣滓和變酸的醋，至於對佳餚美酒也不會避之唯恐不及。他們聲稱美麗的外表才會激起愛情：首先，一個讓人感到討厭而且品德很壞的傢伙，不一定沒有英俊的外表，倒是確實如同所說的那樣，邪惡的氣質會讓面貌變得猙獰不堪；其次，最違背一般概念的莫過於認定醜陋的男子值得受人喜愛，因為有朝一日會變得英俊，能夠獲得期望中的佳人；要是他現在已經既善良又美好，反而沒有人會愛上他。

蘭普瑞阿斯：不錯，他們說愛情是跟在小夥子後面展開追求的行動，這些年輕人雖然不夠完美，他們的習性還是對於德行懷有好意。

戴杜米努斯：尊貴的閣下，除了證實他們的體系嚴重侵犯我們的一般概念，以及徹底轉變難以置信的實情和相當陌生的用語，我們還有什麼可以試著去做的事？因爲沒有人能像智者那樣對年輕人抱著滿腔熱誠，用全部的感情「在後追求」或「結交朋友」；他們應該將它稱爲「愛情」，所有的男士和婦女都非常清楚，就會使用正確的用語：像是那群求婚者全都

認為她的床榻應由自己獨享；[58]

以及

從未對女神或婦人滋生欲望，
現在卻蕩漾心胸要逼我就範。[59]

29 如同這樣要用倫理學的原則解決面對的問題，關鍵在於

章節都是扭曲和捏造的偽作，
文字欠缺健康和理性的敘述；[60]

斯多噶學派人士對於我們還是抱著藐視和非難之心，好像只有他們堅持自然之道和傳統習慣，同時還要藉著厭惡、欲望、嗜好、娛樂和衝動，讓理性能夠適應每個人的特定情況。等到傳統習慣因爲他們的辨證法變成一個留不住東西的漏斗，再也無法發揮堅實有效的作用，就像一隻毛病百出的耳朵，充滿各種沒有意義的雜音，很難聽清楚別人發表的言論。如果你沒有意見，我們接著開始討論有關的問題，只是讓我們盡快略過物理學理論有關的基本原則，因爲它會混淆一般先入爲主的成見，如同對目標的理論所產生的干擾。

58　荷馬《奧德賽》第1卷366行及第18卷213行。

59　荷馬《伊利亞德》第14卷315-316行。

60　優里庇德的悲劇《安德羅瑪琪》448行。

30 要說某些事物除了不存在沒有別的可能，不僅荒謬而且違背一般概念，斷言很多事物就是不存在的事物，只是提到它就是萬有那更是可笑之至。宇宙在外部的發展是處於無限的空間，他們肯定表示萬有並非有形的物質也不是無形的精神；得到的結果是萬有不存在，他們只讓物體存在，那是因爲存在的特性在於對運動的順從或反對。如果萬有不存在，那麼它就不會順從或者反對任何運動。它不會在一個地點，只有物體可以確定據有位置，萬有不是物體，因之它不知應該置身何處。只要能夠據有同一個位置就是處於靜止的狀態，萬有無法據有位置所以不能靜止；然而它同樣不能處於運動的狀態，首先是運動必須有一個位置和空間作爲基礎，再則在於運動必須是它本身的移動或者受到其他物體對它發生的作用。

本身的移動在於依據它的重或輕產生某種傾向和趨勢；這裡的重或輕是一些關係的狀態或力量或者物體所有可能的差異；然而萬有不是物體，所以重或輕對它而言沒有需要，它本身並不具備運動的原則。萬有不可能受到其他物體對它發生作用，因爲除了它以外沒有其他物體的存在。最後的結果必然如此，事實也是如此，萬有沒有靜止也沒有運動。按照他們的說法，萬有不具備成爲物體的可能，舉凡上天、地球、動物、植物、人類和石塊都是物體，要說不是物體卻以物體當作它的組成部分，不存在卻以存在當作它的成分，不是重卻擁有重的質量，不是輕卻擁有輕的質量；一個人甚至在夢中出現的情景，都不可能找到比起上述狀況更與一般概念背道而馳。

再者，作爲一種可以理解的論點，沒有比一般概念的陳述更爲清晰和更有條理；如果某一物體沒有生命，那麼它是無生物；要是它並非無生物，那麼它是生物。等到他們認清萬有不是生物也不是無生物，原來的理解力就會面臨顛覆的處境。除此以外，沒有人認爲宇宙不夠完美，當然不會缺少它的組成部分；這些人所以拒絕認同萬有的完美，因爲完美是某些事物的確定，然而萬有是用有限得到無限。那麼，按照他們的原則，提到某些事物並非不完美也不是完美。

萬有因爲沒有比它更大的事物，所以它不是一個部分也不是一個整體；如同他們自己所說的那樣，整體已經進行合乎次序的安排；萬有雖然是無限，還是處於有限的狀況所以沒有安排。再者，沒有其他的事物能夠成爲萬有的成因，須知除了萬有沒有其他的事物，所以萬有不會成爲任何事物或其本身的成因；因爲產生並非來自它的習性，以及產生的過程暗示成因的概念。設若所有的人都被問到，他們何以得知什麼事不能去做，以及如何獲得不能去做的概念。雖然認爲現在抑或過去都沒有成因、沒有整體也沒有部分、沒有完美也沒有不完美、沒有生物也沒有無生物、沒有運動也沒有靜止、沒有有形的物體也沒有無形的精神，為何他們不說這一切都意味著徒然虛無？因而所有人士他們口中描述的虛無，只有斯多噶學派將它當成萬有，看來像是極其明確的表示萬有與虛無同是一回事。時間必然用來表示虛無，除此以外還有陳述、命題、條件、連接，特別是哲學家經常使用，他們卻說這些詞語沒有存在的餘地。然而他們堅持眞理可以察覺並不存在，了解和相信與所謂的事實毫無關係，你說還能有其他的問題比起這個更為荒謬？

31 讓我們盡量運用物理學的觀點，免得這些事項在邏輯方面遭遇更大的困難，如同他們所說

唯天神宙斯散播存在的根苗，
手中執掌真理的均勢和中道；[61]

如果其中有任何事項產生混亂或逸出正道，他們應該運用彌補、矯正和復原各種手段，務使與神明有關的概念保持在最佳的狀態，要讓法律和習慣說服人民建立上天與人間的關係；須知

生命沒有現在和昨天乃常事，
無人得知它在何時來到塵世。[62]

他們在開始的時候會因「灶神」和「建城」的問題帶來困擾，然而傳統的確立還是在於對神明的信仰，通常提到整體的概念就說不會完整無缺和未曾受損的留存下來。過去或現在還有那些人依據他們的概念，相信神明能夠永存不朽？對於神明而言，還有那些先見之明的事項，比較下面提出的詩句，更難以達到自圓其說的要求：

幸福的神明享有無窮的歡樂；[63]

---

61 蒲魯塔克改變詩的形式引用在本書第30章〈神讖的式微〉48節，以及柏拉圖《法律篇》715F的注釋。

62 索福克利的悲劇《安蒂哥妮》456-457行。

63 荷馬《奧德賽》第3卷46行。

以及

凡夫俗子的雙腳離不開泥濘，
能逃脫死亡的羅網唯有神明。[64]

以及

他無法體會辛勞疲憊的工作，
不能感受老邁和病痛的折磨，
只能避開地府和喧囂的冥河。[65]

或許只有野蠻和落後的部族才沒有神明的概念，從來沒有發現一個人在膜拜神卻不相信祂擁有不朽和永生。

不管怎麼說，那些被稱爲無神論者的人，像是狄奧多魯斯(Theodorus)、戴哥拉斯(Diagoras)和希波(Hippo)[66] 還是不敢認定神性竟然會敗壞，他們不相信有任何事物不會絕滅，保留神明擁有未卜先知的成見，不必承認絕不敗壞和絕滅的存在。如同有人所說，克里西帕斯和克利底斯主張的論點，裡面充滿神明的天國、大地、空氣和海洋，除了宙斯所有的事物都不可能免於滅亡，也不可能獲得永恆的生命。結果是用這種方式將對手消耗殆盡證明已不適合，重點還是如何燃燒自己達到要求；就像是虛弱不堪到組織的分解進入別的物體，或是因爲別的物體分化成爲營養，吸收以後從而獲得解救。這部分的錯謬與其他很多地方大不相同，根據我們的推測並沒有包括在他們的前提之內，也不是他們的主張所導致的結論，他們的著作裡面只要提到神明、天意、命運和自然，就會大聲疾呼，明確表示所有其他的神降生塵世，最後就像蠟或錫的熔化一樣在火中殞滅。

要說神明必然亡故而人類得以長生，完全背離我們的一般概念，如果說神明同樣是擁有理性和敗壞因而成爲淪落的動物，就我看來神與人之間並沒有多大差異。設若他們用極其巧妙的方式展開反駁，鑑於神明不會亡故卻會遭到殞滅，認定人類必然一命嗚呼，可以檢視他們的論述：他們會說神明無論是既可不朽卻又

64 荷馬《伊利亞德》第5卷442行。

65 貝爾克、希里德《品達的吉光片羽》No.143；參閱本書第14章〈迷信〉6節。

66 狄奧多魯斯是西元前4-3世紀來自塞倫的哲學家，被人稱為「無神論者」；米洛斯的戴哥拉斯也是一位無神論者；希波生於梅塔朋屯或薩摩斯島，是西元前5世紀的自然主義哲學家。

難逃絕滅，或者是不會死亡也不會永生。要說難以置信的杜撰情節會否定一般概念，也不可能比這種狀況更加荒謬。我的意思是別人做不出這一類的事情，因爲就斯多噶學派而論，無論多麼荒誕悖理，他們不會保持沉默或停止嘗試。克利底斯支持宇宙發生大火的理論，認爲太陽擁有統轄的功能，會將月球和其他的星辰經過轉換，變得與它一模一樣。如果星辰像是存在的神明，就將它的滅亡歸咎於太陽，因爲太陽與宇宙的大火有密切的關聯，然而我們卻向阿波羅祈禱賜與安全，相信祂是人類的救主，誰知祂具備的性質是加速我們的腐敗和滅亡，試問還有什麼比這個更爲可笑？

32 再者，伊庇鳩魯(Epicurus)[67] 全否定天意，等於冒瀆神的先見之明，因爲他們認爲神的預知和睿智，不僅爲祂帶來永生和幸福，同樣是仁慈、護衛和恩惠的保證；所以斯多噶學派對伊庇鳩魯的打壓和羞辱絕不會中止。這種說法絕對眞實不虛。如果神的預知爲拒絕認同天意的人所廢除，那些斷言神會照顧我們的人現在該怎麼辦，他們難道會否定神的幫助，認爲賜給我們的東西不是德行，僅是財富、健康、後代的子孫以及其他類似之物，對於我們作爲選擇的目標並沒有多大的利益和好處？或許伊庇鳩魯學派並沒有廢除有關上蒼的概念，這些斯多噶學派人士用嘲笑神明來表示藐視之意，提到有一位是收穫之神，另外還有掌管生育、醫藥和占卜的神祇，雖然健康、生育和豐富的收成並非善行，對於那些得到的人而言，只會表示無足輕重和漠不關心，爲什麼我們不朝這方面進行考量？

33 有關神明的概念第三個要點，就是神與人在追求幸福和德行兩方面，並不存在多大的差異。不過，根據克里西帕斯的說法，他們在這方面甚至得不到任何好處，因爲宙斯的德行並沒有勝過狄昂(Dion)[68]，須知宙斯和狄昂都是智者，等到落到對方運行的軌道上面，彼此之間相互給予幫助。一旦兩位都成爲智者，那麼人就是神而且神就是人，除此以外沒有其他更爲美好的善行。他們提到一個人要是在德行方面沒有缺陷，當然可以過幸福的生活，如果身體受到病痛和殘疾的折磨，能夠自我了斷未嘗不是一種解脫，他身爲一個智

67　伊庇鳩魯(341-270 B.C.)生於薩摩斯，當代知名的哲學家和教育家，曾經在邁蒂勒尼、蘭普薩庫斯和雅典講學，門生子弟遍布希臘世界，後來成為伊庇鳩魯學派，能與三大主流學派分庭抗禮，平生寫出大量著作，大部分都已佚失。

68　這裡的狄昂是泛指某些人士，也就是中文裡面張三、李四的意思。

者，在某種程度上可以看成救世主宙斯。當然，這種智者不可能存在，起碼在地球上面不見蹤影；宙斯有卓越的管轄能力，然而在祂的治下卻有數以百萬計的人類，處於極其悲慘的不幸困境。宙斯的統治是無比的優異，我們的生活竟然痛苦不堪，就這方面而言對於一般概念的駁斥還能輕描淡寫？無論如何，即使連提到這件事都是非法的行為，祂還是不願成為救世主、解放者或是驅魔人，僅僅美好的稱呼都與事實適得其反，還說任何罪惡在數量的加多或範圍的擴展都是不可能的事；如同斯多噶學派人士所言，人類已經生活在極其可憐和卑劣的環境，不能容許罪惡和不幸，在不受制約的狀況下繼續增加。

34 有關這方面最可怕的部分並非以上所述，特別是米南德讓他們感到生氣，他藉著劇中人念出的道白：

> 處世之道務必防範樂極生悲；[69]

他們表示這與大家熟知的一般概念完全南轅北轍；豈不是如同現在善良的神明，開始必須邪惡才對。事實上惡並非出自它的本身，由於它沒有質量，所有形形色色的種類來自它的變動和形成。惡帶來的變動和形成是存在其中的理由，因為它的特性在於無法變動和形成，基於需要所能得到的惡沒有成因可言，可以當成不存在的產物；如果它的成因是改變的原則，那麼可以說明它的產物來自神明。要是他們認為宙斯沒有控制祂擁有的部分，或者沒有運用這些部分順應祂提出的理由；他們非常肯定的表示，這些同樣會背離一般概念，可以想像有一個動物，大部分的軀體都不肯聽命牠的意志，在沒有中樞器官的激發和指示之下，私下執行各種操作和行動。其實，生命不可能有如此叛逆的組織竟然會反抗它的意志，那是說它的腳向前運動，或者它的舌大聲疾呼，或者它的角猛烈衝撞，或者它的牙緊咬不放；如果神明遇到違背意願的狀況，大部分事故都會出現在祂的身上，因為邪惡之徒是祂的組成部分，那些欺騙、偽證、搶劫和殺戮的罪行，都要算在祂的頭上。

不過，如同克里西帕斯所說的那樣，甚至就是最細微的部分除了順應宙斯的意願，不可能出現任何其他行為，所有生物的特性在於一舉一動要聽從宙斯的指使、轉變、制止和安排；因而

69 柯克《阿提卡喜劇殘本》之〈米南德篇〉No.786。

這種說辭比起開頭更為不敬。[70]

實在無法容忍經過無數次思考，才將過錯歸咎於宙斯的虛弱和衰老，可以說祂的那些組成部分，急著要做很多荒謬的事情，完全違背祂的本性和意願，更要表示這些不是沒有節制，更不能算是惡行，宙斯可以不負一點責任。還有他們用命題表示宇宙是一個城市，星辰是這裡的市民；如果確實如此，顯然也是同一部族的成員和官吏，太陽是執政官，晨星是法務官或者禁衛軍統領[71]，不知道是否有那位前去反駁這些概念，比起那些肯定和支持的人士，不會讓自己顯得更加可笑。

35 大家即使反對一般概念，也不必做出斬釘截鐵的表示，還能說一粒種子比起孕育它的果實來得更大？不管怎麼說，我們觀察所有事物的本質，無論是動物還是植物，無論是經過培養還是野生，體積最大的種類經由生殖作用的起源，極其微小甚至很難看見。不僅經由它的傳播使得一根麥穗來自一顆麥粒，一株葡萄樹來自一粒葡萄籽，全都來自水果的種子或者逃過鳥兒覓食的橡實，就像一個微弱的火花點燃生殖作用，引起一場大火後來成為一個灌木叢或是高聳的橡樹、棕櫚或松樹；他們說[72] 在希臘被稱為「精液」的東西，表示巨大的質量經過一番折騰進入很小的範疇之內，自然界所以稱之為「生長之物」，因為它會散布或擴張所有的公式或因素用來陳述或解決面臨的問題。在另一方面，他們斷言火的性質如同宇宙的種子，那是宇宙在大火發生的過程變化而成。一個較小的物質或形體蔓延開來，能夠占有無限廣大的空間，這種入侵的方式在於它的成長，等到宇宙再度開始形成，它的大小就會收縮和擠壓，形成過程會使原來物質的密度隨之減低和緊縮。

36 你或許聽到他們與學院派人士的爭執，可以從許多著作當中得知此事，同時他們還大聲喊叫說是後者讓很多問題變得混亂不堪，那是

70　瑙克《希臘悲劇殘本》之〈Adesp篇〉417頁No.417；或柯克《阿提卡喜劇殘本》第3卷〈Adesp篇〉614頁No.1240。

71　阿尼姆《古代斯多噶學派殘卷》No.645，參閱馬尼留斯(Manilius)《天文現象》第5卷735-745行；參閱本書第48章〈論放逐〉5節，提到人類有同樣的官員、稅吏和長老如同太陽、月球和晨星。

72　阿尼姆《古代斯多噶學派殘卷》第2卷No.744；這種性質的斯多噶語源學，參閱本書第71章〈論斯多噶學派的自相矛盾〉41節。

因爲學院派人士的主張是在兩種物質當中存在單一的限定條件，所以對於相似的物種無法加以區別。

人類在很多方面的認知並不是那樣的明確，從另一個角度來看，即使對於兩隻鴿子、兩隻蜜蜂、兩顆麥粒或是諺語裡的兩棵無花果樹[73] 都無法分出彼此的差異，其實這也沒有什麼值得大驚小怪的地方。眞正會與一般概念發生牴觸在於斯多噶學派和他們的假定事項，那就是在單一物質設置兩種個別的限定條件；須知同一物質只能有單一的限定條件，如果加多另外的限定條件到兩個，在接受以後以對等的關係保留兩者。如果在單一的物質有兩個限定條件，也可以有三個、四個、五個以至於多到無法計數，我的意思是並非在不同的組成部分，只有整體能容納所有數不盡的限定條件。無論如何，克里西帕斯的論點提到宇宙，就將代表它的宙斯說是很像人類，天意就是祂的靈魂[74]。等到大火發生以後，神明之中只有宙斯毫無損毀，收回天意使得兩者結合在一起，保留在以太的單一物質之中。

37 告別諸神以後，還是可以向宙斯提出懇求，將常識和智慧賜給斯多噶學派，好讓我們得知他們是如何看待元素這個題目。如果兩者的空間不相容，要說一個物體被另一個物體據有，或是一個被另一個通過，這種論點無法吻合一般概念，只是一個充滿物質的空間進入另一個類似的空間，或者兩者混合起來，這樣就不會與一般概念發生衝突，因爲兩者之中的連續性不會出現隔絕或空間。這些人不是將一個物體壓入另一個物體之中，也不是兩個、三個或十個，而是將完全破碎的宇宙所有組成的部分，用來塡滿任何單一的物體。他們發現最細微和最巨大的事物相遇以後，否認彼此有不相容和不配合的現象，如同處理其他很多相類似的狀況，就用很草率的態度制定另外的論點進行反駁，這種假設的過程當然會與一般概念引起衝突。

這些理由可以得到一個結論，例如很多驚人的奇特事件，可以相互之間整個情節全部混合起來；這些當中甚至可以陳述「三就是四」的說法，同時還能運用修辭學上誇張的表達方式，或是舉出無法置信的例子。這對斯多噶學派而言是與眞理有關，要是將一杯酒與兩杯水混合，這時缺少的成分不是水而是酒，就要再加一杯酒的量才能達成等量混合的要求。仍舊是一杯酒的量要想與兩杯水做同等擴張，必須要讓酒的分量加倍才行；這時出現三或四兩種混合的方式，三是指一

73 柯克《阿提卡喜劇殘本》之〈Adesp篇〉No.189。

74 參閱西塞羅《學院思想》第1卷29節及《論神的本質》第2卷58節；阿尼姆《古代斯多噶學派殘卷》第2卷No.13。

杯酒和兩杯水而四是兩杯酒和兩杯水，除了酒的濃度有所不同，此外並沒有多大關係。這方面是有需要說明清楚，許多物體用混合的方式通過一個進入另一個物體，無論是包含其中和接受在內，都是另外一個而非通過的物體，這樣一來就不是混合，而是一種趨近和表面的接觸，一個的進入而另一個並沒有將它圍繞起來，這樣只是很多並不相關的事物。如果混合的發生是出於它們需要的方式，兩者就會產生水乳交融的現象，所有的部分都會相互混雜和圍繞起來，使得再也無法分出彼此。

現在輪到阿昔西勞斯那條「著名的腿」開始登場，我認爲他用一種老生常談的論點，拿來羞辱斯多噶學派的荒謬。事實上，只要所有事物徹底混合起來，豈不是如同阿昔西勞斯所說的一樣，那條被砍下以後變得腐爛又丟進大海的腿，不僅安蒂哥努斯的艦隊從旁邊駛過會受到妨礙，就連澤爾西斯率領的一千兩百艘三層槳座戰船，還要加上希臘人的三百艘[75]，即使就要舉行一場海戰也會被逼解散？其實較小的東西在較大的範圍裡面擴散，既不會感到空間的匱乏也不會停止；此外混合會有一個限度，到了最大限度能接觸的點是它的終端，就不能滲透整體，使得混合無法繼續進行。如果混合眞能徹底完成，即使上天允許，一條腿還是無法提供希臘人從事一場海戰的空間；然而，當時的腿確實需要腐爛，可以當成轉變的過程，酒無論是一杓之量或少到一滴，只要落入愛琴海或克里特海[76]，就會抵達大西洋，不僅是海面的接觸，而是立即遍及整個大洋從表層到底層的縱深和寬廣。克里西帕斯在第一卷討論「物理學的課題」當中，用坦誠的態度接受這個論點，他說一滴酒要與整個海洋混合是無法避免的事，毫無疑問是爲了不讓我們感到驚奇，還說這一滴酒的混合要蔓延到整個宇宙。我不知道還有什麼事情比這個更加怪誕。

38 再者，背離一般概念在於物體的性質，就是物體沒有極限也沒有終結據有空間的開始部分或最後部分；不管將它放在何處，某些不變的情勢會超越它，降低到無限和游離的狀況。兩個物體的組成部分同樣具備趨向

75　這是480 B.C.波斯人和希臘聯軍的戰船投入薩拉密斯海戰的概略數量，依據伊斯啟盧斯《波斯人》337-343行的說法；然而蒲魯塔克《希臘羅馬英豪列傳》之〈提米斯托克利傳〉14節，提到澤爾西斯的艦隊有戰船一千艘，希臘人只有一百八十艘。

76　賽克拉德斯群島以北的海域稱為愛琴海；賽克拉德斯群島到克里特島之間的海域稱為克里特海。這道海流從黑海經過博斯普魯斯海峽到愛琴海，再經由克里特海、地中海，穿過直布羅陀海峽進入大西洋。

無限的特性，就不可能認知兩者的孰大孰小；不等的自然律不能成立。因爲事物視爲不等必然是其中之一算至最後的部分有所不足或短缺，另一則能繼續保有過多的優勢。如果不等不能存在，那麼物體的不平或粗糙隨之不能存在，因爲不平是物體本身單一表面的不等，粗糙則是不平加上堅硬的性質；兩者都不會讓我們感到它不會終止在最後的部分，卻會將物體無數組成部分向著無限延伸。一個人所包含的部分要多過他的手指，宇宙所包含的部分也要多過於人，難道連這一點都不能清楚得知？所有的人都知道這點還記在心裡，只要他們不想成爲斯多噶學派的成員；一旦他們成爲斯多噶學派的一分子，所有的陳述和意見都盡全力站在相反的立場，這時他並不認爲人的組成部分應該多於手指或是宇宙應該多於人，因爲分裂的物體變得粉碎趨向無限，處於無限的狀態沒有大小或多少之分，等到所有的部分停止分割，就會使得自己成爲無窮的多數。

蘭普瑞阿斯：怎麼會這樣？他們如何解決這些困難？

戴杜米努斯：啊，看來的確天眞又勇敢。因爲克里西帕斯曾經說過，等問到是否我們有任何部分，它的數量是多少，以及它們包含那些部分和數量的多少，我們通常加以區分，就會肯定表示整個身體是由頭、軀幹和四肢組成，像是他們對所有的回答都會調查和懷疑。他說道：「如果他們表示質問的對象是最終的部分，這方面的問題沒有人弄得清楚，我們可以說它並不包含其中任何一部分，同樣也不包含很多部分，既不是有限的多數也不是無限的多數。」我想最好還是拿出他講過的話，爲的是你可以看到他使用的方法，就是對於一般概念保持警覺，不停的在旁細心的監視；囑咐我們設想種種物體的組成並非特定的部分也不是任何數量，而且它的數目並非無限也不是有限。

因此，有限和無限之間會有一個中項，如同善與惡之間會有善惡難分，他可以告訴我們這是什麼意思，所有的困難就會迎刃而解；其實有很多都是措辭用語的關係，像是我們了解到這個並非有限亦即無限，我們要做的方法並非相等亦即不等，或是這個不會遭到毀壞亦即完整；這樣會使我認爲可以如此表示：一個物體的組成部分並非有限也不是無限，如同在辯論中說是前提的組成部分並非眞實也不是虛假，並非不可分割的原子也不是可以分割的分子。

39 他竟然如此大膽提到金字塔的表面是由面積不等的三角形構成，向著正方形的接合面傾斜，彼此之間的大小沒有超過或不足的問題[77]；

77 金字塔是一個五面體的角錐，除了底是正方形以外，其餘四面是四個全等的三角形。

他用這種方法來保留一般概念，因此，要是說某一物體較大卻沒有超過，或者說它較小卻沒有不足，豈不如同說某一物體的不等卻沒有超過也沒有不足；也可以說一個不等的物體就是相等，一個較大的物體它的體積沒有較大，一個較小的物體它的體積沒有較小。再者，德謨克瑞都斯(Democritus)[78] 提出合乎科學而又非常生動的問題，如果一個圓錐爲平行於底面的平面所切割，證明切下片段的截面相等抑或不等，從他的回答可以看出他面對困難的處理方式：如果兩個截面不等，那是因爲圓錐的底面出現階梯式的刻痕或者變得粗糙，使得整個角錐處於不平的狀態；如果兩個截面相等，切下的片段就會相等，這個由圓面積構成的圓錐相等或是不會不等，從而明顯看出它具備圓柱的特性；當然這些似是而非的論點眞是集荒謬之大成。

克里西帕斯還用來證明德謨克瑞都斯的無知，他說表面並非相等也沒有不等，物體所以都是不等，在於表面並非相等也沒有不等。實在說等於制定一條法律，那就是物體的不等在於表面存在著並非相等也沒有不等，好像一個人讓自己得到令人感到驚奇的許可證，能夠隨心所欲寫出腦袋裡面想到的東西；因爲理性和清晰的認知提供相反的概念，那就是不等的物體它的表面不等，較大的物體有較大的表面，當然，除非一個物體有過多的部分缺乏表面。如果較大物體的表面沒有超過較小物體的表面，會在出現這種狀況之前就會停止，因爲物體都有一個限度，就是它的一部分不能沒有限度，亦即它不能是無限。如果他還堅持一種論點，就是有關表面的概念完全用在圓錐上面，那等於在駁斥自己說過的話：「我對於圓錐的切口感到不安，在於它的產生是物體而非表面的不等。」

將物體的表面排除在外不予計算是一件很荒謬的事，只會讓物體變得更加凹凸不平。不過，如果我們還堅持原來的臆測，還有什麼會比諸如此類的想像事項，更會與一般概念大唱反調？要是我們肯定這種論點，說是表面與表面並非相等也沒有不等，很可能會說大小與大小的關係以及數字與數字的關係，並非相等也沒有不等；因而我們同樣無法提到甚至難以得知位於相等和不等之間的一個中點，而且這個中點並非這個也不是那個。再者，要是讓表面的並非相等也沒有不等可以成立，如何對圓的概念同樣並非相等也沒有不等能夠形成阻礙？我認爲圓錐的片段形成的截面是圓形，要是如此，有人就會肯定表示，圓形的直徑同樣並

78　德謨克瑞都斯是西元前5世紀的哲學家，生於色雷斯的阿布德拉，曾經遊歷亞洲和埃及各地，後來到雅典定居，受教於安納克薩哥拉斯，著作極其豐碩，涵蓋哲學各學門和學派，卒年不詳，據稱享有高壽。

非相等也沒有不等，那麼無論是角度、三角形、平行四邊形、平行六面體和物體莫不如是；如果長度彼此之間並非相等也沒有不等，那麼與物體有關的深度、寬度和重量亦應如是。

對於那些舉出一般特性的人士，他們認爲某些不可分割的原子，就會自我矛盾於並非運動也沒有靜止，他們提到陳述的錯誤有如下面所言：「如果某些事物彼此不能相等則這些事物彼此不等」以及「並非這些事物彼此相等和不是不等」，斯多噶學派又怎麼敢加以責備？不過，就在克里西帕斯提到較大的物體不會超過，很適合提出一個問題是否這些物體彼此完全一致。如果它們彼此完全一致，怎麼會有較大的一個？如果它們彼此不能完全一致，對於一個的超過和另一個的不足，怎麼會沒有這種需要？或許存在兩種可能，就是彼此不會完全一致，以及與較大者完全一致，難道前者基於都不超過，後者基於超過僅是較大者？那些人在需要的答案陷入困境以後，才無法保有原來的一般概念。

40 還要討論一個背離一般概念的問題，就是無法接觸任何物體；要說更爲荒謬應該是物體彼此的接觸等於沒有接觸。因爲他們需要允許這些事情，在沒有發生接觸的可能之前，他連身體最小部分的觸及都不同意，等到發生接觸以後，不會停止更進一步的發展。不管怎麼說，對於擁護主張不可分割的人而言，他們自己是主要的反對者，所謂接觸並非整體對整體，也不可以部分對部分，因爲前者的結果不是接觸而是混合，後者根本沒有可能，因爲不可分割就不會有部分的存在。因爲他們不允許有最後的部分和最初的部分，那又怎能避免落入自己設置的陷阱之中？老天爺！他們曾經說過，物體的彼此接觸是有它的限度，不是僅僅的部分而已，這個限度也不是完全針對物體而言。其實，物體接觸物體是用無形的非物質方式，再者，並不需要接觸，這種無形的精神力量始終存在於兩者之間。如果兩者發生接觸，物體還是對於無形的非物質方式產生一種反應或是受到影響。

相互引起反應和產生影響就是物體的性質。如果物體發生接觸是無形的非物質，同樣可以連結、混合和聯繫。連結和混合需要物體的極限能夠保有殘餘，或者殘餘已經損毀，只是兩者任選其一就與一般概念發生牴觸。甚至就是斯多噶學派都無法容許無形的非物質，面臨毀滅和出生的處境，物體不可能連結和混合能夠到達自己的極限。因爲極限可以束縛和固定物體的性質，如果混合不是部分與部分的並列，如同這些人所說的那樣，事物在混合當中成就彼此完全的結合，接著是極限的毀滅和出生的隔絕，這種過程沒有人能很容易理解。再者，物體彼此接觸，它們同樣可以相互的擠壓、擊打和衝撞；無形的非物質同樣可以做出這些事情，只是很難想像何以如此。

斯多噶學派強迫我們接受這個概念。如果球體接觸平面在一個點，可以明顯看出它從平面拉起也在一個點，如果在球的表面塗上赭石，可以看到它在平面上畫出一條紅色的線；如果這個球有很高的溫度，可以使得平面變得很熱。要是用無形的非物質使球體受到沾染或是提升溫度，這些都與一般概念發生牴觸。最後，我們設想一個陶瓷或水晶的球體，從高處掉落在一塊石板上面，對於堅硬的目標發生撞擊，不合理的要求是這個球體還要保持完整，然而更荒謬的想法是撞擊出現在一個極限，那是無形的非物質的點，還會使這個球體破裂成為碎片。結果是有關無形的精神或有形的物體都會產生困擾，甚至就是斯多噶學派在很多不可能的構想給予的協助之下，最後只有將這方面的一般概念廢除了事。

41 時間方面背離一般概念是未來與過去，倒是與現在沒有產生瓜葛；「不久之前」和「即將來到」都逃不掉，只有「目前當下」不受任何牽連。然而這種狀況經常降臨到斯多噶學派的身上，他們不容許一段最少量的時間，還認為「現在」不可分割，不管有任何人想要取用和了解現在，就會說現在有一部分是未來，另外一部分是過去，因而沒有留下一部分給現在的時間；只要提到現在就有一部分歸於未來，一部分歸於過去。兩件事其中之一有如下述：他們肯定過去時態和未來時態，對於現在時態採否定的態度，只是認同「此時是現在」的敘述方式，就現在來說一部分是「曾是」而一部分是「將是」；他們同樣斷言現在存在一部分未來和一部分過去，或是一部分從前和一部分以後，所以現在還不能算現在而且不再是現在；因為它是過去不再是現在以及它是未來還不算現在。不過，他們對於現在所用的分割方式，斷言就是今天還有一部分是昨天以及一部分是明天，今年有一部分是去年以及一部分是明年，同樣會說一部分是以前和一部分是以後。他們讓人感到無所適從在於將這些時間的片語，像是「尚未」、「已經」、「不再」、「目前」和「仍未」都要一一分辨清楚。所有其他人都認為、得知和相信「近來」和「即刻」這兩個用語，表示一部分的時間，與現在有很大的差異；「即刻」是指現在之前，「近來」是指現在之後。

在這些斯多噶學派人士當中，阿奇迪穆斯（Archedemus）[79]的「現在」與所

79 阿奇迪穆斯是雅典斯多噶學派哲學家，後被放逐到巴比倫，對於促進東西之間文化交流有卓越的貢獻。

有的過去產生連結，對於即將來到形成起點；這種說法似乎他在無意之中絕滅所有的時間。如果現在不是時間，僅是一個用語或者是時間的極限，如果時間每一部分就像現在一樣，那麼所有的時間就沒有部分可言，整個分解以後成爲極限、連接和起點。在另一方面，克里西帕斯想要用講究謀略的方式對待分離，於是在他的著作《論虛無》(*On the Void*)的有關章節，提到過去和未來這部分的時間並不存在，僅有現在存在，但是在第三卷、第四卷和第五卷討論「部分」的著作中，他肯定的表示現在有一部分是未來的時間，還有一部分正好結束。結果變成他分割時間存在的部分進入不存在的部分，使得它能夠存在；或許只要現在既不是未來也不是過去的一部分，對於所有存在的時間而言完全是一片虛無。

42 時間的概念對於他們就像是用手去掬一捧水，愈是想要緊緊抓住，愈會從指縫當中溜走；如同所涉及的行爲和動作，使得明確的理解能力全然不能發生作用。如果現在可以分割，部分進入過去，還有部分進入未來；那麼現在的運動就有必要是一部分已經有了動作，其餘的部分將會產生動作，有關行動的終結和發生都要廢除，不管是何種行爲都沒有開始的部分和最後的部分可言，須知動作的區分要與時間的劃分保持一致。因爲斯多噶學派認爲現在這個時間部分已經過去，還有其餘的部分即將來到，這些都是指正在進行的部分而言，還要提到這其中已經完成和將要完成的部分。

因此，每當用餐、寫作和散步都有開始的時候，如果任何一個人需要用餐而且已經用餐，或是需要散步而且已經散步，他們應該在何時給這些行動一個結束？就像人們經常提到的一樣，什麼才是荒謬到了極點的事情，如果就人類的性質來看，下面的狀況或許就是最好的例子；一個人現在活在世上，他不僅已經活過來還要繼續活下去，然而卻說他的生存沒有開始也不會有結束；如同我們每一個人來到世間，似乎他還沒有開始生活；如同我們都已死亡，他還沒有停止存活；即使時間沒有最後的部分，有些活著的人實際上還是會延伸到未來，那麼「蘇格拉底只要活著就會活下去」這句話並沒有語病。通常我們把它當成眞的就會說「蘇格拉底還活在世上」，直到這句話不能成眞才說「蘇格拉底已經過世」。因而處於部分時間數量無限的狀況之下，「蘇格拉底活在世上」的敘述的確眞實不虛，然而在部分時間付之闕如的狀況之下，那就要說「蘇格拉底已經過世」。

你可以隨時結束一項行動，只要是工作總會有結果，通常我們爲了表示確有其事，就會說「這件事已做好」，難道說「這件事會做好」，也能表示出同樣的意義？有人說柏拉圖正在寫作和討論，然而柏拉圖這時已經停止寫作和討論，那麼這是一個錯誤的陳述；要是他在討論就說「他正在討論」，要是他在寫作就說「他正在寫作」，這樣就永遠不會出現錯誤的陳述。再者，正在發生的事它的時間不能分割，然而已經發生或即將發生的事，也就是過去和未來，所涉及的時間可以分割，這些都是講不通的事，從任何方面看來都毫無道理可言。因爲我們的看無法分出過去或未來，就是我們的聽或其他可以感覺的事物，都不能說是已經發生或正要發生。要是實際發生的事物一部分是正要前來其餘的部分是已經過去，或者說一部分已經發生其餘的部分正要發生，那麼知覺對於當前的狀況不能引起任何作用。

43 斯多噶學派認定伊庇鳩魯做了一件令人震驚的事情，同時還違背一般概念，就是讓所有運動的物體有相等的速度，不容許彼此之間有任何一個更爲快捷；更讓人感到不可思議而且顚覆一般概念的作用，就是不允許任何事物遭到超越，如同俗語所說：

> 他騎上一匹快比疾風的駿馬，[80]
> 趕不上烏龜在前面緩慢的爬。

這是必然的結果，運動的物體在移動的過程中領先位於前端的部分，如同這些人堅持的說法，其間的距離可以分割，獲得的數量多到無限。烏龜起跑的位置要是在駿馬前面約爲十二杆的一半[81]，這些人可以將這段距離分割爲無限，每一細微的段落都要依照居先部分和隨後部分的次序，就不會產生最快或最慢的狀況，因爲慢者在某些距離總是居於前面，只要這段距離分割爲無限。有關於水從碗或杯中倒出，不會全部倒光的問題，難道不會與一般概念發生衝突，而是他們所說連續性帶來的影響？因爲沒有人了解運動要按照事物的先後次序，經過無限可以分割的部分到最後的達成，只是通常會留下一些剩餘可以分割的部分，就會使得光的反射、液體的流動、固體的運行、重物的落下，仍然存在缺陷不能到達完美的狀態。

80　荷馬《伊利亞德》第23卷346-347行。

81　杆為英制長度單位，1杆等於5.5碼；12杆的一半約為30公尺。

44 斯多噶學派有很多荒謬的論點我都略過不予追究，僅僅指出與一般概念發生牴觸的地方。這種爭辯從古代開始不斷的增多，要是克里西帕斯沒有說錯，伊庇查穆斯(Epicharmus)[82] 已經提出他的看法；只是學院派的成員認爲這個問題不容易解決，最後失去控制無法處理，所以斯多噶學派嚴詞加以指責，大聲疾呼的理由是他們要除去先入爲主的偏見，經過思考認爲這些都違背一般概念；然而斯多噶學派事後承認，他們不僅沒有理會一般概念，就連感官的知覺作用都受到扭曲。因爲爭論的本身相當簡單，斯多噶學派認同問題的前提：所有特定的物質都處於流動和運行的狀態，會從本身送出一些組成部分，也會接受來自他處的成分；這些組成部分參與和留下的分量，與原來的總數大不相同，物質經歷變化如同前面提到的接近和撤回；這種變化不能說它是習慣性的增加或減少，適當的稱呼應該是出生和滅亡，它們使得一項事物經由現存的狀態進入另一種狀態，至於成長還是緊縮是物體的修正過程，所能持續的時間視它的性質而定。

學院派人士認爲有些事情存在於說和寫的方式當中，斯多噶學派對於一般概念，難道要讓追隨者維持清晰的理解和超高的標準？我們當中每一位都像孿生子那樣具備雙重人格，不是詩人想像中的摩利歐尼迪(Molionidae)[83] 只有若干部位長在一起，其餘的地方還是分離；而是兩個身體有雷同的膚色、型態、重量和地位，可以說完全一模一樣，雖然這種情形以前從未有人類看見，只有當事人能夠辨別這些組合、重複和含混；我們當中每一個人都具備兩種實體，一種是物質另一種是特性；前者通常存在於流動和運行之中，它的質量絕對不會增多、減少或出現剩餘；後者可以保留、增多或減少，對於各方面所產生的影響，完全與前者背道而馳，雖然兩者可以緊密的連接和混合，對於感官的知覺作用不會造成任何差異。據說著名的林西烏斯(Lynceus)[84] 可以看透岩石和樹木；還有一個人在西西里擔任守望的工作，能夠見到迦太基人的船隻從他們的港口啓碇[85]，這是一段非常遙遠的距離，海上的航程要走一天一夜；據說凱利克拉底、墨米賽德

82 伊庇查穆斯是西元前6-5世紀的喜劇家，出生在西西里的敘拉古，供職海隆一世(Hieron I)的宮廷，據說他寫出很多哲學和科學方面的著作，只有名稱和殘句傳世。

83 摩利歐尼迪是孿生子優里都斯和帖阿都斯的通稱，他們的父母是阿克托(Actor)和摩利歐妮，後來這對兄弟被海克力斯所殺。

84 林西烏斯是一位神話人物，參閱品達《尼米亞頌》第10卷61-63行。

85 這個傳說可以參閱斯特拉波《地理學》第4卷2節；伊利安《歷史文集》第11卷13節；以及普里尼《自然史》第7卷85節。

(Myrmecides)和他們的門徒，製作一輛玩具馬車是用蒼蠅的翼當成罩篷，還能在一粒芝麻種子上面鐫刻荷馬的詩篇[86]。有人得知或發覺在我們當中有這樣多的變化，就是我們自己都難以理解所具備的雙重性，一部分經常流動，另一部分保持原狀，從我們的出生直到死亡。

我要讓整個探討的過程變得更加簡單，斯多噶學派要我們每個人負責四個題目，要想找出那些荒謬的論點，兩個題目就已經綽綽有餘。我們聽到平修斯在悲劇裡面的道白[87]，他說他看到天上有兩個太陽，還有兩座名叫底比斯的城市；我們會說他因爲神志不清所以才會出現種種幻影，事實上斯多噶學派何嘗不會如此，他們強迫我們接受錯誤的概念，經過推測他們所指的不僅是單單一個城市，甚至全體人類以及所有的動物、樹木、家具、用品和衣服，保不定都要數量加倍到成雙成對，難道這些都是他們說說而已？好吧，這種狀況應該值得原諒，因爲沒有其他的計謀可以表現他們的野心，爲了拯救和維持生長的現象，所以才會虛構各式各樣的話題和傳聞。

45 出於成因的動機或是爲了推崇其他的假設，斯多噶學派建構無數外形相異的身體，使之將靈魂容納在內；除非他們可以將它拿走，或者全部放棄和絕滅，否則沒有人敢說，可以將這些一般和常用的概念，推薦到異鄉和海外地區。這也是非常荒謬的事，使得所有的美德和罪惡，還有全部的技藝、記憶、幻想、激情、衝動和贊同置於身體，還肯定表示它們不會居住或生存在其他的位置，將這些功能留在單獨的地點，這個地點只是一個洞窟，是通向心臟的導管，裡面是靈魂的主要部分，四周被很多肉體包圍，即使大多數人無法理解，這些人的名聲在於區別和分離所有的事物。做好這些事情並非只有人類的身體，就是具備理性的動物亦復如此；然而盤據在我們的心中不是馴服和友善的蜂群，而是對立和敵意的暴民有如許多野獸，使得我們每個人成爲一個禁獵區、牛棚或特洛伊人的木馬[88]，如何能將想法和名字送給斯多噶學派創作的小說？這對我們明確的認知和日常的經驗而言，必定是最大程度的藐視和冒犯。

他們還要聲明，不僅是行善和爲惡，不僅是充滿憤怒、嫉妒、悲傷和惡意的

86　古今中外都有這一類的名家巧匠，參閱普里尼《自然史》第36卷43節，以及伊利安《歷史文集》第1卷17節。

87　優里庇德的悲劇《酒神信徒》918-919行，劇中人物平修斯是底比斯的國王。

88　參閱柏拉圖《瑟伊提都斯篇》184D，提到人體有很多感覺器官，如同藏在特洛伊木馬中的勇士，透過單一的性質形成集中，可以發揮最大的作用。

激情，不僅是理解、幻覺和無知，不僅是如同製鞋或冶鐵所需的工藝，這些都是動物的行爲；除此他們還將所有的行動歸於身體，要說像一個動物那樣的行走，諸如跳舞、談話、問候、咒罵，完全沒有兩樣。接著便說歡笑和哭泣就是動物；還有就是咳嗽、噴嚏、呻吟、吐口水、在鼻子上揍一拳，以及其他的動作，他們都已明確的指出。讓他們不要因爲率先提到這些事情感到苦惱，經過一番爭辯以後，慢慢想起克里西帕斯在他的第一本著作有關討論「物理學的問題」，用這種方式說出他的結論：「我們不能有這種看法，要說夜晚是身體，黃昏、黎明或午夜就不是身體；要說日期是身體，每月的一號、十號、十五號和三十號就不是；要說月份是身體，夏季、秋季和年度就不是。」

46 出現這些狀況會違背一般概念，接著就會反對自己的論點，如同經過寒冷的過程會感到更加炎熱，經過凝結的過程使得空氣更加稀薄。他所以這樣表示，那是因爲身體經過調節，產生的寒冷和凝結使靈魂變得非常炎熱和稀薄，如同植物的身體有了充沛的活力變成動物。他們還說太陽變得活潑又有生氣，那是液體經過變化成爲智慧的火；還是有充分的時間可以想到一個事實，太陽要經歷寒冷的過程才會出現最後的產物。有人提及曾經看到鰻魚生活在熱水當中，後來色諾法尼斯(Xenophanes)才會說：「好吧，我們只有將牠放在冷水當中用火將牠燒得滾燙」[89]；得到的結果使斯多噶學派面對反向的思考，要是熱的產生來自寒冷以及輕的產生來自凝結，那麼加熱可以產生寒冷的東西，擴散可以產生堅固的東西，稀釋可以產生沉重的東西，這在他們不合理的論點當中，占有相當的比例和強度。

47 他們何以認爲就概念本身的性質和起源而論，並沒有違背一般概念？因爲概念是一種心智的意象，這種心智的意象是靈魂的表達方式；然而靈魂的特質很像氣體的蒸發作用，不但表達它的微妙之處極其困難，就是想要接受和完成這種表達的方式也是不可能的事。液體成爲它所需養分的源頭和肇始的開端，這是繼續成長和消耗的過程，它與空氣的呼吸混合起來，通常成爲一種新的蒸發作用，使得空氣來回不斷的流動產生轉移和變形。普通人很容易接受某種印象，就是一道奔騰的溪流比起一股流動的氣息，更能保存它留下的形

89 色諾法尼斯是西元前6世紀的哲學家和詩人，出生在科洛奉，這句詩可以參閱狄爾斯、克朗茲《色諾法尼斯殘卷》No.17。

態，雖然這股氣息不斷混合蒸氣和水汽，包括各種遲鈍、緩慢和外來的呼吸，從無有之中逐漸變得壯大。斯多噶學派竟然如此輕率不以爲意，將概念定義爲一種需要保存的想法，記憶定義爲一種穩定和習慣的表達方式，還讓知識的形式變得絕對的牢固，他們在它的下面打下一個基礎，卻將它安置在滑動的物質上面，很容易散落進入永恆的流動和運行之中。

48 有關元素或要素的一般概念，相信大家對它都有很深的印象，那就是簡單、精純、沒有與其他物質混合或化合。沒有一種元素或要素會形成混合，要是提及原料都是混合所得的產物。然而斯多噶學派卻說神是萬有的要素，將祂造成知性的身體和智力的心靈，使祂不再簡單、精純和未曾混合，而是與所有的事物都有關聯。物體的存在無須合理更不必具備某種性質，然而它的簡單來自一種要素的本質；事實上，如果神不是無形的靈性也不是非物質，祂就會分享物體成爲一種要素的參與者。要是物體與理性是同一回事，斯多噶將物體定義爲它的存在無須合理，就已經犯下大錯；然而要說兩者是不相關的事物，神對兩者的存放成爲唯一的託管人，不再是一個簡單的要素，而是一種與有形存在相結合的成品，還要加上它的知性。

49 在任何狀況之下，斯多噶學派將四種物體：土、水、氣和火，稱之爲基本元素[90]，我不知道何以如此，竟然認爲其中有些是簡單和精純，其他則是合成和混合；他們提到土和水不會自行或與他物聚集起來，能夠保持單一在於氣的參加和火的力量，由於氣和火用自己的實力來加強本身，可以與其他兩者即土與水混合，帶來能量、恆久和生存。土與水如果沒有具備簡單、原始和自足的特質，全都缺乏保持和維護本身生存的能力，那麼土與水又何以成爲元素？就是斯多噶學派對於這方面的問題並沒有什麼概念，所以對於土的存在只是有限的物體而非物質，有關的討論才會產生混淆而且難以確定；如果土本身就有能力可以做到，何以還會需要氣對它加以固定和包容？問題不是出在土或水的本身，那是氣運用某種方式經過高壓和濃縮成爲土，再經過另一種方式加以軟化和分解成爲水；土和水都不能算是元素，還有其餘的元素將存在和出生授與它們。

90　參閱本書第63章〈論寒冷的原則〉7節；以及阿尼姆《古代斯多噶學派殘卷》第2卷No.444。

50 再者，他們說物質和項目都位於性質之下，特別用這種方式加以限制，從另一方面來看，他們所謂的性質其實就是物體。這樣一來就陷入極大的混亂之中。要是性質擁有屬於自己的物質，這樣一來兩者都可稱之爲物體，這時它有自己的物質就無須外求。要說它的下面還有很普通的東西，斯多噶學派稱之爲本質和項目，可以明確看出參與物體而不是物體，因爲本質和項目只能算是底層和容器，對於事物的接受和基礎而言還是大不相同。不過，斯多噶學派的成員還是半途而廢，他們將項目加上「沒有素質」的稱呼，只是不再繼續下去就將性質稱爲「非物質」。如果他們不能得知性質沒有物體，怎麼可能發覺物體沒有性質？基於這個理由物體涉及每一種性質，允許心靈不去掌握與性質不發生關聯的物體。似乎一方面否認性質的存在沒有物體，一方面否認項目的存在沒有性質，或是用來當成兩者分別出自對方，或者兩者的彼此分離。他們當中有人提出更深入的理由，像是給予物質的稱呼是「沒有性質」不是因爲沒有性質，而是具備所有的性質，就這一點來說完全背離一般概念，最主要是讓感官不能發揮作用。因爲一個人不能將具備各種性質的能力稱之不合資格，不能將順應自然傾向於容忍各種事物稱之爲不能溝通，不能將積極向各方面擴張與蔓延稱之爲不能運動。無論項目的理解通常來自性質，然而它的理解是別的東西而且與性質迥然不同，這方面的疑問還是無法解決。

第七十四章
伊庇鳩魯不可能過快樂的生活

1 伊庇鳩魯的門徒科洛底(Colotes)[1] 有一本著作名爲《遵從其他哲學家的規勸不可能過美好的生活》(*That Conformity to the Doctrines of the Other Philosophers Actually Makes Life Impossible*)，我爲了替其他哲學家辯護，很快寫了一篇隨筆答覆他提出的論點。等到學院放學之後，大家在散步時就這個題材加以討論，對於伊庇鳩魯學派提出很多反對意見，我義不容辭決定將談話記錄下來，主要的理由是要讓人們有所了解，無論是言辭辯駁或著書立說，尤其是涉及指責他人，應該遵循正確的做法和程序，不能任意分割文字產生誤導作用，或是斷章取義作爲肆意指控的口實。

2 我們的散步總是以體育館爲目標，途中朱克西帕斯(Zeuxippus)[2] 特別強調，即使辯論還是需要坦誠的言辭。伊庇鳩魯和梅特羅多魯斯(Metrodorus)盡量避免得罪別人，看來赫拉克萊德(Heracleides)[3] 對於我們的回擊，不會大發雷霆厲聲指責。

提昂(Theon)[4] 插嘴說道：「科洛底的談話經過深思熟慮，可以作爲我們的典範，你的答覆爲何不能拿他們作爲標準？他們到處尋找難以入耳的詞句，像是『跳梁小醜』、『大吹牛皮』、『騙子郎中』、『豔幟高張』、『刺客殺手』、『失意文

---

1 科洛底是蘭普薩庫斯人，出生在320 B.C.，伊庇鳩魯於(310-306 B.C.)這幾年間在該地成立一所學院，科洛底十四歲就讀該校成為他的學生，後來前往雅典繼續追隨，大力宣揚伊庇鳩魯的教條和學說，終生奉行不渝。

2 斯巴達人朱克西帕斯是蒲魯塔克的至交，見多識廣而且言辭犀利，曾經參與多篇隨筆的對話。

3 只知道這位赫拉克萊德認識伊庇鳩魯和梅特羅多魯斯，可能是來往密切的朋友，除此以外一無所悉。

4 提昂很可能是蒲魯塔克在學院擔任教學的助手，學識相當淵博，辦事非常積極，曾經參與多篇隨筆的對話，都有卓越的表現。

士』、『末路英雄』、『呆瓜傻蛋』[5]，表示他們的涉獵非常廣泛，竟然還說全都來自亞里斯多德、蘇格拉底、畢達哥拉斯、普羅塔哥拉斯、狄奧弗拉斯都斯、赫拉克萊德[6] 和希帕契婭(Hipparchia)的著作，看來這些知名之士他們還會放過嗎？他們在很多方面顯示見識高人一等，只要運用辱罵和誹謗的言語，看來到達智慧的境界還有很大一段距離，因爲『嫉妒的嘴巴唱不出神聖的頌歌』[7]，狹窄的心胸沒有辦法制止對別人的猜忌和憎恨。」

亞里斯托迪穆斯接著說道：「赫拉克萊德是上過文藝課程的學生，竟然喜愛『起鬨的詩人』和『荷馬的蠢事』這類的詞句；加上梅特羅多魯斯堆砌無數謬誤的作品，當成回報他對伊庇鳩魯的虧欠。朱克西帕斯，你要知道，赫拉克萊德和他的同夥，所作所爲還不僅如此。爲何我們不在討論開始就指出問題的癥結所在，拿他們『不可能過美好的生活』當作主題，反駁大人先生[8] 異想天開的言論；看來我們的朋友[9] 定會贊同，只是他目前表現一副力不從心的樣子，這時不靠提昂的幫忙還行嗎？」

提昂針對他的意見說道：「在我們之前已經有人射出[10]

> 一箭使這場競賽有了結果，
> 現在我要瞄準另外的目標；[11]

如果你們願意讓我著手進行，終歸會替這些哲學家出一口氣，就去拜訪這幾位仁兄，給予的懲罰就是證明他們想過『快樂的生活』是毫無希望的事。」

---

5 這裡是八個罵人的稱呼，下面提到七位最著名的哲人和學者，要是將侮辱的形容詞用在他們身上 ，蘇格拉底當然是「騙子郎中」，克拉底的妻子希帕契婭成為「豔幟高張」的娼妓，亞里斯多德落到「末路英雄」的地步，心狠手辣的赫拉克萊德是「刺客殺手」，畢達哥拉斯只會「大吹牛皮」，當然「跳梁小醜」也可以安在身為犬儒學派的希帕契婭頭上，狄奧弗拉斯都斯是「失意文士」，最後只剩下「呆瓜傻蛋」給普羅塔哥拉斯。

6 這位赫拉克萊德不要與上面那位混淆，生於伊努斯(Aenus)，柏拉圖的門生，殺死奧德瑞西國王科特斯推翻暴政。

7 柏拉圖《菲德魯斯篇》247A，原文是「神明出巡的行列，不會產生嫉妒去爭位置的前後」。

8 指的是伊庇鳩魯學派的成員。

9 是指蒲魯塔克，因為他寫了這篇文章，當然先要聽聽大家的意見。

10 是指首先發難的蒲魯塔克，可能他以前寫過一篇名叫〈論伊庇鳩魯的人生觀〉的隨筆，只是已經失傳。

11 荷馬《奧德賽》第22卷4-5行，奧德修斯拉弓將箭射過斧柄的洞眼以後，對那群求婚者所說的話。

我笑著說道：「哈哈！你這一拳正是打中『肚皮』[12]；當你將這些人的快樂奪走，逼得他們落荒而逃，這時只有放聲大叫

我們對搏鬥根本一竅不通；

或者他們就像演說家、元老院議員或行政官員一樣：

僅有的本領就是赴宴吃喝；[13]

還要強詞奪理說是『任何肉體方面的滿足會給心靈帶來快樂和愉悅』。我認爲你不讓他們生活在快樂之中，那種可能性就像諺語所說的一樣，即使無法拿走他們『一年之中最美好的春天』[14]，還是可以讓他們感到活在世上眞是生不如死。」

提昂說道：「如果你贊同這個題目，現在對方正是提供最好的機會，爲何你又白白放過？」

我回答道：「我不會置之不理，目前單純做個聽眾，等到你有需要的時候，我會出面答覆提出的問題，只是我將主導討論的工作交給你和其他人士。」

提昂講了幾句場面話，亞里斯托迪穆斯說道：「你談起這個題目倒是輕鬆容易，卻禁止我們探討伊庇鳩魯學派人士對於美好的人生所持的觀點，豈不是給這個問題帶來很大的限制。人類只要堅持一種信念，認爲歡娛就是抵達至善的境界，要想驅除快樂的生活就沒有那麼容易。鑑於我們一旦讓他們不能擁有美好的生活，等於同時將快樂一併奪走，因爲他們一直強調，快樂的生活要是與美好的生活分離就不能存在。」

3 針對他的論點提昂說道：「我們最好再考量一下討論的程序，趁著這個很好的機會，應該運用他們提出可供反擊的空間。他們的意見是人類的頭腦和所有的智力，首要的工作是讓『肚皮』感到滿足，美好的希望都指向何其

12 參閱蒲魯塔克《希臘羅馬英豪列傳》之〈盧庫拉斯傳〉11節那句諺語：「戰爭的弱點是士兵的肚皮。」

13 荷馬《奧德賽》第8卷246、248行

14 這是一句諺語：參閱希羅多德《歷史》第7卷162節，以及亞里斯多德《修辭學》第1卷1365a33。

單純的快樂[15]，這是身為智者的梅特羅多魯斯告訴我們的事。閣下，可以立即明顯看出，他們用來當成基礎的美好事物，竟然是如此的狹窄、脆弱和不穩。須知那些可以接受快樂的通路，同樣會為痛苦大開方便之門；或許的確如此，我們同意只有少數部位獲得快樂，大部分的器官只能感受痛苦。歡樂的程度如同我們的關節、肌腱和手腳，那裡會出現悲慘和頑強的痼疾，像是痛風、風濕和導致皮肉腐爛和脫落的潰瘍。」

「這個世界沒有一個地方可以免於烈火的燒灼，刀劍的殺害，野獸的咬齧，鞭笞的抽打，以及無聲無息的箭矢和親友亡故的哀傷。還有無所不在的酷熱難忍和嚴寒刺骨，如同染上熱病一樣有時發燒有時冷得顫抖；所謂快樂的本質就像一陣微風，帶著傻笑在那裡吹來吹去，過了一會全部化為烏有。須知快樂的期限不會太長，就像一顆流星靠著燃燒本身剎那之間就已熄滅；痛苦可以出現在其他的領域，伊斯啟盧斯的劇中人物斐洛克特底曾經這樣表示[16]：

> 這條蝮蛇絕不會將我放過，
> 帶鉤的毒牙緊緊咬住腳踝；

痛苦不像快樂給人帶來順利和寧靜的生活，更不會仿效它那令人愉悅和舒服的接觸，非但如此，它還像紫花苜蓿長著突起又不平整的種子，粗糙的外殼能夠長久留在靈魂當中，使得痛苦能夠撒出它的鉤和伸出它的根，要與肉體糾纏得難分難解，延續下去不僅是日與夜[17] 而已，對於某些人而言是整個季節或者奧林匹克周期；除非用其他的痛苦去取代，如同堅硬的釘子頂出老舊的釘子，否則很難與它分離。豈不是如同一個人患了熱病，口乾唇焦之際為何還要做長夜之飲？或是一個遭受圍攻的城市，它的居民在饑餓之餘為何還要大擺宴席？朋友的聚會帶來的快樂就會覺得時間太短，難道暴君的懲罰和酷刑也願意它延長下去？對於身體沒有能力，也不適合過快樂的生活，還有另外一種觀點，最好是能夠忍受痛苦勝於享受快樂，前者會讓人變得更加堅強和有力，後者會陷入軟弱而且很快感到厭惡。我們希望能讓快樂的生活伴隨沒有痛苦的狀況，他們卻不願有人持這種論

15 參閱戴奧吉尼斯・利久斯《知名哲學家略傳》第10卷137節。

16 出自伊斯啟盧斯的悲劇《斐洛克特底》；瑙克《希臘悲劇殘本》之〈伊斯啟盧斯篇〉No.252。

17 伊庇鳩魯認為劇烈的痛苦非常短暫，即使悲傷逾恆超過快樂不過延續數天而已；西塞羅在《論目的》第2卷29節提到這點，他完全同意蒲魯塔克的看法。

點，因爲伊庇鳩魯認爲肉體的快樂是微不足道的小事，怎麼講也只是虛有其表的工作，所以梅特羅多魯斯會對我們說：『我對肉體的快樂抱著蔑視的態度。』」

「伊庇鳩魯認爲智者要有豁達的心靈，疾病發作時還能面露笑容。何以人們從肉體的痛苦當中覺察到快樂的存在，就會讓痛苦的程度減輕到變得容易忍受？實在說，快樂無論就它的期限和範圍而言，其中都不會沒有痛苦，何況還要與痛苦緊密結合起來；因此伊庇鳩魯對於快樂所下的定義[18]，就是能夠除去其中的痛苦。因爲他相信快樂的增加到達一個臨界點，就會導致痛苦的消失，這時再增加快樂就沒有必要(即使到達沒有痛苦的狀態，對於快樂而言這是無關緊要的轉變)。想要達到這樣的臨界點，只要克服強烈的欲望對快樂保持珍惜之心，所需的行程不僅短促而且快速。等到覺察到此地的貧乏，他們會將最後的美好從身體轉移到靈魂，如同來自沒有生產力的地土，只要受到說服認爲有理，還是可以發現快樂的青蔥牧場和草原；

伊色卡是大海懷中的島嶼，
沒有可供奔跑的空曠地域；[19]

提到我們這副微不足道的臭皮囊，無須一味享受『平順』的坦途，還得在『崎嶇』的道路上面接受痛苦的考驗。」

4 朱克西帕斯插嘴說道：「爲什麼，難道你不知道伊庇鳩魯學派在開始就將肉體處理得很好[20]，首先是快樂出現，然後轉移到靈魂，使之更加穩定，只要與它在一起的任何事物都變得完美無比？」

提昂說道：「他們眞是做得不錯，遵循自然運行的軌道，等到將靈魂轉移以後，他們眞正發覺到一些更爲美好的事物，而且更具有決定性；這些人的所作所爲完全追隨知性和積極的生活。等你聽到他們大聲抗議，靈魂是如此構成，這個世界不可能發現快樂和寧靜，肉體的歡娛不論是給予和期待，爲了它得到好處，就像把酒從破舊的陶甕倒入嶄新的容器[21]，讓它在裡面成熟醇化，可以賣出更好

18 烏西尼爾《伊庇鳩魯學派殘卷》No.417；參閱伊庇鳩魯《主要教條》(*Cardinal Tenet*)第3條。

19 荷馬《奧德賽》第4卷605行。

20 烏西尼爾《伊庇鳩魯學派殘卷》No.417；參閱塞尼加《論休閒》(*De Otio*)第9卷27節。

21 伊庇鳩魯學派經常將身體比擬為漏水的容器；參閱盧克里久斯《論萬物的本質》第3卷936或

的價錢；難道他們不認爲你可以將靈魂看成身體的裝酒瓶子，就那麼將快樂倒了進去？然而還是有差異之處：新瓶裝的酒經過加工處理，長期貯存改進它的風味，鑑於這種狀況的快樂，靈魂接替和保存它的記憶，如同一個很快凋謝的花束，此外再無他物可以保留長久。快樂像是在肉體裡面起了一些泡沫很快消失，留下微弱的回想還帶有不好的氣味，就像人們對於昨天那些變味的酒菜記憶猶新，如果沒有更好的飲食，我們認爲他們還會照吃不誤。提到塞倫學派更加謙虛的行爲，雖然他們與伊庇鳩魯養成酗酒的習慣，都是來自同一個陶甕[22]：他們甚至保有很奇特的論點，兩性燕好之際點起一支蠟燭都是錯誤的行爲，因爲交合必須在黑暗的掩蓋之下，不願視覺將想像中的行動變得更加清晰，很快再度點燃心中的情欲。是否其他學派像他們一樣持類似的想法，因爲他們認爲智者最突出的特質，就是那些已成過去的快樂，無論是所見所聞和親身接觸，都能保留在栩栩如生的記憶之中。」

「我們現在雖然難以認定這一切不値得運用哲學的名義，對於伊庇鳩魯學派的有識之士而言，肉體的快樂已經是事實，還要在內心留下排斥的念頭；從這些極其明顯的事例，我認爲不可能讓一個人過快樂的生活。其實這也沒有什麼可怪之處，通常在記憶當中的快樂難以抗拒，等到眞正出現覺得不過爾爾；還有就是人們對於禁絕的快樂，認爲對自己最有利的處置，就是在它開始接近就要立即退避。甚至就是有些人士，他們爲身體的嗜好所奴役，還要盡心盡力給予讚譽，等到超過所能體驗的程度，歡樂的情緒還是無法延續下去；等到快樂從身體逃離，只在靈魂當中留下幻影或夢境；用來點燃欲念的餘燼像是已經陷入沉睡，不能發揮任何作用，沒有著落的快樂以及對於享受和愛情的渴望，只能激發力求付諸實行的本能。」

「不僅這些人無法由縱情聲色的回憶中獲得樂趣，只能讓一種生動又出於想像的情欲取代微弱和空幻的殘餘快樂。同樣不可能發生的狀況，就是生性謙虛和自制的人在言行方面，如同喀尼德(Carneades)[23] 挖苦伊庇鳩魯所說的話，像是從

(續)

1009行；蒲魯塔克《希臘羅馬英豪列傳》之〈馬留傳〉46節；意思是等到時不我與，一切都如明日黃花，沒有任何東西可以保留下來。

22 烏西尼爾《伊庇鳩魯學派》293頁；或許是亞里斯托法尼斯的喜劇《武士》1289行，受到世人的認同所能產生的反應，參閱柯克《阿提卡喜劇殘本》第3卷〈Adesp篇〉No.465。

23 出生地為塞倫的喀尼德在西元前2世紀中葉，成為雅典柏拉圖學派的首腦人物，曾經以哲學家的身分擔任使節前往羅馬，憑著無礙的辯才和淵博的學識，使得朝野為之心儀不已，129 B.C.亡故。

事一次例行的外出，他的作爲經過算計，都是『多久我才與赫迪婭(Hedeia)或李昂芯(Leontion)[24] 幽會一次』、『我在那裡喝到薩索斯的美酒』或『那個月的二十號[25] 我參加排場最大的盛會』。心靈對於擁有的記憶是如此的滿足和迷戀，像是對於現有或期盼的快樂行爲，表示出可悲和獸性的不安和狂亂。」

「我相信他們看到自己的荒謬被逼只有盡量低調處理，運用『痛苦的袪除』和『肉體的健康』當成安全的藉口，想到人類會遭到這種狀況或者終究會有成功的可能，認爲快樂的生活就會出現在世間。因爲『肉體穩定和堅實的條件』以及這種條件包含『值得信賴的期待』，對於那些有能力表達自己意見的人士而言，他們將它看成獲得愉悅的最高保證。」

5 「首先讓我們看看伊庇鳩魯學派人士的作爲，無論是快樂還是免於痛苦以及健康的身體，都是上下起伏沒有定準，開始是身體及於心靈，然後再從心靈退向身體，存在被迫回到原始的起點，免得它的逃離或是不愼滑倒[26]。如同伊庇鳩魯所說的那樣，要支持『身體的快樂以及靈魂的愉悅』，預期可從愉悅到達快樂，最後可以再度讓靈魂通過身體。等到基礎發生搖晃竟然上層結構能夠固若金湯，或者給身體帶來各種動盪和變化的事物，它的本身有固定的期望和安詳的愉悅，或者不僅涉及很多外在的強制和衝擊，同時還將它包容在邪惡的根源之中，提到這些難道就沒有避開的理由？還是可以免於意外狀況的糾纏，有識之士不會爲尿道阻塞、痢疾、肺結核和水腫感到痛苦難忍，像是伊庇鳩魯就得過前面兩種頑疾[27]，波利努斯也無法幸免後面的肺病和水腫，尼奧克利和阿加索布盧斯(Agathobulus)就是死在可惡的沉痾[28] 手裡。」

「我不會讓他們抓住這方面的把柄，因爲我知道菲里賽德和赫拉克萊都斯都受到可怕病症的侵襲[29]，根據個人的判斷他們更應該保持低調的行事方式，不要用魯莽的行動展現得寵的讚美和空虛的言詞，招惹是非增多引起反感的咆哮；他

24　這兩位是伊庇鳩魯學院裡面的婦女，可以參閱本章第16節，戴奥吉尼斯·利久斯《知名哲學家略傳》第10卷4、7、23 節均有記載。Leontion 這個名字的意義是「小母獅」。

25　每月20日舉行餐會是為了紀念梅特羅多魯斯，等到伊庇鳩魯逝世以後，也有類似的活動，參閱戴奥吉尼斯·利久斯《知名哲學家略傳》第10卷18節。

26　參閱柏拉圖《高吉阿斯篇》493A-494B。

27　排尿疼痛和赤痢；參閱烏西尼爾《伊庇鳩魯學派殘卷》No.138。

28　亞里斯托布拉斯是伊庇鳩魯的兄弟，可能蒲魯塔克把他的名字弄錯了；根據烏西尼爾的考證，波利努斯是死於肺病，尼奧克利和亞里斯托布拉斯患水腫亡故。

29　赫拉克萊都斯因為水腫喪生，菲里賽德死於全身長滿寄生蟲。

們應該避免採取這種立場，就是『肉體的健康』是所有歡樂的泉源，還不要斷言人們從致命的病痛中掙扎可以感到愉悅，以及用無禮的藐視態度對待不幸和災難，鑑於健康的身體是經常的現象，然而在理性的心靈當中，無法讓肉體達成更爲明確和堅定的期望，我們引用伊斯啓盧斯的詩句，如同船隻在大洋之中，

危險的夜要靠熟練的舵手；[30]

即使海面風平浪靜還是有預先安排的需要，因爲未來的狀況根本無法確定；如同靈魂要是不可能停留在健康的身體裡面，這時最美好的希望就是再找一個安居之所，完成它到該處的航程不必驚慌也沒有遭到風浪；因爲身體不像海洋只遭到狂風暴雨的襲擊，讓平靜的海面掀起洶湧的波濤，大多數都是本身產生更爲嚴重的騷亂，你最好計算一下冬天能延續下去的好天氣，比起肉體的免於遭到傷害不會更爲難得。」

「何以會讓詩人將我們的狀況稱之爲朝生暮死、變化莫測和算計成空[31]，豈不就是肉體的軟弱、易損和病態與我們的生命相比，如同樹葉的萌芽和凋謝[32]？實在說我們都受到警告要審慎恐懼和嚴守秘密，即使它能擁有最大的好處也應如此，如同希波克拉底斷言『極其卓越的政體爲害最大』[33]，以及優里庇德的詩句[34]：

昨日之日擁有強健的體魄，
今日之日像星球從天墮落，
亡靈終究消失在無邊荒漠。

人們認爲英俊的年輕人在眾人的注視之下會受到傷害，那是因爲嫉妒的眼光何其邪惡，身體只要處於顛峰的景況很快就想求變，完全是軟弱的本質使然。」

30 伊斯啟盧斯的悲劇《哀求者》770行。
31 優里庇德的悲劇《歐里斯底》981行。
32 荷馬《伊利亞德》第6卷146行。
33 希波克拉底《格言和警句》第1卷3行。
34 瑙克《希臘悲劇殘本》之〈優里庇德篇〉No.971。

6 「他們一般的景況是相當貧窮，然而在生活上面沒有煩惱，你可以考量他們對別人所說的話，再對他們加以判斷。伊庇鳩魯[35] 提到違背法律的罪犯，即使能夠成功的逃脫偵察，由於無法保證可以安然無恙，整個人生就在悲慘和焦慮中度過，結果是畏懼之感隨著時間變得更爲沉重，處於這種環境使得歡樂或信心全都遭到排除。他們會用別人不會知道的話答覆自己：我們經常對身體處於『穩定的狀況』，也就是保持健康讓人感到滿意，然而我們沒有辦法獲得保證，可以一直延續下去。他們的身體在面對未來的時候，不會讓它一直遭遇驚慌和煩擾，即使他們始終在等待之中，仍然不會提供『安全和堅定的希望』。」

「沒有爲惡還是無法讓他們獲得保證，不會遭到任何應得的痛苦，如果還有完全是自己心虛害怕所致；悲慘的生活是你的腦海中始終浮現自己犯下的罪行，並不表示暴露別人的罪行是困難的事；不能說拉查里斯(Lachares)[36] 的暴政對雅典人帶來的災難較少，如同戴奧尼休斯對敘拉古人一樣，也不能說他們對於拉查里斯和戴奧尼休斯的做法更爲邪佞；因爲給人困擾會讓自己帶來苦悶，壓迫和侵犯別人就會帶來惡有惡報的機會；何以需要提到暴民的憤怒、盜匪的奴役、繼承人的罪行，還有空氣傳播的瘟疫，以及伊庇鳩魯自己的記載，他到蘭普薩庫斯的航程何以遭到幾乎淹斃的下場？因爲肉體就它的性質而言，整個構造擁有粗糙的材料帶來致病的成分，如同我們經常提到可笑的諺語，使用的鞭子是牛皮製成[37]，意思是指痛苦會從身體之間轉移；等到他們一旦受到教誨，要把所有的快樂和信任，全部倚靠身體也都期望身體，除此以外別無所求，像是伊庇鳩魯在他的著作《論至善之道》(*On the Highest Good*)及其他很多文章當中，對我們提出這方面的訓示；這樣一來足夠使生活充滿不安全的感覺和對罪行的畏懼，即使是誠實的好人亦無法幸免。」

7 「還要繼續向下追查：不僅是它據以建立理論的基礎，他們認爲快樂的生活不可相信也沒有安全，都是一些微不足道的瑣事，眞正的歡娛來自善行，就是避開邪惡的行爲，他們一直擁有崇高的想法，任何人要是無法將心中的惡排除乾淨，就沒有可以容納善的位置；如同梅特羅多魯斯在〈答覆詭辯家〉(Reply to the Sophists)一文，要言不煩的提到：『所謂的好事就是能夠免於邪惡，

35 伊庇鳩魯《主要教條》第34和35條以及烏西尼爾《伊庇鳩魯學派殘卷》No.532和582。

36 拉查里斯是296-295 B.C.雅典的僭主，財政困難甚至剝光雅典娜雕像的金飾，先與卡桑德建立聯盟關係，德米特流斯攻占雅典之前，已經逃離城市。

37 參閱柯克《阿提卡喜劇殘本》3卷496頁。

無論用何種方式表現，都不會給身體帶來痛苦，更不會讓心靈感到悲傷。』伊庇鳩魯也有類似的陳述：善的功效在於使你堅持逃離邪惡的決心，讓你始終保有記憶、反省和感激。他還說了下面一段話：『避免重大的罪孽與邪惡，就會帶來超越一切的歡欣喜悅，善的特性是正直的心靈和穩重的態度，不是要你到處閒逛說一些言不及義的話。』」

「享受眞正的快樂是處於受到神明保佑的狀態，如同他們舉行盛大的飲宴，不會遭到困難、憂慮和痛苦。看來只有他們受到的祝福，不僅超過想像而且有豐碩的成果，就會陷入狂喜和忘我的境地，得到的快樂使他們發出野性的喊叫，輕視其他受到上天保佑的人士，發現自己就像神明一樣的偉大，不會遭到任何災難與不幸，這時他們就用『千古不朽』[38] 和『有如神明』來讚美自己，難道還有其他的事物使他們感到更爲驕傲已到無法用言語形容的地步？他們認爲上天的恩賜使每件事物變得何其美好，完全是肉體的關係才能普及到心靈，看來他們的幸福要是拿來與豬和羊相比，一點都不會居於劣勢。事實上那些靈巧以及更爲馴服的動物，不會將逃離邪惡當成必須達成的目標；牠們情願在飽餐一頓以後放聲長鳴，或是興高采烈的快速潛泳或舉翼飛翔，或者心花怒放的模仿各種聲音和曲調，彼此相迎帶來愛撫和雀躍；一旦牠們避開厄運就會按照直覺去尋找更好的事物，讓我們這樣說，牠們依據天性能夠除去痛苦或外來的障礙，追求更爲情投意合的東西。」

8 「任何事物基於需要加以強求就談不上美好，我們經由啓發加以選擇的目標，應該拿超越或避開邪惡當成準繩；不錯，提到眞正的快樂應該與我們的天性產生和諧與共鳴，如同柏拉圖所說的那樣，讓我們不要以爲快樂就能免於痛苦和煩惱[39]；與其對未來的展望抱著錯覺，還不如讓我們的本質與外來的影響攙雜以後，產生齊心協力的效果。就像白與黑混合起來，這種狀況發生在人們從下面上升到一個中等區域，認爲他們對上等區域欠缺經驗和知識，就將這裡當成頂端和盡頭。」

「伊庇鳩魯和梅特羅多魯斯都讓人看成落到目前的處境，等到他們離開邪惡所能取得的位置，正在美好的上方範圍之內；得到的愉悅如同奴隸或犯人從監牢

38 這是伊庇鳩魯在寫給母親的信中使用到的句子。

39 柏拉圖《國家篇》584B-585A；特別要我們不要相信除去痛苦得到純粹的快樂，或是除去快樂就是純粹的痛苦。

裡面釋放出來，或是接受殘酷的處置和鞭笞以後，可以享受身體塗抹油膏和熱水洗浴帶來的舒適；然而我們知道自由人的快樂，不在於味覺的滿足和大飽眼福，而是永保純潔的心靈、未受污染的行爲以及身體沒有留下鞭笞的傷痕。皮膚長癬發癢和眼睛迎風流淚，外來的刺激使人非常難受，能夠抓搔癢處或是抹去淚痕總會令人感到舒暢；可以拿下面的狀況做一比較，對於超乎自然的事物感到痛苦和害怕，還要恐懼它所產生的後果，要能逃避這方面的邪惡，才算眞正擁有神明恩澤以及蒙受天賜的福氣。」[40]

「不僅如此，這些人將他們的快樂囚禁在狹窄又鬱悶的小室，只能在這個範圍之內打滾，沒有可供進步的餘地，這顯然是變成野獸的開始，還不如避開死後的厄運所帶來的焦慮，拋棄那些錯誤的概念，達成智慧最後的目標。肉體免於痛苦是否基於本身的效益或是自然的程序，兩者其實並沒有多大的差別；心靈的平靜能夠成就一種不再混亂的狀況，完全是出於個人的努力，比起接受自然的形成，並不見得會有多大的好處。確實可以提出某些理由，自然狀態之下的條理分明，較之小心謹愼逃避混亂的影響，前者應該具備更強的力量。讓我們同意這兩種狀態同樣不會產生失序的矛盾；可以明顯看出只會唱反調的人所以存在，要是無關未來的干擾和神明的傳聞，不會期望無盡的憂愁和連續的折磨，那麼對於野獸就會得到更大的好處，因而伊庇鳩魯親口告訴我們[41]，說是：『如果我們對上天現象造成的誤導，以及有關死亡和痛苦，全都感受不到任何困擾，那麼自然哲學[42] 對於我們可以說是一無是處』；可以想像他的體系可以引導我們進入的狀況，這在野獸來說永遠都是遵行自然之道。因爲牠們不會對神產生錯誤的觀念以至於焦慮不安，更不會在死後因爲面臨險惡的環境倍感苦惱。」

「實在說野獸不論從那方面來說，對於與畏懼有關的兩種理由，沒有任何觀念或認識。如果伊庇鳩魯學派在有關神的概念當中，能夠給天意留下可供討論的餘地，會讓有見識的人帶來希望，看來會比野獸對於快樂的生活產生更多的好感。他們的神學理論想要達成的目標是不對神產生畏懼，從而可以除去焦慮和不安，我認爲對神的概念不會陷入極其模糊不清的地步，較之我們受到教導說是神不會帶來任何傷害，會使所有的造物擁有更爲安全的條件，因爲他們從未成爲宗教的犧牲者，所以無法擺脫迷信的影響，有關神的概念會帶來很多干擾，雖然他

40 烏西尼爾《伊庇鳩魯學派殘卷》No.384。

41 伊庇鳩魯《主要教條》第11條。

42 伊庇鳩魯學派將他們的理論體系稱為「自然哲學」(physiologia)，他們自稱為「自然哲學家」(physiologoi)；參閱本章後面各節，以及西塞羅《論神的本質》第1卷8節。

們不會將它放在一邊不加理會，只是也不會無條件的採用。像是提到地獄和未來的狀況，無論是伊庇鳩魯學派還是所有的造物，都對它不抱任何好處，須知對於死亡沒有概念的人，比起認爲死亡與我們無關的人，更不會感到死後的不安和畏懼[43]。這些人對於死亡關心到某種程度，就會理所當然將它當成研究的對象，只是野獸對於這點沒有任何顧慮，等到牠們能夠逃脫攻擊、傷害和屠殺，這時對於死亡的害怕就與伊庇鳩魯學派成員沒有什麼兩樣。」

9 「上面提到習性的改進，伊庇鳩魯學派的說法是獲得智慧所致。讓我們考慮一下，看看他們擺脫什麼東西，還有什麼東西被他們拋棄。心靈的消失是意料中事，或者是肉體的享樂帶來的機會，如果狀況存在不能加以節制，根本談不上任何重要之處，變得完全難以覺察，等到趨向極端不僅喪失理由和穩定，還用粗魯無禮的態度對我們施加打擊，這位人士拒絕將它稱之爲『提振精神的愉悅』，情願把它當成『滿足心靈的欲念』，像是它的光芒照耀在身體上面，還要盡量的遷就迎合。現在只有部分值得自滿和高興，整體還要接受相反事物的考驗，不會攙雜憂慮、懊惱和悔恨，最後會變得更加精純；他們的善良能與心靈情投意合，完全是智慧和眞誠的產物，絕不會引起其他不良的後遺症；這些並非偶然或荒謬的行爲，而是理性和最眞實的感覺，它來自心靈當中沉思和哲理或積極和高貴的部分。這兩部分產生的快樂，就數量而言是如此眾多，完全基於存在於世上的自由意志，沒有人能將整個狀況交代清楚。倒是可以很簡短的提示一下，我們在開始可以訴諸歷史，可以知道以前有很多美好的日子，讓我們保持渴望的心理，對於快樂的感覺不僅敏銳，而且總是無法滿足。其實只有杜撰的快樂才具備很大魅力，純粹的捏造和詩意的創作，雖然長篇大論的敘述，還是無法贏得實話實說的令譽。」[44]

10 「我們只要讀到柏拉圖描述亞特蘭提斯(Atlantis)[45] 的災難，以及《伊利亞德》最後的情節，就會感動到心潮洶湧，難以平息。最使我們感到惋惜的地方，就是這些故事的後續狀況都已失落，就像我們來到寺廟或

43 伊庇鳩魯學派極其重要的箴言，參閱伊庇鳩魯《主要教條》第2條，以及盧克里久斯《論萬物的本質》第3卷830行。

44 參閱品達《奧林匹克運動會頌歌》第1卷1節30-31行。

45 柏拉圖《克瑞蒂阿斯篇》，現存的文字只描述亞特蘭提斯的狀況，包括它的位置、範圍、形勢、人民、政府、組織、耕作、生產等等，並沒有提到它的災害和毀滅。

劇場的前面，發現它已關閉不讓人進入一樣的心情。眞理的認知是受到我們鍾愛的事，這是我們活在世上的欲望，因爲它給我們帶來理解和知識，死亡最悲慘的部分是被人遺忘、不知下落和恆久處於黑暗之中。實在說基於這個緣故，可以聽到全人類的聲音都在反對現在提到的傢伙，因爲他不願知道死者的任何狀況，具體的行動在於只關心活在世上的人，感覺的愉悅僅僅發現在靈魂的部分，認爲只有這裡値得覺察和知道。即使有人帶來很痛苦的消息，聽的時候仍然會感到幾分快樂，同時還會經常出現這種狀況，就是有些話聽入耳中會讓人流淚，還是吩咐來人繼續說下去，如同在劇中出現的對白[46]：

啊！要說的情節多麼可怕！
不要緊！我會聽應聽的話。」

「很像我們知道整個故事的來龍去脈，興奮的情緒到了理智無法控制的程度。等到訴說的情節沒有涉及傷害民族的感情或個人的痛苦，然而光輝的主題和偉大的行動，卻能增加雄辯的能量和魅力；須知希臘和波斯的歷史，分別在希羅多德和色諾芬[47] 的描述之下，如同

荷馬的詩擁有無上的魅力；

還有優多克蘇斯的《世界簡介》(*The Description of the World*)、亞里斯多德的《城市的基礎和結構》(*The Foundations and Constitutions of Cities*)以及亞里斯托克森努斯的《人物誌》(*Lives*)，帶來的樂趣不僅是內容的博大豐富，還能避免心靈受到污染，就是花再多的閱讀時間也不會感到後悔。」

「斐亞賽人可以用來解除饑渴的甜美笑容[48]，還是奧德修斯漂流大海的冒險事蹟[49]，究竟是那一種可以帶給你更多的快樂？能與貌美佳人共度良宵，還是那些感人的情節，像是色諾芬書中的潘昔婭(Pantheia)[50]、亞里斯托布拉斯提到的

46 索福克利的悲劇《伊底帕斯王》1169-1170行。
47 色諾芬《居魯士的教育》對波斯的歷史提出一般性的介紹。
48 荷馬《奧德賽》第9卷5-11行。
49 荷馬《奧德賽》第9-12卷。
50 參閱色諾芬《居魯士的教育》第4-7卷。

泰摩克萊婭(Timocleia)[51]，或者狄奧龐帕斯描述的娣布(Thebe)[52]，相比之下到底誰能讓你感到更大的愉悅？」

11 「他們的心靈會將所有的快樂摒除在外，就是自然增加和經過計算的項目都受到拋棄。歷史的吸引力在於具備不變和持平的特質，然而幾何、天文以及音樂產生的樂趣，在於擁有極其敏銳和變化萬千的誘惑力，等到嘗過靈藥的滋味，一旦變成箇中老手，你就會高唱索福克利的詩句：

薩邁瑞斯的音樂逼我吶喊，
豎琴的旋律讓人欣喜若狂；[53]

我還要增加優多克蘇斯、亞里斯塔克斯和阿基米德的作品。如果一個人喜歡美術，就會感受到畫布的魅力，就在尼西阿斯(Nicias)[54]受託繪製名作〈遊歷冥府〉(Visit to the Dead)[55] 期間，經常會問傭人自己是否吃過早餐，等到工作完成準備交貨，托勒密王(King Ptolemy)[56] 派人將報酬六十泰倫送來，這時他後悔不願出售。」

「歐幾里德(Euclid)撰寫論文甚至將折光現象包括在內，他從幾何學和天文學獲得的快樂，真是無法用言語來形容。菲利浦展示月球完美的運行圖形；阿基米德用四分儀算出太陽的直徑，以及阿波羅紐斯和亞里斯塔克斯有同樣的發現。科學家沉思默想所能獲得的成果，時至今日難道不會讓學生充滿歡欣的心情以及讓老師感到不可思議？我們沒有辦法將這些人的

快樂是在廚房做他的燉菜，[57]

---

51 雅各比《希臘史籍殘卷》No.139F2；蒲魯塔克《希臘羅馬英豪列傳》之〈亞歷山大傳〉12節。

52 雅各比《希臘史籍殘卷》No.115F337；蒲魯塔克《希臘羅馬英豪列傳》之〈佩洛披達斯傳〉28和35節。

53 瑙克《希臘悲劇殘本》之〈索福克利篇〉No.224。詩中的薩邁瑞斯是傳說中色雷斯的樂師，竟然要與繆司比一個高下。

54 尼西阿斯是西元前4世紀末葉雅典畫家，參閱伊利安《歷史文集》第3卷31節。

55 這是奧德修斯到地府探視亡靈的故事，參閱荷馬《奧德賽》第11卷。

56 托勒密一世在323 B.C.擔任埃及的省長，305 B.C.登基成為國王；普里尼《自然史》第35卷132節提到，尼西阿斯將這幅畫送給雅典的人民。

57 根據後世學者的考證，這句詩出自米南德的戲劇。

拿來與失去名聲的赫利康和繆司做一比較，因爲

牛仔不敢放牧牲口在草原，
鋒利的屠刀也派不上用場；[58]

那片青蔥未受踐踏的牧地有蜂群出沒，登徒子就會抱頭鼠竄[59]；還有人像到處摩擦和爭鬥的野豬和公羊，不良的習性會傳染靈魂最容易混亂的部分。」[60]

「我們喜愛快樂的生活，不僅包括形形色色的種類還有積極進取的心理：沒有人認爲用公牛獻祭，比起他與所愛的婦女幽會能得到更大的快感；更沒有人向上天祈禱，說他能吃到皇家的山珍海味，就是立即身亡也毫無怨言。優多克蘇斯向上天祈禱，情願像菲松那樣死於火焰之中，只要讓他站在太陽的旁邊，能夠探出行星的形狀、大小和成分；畢達哥拉斯求出他的定理，心中眞是萬分感激，阿波羅多魯斯用詩寫出實情[61]：

證明自己有數學家的精神，
就用公牛向上蒼奉獻犧牲；

這個定理是直角三角形斜邊的平方等於底邊和對邊的平方之和，或者是運用所給的面積來解決邊長的問題。」

「阿基米德全力投入工作忘懷一切，要靠他的僕人將他從圖表旁邊拉開，好在身上塗抹油膏減輕疲累，他們正在給他按摩的時候，他就用除垢器在自己的肚子上面繪圖計算[62]；據說有一次他正在洗浴，觀察溢出浴池的水發現測出皇冠含金量的方法，立即像是瘋狂或著魔一樣，從水中一躍而出大聲喊道：『我辦到了！』逢人就不厭其煩的說明這番道理。我們不會聽到一個貪嘴的老饕狂喜大叫：『我吃到了！』或是一個好色的登徒子情不自禁的叫道：『我親她了！』雖然

58 優里庇德的悲劇《希波萊都斯》75-76行。

59 優里庇德的悲劇《希波萊都斯》76-77行，據說蜜蜂是很愛乾淨的生物，剛剛性交的人有不潔的氣味，會受到牠的叮螫；參閱伊利安《動物史》第5卷11節。

60 參閱色諾芬《回憶錄》第1卷2節。

61 參閱西塞羅《論神的本質》第3卷36節及其注釋。

62 阿基米德有無數重大發明和創建，卻對他的親人和朋友提出要求，死後將一個「球體外接圓柱體」的圖形刻在墓碑上面，因為他求出兩個實體之比，無論是體積或表面積都是2:3；參閱蒲魯塔克《希臘羅馬英豪列傳》之〈馬塞拉斯傳〉17節。

這一類的人物從古到今眞是不知有多少。我們確實會對某些人產生反感，他們對記憶中的飲宴竟然感到栩栩如生，任何細微繁瑣的賞心樂事，都可以爲之瘋狂不已。我們認同優多克蘇斯、阿基米德和希帕克斯解決問題的喜形於色，發現柏拉圖提到數學的認知都很正確[63]，一般人不具備這方面的知識和演算的經驗，難免會產生忽視的心理，即使如此，科學家還是努力尋求發展和進步，『學術和技能擁有極其強大的魅力，所有的障礙終究會被克服。』」

12 「這些人轉換和改變快樂的過程，涉及的範圍是如此巨大，路徑是如此的眾多，對於他們的門生弟子而言，並沒有剝奪他們的品味，或者使供應的泉源變得枯竭。這時皮索克利在大家的勸說之下，無論男女都要他避開伊庇鳩魯，『升起船帆』趕快逃走，不要再想推廣『自由人的通識教育』；他們還提到一個名叫阿皮勒斯的知識分子，說他從小就排斥算術，不讓純潔的心靈受到玷污，大家對他極其佩服還要大力頌揚。我不提他們引起反感和欠缺認識的其他學門，僅就歷史而言，引用梅特羅多魯斯在《論詩》(*On Poems*)上面所說的話：『要是你說你不知道赫克托[64] 爲那一個陣營賣命，更沒有讀過荷馬公開發行的詩句以及隨後出現的情節，那麼你就不會爲這些陳年往事感到憂慮和悲傷。』」

「現在你無法逃離伊庇鳩魯的概念，他所說肉體的快樂如同薰人欲醉的南風，就在它勢力最爲強大的時候，每個人都懶洋洋沒有一點精神；這時他心中浮現一個問題，是否智者到了老年各種機能退化，對於接觸和撫摸幼艾少女，仍舊感到樂在其中。索福克利說他很高興洗手不幹，像是能從野蠻又憤怒的主人手中逃脫。有些人願意沉溺肉欲的生活能夠被別的娛樂取代，因爲他們看到老年來臨，使得很多樂趣陷入凋謝枯萎的處境，須知

愛神喜新厭舊且憎惡長者；[65]

娛樂的項目如同他爲應付圍攻儲存的糧食，不讓它腐爛或變質，等到生命當中最

---

63 參閱柏拉圖《國家篇》第7卷527C，特別提到幾何學是有關永恆存在的知識，學習幾何能將靈魂引向真理。

64 荷馬《伊利亞德》最後一行即第24卷804行，馴馬者赫克托獲得最後的歸宿結束全書：特洛伊人安葬他們的英雄。

65 出自優里庇德的悲劇《伊奧盧斯》；瑙克《希臘悲劇殘本》之〈優里庇德篇〉No.23。

重要的任務已經達成，他在歡度節慶的次日清晨，可以靠著閱讀歷史和詩篇，或是解決音樂和幾何的難題，用來打花閒暇的時刻。那些視茫茫髮蒼蒼齒牙動搖的長者，只有靠著摸索的接觸和迸發的感情，發泄久已退避的色欲，他們對於伊庇鳩魯[66]的話全部當成耳邊風；設若他們已經學得夠多又沒有什麼事可以做，不如效法亞里斯多德[67]、赫拉克萊德和狄西阿克斯，寫些文章讚揚荷馬和優里庇德。我必須強調一下，他們應該像出現圍城狀況那樣，注意與生存有關的糧食問題，結果反而疏忽不予理會，發現對於所有其他事情的處理，如同他們經常提到的德行，運用的時候讓人感到乏味而且幼稚，他們爲了得到快樂可以不惜任何代價，實質上與它的成效完全不成比例。」

13「迄今爲止，他們的觀點只要我曾經提過，都與自己多少有些關係，而且獲得親身遭遇的經驗；沒有人能夠忘記他對音樂的反對和規避，感到分外的愉快和高興。伊庇鳩魯[68]的陳述看起來是極其荒謬的矛盾：一方面他在《自然哲學無法解答的問題》(*Disputed Questions*)中提到智者愛好壯麗的山水，對於劇場的獨奏和表演不會沒有興趣；另一方面他不同意詢問有關音樂的問題，甚至比對飲酒的態度還要嚴厲，認爲不需要批評家和學者的參與，同時還勸告一位文學造詣很高的君王，可以用在作戰方面以壯大軍威和振奮士氣，或者在他的飲宴當中與插科打諢的小丑帶來歡樂的氣氛，總比討論音樂和詩藝的問題要合適得多。他有一篇文章名叫〈論王權〉(On Kingship)寫給巴比倫的省長薩達納帕拉斯或納納魯斯(Nanarus)，裡面毫無忌憚的提到很尖銳的勸戒。他不可能說服像海羅(Hiero)、阿塔盧斯(Attalus)或阿奇勞斯(Archelaus)之類的國王[69]，能在歡樂的宴會當中，辭退優里庇德、賽門尼德或是麥蘭尼庇德，甚或克拉底或戴奧多都斯這樣的人物，非要讓雇用的土匪或凶狠的阿格里尼斯人(Agrianes)[70]成爲座上的貴賓；當然也不會將小丑凱利阿斯趕走，還加上色拉索

66 參閱烏西尼爾《伊庇鳩魯學派》343頁。

67 亞里斯多德寫了一本書名叫《荷馬的著作有關問題的商榷》(*Problems in Homer*)，僅留下若干殘句。

68 參閱戴奧吉尼斯・利久斯《知名哲學家略傳》第10卷120節。

69 這裡提到三位國王，第一位海羅是傑拉和敘拉古的僭主，在位期間478-467 B.C.；第二位阿塔盧斯是帕加姆國王，在位期間是159-138 B.C.；第三位阿奇勞斯是馬其頓國王，在位期間是413-399 B.C.。

70 阿格里尼斯人是色雷斯或馬其頓居住在高山的部族，以驍勇善戰知名於世，曾經在亞歷山大、安蒂哥努斯二世、安蒂哥努斯三世和菲利浦三世的軍隊中服務。

奈德或色拉西里昂(Thrasyleon)[71] 若干戲劇的名伶，因爲只有這些人在場，才會營造出喧囂的歡呼和愉快的氣氛。」

「托勒密在爲博物館[72] 舉行的奠基儀式上面，宣讀文藻華麗的皇家頌辭，這時他當然不會這麼冒昧，加上幾句難聽的話，像是

啊！繆司，這種事怎麼成！
薩摩斯人為何要詛咒你們？[73]

任何雅典人只要與神明發生口角，倒楣的薩摩斯就會受到戰爭的摧殘，所以會說：

宙斯所愛之物轉眼已成空，
聽到繆司喊叫會膽戰心驚。[74]

何以會如此，伊庇鳩魯？你爲了欣賞歌手在西塔拉琴伴奏之下唱出美妙的歌聲，還有樂師用木簫吹奏動聽的旋律，就會一大早趕到劇場；然而在一個正式宴會當中，狄奧弗拉斯都斯提供和諧的音樂，亞里斯托克森努斯安排變調的曲目，還有亞里斯多德朗誦荷馬的詩篇，你會帶著惱怒和厭惡的神情用雙手掩住自己的耳朵？呸！這又算什麼！須知名聞遐邇的樂師伊斯門尼阿斯(Ismenias)[75] 成爲錫西厄人的俘虜，奉命在宴會中演奏拿手的曲目，他們的國王阿提阿斯(Ateas)[76] 當眾發誓，說是還不如馬的嘶鳴來得好聽，難道伊庇鳩魯這時沒能看出，其實這位國王的心靈充滿對音樂的喜愛？只要無法讓大家欣然接受，他們就能否認在沒有停戰協定的狀況下發動戰爭，或者不願宣告所有一切處置何其美好？還有什麼神聖和淨潔的事物受到他們的歡迎和珍視？」

---

71 色拉索奈德和色拉西里昂都是米南德的喜劇人物，具備士兵身分的大老粗形象，愚昧無知製造很多笑料。

72 托勒密一世不僅建造博物館還有圖書館，延攬大批學者專家到亞歷山卓，進行各項研究工作。

73 雖然伊庇鳩魯的雙親都是雅典市民，他卻在薩摩斯出生；所以這是一首帶來嘲笑意味的諷刺詩，作者不詳。

74 品達《皮同賽會頌》第1卷13-14行。

75 蒲魯塔克《希臘羅馬英豪列傳》之〈德米特流斯傳〉1節，提到這位名聞遐邇的樂師。

76 339 B.C.這位國王在與菲利浦二世的作戰中陣亡，當時他已經有九十歲。

「如果你的目標是快樂的生活，就沒有道理像蜣螂和兀鷹一樣，聞到香水和香料的味道就退縮不前；即使學生要與你討論文學和音樂，還能表露不豫之色以閃避爲上策？木簫或西塔拉琴所以能與聲樂配合良好，以及合唱隊的成員

全都有一副美妙的好嗓門，
卻發出在天空滾動的雷聲；[77]

使得諸如亞里斯多德、狄奧弗拉斯都斯、狄西阿克斯和海羅尼穆斯這些人，都對合唱的討論和戲劇的編製極其著迷，就連伴奏如果使用兩支管樂器，有關節拍與和聲的問題都不會放過，難道伊庇鳩魯和梅特羅多魯斯能像他們那樣全心的投入？舉例來說：爲何兩根長度相等的木簫，較細一根發出的音調較爲高昂，粗的一根發出的音調相當低沉？還有就是蘆笛上面有一種裝置，爲何向後拉會發出高聲，等到放鬆就會變成低音？在劇場的樂團四周散布一些乾草，發出的和聲爲何會稍微降低？佩拉有一個頗具規模的劇院，亞歷山大要求在它的前台設置青銅雕像，何以建築師表示異議，認爲演員的聲音受到影響，聽起來有失眞的可能？爲何不同形式的音樂有這種現象，運用半音音階的旋律會使聽者感到輕鬆，小於半音音階的曲調令人產生緊張的感覺？提到詩人對於詞藻的處理和運用，就要注意他們個別的素質和不同的風格，這時會發現很特殊的狀況，可以明顯看出他們偏愛各種難解的問題。所以我認爲色諾芬的文字和描述的情節，擁有的魅力會讓愛人忘懷自己的激情，完全沉醉在心靈的快樂當中[78]。」

14 「所有伊庇鳩魯學派的成員，根本不可能分享心靈的快樂，更不會表示贊同或願意參與。就將靈魂的思考部分變作身體的機能，使得口腹之欲成爲沉重的負擔，拖著肉體向下墜落。就這方面來說他們還不如馬夫或牧童，能夠善盡自己的職責，供應各種草料和適當的食物，讓豢養的牲口滿足咀嚼吞嚥的快樂。他們對於靈魂所用的方式就像自己是牧豬人，所能餵食的東西就是可以使身體快樂的餿水[79]，所能給予的愉悅就是來自肉欲和貪念的希望、經驗和回憶；所要禁止的事項就是不能從自己擁有快樂獲得滿足，試問這兩者又有什

77 佩吉(D. L. Page)《希臘抒情詩殘卷》(*Poetae Melici Graeci*)No.1008。

78 色諾芬《攜犬行獵》第5卷33節。

79 荷馬《奧德賽》第10卷241-243行，詩中提到奧德修斯的同伴變成豬以後，得到橡實當成食料。

麼不同的地方？人的本質是身體和靈魂這兩個主要的成分，靈魂擁有更大的權限，身體具備獨特的本質和適應一切的美德；須知靈魂不會無所事事過悠閒的日子，注視身體的一舉一動，露出笑容歡迎身體過去的經驗，參與得到的快樂和愉悅，只是它不會發起任何行動或是產生任何反應，更不會擁有選擇的目標以及欲望或樂趣，這些竟然會讓人感到不可思議？」

「伊庇鳩魯學派將所有的門面話全部丟在一邊，認爲人類僅有的東西就是肉體，就像某些人[80]的做法，他們拋棄靈魂的屬性，只讓我們得到兩種不同的本質，同時也將善與惡停留其中，不論是它本來就有或者出自外求。譬如像感覺這種例子：每一種感覺的構造都要直接針對特定的感覺目標[81]，甚至它們可以同時產生反應。靈魂的特定感覺器官就是心靈，須知心靈沒有它自己所要的目標，更沒有事物、運動或經驗這些類似的性質，可以讓靈魂的塑造是爲了感覺所能得到的歡娛，當然這種說法是毫無道理可言，如果沒有不當的指控，就無法發現其中有虛僞不實，讓我們可以用來反駁他們的謊言。」

15 我回答道：「即使你有任何誹謗的言辭都已宣告無罪，不會對其他人的爭辯產生嚇阻作用；因此你無須讓我負起法官的責任，意思是要我不必再表示任何意見。」

提昂說道：「怎麼會這樣？不是說你已經難以爲繼，等我講完要亞里斯托迪穆斯接替下去？」

亞里斯托迪穆斯說道：「要是你跟我們的朋友一樣感到很累，我會照辦；只是你看起來神采煥發，這得要感謝你有堅定的意志，如果你不想半途而廢，還得繼續全力以赴。」

提昂說道：「其實別的問題都很容易解決，只要詳述靈魂當中，屬於積極部分那些各式各樣的快樂。就是伊庇鳩魯學派本身都曾肯定表示，將好處授與別人比起接受更令人感到欣慰。你確實可以借重文字將福分傳送出去，讓別人獲得利益的具體方式還是採取行動，僅僅『施捨』這個稱呼，讓人聯想到他們證明自己名實相副。」

他繼續說道：「剛剛我們在這裡聽到有位朋友，敘述伊庇鳩魯用表達方式發

---

80 是指西邁阿斯、狄西阿克斯和赫拉克萊德，前面兩位認為靈魂與肉體像是和聲可以產生共鳴；後者強調靈魂與肉體的混合。

81 參閱盧克里久斯《論萬物的本質》第5卷489-495行，以及亞里斯多德《論靈魂》第3卷1節。

泄情緒，還寫信給朋友讚揚和誇大梅特羅多魯斯的事蹟，提到他從城市趕到海岸[82]，幫助敘利亞人米塞里斯(Mithres)[83] 的高貴行爲，雖然梅特羅多魯斯有這樣好的機會，後來發現根本沒有任何成效可言。提到狄昂離開柏拉圖在雅典的學術圈，開始發起冒險的行動，柏拉圖得知狄昂推翻戴奧尼休斯的暴政，讓西西里的人民重獲自由；還有亞里斯多德的家園被夷爲平地，他爲自己的同胞爭取重建的機會，後來城市恢復舊觀；還有狄奧弗拉斯都斯和費尼阿斯(Phanias)[84]，將城邦的暴君剷除殆盡；試問這些人的功勳要是與前面的例子相比，那麼他們感受的喜悅會達到多高的程度？」

「私人生活方面我要告訴你們很多幫助別人的狀況，伊庇鳩魯是做了很多好事，像是將成擔的小麥或雜糧送給需要的朋友，要是與受到放逐給予寬恕、身陷桎梏獲得釋放，以及歸還被奪走的妻兒子女相比，其間的差別豈能以道里計？還是有人不願將伊庇鳩魯極其荒謬的矛盾略過不提：他藐視提米斯托克利和密提阿德的名聲[85]，甚至將他們對城邦的貢獻踩在腳底，然而他卻寫出這樣的信函給自己的朋友[86]：『你贈送的糧食能夠供應我的需要，神聖的舉動和慷慨的行爲讓人感激不盡，給予我的恩惠眞是高與天齊。』要是從一位哲學家的標準來說，這封信給人的印象，就是表示的謝意不是區區的穀物，好像收信者解救整個希臘民族，讓所有的城邦擁有自由權利。」

16 「問題在於肉體的快樂需要昂貴的食材是自然的事，粗糙的麥餅和豆湯不能讓老饕感到滿意；食色至上的享樂主義者講究山珍海味的佳餚、薩索斯的美酒、馥郁的香水以及

澆滿蜂蜜的各式各樣糕餅；[87]

82 從雅典到派里猶斯，兩地的距離不到十公里。

83 米塞里斯是黎西瑪克斯的大臣，他是伊庇鳩魯的好友，一直對學院大力支持，等到黎西瑪克斯戰敗被殺，米塞里斯逃到派里猶斯，遭到雅典當局逮捕。

84 狄奧弗拉斯都斯和費尼阿斯出生在列士波斯島的伊里索斯，到雅典求學，是亞里斯多德的門人，成為名重一時的哲學家和歷史學家，後來兩人返回故國，推翻暴虐的僭主建立民主政體。

85 提米斯托克利和密提阿德都是雅典名將，拯救整個希臘民族的英雄人物，前者在薩拉密斯海戰擊敗波斯水師，後者指揮希臘聯軍贏得馬拉松會戰的勝利。

86 烏西尼爾《伊庇鳩魯學派殘卷》No.183。

87 出自優里庇德的悲劇《克里特的婦女 》(*Cretan Women*)，瑙克《希臘悲劇殘本》之〈優里庇德篇〉No.467。

不僅如此，還有讓我們棄械降服的東西，年輕又豔麗的婦女，像是李昂芯、波伊迪昂(Boidion)[88]、赫迪婭和尼西迪昂(Nicidion)之類的佳人，合我們的心意排列在花園的門口。」

「人類看起來似乎不是那樣的渺小、狹隘和幼稚，反而是雄偉、寬厚和英勇。適合靈魂的快樂應該毫無疑問出自高尚的行爲和文雅的舉止。一個人再努力也不過獲得很小的滿足，就像水手舉行阿芙羅黛特的會餐一樣，他提到的方式就很難繼續下去，令人感到驕傲的地方，是『他患了水腫還設宴招待一大群朋友，根本無視於病情的嚴重，對於飲酒喝湯是來者不拒，等到記起尼奧克利(Neocles)[89]最後的遺言，說是「只有混合著淚水才能到達極樂的境界」，這時他的態度才軟化下來』；對於心志堅定的人而言，不會將它稱爲『精神的歡娛和快樂』，不僅如此，如果靈魂像是吃下薩丁尼亞的藥物[90]，可以含笑以歿，那麼就能夠發現一些勉強裝出來的笑容，以及嚎啕大哭的笑容。甚至認爲有些人會將這些都稱爲『精神的歡娛和快樂』，考慮到它的程度如同：

我讓斯巴達落得名譽掃地，[91]

或者

這位羅馬之子是當代名將，[92]

或者

我根據預兆該稱你神或人？[93]

88 Boidion是「小牝牛」的意思。

89 尼奧克利是伊庇鳩魯的兄弟，亡故在他的前面，烏西尼爾《伊庇鳩魯學派殘卷》No.186。

90 薩丁尼亞只有一種有毒植物，外形很像芫荽，種子很細小含有劇毒，吃下就會喪命而且面露笑容，很像《奧德賽》第10卷302行提到的草藥，參閱鮑薩尼阿斯《希臘風土誌》第10卷17節。

91 這句詩是稱譽伊巴明諾達斯，參閱鮑薩尼阿斯《希臘風土誌》第9卷15節。

92 這句詩用來推崇馬塞拉斯，參閱蒲魯塔克《馬塞拉斯傳》30節。

93 這句詩頌揚萊克格斯，參閱派克(H. W. Parke)及翁梅爾(D. E. W. Wormell)《德爾斐神讖集》(*The Delphic Oracle*)第2冊14頁。

我們要是把色拉西布盧斯或佩洛披達斯的功勳，或者亞里斯泰德在普拉提亞或密提阿德在馬拉松的圖畫，全部放到眼前仔細的檢視，如同希羅多德[94]所說『我不能不表示意見』，那麼人的一生當中，行動較之它所產生的光榮會帶來更大的快樂。」

「伊巴明諾達斯支持我的看法，據稱他曾經說過，世上沒有任何事情能給他最大的快樂，就是父母活在世上的時候，可以看到他發揮將領的才華，贏得琉克特拉會戰的勝利[95]。讓我們拿伊巴明諾達斯和伊庇鳩魯這兩人的母親相比，後者在世的時候能夠見到她的兒子將她安置在小花園之內，在與波利努斯成親以後，他們的家庭還能接納來自西茲庫斯的名妓[96]。關於梅特羅多魯斯的母親和姊妹，對於他的婚姻和他給自己兄弟的答覆，都感到非常愉快，他在著作當中對這方面都有坦誠的敘述。他們像是帶有否認的意味大聲吼叫，說是『他們過著快樂的日子』，可以爲他們的『生活方式』，舉行『盛大的酒宴』以及唱出『讚美的頌歌』。那種狀況很像奴隸參加農神節的聚餐或者前去慶祝鄉村的戴奧尼蘇斯祭典，你很難忍受如此吵鬧和喧嘩的場面，他們的言行在粗野的喧囂聲中就像：

誰要坐？喝吧！這是食物？
可憐哪！絕不要虧待自己！
戴著花冠手拿月桂的枝葉，[97]
有人在皮鼓上面大力敲擊。
他們高聲叫囂喝混雜的酒，
唱出走音的太陽神讚美曲。
蹣跚的醉鬼猛撞後院的門，
床上的婦女人人感到驚懼。」[98]

---

94 希羅多德《歷史》第7卷139節，他對雅典人放棄防衛城市，要與波斯人在海上進行決戰，表達個人的看法。

95 伊巴明諾達斯在這次會戰採用一種新戰術，為了阻止傳統的正面衝擊，將陣線部署成斜行的戰鬥序列，左翼領先而右翼後退，同時左翼加強兵力，縱深增多到五十列，對抗斯巴達的十二列，控制一個預備隊，用來迂迴敵人的右翼，結果斯巴達人大敗，喪失數百年的霸業。

96 參閱烏西尼爾《伊庇鳩魯學派》416頁，證實這位佳人就是赫迪婭。

97 宴會開始的時候，大家在音樂聲中，手裡拿著月桂或桃金孃的樹枝，一邊揮舞一邊唱著讚美曲，這是希臘人流行已久的傳統，參閱亞里斯托法尼斯的喜劇《黃蜂》1239行。

98 瑙克《希臘悲劇殘本》之〈Adesp篇〉No.418；或柯克《阿提卡喜劇殘本》之〈Adesp篇〉No.1203。

「梅特羅多魯斯寫給他兄弟的信裡都是這樣的話，他們又怎能不如此？他的確這麼說：『我們不把拯救國家獲得榮譽稱之爲智慧，親愛的泰摩克拉底，眞正的聰明人是滿足口腹之欲。』就在同一封信裡他還說道：『我從伊庇鳩魯那裡學到一件事，唯有不讓肚皮受半點委屈，才能讓我們獲得幸福和信心』；以及『博學的泰摩克拉底，我們的腸胃將人生的最終目標包容在內』。」

17 「你可以這樣說，如果畫一個圓用來表示這個區域是快樂的範圍，胃和所在的腹部就是它的圓心和半徑[99]；鑑於快樂是這樣的寬宏大量以及仁慈和善，培養高尚的情操和豪爽的性格，眞正發揮影響力到整個人群，完全超越書中這個人所能到達的境界；因爲他總是裝出一副不求名利的模樣，像是樂於過離群索居的生活、疏遠對公眾應盡的責任、漠不關心市民的福利、不願與神明發生任何接觸。因爲靈魂並非卑劣、低微或小氣，或是盡量擴張它的欲望，如同章魚伸長觸手，目的是要得到食物；不僅如此，片刻之間使得食欲高漲，很快饜足突然消失無蹤；那是因爲：

人生苦短到時間無法度量，[100]

心靈致力於即將完成的工作，達成偉大、光榮和感激的目標，它的奮鬥在於行爲和恩惠可以獲得桂冠，帶給當事人無法形容的快樂，即使如此，他還是情願所喜愛的榮譽和帶給眾人的福利，能夠到達永垂不朽的巔峰，縱然自己一無所得亦在所不惜。甚至他想當正人君子還是無從逃避大家的感謝，群眾從四面八方聚集起來歡迎他的蒞臨，全都圍繞在他的四周。如同市民樂於將好處授與那位在

城中走過被視為神明的人。」[101]

「他會影響和感動其他的人，因爲他讓大家的心中充滿歡樂和喜悅，使得大家渴望與他接觸好向他致敬，甚至連瞎子都極其高興，像是可以親眼看到一樣，所有的作爲是他應得的報酬。他對於施恩於同胞從不感到厭倦，我們聽到讚譽的

---

99 這是蒲魯塔克非常欣賞的句法，在很多篇隨筆中出現，參閱歐幾里德《幾何原本》(*Elements*)第1卷284頁。

100 柯克《阿提卡喜劇殘本》之〈Adesp篇〉No.1241。

101 荷馬《奧德賽》第8卷173行，參閱赫西奧德《神譜》91行。

聲音有如這兩句詩：

你是揚名祖先的偉大人物，
繼續努力謀求人類的幸福。[102]

確實如此，爲何再三提及人類非比尋常的美德？有一個人面臨即將處死的下場，得到統治者(無論是神明或國王)給予的恩惠，可以多活一個小時，去做他想要做的事，然後再接受應得的刑責；那麼他在這短短的期間之內，寧願躺在拉伊斯的懷裡痛飲阿里烏西亞(Ariusia)的美酒[103]，而不是殺死阿基亞斯(Archias)[104] 好讓底比斯獲得自由？我說沒有一個人會有這樣的選擇。在我看來就是角鬥士並不完全充滿獸性，特別是那些出生在文明地區的希臘人，他們在進入競技場之前，雖然面前擺滿昂貴的佳餚，這個時候能夠感到稱心如意的地方，是將自己的婦女託付朋友照顧，或者讓奴隸得到自由，並非盡快滿足肚皮的需要。」

「再者，身體的快樂具備非常特殊的性質，就是人類完全靠著行動才能享用；像是他們

大塊吃肉喝起了泡沫的酒，[105]

辦理盛大的宴會款待朋友，特別是經過奮戰和完成征討以後，我想他們更會如此；舉例來說諸如亞歷山大和亞傑西勞斯，還有福西昂和伊巴明諾達斯，能說他們沒有比按摩以後躺在爐火邊上塗抹油膏，或者坐著舁床招搖過市[106] 更爲愜意的事；須知採取行動的人不把這些快樂當一回事，在他們的心中還有更重要的任務要去完成。伊巴明諾達斯看到他的朋友爲他準備的午餐極其豐盛，甚至超過自己所能負擔的能力，他說道：『我認爲這是用來奉獻給神明的祭品，不是要故意羞辱我的人格。』這時我們還需要提他拒絕接受這回事嗎？亞歷山大大帝將阿達

102　瑙克《希臘悲劇殘本》之〈Adesp篇〉No.410。

103　阿里烏西亞是開俄斯島一個區域，當地出產希臘品質最佳的葡萄酒；參閱普里尼《自然史》第14卷73節。

104　阿基亞斯是底比斯寡頭政體的主要人物，受到斯巴達當局的支持，成為佩洛披達斯這些流亡義士除之而後快的對象，參閱蒲魯塔克《希臘羅馬英豪列傳》之〈佩洛披達斯傳〉5-12節。

105　荷馬《伊利亞德》第5卷341行。

106　據說伊庇鳩魯不要奴僕給他塗抹油膏和按摩推拿，一切都自行動手；因為身體很差，出外都要乘坐舁床；參閱戴奧吉尼斯·利久斯《知名哲學家略傳》第4卷7節。

(Ada)[107] 派來的廚子打發走路，說他經常吃到滋味最好的東西，整夜的行軍讓他早餐的胃口大開，清淡的早餐到了中午就會饑腸轆轆，難道我們還有到處去宣揚的必要嗎？斐洛克森努斯寫信給亞歷山大，要爲他購買俊美的孌童，差點被解除指揮官的職位[108]。試問還有誰能像他那樣，可以擁有爲所欲爲的自由和權力？正如希波克拉底的至理名言，兩害相權取其輕，我們對於快樂應該抱持這種觀念。這些都是政治家的行動和抱負，散發出熱情和燦爛的光芒；看來身體的快樂相對於心靈的滿足而言，像是處在明亮的火焰之下，很快湮滅和消失得無影無蹤。」

18「如同他們所說的那樣，認爲回憶過去美好的歲月，一直是快樂的生活當中最重要的因素。伊庇鳩魯提到他瀕臨死亡的時刻，正是處在最痛苦和難以忍受的狀態，想起過去曾經享受的歡樂，發現這是陪他走完最後旅程的唯一補償，當然這種事我們並不完全置信。你可以很快想像得到，處於狂風暴雨和驚濤駭浪之中，露出緊張神色的面孔，要是拿來與身受酷刑的痛苦，因爲回想過去的歡樂現出笑容相比，前者總是要自然得多。對於其他人來說，即使他有這個意願，還是無法將偉大的行動從他的記憶當中驅除殆盡。誰敢說亞歷山大忘掉阿貝拉會戰、佩洛披達斯忘掉誅殺的李昂泰阿德，以及提米斯托克利忘掉薩拉密斯海戰？雅典人在贏得馬拉松會戰的日子總要舉行盛大的祭祀活動，還有底比斯人對於在琉克特拉的勝利始終永矢勿諼，就拿我們自己來說，這是大家都知道的事，達芳都斯(Daiphantus)[109] 在海姆波里斯的不朽功勳，整個福西斯地區都在張燈結綵和奉獻犧牲。我們之中沒有一個人會對慶典帶來的吃喝，較之於偉大的成就所形成的慶典，得到更多的快樂。我們覺察到歡欣、愉悅和狂喜是如此重大和明顯，盤據在他們的心靈當中，終其一生都會記得主事者的作爲，即使經歷五百多年的歲月，還未喪失振奮人心的作用。」

「『伊庇鳩魯像是帶著否定的意味，贊同有些快樂來自名聲[110]』。雖然他有這樣的表示，對於知名之士還是憤怒到產生悖動的激情，不僅否認自己的老師，還

107 阿達是亞歷山大的義母，她是卡里亞的女王，參閱蒲魯塔克《希臘羅馬英豪列傳》之〈亞歷山大傳〉22節。

108 除了斐洛克森努斯，還有他的友伴黑格儂也要送給他一位美少年，同樣遭到他的拒絕；參閱蒲魯塔克《希臘羅馬英豪列傳》之〈亞歷山大傳〉22節。

109 達芳都斯是西元前6世紀的英雄人物，領導福西斯人擊敗帖沙利人的入侵，蒲魯塔克為他立傳，已經佚失。

110 參閱烏西尼爾《伊庇鳩魯學派殘卷》No.549。

與德謨克瑞都斯就音節和韻律發生爭執，須知他的理論有些是一字不漏抄襲這位學究；同時還說除了他本人和他的門徒，沒有配得上智者的稱呼，還在書中提到自己精通自然哲學，使得科洛底爲了表示極度的敬仰，竟然跪在地上抱住他的膝蓋。他的兄弟尼奧克利從幼年開始不斷宣稱，要比伊庇鳩魯更加聰明的人，不僅現在還未出生，就是過去也從未見過；還有就是他母親的原子正巧與天體連接，必然生出這樣一位前無古人的智者。呸！如同凱利克拉蒂達斯(Callicratidas)提到康儂(Conon)[111] 將海洋看成潑辣的淫婦，難道就沒有人指責伊庇鳩魯引誘『名望之神』，不敢公開追求只會偷偷摸摸進行，強迫對方從事苟且的醜事，爲了滿足個人的私欲，像是綁在刑架上面備受痛苦的折磨？人們處於饑餓的重大壓力之下，經常會違背本性喪失理智，運用褻瀆神聖的辦法解決急切的需要，甚至到易子而食的程度；爲了達成光榮的成就，有人會不惜一切犧牲，等於給心靈帶來極其污穢的食物：當一個人對於虛名的仰望到如饑似渴的時候，要是不能從別人口中聽到讚美之辭，就只有大吹大擂給自己的臉上貼金。」

19 「那些眞正迷戀聲譽和名望的人，要是這方面的快樂從他的手中溜走，不會怨天尤人，承認自己缺乏能力或決心。還有人要避開從政之路以及不與國王建立友誼，德謨克瑞都斯極力讚譽，認爲這樣做成爲我們一生中英勇和光榮的泉源[112]。尼奧克利的大力吹捧和科洛底的恭維備至，會使伊庇鳩魯獲得很大的滿足，還是難以讓人相信，他要是處於奧林匹克運動會，接受所有的希臘人對他的優勝發出歡呼[113]，能夠保持鎭靜不至於欣喜若狂。或者如同我們的看法，那怕只有些微聊勝於無的快樂，也會讓他感動得眼淚直流；如同索福克利所言[114]：

乾的薊花還有扎人的茸毛，

111 凱利克拉蒂達斯是斯巴達的水師提督，406 B.C.阿金紐西海戰陣亡；康儂是戰功彪炳的雅典名將，405 B.C.在伊哥斯波塔米會戰逃過一劫，394 B.C.在尼杜斯擊潰斯巴達艦隊，393 B.C.重建雅典長城；參閱色諾芬《希臘史》第4卷6節。

112 狄爾斯、克朗茲《希臘古代哲學殘卷》之〈德謨克瑞都斯〉No.B157。

113 提米斯托克利在奧林匹克運動會受到群眾的歡呼，參閱蒲魯塔克《希臘羅馬英豪列傳》之〈提米斯托克利傳〉17節；還有斐洛波門和羅馬將領弗拉米尼努斯，分別在尼米亞運動會和地峽運動會接受類似的禮遇，像是希臘人將它看成如同羅馬的凱旋式一樣的殊榮。

114 瑙克《希臘悲劇殘本》之〈索福克利篇〉No.784。

再微小的東西只要接觸到就會感覺它的存在。」

「聲譽的確帶來快樂，匱乏就會引起痛苦，當然世上還有很多讓人感到更加羞辱的事物，像是沒有朋友、消極退避、無神論者、縱情聲色和漠不關心；全人類都認爲這個學派，把上述缺失視爲獲得名聲的必備條件，除了他們自己加以否認。你或許會說這樣很不公平。我們的考慮是聲譽有時會名實不副。我們不必提及寫這些文章是爲了反對他們，或者說這個學派因爲招怨的關係，城市[115] 才拿他們當成目標頒布侮慢無禮的敕令。那麼讓我們這樣說：如果他們曾經公開表示，無論是神讖、占卜、天意、親情、政治、權位、職務、榮譽和輿論，對於拯救希臘人沒有一點好處，我們的所作所爲只是吃喝而已，滿足口腹之欲不讓肚皮受到委屈；這樣一來所謂的名譽不過是受苦而已，完全是邪惡之徒的心態和想法；要是他們眞正認爲德行和榮譽會帶來美好的事物，那麼他們這樣做就是劃地自限，只能過幸福付之闕如的生活。」

20 等到提昂的高談闊論告一段落，我們決定停止散步，就在旁邊的長椅上面坐下來，如同慣常那樣保持片刻的沉默，沒過多久工夫，提昂的話讓朱克西帕斯深有所感，於是他說道：「跟在後面發言的人，誰還需要提出更多的辯駁之辭？老實說提昂剛才談到占卜和天意，讓人聯想到這些爭辯仍舊欠缺合適的結論；因爲伊庇鳩魯學派各位仁兄曾經說過，他們因應這些事項所持的態度，對於擁有快樂、鎭定和自信的人生觀，已經做出相當顯著的貢獻；所以這些論點仍須進一步的探討。」

亞里斯托迪穆斯回答道：「他們從揭櫫的觀念得到快樂，我必須說還有一點很有關係：他們的原則繼續發揮功能而且言之成理，並沒有除去某些迷信帶來的畏懼，不允許我們從神明那裡得到歡樂和喜悅。它沒有讓我們的心靈處於認同神明的狀態，這樣就不能產生警惕和欣喜，好像要我們認同海卡尼亞人(Hyrcanians)和錫西厄人(Scyths)[116] 一樣，根本無法期望得到任何好處或損害。」

「如果我們認爲就說明的部分還要加以補充，我提出下面這點可以先行列入。他們並不認同伊庇鳩魯的做法，亦即朋友過世以後不必感到悲痛，無須流下眼淚和表示哀悼；還提到要是我們沒有憂傷，就會覺察不到其他更爲嚴重的惡

115 這幾個城市是羅馬、梅西尼(Messene)和黎克托斯(Lyctos)；參閱阿昔尼烏斯《知識的盛宴》第12卷547a，伊利安《歷史文集》第9卷12節。

116 海卡尼亞人和錫西厄人都是裡海四周和中亞一帶的遊牧民族，雖然人數眾多而且勢力強大，當時沒有給希臘人帶來直接的威脅。

行：像是有些人的冷酷無情，還有就聲名狼藉的激情如此放縱到瘋狂的程度。他們提到最好還是讓對方受到感動，表示悲痛的情緒或是流下軟化心靈的眼淚，還可以記錄起來當成憑據。讓自己在名義上獲得仁慈寬大和摯愛深情的聲譽和特性。有關這方面伊庇鳩魯不僅在其他很多文章經常提及，同時還出現在他的書信上面，特別是赫吉西阿納克斯(Hegesianax)[117]過世以後，他曾去函死者的父親索西修斯(Sositheus)和兄弟帕遜(Pyrson)，你們知道最近我曾經瀏覽一下這份文件。我能這麼說就是拿著他的言論當成可以遵奉的模式，沒有信仰的無神論並不比冷酷無情或名聲狼藉的激情更爲邪惡；如果我們依循這些人的論點，神的憤怒否認對人類的慈悲和寬恕[118]，那麼我們也會走上失去信仰的道路。我們膜拜神明是某些情緒的混合，分別是尊敬和畏懼，如果想要逃避所應付出的代價，最好還是留下一些東西，那就是對於神明寵愛之物毫無希望，對於我們的成功和富裕毫無信心，我們要是處於逆境，在神明那裡找不到庇護。」

21 「我贊同你的說法，我們必須從信仰神明當中除去迷信，就像抹掉眼角不潔的分泌物；如果經過證明無法做到這點，我們應該根絕大多數人對神明的虔誠之心。須知這不是嚴酷或驚恐的信仰，然而伊庇鳩魯學派卻假定它應該如此，他們詆毀天意如同祂是污穢的女巫在恐嚇兒童，或是絕不寬恕的復仇女神，從悲劇當中一躍而出盤據在我們的頭頂之上。不錯，人類當中害怕神明的凡夫俗子難以數計，喪失誠惶誠恐的心理絕非好事；這時他們對祂如同對統治者一般的敬畏，因爲祂待善人溫和，對惡漢嚴苛；唯有畏懼之心使他們不致犯錯，免得像很多人那樣無法逃脫罪惡，因爲他們能將命運與禍福掌握在自己手中。還有人逐漸變得喪失最後一線希望，除非心中充滿恐懼和懊悔，否則比起那些讓自己獲得自由，以及敢於公開採取行動的人，不會感到更多的折磨和痛苦。」

「換一個角度來說，我們對於神明的態度，從而確認無知並非十惡不赦，絕大多數人類毫無疑問總是極其恭敬和崇拜，戰慄的畏懼之感換句話說就是迷信[119]；對於美好的希望和眞正的愉悅，它們的成因要勝過迷信千倍都不止，無論是出於祈求或感激，可以促使神明賜給更多的幸福。提到駁斥的言語都有極其確鑿的證據：我們前往廟宇敬拜神明總要多於尋歡作樂，要把神聖的節慶總是當成

117 西元前2世紀的赫吉西阿納克斯生於特羅阿德的亞歷山卓，居留雅典，成為名重一時的歷史學家和詩人。

118 參閱伊庇鳩魯《主要教條》第1條。

119 Deisidaimonnia(迷信)這個字的意思是「畏懼精靈和半神」。

最美好的日子，無論我們慶祝宗教的祭典、參加祈神的合唱和舞蹈、奉獻犧牲或舉行神秘的入會儀式，我們的所作所爲一言一行，都要涉及與上蒼有關的事務。我們的心靈在這種場合不會淪陷於焦慮、恐嚇和沮喪之中，如同我們期盼它伴同暴君或劊子手，讓他們接受令人毛骨悚然的懲罰。」

「不錯，只要用非常肯定的態度相信和認知神明在場，不論處於何種狀況都會消除痛苦、恐懼和憂慮的感覺，可以提升到極樂的境界，沉溺於戲謔和嬉笑渾然難以自覺。要是談起男女之間的閨房樂事，詩人[120] 會這樣表示：

> 白髮蒼蒼的老嫗和糟老頭，
> 提到愛神難免會怦然心動；

然而在虔誠進香的行列和奉獻犧牲的儀式當中，不僅是男女老幼，也不論財富地位，甚至就是

> 長著一雙粗腿的磨坊婢女，[121]

以及在家庭和田莊工作的奴僕，全都感受到崇高的心靈和神性的慈悲。富翁和國王經常大開流水席招待各界人士，各種婚喪喜慶更是應接不暇；要是在某些神聖的儀式或奉獻犧牲的場合舉行宴會，由於他們表現推崇和敬仰的舉止，這時會帶來與神明心意相通的感覺，這種快樂和甜蜜遠超過我們的想像，這些人放棄對天意的信心可以說得不到任何好處；因爲這不是盡情吃喝的美酒和烤肉，讓你在節慶期間感到心滿意足，美好的希望和信心在於神明慈祥的參與，無論人類的表現如何都樂於接受。」

「我們在某些節慶當中，將木簫和花冠排除在外，就是作爲主要儀式的奉獻犧牲，特別提到神明並沒參與，其他方面除此以外，沒有鼓勵的言辭和盛大的宴會，更加不能發揮神意的影響力量，我們可以這樣說，對於這樣一位否定信仰的人士，他得到的機會不僅乏善可陳，甚至感到極其苦惱。因爲他根本不問理由何在，所有的行動像是祈禱和膜拜畏懼公開實施[122]，只有對他的哲學表示全然的駁

120 只知道這位詩人是凱利瑪克斯(Callimachus)，其餘毫無所悉。

121 貝爾克《希臘抒情詩集》第3卷〈Adesp篇〉No.21。

122 伊庇鳩魯樂於參加宗教典禮和儀式，參閱烏西尼爾《伊庇鳩魯學派殘卷》No. 169。

斥。等到他奉獻犧牲的時候，祭司雖然站在他這一邊，甚至視爲屠夫要去宰殺當成祭品的動物，儀式完畢他要離開，米南德的詩句會脫口而出[123]：

神明毫不在意虔誠的燔祭。」

「伊庇鳩魯以爲我們會演出這齣喜劇，那就是不讓群眾的快樂受到損害，同時不讓我們失去民意的支持，表現的方式是我們自己去做感到不愉快，其他人去做卻很高興，正如伊維努斯(Evenus)的說法[124]：

這種順從帶來煩惱和悲傷，
所有的強迫是痛苦的濫觴。

他們有相當理由認定迷信伴隨奉獻犧牲和神秘祭典，不是因爲喜歡如此而是出自畏懼之心。伊庇鳩魯學派的成員並不比一般人有更好的條件，如果他們做出同樣的事完全害怕別人的看法，所以會參加不像其他人想要得到更美好的希望，僅僅是免於公眾的猜疑，從而發現他們的欺騙和濫權。只要論及他們所寫有關神明和虔誠方面的書刊[125]，

全部是扭曲和捏造的僞作，
都欠缺健康和理性的敘述；[126]

像是害怕他們在掩飾或隱匿眞實的信仰。」

22 「我們討論邪惡之徒和販夫走卒這兩種人物以後，現在是放在第三類的正人君子，他們對神明的信仰極其純淨，不會犯下無法赦免的錯誤，蒙受上蒼的寵愛，獲得塵世的快樂和福分；他是所有美好事物的嚮導，更是所有光榮事物的始祖，對於所有卑劣事物除了忍受不再施加在他人身上；『由

123　科特《米南德的戲劇殘本》No.750。

124　生於帕羅斯島的伊維努斯，是西元前5世紀的希臘抒情詩人。

125　伊庇鳩魯有兩篇隨筆題目是〈論神明〉(On the Gods)和〈論虔誠〉(On Piety)，參閱烏西尼爾《伊庇鳩魯學派殘卷》No.16和18。

126　優里庇德的悲劇《安德羅瑪琪》448行。

於他是好人，不會對任何事物產生嫉妒之心』，畏懼、憤怒和憎恨亦復如是；熱的功能不是讓物體變冷，而是能夠保持在溫暖的狀況，同樣善的作用不會給人帶來傷害。我們盡可能遵循自然之道，要讓忿恨遠離得意洋洋的自負，暴怒遠離與人爲善的仁慈，敵意和恐慌遠離對人類和社會的關愛。兩者之一屬於德行與力量，另一則爲虛弱和邪惡。我們不能因爲上蒼能夠感覺到憤怒和崇敬就成爲受害者，這種說法有商榷的餘地；從而寧願認定神明的本質是賜與厚愛和多給援手，並非大發雷霆和盡情傷害。」

「我們寧願相信『偉大的宙斯在天國領導出巡的隊伍，規範和照料宇宙的萬事萬物』[127]；提到其他的神明像是『賜與者』、『施恩者』和『鋤惡者』[128]；以及品達讚譽的阿波羅：

> 祂對人類極其慈善和溫馨，
> 做出判決力求寬大和公正。[129]

所有的事物都聽從神明的支配，誠如戴奧吉尼斯所說的那樣，知己之交有通財之義[130]；正人君子被神明視爲朋友，因此一個受到神明寵愛的人不可能得不到賜與的幸福，同樣一個正直和虔誠的智者不可能得不到神明的關懷。你認爲神意的拒絕者需要給予其他的懲罰，等到他們根除如此重大的快樂和愉悅，所以能夠擁有完全基於人類與神明的關係，難道再加以處分已經是不太適合？」

「梅特羅多魯斯、波利努斯和亞里斯托布拉斯這幾個人，就伊庇鳩魯而言，成爲『信心』和『享受』的泉源，然而在他的一生當中，對於他們的生病給予照料，對於他們的去世深感哀悼；雖然阿波羅女祭司給萊克格斯的神讖，說是

> 宙斯和諸神全都寵愛著你；[131]

要是提到蘇格拉底，他相信上蒼對他說話帶來吉祥的預告；還有品達聽到自己創

---

127 柏拉圖《菲德魯斯篇》246E。

128 「賜與者」這個頭銜用來稱呼宙斯，參閱鮑薩尼阿斯《希臘風土誌》第8卷9節；「施恩者」用來稱呼天后赫拉、戴奧尼蘇斯、阿芙羅黛特或宙斯；「鋤惡者」用來稱呼阿波羅、海克力斯、赫耳墨斯或宙斯。

129 克里斯特《品達的吉光片羽》No.149。

130 戴奧吉尼斯・利久斯《知名哲學家略傳》第6卷72節。

131 希羅多德《歷史》第1卷65節；參閱派克、翁梅爾《德爾斐神讖集》第2冊14和216頁。

作的音樂，從潘神的嘴裡唱出美妙的歌聲，難道他們只感到若無其事的快樂？或許是福米奧(Phormio)[132]，當他在自己家中款待卡斯特和波拉克斯這對孿生子的時候，是否就會有這種想法？或許是索福克利照應過阿斯克勒庇斯(Asclepius)[133]，會讓他自己以及其他人都相信他從那時開始，對於世事都已大徹大悟？提到赫摩吉尼斯(Hermogenes)[134] 對於神明所持的觀點，值得大家記住他說的幾句話；他說道：『這些神明擁有全部的知識和所有的權力，他們都是我的朋友所以會照料我的一切，無論我到何處或做何事，那怕整日整夜都不讓我離開祂們的視線；神明的未卜先知以及對任何事物都了然於胸，給我們的指示是送來的信息、神讖、託夢和徵兆。』」

23 「可以設想所有卓越的事物應該來自神明，天國的禮物就是快樂的源頭和無限的自信，善意的殊榮和愉悅散發出柔和又明亮的光芒。這些人對於邁進成功和繁榮的處境，沒有體會到如何除去隨之而來的快樂，等到一旦霉運臨頭，發覺已經失去外來的援助，他們僅能看到一個不幸和災禍的避難所，那就是亡故可以終結所有的感覺。如同航行在遠洋之中遇到暴風雨，有人出面叫我們安心，竟然還說船上沒有舵手，就是那對孿生子戴奧斯庫瑞都不會

全力平息波濤洶湧的海面，
化解無物不摧的強烈氣旋；[135]

還不會讓我們提高警覺，須知船隻在任何時刻都會被大海吞噬，或者衝向礁石撞成無數的碎片。」

「即使處於危險的絕症和悲慘的痛苦之中，伊庇鳩魯學派的成員還要強加爭辯：『你希望神明因為你的虔誠獲得仁慈的待遇？你會對下面的話感到迷惑：「有福和不朽的人成為一種獵物，既不感受神明的憤怒也不會得到上蒼的厚愛」；你能想像有某些事物在來世較之今生更為美好？你會為下面的話受到欺騙：任何事

132 這個故事提到福米奧接待神明，結果是他的女兒被拐走，從此消失不見蹤影；參閱鮑薩尼阿斯《希臘風土誌》第3卷16節。

133 阿斯克勒庇斯是醫藥之神，原來供奉在伊庇道魯斯，羅馬人遵照《西比爾神諭集》的指示，將祂迎進國門，從此成為除了朱庇特以外最受尊敬的神祇。

134 色諾芬《會飲篇》第4卷48節，赫摩吉尼斯是參加對話的人員之一。

135 作者不詳，參閱佩吉《希臘抒情詩殘卷》No.998。

物消失不見就不能產生感覺，感官不能發生作用的事物對我們一無是處。』『你這個惡棍！爲何你只把吃喝和享樂告訴我？』『何以會因爲你的關係，祂會帶來一場暴風雨，船隻沉沒的危險迫在眉睫，「極度的痛苦導致立即的死亡。」』然而一個旅客在船沉以後漂流海上，靠著他的泅水還有一線希望，游到岸邊能夠安全無恙；然而提到這些人的哲學理念，他們認爲靈魂在

咆哮的大海無法找到出路，[136]

因爲它在肉體之前很快的絕滅、分解和散布。它的極其喜悅在於接受聰慧和如同神明的觀點，它的最後災難在於徹底毀棄和消失無蹤。」

24 亞里斯托迪穆斯眼睛注視我接著說道：「事實上，將這一點包括在其他的事項當中，就我們看來可以說非常愚蠢。那些對於伊庇鳩魯有關靈魂的學說深信不疑的人，有一天我們聽到你給他們有力的答覆，使得我們面對死亡較之柏拉圖更爲沉著和鎮靜。」[137]

朱克西帕斯大聲說道：「什麼！大家的討論是否由於某種原因還是無法完成？恐怕我們要一再重複去回答在所有人當中的伊庇鳩魯。」

我說道：「絕不會到這個地步，就像伊姆皮多克利所說的那樣，我們只要

聽到對的事再三講個不停。[138]

因此我們還是把這件事再託付給提昂，我不認爲他不想掌握發表意見的機會，情願做個無所事事的旁聽生。何況他是一個年輕人，無須害怕年輕的對手指責他的記憶出了問題。」

25 最後像是屈從大家的強迫不得不爾，提昂說道：「亞里斯托迪穆斯，如果可以解決問題，我就不會仿效你的做法。你覺得重複運用我們

---

136 荷馬《奧德賽》第5卷410行。

137 這段文字可能出自蒲魯塔克已經喪失的作品，蘭普瑞阿斯的作品《目錄》列為第177號〈論「自知之明」的格言和名聲不朽的問題〉及226號〈靈魂不滅〉。

138 狄爾斯、克朗茲《希臘古代哲學殘卷》之〈伊姆皮多克利〉No.B25；以及柏拉圖《高吉阿斯篇》498E-499A。

的朋友提出的辯駁有點難爲情，然而我採納你的意見卻毫無忌諱。我認同你對人類的三種區分[139]：第一類是犯錯的人和邪惡之徒；第二類是一般的普羅大眾；第三類是正直和有智慧的人。」

「犯錯的人和邪惡之徒害怕上蒼的裁判和處罰，促使他們產生消極無爲的心態，他們願意過更爲平靜的生活，希望能夠享受幸福快樂和免除焦慮不安。伊庇鳩魯認爲唯一最適用的方法，使得人們不要做壞事就是對懲罰的畏懼，這種取決於動機的觀念我們可以接受。我們還要把更多的迷信塞進他們的腦海之中，加上天國和塵世安排的恐怖、深淵、警惕和焦慮，讓他們始終離不開驚惶和恐懼，就會變得更加誠實和克制。他們害怕在死後的世界受到的待遇，比起他們目前犯下滔天大罪更爲悲慘，生活在沒有安全保障和憂愁陰鬱之中，更能讓他們想要避免出現這方面的差錯。」

26「大多數世俗之人有一種期待，任何神話啓示的恐懼在死後帶來永恆的寧靜，我們的情緒以喜愛生命最爲古老和受到重視，對於帶有童稚心理的恐懼更可以產生均衡作用。人們眞要是失去子女、妻子和朋友以後，還是盼望他們能夠停留在某個地方，即使處境極其悲慘，總比完全毀滅變得形骸消失殆盡要好得多；對於那些面臨回光返照的人，他們願意聽到這種表達方式，像是『他要離開我們』或『前往其他的住所』，提到靈魂都說它在死後只會變換[140] 不會消滅；他們談起死者就像這樣：

> 不！即使亡故我還記得他；[141]

以及

> 你有什麼話要我帶去告訴
> 令郎赫克托與年邁的丈夫？」[142]

139　人類的三種區分，可以參閱柏拉圖《斐多篇》89E-90A；其實柏拉圖並沒有做出這樣的區分，只是說世界上非常好的人和非常壞的人都不多，大部分人都處於好和壞之間；他還提到趨向極端的案例非常稀少，絕大部分都是不好不壞的中間事物。

140　參閱柏拉圖《答辯篇》40C，死亡是真正的變換，靈魂從一處遷移到另一處。

141　荷馬《伊利亞德》第22卷390行，阿奇里斯對著佩特羅克盧斯的遺骸所說的話。

142　優里庇德的悲劇《特洛伊王后赫庫巴》422行；波利克森娜引導出來向神明獻祭，接著問她

「人們不願出現差錯是爲了求得心安，埋葬亡故的朋友連帶常用的武器、用具和服飾放進墓穴，邁諾斯用來陪葬格勞庫斯的物品，就有一支克里特人製作的笛子，

> 材料是用斑紋幼鹿的骨頭。[143]

如果他們遺漏某些東西，後來認爲過世的人會提出需求或想要，這時他們當然樂於供給；如同伯瑞安德爲亡妻燒掉所有華麗的衣物，因爲他在夢中見到她一直抱怨寒風刺骨[144]。像是伊阿庫斯、阿斯卡拉法斯(Ascalaphus)和阿奇朗(Acheron)之類的人物[145]，不會對世人作祟或爲社會帶來驚惶，因爲從給他們提供的合唱隊，準備的劇場演出和精心製作的音樂，給予的歡樂讓他們獲得滿足。不僅如此，所有的人對於死者的面容，竟然產生沮喪不安和暗無天日的印象，在於亡靈沒有感覺和認知以及即將被人遺忘。所以只要提到某人的時候，聽到『他已經走了』、『他剛剛往生』或『他離開人世』的表達方式，難免心情沉重有不勝欷歔之感，等到引用下面的詩句會使情緒更加激動：

> 他已埋骨躺在地層的深處，
> 世間的歡樂全部遭到罷黜；[146]

以及

> 靈魂一旦溜出齒隙的阻擋，
> 暴力或金錢無法讓它重返。」[147]

(續)

的母親赫庫巴，在她回到陰間以後，有什麼事情需要她交代清楚。

143 瑙克《希臘悲劇殘本》之〈Adesp篇〉No.419。

144 希羅多德《歷史》第5卷92節，有很長一段文字，詳細敘述這件事的來龍去脈。

145 伊阿庫斯是阿奇里斯和埃傑克斯的祖父，死後成為冥府的判官；阿斯卡拉法斯是地獄的精靈或半神；阿奇朗使得陰間的河流用他的名字。

146 作者不詳，參閱佩吉《希臘抒情詩殘卷》No.1009。

147 荷馬《伊利亞德》第9卷408-409行。

27 「伊庇鳩魯的話等於給生命帶來最後的一擊，他說：『人類來到世間只有一次，就會消失在永恆的虛無之中，我們不可能再有任何機會。』忽略目前的過程當成短暫的分量，要是與永恆的宇宙相比更顯得無足輕重，在沒有任何成果可言之下，只有讓時光白白流失。他們認爲在德行方面沒有任何進展，還要採取積極的行動，你會說他們感到沮喪，藐視自己是朝生暮死有如蜉蝣的生物，來到世間缺乏較爲崇高的目標。他們的論點認爲『任何事物消失不見就不能產生感覺，感官不能發生作用的事物對我們一無是處』，無法除去死亡帶來的恐懼，反而有助於肯定它所能發揮的作用，因爲我們眞正害怕的地方是

人的一切都會化為泥與水，[148]

靈魂的分解卻不是思想或感覺；如同伊庇鳩魯的說法成爲相互分離的原子，散布在虛無的空間，他等於將我們想要永存不朽的希望連根拔除。」

「當然人類祈求的希望我在前面提過，亦即他們可以繼續存在，不會面臨絕滅的命運，這時無論男女都要堅決抵抗色貝魯斯的尖牙利齒，以及用漏掉的陶甕裝水[149]。我曾經說過早已存在的論點，加上幼年聽到母親和奶媽講的神話故事，大多數人對相關的情節應該不會感到畏懼。伊庇鳩魯甚至對有些人抱著疑懼的心理，因爲他們相信神秘的祭禮和袚禊的儀式，可以從中獲得治療和解救[150]；等到這一切都處理得乾乾淨淨，他們願意在另外的世界打發時光，整個區域吹拂香甜的微風，飄蕩動聽的聲音，大家都在那裡遊玩歌舞。須知生命的匱乏無論對青年或老者，都是令人備受折磨的念頭，如同優里庇德的詩句[151]：

我們停留遍布光明的大地，
遭到痛苦的愛情施加打擊；

刺耳的詩句無法讓心靈保持安寧的狀況：

148　荷馬《伊利亞德》第7卷99行。

149　達瑙斯(Danaus)的五十個女兒受到懲罰，要在地獄裡面用滲漏的陶甕汲水，裝滿冥王哈得斯已經破裂的大缸。

150　參閱柏拉圖《國家篇》第2卷364B-365A。

151　優里庇德的悲劇《希波萊都斯》193-194行。

帶著春風滿面的喜悅參與
太陽神的日車和神的瓊宴；
亡者離去如同分飛的勞燕。[152]」

28 「伊庇鳩魯學派拋棄永生的信念，讓一般民眾丟掉帶來甜蜜和滿足的希望。我們認爲這些人會從行善獲得快樂，能夠過著公正而虔誠的生活，誰知最光榮和神聖的事物，會是死後在另一個世界不要遭到惡報？首先，運動員除非參加比賽獲得勝利，否則不會接受贈與的花冠。可以用同樣方式讓正人君子相信，等到生命終結蓋棺論定，這一輩子的成就可以得到獎賞；最不可思議之處，就是積極的作爲受到德行的激勵，信心的建立在於永不放棄希望；最後還能看到那些應受懲罰的罪犯，他們運用財富和權勢對別人帶來痛苦和傷害，現在爲了表示輕蔑就對最高的職位發出愚蠢的笑容。」

「其次，無論是追求眞理還是察知事實，沒有人能在這個世界獲得完全的滿足，因爲理智的光受到身體像面紗一樣的掩蓋，如同處在濃霧和雲層之中，變得搖曳不定和模糊不清；如同一隻鳥[153] 凝視上方的天空，會從身體取得翅膀飛向光明的廣袤區域，他們會減輕靈魂的負擔使它配合人類必死的命運，同時拿哲學當成練習更能熟悉死亡的處境。他們把身體的涅槃視爲可喜可賀的頭一等大事，因爲他們堅信靈魂擁有眞正的生命，可以存活在另一個世界之中，雖然不是完全清醒的狀態，遭遇的事物很像在難以辨識的夢境。如果正像伊庇鳩魯所說『回憶一位去世的友人，眞是令人感到欣慰的事』，則又何必非要像有些人宣稱的那樣，他們能夠接受和尋找亡故同伴的幽魂和幻影，雖然純屬想像並非心靈或感官的作用，卻可以獲得更大的樂趣。實在說對於朋友大可不必如此，甚或不再期望見到親愛的父母和妻子，更不會進一步抱持任何奢求，可以與畢達哥拉斯、柏拉圖和荷馬進行熟悉和親密的談話，以及能夠分享他們對靈魂所要表達的觀念。」

「我們就荷馬的《伊利亞德》舉出例子加以說明，這是一種暗示讓他們能夠找到眞正的自己。作者假借阿波羅之手將伊涅阿斯的幻影，置放於兩軍發生激戰的中央，躺在那裡像是已經亡故，等到後來伊涅阿斯的本尊出現，

活著歸來還有強壯的肢體，

152 作者不詳，參閱佩吉《希臘抒情詩殘卷》No.1010。
153 參閱柏拉圖《菲德魯斯篇》249D以及《書信篇》第7封348A。

渾身迸發拚戰到底的勇氣，[154]

加入他的朋友繼續作戰；這時荷馬還說：

大家看見都感到非常高興。[155]

讓我們也能如此，等到有充分的理由，顯示思想和愛已經加入身體每一部分，應該拒絕仿效那位人士，因爲他無法要所有的『幻影』自行離開，或者將它們棄在一邊，無論如何這些都是『無用的糠秕』，它們的存在只是讓伊庇鳩魯學派感到難堪而已。」

29「除此以外，伊庇鳩魯學派認爲死亡是新生活的開始，會比過去的經歷更美好，如同他們的期望可以獲得更多的快樂；要是他們無法在這個世界獲得應有的福分，還是不願意遭到更多的苦難；他們認爲與其這樣，還不如抱持死後獲得幸福的希望，帶來不可思議的快樂和期待，消除心靈當中所有的不幸和挫折；或者他們已經走在官道上面，覺得還不如挑一條捷徑，使得旅程有機會更爲便利和平靜。另一方面有人的生命終結在沒有知覺和腐爛分解，處於順境的暴卒會更加痛苦，因爲這是幸運而非災禍所帶來的改變；人生的舒適美滿較之艱困匱乏更難面對死亡的威脅：因爲面對橫逆抱著過好日子的希望，爲非作歹的勾當會受到攔阻；已經過著快樂的生活，就會耗損原有幸福的本錢。我想這種狀況如同服藥並非絕對有益身體，通常產生強制的作用：雖然可以治病或是減輕患者的痛苦，還是會對健康帶來很大的傷害。因此伊庇鳩魯的論點非常肯定的表示，可憐的人即使從逆境獲得解脫還是沒有幸福，他的靈魂消失得無可尋覓；即使是見多識廣的正人君子做了很多善事，等到態勢發生變化就會抹殺所有的功德，從幸福的生活當中就那麼扔了出去，肉體的生命和靈魂的存在全部受到剝奪。可以明顯得知喪失美好的事物當然會感到痛苦，到達的程度如同他們期待所能得到的快樂。」

154　荷馬《伊利亞德》第5卷515-516行。
155　荷馬《伊利亞德》第5卷514行。

30 「儘管如此，他們還是斬釘截鐵的力言，縱然預知未來的死亡和分解，還是保證會留下完整的善，無須焦慮連續不斷的惡。伊庇鳩魯的論點最後還是終結對死亡的畏懼和靈魂的分解。我們未來的期望將是無限的悲傷和苦惱，如果能夠獲得拯救會是最大的快樂，要是相互比較之下，剝奪可以得到永恆福利的希望和喪失已經到手的幸福，又怎麼可以算是痛苦？所以他的教導對於陷入快樂或痛苦的兩類人士而言都沒有好處，因爲他對任何事物的看法都是違反本性和表示憎恨。老實說，悽愴的死亡可以讓悲慘的生活不必過得那麼痛苦，就像逃亡一樣，避開所有的感覺就會變得非常舒適。要是換個角度來看，經歷的過程是從繁榮興旺到全部喪失，這眞是極其嚇人的問題，意味著他們目前的幸福要宣告終止。須知任何新生事物在剛開始的時候，並不害怕喪失感覺，人類的習性也是如此，只是我們會將現在享受的美好，當成將來付出的代價。」

「只要提到『我們一無所有』，要想達成這樣的狀況，必須是所有的事物都已絕滅，同樣可以讓我們產生希望，已經準備讓『我們重新擁有』。缺少感覺對某些人而言並沒有帶來困難，因爲這種時機不會再度出現，特別是他們只要沉入『不存在』的深淵，從此再也不會浮起。無論是色貝魯斯(Cerberus)還是科塞都斯(Cocytus)[156]，不會在這裡爲死亡的畏懼設立沒完沒了的界限，只是提出『不存在』的威脅，就是一旦死亡不會返回人世，其實伊庇鳩魯已經說過：『人類來到世間只有一次，就會消失在永恆的虛無之中，我們不可能再有機會。』如果設定的範圍是『不存在』，那麼就不會有界限和出口，我們發現喪失所有美好的事物將是永存不朽的惡，因爲它來自不會終結的無生命和無知覺。希羅多德是一位見多識廣的人物，他曾經說道[157]：『神不過讓我們嘗到活在世上一點點甜美的滋味，僅僅這樣祂還是滿懷嫉妒之心』；特別是那些被視爲享有幸福的人，所有這些快樂都會成爲悲慘的媒介[158]，因爲他們只要試過甜頭就會吃到苦頭。因爲這個學派認定的觀點，就是靈魂分散到無限的空虛之中，如同進入廣闊無邊的海洋，如果抱著到處受到打擊的想法，還將極其卓越和幸福的快樂放置其中，那麼這種快樂所帶來的舒適、喜悅和滿足，豈不是全部遭到顚覆和毀滅？伊庇鳩魯始終認爲大多數人歷經瀕死的過程飽嘗痛苦，從而引導我們經由不幸直到失去所有美好

---

156 色貝魯斯是凶惡的狗在守衛地獄的大門；科塞都斯是地獄裡面一條河流的名字。

157 希羅多德《歷史》第7卷46節，這是波斯國王澤爾西斯的叔父阿塔巴努斯，聽到澤爾西斯要遠征希臘所說的話。

158 柏拉圖《泰密烏斯篇》69D，提到「快樂是罪惡最大的誘餌」，可以拿來與這段文字做一比較。

的事物，因而畏懼死亡超越任何可能獲得的慰藉。」

31「伊庇鳩魯學派在所有的辯駁當中，與世人發生爭執從未感到厭倦，現在試圖迫使他們堅持原來的論點，亦即逃避邪惡的準繩就是善，喪失美好的事物並非惡。不過，他們在這方面稍微讓步：死亡不會帶來希望或滿足，眞正的意思卻是完全斷絕所有的歡樂和完美。在時間無窮無盡的長流當中，未來的展望、壯麗的景色和不朽的神性全部重疊起來，相對於其他人士的看法，他們堅持靈魂的不滅不朽[159]；經歷長期的循環在地面或上天漫遊，直到與宇宙同時分解，太陽和月球激烈燃燒，噴發出知性的火焰[160]。在這樣一個廣袤無垠的空間，擁有的快樂是如此豐裕，伊庇鳩魯卻用手術刀，將應有的快樂從我們的生命當中切除。如同我們提到的現象，所有從上蒼獲得幫助的希望以及賜與的恩典全部被拿走，他再也無法讓世人感到滿足，他扼殺我們的靈魂對知識和榮譽的熱愛，對於我們的天性設下重重限制，甚至將它投入何其狹隘的空間，使得雙方都變得污穢不堪，除了肉體的欲望再也沒有心靈的快樂，看來人類的德行只能避開邪惡，無法達成更爲偉大和崇高的目標。」

159　這段話是柏拉圖學派的觀念。

160　這段話是斯多噶學派的觀念。

第七十五章

答覆科洛底：為其他哲學家提出辯護

1 薩都尼努斯(Saturninus)[1]，我的老友，那位被伊庇鳩魯暱稱科利(Colly)或科利金(Cillikins)的科洛底，寫出一本書名叫《遵從其他哲學家的規勸不可能過美好的生活》，要將它呈獻給埃及國王托勒密。現在我從這本書發覺很多問題，認爲你一定很有興趣找出答案，特別是你非常喜愛古代優秀的作品，只要時間許可就不斷研究，把它當成最高貴的消遣，獲得的經驗有助於這件工作的完成。

2 不久之前我正在讀這本書的時候，一個很熟的朋友就是伊朱姆的亞里斯托迪穆斯(Aristodemus)[2]（你應該知道這個人，他不僅極力維護學院的規範，還是柏拉圖最忠實的擁戴者）[3]，誰知他很有耐心保持溫和的態度，沒有表示意見，直到我閱讀完畢他說道：「好吧，你很想反駁科洛底不當的言論，現在要指派那一位高手給哲學家提出辯護？我很難贊同尼斯特(Nestor)[4] 的辦法，不從九位勇士當中挑出最佳人選，反而要抽籤憑著運氣做最後的決定。」

我說道：「你看尼斯特把自己的名聲也賭在上面，結果還是讓他成爲希臘陣營當中最爲高瞻遠矚的人物，因爲

---

1 蒲魯塔克的這位老友是羅馬人，名字叫作盧契烏斯·赫倫紐斯·薩都尼努斯(Lucius Herenius Saturninus)，98-99 A.D.以代行執政官的頭銜，擔任亞該亞行省的總督，等於整個希臘都在他的管轄之下。

2 這位學者曾經參加前面一篇隨筆的對話，除此以外毫無所悉；伊朱姆位於伯羅奔尼撒半島北岸，瀕臨科林斯灣。

3 參閱柏拉圖《斐多篇》69C，特別提到宗教信仰的問題，說是「前來隨喜的人很多，真正的信徒很少」，如果亞里斯托迪穆斯是真正的信徒，對比之下科洛底只是譁眾取寵的香客。

4 尼斯特是皮洛斯國王，特洛伊戰爭開打以後，他參加希臘人的陣營，成為調停糾紛的長者，也是運籌帷幄的智囊，贊助聯軍統帥阿格曼儂，不知解決多少困難的問題。

一根上面寫著埃傑克斯名字的鬮，
從頭盔中掉出來合乎大家的要求；[5]

要是讓你直截了當做出抉擇，

怎麼會忘記像神一樣的奧德修斯？[6]

看來你認為只有像他那樣運用犀利的辯才，始能擊敗高明的對手。」

亞里斯托迪穆斯回答道：「你知道柏拉圖是如何懲罰他的奴僕，雖然自己非常憤怒，還是不願動手，卻叫史樸西帕斯去做惡人；現在我已火冒三丈，如果你願意的話，希望能出面去教訓他一頓。」

其他人士都贊同他的要求，這時我說道：「好像我必須講些難聽的話不可，怕的是我們對這本書太過計較，實際上它並沒有什麼不得了；對於那些只提供草料給蘇格拉底的惡棍，除了他們的無禮和粗暴讓人感到憤怒，還需要質問他們何以會把食物塞進他的嘴裡而不是他的耳朵。當你想到蘇格拉底神色自若的睿智，就會情不自禁滿面笑容，因為那才是

他為整個希臘民族提出的辯護辭；

所有其他的哲學家像是德謨克瑞都斯、柏拉圖、司蒂坡、伊姆皮多克利、巴門尼德以及梅利蘇斯(Melissus)，都受到科洛底的挑選作為謾罵的對象，

他們只是感到無奈保持沉默以對；[7]

因為只要任何微不足道的失禮言辭，對於這些清白無辜的人士，將是最為褻瀆神聖的不敬行為，因為靠著他們的力量讓哲學獲得最高名聲。雖然父母在上天的幫助之下授與我們生命，積極的人生觀得自哲學家，獲得理性運用正義和法律抑制我們的欲望；要過美好的生活必須參與社會的活動，維持忠誠的友誼，建立節制和互信的人際關係。」

---

5 荷馬《伊利亞德》第7卷182-183行。

6 荷馬《伊利亞德》第10卷243行或《奧德賽》第1卷65行。

7 出自優里庇德的悲劇《斐洛克特底》；參閱瑙克《希臘悲劇殘本》之〈優里庇德篇〉No.796。

「身爲哲學家不會大聲疾呼，說人類只有解決『肚皮』[8] 的需要，才能達到至善的境界，更不必將過於現實的觀念留給我們徒增困惑[9]；即使他們之中每一位都把所謂的快樂棄之若敝屣，還是不會在銅鍋上面打一個洞，非要讓所有的德行同時跟著流失不可。他們的討論當中涉及到靈魂和神明，不僅相信靈魂離開身體就會消失，即使神明的關懷不完全是塵世的問題[10]。伊庇鳩魯學派的成員指責其他的哲學家，說是不可能用他們的智慧讓大家有美好的生活；因此這些哲學家也站出來表明自己的立場，控訴他們的對手要讓大家像野獸一樣度過混沌的歲月。」

3「上面提到的觀念延伸到伊庇鳩魯的理論當中，在他的著作裡面隨處都可得知，從另一方面來看，過於偏頗的論點經常受到別人的攻擊。科洛底隨聲附和某些說法就要抹殺眞正的意義，會從本文當中撕下用來爭辯的斷簡殘編，刪除所有確鑿的證據，說是出自個人的沉思默想和虔誠的宗教信仰，隨即將他的書籍胡亂拚湊起來，就像展示在市場[11] 或描繪在畫中的怪物，你和你的同伴毫無疑問都能覺察這些情況，特別是你對古代的著作非常精通，可以讓他們的伎倆無所遁形。如同我所看到的狀況，他就像那位荒謬的利底亞人，打開一扇給自己帶來毀滅的門[12]；不僅如此，更爲嚴重的後果是伊庇鳩魯受到牽連，陷入身敗名裂的下場。」

我接著說道：「我們知道伊庇鳩魯最早追隨德謨克瑞都斯，爲了學習講演術曾經付出極可觀的束脩，因而有很長一段時期，他把自己當成德謨克瑞都斯派的成員，這件事從其他人那裡得到證實，李昂提烏斯(Leonteus)是伊庇鳩魯最受賞識的門人之一，曾經寫信給萊柯弗朗提到老師推崇德謨克瑞都斯，說是在他的指導之下已找到研究學問的正確途徑，同時還將整個體系稱爲德謨克瑞都斯模式，因爲自然哲學的第一原則就是出自這位哲人的創見。梅特羅多魯斯在他的著作〈論哲學〉(On Philosophy)中毫不客氣的表示，如果不是德謨克瑞都斯指點出一條坦途，憑著伊庇鳩魯的智慧無法到達目前的水準。科洛底明確的指出，伊庇鳩

8　科特《梅特羅多魯斯的殘卷》No.40；參閱西塞羅《學院思想》第4卷46節。

9　這些論點可以用來反駁學院學派；參閱西塞羅《學院思想》第2卷10節。

10　伊庇鳩魯《致希羅多德的書信》65段。

11　這是羅馬的「怪異市場」，專門出售海外進口的物品，以及畸形、殘疾的奴隸和動物。

12　這位利底亞人就是國王坎道勒斯(Candaules)，為了滿足個人的虛榮心，最後在王后和捷吉斯(Gyges)的手裡丟掉性命，參閱希羅多德《歷史》第1卷9-12節。

魯無法靠著哲學的原則過日子，然而他還是非常愚蠢地追隨德謨克瑞都斯的腳印，選擇的道路根本沒有考慮以後的生活。」

4 「科洛底首先認爲德謨克瑞都斯應該負責的地方，就是力言任何事物之間的敘述不會有多大差異，從而讓我們的生活陷入混亂之中[13]。直到當前開始讓我們知道，他所以會攻擊詭辯家普羅塔哥拉斯(Protagoras)[14]，主要原因就是後者承認同一事物彼此之間的敘述不會有很大的差異，同時還列舉很多理由來加以反駁。科洛底對這方面一無所知，誤以爲這是德謨克瑞都斯的論點，特別提到『任何項目』與『一無所有』同樣不是實在的東西[15]，將『任何項目』這個術語用在物體上面，『一無所有』則是廣大的空間，它的意義是空間如同物體都是一個存在的實體。」

「我們想要依循伊庇鳩魯的觀點，然而每個人對此都有不同的意見。無論大家有什麼看法或是堅持那些原則，到頭來還是沒有成效可言，經由這種感覺對他所獲得的印象，全都能夠表露眞實的一面。兩人當中一個嘗過以後說酒很澀，另外一個則說酒很甜，這不能說他們的味覺出了差錯，至於酒是澀一點或甜一點，又有什麼關係？還有就是大家經常遇到的狀況，沐浴的時候總有人嫌水太熱，要求加些冷水，還有人認爲它太涼，吩咐送些熱水過來。有一個故事提到某位斯巴達貴婦，前去拜訪戴奧塔魯斯(Deiotarus)[16] 的妻子貝隆妮絲(Beronice)，等到見面以後很快轉身離開，聽到有人告訴我們，說是一位給香水薰得受不了，另外一位則嫌對方的羊騷味太重。兩位當中總有一位的感覺沒有那麼敏銳，會讓我們認爲水雖然不熱也不算是冰冷，香水或奶油雖然沒有臭味也不怎麼好聞，因爲針對同一事物就會各說各話，這種狀況的發生完全是不自覺的行爲。」

5 「古代的理論提到感覺器官的各種通路，說是『大小正好』或是『配合完美』[17]；另一方面是『成分』的多種混合，發現散布在所有的滋味、

13 狄爾斯、克朗茲《希臘古代哲學殘卷》之〈德謨克瑞都斯〉No.B156。

14 狄爾斯、克朗茲《希臘古代哲學殘卷》之〈普羅塔哥拉斯〉No.A15。

15 狄爾斯、克朗茲《希臘古代哲學殘卷》之〈德謨克瑞都斯〉No.A49。

16 蓋拉夏在西元前1世紀有四位國王都用戴奧塔魯斯這個名字，根本無法分辨清楚這一位是何許人。

17 參閱伊庇鳩魯《致希羅多德的書信》47、49和50段；以及烏西尼爾《伊庇鳩魯學派殘卷》No.284。

香氣和顏色之中，使得每個人具備不同的感受能力，難道這種原則就無法強迫它的對象，非要做出這個比那個要好的選擇？要是人們看到同樣的對象訴諸這種方式，就會產生相反的效果，這時認爲他們的感覺已經受到欺騙；那些善用頭腦的學者會提供讓人感到安心的解釋，幾乎每一種事物都會與別的事物混雜或結合在一起；因爲不同的物質自然而然採用並且適應不同的通路，結果是每一種事物對於性質相同者，不會產生接觸或者有所理解；再者它的對象不會用同樣的方式和它的構成部分，覺得應對每一種事物產生影響。問題的產生在於人們遭遇不同的狀況，只有這些構成的部分，會使我們的感覺器官做出完美的調節。這些人所犯的錯誤，將這一切歸咎於目標本身的是非或黑白，認爲他們提到的對象只肯定自己的反應，對於別人的感覺抱著否定的態度。確實的狀況是無須質疑人類的感官[18]，所有這一切都包括在事物的接觸當中。它們都來自多種混合，就像同意飲用泉水一樣適合它的性質；要是我們只接觸部分，就不要斷言整體的狀況，所有的人受到影響都是出於同樣的方式，這點沒有什麼奇怪的地方，不同的人受到影響在於目標具備相異的性質和結構。」

「現在可以考慮這個問題：誰把所持的論點當成目標，將更多的指責強加在它的上面，須知不同的事物之間沒有多大的差異。有人斷言每一種知覺的目標，是各種性質的混合物，而且這些性質有不同的敘述，像是

> 經由過濾以後仍混雜在一起的酒，[19]

如果他們承認任何感覺所能得到的目標，非但純淨而且簡單，就不會讓一件事情變得極其複雜；何以這時有人確信他們認定的標準已經隱約出現，原來包含眞相的依據很快就會消失？」

6 「可以參考伊庇鳩魯在《會飲篇》[20] 與波利努斯的對話，他對於酒可以提高身體的熱能，始終堅持個人的意見。波利努斯問他：『伊庇鳩魯，你否認酒有產生熱量的效果？』這時他回答道：『對這種問題通常我不會答覆，難道你覺得眞有這個需要？』過了一會他說道：『事實上酒不是能夠產生熱量的

18　伊庇鳩魯《主要教條》第23及24條。

19　瑙克《希臘悲劇殘本》之〈Adesp篇〉No.420。

20　烏西尼爾《伊庇鳩魯學派殘卷》No.56；以及亞里斯多德《問題》第3卷5節。

東西，只能說它具備一種性質，喝下的人感到可以引起身體的發熱。』接著提到它的成因是原子的聚集和分散，再就是物體之間的混雜和結合，等到說起酒與身體混合起來，從而使他得到以下的結論[21]：『因此我們知道酒的收斂作用不會使身體發熱，只能說它的結構所具備的性質，處於在人體之內的狀況讓人感到發熱，更爲特別的地方是有些人感到發冷。整個來說，酒的構造成分當中包括寒冷的性質，當它與身體結合起來，收斂作用就會帶來冷的感覺。酒好像會讓大家受騙，通常它應該是冷卻液，有人則認爲它是加熱劑。』」

「如果人們確信大多數人所以會上當，在於他們堅持熱就是熱而冷就是冷，沒有變通的餘地；從而得知他之所以受騙，在於從問題的前提當中，拒絕承認可以獲得『世間的事物不過大同小異』的結論。」

「最後他還加上一段話：『通常酒在進入身體之前，甚至不會擁有熱或冷的性質。再者，軀體內部器官形成的運動會改變血球的位置，帶有熱量的原子有時會聚集起來，等到數量增加就會傳導溫暖和熱能給身體，只是在其他的時間原子的分散就會產生寒冷。』」

7 「不難看出這些道理可以運用到每種事物上面，像是我們所說的苦澀、甜蜜、通便、催眠或明亮：這些在進入身體以後不會有自行控制的性質或潛能，也不可能從消極變爲積極，只是與不同的身體混雜起來就會獲得相異的特性。按照伊庇鳩魯在〈答覆狄奧弗拉斯都斯〉(Reply to Theophrastus)一文的記載[22]，他提到顏色對於身體而言不是它與生俱來的本能，只是眼睛經由某些安排和位置形成的關係所能產生的結果；從這個理由可以確知，無色或有色對於身體完全沒有任何差別。」

「他在早期的著作中，寫出下面這段文字[23]：『甚至除了剛才討論的問題，我不知道有誰能說這些東西在黑暗中還有顏色。不錯，經常會出現這種狀況，當物體被同樣程度的黑暗所包圍，有些人能分辨出不同的顏色，還有人因爲視力衰弱就沒有這種能耐。』如果顏色是一種對應的關係，那麼白色與藍色之間就會發生作用[24]，同樣狀況出現在甜與苦上面。因此我們對於各種性質可以說『彼此的

21 烏西尼爾《伊庇鳩魯學派殘卷》No.59。

22 伊庇鳩魯可能運用德謨克瑞都斯的觀點看待知覺的性質，據以答覆狄奧弗拉斯都斯的攻擊；參閱烏西尼爾《伊庇鳩魯學派殘卷》No.30。

23 烏西尼爾《伊庇鳩魯學派殘卷》No.29，參閱盧克里久斯《論萬物的本質》第2卷746-747行。

24 蒲魯塔克認為白色和藍色的混合成為海的顏色，參閱西塞羅《學院思想》第2卷33節。

對比並非大同小異，確實有很大的差別』；要是對於某一事物產生這樣的影響，那麼不可能對於另外的事物沒有類似的結果。」

「基於大家面對無法擺脫的混淆狀態，科洛底就說這些人只要提到事物『不過大同小異』，就會陷入困惑之中，其實無法擺脫的混淆只會使他自己和他的師傅感到鬱鬱不樂。」

「為何只有我們的朋友會得到那種結局，就是

能夠醫好別人卻讓自己長滿膿瘡？[25]

就我看來這是絕不可能的事。他在第二次的抨擊當中犯下很明顯的錯誤，就是將德謨克瑞都斯和伊庇鳩魯趕出所望的生活方式，他說到德謨克瑞都斯的名言[26]『看到的顏色和甜蜜的味道都出於我們的習慣』，不僅所有已經提到的合成物，其他全都如此；『只有空無和原子是實體』是對感官的攻擊，理性對任何人都是如此吩咐，只要照做就連自己是活是死都弄不清楚。」

「我可以肯定的表示，伊庇鳩魯不會拋棄這種觀念，如同他們認為形狀和重量不會與原子分離一樣。德謨克瑞都斯會有何種說法[27]？原子的數量無限，不能分割也不會毀滅，不具備任何修改的性質和能力，會在虛無的空間散布開來；原子的接近或撞擊或糾纏形成的聚集，得到的結果是一種稱之為水的狀態，另外一種是火，或是一棵植物或一個人；每一種事物都是不可分割的『型態』，如同德謨克瑞都斯對它們的稱呼，而且沒有任何例外。不存在就沒有後續的生殖作用，如同原子的過於堅硬不會受到影響和改變，存在還是不能生出任何物體。因為它來自沒有顏色的物體所以不會出現顏色，要是它們來自沒有本質以及不受影響的物體，那就不會擁有與生俱來的存在或心靈。由於聽從他的原則產生的後果，德謨克瑞都斯沒有認同所以受到譴責，完全是他的支持才會發生這些事故；開始他就不應該假設它是不變的原則；要是已經假設如此，他必須進一步的檢查，看看是否不可能再有任何性質的生殖作用，等到發現這些荒謬的錯誤，除了不願承認還要加以掩飾，這才是最令人感到羞辱的事。」

---

25 瑙克《希臘悲劇殘本》之〈優里庇德篇〉No.1086。

26 狄爾斯、克朗茲《希臘古代哲學殘卷》No.A49、B9。

27 狄爾斯、克朗茲《希臘古代哲學殘卷》No.A57。

「伊庇鳩魯說他與德謨克瑞都斯採取同樣的步驟，認同的原則完全一致，只是他沒有提及『看到的顏色出於我們的習慣』，以及甜蜜、苦澀和其他事物的性質。設若『沒有說到』意爲『沒有贊同』，那只是他跟隨已經熟悉的方式；因此他對天意不予理會表示他讓我們保持虔誠；他[28] 選擇朋友的目的在於獲得最大的快樂，卻說他們的行爲使他感受極其深刻的痛苦；他說在他假設一個無限的宇宙，卻無法終結『向上』和『向下』的運動。不僅要帶著歡樂的心情接過斟滿酒的杯子，非常愉悅一飲而盡，然後再將它交給其他人。不管怎麼說我們基於這個理由，總要記住睿智的格言：『要是開場白沒有給我們帶來壓力，結論一定會有。』」

「我們無須從德謨克瑞都斯那裡占用或竊取某些觀念，他的前提在於構成所有事物的第一要素可以確定就是原子。只是一旦你提出這個主張，從它最初的可能性就有很好的表現，你應該排除不甚滿意的結論[29]，或者表示構成物體的原子所以沒有性質，才會造成聚集起來的事實，使得每一種的性質都有出現的機會。可以舉出稱爲熱的性質作爲例子加以說明。試問你如何描述熱的性質？如果原子沒有帶來熱，而且它們的聚集也不會變出熱，那麼熱來自何處以及如何利用原子進行傳輸？前者暗示原子擁有性質，後者是它的影響能力；然而你很肯定的表示，這兩者都不屬於原子所有，因爲它不會腐蝕和毀滅。」

9 「『怎麼會這樣？無論是柏拉圖、亞里斯多德和色諾克拉底，不能拿不是黃金的材質鑄造黃金的器具，也不能拿不是石頭的原料製成石頭的物品，不管其他任何東西都是如此，構成所有的東西都是四種簡單和基本的成分，難道這種敘述有什麼不對？』說得非常正確，有關第一原則所持的觀點，聚集起來產生這個或那個物體，從開始就供應所需的本質，這些都是極其重要的項目。當它們相遇和結合在一起，就是濕與乾、冷與熱、硬與軟；因爲它們都是物體，彼此的性質形成交互作用以及整體的變換，就會帶來各式各樣的品項，對應於混合的形形色色。鑑於僅僅一個原子[30] 幾乎沒有任何生殖的能力，當它與另外的原子發生碰撞，因爲是如此堅硬和阻抗產生後續的衝擊，不會引起或形成任何更深遠的效果。原子隨時都會接受和施加打擊，根本沒有能力形成一個動物或心靈或

28 烏西尼爾《伊庇鳩魯學派殘卷》No.546，因為朋友的關係才忍受痛苦，可以參閱第74章〈伊庇鳩魯不可能過快樂的生活〉22節。

29 參閱亞里斯托法尼斯的喜劇《財源廣進》1085行。

30 烏西尼爾《伊庇鳩魯學派殘卷》No.286。

自然的存在[31]；由於它們不斷的衝撞和分散，不可能產生聚集起來的複合物，或是一大堆的單一體。」

10 「科洛底雖然寫信給大字不識的君王，還要轉過來緊緊依附在伊姆皮多克利身上，靠著同樣的信念給予的啓示[32]：

我能告訴你並非絕滅之物的屬性，
更非早已受詛咒入土為安的幽靈；
萬事萬物終歸存亡相續生死相鄰，
所謂自然之道總要能夠反璞歸真。

就我個人的意見，並沒有看到他在言語方面表示生活有任何困難，因爲他認爲沒有不存在的出生，也沒有存在的毀滅，所謂『繁殖』只是一個名稱，給予某些相互連續的存在，所謂的『死亡』用來稱呼靈魂與肉體的分離。伊姆皮多克利的『自然』意爲『出生』，明確指出相對於自然就是死亡。有人提到出生是混合死亡和分解，如果他沒有活在世上也不能活下去，伊庇鳩魯學派的人士又能做些什麼？然而，伊姆皮多克利拿出熱力、軟化和潮濕所能發揮的作用，將元素緊密凝結在一起，等於打開一條通路讓它們進行『混合』，最後能夠合併成爲自然單一體；鑑於有人將不願屈從和沒有反應的原子聚集起來，不會有任何產品出現，僅是原子本身一序列毫不間斷的衝突；因爲糾纏可以阻撓分解的產生，總比強化碰撞要好得多；因此『出生』就他們的論點不是攙混或凝聚，而是雜亂和鬥爭。」

「從另一方面來看，原子經過不斷的衝擊以後，只要碰撞就會發生反彈，等到耗盡力道就會拉得很近[33]，彼此之間等不到接觸或限於趨向接觸，分離的時間在不超過兩倍長的距離之內，所以不會產生任何東西，甚至無生命的物體都沒有這種可能。實在說原子的相遇不會得到結合或聚集，只能產生撞擊和反彈；須知分開以後的狀況沒有性質可言，即使彼此相遇也不會產生影響或改變，甚至最堅強的意願是從空虛和原子當中升起，任何人還是無法擁有知覺、心靈、智慧和思想。這些人根據他們的觀點，要放棄自己的生命以及生活的方式，因爲在他們的

---

31 烏西尼爾《伊庇鳩魯學派殘卷》No.286。

32 狄爾斯、克朗茲《希臘古代哲學殘卷》之〈伊姆皮多克利〉No.B8。

33 原子的衝擊產生更大的力量，在於受到其他原子的碰撞，或者出自本身的重量，參閱伊庇鳩魯《致希羅多德的書信》61段。

學說當中，那些最基本的元素就是冷漠虛無、消極怠惰、不信神明和沒有生命，還要加上沒有能力進行混合和凝結。」

11 「何以他們提出這樣的主張，就是要爲事物的本質、心靈的主宰以及世間的生物留下可供解釋的餘地？他們的做法像是對著神明立誓、祈禱、奉獻和禮拜：他們的方式區分爲口頭的表達和書面的文字，出於肯定的語氣、假裝的態度和名義的事物，最關緊要還是最終的原則和教條，然而這一切他們都已廢止。如果『自然』的意義在他們來說，僅僅是指一件事物的理應如此，或者『出生』是指一件生在世間的事物，正好就像人們使用的表達模式，會將修飾的木頭稱爲『木雕』或者和諧的音符稱爲『和聲』，那是什麼東西進入科洛底的頭腦，能夠回答伊姆皮多克利提出諸如此類的問題？」

「他說道：『爲何我們非要這樣的關心所有的事情，有的禁不住思前想後，有的卻避之有如蛇蠍？因爲無論是我們的存在還是世間的生活，不可能都能用得上手中擁有的東西。』有人或許會問：『我最敬愛的科利金，當他讓你受到教導以後，知道所謂科洛底沒有任何意義，只是「自然而然」表示科洛底本人而已，或者是你所關心的「實在」亦復如此；沒有任何人要你把這件事看得非常嚴重，更不必心中懷著畏懼之感(「實在」[34] 對你和你的同伴而言就是存在的快樂)。他這時會很清楚的指出，沒有甜點、氣味或性交的「本質」，要有也只能說是蛋糕、香水和婦女。』文法學家不能說『海克力斯家族源遠流長』[35] 這句話僅與海克力斯本人有關，更不可將『和聲』與『蓋屋頂』看成語言的形式，用來否定音符和屋頂工人的存在；我們看到有些人放棄心靈和思想，並不表示他不再活下去或是沒有思考的能力。伊庇鳩魯[36] 提到『現存事物的本質就是原子和空虛』，我們體會他的意思是『本質』不同於『現存事物』，或者只是指出『現存事物』此外沒有別的用意；只是一種習慣諸如用『空虛的本質』表示『空虛』以及『宇宙的本質』表示『宇宙』？」

「如果有人問道：『伊庇鳩魯，你認爲這是什麼意思？能說「空虛」是一回事，而「空無的本質」是另一回事？』他會說：『當然不可以，這種術語的習慣用法通常會變爲約定俗成，像是

---

34 這是pragmata的雙關語，意為「實在」或「事務」，伊庇鳩魯學派不願提到政治活動，覺得這一類的行為過於庸俗。

35 這是表示家世和身分較為委婉的說法，參閱《荷馬的平生和詩篇》第2卷29節。

36 烏西尼爾《伊庇鳩魯學派殘卷》No.76。

> 我說他們這樣做完全是遵循傳統。』[37]

伊姆皮多克利所作所爲何以沒有一點差錯？他的說辭是自然有生生不息之道，死亡乃是必然的結局，如同詩人經常創造不可思議的人物，說是他們之間會有

> 衝突和搏鬥和混戰及殞滅和捐軀，[38]

一般而言會將聚集和分解的事物，使用『出生』和『滅亡』的名詞。伊姆皮多克利從讓世界爲他煩惱和矛盾的出現，始終想要世人知道的心理沒有放棄，那就是他沒有誤解事物獲得名字的成因，同時在這幾句詩中他再度拿出目前常用的措辭：

> 萬物之靈連同魚蟲和鳥獸和草木，
> 混雜與攙和起來在白晝之日來臨，
> 這其中只有人類提及出生的狀況，
> 還要讓某些部分告別不幸的命運。
> 我說他們這樣做完全是遵循傳統，
> 即使不見得很對也只有隨聲答應。[39]

雖然科洛底引用這些詩句，其實他完全不了解其中的含義，伊姆皮多克利並沒有將人類、動物和植物置之不理，因爲他說萬物的產生都是元素的混雜；一旦讓這些人受到教導就會將結合稱爲自然和生命，分解成爲『不幸的毀滅和悲慘的死亡』[40]，對它們不容許使用通行的表達方式。」

12 「就我個人的看法，伊姆皮多克利提到的重點，不是強調語言的表達方式，如同我在前面所說的那樣，因爲有人將出生來自不存在稱之爲『自然之道』，他特別根據事實加以反駁。他用下面的詩句表達他的觀念[41]：

37　參閱本章注釋42，出自整首詩倒數第二句。

38　荷馬《伊利亞德》第18卷535行。

39　狄爾斯、克朗茲《希臘古代哲學殘卷》之〈伊姆皮多克利〉No.B9。

40　狄爾斯、克朗茲《希臘古代哲學殘卷》之〈伊姆皮多克利〉No.B10。

41　狄爾斯、克朗茲《希臘古代哲學殘卷》之〈伊姆皮多克利〉No.B11。

一群傻瓜竟然在這麼遙遠的範圍，
期待人世間從未見過的呱呱墮地，
或死亡來臨以及最後的絕滅毀棄。

這些話是一個人用響亮的聲音說出來，大家聽在耳裡可以清楚得知，他沒有否定出生，僅僅表示出生來自不存在；同時也沒有否定死亡，僅僅強調完全的根除，可以貶低到不存在的狀態。」

「任何人情願使用挑毛病較爲溫和的方式，總比非常幼稚亂發脾氣要好得多，下面的詩句可以用來掌握對方提出的指控，如同伊姆皮多克利所說[42]：

智者有燭照的靈魂不會心生罣礙，
滾滾紅塵難免遭到順境以及橫逆，
須知在降生之前對世事一無所悉，
等到閉上雙眼全部都會離我而去。

科洛底對於活在世上的人，沒有否定他們的存在，他的對象是尚未出生和已經亡故的死者。不過，他並不是沒有發覺在這方面所犯的錯誤，因而特別就伊姆皮多克利的觀點，提到我們不會遭到更大的不幸，像是生了一場大病或者被人捅了致命的一刀。他何以會說每一個生前或死後遭到不同運道的人，竟然不會將它留在世間活著的時候？難道科洛底眞的沒有發現他們對於受傷或生病變得毫無反應？你自己整個結構出自原子和空虛的緊密結合，同樣也沒有任何感覺。你志不在此所以不値得去做，特別是你的原子不會接受快樂的成因，所謂的空虛不會反應快樂的效果，這樣看來可以說是眞正的本質的確毫無快樂可言。」

13 「科洛底詆毀德謨克瑞都斯以後，最好的辦法是接著對付巴門尼德；我所以會跳過這一段，先提到他與伊姆皮多克利的糾紛，那是因爲他會讓自己受到同樣的指責；現在我們再回到巴門尼德身上。科洛底將令人蒙羞的詭辯術歸之於他的倡導，這位偉大的哲學家並沒有讓崇高的友誼因而遭到藐視，更不會膽大妄爲到縱情聲色以自娛；他並沒有剝奪對方與生俱來的美德以及爲著自己的生存價値，也沒有讓膜拜神明的信仰受到毀滅的打擊。然而論及

42 狄爾斯、克朗茲《希臘古代哲學殘卷》之〈伊姆皮多克利〉No.B15。

『唯一的宇宙』[43]，他對我們在世間的生活帶來相當程度的妨礙和不便。伊庇鳩魯[44] 還不是有這樣的觀點，當他說起『宇宙』的無限時空、不生不滅以及不增不減，還特別提到宇宙是僅有的單一體。他在論文[45] 的開始就提出假定『萬物的本質是原子和空無』，認爲本質只有一個，可以區分兩部分，其中之一實際上是空無一物，你和你的同伴將它稱爲『無形』、『空虛』和『非實體』。因而對你而言宇宙只有一個，除非你的意思是使用空虛這個單字的時候，就會產生兩者類似以及何其熟悉的感覺，很像與古人在那裡隔空比畫進行拳擊練習。」

「你提出的解釋：『對於伊庇鳩魯而言，數量無限的物體以及世上每一個可以感覺到的對象，全部出自原子和空虛。』因此你們這些人認爲出生的原則就是無限和空虛：所謂空虛亦即喪失活力、消極無爲和沒有形體；所謂無限亦即陷入混亂、欠缺理性、破壞體制、腐敗墮落和失去控制。巴門尼德是一個不會從元素當中廢除『火』和『水』的人，然而在科洛底的作品當中，無論是歐洲還是亞洲，不僅『沒有』一座懸崖，就連城市全都『沒有』。因爲他[46] 已經創造出一個宇宙的規範和秩序，是用光明和黑暗兩種元素混合起來所形成，使得整個感覺的世界可以運行無礙。他對於地球、上蒼、太陽、月球和星辰以及人類的起源談得最多，作爲一個古代的自然哲學家，他將自己的觀點全部寫進一本書，同時還能運用其他學者的創見和著作的精義，對於眞正重要的東西全都直言無諱。」

「他早在柏拉圖[47] 和蘇格拉底之前，就已經知道我們應該如何去認識自然，有時候要靠外來的見解，或者在開始就得依賴個人的智慧，須知任何與世界有關的見解通常多變，還要通過偶然和機遇極其廣闊的空間，因爲感覺對於不同的人士，有的是成長也有衰退和變異，有時對同樣的人也不會前後一致；因爲與世界有關的知識分子，那是另外一種東西，可以說

它是全然無動於衷而且尚未出生，

這是引用他說過的話[48]，科洛底用來當作攻擊那些表達方法的遁詞，就像本身只

43 狄爾斯、克朗茲《希臘古代哲學殘卷》之〈巴門尼德〉No.A7、8、23和49。

44 烏西尼爾《伊庇鳩魯學派殘卷》No.296；參閱伊庇鳩魯《致希羅多德的書信》39和41段。

45 這份論文是37卷的《論自然》；參閱烏西尼爾《伊庇鳩魯學派殘卷》No.74。

46 狄爾斯、克朗茲《希臘古代哲學殘卷》之〈巴門尼德〉No.B8之53-61。

47 柏拉圖《泰密烏斯篇》27D-28A。

48 狄爾斯、克朗茲《希臘古代哲學殘卷》之〈巴門尼德〉No.B8之4。

有盡量容忍與他無關的東西；他說巴門尼德斷言只有一個世界，等於將所有的事物清除得乾乾淨淨。」

「不過，巴門尼德不會放棄這一個世界，就是另一個世界他同樣保留[49]；他將每一個都安置適當的地方，讓與世界有關的知識分子放在『一個』和『存在』的題目下面，所以稱爲『存在』是因爲它的不朽和不滅，稱爲『一個』是因爲它與本身的齊一以及不允許任何變化；這時他將與世界有關的感覺放在『失序運動』這個題目的下面。我們可以進一步談到它的準繩：

從不犯錯的心具有說服力的真理，[50]

同樣的事物與可以理解和永久不變都有關係，然而

人類的信仰全都欠缺說服的力量。[51]

因爲他們的目標一致，全都認同改變、意外和違規的方法；如果他們不將感覺和信仰的目標留給我們，又怎麼能夠留下感覺和信仰？這個問題沒有答案。不僅如此，因爲眞相必須保留於存在之中，鑑於這些事物遇到眼睛，可能會或者可能不會永久放棄它的性質，好將另一個據爲己有，這時就會需要不同的稱呼，通常他們在第一次就會這樣做。存在是單一，然而他的論點是不會否定複數和能夠感覺的質量，特別指出其間的區別，在於一切基於心靈的認知。柏拉圖提出觀念的原則，對這方面的區別有很明確的劃分，等於給科洛底提供一個吹毛求疵的機會。」

14 「因此我認爲科洛底接著要攻擊的目標是柏拉圖，首先讓我們衡量一下這位哲人的智慧和知識，大家都說柏拉圖的學說受到亞里斯多德、色諾克拉底和狄奧弗拉斯都斯的承接，成爲所有逍遙學派成員的典範。啊，科洛底，你在那一個人煙稀少的曠野寫你的書，當你在構想這些指控的時候，竟然沒有讀過他們的著作或是放在手邊用來參考，包括亞里斯多德的《論天體》和《論靈魂》；狄奧弗拉斯都斯的《對自然哲學家的答覆》(*Reply to the Natural*

49 狄爾斯、克朗茲《希臘古代哲學殘卷》之〈巴門尼德〉No.A34。
50 狄爾斯、克朗茲《希臘古代哲學殘卷》之〈巴門尼德〉No.B1之29。
51 狄爾斯、克朗茲《希臘古代哲學殘卷》之〈巴門尼德〉No.B1之30。

Philosophers）；赫拉克萊德（Heracleides）的《陰間的瑣羅亞斯德》（*Zoroaster, on the Underworld*）和《自然哲學無法解答的問題》（*Disputed Questions in Natural Philosophy*）以及狄西阿克斯的《論靈魂》，難道你不知道在這些著作當中，他們對於柏拉圖有關自然哲學的原則和最主要的論點，給予最大程度的駁斥和表示深惡痛絕的憎恨？」

「斯特拉托是逍遙學派最卓越的人物[52]，很多觀念與亞里斯多德的法則相違，有關運動、理解、靈魂和出生等方面，他採用的論點同樣與柏拉圖背道而馳；總之，他並不認為宇宙是一個充滿活力的有機體，自然的法則要遵循偶然的機遇[53]，運動基於自發性的肇始，才能完成形形色色的演化過程。伊庇鳩魯利用形而上的觀念譴責柏拉圖和亞里斯多德，只要有機會就大肆攻訐一番，無論是倫理學和哲學的文章或一般的對話錄，總要提出各種異議和駁斥，他為了推翻柏拉圖的哲學，所持的態度是無情的競爭而非理性的探討，而且從他開始研究這門學問，就將兩位哲人當成必須打倒的對手。一個人怎麼這樣輕浮無恥？他沒有看過也不了解這些人的著作以及他們的意見，然後運用計謀去做一些他們未曾想過的事情；他公開宣示只要有人與柏拉圖唱反調就會出面相挺，只要有人膽敢攻擊就視之為忠誠的追隨者，有證據顯示他親手供應這些人所需的資料，等於暴露自己的無知和輕率。」

15 「他說道：『柏拉圖曾經提過，非要把馬視為存在的馬，提到的人就是活著的人，須知過分牽強的表達方式非常無聊。』科洛底在柏拉圖那一本著作當中，找出隱秘藏匿不為人知的文字？我們只要讀到他的書，無論在何處都說人就是人，馬就是馬，火就是火，這也是他何以將所有的事物，都稱為『感覺的對象』和『意見的目標』的緣故。提到我們這位朋友，他的智慧達到完美的程度只有不到絲毫的距離，就將『人不是』和『人不存在』當成同一樣事物。」

「在柏拉圖的觀念裡面，『不是』與『不存在』之間的不同，像是寬廣有如分隔整個世界的鴻溝，因為前者的含義是否定任何種類的存在；後者表示參加者與參加行動之間的不同[54]。爾後的哲學家將這些不同歸類於種和屬的差異，性質

52　斯特拉托的生平參閱本書第71章〈論斯多噶學派的自相矛盾〉24節注46。

53　參閱柏拉圖《法律篇》第10卷888E-889A及後續的討論。

54　參閱柏拉圖《智者篇》255D-E及258D-E。

之可以分享和不能分享之間的區別[55]，再要繼續下去無法到達更高的水準，最後只有落入純粹辨證法的困難之中。參加者與衍生的行動之間建立的關係在於事物的起因、模仿的形式和成效的力量。這種關係主要在於絕對和通常可以辨別的落差，不僅在別的事物上面引起，而且不會在相同的狀態下產生；前者過去不曾而且以後也不會成爲不存在，因此這才是『存在』充分和眞實的感覺；後者甚至加入存在以後仍舊沒有堅持，好像這是從某些事物當中偶然突發的狀況，由於過於微弱無法保有它獨有的本質。問題在於它的形狀缺乏約束的力量，很容易受到影響產生改變，從而導致運動或不穩定的現象。」

「如同有人說柏拉圖的畫像不是柏拉圖本人，不能否定對這幅畫像的感覺以及它的存在；表現出儘管本身的存在與關係其他的存在之間的差異，像是有些事物與前者大相逕庭卻又發生關係，其實這兩種存在讓任何人不能否定群體的實在、運用或概念，加入一種普通的成分就是觀念，使得我們肯定每一位的存在，可以想像對於我們的形成供給何種類似之物。他看到燒得熾紅的鐵應該說它是火，其實月光就是太陽的反射，可以用巴門尼德的詩句來描述[56]：

夜間閃爍的光線來自遙遠的太陽，
不斷環繞著地球到處流動和飄蕩；

僅僅是他否認其中之一的物體或其他的照明，因此對於運用鐵或月光的性質只有加以放棄，那是因爲他與感官產生的衝突，所以他不會讓整個世界留下肉體、動物、出生和感覺。他認爲這些事物因爲參與始能存在，即使如此，它的欠缺在於無法持久，看來我們的視覺沒有出現盲點，更可以說我們的認知沒有產生虛無；他不能否定這是一個適合大家的世界，還爲我們的感覺提供所需的事物，因爲它們沒有開始和結束，也不會遭遇改變，特別向這一位指出要追隨其他更爲穩定以及爲存在更能忍受的目標；使用他所教的術語稱呼這些種類的事物，還有即將來到的其他事物，拿出更明確的區分將它們固定起來。我們發現近代的哲學家[57]做同樣的事情，他們對於很多重要的『實在』，拒絕再用存在當成它們的名字，像是空虛、時間、位置以及整個層級沒有例外的意義，包括所有眞實的事物在內。

---

55 這是斯多噶學派的論點，參閱阿尼姆《古代斯多噶學派殘卷》第2卷No.395和398。

56 狄爾斯、克朗茲《希臘古代哲學殘卷》之〈巴門尼德〉No.B14。

57 斯多噶學派的哲學家，他們主張「精神和無形」的原則，受到蒲魯塔克大力的抨擊；參閱本書第73章〈對斯多噶學派一般概念的駁斥〉30節。

他們提到這些事物並不『存在』只是『某些事物』，還是將這些事物當成實體和生存，繼續用在他們的生活和哲學上面。」

16 「我很想問問這個人，他的學派在自己的體系當中看不到這樣的差異，怎麼能帶來這份指控別人的起訴書；藉著這種關係，有些物體的存在能夠容忍沒有改變，就像他們的學說當中提到的原子，非常堅硬不受外來的影響可以永保原來的模樣，就在所有的原子聚集起來開始運行，發生的變化是經歷存在和死亡的過程[58]，如同數不清的游絲離開它落到不斷的溪流，從而推論從四周的環境當中，有無數其他的成分加入，可以補充失去的質量，這種交換和改變使它的合成出現形形色色的外貌，事實上原子在聚集的內部從未停止活動，還有彼此產生的共振以及永不停息的碰撞；以上這些都是引用伊庇鳩魯所說的話。」[59]

「你說道：『話是沒錯，可以在眞實的世界找到這種與存在有關的差異。伊庇鳩魯認爲自己是一位比柏拉圖更優秀的哲學家，主要的表現在於運用「存在」到所有相類似的對象，諸如無形的空虛、抗拒的物體以及元素和它的聚集；堅持一個通用和單一的存在，無論是永恆不變和短暫停息的塵世、不會損毀和可以損毀的本質、不受影響和只有容忍的現象，都可以發現它一直留在其中；穩定不變的實體不會從它們的存在當中遭到驅離，事實上存在本身無法免於改變，不可能始終保持單一和相同的狀態。竟然同意一種認定說柏拉圖在表達方面犯下大錯，他的罪名是言語的破壞，受到召喚要在測試官的面前提出報告，因爲這些人的希臘文比他高明很多，遣詞用字更加精確無誤[60]；他不應該受到放棄實質的責任和引導大家背離現實生活的指控，因爲他陳述一件事情像是「成爲一件事」，不像那些人說它「就是一件事」』。」

17 「緊接在巴門尼德後面應該是蘇格拉底，因爲略過未提，所以現在將他拿出來討論；科洛底從最開始就保留下來作爲以後之用。等到敘述奇里奉從德爾斐帶著與蘇格拉底有關的神讖返回以後，當然這已經是眾所周

---

58 參閱盧克里久斯《論萬物的本質》第1卷464-482行。

59 伊庇鳩魯《致希羅多德的書信》43和50段，以及盧克里久斯《論萬物的本質》第2卷95-111行。

60 伊庇鳩魯寫作的體裁和風格可以說非常糟糕，參閱烏西尼爾《伊庇鳩魯學派》88-90頁。

知的事[61]，他的說明如下：『我們不必理會奇里奉的做法，不僅一無是處而且是低俗和詭辯的謊言。』要說柏拉圖的爲人談不上正直，實在讓人無法接受，他記錄這份神讖[62]，完全沒有涉及其他人士；看來拉斯地蒙人的做法並不高雅，他們將有關萊克格斯的神讖保存在最古老的文件當中[63]；提米斯托克利的『軍國大事』完全是詭辯的廢話[64]，竟然說服雅典人放棄城市，要在海上贏得戰勝蠻族的大捷。希臘的立法者同樣俗不可耐，他們制定爲數眾多的宗教儀式，其中最重要的部分授權德爾斐負責。設若帶回的神讖確實關係蘇格拉底，須知騙人的詭辯家經常運用的伎倆，爲了證實某人很聰明，就將他稱爲德行的瘋狂愛好者；他們還有其他的名目，像是把你的『咆哮』說成心神恍惚，『哭泣』說成感激涕零，喧囂的『讚譽四起』以及膜拜的『極度虔誠』，所有這些歌功頌德的工具。」

「你們這些人竟然使用在伊庇鳩魯的身上，何以他會召喚大家要將人生的目標，訂在擁有和維持快樂的生活？須知這個人在給安納薩爾克斯的信上寫著[65]：『我個人的意見是贊同你繼續保持快樂，擺脫虛幻和愚蠢的德行，除了擾亂得不到明確成果的希望，給平靜的心靈帶來致命的傷害，此外沒有一點好處。』梅特羅多魯斯用下面的文字向泰瑪克斯提出呼籲：『讓我們有始有終完成光明磊落的工作，不要沉淪在塵世生活的變幻之中，神的啓示給我們帶來眞理，就是接受伊庇鳩魯的神秘祭典和儀式。』」

「科洛底有次在伊庇鳩魯的課堂聽他講授自然哲學，突然在他面前跪下去抱住他的膝蓋[66]，伊庇鳩魯對此感到極其驕傲，就用下面的措辭敘述這段經過：『你在那種狀況之下對我的講課感到欽佩，不完全是爲了書本的內容，而是滿足欲望的衝動，突然兩手抱住我的雙膝，須知全身趴俯地面的姿勢，根據我們的習

---

61 亞里斯托法尼斯的喜劇《雲層》144行的邊注，用下面三行詩表示神讖的意義：

悲劇家索福克利是非常聰明的人，
要說優里庇德那才真正機警超群，
雅典的哲人蘇格拉底睿智又英明。

參閱派克、翁梅爾《德爾斐神讖集》第2卷170頁No.420。

62 柏拉圖《答辯篇》21A。

63 參閱希羅多德《歷史》第1卷65節，提到斯巴達人向阿波羅要求指點迷津，神讖答應他們可以得到特基亞，並不是整個阿卡狄亞地區。

64 參閱希羅多德《歷史》第7卷143節，以及蒲魯塔克《希臘羅馬英豪列傳》之〈提米斯托克利傳〉10節，德爾斐的神讖要他們放棄雅典，集中全部力量與波斯人在海上決戰。

65 烏西尼爾《伊庇鳩魯學派殘卷》No.116。

66 少女組成的合唱隊乞求上蒼給予保佑，就用這樣的方式跪在神像的前面唱出讚美曲，參閱伊斯啟盧斯的悲劇《七士對抗底比斯》95-96、211-212和258行。

慣，對於某些顯貴人士，表示敬仰和提出祈求。現在讓我讚譽你的行爲和表示我的敬意。』老天爺！我們眞要原諒某些人抱持一種想法，說他們寧願付出很大的代價，能夠看到繪出尊師重道何其溫馨的圖畫，有個人跪在老師的面前抱著他的膝蓋，同時那位長者回敬同樣的懇求和膜拜。這是科洛底精心計劃的效忠行爲，只是無法收到預想的成果，這樣一來沒有人再將他視爲智者[67]。伊庇鳩魯僅僅這樣說道：『你要走向我眼中那條不朽的道路，要知道我一定會名垂千古。』」[68]

18 「他們表露出這樣的言語、姿態和情緒以後，還用消遣的口吻說別人是如何的低俗。還有就是科洛底提出的主張，讓我們知道感官具備深奧和高貴的眞實，如同他表示『我們吃的是食物不是草料，要是河水高漲我們用船渡到對岸，一旦水勢消退可以徒涉，就那麼打著赤腳走過去』；接著還說：『蘇格拉底，事實上你的議論使用江湖郎中的手法，那就是你在對話中向大家說的是一件事，等到要做時又是另一回事。』蘇格拉底說他一直在追求和尋找眞理，除此以外別的事不足爲道，發表忠實言論的談話還能加上欺世騙人的罪名！」

「科洛底，如果你見到蘇格拉底的表達方式，就像伊庇鳩魯執筆寫給艾多麥紐斯的信：『你派人通知我們說你非常關切心目中的神聖人物，爲此你和你的子女都把頭批收成當成奉獻的禮物，我非常感動特別寫這封信告訴你。』這時你是否會採用更爲粗野無禮的措辭？你指責蘇格拉底言行不一，讓人感到最不可思議之處，就是他在迪利姆(Delium)[69]、波蒂迪亞(Potidaea)[70]、三十僭主統治之下表現的行爲，對阿奇勞斯無禮要求的忍讓，身處雅典市民大會[71]的態度，還有他貧困的生活和死亡的過程，凡此都能證實他與你的欲加之罪背道而馳。閣下，祈求上蒼賜福給你，唯有一件事我們可以責怪蘇格拉底，就是他過分執著於身教重於

---

67 伊庇鳩魯認為除了自己，只有梅特羅多魯斯有資格稱為「智者」；參閱西塞羅《論目的》第2卷3節，塞尼加《書信集》第18封9節。

68 參閱伊庇鳩魯給母親的信，盧克里久斯《論萬物的本質》第3卷484-486行，以及本書第74章〈伊庇鳩魯不可能過快樂的生活〉12節。

69 迪利姆是一個皮奧夏城市，與優卑亞島隔海相望，雅典人在這裡吃了敗仗，蘇格拉底參加本次會戰，參閱蒲魯塔克《希臘羅馬英豪列傳》之〈亞西拜阿德傳〉7節，及柏拉圖《會飲篇》220E-221C。

70 波蒂迪亞位於希臘北部的卡夕得西半島，432-431 B.C.雅典人和斯巴達人在此爆發戰事，參閱蒲魯塔克《希臘羅馬英豪列傳》之〈亞西拜阿德傳〉7節。

71 參閱柏拉圖《答辯篇》32C-D。

言教，所以他認爲只有求仁得仁的結局，才能讓他在生命的末期獲得應有的快樂。」

19 「這是對惡意的誹謗所做的答覆。科洛底似乎對他的指控不願負起責任，因爲就他的感覺那些明顯的證據都不值得相信。因爲伊庇鳩魯的教條之一[72]，除了智者沒有人對任何事物保有不變的確信。因爲科洛底不是智者，即使在他表現極度的崇敬以後，可以讓他代表大家先提出這些問題：雖然他可以用不變的態度確信衣服就是衣服而食物就是食物，爲何他吃食物而不吃草，把衣服穿在身上而不是裹住一根柱子？設若他不僅做不到背離日常生活的動作，水位高漲之際同樣無法徒涉過河，還要避開毒蛇和狼群，等到當時的實際狀況出現以後，根本不必堅持不會改變的信念，從以上的例子可以看出，完全是受到表面形象的引導，就是蘇格拉底也無法排除大千世界的觀點，每個人的感覺都用同樣的方式與外來的影響息息相關。」

「科洛底只要讀過那本從天上送來的書，就不能說麵包只是麵包，草料只是草料，要是根據蘇格拉底騙人的伎倆，應該說麵包看起來像草，草看起來像麵包。智者只有在理論和爭辯當中，才比我們這些人占有優勢，面對外表的狀況會發生在每人身上，感官的覺察用來接受給予的印象，這是成因的工作與理性毫無關係。我們可以從誘導性質的爭辯獲得結論，即使感覺不夠準確而且難以信任，目前不要否認它們的功能，特別是出現在面前有某種外表的目標，還是要加以叮嚀，無論我們怎樣做都要運用感覺，同時拿外表當成導引，相信它們如同它們是絕無謬誤的眞理。我們爲了服務公眾，經常被人問到不可或缺的設施，說來說去還是以現成的東西最好用；他們無法對事物供應完美的知識和理解，長久以來渴望獲得哲學家沉思默想的靈魂。」[73]

20 「對於這件事來說，科洛底給大家帶來很多的指控，等於讓我們有表達意見的機會。我們可以不理會他對蘇格拉底的攻訐，是極其露骨的譏諷謾罵和低級趣味，因爲他想找出眞相，肯定受到打擊的對象只會吹噓和炫耀，根本不知道自己有什麼本領[74]。其實我們看到科洛底從來沒有對問題進行

---

72 烏西尼爾《伊庇鳩魯學派殘卷》No.222；學院學派同樣用這方面的理由去駁斥斯多噶學派，參閱西塞羅《學院思想》第2卷47節。

73 參閱柏拉圖《斐多篇》65A-66B。

74 參閱柏拉圖《菲德魯斯篇》230A。

自我檢討；然而赫拉克萊都斯[75] 說出這樣的話，『我要徹底了解自己』是非常卓越和崇高的成就；我們將『人貴自知之明』當成最神聖的格言，刻在德爾斐的阿波羅神廟裡面；這樣就給蘇格拉底一個很好的機會，可以去懷疑和探索它的眞正意義，就是亞里斯多德在他的柏拉圖學派著作當中，也都提到這件事的來龍去脈。」

「不過，科洛底認爲所提的問題何其荒謬。然而伊庇鳩魯經常提到這句『格言』，如同他在著作和演說當中，總是敘述靈魂的構造和人類的肇始，那麼他爲何不連自己的師傅也一併加以嘲笑？他們認爲人是由肉體和靈魂這兩個部分組合而成，從探索靈魂的本質進而發現人的本質，是他們奉爲圭臬的首要原則。靈魂很難用理性加以衡量，更無法用感覺給予分辨，讓我們不要從蘇格拉底那裡習得這方面的知識，因爲他在這些人的眼中只是一個詭辯家和江湖郎中；他們從智者盡可能了解這一切，亦即靈魂的作用以及對肉體的影響；還可以將溫暖、柔軟和牢固灌輸到物體的裡面，當他們用結合自身所有種類不一的熱力、燃料和空氣，製造出需要的成分，卻在達到可以發揮作用之前加以擺脫，而且棄之若敝屣。」

「何以它會判斷、記憶、喜愛和憎恨，總之這是思想和理智的功能，他們卻說增加的部分是一種『不知其名』的性質[76]。我們了解所謂談到『沒有稱呼』的事項，就是困窘不安的無知形成的混亂：任何不能理解或無法考量的東西，他們用的藉口是無以名之或名實不副；這時他們只能說『讓人感到抱歉』[77]。可以明顯看出這不是普通的事情，要想理解它的眞相絕非容易，僅僅具備一般能力很難辦到；它會潛伏在無法穿透的深處，費盡心機隱藏起來讓人不能覺察，實在說這些狀況難以用語言或文字表達清楚。科洛底如果費很大力氣想要查明蘇格拉底的底細，就知道他絕不是一個說大話的傻子：所謂的笨蛋就是將錯誤觀念裝進腦袋的人，會將優勢送給其他的問題而不是自己了解的狀況，這時要想找出答案眞是難上加難。要是與他自己關係最爲密切和極其重要的知識都能逃離他的掌握，還有什麼希望可以明瞭其他所有的事情。」[78]

75　狄爾斯、克朗茲《希臘古代哲學殘卷》之〈赫拉克萊都斯〉No.B101。

76　烏西尼爾《伊庇鳩魯學派殘卷》No.314，及盧克里久斯《論萬物的本質》第3卷241-245行。

77　戴奧吉尼斯·利久斯《知名哲學家略傳》第10卷118節；伊庇鳩魯學派成員認為智者不僅不會懲罰奴隸，而且得知有見識的好人落到這種下場，還會產生同情和憐憫的心理。

78　參閱柏拉圖《菲德魯斯篇》229E-230A：「我要是做不到德爾斐神廟的銘文『人貴自知之明』，還要去研究那些無關的事物，實在是太荒謬了。」

21 「我想他會承認沒有什麼事情，會比查明自己擁有的知識更加不費吹灰之力；現在讓我們問他何以會引導他與我們的生活發生這樣大的衝突，何以一個人在經過理性的討論以後，不能繼續用原有的方式活在這個世界：讓我看看目前的狀況，不論面對的事實爲何，僅僅根據表面的認知就可以稱之爲『我』？靈魂和肉體的結合，難道『我』就像一個混合物？或許是我的靈魂在利用我的肉體，就像一位騎士是一個人在利用一匹馬，並非馬與人的結合？或許我們之中每個人都不能算是靈魂，只能說是靈魂當中主要的構成部分，因而我們能夠思想、理解和行動，從而就能認定靈魂所有其他的部分如同肉體，僅是它發揮能力的工具？雖說靈魂根本沒有成分可言，身體是否就不需要思想和生命的力量相結合所給予的幫助？所有研習自然哲學的學生，如同你所說的那樣，不會爲這個問題找答案，說是蘇格拉底因而放棄他繼續活在世上的可能性。」

「柏拉圖的《菲德魯斯篇》[79] 把混亂世人的生活，視爲十惡不赦的大罪；同時他相信自己有所考量，『是否他是一個比泰封[80] 更爲複雜和傲慢的怪物，或者是否他來自香氣襲人的福地，擁有自由和神明的保佑』。只是他無法確定因爲這方面的影響，使得生命成爲不可能的事；他能清除的只是愚蠢和謬誤極其狂妄的吹嘘和自負的誇耀。這就是泰封所代表的意義何在，你的師傅就舉止看來就像泰封，將很多他的想法灌輸到你的心中，讓你跟他一樣要對神明以及拿神明做榜樣的人士，展開一場戰鬥。」

22 「跟在蘇格拉底和柏拉圖的後面，科洛底繼續對司蒂坡(Stilpo)發起攻擊，雖然沒有將他的過失，歸於這個人所受到的教育和他的思想，只是將他自己、他的國家、他的朋友，器重他的國王[81]，以及他那高尚的氣質，全部與溫順和鎮定的個性混合起來，然後再加以分離和區隔；科洛底提到司蒂坡經常使用一個謎語，拿它來揶揄詭辯家讓自己感到非常開心，從來沒有遭到對方的駁斥或者被人查出和暴露自己的弱點，使得司蒂坡不必像是在留在舞台上面，讓別人給予誇大不實的迎頭痛擊，說他斷言一件事不能用來陳述另一件事，等於剝奪我們要過安靜生活的權利。他說：『設若我們不能說這個人很好，或這

---

79 參閱柏拉圖《菲德魯斯篇》230A。

80 本書第27章〈埃及的神：艾希斯和奧塞里斯〉，對於泰封有詳盡的描述；赫西奧德《神譜》820-861行，卻說泰封是地母蓋亞的兒子，長著一百個蛇頭。

81 是指馬其頓國王德米特流斯一世波利奧西底(Demitrius I Poliorcetes)，和埃及國王托勒密一世索特爾(Ptolemy I Soter)；參閱戴奧吉尼斯．利久斯《知名哲學家略傳》第2卷115節。

個人是將領，遵照你的意思必須將它分開，在一邊只能說這個人是這個人，在另一邊則說很好是很好或將領是將領；或者設若我們提到一萬匹馬或一個堅強的城市，只能說座騎是座騎，一萬是一萬，其餘都要如此類推，試問如何生活在這種狀況之下？』還有什麼人的處境比起司蒂坡敘述的狀況更爲不堪？還有誰在聽到以後不願承認，只把它當成無聊的傻事或辨證法的練習，提出來交給別人去解決？」

「科洛底，要知道不說一個人很好或是拒絕相信有一萬騎兵，倒是沒有什麼不得了；然而不把神明稱爲神明，或者不信神明就是神明，或者像你或你的同伴那種做法，不承認宙斯是『人類的創造者』，德米特是『法律的制定者』，波塞登是『成長的保護者』，就會帶來極其嚴重的後果。要使一個字與另外的字分離是有害無益的工作，我們的生活當中充滿無神的怠忽和莽撞。神的頭銜和稱號一直緊密結合起來，你要是將它任意拆開移走，僅僅這個行動就會徹底摧毀所有的奉獻犧牲、神秘儀式、進香遊行和祭典節慶。我們要在耕田播種之前和收成屯儲之後向誰奉獻犧牲？設若我們不再敬拜婚姻女神、歡樂的酒神、光明使者、耕種女神和饑荒解救者[82]，又能以誰的名義舉行這麼多的祭典和儀式？這方面出現的狀況已經觸及最關緊要的問題，發生的錯誤不僅在於文句的字面解釋，而是它要表達更深層的意義和基於慣例的整體架構，特別會與術語的運用關係更爲密切。實在說語言的混亂干擾和破壞人類正常的生活，任何教派犯下的過失都不如你的著作能夠產生爲害極大的負面效果。文字意義的整個範疇可以全部廢除，再將具體的實在授與談話和論述，這時留給我們除了語音和事實，不會再有其他的東西；當你提到談話的中間目標也就是要表明的事物，難道都是一些意義不能存在的學習、教導、概念、理解、欲求和贊同？」

23 「司蒂坡有這樣的觀點：如果我們敘述人的善良或馬的奔跑，對於主詞而言這種敘述並不相同；人的基本定義只有一種，定義善良的本質則是另外的問題；再者提到一匹馬與牠的奔跑有很大的差異，只要問到一個定義，我們對每件事物不能給予同樣的敘述。這時他們犯的錯誤是敘述這一件事把它當成另一件事，認爲兩者是相同的實體，如果善良與人相同，馬與奔跑相同，那麼又如何敘述食物的美味和藥品的好處，或者是一隻獅子或一條狗的奔

82　這裡的婚姻女神是天后赫拉，酒神是戴奧尼蘇斯，光明使者是赫克特和阿特米斯的頭銜，耕種女神是德米特，饑荒解救者是宙斯。

跑？如果兩者是有差異，那麼我們的錯誤在於說出這個人的善良和那匹馬的奔跑。司蒂坡禁止我們聯想固有事物與敘述題目相關的問題，除非完全可以辨識出來，認定這是一種偶發狀況，甚至兩者都是如此，否則沒有人會相信確有其事。其實他這樣做只會讓人發出一聲冷笑，即使花再大的工夫都是白費；還有就是運用某些語言，他想要激起大家反對習慣用法，最後發現困難重重，好在不會破壞我們的生活方式以及經常提到的實在。」

24 「科洛底將很多問題推到古代文士的身上，至於與他同時代的哲學家連名字都不願提一下；其實正確的做法是在他的駁斥當中，將相關人士的名字說出來，否則應該連古人的名字一併刪除。他經常寫些文章去數落蘇格拉底、柏拉圖和巴門尼德，對於活在世上的人物，看得出連碰都不敢碰一下；即使他批評的聲調不會那樣謙和，還是受到別人的尊敬，或許與他禮遇更爲優秀的學者不無關係。我認爲他的打算首先要駁斥的目標是塞倫學派，其次是阿昔西勞斯領導的學院學派。因爲後面這個學派對任何事物的判斷採取保留的態度，至於塞倫學派完全憑著自己的經驗和印象，雖然缺乏足夠的證據同樣率性而爲。這種心態很像處於圍城所面臨的狀況，所有世上的東西都無法到手，立即的反應是將自己封閉起來，即使能讓外面的物品出現在面前，還不敢說這個東西屬於自己所有。」

「特別是科洛底更有這方面的心結，提到他們不能生活無法應付周圍的世界，繼續用嘲笑的口吻說道：『表達的方式不是說它們應該是人、馬或牆，而是它們會被大家當作人、馬或牆。』看來他就像一位見多識廣的訟師，帶著不擇手段的惡意使用這些術語。只有遵循塞倫學派的信念才能獲得所要的結果，他應該將接受教導的事實交代清楚。他們運用的詞彙像是『變甜』、『轉苦』、『寒冷』、『暖和』、『明亮』和『黑暗』，每一個字的意義都是感受的體驗，完全出於本能不會引起爭議，明確的特性可以保證它的眞實無虛，所以蜂蜜才會甜得生膩，橄欖樹的葉子味道很苦，冰雹帶來一陣寒意，喝下沒有攙水的酒讓人感到溫暖，陽光無比燦爛，以及漆黑的深夜；還是有很多相反的意義，可以讓動物、植物和人類充當目擊證人；像是有些蜂蜜味道很難聞，有些動物喜歡吃橄欖樹的樹葉[83]，

83 提到山羊吃這種樹的葉子，參閱戴奧吉尼斯．利久斯《知名哲學家略傳》第9卷80節；還有綿羊，參閱亞里斯多德《動物史》第8卷10節；以及牛犢，參閱狄奧克瑞都斯《田園詩》第4卷44-45行。

有些作物遇到冰雹就會枯萎[84]，有些人飲酒感到寒冷，以及有些動物在陽光下面變成半盲要到夜間才看得清楚。只要意見能夠讓人產生大公無私的印象，就能保證獲得安全免於出現錯誤，一旦超越應有的範圍，對於外部的事物任意加以判斷和宣告，其他人士對於這些問題有相反的經驗和不同的印象，就會陷入混亂和不斷的爭執之中。」

25「可以明顯看出科洛底陷入困境，就像剛剛開始讀書的小孩，他們只會朗誦抄在寫字板上的字句，見到寫在其他物品上面的文章，就會感到茫然不知所措。所以對他而言，最合理的事莫過於伊庇鳩魯的著作，能讓他感到安心和滿意；要是有人運用別人的學說，他無法理解也不表認同。這個學派非常明確的表示，如果一個微不足道的因素影響我們[85]，或是另外一種矯枉過正的狀況，感官接受所有的跡象，拒絕讓我們更進一步加以肯定，像是去查明塔是圓形或槳已彎曲，維持眞相在於它的經驗和感官的印象，不容許外部目標有任何反應。塞倫學派會說他們對於一匹馬或一座城牆的外形產生深刻的印象，並不是僅僅提到馬匹或城牆而已；同樣他們必須提到圓或三個不等邊的圖形，讓我們的視線產生深刻的印象，不是指三角形或圓形的塔。眼睛的視力因為想像的關係會產生彎曲的感覺，木槳卻不會因為想像變成彎曲。感官產生的效果與來自外部目標的印象差異甚大，如果在敘述的時候，前者加上非常肯定的『它是』，後者只能說是『它像』，等於用相信困住效果讓它動彈不得，即使發生差錯會很快暴露出來，這時只有置之不理。可以說他們為了對知覺提出辯護，非常氣憤的大聲抗議；所以無法斷言外部目標會很溫暖，因為僅有感官可以眞正產生那種效果；要是這種方式的效果和運動僅能發生在味覺，如果不能斷言外部目標很甜，難道對味覺的陳述就不會達成相同的要求？有一個人這樣說：『我對於人道行為有深刻的印象，只是無法發現是否有人與它發生關聯。』有誰能讓他產生那方面的概念？他們的視線沒有超越可以判定的範圍，從而得知它是弧或是圓，僅僅說球體出現的外形和讓人獲得的印象，難道就沒有學派斷言他們可以接受曲率的觀念？」

84 亞里斯多德《問題》第23卷34節，提到寒冷會使作物枯萎；狄奧弗拉斯都斯只說冷而乾的北風會使樹木的葉子捲縮，參閱他的《植物史》第4卷14節。

85 可以拿我們的視力作為例子，即使再微小的因素都會產生重大的影響；伊庇鳩魯學派的視覺原理是可見的目標發出極其微小的質點衝擊眼球所致，參閱伊庇鳩魯《致希羅多德的書信》46-48段，以及盧克里久斯《論萬物的本質》第4卷29-352行。

「有人[86]會說：『話是不錯，要是我就直接走向那座塔，親手拿起那根木槳，可以宣布這是一根很直的木槳，或者這是一座多角形的塔；其他人要是處在很近的距離之內，只有同意所看到的外表，此外沒有什麼可以多加解釋的地方。』閣下，話說得很有道理，還不僅如此，當他看見和提到他的觀點產生的結果，這時只要大家都站在同樣的立足點，那麼所有衍生的想像力只相信本身的行爲，對於其他人而言變得毫無價值。你的教條所以陷入窮途末路，那是因爲所有的感覺有兩條可以選擇的路，一條是都很正確和値得相信，另一條則是錯誤和引起懷疑；如果你認爲其中之一非常適當，可以進而斷言外部的目標，同時拒絕相信另一條道路，即使超越原有的經驗亦在所不惜。如果他們處在値得信任的相同立足點，無論是彼此接近還是保持相當距離，最好的辦法是加上『它是』的判斷來肯定所有的作用，或者否定保持距離的方式。如果在接近者和遠離者之間產生的影響會有差異，那麼一方的感覺和想像與另一方相比，不會有更多的表示和明顯的證據，可以銘記『實在』的本身，用來保證獲得更好的眞相，須知這種說法是絕對的錯誤。同樣可說『確鑿的證據』和『駁斥的證據』[87]根本與感覺無關，僅僅是我們提出這方面的意見；如果他們告訴大家，說是我們陳述外部的事物，就會受到這些證據的引導，那是指意見能通過『它是』的判決，感覺已經獲得『它像』的經驗，因而決定會從確實可信方面向著經常出錯方面轉移。」

26 「爲何身爲伊庇鳩魯學派的成員，目前需要處於混亂的局勢和內部的矛盾之中？阿昔西勞斯是那個時代最受敬愛的哲學家，崇高的名聲當然會讓伊庇鳩魯感到相當苦惱。科洛底認爲這位哲學家的說法了無新意[88]，只會盡其所能讓不識字者對他有了印象和給予信任，我們的批評可以看成肯定的表示，讓更多人知道他的名字，他的著作帶有迷人的魅力受到大家的喜愛。須知阿昔西勞斯從不珍視憑著新穎作風贏得的名望，也不會將古人的學說據爲己有，然而當前的詭辯家[89]指控他將自己的觀點，偷偷插入蘇格拉底、柏拉圖、巴門尼

86 伊庇鳩魯學派堅持一種觀點，就是近距離的觀察可以贊同或否定遠距離的觀察所做的判斷；參閱色克都斯《對於數學家的指控》第7卷211行，以及戴奧吉尼斯・利久斯《知名哲學家略傳》第10卷34節。

87 烏西尼爾《伊庇鳩魯學派》181頁，參閱色克都斯《對於數學家的指控》第7卷212行，以及戴奧吉尼斯・利久斯《知名哲學家略傳》第10卷34節。

88 阿昔西勞斯用同樣的辭句對季諾大肆攻訐，參閱西塞羅《學院思想》第2卷6節。

89 這裡指的詭辯家是狄奧多魯斯為首的無神論者，還有拜昂這位名重一時的哲學家。

德和赫拉克萊都斯等人那些懸而未決的判斷以及不可能絕對正確的見解；其實古代的哲人根本不稀罕增加這一點點光彩；阿昔西勞斯總想證明他的學說能夠承先啓後，當然要訴諸他所尊敬的前輩和導師。科洛底和一些人有同樣的表示，學院學派的理論雖然歸功阿昔西勞斯的成就，只能看成一種古老的傳統，基於這個緣故我們非要感謝科洛底不可。」

「看來目前的狀況是我們必須對每樣事物暫停做出判斷，即使那些人爲了反駁起見，已經著手精確的調查、冗長的寫作和辯駁的論文，還是不會讓我們感到震驚；這個人終歸會運用斯多噶學派的觀點加以反對，就像帶著戈爾根(Gorgon)[90] 的面具只會大聲恫嚇，眞正的爭辯從開始就沒有任何行動，到了最後偃旗息鼓從戰場撤離。根本不理會所有的試探查問和牽強附會，同時不允許在衝動之下變爲同意，或者如同扭轉局勢一般接受感官的反應，這一切看起來像是出於自發的行動，不需要從其他的來源獲得贊許。我們與這樣的對手進行討論，所有的舉止都要遵守規矩，須知

> 你只要說了什麼，就會聽到什麼；[91]

我認爲與科洛底的交談，要想使他感動或者得到他的贊同[92]，誠如俗語所說完全是對牛彈琴。有人仍然長著一雙耳朵，能夠聽到像下面這樣的爭辯之辭。」

「『靈魂有三種活動的方式：感覺、衝動和贊同。』」

「『感覺的活動不會消失，即使有人可以做到，也不過是暫時的狀況；等到遭遇到一個目標，這時可以用來取代的方式，就是我們需要接受深刻的印象或是帶來的影響。』」

「『衝動是受到感覺的刺激引起，它會使得我們朝向適當的目標形成一種行動；這種方式如同在天平上面將砝碼加在使我們獲利的一邊，直接的作爲立即產生所望的效果[93]。有人對所有事物維持懸而不決的判斷，這種狀況如同第二種活

90 戈爾根就是蛇髮女妖美杜莎，見到的人會變成石頭，帖修斯為民除害，獲得雅典娜的協助將她殺死，砍下頭來安在女神的盾牌上面作為裝飾，放置在衛城的廟宇，成為雅典最神聖的物品。

91 荷馬《伊利亞德》第20卷250行，戴奧吉尼斯·利久斯《知名哲學家略傳》第9卷73節引用這句詩，表示荷馬是一個懷疑論者，因為只要出現一種狀況，就會產生另一種狀況與前者形成勢均力敵。

92 參閱阿尼姆《古代斯多噶學派殘卷》第2卷No.74、第3卷No.169和177。

93 這是加以反擊的斯多噶式隱喻，參閱西塞羅《學院思想》第2卷12節，以及阿尼姆《古代斯

動不會消失，只是隨著他們的衝動，使得他們在本能的引導之下，讓感覺表現出最好的一面。』」

「『試問何者是他們唯一要避免的東西？那就是在倉促之間提出一個意見，得到贊同完全是外表的應付，除了示弱並沒有實質的用處，只會提升欺騙和錯誤到無法收拾的地步。任何行動有兩點最爲重要：感覺必須表達善意，衝動的發生必須爲了已經表達的感情，任何一方出現引起懷疑的判斷，就不會產生衝突和鬥爭。我們會爲意見相左產生爭辯，並非衝動或感覺。因此，一旦發覺某些事物會帶來好處，不需要提出意見使我們感到切身之利，或是保持我們向那個方面前進，靠著靈魂引起直接的衝動以及行動的發起和持續。』」[94]

27 「伊庇鳩魯始終堅持他的論點：『你只要得知自己是血肉之軀，這時唯有快樂讓你到達至善的境界。』還可以將至善送給暫時停止判斷的人，因爲他符合伊庇鳩魯提出的條件。等到憑著感覺接受這份禮物，產生的衝動幫助他達成目標，盡可能在得到至善以後，運用各種辦法不讓它脫離掌握，這時再拿自己的本性當成法律遵守它的管轄，完全順乎天理人情無須幾何學的證明[95]。因爲這方面無須任何教導，就能獲得美好、溫馴和滿意的行動，對他們產生足夠的吸引力，甚至就是那些只做不說的人士，他們曾經嚴正的否定和拒絕所有的認同，現在的反應會變得放鬆和軟化。」

「或許你會說：『一個暫時停止做出判斷的人，竟然不會急著衝到山頂，反而要到浴場去洗淨身體？或者一大早起來要趕往市場，匆忙之際不會一頭撞在牆上，到是能夠直接走出大門？』你難道會問誰能讓所有的感覺絕無錯謬，想像的理解能力完全正確？試問它的理由何在？因爲浴場對他而言不是山嶺而是浴場，門不是當成牆它就是門，此外所有的事物莫不如此。因爲暫時停止做出判斷的論點不會對感覺產生扭曲，更不會導致無理性的偏愛和行動，否則造成的改變對於提供可以理解的想像力帶來干擾；只有我們的意見會消失不見，有關其他部分要符合與生俱來的用途。」

(續)

多噶學派殘卷》第2卷No.988。

94 參閱本書第71章〈論斯多噶學派的自相矛盾〉47節，色克都斯《對於數學家的指控》第7卷30節，以及西塞羅《論神的本質》第1卷37節。

95 參閱柏拉圖《國家篇》第5卷458D；提到男女結合在愛的力量所形成的必然性，較之幾何學的必然性，具有更為強大的制約力和誘導力。

「這時你會說：『對於證據確鑿的事物不可能不給予同意[96]，大家認爲否定這一類事物，比起既不否定也不肯定更爲荒謬。』他們之中有誰質疑可以相信的事物，非要與證據確切的事物發生爭論？這些人拒絕接受占卜否定天國的存在，不相信太陽和月球都是有生命的天體；須知對天國、太陽和月球，全人類都會給予祈禱、膜拜和奉獻犧牲。你們這些人並沒有剝奪父母對子女的天性之愛，難道這不是眾所周知的事實？你不敢肯定的表示快樂和痛苦之間沒有折衷之道可言，雖然這種說法有違我們的感覺，也就是快樂在於感覺不到痛苦[97]，換句話說沒有快樂難道就會陷入痛苦之中？」

28 「可以將其他的實例留在一邊，用這種方法獲得那些更加明白和更能接受的證據，較之一個人在粗野和陰鬱的瘋狂之下，眼裡所見和耳中所聽都是難以擺脫的錯覺，他的心靈受到魑魅的影響和蠱惑如同：

這位婦人身穿漆黑長袍手執火炬，
我在一瞥之下像是感到熊熊烈焰；[98]

以及：

她收起雙翼發出火和血腥的氣味，
啊！母親！你還能留在她的懷裡？[99]

還有很多其他形形色色的幽靈，很像伊姆皮多克利描述的怪物[100]，受到嘲笑在於

身體像牡牛卻長著一張人的面目，
隨意擺動的臂和蹣跚而行的腳步；

還有什麼鬼魅或異形略過沒提？所有這些不可思議的東西來自夢境、囈語和傳

96 參閱西塞羅《學院思想》第2卷12節。
97 參閱烏西尼爾《伊庇鳩魯學派殘卷》No.420，及西塞羅《論目的》第2卷3-5節。
98 這兩句詩的作者是凱利瑪克斯，描寫的對象是復仇女神。
99 優里庇德的悲劇《伊斐吉妮婭在陶瑞斯》288-290行。
100 狄爾斯、克朗茲《希臘古代哲學殘卷》之〈伊姆皮多克利〉No.B60和B61之2。

說，沒有一個是出現在視線以內的幻影、錯覺和無形之物，全都讓人產生眞實的印象，它們的軀體和形狀從四周的空氣當中傳送給我們。」

「就像上面這些例子，任何如同白日夢的狀況都能接受，那麼世界上面還有什麼事物，說不可能暫時停止做出判斷？沒有人認爲那些手藝熟練的木匠、玩偶製造者或畫家，竟敢將他們做出的東西，像是能夠欺騙我們的眼睛，用來滿足我們的嗜好；他們不僅非常嚴正的表示，還斷言有存在的可能性；如果這種狀況不存在，舉凡與眞相有關的所有保證、確信和判斷全都宣告終結[101]。伊庇鳩魯學派表明這種立場，世界貶低到無法肯定或否定的狀態，會讓我們的決定充滿恐懼，一旦有所反應就會誤導我們的行動，感覺立足於信心的類同基準，我們只要接受他們的觀點，變得瘋狂到異想天開的程度，會使我們生活當中熟悉的日常事務，對於習慣和法律持否定和排斥的態度。將他們的理論全部裝在同一條船上面，比起說服他們接受怪誕之物全都眞實不虛，更能讓他們遠離已經建立的信念。」

「我們知道不在少數的哲學家，對於外表的狀況不屑一顧，更不會將它當成辨別眞僞的標準，甚至對於在清醒時刻所遭遇的人、事、地、物和狀況，情願一舉之下全部加以否認，絕不贊同在囈語、狂喜和睡夢之中來到我們面前的外貌，輕易接納而且信以爲眞。設若出現不理外表的可能，這種方法還是無法做到，看來不可能有暫時停止的判斷，除了彼此的觀點會起衝突，是否就沒有其他的理由？我們認爲四周的世界感到可疑，所以如此並非全然的瘋狂，僅在於所獲得的結論無法終止懷疑和混亂的再生，難道這樣的理由還不夠充分？有關宇宙的無限和原子不可分割的特質所引起的爭執[102]，雖然帶來很多的困難和干擾，仍然處於安適和平靜的狀況，所有這些事物只要靠近我們都不會產生問題，像是與我們的感覺還是保持遙遠的距離。當我們質疑感覺的目標和它具備的想像力，對於它的對或錯我們認爲不可思議，鑑於我們的眼睛、耳朵和雙手，不僅無法相信而且難以確定和產生困擾，還能留下那些堅定和毫不動搖的信念？那些經過同意和下定決心的行動，會變得顚三倒四和混亂不堪？要是那些人沒有飲下過多的烈酒或服用強效的藥物，以至於喪失心神陷入昏迷之中，目前不僅清醒而且身體健康，就會在理性、規範和標準的判斷之下撰寫他的著作；這些人認爲感覺發生作用，得到的結果是不存在爲眞或存在爲假，要是有人對似是而非的問題不表示意見，看

101 參閱伊庇鳩魯《致希羅多德的書信》51-52段、《主要教條》第23條和24條，以及戴奧吉尼斯·利久斯《知名哲學家略傳》第10卷32節。

102 參閱盧克里久斯《論萬物的本質》第2卷216-220行。

來我們無須大驚小怪，因爲很多事物光看外表沒有經過判斷，就很難獲得定論，何況有些判斷完全是反其道而行。」

「一個人對於兩個居於對立的事物，無須肯定任何一邊，保持不偏不倚的立場，總比促使事物彼此引起厭惡和反感要好得多[103]，何況這樣做也沒有什麼值得非難之處。想要讓自己得到安寧就不能表示肯定也不能表示否定，因爲你支持受到肯定的一方，就會引起否定一方的口角，同樣你接受否定一方的意見，必然惹來肯定一方的反擊。設若可能對這些感覺維持判斷的作用，對於其他事物也應該如此，至少在你們這個學派的原則上面，可以看出有這種可能，因爲你們如同其他學派一樣，處於相等的立足點上，精確判定感覺的行爲或想像。」

29 「如同科洛底料想的那樣，維持判斷的論點不是捏造的八卦新聞，更不是爲任性和輕狂的年輕人放在課堂的誘惑物；這是成年人穩重的立場和態度，使他們免於犯錯或是拒絕放棄對任何事物的判斷；如此無法信任和沒有條理[104]，就像我們的感覺或受到蠱惑的人士，雖然他們經常提到外表沒有價值而且模稜兩可，一旦受到引誘，還是會把一些明確的證據有意忽略當成視而未見。不僅如此，無聊的廢話可以打發無限的時光和除去眼前的薄霧；然而有個人不到十八歲就寫信給皮索克利，是他的出類拔萃會使年輕人變得剛愎和自負[105]，沒有一位希臘人能像他那樣讓人產生神童的印象，書中寫到有時他受到感動會像婦女進行虔誠的祈禱，希望運用所有的聰明才智幫助別人，不要將憎恨和嫉妒上蒼的觀念塞進年輕人的心胸[106]。須知詭辯家和騙子就是那位與正人君子爭論的科洛底，他寫出的作品既可恥又傲慢。柏拉圖、亞里斯多德、狄奧弗拉斯都斯和德謨克瑞都斯，確實反駁那些年代早於他們的人士，還是沒有膽量出一本名稱冗長的著作，攻擊的目標是要將所有的前輩一網打盡。」

30 「他就像一位違犯上天旨意的人，當眾承認自己的錯誤一樣，說他撰寫的書在接近尾聲的時候，仍舊有這樣的表示：『人們制定法律

103　懷疑論者提到相等和衝突狀況下的均衡；參閱色克都斯《懷疑論概要》第1卷12行及《對於數學家的指控》第7卷363行。

104　參閱柏拉圖《斐多篇》67E-68A。

105　烏西尼爾《伊庇鳩魯學派殘卷》No.165，以及斐洛迪穆斯(Philodemus)《論死亡》(*On Death*)第4卷及第12卷32行。

106　幼年過於敏慧是夭折的徵兆；參閱昆蒂良《演說家的教育》第4卷10節。

和慣例，運用君主和官吏建立城邦的政府，民眾過著安全與和平的生活，不讓社會陷入騷動和混亂之中；如果有人將這些拿走，我們的處境與禽獸沒有兩樣，偶然相遇也非要吞食對方不可。』這些言論公開出現在他的作品當中，看來還是不夠老實也不值得相信。即使有人廢除法律，還有巴門尼德、蘇格拉底、赫拉克萊都斯和柏拉圖的精義留給我們，不致面臨率獸食人的悲慘狀況；我們對於羞辱的事物抱著戒慎恐懼之心，公平正義擁有與生俱來的價值必須坦誠以對，基於對上蒼的信仰才有最好的統治者[107] 和生命的保護神[108]。所有的行事要遵循理性的自由意志，以及『德行遠勝世上所有的黃金』[109] 的指導方針，如同色諾克拉底所說的那樣，一切作爲要接受法律的約束和規範。」

「那麼，何時我們才像一頭野獸活在世上，陷入殘酷暴虐的處境沒有親情友誼可言？那是法律蕩然無存，還要召喚我們過快樂的生活，只會引起爭辯的時候；那是上蒼的保佑，即使皇恩浩蕩，還是得不到民眾虔誠信仰的時候；那是人們對智者說出『除非可以獲得快樂，否則再優秀也會受到唾棄』的時候；逼得使用輕視和嘲笑的言辭，就像

> 獨具隻眼的正義女神是巨細無遺，[110]

以及

> 我們的所作所為逃不掉神的注視；[111]

以及『古人提到的神明，祂掌握宇宙的肇始、中繼和結局，萬事萬物依據它的性質進行永無窮盡的輪迴；後面跟隨正義女神，任何人只要違背神的律法，就會受到應得的懲罰[112]』。因爲只要帶著藐視的神色看待這些事情，如同老婦人的喋喋不休盡講一些廢話，認爲我們的善意只不過可以塡飽肚皮而已，還有其他通路可以讓快樂進入，用來取代所需要的法規、畏懼、打擊，以及一些國王或官員用強

---

107 柏拉圖《斐多篇》63A。

108 赫西奧德《作品與時光》253行。

109 柏拉圖《法律篇》第5卷728A，可能受到荷馬《伊利亞德》第9卷401行的影響。

110 瑙克《希臘悲劇殘本》之〈Adesp篇〉No.421。

111 瑙克《希臘悲劇殘本》之〈Adesp篇〉No.496，參閱科特《米南德的戲劇殘本》No.683。

112 柏拉圖《法律篇》第4卷715E-716A。

壯的手臂維護正義[113]，好去阻止那些受到無神思想的鼓舞，除去一切束縛的力量，就像饑餓的野獸要去吞食鄰居的惡漢。」

「實在說野獸的生活不會產生知識的需求，對於神聖的公平正義[114] 沒有任何概念，不會尊敬德行與生俱來的價值。牠們運用膽量、狡猾和勤勉當作天賜的禮物，獲得肉體和飲食的滿足。智者梅特羅多魯斯認爲凡此都理所當然，他提到心靈極其獨特、精巧而又燦爛的原創力，主要的作用是爲了獲得肉體的歡樂，或是期待這方面的滿足，任何達成此一目標的行爲不能說它沒有價值。難道是這些理由或是經過沉思或是有所欠缺，才會廢棄所有的法律？是豺狼的尖爪、獅子的利齒、牛隻的肚皮和駱駝的長頸。再者，無論出於個人的感覺和傳授的學理，野獸沒有語言和文字的表達能力，只能靠著吼叫、長嗥和嘶鳴。牠們發出每一種聲音，是對現在或未來可以滿足口腹和肉體的快樂，表示歡迎和奉承之意，其中只有很少數天生就會喜愛悅耳的歌聲和不停的嘮叨。」

31 「有些人爲了遏阻自私自利的獸性思想，不僅要制定法律，還要建立城邦、政府和司法體系，已經不知道如何嘉許和讚譽他們才好；豈不知還有誰會是那種人，非要讓所有的事物不再發生作用，推翻整個城邦，使得法律成爲廢紙？難道他和他的門人始終會參與城邦的事務？他非要成爲國王才不會說這是錯誤和災難？還有誰會寫出像是[115]『我們必須強調做任何事要順乎本性堅持原則，完全出於自願不要投身選舉官員的事務』這些話來？他們還能進一步產生這種情操：『因此我們不想被人稱爲希臘的救主，或是接受智慧的桂冠，最重要還是在於飲食無虞，啊，泰摩克拉底，不要讓偏見蒙蔽心靈，對於滿足口腹的需要還得存有感激之意。』」

「再者我們談到立法的精神和習慣的養成，科洛底認爲人類最受讚譽的事情，莫過於宗教的信仰和對神的崇敬，萊克格斯靠著敬畏之心使斯巴達人成爲一個虔誠的民族，此外像是努馬之於羅馬人，艾昂之於古代的雅典人，以及杜凱利昂之於整個希臘的國度，他們藉著祈禱、誓約、神讖和徵兆，對於未來抱有希望和畏懼，從而對於神明有了活生生的感覺和始終不渝的信心。你們的旅行可能到過沒有城牆、文字、國君、房舍或產業的城市，所有的交易不用貨幣，沒有建立

113 參閱赫西奧德《作品與時光》189和192行，以及柏拉圖《瑟伊提都斯篇》172E。

114 參閱赫西奧德《作品與時光》277-278行，以及伊庇鳩魯《主要教條》第32條，特別提到動物的加害者和受害者之間引起的衝突，無所謂正義或不正義的問題。

115 烏西尼爾《伊庇鳩魯學派殘卷》No.554。

劇場或體育館的概念；至於一個城市沒有神聖的地點和祭祀的神祇，看不到向上蒼禱告的居民，沒有誓約、神讖、祈福的犧牲以及禳禊的儀式，這在旅人而言是不可想像和從未見過的事。不僅如此，就我個人的看法，一個城邦的興起沒有足夠的土地可供建立穩固的基礎，總比一個政府的設置或保存要將宗教信仰全部廢除要好得多[116]。這些人的所作所爲才是法律的基礎和存在的理由，認爲不必對伊庇鳩魯學派兜圈子，或是暗中講些難以理解的話，開始就針對最重要的教義[117]發起攻擊，進行直接的顚覆和推翻。好像他們受到復仇女神不停的糾纏，冒犯的行動都是爲了廢止建立的慣例和清除惡法的條文，即使有過分的地方也不會感到歉意。信仰方面犯下錯誤是大不敬的行爲，身爲智者即使不致如此，世俗之人卻也難免；只有你自己有了過失才會歸罪別人，愈是使用強烈的言辭大聲疾呼，如果不是個人應負的責任那又何必這樣大費周章？」

32 「要是有人著書立說用來反對安蒂多魯斯(Antidorus)或是詭辯家拜昂(Bion)[118]，特別提到法律、行政和條例等等相關事務，如同伊里克特拉對她的兄弟歐里斯底所說的話：

> 可憐的人哪！躺在床上不要起來，[119]

我想沒有人會出口反駁，只要你用被子包好自己的身體就行了；讓我看看他們提出指控的話，不過是一種善意的表示，要他們照顧好自己的家業，能夠爲城邦服務。科洛底對這些人的行爲，只是在他的著作當中盡情加以詆毀和謾罵。德謨克拉底告誡我們要謀求和掌握戰爭的藝術[120]，因爲這是城邦第一等大事，值得大家費盡心血和力氣，這對人類而言是建立事功和獲得名聲的捷徑。」

「巴門尼德爲他的城邦制定最好的法律，該地的市民每年都會要求官員根據巴門尼德的條款，遵守他們立下的誓言。伊姆皮多克利控訴城邦最顯赫的人物，以藐視法律和吞沒公款將他們定罪[121]；他在山區興建有如懸崖絕壁一樣的高牆，

---

116 西塞羅《論神的本質》第1卷2節。

117 伊庇鳩魯《主要教條》第1條，所有教條以前面四條最為重要。

118 參閱戴奧吉尼斯·利久斯《知名哲學家略傳》第4卷46-47節，從而得知拜昂早年的經歷。

119 優里庇德的悲劇《歐里斯底》258行，歐里斯底陷入神志不清的狀態。

120 狄爾斯、克朗茲《希臘古代哲學殘卷》之〈德謨克瑞都斯〉No.B157。

121 狄爾斯、克朗茲《希臘古代哲學殘卷》之〈伊姆皮多克利〉No.A14。

不讓南風經由深谷向著平原吹襲，使得所有的農地免於貧瘠和瘟疫帶來的災害。蘇格拉底在法庭宣判以後，雖然他的友人暗中策劃，還是拒絕接受逃出監獄的機會，為了遵守法律的規定，他情願從容就義飲下毒藥。梅利蘇斯率領水師在海戰中擊敗雅典人的艦隊[122]。雖然我們讚譽柏拉圖將有關法律和國家的著作留給世人，他灌輸在門人弟子心頭的哲理更值得大家的欽佩，民主的理念在狄昂和皮同的努力之下，分別使西西里和色雷斯獲得自由，還有赫拉克萊德給僭主科特斯帶來殺身之禍，那時雅典建立功勳的將領如查布瑞阿斯和福西昂[123]，他們的出身是培養英才的學院。」

「對於伊庇鳩魯而言，他曾經派人前往亞細亞指責泰摩克拉底的僨事誤國，後來又得罪自己的兄弟梅特羅多魯斯，竟然被趕出國王的宮廷，這些他都寫進著作之中好讓世人知曉。須知柏拉圖派遣他的門人亞里斯托尼穆斯前往阿卡狄亞，協助當地人士重建政府的組織，另外一位是福米奧去見伊利斯人，第三位是麥內迪穆斯參與派拉人的復國大業。優多克蘇斯和亞里斯多德先後為尼杜斯人和史塔吉拉人制定法律，這兩位都是柏拉圖志同道合的夥伴。亞歷山大運用色諾克拉底的才華，要為皇家政府草擬各種規章；以弗所的迪流斯(Delius)是柏拉圖的擁護者，亞細亞的希臘人派他出任使者，前去晉見亞歷山大，沒有人能比他更能發揮口若懸河的辯才，說服馬其頓國王出兵征討蠻族。」

「季諾是巴門尼德的門人[124]，想要除去僭主狄邁盧斯卻沒有得手，這時有了機會可以證明巴門尼德對他的教導，用來闡釋眞金不怕烈火的道理[125]，須知男子漢最感羞辱之事莫過於產生畏敵求饒之心，只有孩童、軟弱的婦女和優柔寡斷的男子，才會屈服於恐懼的痛苦，因而他在被捕以後，拷問之際竟然咬斷自己的舌頭，吐向暴君的面孔。」

33 「伊庇鳩魯的理念和教條到底產生那些成果？我不會去問那些人何以會是誅殺暴君的志士、贏得大捷的英雄、國王和民意領袖的立法者、總督或參議，或是為了主持正義忍受酷刑或遭到處決的人員，我只是很簡單

122 參閱蒲魯塔克《希臘羅馬英豪列傳》之〈伯里克利傳〉26-27節，以及狄爾斯、克朗茲《希臘古代哲學殘卷》之〈梅利蘇斯〉No.A3。

123 參閱蒲魯塔克《希臘羅馬英豪列傳》之〈福西昂傳〉4節。

124 狄爾斯、克朗茲《希臘古代哲學殘卷》之〈季諾〉No.A7。

125 柏拉圖《國家篇》第6卷503A，這句成語的意義，是一個人的愛國心要經得起艱辛和痛苦的考驗。

的問一下：在這些自命爲智者的人物當中有誰爲了國家的利益，曾經乘坐戰船出了一趟海、擔任過一次使者，或是支付過一筆款項？在你的著作當中曾經提過一次服務公眾的行動，那是梅特羅多魯斯有一天從雅典前往派里猶斯，只不過是一段三十多斯塔德的行程，好對敘利亞人米塞里斯給予援手，因爲這位波斯的官員遭到當局的逮捕，同時他還寫信給每一個人，不論男女只要是他認識的市民；伊庇鳩魯對於這次的行動，大肆稱讚他的仁義之舉。」

「要是他們像亞里斯多德那樣，能夠重建被菲利浦摧毀的故國，或者如同狄奧弗拉斯都斯兩次將他的城邦從暴君手中解救出來，那麼這時伊庇鳩魯又該如何處理？並不是尼羅河的過度耕種用來供應草紙，竟然會使他們爲了寫出勇敢的事蹟感到無比的勞累？其實這也不是什麼太嚴重的事，那就是很多哲學家享受城市給他們的好處，卻沒有一點感恩圖報的心理，這還是他們其中一位表示這個意思；談起悲劇家和喜劇家，都想讓世人得到一些有用的教訓，通常會站在法律和政府這邊講話；至於那些只會寫作的人，他們談起政治總是表露極其不齒的神色意在阻止我們的參與，要是提到演說家總是大加批評讓我們不要對公眾講話，只要涉及帝王的尊嚴就要我們對它唯恐避之過於遲緩。他們口裡的政治家僅僅加以嘲笑還要貶低擁有的名聲，可以舉出伊巴明諾達斯爲例，提到有關他的豐功偉業都用『不過爾爾』來表示，給他取上『鐵石心腸』的綽號，問他爲何不願頭戴氈帽坐在家中享享清福，竟然要求所屬步行越過伯羅奔尼撒廣大的地區[126]，還說他最關心的事就是餵飽自己的肚皮。梅特羅多魯斯在他的〈論哲學〉一文當中，把城邦的重大決策視爲無關痛癢的小事，根本不加理會；我認爲這點不該就此放過略而不提。」

「他說道：『某些智者[127] 過分縱容自大和傲慢的心理，一方面要盡力探討城邦的機能和運作，等到談起自己的生活和相關的德行，總想自己會像萊克格斯和梭倫一樣遠走高飛。』設若這就是自負和傲慢，可以當成極度的自負和傲慢，形成的概念能使雅典獲得獨立，斯巴達受到法律和秩序的統治，年輕人知道自己所處的地位，我們也就不會娶農奴成爲子女的母親，不讓財富、奢華和獸性的放縱能在我們的城市橫行無阻，只有法律和公正才可以所向披靡，這是梭倫一直想要

126 偉大的伯羅奔尼撒戰役發生在370-369 B.C.的冬季，底比斯的軍隊要橫越整個半島，前去攻打最南端的斯巴達。

127 柏拉圖、犬儒學派的戴奧吉尼斯和西蒂姆的季諾，都寫出名叫《國家篇》的著作，三位哲人的政治理念雖然大相逕庭，不約而同全拿萊克格斯作為他們的楷模，參閱蒲魯塔克《希臘羅馬英豪列傳》之〈萊克格斯傳〉31節。

達到的境界。最後我們引用梅特羅多魯斯的話，只是有的地方過於苛刻而已，他說道：『要是相信一個人能給很多人帶來自由[128]，或是有更多像萊克格斯和梭倫之類的人物參與這些工作，那眞會讓人笑破肚皮。』啊，梅特羅多魯斯，一個自由人不會理睬你的嘲諷，只有奴隸和出身低賤的人，才會感受你所給予的藐視；甚至在大地之母的祭祀儀式當中，蓋利(Galli)祭司因爲他們的罪孽受到懲罰，使用那根沉重的皮鞭是何等的可怖，都不能稱之爲自由人的笞刑。」

34 「可以從伊庇鳩魯那裡得知他們的戰爭，對象不是立法者而是法律；因爲他在《自然哲學無法解答的問題》這本著作，問到自己是否智者只有本人清楚，那些他不願去做的事情，已經受到法律的禁止。他的回答是『不受限制的敘語難以避免面臨的困局』，它的意思是『我應該放手去做，不必想要得到認可』。還有就是我以爲他在給艾多麥紐斯的信函，特別要求對方『不要生活在法律的奴役和別人的意見當中，除非可以免於引發的禍患和懲罰，以及迫在眉睫的困難和危險』。須知放棄法律和政府等於不要過合乎人道的生活，現在伊庇鳩魯和梅特羅多魯斯就是要這樣做，因爲他們說服追隨者遠離服務公眾的崗位，因爲他們還要與從事這些工作的人發生爭吵，因爲他們痛恨干涉他們的人士，因爲他們謾罵最早又明智的立法者，因爲他們勸大家藐視法律的力量，因爲他們對於鞭笞和懲罰不覺得畏懼也沒有危險；我並沒有看到科洛底拿出很多缺失指控其他的哲學家，倒是他非難伊庇鳩魯的著作和教條，讓人感受到事態的嚴重性。」

128 戴奧吉尼斯取笑人類過的生活沒有像動物那樣艱苦，卻只有他一個人可以拋棄一切獲得自由；參閱笛歐．克里索斯托姆《演說集》第6卷13-34節。

第七十六章

「隱士生活」難道是明智的選擇？

1 甚至就是身教重於言教的哲人都不願埋名隱姓，會用著書立說的方式使得自己廣爲人知，雖然有時態度非常積極，爲了不讓世人看穿他的眞面目，還要講些以退爲進的話，所以詩人才會說：

> 可恨智者只是裝神弄鬼食言而肥。[1]

西西里的埃里克色斯(Eryxis)和納索(Gnathon)及其子斐洛克森努斯，據說這一家人面對佳餚就會激動萬分，甚至將鼻涕口水弄在食物上面，好讓其他賓客嫌髒不願取用，這時他們就會據桌大快朵頤。有些人對於名望亦復如此，產生過度貪求和永不饜足的欲念，反而藐視別人擁有的聲譽，身爲敵對者同樣無比喜愛到手的殊榮，總想確保沒有人出面競爭的獨霸局面[2]；運作的方式如同船上的槳手，全體面對船尾而坐，所有的力量用在船首，划槳產生的水花和渦流向著後方翻騰，超越船體幫助它向前推進；人們引薦這種方式爭取名聲，正如你所說的那樣，亦即爲人處世可以反其道而行。有人要用不求聞達的態度避開當代人士，那就更不願讓子孫明瞭他是何許人，這時難道他還要說些什麼、寫些什麼或者出版些什麼好留給後世得知[3]？

2 他的確會把你要過「隱士生活」說得相當不堪，難道你眞要成爲自己的盜墓賊？爲什麼！難道人生是讓人感到羞辱的事，所以我們不願別人知

---

1 瑙克《希臘悲劇殘本》之〈優里庇德篇〉No.905；參閱蒲魯塔克《希臘羅馬英豪列傳》之〈亞歷山大傳〉53節，亞歷山大大帝用這句詩諷刺哲學家凱利昔尼斯。

2 這是說伊庇鳩魯對於名聲如饑似渴，參閱本書第74章〈伊庇鳩魯不可能過快樂的生活〉18節。

3 參閱西塞羅《為詩人阿基亞辯護》11節，「雄心壯志是人生積極進取的要素，一個人愈是品格高貴，愈容易受到名聲的誘惑。」

道？我要提出勸告：甚至就是你過著敗壞品德的生活，也不必掩蓋得密不通風，只要稍加考慮就會明白這個道理，只有全部公開才會有改進的機會。如果你具備某些美德，運用的時候小心不要犯下錯誤；如果你眞是惡習纏身，務必不要忽略都有矯正的可能。

有種較好的方式就是能將這個人辨識出來，說是你會對他講授眞正的道理。你找到的對象如果愚蠢、邪惡以及冷酷無情，儘管費盡唇舌還不如有人順著他的心意對他說道：「不要讓你患了熱病和發瘋的事讓人知道，更不要讓醫生發現你已病入膏肓，趕快逃到黑暗的角落藏起來，這樣你和你不幸的狀況就可避開大家的耳目。」以及「你要是繼續下去，惡習就像致命和無可救藥的疾病，給你帶來無窮的痛苦；像是身體發炎產生不停的顫抖一樣，你會隱藏嫉妒的發作和迷信的心態，生怕落到有些人的手裡，因爲他們明白病情知道如何治療。」在非常古老的年代，病人要接受公眾的檢查和鑑定[4]，讓每個人都知道有那些藥物可以運用，等到成爲受害者或身體出現可疑的徵候，通知官員說是有人需要幫助，他們說這種方式可以促進醫術的發展，在於能從很多不同的患者當中聚集極其寶貴的經驗。無論是生活方面的缺失帶來身體的病痛或是心靈的混亂；都要暴露出來讓大家看到，每一個有醫療技能的手都能接觸到患病的部位，同時還要說出病人的狀況：「你的問題是容易發怒，這方面要特別留心」；「嫉妒會讓你感到痛苦，我認爲你要治好這個毛病」；「你已經有了戀愛的對象，過去我一度沉溺美色無法自拔，可以說是犯下很大的錯誤」。等到他們要否認、遮蓋和掩飾違法犯紀的行爲，已經將所有的罪惡收藏在自己的內心深處，對於爾後的行爲會產生警惕作用。

3 從另一方面來看，你的意見和規勸沒人注意而且無人知道，竟然會是一樁好事，因爲你告訴伊巴明諾達斯不要出任將領，萊克格斯不要制定法律，色拉西布盧斯不要殺死暴君，畢達哥拉斯不要成爲導師，蘇格拉底不要講論哲理；不僅如此，就是提到伊庇鳩魯本人也得潔身自愛[5]，不必寫信給亞細亞的朋友，不必從埃及徵收新的成員，不必培養蘭普薩庫斯的青年，不必將自己的書像發給男士一樣連婦女都有份[6]，更不必留下與葬禮有關的訓示。伊庇鳩魯，還要問你所謂的共餐是何意義？所謂與朋友相聚以及與英俊的少年見面又有什麼打

4 這是巴比倫人的習慣，參閱希羅多德《歷史》第1卷197節，以及斯特拉波《地理學》第3卷155頁。

5 烏西尼爾《伊庇鳩魯學派殘卷》No.106、107。

6 烏西尼爾《伊庇鳩魯學派》87頁23-28節。

算[7]？即使寫出數萬行的文字用來推崇梅特羅多魯斯、亞里斯托布拉斯、奇里迪穆斯(Chaeredemus)[8]，以及花很大工夫著書立說，爲的是讓死者不致受到後人的遺忘；何以你制定的法律就不能提及德行，不能運用技術，哲學保持沉默，服務遭到遺忘？

4 如果你從我的生活當中拿走公眾知名度，等於從喝得醉醺醺的宴會當中熄去燈火，歡樂要是沒有眾目昭彰的檢視，就會變成放縱邪行的淫亂；這是想過「隱士生涯」可以預見的結局。不錯，的確如此，要是我與知名豔妓赫迪婭逍遙林下，最後讓李昂芯(Leontion)[9]爲我送終，還能「詛咒高貴的行動」，認爲一切美好都在「肉體」[10]和「快感」；這些儀式需要黑暗就在夜間舉行，要我們加以隱藏接著置之腦後不再理會。如果他能夠用自然哲學頌揚神明、天意和公正；如果他遵守倫理的法律和社會的規範，積極參與公眾的事務；如果他的政治生涯力求正直清白，沒有功利和現實的行動，爲何還要遮住全身不敢以眞面目示人？這樣一來他就無法成爲一位激勵者，好讓大家在德行上面爭勝，或是一個讓人效法高貴行動的楷模人物，豈不是更難以達成身教取代言教的功能？要是提米斯托克利在雅典沒沒無聞，希臘人又怎麼能擊敗澤爾西斯；如果卡米拉斯在羅馬是名不經傳之輩，它又如何能保有都城的地位；設若狄昂根本不知道柏拉圖是何許人也，西西里擁有自由將是遙不可及的奢望；正如光線不僅讓我們獲得視力，還能用於彼此之間的溝通和聯繫；因此要讓大家知道美德不僅人享有名望，還是採取行動最重要的工具。

可以拿伊巴明諾達斯作爲案例，他一直到四十歲還不受賞識，對於底比斯人沒有貢獻，後來一旦得到信任和職位，不僅使得城邦免於絕滅的災難，還給希臘人從壓迫中獲得解救。他的功勳就像照亮世人的光，正當危機臨頭的時刻，讓大

7　烏西尼爾《伊庇鳩魯學派殘卷》No.217，提到伊庇鳩魯的遺囑，說是他的生日每年Gamelion月第十天(1月10日)，以及每月第二十天，他的門徒該聚會進行哲學的討論，用來紀念梅特羅多魯斯和他本人。

8　伊庇鳩魯的兄弟亞里斯托布拉斯和奇里迪穆斯都亡故在他的前面，即使梅特羅多魯斯也沒有像他活得那樣長久。他寫了一本取名為《梅特羅多魯斯》的著作，用來表示對好友的懷念，全書有五卷之多，同時還撰文敘述他的兄弟在生前的事蹟。

9　戴奧吉尼斯·利久斯《知名哲學家略傳》第10卷23節，提到李昂芯說她是梅特羅多魯斯的侍妾，烏西尼爾《伊庇鳩魯學派》98頁8節，引用塞尼加的說法認為她是梅特羅多魯斯的髮妻。

10　參閱伊庇鳩魯《主要教條》第20條。

家見識到德行所能完成的工作。索福克利的詩很有道理，這也是大家的經驗之談[11]：

> 常用物品閃爍如同美麗的青銅器，
> 塵封的府邸時間一到會倒塌在地。

其實說到人的特性也是如此，長期處於消極無爲和不求聞達的狀態，最後就像一件積滿污垢和發霉的大衣。閒散的日子和穩定的生活再也聽不到外界的信息，怠惰產生的後果使得心靈連同肉體一起衰弱。如同水池被四周濃密的樹蔭掩蓋，低窪的地勢不能讓腐爛的東西流出，要是再沒有外來的源泉灌入，原本的特質和活力全部喪失殆盡，變成不堪飲用的一池死水。

5 等到夜晚的時刻來臨，身體的機能變得緩慢而沉重，遲鈍和落寞的感覺襲向心靈，理性就像微弱的火焰，受到抑制變得如此的倦怠無力，閃爍的影子在熟睡之中散布一些幻想，像是指出這個人還能活在人世；只待東方的旭日升起，

> 微弱的星辰要逃離僞善者的夢境，[12]

等於將整個世界再度聚集起來，帶著重回地球的光線召喚人類開始思想和行動，笛摩昔尼斯說是「新的一天帶來新的氣象」[13]；這時產生相互的吸引力就像一條堅固的束帶，讓人們從安眠的失神狀況中振奮精神，大家同心協力從事工作完成任務。

6 我始終存有這種想法，人的一生從他來到世間最後能夠名聞遐邇，都要感謝神明的賞賜。我們的前世是一堆細小又分散開來的質點，在空無所有和浩瀚無邊的宇宙裡面飄蕩，這時沒有可見的形象也無從加以認同，直到與身體結合能夠存在，獲得相當的質量塑造出可見的外貌，就從毫無所知的狀態變得

---

11 瑙克《希臘悲劇殘本》之〈索福克利篇〉No.780；可以感覺到人事的滄桑，參閱伊斯啟盧斯的悲劇《阿格曼儂》391行。

12 作者可能是西元前3世紀的抒情詩人凱利瑪克斯，出處不詳。

13 狄爾斯、克朗茲《希臘古代哲學殘卷》之〈笛摩昔尼斯〉No.B158。

引人注目。有人說知識無法決定存在，唯有本質指導我們進入知識和理解的範疇，因為出生並不能創造已經存在的事物，只能暴露出存在的實體，如同死亡不能施用於不存在，倒是我們的視線可以看見遭到絕滅的事物。所以才讓太陽[14] 得到提洛人(Delian)和皮同這兩個頭銜[15]，根據古老的傳統通常將它稱為阿波羅；這時那位疆域處於相對位置的領主，不管祂是神明或半神，都被稱為

夜不成寐和光陰虛度的落魄君王，[16]

這種概念來自我們在亡故以後，身體分解成為aides(看不見)的狀態。我想古人才將人類稱為phos(光)，人類的親屬關係使彼此之間產生強烈的愛，灌輸我們每一個人都成為知和被知的對象。有些哲學家認為靈魂的本質就是光，基於事實還能舉出令人動容的證據，靈魂發現最令人感到煩惱的事莫過於無知，痛恨黑暗讓所有的東西失去光彩，心靈充滿恐懼和疑慮；從另一方面來看，光是如此讓人感到愉悅和期盼，即使是可以帶來快樂的事物處於伸手不見五指的環境，同樣讓人感到難以忍受；這時只有大放光明像是給世界帶來最可口的醬汁，更能享受生活當中所有的快樂和美好。一旦他將自己投入不為人知的處境，退隱在黑暗之中，將一生埋葬在空無的墳墓裡面，可以明顯看出他為來到人世苦惱萬分，完全否定生存的價值和效益。

7 他們提到一個地方屬於虔誠的死者，擁有的名聲使得他的存在更有意義，那裡有

明亮的陽光照耀下界將夜暗驅散，
玫瑰點綴草原變成鮮紅欲滴模樣；
樹木結著黃金果實使人心花怒放，

14 太陽供應光讓事物得以看見，同時使萬物獲得養分能夠出生和成長；參閱柏拉圖《國家篇》第6卷No.506-508。

15 因為阿波羅出於提洛島，後來為民除害在田佩山谷殺死大蛇皮同，所以太陽獲得這兩個頭銜；還有一種說法，delios的語源是delos(看見)，而Pythios這個字來自punthanomai(確定)，這是太陽最明顯的特徵。

16 佩吉《希臘抒情詩殘卷》之〈Adesp篇〉No.996。

濃蔭之中到處瀰漫著撲鼻的芬芳。[17]

還有潺潺的小溪在林間流過，聽不到絲毫哀怨的聲音，那些居住此地度過時光的人，他們的記憶和談話只有過去和現在。

還有一些人要過褻瀆神聖和犯罪違法的生活，這是他們所選的第三條路徑，等於將自己的靈魂投入可怖的深淵當中，那裡的

冥河流動於陰鬱的長夜何其緩慢，
運行之際間或噴發出無限的黑暗；[18]

宣告懲處的判決，他們就要沉入水中，所有一切都會受到掩蓋和遺忘。因爲再也沒有兀鷹永遠啄食不停重生的肝臟，有鑑於詩人喜愛杜撰普羅米修斯受到的懲罰，憤怒的神明使得惡漢伸長四肢躺在地上[19]；因爲屍體的腐爛或火葬堆的熄滅都是很久以前的事，再也不讓身體如同神話中的西昔浮斯受到如山重負的折磨[20]，

這時筋腱不再與肌肉和骨骼相連，[21]

死者的遺體經過這種懲罰就會粉身碎骨，沒有留下殘骸可以忍受巨大的壓力。不僅如此，還有人認爲沒有一種懲罰，比起在人生遭到時運不濟，會帶來更多的痛苦：諸如生前卑賤無聞、死後無聲無臭、終生苟且與草木同朽，他們被帶離列什(Lethe)[22] 之地，前往苦難之河，沉入深不見底的深淵和吞噬一切的海洋，這時面臨生前的罪孽帶來身遭慘痛的報應，今後始終淪於暗無天日和喪失記憶的黑獄。

---

17 克里斯特《品達的吉光片羽》No.129，描述極北之地的人間樂土。

18 克里斯特《品達的吉光片羽》No.130。

19 這是宙斯和伊拉之子泰提烏斯在地獄所受的懲罰，荷馬《奧德賽》第11卷576-581行。

20 荷馬《奧德賽》第11卷593-600行。

21 荷馬《奧德賽》第11卷219行。

22 Lethe意為「遺忘」或「失憶」，有人認為它是地獄裡面一條河流的名字。

第七十七章

會飲篇：清談之樂

第一篇

尊貴的索休斯．塞尼西歐(Sossius Senecio)[1]，有人提起格言「猛灌黃湯就會忘懷往事」[2] 的眞正意義，說是即使身爲典禮的負責人，辦事稱得上勞心勞力，還是希望能夠飲酒盡興。西西里的多里斯人[3] 據說把祭典的主祭稱爲「喚醒記憶的人」。另一方面，有人認爲這條諺語是要大家對於飲酒以後的言行存著寬恕之心，不要過分計較；基於這番道理，我們古老的傳說當中，要將遺忘和權杖一併奉獻給神明[4]，對於那些沉醉在酒杯中的人，不要記取有欠妥當的舉止談吐，必要時給予無傷大雅的譴責或薄懲。塞尼西歐，我知道你一直抱持類似的信念，如同優里庇德[5] 所說的那樣，眞正的睿智在於忘掉沒有價值的事物和愚蠢的行爲。

要想在飲宴的場合將發生的事情全部置之腦後，這與共餐的特性在於建立友誼的說法背道而馳。舉凡聲望最高的哲學家都不表贊同，像是柏拉圖、色諾芬(Xenophon)、亞里斯多德、史樸西帕斯(Speusippus)、伊庇鳩魯、普里塔尼斯(Prytanis)、海羅尼穆斯(Hieronymus)，以及學院的笛歐(Dio)，全都認爲記錄飯

---

1 索休斯．塞尼西歐是西元1世紀末葉至2世紀初期羅馬政壇風雲人物，擔任99和107 A.D.的執政官，受到圖拉真皇帝的重用，指揮第二次達西亞戰爭。他是當代知名的地理學家和歷史學家，著述甚豐，沒有傳世的作品；蒲魯塔克曾將《希臘羅馬英豪列傳》呈獻給他。

2 貝爾克《希臘抒情詩集》之〈Adesp篇〉No.141。

3 多里斯人是居住在多瑙河流域的印歐民族，大約在1200-1000 B.C.，入侵希臘本土，接著進入伯羅奔尼撒半島，他們移民西西里的時間，比起其他希臘城邦更要早得多。

4 提到的神明是奈亞(Mneia)和列什(Lethe)，哈德良(Hadrian)時代出現在以弗所舉行的酒神祭典當中，參閱《大英博物館的希臘古代銘文》第3卷600頁。

5 優里庇德的悲劇《歐里斯底》213行。

桌上的談話，是值得盡一己之力去做的工作[6]。還有就是你不斷要我蒐集這方面的資料，那是因爲我在羅馬還有希臘各地，有機會參加很多宴會的場合，經由美酒佳餚的襯托，學識淵博的討論確能滿足我們的需要。現在我完成任務將三卷詳盡的記錄奉上敬請參閱，每卷包括我們曾經交換意見的十個題目，只要你以爲敘述的內容還有幾分可觀之處，不會對酒神戴奧尼蘇斯有所冒犯，我就陸續將其他的文稿派人呈獻給你。

問題一：哲學在酒宴當中是否可以成為適合的談話題目？
參加者：亞里斯頓、蒲魯塔克、克拉托和索休斯·塞尼西歐

1 塞尼西歐，我之所以在把盞言歡之際，將談論哲學置於第一個題目，想必你記得上次參加雅典的晚宴，完畢以後有人提出類似的問題，飲酒作樂的同時是否能夠進行富於哲理的談話，或者對這些人的發言有所限制；當時在場的亞里斯頓說道：「啊！神哪！難道就是在座各位不讓哲學家在宴會當中占有一席之地？」

我回答道：「我的朋友，的確如此，他們的藉口是哲學的外觀過分道貌岸然，要是拿來與女主人相比，更不適合茶餘酒後對她品頭論足一番。要知道希臘人對於波斯人只與情婦飲宴跳舞，將自己的妻子摒除在外，全都感到欽佩不已[7]。從而認爲我們可以模仿效法，就將音樂和戲劇引進酒宴之中，不願找麻煩去打擾嚴肅的哲學。他們始終抱持一種觀念，說是哲學不能用來亂開黃腔爲大家助興，同時我們不以爲這種場合還要一本正經。須知雅典人的自視過高，認爲詭辯家伊索克拉底都不可能在酒宴中講出得體的話，所以他只有這麼說：『我擅長的東西不適合目前這個場合，然而適合目前這個場合的玩意我不擅長。』」

---

6 這裡提到八位哲學家，前面五位都是耳熟能詳的人物，至於後面三位中的普里塔尼斯和海羅尼穆斯都是是西元前3世紀初葉的逍遙學派哲學家，有關這兩位的事蹟可以參閱阿昔尼烏斯《知識的盛宴》第11卷477C，及戴奧吉尼斯·利久斯《知名哲學家略傳》第4卷41節；最後那位笛歐，參閱阿昔尼烏斯《知識的盛宴》第1卷34B，提到啤酒和葡萄酒的時候，把他的名字放在一群埃及人中間。

7 馬克羅拜斯《農神節對話錄》第7卷1節，說是帕提亞人有這種作風，看來蒲魯塔克採用馬克羅拜斯的說法；希羅多德《歷史》第5卷18節，提到帕提亞人的宴會，經常會讓他們的妻子、侍妾和情婦聚在一起。

2 克拉托(Crato)[8] 接著張開嗓門說道：「戴奧尼蘇斯可以作證，他當時這麼說並沒錯，總比惹得三美神[9] 掉頭就走要好得多。儘管如此，哲學的內涵與詭辯的作風大相逕庭，酒宴當中拒絕演說家發表高見與不讓哲學家娓娓而談，完全是兩回事。要知道哲學是生活的藝術[10]，凡是能讓我們全神貫注的消遣和歡樂，即使其中包含很多的哲理，遇到這些場合就得加以排除，可以說這是毫無道理的事；它應該全程參與不得擅離，消遣和歡樂就能具備相稱和適宜的性質。其實考量我們應盡的責任，倒是應該將滴酒不沾和滿口仁義道德的人士排斥在外，這時可用的藉口就是他們的神色嚴肅和不苟言笑。」

「有件事跟這個題目息息相關可以提出來談談：如果我們也像歐里斯底(Orestes)和接待他的東道主一樣，始終保持沉默的態度在帖斯摩特提姆(Thesmotheteum)[11] 的食堂裡面吃飯飲酒，這樣做的目的只能讓無知的蠢才不致當場露出馬腳。要是我們將戴奧尼蘇斯看成全能的解放者，就會免除加諸在大家身上的束縛，特別是他不要我們三緘其口，無論在任何場合都能侃侃而談。我的看法是不能剝奪直言快語帶來的樂趣，否則眞像是不折不扣的傻瓜；大家暢所欲言討論很多事情，像是什麼題材最適合飲宴的場合，怎麼樣才能成爲最好的酒友，或者談起酒的運用如何達成最好的效果。好像我們之所以要排斥哲學，僅在於它除了教導形而上的理論和學說，要想眞能帶來實際的好處可以說是緣木求魚。」

3 塞尼西歐，那麼你會這麼說，情願與克拉托爭辯這方面的問題，使得宴會當中能夠對哲學的談話，就所擁有的範圍和性質進行若干研究，從而可以免於對那些生性愛好抬槓的人，爲了取樂在座各位就說一些嘲諷的話，像是

汝趕赴鴻門之宴，
必定會唇槍舌劍。[12]

8　他是蒲魯塔克的親戚，可能是一位醫生，第2篇的問題6討論果樹的接枝，他還發表高見；不能把他與蓋吉塔斯區(Gargettos)的克拉托醫生混為一談，因為後者的墓碑還保存到現在。

9　「三美神」是阿格拉伊婭、優弗羅西妮和塔利婭，分別代表「燦爛」、「歡樂」和「花卉」。

10　早期的斯多噶學派就已建立這種共識，參閱西塞羅《學院思想》第2卷8節及其注釋。

11　帖斯摩特提姆是一幢雄偉的建築物，最高委員會和六位執政處理公務的地方，它的位置還不甚清楚。

12　荷馬《伊利亞德》第2卷381行。

你邀請我們討論那些有興趣的問題，據我的看法首先要考量客人的素質，所以你才說：「如果宴會當中大多數來賓都是飽學之士，像是當年蘇格拉底、斐德魯斯、鮑薩尼阿斯和埃里克色瑪克斯(Eryximachus)接受阿加豐(Agathon)[13] 的盛宴款待，以及查米德、安蒂塞尼斯(Antisthenes)、赫摩吉尼斯和其他如同他們的人士參加凱利阿斯(Callias)[14] 的晚餐，那麼我們就會讓這些人談論哲學，使得戴奧尼蘇斯除了平日與寧芙(Nymphs)作伴，理應時常來和繆司相聚[15]。經由寧芙不厭其煩的介紹，知道戴奧尼蘇斯是一位仁慈又友善的神祇，可以滿足我們肉體的歡樂；然而繆司的表現更爲優雅，會給我們的心靈帶來愉悅[16]。」

「參加者當中如果有少數人的知識不夠淵博，要與這些見解卓越的學者聚集一堂，如同沉默的子音與有聲的母音攙雜起來，無論是談話還是觀念都難以清晰的表達。設若這個團體的主要成員都是心地寬厚的君子，他們對每種鳥兒的鳴聲以及古琴的琴弦與共鳴箱所發出的旋律，要比對一位哲學家的談話更加注意，從而會使我們記起彼昔斯特拉都斯(Pisistratus)[17] 的軼事和例證。雅典居首的當權人物和他的幾個兒子發生爭執，看到所有的政敵都感到高興，於是立即召集市民大會公開宣布，雖然他很想說服這些兒子，由於他們實在太固執，現在反而被他們說服只有跟隨在後[18]。所以一位哲學家也應該保持風度，在座的酒徒沒有意願聽他說教，這時就要改弦更張，體諒大家抱著愉悅的心情，對於痛飲的行爲不要產生反感，或是認爲他們的姿態有逾越禮法之處。他應該弄清楚一件事，人們只有在高談闊論的時候才用得著演講術；基於同樣的道理，人們只有在保持沉默的時候、在作弄他人的時候、在成爲笑柄的時候，以及爲了取悅對手的時候，才用得著哲學，即使宙斯也要遵守公認的規範。」

---

13 阿加豐是知名的悲劇家，西元前416年2月雅典的勒尼安祭典，他贏得戲劇競賽的優勝，舉行盛大的宴會以示慶祝，當時的知名之士全都參加；柏拉圖《會飲篇》有詳盡的敘述。

14 凱利阿斯是雅典的富豪，喜歡設宴招待各方人士，特別是提到的三位詭辯家似乎是門下的食客，柏拉圖《普羅塔哥拉斯篇》以及色諾芬《會飲篇》都有記載。

15 寧芙是山林水澤的仙女或具備某些法力的精靈，祂們的位階要較神明低一等，成為「次神」或「半神」。

16 更簡單的表示方式，就是將酒(戴奧尼蘇斯)、智慧(繆司)和水(寧芙)混合起來，會讓我們的心靈獲得寧靜和歡樂；戴奧尼蘇斯將無花果樹送給納克索斯人，獲得「賜恩之神」的稱號；參閱阿昔尼烏斯《知識的盛宴》78C。

17 彼昔斯特拉都斯(600-527 B.C.)，成為雅典的僭主長達三十三年之久，他是梭倫的親戚和知交，參閱蒲魯塔克《希臘羅馬英豪列傳》之〈梭倫傳〉1節及29-31節。

18 還有一個故事提到他的朋友反對他統治，他們占領雅典城內的要塞菲勒，高豎起義的旗幟；只是這兩件事都可能出自杜撰。

「如同柏拉圖所說：『一個人得不到公理正義，一旦發生最惡劣的狀況，到時候，也只有逆來順受。』[19] 須知這種觀念不僅正確，還有更精明的做法，就是對哲學的光說不練，抱著充耳不聞的態度；即使有些人極其熱情想要竭力實踐，難免會遭到別人的嘲笑。好像優里庇德的悲劇裡面描述的密納茲人(Maenads)[20]，他們手無寸鐵，只拿著小小的神杖，擊敗侵略者使之帶傷而逃。哲學家用幽默和笑聲喚醒世人提高警覺，哲學的道理雖然可以放之四海皆準並非無懈可擊。」

4 「這裡還有很多討論題目特別適宜酒宴的場合，有些來自歷史，或者是時事的問題，很多有關哲學的課程和宗教的信念，有些爲了勇敢和坦率的行爲激起好強爭勝的熱情，爲了博愛和人道的行爲更是如此。一個人用謙遜的態度，飲酒之際款待和規勸他的朋友，放縱過度的惡行總會收斂不少。」

「現在有人將鹼汁混在酒裡面，再浸泡馬鞭草和銀杏的果實[21]，然後灑一些在地板上面，他們相信這樣做會產生不可思議的效果，可以讓請來的客人感到興高采烈。完全是模仿荷馬筆下的海倫，暗中將某種藥物加入經過稀釋的酒[22]。事實上他們並不清楚，所以會有這樣的傳說，是要我們適合當時的環境，說出的故事要有相應的情節。所以海倫從埃及啓碇經歷海上的長途航程，爲了勸在座的賓客暢飲美酒，才說奧德修斯的冒險事蹟也有吃癟的時候：

英雄人物有強壯的體魄敢做敢當，
一旦落於下風也被打得遍體鱗傷。」[23]

「我認爲這就是『安撫情緒』的藥物可以用來減輕痛苦，說出的故事適合於這個時刻的經驗和狀況。有教養的人士即使開門見山提起哲學，總要讓他們的談話就爭論的問題，能夠達成說服的成效而不是一味的強迫對方接受。你可以見到柏拉圖在他的《會飲篇》當中，即使論述的對象是神聖的事物，甚至就是談起最

---

19 柏拉圖《國家篇》361A，這句話經常被人引用。

20 優里庇德的悲劇《酒神信徒》734行及後續各行。

21 這個處方可能出於戴奧斯柯瑞德·佩達紐斯(Dioscorides Pedanius)之手，這是一位與老普里尼同時代的醫學作家，參閱普里尼《自然史》第25卷81節。

22 荷馬《奧德賽》第4卷220行。

23 荷馬《奧德賽》第4卷242-244行。

後的成因和主要的優點，還是不願詳細說明擁有的證據，也不願進行論戰用來堅持自己的立場，處於顛撲不破的地位；他的做法在於簡單和易於了解的前提、一些普通的案例以及帶有神話性質的傳說，使得整個團體都贊同他的理論[24]。」

5 「討論的事項必須本身就很簡單和容易，都是大家熟悉的題材，探索的情節不會過分的複雜，即使智能較差的人也不會感到煩悶，否則就會想將話題引到其他方面。好像有些人在飲酒以後，身體會出現習慣性的搖擺，符合啞劇的手勢和歌舞的節奏，如果強迫他們停止不自覺的動作，等於要他們全副武裝去出操或者從事辛勞的田徑訓練，不僅感覺不到半點樂趣，反而會痛苦萬分，那怕要討論的題材非常容易掌握，還是讓他們坐立不安。」

「有人不願與德謨克瑞都斯所稱的『抬槓者』之流的人物交談，免得引起爭端[25]；還有那些『扭曲事實』的詭辯家，他們不僅強辭奪理，還會處處涉及莫名其妙的玄秘，只要這些人在場就會讓大家感到心浮氣躁。爲了要讓大家都能享受談話的樂趣，如同提供的酒適合每個人的口味，要是有人提出繁複和深奧的題目進行討論，像是伊索寓言的大鸛和狐狸[26]，很明顯不適合社交的規範。狐狸用晚餐招待大鸛，供應一道清湯倒在平坦的石板上面，大鸛不僅無法取食，非常稀薄的湯汁濺到牠的尖喙，自己感到何其無奈。大鸛回請狐狸，將食物裝在帶有細長瓶頸的陶甕裡面，牠很容易將尖喙插入其中取食，這時狐狸無法將嘴伸進去享用應得的分量。」

「因而哲學家在酒宴當中全神投入玄妙又易於引起爭議的辯論，大多數客人都會覺得無聊，不願意順著這個話題繼續下去。有人開始唱一些歌曲，或者講無傷大雅的故事，談起買賣和市場的狀況。宴會當中那些心地善良的傢伙只有一走了之，就連戴奧尼蘇斯都難免要受到連累。所以會如此，那是弗里尼克斯(Phrynichus)[27] 和伊斯啓盧斯從古老的神話和故事當中，將受苦受難的情節引進編撰的悲劇，人們就會說道：『爲何要讓酒神盡做一些眼淚汪汪的事？』有點像

24 這種敘述的方式，馬克羅拜斯《農神節對話錄》第1卷1節特別加以仿效。

25 狄爾斯、克朗茲《希臘古代哲學殘卷》第2卷172頁No.150。

26 這個寓言根據它的情節，最早是在《伊索全集》出現，此外斐德魯斯《寓言集》第1卷26節和拉封丹(La Fontaine)《寓言詩》第1卷18節，都有這個故事。

27 弗里尼克斯是帖司庇斯的門徒，公認帖司庇斯是希臘悲劇的開山祖師；弗里尼克斯是第一位讓女性演員登上舞台的劇作家，他的主要作品是《阿卡提昂》、《阿塞蒂斯》和《達納伊德》。伊斯啟盧斯是他同時代的戲劇家。

我經常遇到的狀況，就是有人要把『大師』[28] 拉進我的清談之中，這時我說道：『閣下，爲何要讓酒神盡做些諸如此類的事？』還要說句老實話，等到海碗已經放置在我們當中的時候，獎賞之物都已分配完畢，帶來的好意可以視爲獲得自由發言的徵兆，我敢說能夠唱出稱之爲『慶典音樂』(scolium)的歌曲，是一件非常有道理的做法，還要從事賣弄學問的辯論就會讓人打消酒意，誰要是糊里糊塗做出殺風景的事，可以說對不起這次宴會。」

「至於談到『慶典音樂』，有人說這不是某些構思含糊不清的歌曲，而是一種敬神的儀式，首先所有的賓客齊聲唱出讚美歌，其次是按照座位的次序將桃金孃的花枝授與每一個人(我認爲它之所以稱爲『輪唱』，因爲接受的人都要依序高歌)，七弦琴也要加入齊奏，賓客可以一邊演奏樂器一邊隨聲附和，這時聲調不諧的人可以推辭，因此『慶典音樂』的得名事實上並非來自大家的合唱，要想順利進行是非常不容易的事。還有人說桃金孃的傳遞，沒有依次由賓客交給他的鄰座，而是每次在臥榻之間相傳，也就是第一個臥榻的頭一位唱完以後，將花枝越過相鄰的人送給第二個臥榻的頭一位賓客，接著是第三個臥榻的頭一位；然後才是第二位交給相鄰臥榻的第二位，依此類推。因此他們說這種讚美歌稱爲『慶典音樂』，出於傳送過程具備曲折和複雜的性質。」

問題二：主人是否要為他的賓客安排座位或是由賓客自理？
參加者：泰蒙、蒲魯塔克、蒲魯塔克的父親、蘭普瑞阿斯以及其他人士

1 我的兄弟泰蒙有一次要當東道主接待很多來客，包括外賓和本國的市民、朋友和親戚，三教九流都有，可以說非常複雜；來到的人員他請他們自己找座位，要躺要臥可以任意而爲。等到大多數客人都已就座完畢，有位外賓來到餐廳的門口，排場如同喜劇裡面的高官顯貴，身穿華麗的服裝帶著一列僕從；他的眼光從在座人員的身上轉了一圈，然後拒絕入內，準備打道回府[29]；這時很多來客出來勸解，他說留下的位置沒有一個合乎他的身分。因之那些已就座的人員感到很好笑，要那些勸駕的人

28 通常會給「三段論法」用上這個稱呼，參閱奧盧斯·傑留斯《阿提卡之夜》第1卷2節。

29 本書第13章〈七位哲人的午宴〉3節，敘述阿勒克西迪穆斯受到冒犯，憤而離開伯瑞安德的聚會，蒲魯塔克像是再度運用雷同的敘述方式；這裡提到華麗的裝束和盛大的場面，這與新喜劇的興起有很大的關係；參閱柯克《阿提卡喜劇殘本》第2卷222頁。

帶著祝福和愛心，
好將來客送出門。[30]

事實上是這位貴賓看到客人不少，然而準備的酒菜卻難以大快朵頤。

2 等到晚宴將要接近尾聲，我父親的座位雖然沒有與我隔鄰，卻大聲與我說道：「泰蒙與我發生爭執要讓你說幾句公道話；因爲有關這位外賓的態度，我一直在責罵他。要是他在宴會開始之前，按照我過去交代他的話，將來賓的位置安排妥當，現在就不會出現這種尷尬的狀況；須知一個出任公職的人，在管理方面要精通於

能將騎士和步卒，
排列接戰的隊伍。[31]

有個故事提到羅馬將領伊米留斯・包拉斯，戰勝馬其頓的帕修斯以後，大開宴席招待各方人士[32]，雖然他全神貫注軍國大事，對於瑣碎雜務還是躬親檢視，舉行宴會的工作盛大而周到，讓受到款待的人都有賓至如歸的感覺，根據他的說法是『治大國如烹小鮮』，迎賓待客和用兵作戰都是道理相通，一個是要使敵人甘拜下風，一個是要使朋友稱心如意。」

「詩人的習慣是稱譽那些具備王者風範的勇士爲

統率將士的領袖。[33]

我認爲你們這些哲學家應該承認，唯有妥善的組織出於神意的安排，對於現存的型態既不必增加更無須減少，就能從混亂之中恢復良好的秩序[34]；這種工作最美好的方式，是在無形之中非常自然的將每種元素放在最適當的位置。」

---

30 瑙克《希臘悲劇殘本》之〈優里庇德篇〉498頁No.449。

31 荷馬《伊利亞德》第2卷554行。

32 這件事發生在168 B.C.的皮德納會戰以後，參閱蒲魯塔克《希臘羅馬英豪列傳》之〈伊米留斯・包拉斯傳〉28節。

33 荷馬《伊利亞德》第1卷16行。

34 柏拉圖《泰密烏斯篇》30A；參閱本章第8篇問題2第2節。

「至於在極其嚴肅而重大的事務方面，可以把大家看成你們這些哲學家的弟子，就這次豪華的晚宴來說，要是沒有事先規劃，那就談不上給來賓帶來歡樂，也表現不出慷慨的待客之道。如果這部分的安排出了問題，即使我們的廚師和侍者特別注意服侍的先後次序，豈不是感到可笑，看來對於宙斯也不必如此。我們對場地的布置，要讓大家聞到馥郁的香味，以及處處可見的花圈，加上演奏豎琴的女郎，這些倒是符合要求。然而那些邀請前來的賓客，讓他們用餐的座位任意選擇，根本不考慮他們的年齡、階級和地位的區別；其實只要將首席讓給地位最顯赫的人，就很容易按照次序排列，如何做得恰如其分，等於在考驗主人的智慧和經驗。客人不能根據他的身分可以獲得禮遇和地位，當然會擺出不以爲然的態度，須知活在世上要是不會自認爲高人一等，那麼在餐桌上面也不會爭奪座次的上下；主人對來賓的敬酒沒有考量先後的次序，就是安排餐桌的席次要是忽略來賓之間身分的差別，還不如在開始的時候就宣布，這次晚宴完全合於諺語『邁柯諾斯(Myconos)平等』[35] 的要求，大家除了離席以示抗議，也沒有什麼好抱怨的了。」以上所說都是我父親的一面之辭。

3 我的兄弟回答是他不像畢阿斯是智者，雖然這位哲學家曾經出任法官，處理很多同仁和親戚的訴訟事務，仍舊拒絕仲裁兩個朋友的爭執，何況還要做出他的決定，實在說這與爭執的性質無關，完全是程序的問題，好像畢阿斯邀請朋友不是爲了款待他們，而是要讓他們感到生氣一樣。泰蒙接著說道：「確實如此，諺語說得好，麥內勞斯不對的地方，在於作爲一個顧問卻又放棄職責不願回答問題[36]；要說這個人更不適任之處，在於他不願扮演主人的角色，硬要讓自己成爲一個陪審員或一位法官，超然的地位高處在眾人之上。然而大家並沒有要他對某些爭論做出裁定，或者在法庭中判決誰對誰錯；因爲他們並不是要進行一場競賽，來的目的是爲了一頓晚餐。」

「再說要做出決定談何容易，差異之大在於賓客的年紀閱歷、影響作用、親密程度和親戚關係各有不同；從另一方面而論，就像運用某種類比原則，一個人必須將亞里斯多德的《方法論》(*Methocology*)[37] 或色拉西瑪克斯(Thrasymachus)

---

35 斯特拉波在《地理學》第10卷5節，解釋這條諺語的來由，說是被海克力斯殺死的巨人埋葬在邁柯諾斯這個地方，等到長眠以後彼此不會有任何差別之處。同時斯特拉波提到禿子被冠上邁柯諾斯人的稱呼，因為這個島嶼全是寸草不生的山丘。

36 荷馬《伊利亞德》第2卷408行。

37 亞里斯多德《問題》116段及後續各段。

的《支配說》(*Dominants*)[38] 放在手邊，這樣做或許對他的舉證沒有多大用處，還不如從市民會場或劇院將空虛的名聲轉變爲社交的聚會。經由其他的激情所給予的協力，讓他達成期望，使得身心得到鬆弛，在偶然狀況下重新調整自負的念頭，如果他們很容易相互聚在一起飲酒，無須裝出矯柔造作的姿態，我認爲對這些人而言，較之從腳上將泥土洗去，更適於滌清他們的靈魂。如同目前我們面對的情況，無論憤怒的激情或問題的來源，我們總要試著除去賓客之間的敵意；我們把其中一些人的氣焰壓下去，同時又要去讚揚某些人士，必定會重新煽起敵對的情緒，出於野心的對抗變得更爲激烈。」

「我還要說句老實話，如果舉杯敬酒、上菜進食、寒暄致意和交談應酬，全都要嚴格遵守來賓座位的次序，那麼我們這場酒宴就變成城邦的公務，不是朋友之間情誼的聚會。要是我們在人與人之間其他事項都能保持平等的原則，爲什麼不能現在開始讓大家養成習慣，不要拿出虛榮和誇耀的態度來爭奪座位的上下，因爲他們只要進入大門，就知道晚宴是非常講究民主的場合，難道非要在衛城設立凸顯身分的位置，讓有錢的財主斜臥其上，就能對一般老百姓擺出作威作福的樣子？」

4 等到這些論點已經表達，在場人員需要做出結論，我說他的選擇是仲裁人而不是法官，所以要採取中立的路線。我說道：「各位市民同胞和知心的朋友，如果現在我們要款待年輕人，如同泰蒙所說的那樣，讓他們習慣於無論任何場合，都不會表現浮誇和虛榮的神色，進而把友誼當成最有用的必需品，使得自己保持開朗的心情。我們的時間爲博學的談話占用，參加的成員是外國人、官吏和年老的長者，要是我們將自負的才華摒棄於中庭大門之外，這時我怕會讓它從角門悄悄溜進，帶著大量平凡得毫無特色的庸俗。」

「因爲這層關係，我們必須屈就某些習慣和傳統。否則我們就不必舉杯祝福或是說些客套話，即使我們特意推崇某位人士，也不能掉以輕心；還要盡可能的留神，

> 正當你坐在餐桌旁邊進食，
> 大口吃肉和大碗喝酒之時。[39]

---

38 狄爾斯、克朗茲《希臘古代哲學殘卷》第2卷325頁No.7。

39 荷馬《伊利亞德》第8卷162行及第12卷311行，分別從赫克托和薩佩敦口中說出的話，包含

如同希臘人的國王所說的那樣，能夠保持秩序是最高的榮譽。我們也要贊許亞西諾斯(Alcinous)[40]，因爲他讓外來的陌生人坐在他的旁邊：

他的身邊坐著心愛的兒子，
英勇的勞美敦是個男子漢，
貴賓來到就起立讓出座次。[41]

完全出於一種尊敬來客的禮節，要最心愛的人將座位讓給懇求者。」

「神明之間就這方面而言仍舊盛行特定的差別待遇，例如波塞登即使最後到場，

他的座次還是擺在最中間；[42]

暗示這個位置仍舊爲他保留。雅典娜獲得禮遇在於祂的座次始終緊靠著宙斯。詩人偶爾會對帖蒂斯有這樣的描述：智慧女神雖然

坐在全能的宙斯下方陪侍，
站起來將座位讓給帖蒂斯。」[43]

「品達提到這位女神會如此表示：

傍著震耳的雷霆之聲坐下，
呼吸之間要吐出耀目火花。[44]

泰蒙已在前面提到，一個人不應該搶走其他賓客所獲得的禮遇，由於大家同意將

(續)

這句詩在內；只是蒲魯塔克在本章和其他章節的引用，對它的原意並沒了解得非常清楚。

40 亞西諾斯是斐亞賽的國王，對於來客的接待極其禮遇且慷慨，奧德修斯對他一直感激在心。

41 荷馬《奧德賽》第7卷170行及後續各行；詩中提到的勞美敦(Laomedon)可能是勞達瑪斯(Laodamas)之誤，他是亞西諾斯的兒子。

42 荷馬《奧德賽》第20卷15行，提到的波塞登是海神，因為祂是天神宙斯的兄長，地位當然尊貴無比。

43 荷馬《奧德賽》第24卷100行。

44 克里斯特《品達的吉光片羽》以及其他的選集中，都沒有摘錄這兩句詩。

首席讓給他們其中一位人士；然而有人認爲自己居於優先的地位，即使這樣做也很公正。」

「因爲人們都有這樣的想法，只要個別的特權(每個人都有自己認定的標準)變成普通的待遇，主使者等於犯下偷竊的罪行；獲得認可在於本人的聲望、親屬的關係、公眾的服務，諸如此類的事情就像賽跑要靠速度一樣，先到的人是要占點上風。雖然主人總想不要對他的客人有所冒犯，還是難免在很多方面發生疏失，如果他剝奪來客應有的禮遇，那麼對每個人都無法交代。」

「雖然如此，要以局外人身分對所有的賓客加以區分，就我而言不是很困難。首先，在一個酒宴當中，要想看到出現很多人爲爭取首席而針鋒相對的狀況，老實說這種事並不容易發生。其次，還有不少的位置可以用來禮遇來客，只要主人能正確猜出他們的心事，給每人所喜歡的座次：像是首位、中座、或是傍著主人的座位、或是他的鄰座是客人的朋友、親密的友人、或自己的老師。這種分配的方式就不會引起他們的嫉忌；能夠接受其他賓客加上禮物和殷勤致意，比起上座的尊榮更可以獲得不受打擾的寧靜。要是首席很難決定，加上來客有剛愎自負的人物，那麼我要視狀況運用其他的手段。」

「如果我父親在場，會請他坐最尊貴的首席，要是他不能參加，首席就是我的祖父、或者我的岳父或是我父親的兄弟，或者是來賓之中任何一位，獲得的尊榮是坐在主人的上方位置。我所遵守的禮儀是來自荷馬的詩篇。你們應該記得，阿奇里斯看到麥內勞斯和安蒂洛克斯爲著賽馬的第二名發生口角[45]，害怕他們因爲過於憤怒而大打出手，於是提議將這個獎項頒給第三者，表面上看來像是他由於欠了優密盧斯(Eumelus)的情，所以贈送這份榮譽作爲回報，實際上他是爲了平息麥內勞斯和安蒂洛克斯的爭執。」

5 正當我用這種方式侃侃而談的時候，蘭普瑞阿斯躺在一個較小的臥榻上面，用他那慣常的大嗓門問在座的賓客，是否可以讓他譴責一位胡說八道的裁判。大家要他自由發言說出心中的話，一點都不要客氣。他說道：「我們看到一個哲學家在晚宴中指派位置給家庭的成員、有錢的財主和在職的官吏，好像在演出的場合給大家分配座次；他在希臘城邦會議的敕令盛行一時之後，還不知收斂，竟敢應允給予上座的禮遇；甚至大家有這樣的想法，與其請我們坐下喝

45 荷馬《伊利亞德》第23卷534行及後續各行；麥內勞斯是斯巴達國王也是海倫的丈夫，安蒂洛克斯是皮洛斯國王尼斯特的兒子，兩位都是希臘聯軍的首腦人物。

酒，還不如讓我們私下逃走，那又有誰會對這樣的哲學家表示出不予追究的態度？決定來賓的座次不在於個人的聲望，而是爲了達成歡樂的要求；無須考慮每個人的地位，完全在於相互之間的親密關係和配合程度；很多事務的做法就是如此，都是人所共知的常識，沒有什麼深奧的道理。」

「建築師不可能因爲阿提卡或拉柯尼亞的大理石完全基於地緣的認同，得到的評價就會比外國的產品來得高級；畫家也不會因爲使用最昂貴的顏料，就認爲他的作品擁有最卓越的評價；造船師因而才不會使用地峽的松木或是克里特島的柏樹，根本不考慮這些地點與他們的關係，選擇材料的著眼點遵循同樣的原則，等到相互建構和結合以後，完工的成品達到堅固、美觀和實用的要求。你自己也看到那位被品達稱爲『巨匠』[46] 的神明，不會基於所有的狀況都將火這個元素放在上方，同時把土這個元素設在下方，至於爲何有這樣的安排，完全在於世人提出的需要。」

「伊姆皮多克利有這樣的說法：

能夠發現長著硬殼的貽貝和鳳螺，
還有皮如堅革的海龜和軟體動物；
保護赤裸的肉體真可謂不遺餘力，
提到這方面陸上的獸類大有不如。[47]

不能占有這樣的優勢在於自然界的分配，形成功能性的順序在於有機體的需要；任何地方只要混亂就會帶來災害，這種狀況很容易發生在人群當中，飲酒當然也包括在內，尤其是傲慢無禮使它洩漏帶有的惡意，還釀成其他難以明言的邪行；一個人要成爲主辦人和調解者就得有幾分自命不凡，預先知道這些事情會發生，同時還要加強戒備，並且把它當成自己的責任。」

6 我贊同他的陳述的確眞實不虛，於是問道：「爲何對宴會的主辦人和調解者抱著難以寬容之心？」

他回答道：「如果你允許我重新變換和安排這次的宴會，如同伊巴明諾達斯

---

46 克里斯特《品達的吉光片羽》No.57；稱為「巨匠」的神明是在多多納受到祭祀的宙斯。

47 狄爾斯、克朗茲《希臘古代哲學殘卷》第1卷389頁No.76；這裡提到的軟體動物應該是紫色的鮑魚。

調整步兵部隊的戰鬥序列一樣[48]，就知道我毫無惡意。」我們都同意他的做法。

他命令所有的奴僕離開房間，用帶著評鑑的眼光看每一個人，然後繼續說道：「各位聽著，在我重新安排每個人的座位之前，先要告訴大家一些事情。底比斯人龐米尼斯批評荷馬，說他這個人對於愛情可以說是一竅不通，因爲荷馬把家族和家族部署在同一陣線，把兄弟和兄弟安排在相鄰序列[49]，事實上他應該將愛人和被愛之人組成作戰的隊伍，這樣會使全軍擁有生死與共的決心和同仇敵愾的精神；如果大家不帶著有色的眼光，我認爲龐米尼斯的說法並沒有什麼不對。」

「所以我希望我們的宴會就像那樣的團體，不讓有錢人和有錢人坐在一起，即使是年輕人和年輕人、官員和官員、朋友和朋友都不該如此；因爲就提升和建立良好的情誼而論，諸如此類的安排方式不僅乏味況且毫無成效。我一定會讓大家長短相輔，能夠各取所需：一個熱心求知的人要與學問淵博的人坐在一起，性情溫和的人要與脾氣暴躁的人作伴，樂於傾聽的年輕人要把座位傍著喋喋不休的老年人，還有就是沉默寡言的人和誇耀吹牛的人，以及寧靜無爲的人和急公好利的人，都可以撮合他們能夠各適其所和各逞其能。如果我偶爾遇到富有而慷慨的貴賓，會從某個角落將誠篤的寒士找出來，然後介紹他們認識，希望讓空無所有的酒杯獲得注滿的機緣。」

「我絕對不會讓詭辯者和詭辯者相鄰而坐，即使詩人之間亦復如是，要知道

> 討飯乞丐和賣唱者之流，
> 彼此嫉妒甚至反目成仇。[50]

的確如此，索西克利和摩迪斯都斯(Modestus)就在這裡，他們兩人會舉出所寫的詩相互抨擊[51]，那又何必非要冒險重燃激烈的戰火。我用的辦法是將那些愛好爭辯、惡言辱罵和性格衝動的人士分開，在他們之間安排一些隨遇而安的人作爲緩衝，即使發生口角也不致釀成不可收拾的場面；我要把運動員、獵人和農夫放在一起；前面這個團體只要組成以後，具備的特色如同一群好鬥的公雞；至於後面

---

48 蒲魯塔克《希臘羅馬英豪列傳》之〈佩洛披達斯傳〉18節，以及本書第50章〈愛的對話〉17節，提到伊巴明諾達斯在琉克特拉會戰中，對於戰術運用進行前所未有的改革。

49 荷馬《伊利亞德》第2卷363行。

50 赫西奧德《作品與時光》26行。

51 參閱亞里斯托法尼斯的喜劇《雲層》1375行，提到這兩位是劇中的角色。

這個團體倒像是溫和的穴鳥。」

「我一定會讓善飲者臭味相投，就是戀愛的人也都如是，不僅如同索福克利所說

他感到如此英俊的男士，
一旦陷入愛網難以自持；[52]

連對婦人和少女的情意都算在裡面。因爲她們同樣受到愛火的煎熬，同病相憐，當然會彼此傾訴獲得安慰，除非由於宙斯的惡意，她們發現戀愛的對象是同一個小夥子或同一位女郎，妒火中燒會引起更大的煩惱。」

問題三：為何宴席當中有一個稱之為「執政官[53]獲得尊榮」的座位？
參加者：人員如同上個問題

接下來我們探討有關宴會座次的問題，特別是不同的民族對於受到尊敬的上位有迥然相異的看法。波斯人的首席是在最中央，國王的寶座設在那裡；希臘人推崇據首的位置；羅馬人是中央臥榻最後一個位置，將它稱爲「執政官之位」。還有那些居住在潘達斯(Pontus)[54]周邊地區的希臘人(例如赫拉克利的居民)，與羅馬人的看法並不一致，他們認爲是中央臥榻第一個位置。不管怎麼說，我們對於所謂的執政官之位仍舊感到迷惑。特別是在我們的時代還是將這個位置尊爲首席，至於第一個位置或中央位置所持的理由，已經不再受到人們的承認；執政官之座具備的特色，有些不僅僅爲它所獨有，其餘的不值得進行較爲嚴肅的考量。

然而可以提出三點解釋來加深我們的印象：首先是與執政官本身有關，等到他們推翻君主政體，重新建立更爲民主的方式以後，雖然執政官是國家的元首，

52　瑙克《希臘悲劇殘本》之〈索福克利篇〉39頁No.757；或皮爾遜(Pearson)《索福克利的殘卷》(*The Fragments of Sophocles*)第3卷55頁No.841。

53　羅馬的執政官是官吏序位的最高職務，擁有軍事指揮權，戰時經常率軍出征；「百人連」大會每年選出兩位執政官，任期一年，再次出任的間隔是十年，兩位當中有一位是資深執政官，就任以後每月輪流負責政事。等到帝國興起以後，執政官已經虛有其表，開始是由奧古斯都兼任，後來變成皇帝指派。

54　潘達斯位於小亞細亞北部，包括黑海南岸在內，最早是卡帕多西亞(Cappadocia)的一部，米勒都斯人於西元前7世紀在這個地區，建立夕諾庇和阿米蘇斯(Amisus)殖民地。

還是從皇家的中央位置退讓下來，爲的是不再使這個職務和擁有的權力居於顯著的地位，免得觸怒其他共同奮鬥的夥伴。第二種解釋是餐廳當中有兩個臥榻供客人使用，至於第三個臥榻的第一個位置必然屬於主人，這個位置所據有的優點，如同車輛的御夫或船上的舵手，可以看到僕人服侍的狀況，對於赴宴人員的款待和談話也不會造成妨害；在他這個位置的下方通常是他的妻子或兒女，所以他的上方就給最尊貴的客人，爲的是他與主人最接近。第三就是「執政官之位」最有利於處理公務；因爲羅馬的執政官不像底比斯的軍事執政阿基亞斯，應該注意的信件或消息，爲了讓他提高警覺特別帶到晚宴的地點，誰知他將信件推開說是：「再重要的事也要等明天才處理[55]！」同時舉起精美的色瑞克利(Thericles)高腳杯一飲而盡[56]。

要是羅馬的執政官就會說「情勢看來非常險惡」，處於這個時機一定要小心翼翼，因而他的作爲不僅在於

> 黑夜需要一位熟練的舵手，
> 相應行動以戒慎恐懼居首。[57]

如同伊斯啓盧斯所說的那樣；雖然晚間的時辰都花在飲酒和消遣上面，一位將領或總督對於重要的公務仍舊要密切注意。這樣一來，爲了使他便於聽到緊急的情況，下達必要的命令，以及簽署書面的指示，執政官在宴席上面要據有這個很特別的位置。臥榻的排列在第二個和第三個之間會轉一個方向，牆角留下的空間可以讓秘書、奴僕、侍衛或信差易於接近執政官，隨時可以報告軍營的狀況，相互交談了解他的意圖，使得執政官無須受到賓客的干擾，同時他會避免讓大家感到厭煩。從另外一方面來看，執政官無論寫或說都很方便不會產生妨礙。

問題四：飲宴的清談應該由那些人物參加最為適切？
參加者：蒲魯塔克、克拉托、提昂

---

55 參閱本書第47章《論蘇格拉底的保護神及其徵兆》30節，以及蒲魯塔克《希臘羅馬英豪列傳》之〈佩洛披達斯傳〉10節，至於尼波斯《佩洛披達斯》3節，敘述的情節有相當的差異。

56 色瑞克利是科林斯的陶匠，參閱阿昔尼烏斯《知識的盛宴》470E。

57 伊斯啟盧斯的悲劇《哀求者》770行。

1 我的姻親克拉托和我的朋友提昂參加一場酒宴，開始他們帶著醉意相互嬉笑，過了一會就安靜下來，進行討論清談之樂的功能，提出的意見是我應該負起責任，不要讓古老的習俗毀於一旦；然後依據所賦予的功能，對於有關酒宴和它的規範，再度恢復和建立傳統的權威。其他的賓客有同樣的意見，以至於喧嘩的聲音四起，堅持要我有所表示。

我說道：「各位的看法大致相同，我指派自己負責你們的清談，特別要勸大家抓住機會盡情飲酒，克拉托和提昂是這個決議的調查員和擬稿人，我要他們寫出一個大綱，裡面提到參加談話的人選應該具備的素質，選出的人員要能保持客觀，同時要發揮議事的功能，還要能拿出辦法來運用酒宴的慣例；這些都等到他們兩位說完以後，我會就他們的建議做出裁定。」

2 經過我這一番宣示以後，克拉托和提昂帶著幾分裝模作樣的姿態，懇求我高抬貴手不要爲難他們，大家要這兩位服從領導者的命令，根據下達的指示去做不得有誤；克拉托開始發言，引用柏拉圖說過的話[58]，衛隊的指揮官必須成爲衛士的表率，唯有以身作則才能達成任務；因而就一個飲酒團體的領導者而言，他必須是每個成員的榜樣，這樣才能培養出歡聚一堂的氣氛；他接著說道：「這位領導者非但不會輕易醉倒而且喝酒絕不勉強；應該拿居魯士(Cyrus)[59]當榜樣，據說在寫給拉斯地蒙人(Lacedaemodians)的一封信中，特別提到他比自己的兄弟更具備王者的風範，那就是他能喝下大量未經稀釋的酒，還能保持神色自若的器度，因爲就當時的看法，醉酒是失禮和粗俗的行爲。」

「從另外一方面來說，完全戒酒的人在這裡不受歡迎，更不能夠主持一場飲宴，要是用來照顧兒童倒是非常適合。現在我要說一說伯里克利(Pericles)[60]，他當選爲城邦的執政以後，每當穿上斗篷就用這幾句話要提醒自己：『伯里克利，不要忘記：你統治的是自由人；你統治的是希臘人；你統治的是雅典人。』因此讓我們的談話當中能對自己這樣說：『你統治的是朋友。』這樣做的目的是它不允許有失態的行爲，也不會剝奪大家的樂趣。」

---

58 柏拉圖《國家篇》412C。

59 居魯士一世是大流士王朝之前的波斯國王，本章指的是小居魯士，為大流士王朝第四代國王大流士二世的次子，參閱蒲魯塔克《希臘羅馬英豪列傳》之〈阿塔澤爾西茲傳〉1節及本書第15章〈國王和將領的嘉言警語〉6節。

60 蒲魯塔克在《希臘羅馬英豪列傳》之〈伯里克利傳〉16節，提到伯里克利在雅典主政，身為首腦人物，未遇敵手有十五年之久，雖說這段期間他始終保持將領的職務，每年選出十員，共同負責城邦的軍國大事，所以他能運用這個位置操控雅典的政局。

「再者，一個人要統治這群酒徒，必須對正經事務相當得心應手，同時對吃喝玩樂不致陌生無知；就像經過選擇的酒，應該將這兩種性質適當的混合起來，即使他的爲人有點傾向於嚴峻，飲酒可以爲抑鬱的性格帶來促進快樂的工具，變得和藹可親更加溫和順從。刻里克斯(Clearchus)[61] 的神情何其陰沉和慳吝，按照色諾芬(Xenophon)[62] 的記載，說他在戰鬥的時候變得開朗而愉悅，完全出於個人的英勇並沒有什麼矛盾的地方。如同一個人的習性並非天生刻薄，只是自律甚嚴而已，飲酒可以讓他鬆弛下來，表現出歡欣和可愛的一面。」

「清談之樂要對每一位酒徒都有相當深入的了解，知道他們飲酒以後的神色有什麼變化，易於陷入何種情緒之中，特別是他們能忍受烈酒到什麼程度，要知道混合的酒與加入的水量有很大的關係。高明的酒窖管事知道如何調酒，注入的水視宴會進行的狀況，有時減少有時就會加多，因爲酒量的大小因人而異，所以安排清談有責任要把這點弄清楚，同時要不斷的觀察，它的功能有如樂師的演奏助興，要讓其他人去飲酒作樂，主人不過意思一下而已。他要讓所有的賓客盡興，讓所有的差異之處變得平順而和諧。」

「我認爲主持人必須知道每個客人的酒量，不應該是一杯對一杯，或者一瓶對一瓶，要大家喝下相等的分量，以至於有人不勝酒力；而是就每個人臨時的狀況或過去的能力，適當的供應能達到微醺的程度。如果要做到這方面有困難，那麼要盡可能了解一般狀況，那些有類似氣質或相同年齡的人所具備的性格；亦即老年人比年輕人要醉得更快，暴躁的人比寧靜的人容易酩酊倒地，陰沉和憂鬱的人比快活和開朗的人不勝酒力，還有那些生活知道節制和不會趨向極端的人，要是與那些生命已經揮霍一空的人相比，就飲酒來說量要大很多。」

「獲得這方面的認知和了解到每位成員的習性，清談的主持人就可以制定聚會的禮法和規則，總比完全不知道要更有成效。我始終認爲參加談話對所有的來賓，都保持親切和友善的態度，不會產生腐蝕心靈的恨意，這對每個人來說也是當然之理；主持人一定要明白，把命令強加在大家身上會讓人難以忍受，所有的接待和服侍都要一視同仁，還有最重要的一點，即使是開玩笑也要避免對人身的

---

61 刻里克斯是斯巴達的將領，奉當局命令率領希臘傭兵幫助小居魯士奪取波斯國王寶座，等到小居魯士戰敗身亡，刻里克斯受騙被波斯人殺害。

62 色諾芬(431-350 B.C.)是雅典的將領、政治家、歷史學家，加入希臘傭兵部隊前往波斯，等到將領被騙遭到殺害，他被剩餘士兵擁戴擔任指揮官，憑著才華和不屈不撓的意志，歷經千辛萬苦繞道黑海返回故國。色諾芬的著作有《遠征記》、《希臘史》和《居魯士的教育》，讓當時和以後的希臘人，對於波斯王國的情況有完整的概念，亞歷山大的東征是獲得的成果。

攻擊。」克拉托說出他的結論：「這是我對晚宴的主持人提出的意見，提昂，現在把問題交給你，使得談話能達到更熱鬧的高潮，我想你不會讓我失望。」

3 提昂回答道：「好吧！我很高興這位老兄將事情辦得如此圓滿而順利。你所說的我能否用得上，甚至對你那富於技巧的工作是否會產生反感，現在還不知道。然而就我的看法，這位人士使得我們的聚會保持自我克制的作風，不容許它變成暴民控制的議會，或是培養詭辯家的學校，更有甚者是很像生意興隆的賭場，或許是上演的戲院和跳舞的場所。難道你沒有見過有人在晚宴當中如同政客面對陪審團在那裡大放厥辭，有人從自己的作品當中選出文章，用誇張的語調大聲朗誦；有人要與啞劇演員和歌舞女郎同台演出？亞西拜阿德和狄奧多魯斯使得波利提昂(Poulytion)的聚會成爲特勒斯提瑞昂(Telesterion)的神秘祭典[63]，他們在摹擬火炬的行列和入會的儀式。我認爲我們的領導人絕不允許有這樣的事情發生，他只是提供一個場地，用來談話、飲酒和娛樂，這樣就能達成一個聚會的要求，經由歡樂的過程使得參與的人員用來加強彼此的友誼，使之能夠長久的保持。特別是酒宴要用這種飲料來打發時間，引導我們是優雅的言行，最後結束於友情和諧的氣氛之中。」

「飲用未曾稀釋的酒加上不知節制，就會損害到身體的健康；即使葡萄酒加水混合，要是飲用過量還是會使歡樂爲之失色，帶來煩惱的後果；所以在這種場合一定要及時加以阻止。一位紳士主持酒宴必須了解，他對猛灌黃湯的酒徒要供應內容五花八門的節目單。要讓大家注意證據確鑿的事，船隻沿著海岸行駛才有愉悅的航程，海邊的散步的確使人心曠神怡；主持人不能一味嚴肅，使得大家參加宴會味同嚼蠟，很多方面要能寓教於樂，就像暈船的旅客望見接近的陸地，如同看到有趣的事物精神會振作起來。笑聲能夠派上很多用場，一本正經的面孔可以歡顏相向，

如同溫柔的白色紫羅蘭，
盛開在那位頑童的腳下，
或遍布四野的金雀花叢。[64]

---

63 法庭對亞西拜阿德的判決書，提到他私下舉行神聖的特勒斯提瑞昂神秘祭典，自己充任大祭司，波利提昂擔任執炬者，狄奧多魯斯擔任傳令官，所有的行為違犯優摩帕斯家族和伊琉西斯神廟制定的法條和規定；除了處以死刑，家產全部充公。

64 狄爾斯《希臘抒情詩集》第1卷111頁No.1。

他非常小心叮囑酒徒要注意所有的招數，不能像一群醉漢在宴會當中喧囂爭吵，言行舉止毫無正經的打算，免得在未曾覺察的狀況下，宴會的成員將無禮的暴虐行爲帶了進來，如同把莨菪這種毒藥放進酒中，這時他們會用所謂『輪流做莊』的方式到處胡鬧，諸如命令口吃者大聲唱歌、禿子梳理頭髮、瘸子在油滑的酒囊上面跳舞。」

「學院派人士阿加米斯特(Agamestor)[65] 有一條無力而萎縮的腿，因而受到極其粗魯的嘲笑；有個參加同場宴會的傢伙，提議所有的人要用右腳站立把杯中的酒喝光，做不到的人要受罰。輪到阿加米斯特發號施令，他吩咐大家看他如何喝酒，然後照著樣子去做。於是一個開口很窄的陶甕放在他的面前，他將那隻殘廢的腳伸了進去，接著將杯中的酒一飲而盡。雖然大家都試過，不可能有人如法炮製，只有認罰了事。從而顯示出阿加米斯特是一位高雅脫俗的君子，身有殘疾的人可以拿他做榜樣，即使有尖銳的反駁也要達到謔而不虐的境界。有些事是可遇不可求，因而一個人必須習慣赴宴者對宴會的貢獻，不僅可以娛樂別人還可以圖利自己，那就是輪到他做莊的時候，所出的題目非常合適又可行，特別能夠顯示出表演者的才華，譬如：讓音樂家唱歌、演說家雄辯、哲學家解決難題、詩人朗誦所寫的詩篇；這樣每個人都很高興，心甘情願從事指定的活動，因爲

掌握長處和優點的所在，
大好機會安置該處等待。」[66]

「亞述人的國王叫傳令官宣布，要是有人發明一種嶄新的歡樂，可以獲得獎賞[67]。酒宴的主人也要提供迷人的禮品，用來酬庸那些有功的人，他們推薦的項目或許是一種不會讓人大傷感情的比賽，或是一種裨益良多的歡樂，或是一種陪伴著善意和友情的笑容，無論如何這些東西絕不會讓人感到荒謬和無禮。大多數的酒宴在這方面得不到適當的指導，最後如同船隻遭到海難隨即沉沒。見識高明的人要抗拒惡意和憤怒，這些情緒出現在市民大會是爲了垂涎權力，出現在體育館和角力場是爲了贏得比賽，出現在政治和公務方面是爲了對榮譽的熱中，出現

65 根據雅各比《希臘史籍殘卷》第2卷〈阿波羅多魯斯〉1033頁No.47，提到哲學家阿加米斯特亡故於色諾克利出任執政之年，即187-186 B.C.。

66 瑙克《希臘悲劇殘本》之〈優里庇德篇〉413頁No.183。

67 還有人認為這是波斯人異想天開的花樣，參閱西塞羅《突斯庫隆討論集》5節或華勒流斯·麥克西穆斯《言行錄》9節。

在宴會和飲酒的場合是爲了參加人員的膚淺和輕浮。」

問題五：為何有「愛情是詩人最好的教師」這種說法？
參加者：索休斯．塞尼西歐和其他人士

1 參加索休斯的一次晚宴，等到唱過莎孚(Sappho)[68] 的頌歌，大家掀起一場討論，題目是爲何會出現下面的說法：

只有愛情能夠教導詩人，
縱使詩人並未歌詠愛情。[69]

雖然斐洛克森努斯(Philoxenus)[70] 確實有類似的描述：

獨眼巨人的日子真難過，
為了治療失戀要用情歌。

那麼，這是說愛情的作用擅長於面對各種狀況，都能供應所需的厚顏冒昧和積極主動。譬如柏拉圖將愛情稱之爲「不屈不撓」和「說幹就幹」[71]；事實上愛情使沉默的人饒舌多嘴、靦腆的人關懷體貼、粗率的人穩重審慎、怠惰的人勤奮有恆，最難以置信之處在於慳吝和乖僻的人，一旦陷入愛情的漩渦，就像百煉精鋼遇到烈火變成繞指柔，他是如此的溫馴、順從以及和藹可親；諺語說得好：「打開愛人的錢袋不費吹灰之力」[72]，雖然這是一句玩笑話，卻也不是沒有道理。

有人說戀愛就像飲酒到醺醺然欲醉的程度，感到熱情、快活和風趣，有時還表現出悵然若失的神色。等到他們步入這樣的境界，吐露的言辭自然表達出詩情

68 莎孚(620-565 B.C.)是希臘女詩人，作品有《抒情詩》和《哀頌集》，僅殘篇傳世，有同性戀傾向，出生於小亞細亞的列士波斯島，因而lesbos成為女同性戀的專用語。

69 瑙克《希臘悲劇殘本》之〈優里庇德篇〉No.663；亞里斯多托法斯轉用在他的喜劇《黃蜂》1074行，以及柏拉圖《會飲篇》196E。

70 斐洛克森努斯(435-380 B.C.)生於賽舍拉，是一位擅長神劇與合唱的詩人，在敘拉古為戴奧尼休斯一世的宮廷服務。

71 參閱柏拉圖《會飲篇》203D以及《泰密烏斯篇》69D。

72 柯克《希臘喜劇殘本》第3卷〈Adesp篇〉446頁No.197。

畫意，就像歌聲產生入耳動聽的效果。據說伊斯啓盧斯靠著飲酒才寫出不朽的悲劇，因爲只有這樣他的生命才充滿活力。我的祖父蘭普瑞阿斯在三杯下肚以後，五步成章的機智和口若懸河的辯才，使在座人士爲他心折不已。他經常說的一句話，香料靠著熱力散發芬芳馥郁，他的才華來自葡萄美酒。男士發現最快樂的事莫過於見到所愛的人，然而用歌詠來讚美她所帶來的歡娛，比起看到她卻也毫不遜色；有人對任何事都要饒舌多嘴，提到對愛情的頌揚更是聒噪不休；所有的愛人都認爲自己戀慕的對象是如此的美麗和高貴，同時希望每個人都被他們的傾訴所說服。

這種欲念使得利底亞人坎道勒斯(Candaules)拉著奴僕[73]，到妻子的閨房去偷窺；愛人總希望有人能出面作證，他們是多麼的有眼光或是多麼的幸福。每當他們爲所愛的女士寫出頌辭的時候，爲了修飾起見，還要配合歌曲的旋律和節奏，如同人們用黃金使得雕像更加華麗，以至於他們對心儀對象的讚譽，能被很多人聽到而且入耳不會忘記。的確如此，如果他們給所愛之人一匹馬、一隻公雞或者其他任何東西，總希望所送的禮物非但光彩耀目，而且要裝飾得極其美麗；他們經常說出奉承的情話，特別想要符合愉悅、文雅和精緻的風格，像是如歌的行板充滿詩意的效果。

2 索休斯對上面的話稱許一番以後，就說他對狄奧弗拉斯都斯談起的音樂，打開始就沒有抱著不良的企圖，只是想要提出解決之道[74]；他繼續說道：「由於最近我讀完這本書，了解狄奧弗拉斯都斯所抱持的觀念，認爲音樂來自三種根源，分別是憂傷、歡樂和宗教的心醉神迷狀態；形成的情緒反應使得聲音從它的傳統音域，發生轉移和偏離的現象。我們得知憂傷包括哭泣和嗚咽，很快會用歌曲來表達，這種方式非常自然。所以我們才會發現演說家在激昂的結論，以及伶人表現哀慟的感情，說話的聲音在調性和音程方面會適度的提高，有的時候會近乎一種歌唱的形式。」

「心靈一旦趨向強烈的歡樂，誘使身體表現輕快的特質從而產生韻律的動作，即使他們無法隨之婆娑起舞，也會不自覺的跳躍或是用手鼓掌，像是

戰鬥帶來頸脖折斷的撞擊聲音，

73 希羅多德《歷史》第1卷8節及後續各節。

74 溫默《狄奧弗拉斯都斯的吉光片羽》No.90。

激起人們尖叫陷入瘋狂的處境。[75]

如同品達的詩句所描述的情況；那些處事機智和品味甚高的人士，對這方面的情緒富於經驗，提高他們的聲音，如同吟唱一般朗誦出詩句和歌詞。宗教的恍惚狀態極其特殊，身體和聲音背離習慣的方式發生改變和轉移。酒神信徒的崇拜儀式運用富於韻律的動作，經由神明的靈感給單調的神讖帶來合於拍子的音步；少數陷入瘋狂的信徒口中發出囈語，可以分辨並非詩句和歌曲，能夠讓人明瞭所包含的意義。」

「有關這方面的事實，如果你將愛情在陽光下面擴展開來，加以檢視和了解，就會發現沒有任何其他的情緒，包容更多苦澀的憂傷、更多激烈的歡樂，以及更為偉大的狂喜和錯亂，一個人處於戀愛之中，他的靈魂就像索福克利的城市，充滿著

香火燎亂而又虔誠的敬神場面，
讚美歌的歡聲夾雜無比的哀怨。[76]

如果說愛情的本身僅是一種喧囂嘈雜和饒舌多嘴的情緒，或者是一種行為較之其他更傾向於歌曲和詩篇的寫作，同時還包含和融會在所有音樂的源頭之中，那就是憂傷、歡樂和宗教的心醉神迷狀態；這樣的描述對我們而言既不陌生也不會感到驚奇。」

問題六：有關亞歷山大飲酒過量的傳聞？
參加者：菲利努斯、蒲魯塔克和其他人士

1 這次清談的題目與馬其頓國王亞歷山大有關，大家一致同意他並沒有酗酒的問題，只是花很多時間藉著飲宴與朋友交談[77]。然而菲利努斯表示

75　克里斯特《品達的吉光片羽》No.208；本書第30章〈神讖的式微〉14節曾經引用。

76　索福克利的悲劇《伊底帕斯王》4行；本書前面各章多次引用。

77　參閱蒲魯塔克《希臘羅馬英豪列傳》之〈亞歷山大傳〉23節，以及阿昔尼烏斯《知識的盛宴》434B。

這種說法完全是信口開河，他拿出的證據是皇室的起居注[78]，上面不斷有這樣的記載：「亞歷山大參加一次酒宴以後整天在睡覺[79]。」有時後面還要加上一句：「次日仍舊如此。」雖然他的鹵莽大膽和暴躁多怒的性格說明他炙熱的體質，根據記載卻說他對性交不感興趣，還有就是一種撲鼻的異香從他的皮膚散發出來，結果是他的衣服帶有芬芳的氣味，似乎也指出他的火氣過大，如同肉桂和乳香產在世界上最乾燥和最炎熱的地區，按照狄奧弗拉斯都斯的說法，聚集在植物的枝葉當中多餘的水分，被太陽的熱力蒸發殆盡，才會有馥郁的香氣。

傳聞提到凱利昔尼斯(Callisthenes)[80]之所以引起亞歷山大的敵意，在於他不願與國王同桌用餐，免得每次都要大灌黃湯不醉不休。甚至就是一個巨大的酒杯，據說亞歷山大對它非常喜愛，每次傳到他的手裡還是將它放在旁邊，說他不願用亞歷山大的杯子喝酒，情願等阿斯克勒庇斯的藥物對身體會更好[81]。這些談話都與亞歷山大喜歡酗酒有關。

2 根據史料的記錄，發起戰爭對付羅馬人的米塞瑞達底(Mithridates)[82]，曾經贊助一些競賽，提供獎品贈給胃口最大和酒量最高的人士，結果他自己贏得這兩項的優勝，所以在當代人士裡面，他有千杯不醉之量，因而獲得「酒神」[83]的美稱。就我的意見，他的綽號來自傳聞的故事，雖然舉出的理由很難令人口服心服。事實上當他還是一個嬰兒的時候，曾經被閃電擊中引起襁褓的燃燒，除了前額留下一個類似年輕人的傷疤，沒有接觸到他的身體，就是這個痕

---

78 宮廷的《起居注》記載的狀況不一定很正確，就拿亞歷山大大帝崩殂的時間來說，正式的記錄是5月28日夜晚，後來經過換算說是6月13日黃昏，1955年發現巴比倫的天文觀察表，經過修正以後，斷定亞歷山大逝世的時間是西元前323年6月10日。

79 參閱伊利安《歷史文集》第3卷23節。

80 凱利昔尼斯出生於奧林蘇斯，他是亞里斯多德的外甥，當代知名的哲學家和歷史學家，陪伴亞歷山大東征可能出於亞里斯多德的推薦，他最後遭到處決，還有人說他下獄以後病死，參閱蒲魯塔克《希臘羅馬英豪列傳》之〈亞歷山大傳〉52-55節，以及雅各比《希臘史籍殘卷》No.124。

81 本書第33章〈論憤怒的自制〉3節，以及阿昔尼烏斯《知識的盛宴》434D，都提到亞歷山大無法控制憤怒的情緒。

82 米塞瑞達底大帝是潘達斯國王，從89 B.C.開始與羅馬斷斷續續有長達二十六年的戰事，對抗的將領分別是蘇拉、盧庫拉斯和龐培：第一次米塞瑞達底戰爭是89-85 B.C.，僅小亞細亞就有八萬羅馬人被殺；第二次米塞瑞達底戰爭是83-82 B.C.；第三次是74-63 B.C.，直到米塞瑞達底死亡才停息東方的動亂。

83 阿昔尼烏斯《知識的盛宴》212D提到波賽多紐斯，說他知道米塞瑞達底獲得「酒神」的綽號，而且感到極其得意；參閱雅各比《波賽多紐斯的殘卷》No.36。

跡也被他用頭髮遮住。等到他成年以後，一道閃電落在身邊，這時他在睡覺，所以擊中他的座騎，通過掛在頭頂上面的箭囊，將裡面裝的箭全部燒焦。因此預言家宣稱他從弓箭手和輕裝部隊，可以建立最強的戰力；群眾將他稱爲戴奧尼蘇斯，兩位都從閃電的霹靂聲中獲得同樣的經驗。

3 談話從這裡又回到飲酒過量的主題。拳擊手赫拉克萊德(Heraclides)[84]算得上其中之一，這位運動員生在我們的父執輩那個時代，亞歷山卓人給他的暱稱是赫拉克盧斯(Heraclus)。他的海量已經找不到實力相稱的酒友，所以習慣上他在午餐之前，邀請民眾來與他喝一巡酒，另外有些人在午餐時陪他再喝，還有若干朋友在晚餐時與他盡興痛飲，最後來些新參加的人士進行餐後的狂歡作樂。每天飲宴的次序是第一批人員離開以後，接著是第二批客人的抵達，然後是第三批的輪班，第四批算是押尾。赫拉克萊德全程奉陪一路喝到底，下肚的酒量不管論杯論瓶一點都不會減少。

4 提比流斯皇帝之子德魯薩斯的友伴當中，有位醫生的酒量超過他人，據稱他在參加宴會之前，先服下五六粒苦杏仁可以避免酒醉[85]。如果他沒有採取預防措施，只要仔細在旁觀察，發現他過不了一會工夫就不勝酒力。有些人提出的見解說杏仁帶有刺激性，對於身體發揮輕瀉劑的作用，甚至可以用來治療長在臉上的青春痘[86]。要是在飲酒之前服下幾粒，他們認爲的道理是所帶的苦味會刺激毛細孔，使得含酒的水分化爲蒸氣的形式從頭部排放出來。

就我的看法苦味的作用相當於一種乾燥劑，可以增加水分散發的速度。出於這種理由，苦味在所有的味覺當中最不受歡迎(如同柏拉圖所說的那樣，舌頭的微小靜脈血管通常柔軟而且間隔很大，苦味的乾燥作用使得組織的水分發揮，就會產生不自然的收縮[87])，所以潰爛化膿的傷口，要使用帶苦味的藥劑可以保持乾燥，如同荷馬的詩句：

---

84 伊利安《歷史文集》第12卷26節列了一個名單，雖然人數不多，都是當代的善飲者，赫拉克萊德的名字就在上面。

85 阿昔尼烏斯《知識的盛宴》52D引用蒲魯塔克這段文字；普里尼《自然史》第23卷145節，有同樣的說法，認為它的功效靈驗無比。

86 不僅是青春痘，就是各種無名腫毒都能治療，看來西方和東方的醫理很多地方相通。

87 引用的文字已經曲解柏拉圖《泰密烏斯篇》65C及後續各段的原意。

他用手壓碎一些味道很苦的藥劑，
敷在傷口很快結痂阻止血液滲透，
這種處方能消除兵器帶來的疼痛，
讓英勇的戰士免於眼淚輕彈之譏。[88]

荷馬提及苦的味道能夠發揮乾燥劑的作用可以說非常正確。婦女用來除汗的細微粉末同樣帶有苦味，讓人皺眉的感覺因爲具備強烈的收斂作用，可以取代乾燥劑的功能。我提出最後的結論說道：「杏仁的苦味對酒發生克制的作用是很自然的事，身體內部的乾燥使得靜脈血管不至於擴大；一般意見認爲酒醉在於靜脈血管的膨脹以及它的功能受到侵擾，這種見解可以獲得充分的證據，特別是發生在狐狸的身上：如果這種動物吃下苦杏仁還不讓牠喝水，很快唇乾舌燥因而死亡。」

問題七：為何老年人極其喜歡烈酒？
參加者：蒲魯塔克和其他人士

下面討論的問題是老年人爲何極其喜歡喝烈酒，有些人認爲老邁之人的體質較寒，在於很難保待溫暖所致；提到酒與水混合會變得更爲強烈，這與前面所說的原因並沒有矛盾的地方。他們的爭辯很明顯看出是既陳腐且膚淺，對於因果關係的分析不夠適切而且失之精確。同樣狀況之所以發生，關係到老年人的感覺對其他刺激物的反應，特別是擔心各種器官很難使之興奮起來，非要額外加強刺激的能量不可。類似的成因在於身體的活力已經退化，整個系統受到虛弱和衰竭的打擊。

因而一位老年人的口味偏愛辛辣之物；氣味對他的嗅覺有同樣影響，只有未曾沖淡而且濃厚的馨香，聞到以後才會愉悅。他的觸覺對於刺激逐漸麻木，即使有時受傷也不會感到疼痛。提到聽覺出現類似的狀況，一個音樂家在年老以後，雖然像鞭子抽擊極其高昂的清脆聲會損害他的聽力，也只有這種尖銳和刺耳的音響容易辨識出來。就像淬火使得鋼鐵有鋒利的刀刃一樣，生命的活力才會給身體的感官帶來敏銳的功能。等到這種狀況不再存在，身體變得更加虛弱，感官遲鈍

88 荷馬《伊利亞德》第6卷846行及後續各行。

使人如同一個弱智的傻瓜，需要元氣旺盛的刺激物，烈酒不過就是這一類的東西而已。

問題八：為何老年人在閱讀的時候要把書本放在較遠之處？
參加者：蘭普瑞阿斯、蒲魯塔克和其他人士

1 我爲上個問題所提出的解答似乎與視覺現象背道而馳，因爲老年人要將書本放在距離眼睛較遠處才能閱讀，等到書本放在近處，反而字跡非常模糊。伊斯啓盧斯指出這點，所以他說道：

你要讀它移到遠處，
放得近了看不清楚，
雖然已是花甲之人，
必須細心好好抄書。[89]

索福克利用易懂的話對老年人說出同一件事：

聲音變弱印象不深，
很難鑽入堵塞耳中，
龍鍾老人要看遠處，
眼前反而不辨西東。[90]

如果說老年人的感覺要想有較好的反應，給予的刺激必須予以加強，爲何在閱讀的時候他們無法忍受光線來自近處的衝擊？這時爲了消除光線的明亮度將書本置於遠處，空氣就會發揮減弱的作用，如同水可以沖淡酒的濃度一樣。

2 有些人對這個問題給予回應，說是老年人將書本遠離眼睛，不是爲了要使光線變得柔和；而是增加的距離可以包含和容納更多的光線，使得他

89　瑙克《希臘悲劇殘本》之〈伊斯啟盧斯篇〉107頁No.358。
90　瑙克《希臘悲劇殘本》之〈索福克利篇〉312頁No.774。

們的眼睛和讀物當中的空間，能夠充滿明亮的空氣，當然就會看得更加清楚。還有人具備學院派的觀念，認可光線相互結合的說法[91]：那就是人的雙眼當中，每隻眼睛都有光線所形成的錐體從裡面擴散出來，這個錐體的尖端就是那隻眼睛，它的底部和基面將見到的目標包納起來，很可能這兩個錐體，在進行到某點之前呈現分離的狀態，到達較大的距離會合併在一起，出現在兩個眼睛的目標變成一個。主要的原因在於兩個錐體同時接觸到目標，重疊的光線只能產生單一影像而不是兩個影像。因此年老的紳士將讀物靠近眼睛，視線無法結合起來，每個錐體分開光線的力量變得較爲衰弱；等到將讀物放在較遠的位置，光線重疊可以增強視力，文字看起來更加清晰，如同人用兩個手合起來的力量，當然比單獨一隻手要大得多。

3 我的兄弟蘭普瑞阿斯表示他的意見，說是我們之所以能夠看見東西，完全靠著目標的外形造成的影像投射在視覺上面，雖然蘭普瑞阿斯並沒有讀過海羅尼穆斯(Hieronymus)[92] 的著作，並不了解他提出的學說，由於他稟賦過人，所以類似的想法突然在腦海中出現。初次出現的形體碩大而粗糙，由於老年人的視力緩慢又僵硬，在近處會產生擾亂的作用；等到它們在空氣之中移動增加距離，形體的實質部分粉碎而消失，光的部分接近眼睛非常平順適合前進的通路，因而老年人的干擾較少，對於形體更加容易明瞭。

花的氣味也要經過一段距離，讓人聞到會感覺更爲香甜，如果將它放得很近，好像香氣沒有那樣的清純和飄逸。同樣的道理在於氣味伴隨著粗糙的實質部分，在近處接受會破壞令人感到愉悅的香氣，要是來自相當距離，粗糙的實質部分整個會散落開來，氣味的純淨和清爽的部分由於質地較輕，就會保持原狀進入嗅覺。

4 我的立場是支持柏拉圖學派的原理[93]，特別加以強調，說是從人們的雙眼中流出一種明亮的放射物，混合環繞目標的光線接受合併的作用，一個物體的形成是來自兩個光源，全部可以原封不動達成一致的要求。相互之間的調和按照相容和數量的比例，彼此不會出現壓制和破壞的效應，兩者聚集的協和

91 這個概念應該歸功於希帕克斯，參閱希波克拉底《論醫學原理》901B。

92 前面提過這位來自羅得島的逍遙學派哲學家，他的作品都已散失，只留下他人引用的殘句。

93 參閱柏拉圖《國家篇》507D-E和508D，以及《泰密烏斯篇》45B-F。

一致會創造出單一的能量，通過眼睛的瞳仁，所以用的術語是「流動」，要是稱之爲「光的放射體」或「光線」也未嘗不可；人在過了盛年以後，流動的過程變得衰弱無力，與外部光線的混合無法達成應有的功能，反而造成視覺的分解和蛻變；因此老年人要將讀物放在離眼睛較遠之處，減弱外部光線所擁有的亮度，使之不至於過分的優勢和純淨，在與視線相遇之際能夠相稱進而發生交感作用。

夜行動物的行爲同樣符合這種現象，因爲牠們視覺的強度不足，會被正午的光線所壓制和支配，特別是牠們的視線在開始的時候，不但衰弱而且範圍狹小，缺乏與中午強烈光線混合起來的能力；夜間星辰的矇矓和暗淡的光線之下，這些動物的視覺器官投射出去的視線不僅足夠而且相稱，可以與外部光線結合起來產生視力。

問題九：為何洗滌衣物要用淡水而不是海水[94]？
參加者：提昂、提米斯托克利、蒲魯塔克

1 密斯特流斯·弗洛魯斯在他的家中設宴款待大家，評論家提昂向斯多噶學派的提米斯托克利(Themistocles)[95] 提出這樣的問題：克里西帕斯經常說起奇異和特殊的事情，像是「海水魚要是用鹽水浸漬會使肉質更加新鮮」[96]，「剪羊毛的手法要輕柔，較之粗暴的方式更有效率」，「人們在齋戒之後，只要吃事先準備的食物即可，無須故意暴飲暴食」等等，爲何他從來不做任何解釋？提米斯托克利的答覆是克里西帕斯會在不經意之間，用舉例的方式提到這些事情。我們對於喜歡的東西難免說三道四，通常很容易落入他的圈套，可以說是毫無理性可言；要是提到不受歡迎的事物，就會擺出無法相信的態度。

這時他轉過頭來面對提昂，然後繼續說道：「閣下，你怎麼會無聊到問這些事情？如果你對他的解釋和說明，非要追根究柢問個水落石出不可，那麼我勸你應該堅守自己的地盤，不要離營太遠以免落到下風。然而你倒是可以告訴我們，爲何荷馬要瑙西卡在河中而不是海裡洗滌衣物[97]，雖然她的居處離海很近，而且

94　馬克羅拜斯的《農神節對話錄》仿效這種方式，對於性質類似的題目進行討論。

95　這位是古代名將提米斯托克利的後裔，曾與蒲魯塔克同在阿蒙紐斯門下受教，蒲魯塔克《希臘羅馬英豪列傳》之〈提米斯托克利傳〉32節曾經提到此人。

96　希臘人要是說這樣食物「很甜」，其實他的意思是「還不夠鹹」。

97　荷馬《奧德賽》第6卷59行。瑙西卡是亞西諾斯的女兒，她愛上剛剛登岸的奧德修斯。

喜歡海水的溫暖、清澈而且更加乾淨。」

2 提昂說道:「你向我們所提出的問題,亞里斯多德很久以前就已經解釋得很清楚,主要考慮的因素是海水當中含有陸地上面帶進去的物質。這種物質的顆粒很粗已經散布整個海洋,與水混合使它帶有鹽分,因而海水容易支持泅水的人,就是很重的物體可以飄浮,淡水不含礦物質所以質量較輕,比重較大的物體就會下沉。特別是淡水沒有混合其他成分所以性質較純,滲入衣物所受的阻力較小,在通過的時候比起海水更容易將污垢溶解以後帶出。你難道不認為亞里斯多德的說法有點道理?」

3 我說道:「話是沒錯,有些狀況並非完全如此。我看到人們通常用灰燼或蘇打使水變得很濃,如果手邊沒有這些東西,就用固體的粉末來代替;看起來陸地帶進海洋的物質用起來更為便利,因為粗糙的性質可以除去污垢,然而淡水的質量很輕,只能發揮微弱的作用,所以不能具備類似的功能。因而並非海水所含粗糙的物質妨害到這樣的作用,也不是海水的鹹苦減低洗滌的功效,由於這種性質可以打開衣物的細孔便於流通,然後把骯髒的污穢排除出去。任何東西只要帶有油質就難以清洗,同時它會附著在衣物上面;由於海水具備油類的性質,這就是用來洗滌時功效會不彰的緣故。亞里斯多德也曾經表示海洋帶有油脂[98]。因為鹽包含脂肪的成分,會使油燈的燃燒更加明亮;海水要是濺灑在火焰上面,會產生閃動的光芒,老實說在所有的水體當中,只有海水的可燃性較為特殊,就我個人的看法,海水最溫暖也是基於這種道理。」

「不僅如此,還可以用另一種方式來解釋前面提到的現象。洗滌的目的是為了使衣物變得清潔,大家可以明顯看出,凡是洗得最潔淨的東西乾得最快,用來洗滌的液體必須能使污垢分離,如同蒜藜蘆的根作為清瀉劑可以用來治病。淡水的質量較輕所以容易被太陽蒸發,帶鹽分的水較難乾燥,粗糙的性質使它附著在衣物的網狀組織之中。」

4 提昂插進來說道:「你這種說法真是信口開河,亞里斯多德在同一本書上提到[99],那些人在海裡把自己清洗乾淨,要是他們站在太陽下面,會

98 亞里斯多德《問題》933A。

99 亞里斯多德《問題》932B。

比使用淡水乾得更快。」

我回答道：「他是這樣說過沒錯，我認爲你太過於相信荷馬，其實他是在說反話。奧德修斯在他的船遇難以後，很偶然的狀況下被瑙西卡看見，

海洋將他浸得齷齪不堪。[100]

他對她的侍女說道：

姑娘們請站開免得淋到，
我要把肩上的鹽漬沖掉。[101]

然後走進河裡，他

從頭上洗去海水的泡沫。[102]

詩人對於出現什麼情節了解得非常清楚。任何人從海裡離開來到岸上，站在陽光之下，熱力將最輕的水分蒸發殆盡，粗糙的鹽質殘留物仍舊附著在身體上面，形成一種帶有鹹味的薄膜，要拿可以飲用的淡水才能將它清洗乾淨。」

問題十：為什麼艾安蒂斯部落的合唱團在比賽中從來不會敬陪末座？
參加者：馬可斯、米洛、斐洛帕普斯、格勞西阿斯、蒲魯塔克和其他人士

1 薩拉皮昂(Sarapion)[103] 指揮李昂蒂斯部落的合唱團贏得比賽的優勝，爲了慶祝這份榮譽特別設宴款待大家，我很榮幸被這個部落接納成爲義子，所以能夠參加這場盛會，也有資格談一談目前比賽的狀況。斐洛帕普斯

100 荷馬《奧德賽》第6卷137行。

101 荷馬《奧德賽》第6卷218-219行。

102 荷馬《奧德賽》第6卷226行。

103 本書第28章〈德爾斐的E字母〉1節，蒲魯塔克提到他要將這一章呈獻給薩拉皮昂；後來在第29章〈德爾斐的神讖不再使用韻文的格式〉5節，提到他是來自雅典的詩人，可見他與作者的交往非常密切，從留存的資料和銘文，很知他們還有親屬關係。

(Philopappus)[104] 王親自主持的關係，所以比賽的過程非常激烈，特別是國王極其慷慨，願意供應合唱團所需的物品，使每個部落都能參加。因爲他與我們都是客人，喜歡談論也願意傾聽古代的掌故，可以說他求知若渴的精神與他的禮賢下士相比，一點都不遜色。

2 評論家馬可斯對這個題目已經加以介紹。他提到西茲庫斯的尼安昔斯(Neanthes)[105]，說是在這位作家的《城邦傳說》(*The Legends of the States*)一書中，記載艾安蒂斯部落(Aiantis)所能獲得的榮譽，在於他們的合唱團不會名列最後。他繼續說道：「這位作者根本不顧事實，就在他的作品中用輕率的態度寫出這段歷史；就情節的本末來看，如果確有竄改僞造的情事，讓我們一起將它的理由找出來。」

論點方面與他志同道合的米洛(Milo)說道：「要是資料確實錯誤又能如何？」

斐洛帕普斯說道：「不可能！類似狀況發生在我們身上，如同德謨克瑞都斯遭遇的那樣，未始不是一件好事，因爲他好學到對任何問題喜愛追問到底[106]。有次他吃一根黃瓜像是帶有蜂蜜的味道，就問他的廚娘在那裡買到這樣的蔬菜，當她說出是某一處花園以後，他馬上站起來要她帶他到那個地方去，廚娘聽了感到驚異就問他爲什麼要這樣做，他回答道：『我一定要對吃出的甜味找到解釋，如果我看到生長的地方，也許就會眞相大白。』婦人帶著笑容說道：『請坐吧！事情是這樣的，我偶然心血來潮將黃瓜放在裝著蜂蜜的罐子裡。』德謨克瑞都斯裝出生氣的樣子說道：『那眞是麻煩你了！如果我不把問題弄清楚找到解釋，吃起來好像這種黃瓜天生就應該有甜味。』」

「讓我們不要拿避而不談作爲藉口，當然就會在某些項目上面，讓人感到像尼安昔斯一樣的輕率，進行的討論即使沒有任何好處，還是可以讓口才獲得練習的機會。」

---

104 斐洛帕普斯的出身是敘利亞王室，曾經出任羅馬的執政官和雅典的執政，成為貝薩區(Besa)的市民，他的陵墓紀念碑建立在114-116 A.D.，現在仍舊矗立在摩西昂(Mouseion)山丘的頂端，位於衛城的西南角；蒲魯塔克把本書第4章〈如何從友人當中分辨阿諛之徒〉呈獻給他。

105 西茲庫斯有兩位作家的名字都叫尼安昔斯，分別在西元前3世紀末葉和初期望重士林，從提到的作品已經無法辨別是那一位，參閱雅各比《希臘史籍殘卷》No.84。

106 狄爾斯、克朗茲《希臘古代哲學殘卷》第2卷87頁No.17。

3 所有的人都開始讚譽提到的部落，說它的確是名不虛傳。馬拉松這個地方也當成話題，它是該部落的一個選區(deme)，據說哈摩狄斯(Harmodius)[107] 和他的文人雅集也都屬於艾安蒂斯部落，因爲他們都來自阿菲德納，同樣是該部落的一個選區。演說家格勞西阿斯(Glaucias)[108] 提起馬拉松之戰，陣線的右翼交給艾安蒂斯部落負責；他之所以有這樣的說法，根據伊斯啓盧斯寫的輓詩[109]……說他們在那場會戰有極其卓越的表現。

格勞西阿斯特別指出軍事執政凱利瑪克斯出身該部落，這個人作戰非常英勇，投下他的一票選出密提阿德負起指揮的責任，同時還支持密提阿德的決定，要求雅典人將全部力量投入這場會戰[110]。對於格勞西阿斯所說的實情我還要加幾句話，證明凱利瑪克斯的確有過人的雅量；因爲在艾安蒂斯部落召開的作戰會議當中，通過一項決議，軍事執政應該率領雅典人從事戰鬥，這也是他們對接到的敕令所提出的條件。還有就是這個部落在普拉提亞會戰更是勇冠三軍。基於非常明確的原因，艾安蒂斯部落的人士負責爲西第朗的勝利獻祭，完全是遵守阿波羅女祭司的神讖，感謝司弗拉吉蒂德(Sphragitid)的精靈給予保佑，城邦供應奉獻的犧牲和其他所需的物品[111]。

我繼續說道：「雖然如此，你們還是可以考慮相關的事實，其他的部落同樣擁有很多榮譽，相信大家都知道，像是我所屬的李昂蒂斯部落，功勳位居前茅，各方面絕不會差人一等。雖然有個人的名字成爲艾安蒂斯部落名稱起源，不可能爲了安撫和平息這個人的怒氣，才使得這個部落的合唱團免於敬陪末座的裁定，各位可以想一想，要是堅持這種說法難道能讓艾安蒂斯部落感到滿意？特拉蒙的兒子脾氣暴躁，還能容忍他的座次擺在後面，然而一旦受到激情和嫉妒的驅使，便成爲一個鹵莽得不顧身家性命的粗漢。因此，爲了不讓他記仇或是懷恨在心，決定將使他蒙羞受辱的排名拿走，所以用他的名字爲名的部落不會列在最後。」

---

107 哈摩狄斯推翻僭主的統治，被稱為「暴政絕滅者」，成為維護民主體制的鬥士，享有千古不朽的美名。

108 這是參加談話的人員之一，在後面的問題中還會出現。

109 雖然這裡提到伊斯啟盧斯為馬拉松會戰寫出一篇輓詩，只是它的下落不明，要想將缺漏補齊已經是力不從心。

110 參閱希羅多德《歷史》第6卷109-110節；會戰陣亡的凱利瑪克斯，雖然他與密提阿德都是十員將領之一，因為擔任軍事執政的職務，照理說位階應在密提阿德之上，還是投票擁護密提阿德出任最高統帥，這種無私無我的胸襟，才是贏得會戰勝利的關鍵因素。

111 艾安蒂斯部落在普拉提亞所扮演的角色，蒲魯塔克《希臘羅馬英豪列傳》之〈亞里斯泰德傳〉有詳盡的敘述，特別提到希臘陣亡將士1,360名，其中有52位雅典人，全部都是艾安蒂斯部落的成員；此外希羅多德《歷史》第9卷70節，證明雅典的死亡人數。

第二篇

尊貴的索休斯・塞尼西歐，晚餐和酒宴的準備工作，考量赴宴人員的階級地位與供應的葡萄酒和菜餚同等重要，當然還有臥榻和座次的安排。其他有關消遣和娛樂，完全在於達到歡樂的目的，並不太講究基本的功能爲何，像是音樂、表演，甚至小丑的插科打諢都未嘗不可。特別是最後這一項，喜劇角色在場當然會使賓客樂不可支，即使沒有這方面的節目，大家也不會在意，更不會批評這次宴會未能讓賓主盡歡。只有在座人士的談話不能出錯，有些題材被視爲酒宴的本分工作，大家毫無成見都會接受。還有那些帶有戲謔性質的題目具備吸引力，比起笛子和七弦琴更適宜這個場合。

最好的例證就是有關的問題混雜起來放在本章第一篇，第一部分的目次提到酒宴當中有關哲學的談話，還有主人是否先要安排座次或是要客人自行決定，以及諸如此類的事項；第二部分的目次是愛人所表現的詩情畫意以及一個與艾安蒂斯部落有關的問題。特別是前面幾個問題都提到酒宴，要是拿到清談之中討論當然更爲適合。

下面這些談話所提出的問題是我用即興的方式寫出，發自內心完全沒有系統和條理。如果各位讀者認爲我介紹的內容，在你過去的談話中已經討論，雖然現在我還要再說給你聽，希望你也不要感到驚奇；其實過去獲得的知識並不保證能夠記住，因而無論是來自回憶或是學習，還是可以達成同樣的目的。

問題一：色諾芬說是人們在舉杯暢飲的時候，樂於被人發問或是受人調侃，要是沒有喝酒很難出現類似的狀況，何以他會提出這樣的題目[112]？
參加者：索休斯・塞尼西歐和蒲魯塔克

1 本章每一篇都有十個問題，本篇第一個問題與蘇格拉底學派的色諾芬有關，特別將他提及的說話方法拿到我們面前來討論。他告訴我們說是戈

112 馬克羅拜斯在《農神節對話錄》第7卷2節，模仿本章的方式討論內容與此大同小異的題目；參閱亞里斯多德《奈科瑪克斯倫理學》第4卷8節。

布里阿斯(Gobryas)[113] 與居魯士同桌用膳的時候，稱讚波斯人的性格：說他們知道如何向別人提出令人高興的問題；對於任何可以取笑的事情，拿來戲弄別人的時候，都會讓對方感到愉悅。或許有人會因別人的讚譽感到厭煩和苦惱，那麼波斯人更會如此；因此戈布里阿斯只稱許行爲高雅和見識卓越的人士，他們的揶揄和調侃對於可以開玩笑的人，所能提供的難道不是歡樂和感謝？塞尼西歐，當你在佩特拉斯(Patras)[114] 接待我的時候，你說你很高興知道提出的問題屬於那些種類，具備何種性質。你說道：「談話的藝術無論任何一個微小的環節，在於問題的提出和興趣的培養，就見識和習性方面而言都有良好的品味。」

2 我回答道：「說的沒錯，大部分都會這樣，即使色諾芬自己也莫不如此，在蘇格拉底的《會飲篇》和他所寫有關波斯人酒宴的作品當中，明確表示他們提出那些種類和性質的問題。要是我們下定決心也要如法炮製，根據我的看法，首先要指出來，就是大家喜歡被人問到可以輕鬆回答的問題，也就是說他對所問的事物相當有經驗；要是問到他們所不知道的東西，一方面是沒有什麼好說的地方，或者爲問非所答感到悔恨和懊惱，另一方面他們的回答會出於猜想和臆測，因而陷入痛苦和危險的狀況。無論如何，如果答覆不僅容易而且令人印象深刻，當然會讓回話者感到高興。」

「一個人的回答要想達到令聽者瞠目結舌的地步，必須對所說的事物有淵博的知識，豐富的內容會使人大開眼界而且是前所未聞。舉例來說，像是天文學或辨證法，回答者對於這個主題具備各方面的技巧。因爲他不僅靠著所熟悉的活動打發日子，即使他的談話也是如此，每個人都欣然專注

掌握長處和優點的所在，
大好機會安置該處等待；[115]

這是優里庇德的名言。」

「人們樂於回答那些自己知道的問題，要是不了解或刻意隱瞞就沒有進行交

---

113 戈布里阿斯是居魯士一世的知交，彼此還有姻親關係；這則軼事來自色諾芬《居魯士的教育》第5卷2節。

114 佩特拉斯又稱佩特里，位於伯羅奔尼撒半島北端的亞該亞地區，面臨科林斯灣，控制進出的水道，形勢非常險要。

115 瑙克《希臘悲劇殘本》之〈優里庇德篇〉No.183。

談的意願。旅人和水手喜歡被人問到遙遠國度和天涯海角的景象，有關異地人民的習慣和法律，他們之所以願意生動的描述和詳盡的說明，或許出於某種想法，爲著過去的辛勞要使自己獲得一點報酬或安慰。一般而論，那些沒有人問起我們卻主動加以敘述和談論的事物，要是有人問到讓我們感到最爲高興；我們總認爲要對別人關心的問題帶來歡樂的氣氛，如果雙方的談話會使他們感到困擾，當然就會避免向我們提出問題。」

「這種心結在靠海爲生的人們當中，成爲牢不可破的障礙；有些人出於禮貌的關係，情願說些言不由衷的客套話，他們要表示謙虛或是考慮到整個團體，譬如像是他們的成就和功績，在談論的時候抱著遲疑不決的態度。尼斯特知道奧德修斯珍惜聲譽，很自然就有這樣的說法：

奧德修斯是英勇的戰士，
光榮和偉大的亞該亞人，
請你不厭其煩告訴我們，
如何能獲得龐大的馬群。[116]

有些人喜歡自我標榜，過去的功勞總是嘮嘮叨叨說個不停，除非是團體裡面的成員要他這樣做，甚至逼他說出來，否則一定會惹得大家生氣。」

「不管怎麼說，任何人從事外交的使命或是進入本國的政壇，一旦有偉大而光輝的建樹和功勳，總是很高興被別人問起。就是因爲這樣的關係，所以那些充滿惡意和懷恨在心的民眾，最不喜歡問到這方面的事務，即使有人問到也要加以阻止，或是轉換到其他問題；他們對提到所有的情節都不表贊同，神色之間像是對說話人表現出一個字都不相信的態度。因而有些人知道氣惱的政敵不願聽到這方面的問題，故意要他的對手提出來，並且給予詳盡的回答，這樣做的目的是爲了取悅與他對話的人。」

3 「可以著手進行的方法：像是奧德修斯向亞西諾斯說起：

你心中想要問我那些悲慘的命運，

116 荷馬《伊利亞德》第10卷544行及後續各行。

曾給我帶來哭泣和呻吟直到如今。[117]

以及伊底帕斯(Oedipus)[118] 對合唱團提到：

啊！陌生來客，這是何等的罪過！
竟然煽動蟄伏已久的褻瀆和邪惡。[119]

然而在優里庇德的詩句中，我們發現完全相反的意圖，

等到某人發現自己完全安然無恙，
回憶當年的苦役難免會得意洋洋。」[120]

「他很坦率的指出只有獲得安全的幸運兒才會感到生命是何等甜蜜，並非那些在漂泊途中仍舊忍受不幸命運的人。無須追問那些帶來災禍的慘劇，提到官司的失利、兒女的亡故、陸地或海上的生意虧損，總會給當事人帶來痛苦。如果他們在市民大會獲得成就、能與國王交談應酬、或是別人遭遇暴風雨或落到海盜手中，只有他避開當面的危險，就會很高興接二連三被人問到。他們對於想起和提到他們的經驗，即使再多也不會感到滿足，總是能夠給他帶來幾分欣慰。要是有人問起他的朋友得到的成就，或者他的兒女在學業、訴訟或與國王的友誼這些方面的進展，當然會給予毫無保留的答覆。」

「他們感到最快意的事，莫過於向他們問到那些政敵和對頭，有關羞辱、損害和訟案敗訴的狀況，特別是定罪的處分，或者遭到家破人亡的下場。他們對於這些事項非常願意報告詳細的情節，只是要他們主動說出來，通常會猶豫再三，害怕別人說他們出於怨恨之心要落井下石。一個獵人被問到有關獵犬的問題，一定會非常高興；此外像是熱心的運動員之於比賽的狀況，或是陷入熱戀的情郎對他那美麗的意中人，莫不如此。虔誠的宗教儀式主持者，愛好詳細敘述顯靈或託夢的始末，對於妥善運用顯示的徵兆或奉獻的犧牲，獲得神明的保佑因而步入成

117 荷馬《奧德賽》第9卷12-13行。

118 伊底帕斯是神話中的英雄人物，底比斯國王拉烏斯和王后約卡斯塔的兒子，後來發生弒父妻母的悲劇，近世才有「伊底帕斯情意綜」和「戀母情結」等心理學名詞。

119 索福克利的悲劇《伊底帕斯在科洛努斯》510行。

120 瑙克《希臘悲劇殘本》之〈優里庇德篇〉No.133。

功的坦途，諸如此類的事蹟只要有人問到，都會笑容滿面給予回應。」

「向老年人發問總是給他們帶來歡娛，即使事情與發問者毫無關係，也會激起答話者的意願：

啊！尼琉斯之子尼斯特說出實情：
阿格曼儂的亡故到底是什麼原因？
麥內勞斯現在究竟留在那個地方？
亞哥斯來者非亞該亞人其事屬真？[121]

他提供機會使得特勒瑪克斯就事情的來龍去脈，可以提出很多問題給予完整的回答，不像有些人為了不讓值得回憶的往事給老年人帶來樂趣，於是將他們可以接受的答覆，加以精簡濃縮成為毫無修飾的要點。總而言之：任何人提出問題要讓對方感到快樂而不是痛苦，問題的答覆在於期望聽眾給予讚揚而不是譴責，表現友好和善意而不是憎恨和憤怒。這就是我對問題的性質所抱持的看法。」

4 「一個人不應找到適當的時機就忙著做取笑別人的事，即使難以避免，也得務必謹慎小心和講究技巧；如同經過很滑溜的地面，腳步再輕盈也會失足跌倒。特別是在飲酒的場合，輕蔑的言辭很容易脫口而出，會給我們帶來陷入毀滅的處境。我們得到很多次的經驗，愚弄比起侮辱使人受到更大的刺激；因而我們時常可以見到，憤怒的情緒會帶來侮辱，其實毫無意圖要造成這樣的後果。這時我們卻認為愚弄是無禮的舉動和惡劣的行為，會無緣無故的出現。取笑的話出自聰明的有識之士，較之從漫不經心的愚夫嘴裡隨口亂說，我們覺得會給人帶來更大的冒犯，由於大家都知道精明的人非常狡猾，不會輕易得罪其他的市民，所以他的玩笑都是有意的貶損之辭。」

「有個老兄用『魚販子』這個名字來叫你，聽起來就知道是在羞辱你；當某人向你說『我記得你經常用衣袖去擤鼻子』[122]，這就是在開玩笑。有個名叫屋大維烏斯(Octavius)的人，據說來自利比亞，有次他對西塞羅說他沒有聽清楚西塞

121 荷馬《奧德賽》第1卷247行及後續各行；特勒瑪克斯是奧德修斯的兒子，遇到皮洛斯國王尼斯特，向他打探參加特洛伊戰爭的英雄人物，他們目前的下落和最後的命運。

122 波里昔尼斯區(Borysthenes)的拜昂，說起他的父親因為工作的關係，養成這種不雅的習慣；參閱戴奧吉尼斯·利久斯《知名哲學家略傳》第4卷46節。

羅在講些什麼，後者的回答是：『然而你的耳朵上面卻有幾個洞！』[123] 還有就是麥蘭修斯(Melanthius)受到喜劇家的嘲諷[124]，他就說：『看來我的舊債已經還清，再也不欠你什麼了。』」

「有些戲弄的話分外的尖酸刻薄，就像帶著倒鉤的箭，射進去很難拔出來，要留在肉裡很久。賣弄小聰明的言辭帶有令人快活的成分，雖然會讓受害人感到苦惱，卻給團體帶來歡樂，也就是大家相信說話的人，願意加入他的取笑。如同狄奧弗拉斯都斯受到的戲謔，是對他所犯錯誤加以掩飾的譴責[125]，因爲聽者根本就知道大家的目標何在，同時還能接受大家的一番好意。舉例來說，據稱有個人曾經做過強盜，有次問狄奧克瑞都斯是否要外出晚餐，得到肯定的回答說是整個夜晚都要花在飲宴上面；要是有人對答覆笑了起來，顯現出極其曖昧的神色，表示他先入爲主認爲問話的人存心不良，所以就當時的狀況來說已經有了誹謗的意圖。」

「這種缺乏教養的取笑連同品德敗壞的行爲，會給團體型成自甘墮落的風氣，因爲他們很高興加入惡意愚弄他人的行列。在講究公平正義的城邦拉斯地蒙，認爲一個市民的爲人處世之道，其中有一點非常重要，那就是知道如何去消遣別人不致造成冒犯的後果，同時還要能忍受別人對自己的戲謔；要是有任何對象因而老羞成怒，開玩笑的人要馬上停止。事實上要想愚弄他人不傷感情，僅僅具備普通的技巧和本領，那只會成事不足，敗事有餘，所以很難發現讓人高興的玩笑，還要說它不會出錯豈不是毫無道理？」

5「儘管如此，根據我個人的看法，開玩笑的目的最早是爲了要給名聲無可指摘的人帶來歡樂和消遣，有時就會產生內疚感到痛苦。有個例子提到色諾芬用逗笑的口吻，介紹一位極其醜陋又于思滿面的傢伙，說是桑保拉斯(Sambaulas)[126] 稱他爲『我的愛人』。等到我們的奎伊都斯(Quietus)[127] 告病的理由說是手會發冷，我想大家都記得這回事，奧菲狄斯·摩迪斯都斯(Aufidius

---

123　蒲魯塔克《希臘羅馬英豪列傳》之〈西塞羅傳〉4節，以及色諾芬《遠征記》第3卷1節，耳朵上面穿孔，用來證明沒有希臘的血統，同時也不是羅馬人。

124　亞里斯托法尼斯的喜劇《和平》804行及《鳥群》151行；還有一位悲劇家受到優波里斯、喜劇家柏拉圖和菲里克拉底(Pherecrates)等人的嘲笑。

125　參閱凱貝爾《希臘喜劇殘本》第1卷50頁，有關狄奧弗拉斯都斯的記載。

126　桑保拉斯是大流士二世的部將，參閱色諾芬《居魯士的教育》第2卷2節。

127　如果已經修正不會出現錯誤，那麼蒲魯塔克將本書第35章〈手足之情〉和第45章〈論天網恢恢之遲延〉呈獻給奎伊都斯，應該就是本章所提到的人物。

Modestus)說道：『你已經把它從行省帶了回來，在這裡應該感到很熱才對，是吧！』雖然這對犯下竊盜罪的總督是極其無禮的譴責，還是讓奎伊都斯聽到耳裡笑得樂不可支。就是蘇格拉底也會發生這種狀況，他要英俊的克瑞托布盧斯(Critobulus)[128] 參加選美會接受挑戰，結果這位年輕人笑著說他爲人友善，提出的建議絲毫沒有諷刺的意味。蘇格拉底還有一次受到亞西拜阿德的取笑，說他比阿加豐還會吃醋[129]。」

「要想取悅國王，得用勞苦大眾和普通百姓的口吻跟他說話。例如門下食客拿『難道我沒有出錢養你就得受你的氣嗎？』這句話，來回答菲利浦的戲弄。就是因爲沒有這方面的能力，所以才會去強調具備所不存在的優點和長處；現存一些確切的優點和受到認可的長處最爲重要，否則再多的陳述就眞正含義而言，反倒是變得模稜兩可。某人說要介紹放款人給家財萬貫的富翁，或是言之鑿鑿說是一個頭腦清醒只會飲水的老古板喝得爛醉如泥，或是將一位揮金如土又大方慷慨的男士稱之爲慳吝的小氣鬼，或是在法庭和衙門裡面威脅一位名聲顯赫的人物說是在阿果拉[130] 抓到他的把柄，這些閒言閒語產生的結果是引起大家一陣哄堂大笑。」

「居魯士[131] 向他的同伴挑戰，比賽他不擅長的項目，這種行爲表現仁慈的態度，讓人感到他的和藹可親。伊斯門尼阿斯(Ismenias)[132] 在向神明奉獻犧牲的時候吹奏笛子，沒有獲得吉利的徵兆，一位專業的樂師拿起笛子，用非常可笑的手法開始吹奏，對於旁觀者的指責，給予的回答是『快活的表演就是神明的禮物』，伊斯門尼阿斯笑著說道：『我的吹奏能夠取悅神明，所以才會延長典禮的時間；現在祂們爲了趕快擺脫你，只有馬上接受奉獻的犧牲。』」

6 「有人對於令人欽佩的事物用詛咒的言語開玩笑，他們的做法要是更爲老練圓滑，比起開門見山的讚譽方式會給人帶來更多的歡樂。有人用好聽的話來修飾他的指責，實際的效果可能更加尖酸苛刻，如同將一位惡棍稱爲亞里斯泰德，或將一位懦夫稱爲阿奇里斯，就像索福克利所描述的伊底帕斯，

---

128 色諾芬《會飲篇》第4卷19節，提到克瑞托布盧斯對於蘇格拉底的花費，當眾冷嘲熱諷一番，所以蘇格拉底才會加以反擊。

129 柏拉圖《會飲篇》213C；其實是蘇格拉底說亞西拜阿德非常嫉妒，見不得他與別人交往。

130 暗示阿果拉縱橫法界和政壇能夠呼風喚雨，成為各種活動的中心人物，事實上在雅典就是如此。

131 色諾芬《居魯士的教育》第1卷4節。

132 這個人出身底比斯的世家，參閱蒲魯塔克《希臘羅馬英豪列傳》之〈伯里克利傳〉1節。

這是我信任的多年老友克利昂[133]……

(其實，想把我趕出去，好用詭計將我抓住。)讚譽似乎是一種性質相對應的反嘲。安蒂塞尼斯(Antisthenes)[134] 習於用友情和善意將人們聚集在一起，蘇格拉底用名詞『迎合』和『拉客』來形容他的舉動[135]，就是反嘲的手法……[136] 哲學家克拉底到每個人的家中，見到主人總是用友善的態度自稱爲『不速之客』[137]。」

7 「譴責也可以表現感激之意，達成一種令人讚賞的歡樂，如同戴奧吉尼斯向安蒂塞尼斯所說的話：

他給我穿上襤褸衣衫成為窮漢，
逼我離開家庭外出到處去流浪。[138]

如果他說：『他使得我聰明、自主和幸福。』就無法達到同樣的效果。一個拉柯尼亞人裝出要與體育館館長打官司的樣子，因爲這位館長供應燒起來不冒煙的柴束；拉柯尼亞人說道：『由於他的關係，讓我們的眼淚都流不出來。』一位晚餐客人每天都與主人一起用膳，他竟然將主人稱爲『奴隸販子』或『無道暴君』，因爲在他的記憶當中，這麼多年來主人從來沒有看看自己的餐桌供應什麼飲食。」

「一個人經過拔擢從貧民成爲富翁，竟然抱怨他現在連閒暇和睡眠全都遭到剝奪，完全出自國王的算計使他徒呼負負。還有就是一個人的角色轉換，像是拿伊斯啓盧斯『倒空家中的醋』[139] 來申斥卡比瑞(Cabiri)，完全用開玩笑的態度提出不經意的威脅。說話的人認爲發生效力就會滿意，因爲酒已經有點變酸，只要保持實話實說的態度，對於受到讚揚的人而言，就不會使他們感到煩惱和困擾。」

---

133 索福克利的悲劇《伊底帕斯王》385行。

134 安蒂塞尼斯(445-360 B.C.)是犬儒學派的哲學家，他是蘇格拉底的弟子，後來在雅典城外的賽諾薩吉斯建立一個學院。

135 色諾芬《會飲篇》第4卷61節。

136 此處的脫漏約有四十餘字。

137 參閱戴奧吉尼斯·利久斯《知名哲學家略傳》第6卷86節。

138 瑙克《希臘悲劇殘本》之〈Adesp篇〉No.394。

139 瑙克《希臘悲劇殘本》之〈伊斯啟盧斯篇〉No.97；神明為了保證會有產量豐碩的天之美祿，祂會將帶來酸味的成分全部清除殆盡。

8 「一個人想要開玩笑的時候能夠運用圓滑的手法，必須明瞭病態的習性和正常的嗜好之間的差異(譬如，貪婪吝嗇和使酒任性與喜愛音樂和嗜好狩獵之間的大相逕庭)。對於前者的揶揄會使人惱怒，要是取笑後者會帶來愉悅。儘管如此，有個人正用西塔拉琴伴奏在那裡高聲歌唱，邁蒂勒尼的笛摩昔尼斯去敲他的門，朋友來應門並且邀來客進去，對於笛摩昔尼斯所說這句話：『你得先將西塔拉琴鎖好』，主人沒有感到絲毫的冒犯。黎西瑪克斯扔一個木頭製的蠍子到門客[140] 的斗篷裡面，這位門客害怕之餘緊張得跳了起來，等到他發現這是開玩笑以後，接著所說的話對門客而言就是一種羞辱：『閣下，現在我嚇到你了；趕快賠我一泰倫！』」

9 「還存在很多其他的差異，有些與身體的特徵發生關係。例如，長著鷹鉤鼻和獅子鼻的人經常被人調侃。卡桑德的朋友有次被狄奧弗拉斯都斯消遣一番，說是：『我很奇怪你的眼睛怎麼不會唱歌，否則你的鼻子爲什麼要爲它定出音調。』這位朋友聽了並沒有生氣。居魯士勸他手下一位有鷹鉤鼻的軍官，去娶長著獅子鼻的女士，說是兩個人配起來恰恰適合[141]。要是被人取笑說是有口臭或是發出不好聞的味道，難免就會勃然大怒。還有就是童山濯濯的禿子遭到戲弄，通常都會表現泰然自若的神色，要是對眼睛有殘疾的人也不知輕重，小心要遭到粗暴的反擊。安蒂哥努斯(Antigonus)[142] 經常拿本人是獨眼龍自我消遣一番，有次他接到一封陳情書，上面的字故意寫得很大，他說道：『這樣寫連瞎子都看得很清楚。』即使這位安蒂哥努斯儘管寬宏大量，還是處死開俄斯的狄奧克瑞都斯(Theocritus)[143]，原因出於有位人士向他說道：『只要站在國王眼前看得到的地方，他就會饒你一命。』狄奧克瑞都斯回答道：『你提到的救命辦法是不可能的事。』」

「帕西阿德提到拜占庭的李奧(Leo)眼睛生病所以視力不佳[144]；李奧向他說道：『你在數落我身體方面的殘缺，難道就沒有看到你的兒子肩上擔負著上天的憤怒。』因爲帕西阿德有個駝背的兒子。雅典政治家阿契帕斯是個駝子，他對麥

140 阿昔尼烏斯《知識的盛宴》第6卷246C，提到那位門客的名字是俾西斯(Bithys)。

141 色諾芬《居魯士的教育》第8卷4節。

142 這位是安蒂哥努斯一世，還說自己是獨眼巨人賽克洛普斯；就是亞歷山大的父親菲利浦為在戰場失去一隻眼睛，感到無比的驕傲。

143 狄奧克瑞都斯是一位詭辯家，經常出口傷人，有次還得罪亞歷山大；參閱本書第1章〈子女的教育〉14節。

144 參閱本書第6章〈如何從政敵那裡獲得好處〉4節注23。

蘭修斯非常生氣，因爲這位悲劇作家說阿契帕斯站在眾人面前身體傴僂，不像一個頂天立地的領導人。有些人用溫和寧靜的神色忍受這種苦惱，如同安蒂哥努斯的僚屬，要求一泰倫還未到手，還要回答安蒂哥努斯的挖苦，問他用那隻肩膀去扛那一泰倫的錢，他說：『請求派出護送隊和衛士，免得有人在半路打劫。』每個人對於身體的外觀有迴然不同的看法，引起惱怒的部位也都因人而異(伊巴明諾達斯與麾下的軍官一同用餐，經常會飲一杯變酸的葡萄酒，他們問他這樣做是否對身體的健康有好處，他回答道：『這點我不知道，卻可以讓我記得在家裡吃的伙食』)。因此一個人想要任性的取笑別人，他必須對在座人員的性格和氣質都有深入的了解，然後試著用一種歡樂和愉悅的方式與大家交談。」

10「愛情是非常複雜的情緒，對於調侃和戲謔所持態度可以說是各有不同，有些愛人只要受到取笑就感到苦惱，也有一些人覺得極其快意，向他們打趣一定要掌握正確的時間。如同一場火災[145] 在初期階段，弱得只要起一陣風就可以將它吹熄，等到範圍擴大以後，火勢會變得愈來愈強以致不堪收拾。因而愛情在初期會躲躲藏藏，被人發覺就會生氣和苦惱，等到戀情炙熱變得眾所周知，帶著笑容面對大家的作弄，因爲這樣會對圓滿的結局有很大的幫助。當著所愛之人的面前，聽到有人調侃愛情，比起其他任何傳聞，更能讓他們感到舒暢欣慰。如果他們所愛的人是自己的妻子或是對文雅的年輕人一種慷慨無私的愛情，要是這些對象受到大家的揶揄和戲謔，他們就會興高采烈覺得非常驕傲。阿昔西勞斯(Arcesilaus)[146] 的講座上面，一位正在熱戀之中的旁聽生提出一個命題：『我的看法是沒有人會爲外在事物動心。』阿昔西勞斯指出有一位年輕人坐在發言的紳士旁邊，而且這位旁聽生也是相貌非常英俊的青年，於是他說道：『我的推論是你不會對身邊的這位小夥子動心，是不是？』」

11「現在我們轉過來考量一下來賓參加宴會應有的榜樣。朋友和同好當著他們的妻子、父親或老師的面，說了一些取笑的話，就會使得當事人見怪；這時的言行舉止應該以取悅這些人最爲重要。我的意思是團體當中有一位哲學家的時候，這個人受到取笑在於他赤腳在外行走或是夜間很晚還在寫

145　這是西塞羅在《論演說家》第2卷54節當中，引用英紐斯(Ennius)所說的話。

146　阿昔西勞斯是柏拉圖學院創始人之一，特別重視基礎教育，對這方面有很多著作，闡明他的學說和觀念，現在均已失傳。

作；或是當他的父親在聽他們談話的時候，要責怪他的過分省儉；還得要他的妻子聽到，除了她的奴隸和侍女，沒有其他婦女成爲他的愛人；就像泰格拉尼斯(Tigranes)[147] 那樣，居魯士問到他：『如果你的妻子聽到你帶著妓女出遊會怎麼樣？』回答是：『她何必需要聽到，總是親自送我們出門。』」

12 「想要使取笑盡量不傷感情，在於說話的人處於相同的狀況或是像是在消遣自己。例如一位窮無立錐之地的人譏諷某位寒士，或是出身低下的賤民批評別人的家世，或是一位愛人在談論別人的戀情。只要說話人處於同樣的地位和身分，取笑的行爲並非出自無禮而是要使人感到樂趣，否則就會帶來憤怒和製造苦惱。像是國王有一位自由奴，倒是可以把他發跡成爲新貴的狀況說一下：他的行爲非常粗鄙，喜歡擺出浮誇的排場，經常找一些哲學家陪他晚餐，有次用餐完畢他問大家，爲什麼無論白豆或黑豆，煮出來同樣是黃色的湯汁。亞里迪斯(Aridices)[148] 反過來問他，爲什麼無論白色或黑色的鞭子，打在背上都是紅色的笞痕，影射他過去的遭遇使他氣得要死，只有不發一語離開設宴的大廳。」

「塔蘇斯的安菲阿斯(Amphias)取笑總督的朋友家世寒微，自知說錯馬上閉嘴接著說道：『我的出身跟你不分上下。』然後大家付諸一笑，據說安菲阿斯的父親的職業是園丁。一位演奏豎琴的樂師帶著歡娛的神色大聲抨擊菲利浦，說他無論在學識和職位方面很遲才有點成就，等到菲利浦想要在音調和音階這些問題與樂師做一番辯論，這位豎琴家說道：『閣下，你對這方面的知識比我了解的還多，看來你的處境並不壞。』[149] 樂師指責菲利浦還不讓他感到冒犯，這種事情聽起來眞是不可思議。因而有些喜劇作家用嘲笑自己，盡量減少尖刻的言詞造成傷人的效果。像是亞里斯托法尼斯對禿子的描述[150] 及對阿加豐與情人分手場面的刻畫[151]，還有克拉蒂努斯(Cratinus)[152] 出版的《酒瓶》……」

---

147 泰格拉尼斯是一位亞美尼亞的王子，色諾芬在《居魯士的教育》中經常提到他的名字，說他熱愛妻子，願意犧牲性命也不讓她遭到半點委屈。

148 亞里迪斯是阿昔西勞斯的門生，這個故事可以參閱阿昔尼烏斯《知識的盛宴》第10卷420D。

149 這樣的記載實在讓人難以相信，無禮的言詞和態度會帶來喪命之憂，身為宮廷的樂師豈能不知它的嚴重性；或許是奉承者用這種方式，凸顯菲利浦寬闊的胸襟和仁慈的性格。

150 亞里斯托法尼斯的喜劇《和平》767行及771行。

151 亞里斯托法尼斯的喜劇《青蛙》83行，扮演阿加豐的角色要前往馬其頓。

152 克拉蒂努斯是西元前5世紀活躍於雅典的「早期喜劇」劇作家，他的作品以抨擊時政和裝瘋

13 「尤其需要注意之處，就是開玩笑是在不經意之間發生，或許有人提出問題所引起，也可能是藉機會要消遣一番；絕對不要有前置和準備的時間，好像是事先安排好的娛樂。如同我們易於容忍某位在座人士的脾氣突然爆發，或是酒宴這個小圈子裡出現內訌；然而任何一位局外人的羞辱或擾亂，就會被看成仇敵和可恨的傢伙。只要玩笑發自本心毫無虛假，針對當前的狀況而產生，我們當然會諒解予以優容；如果戲弄與談話的內容沒有關係，這時就會認定這種行爲是事先計劃好的侮辱。例證就是泰瑪吉尼斯提到那個婦女的丈夫就感到難過，因爲

你犯下第一個大錯是聽任
令人作嘔的冥想存在內心。[153]

所以他對哲學家阿瑟諾多魯斯(Athenodorus)[154] 提出的問題，即『愛何以對一個人的子女是理所當然之事？』」

「時機不宜和離題太遠對於談話而論，特別強調是帶有惡意的侮辱。如同柏拉圖所說的那樣：人們爲開玩笑付出最大的懲罰在於他們使用的語句，至於情節部分是否合於事實倒是無關緊要。一個人要有這方面的認識，還能成爲柏拉圖的見證[155]，須知戲謔和調侃應有優雅的風度和高尚的品味，這是受過良好教育的男士最基本的要求。」

問題二：為何人在秋天變得更為饑餓？
參加者：色諾克利、蒲魯塔克、格勞西阿斯和蘭普瑞阿斯

伊琉西斯的神秘儀式結束以後，整個祭典到達最熱鬧的高潮，我們在公眾演

(續)

賣傻知名於當代，現在提到這個喜劇《酒瓶》。僅知道名稱和遺留的詩文殘句。

153 瑙克《希臘悲劇殘本》之〈Adesp篇〉No.395，按照阿昔尼烏斯在《知識的盛宴》第14卷616C的說法，特勒斯弗魯斯對詩文的引用出現錯誤，看來與歷史學家泰瑪吉尼斯沒有關係。

154 有兩位來自塔蘇斯的斯多噶學派哲學家名叫阿瑟諾多魯斯：一位是小加圖的朋友，過世的時間是70 B.C.；另外一位是奧古斯都的知己。要說受到泰瑪吉尼斯的詢問，應該是後面那位才對。

155 柏拉圖《法律篇》717C-D及935A。

講術教授格勞西阿斯(Glaucias)[156] 的家中用膳。等到其中有幾位先用完晚餐，德爾斐的色諾克利如同往常一樣，開始取笑我的兄弟蘭普瑞阿斯，說他是「皮奧夏的老饕」。我爲了幫助自己的兄弟，就對色諾克利發起口頭的攻擊，因爲他贊同伊庇鳩魯的學說，成爲忠誠不渝的擁護者，於是我說道：「閣下，快樂有它的限度和極致，並非所有的人都能將痛苦除去[157]。蘭普瑞阿斯推崇逍遙學派和畫廊學派先於學院學派，所以他必須主動出面爲亞里斯多德作證，因爲這位哲人說過，人在每年的秋季感到最爲饑餓。他雖然提出支持這個論點的理由，只是我已經記不得了。」

格勞西阿斯說道：「最好是大家用餐完畢以後，進行討論去把所說的理由找出來。」

等到餐桌清理乾淨，然後開始發言，格勞西阿斯和色諾克利兩人都把原因歸之於秋季的水果，只是每個人所持的理由大不相同。前者認爲水果可以清理腸胃，空虛的體質產生強烈的食欲。色諾克利提到大多數水果具備色香味的性質，比起佳餚美酒更能使我們的肚皮感到饑餓。有人胃納不佳喪失食物的味道，只要吃一口水果，就能恢復元來的食欲。蘭普瑞阿斯的見解是身體的活動需要消耗養分，造成的虛弱使得體熱會因而消散，這在炎熱的夏季對我們的影響不大；秋天由於身體的冷卻和凝固作用，要將營養聚集和儲存起來，才能強化生長的過程。

我爲了不讓人認爲我對談話沒有任何貢獻，提到夏天由於炎熱所以消耗較多的體液，我們變得更爲口渴；自然界在氣候轉變的過程中會尋找其他的極端，如同慣常的方式，它會使得我們更爲饑餓，要爲身體的組織補充固體食物；然而沒有人能說食物本身對於形成的因果關係絕對不發生任何作用。從另一方面來說，準備好的食物不僅有麥餅、豆莢、麵包和麥粒，還有剛宰殺的產品，那是各種新鮮的肉類，牲口經過一年的飼養已經很肥，味道比起留存已久的醃製物更要美好，樂於讓人分享可以大快朵頤。

問題三：先有母雞抑或雞蛋？

參加者：亞歷山大、蘇拉、福慕斯、索休斯．塞尼西歐

---

156 格勞西阿斯是雅典演說家和蒲魯塔克的朋友，還參加後面幾個問題的討論，不像下面提到的色諾克利，只在這裡出現一次。

157 參閱西塞羅《論目的》第1卷11節，以及烏西尼爾《伊庇鳩魯學派殘卷》397頁。

1 我有很長一段時間不吃雞蛋，完全是夢中的情境作祟。雖然我不信邪偏要試試，結果一枚雞蛋的效果如同一個活躍的卡里亞人(Carians)[158]，睡覺當中出現的幻象是如此的清晰而頻繁。索休斯·塞尼西歐舉行的晚宴當中，我的一位同伴懷疑我已經相信奧菲烏斯或畢達哥拉斯的信條，竟然把雞蛋當成一種禁忌，將它視爲創造生命的第一原則，如同有些人看待心臟和頭腦，認爲這些器官具備類似的功能。伊庇鳩魯學派的亞歷山大帶著調侃的意味，朗誦下面的詩句：

我們不能任性吃豆，
像是吞下父母的頭。[159]

表示的意義完全出於雙關語，有些地方的人民將雞蛋稱爲kuamoi(豆子)與kuesis(安胎)；所以他們認爲吃雞蛋與吃產自雞蛋的動物沒有什麼不同。我向一位伊庇鳩魯學派的人士做一番解釋，說是我所以不吃雞蛋的理由要是與夢有關，聽起來好像比理由的本身更難以讓人信服。所以我說我並不想否定他們的論點，雖然亞歷山大多才多藝而且學識淵博，我還是將他取笑一番。

2 根據本文的次序首先出現蛋與雞的問題，接著進入我們的談話之中，一個棘手的項目給研究者帶來很大的困難。與我有共識的蘇拉特別提到，即使再細微的題目都可以作爲工具，用來動搖屹立不移極其穩固的事實，像是世界的創造和建立諸如此類重大的問題；同時他表示不願參加我們的辯論。接著亞歷山大非難這項探索所依循的理由，已經無法產生確切的解答。

我的親戚福慕斯(Firmus)[160] 說道：「那麼此刻我們可以借用你原子論創立的假定，亦即細小質量是大件物體的元素和起源，同樣可以用來證明蛋的存在先於母雞；根據常理我們知道蛋的構造比較簡單，母雞是組織複雜和器官繁多的有機體。一般而論，原始成因最早出現，植物的種子就是一種原始成因；就某方面來說蛋比植物的種子要大，卻又比生它的動物爲小。公認的發展過程存在於先天的優點和完美的長處之間，從種子到有生命的動物，自然的途徑所能獲得的中介發

158 當時的奴隸通常來自卡里亞，所以卡里亞人給大眾的印象如同凶惡的奴隸販子。

159 克恩(Kern)《奧菲烏斯的殘卷》(*Orphicorum Fragmenta*)No.291；參閱阿昔尼烏斯《知識的盛宴》第2卷65F。

160 提到的福慕斯不會是他的女婿，因為他的女兒幼年夭折，很可能是他姪女的丈夫。

展就是蛋。他們提到動物體內最早形成的部分就是動脈和靜脈，可以用來支持舉出的理由，蛋之所以先於母雞而形成，在於包容物較之被包容物居於領先的地位。討論藝術的內涵，構思和概念的部分首先形成，接著是物體所有的細節能夠清楚的表達；基於類似的道理，雕塑家波利克萊都斯說起工作最困難的部分，在於指甲接觸到泥土的一剎那間[161]。」

「事物的出現也是如此，自然界受到溫和的擾動慢慢有第一階段的成品，像蛋一樣沒有明確和實在的形狀；後來這個形狀接受外觀和輪廓，活在世間的動物因而產生。正好就如同毛蟲開始已經存在，乾燥以後組織變得脆而易碎，裂開的部分釋放出另外一種有翅能飛的生物，稱之爲psyche(蝴蝶)；因而根據類比的法則，蛋作爲生殖材料而存在於先驗的理論。每一種蛻變的過程當中，形體的產生有相應的因果關係，蛻變必須優先於形體，形體則是蛻變的結果。樹木上面發現的『樹皮甲蟲』即『鑽木蟲』，牠們生長在木頭裡面，何以基於潮濕的原因會成比例的腐爛和分解。沒有人能夠認定這是正確的主張，亦即事物的存在與它的形成不具因果關係，也與時間的先後毫無序位的差別。然而如同柏拉圖所說的那樣，由於事物都有根源，用來養育它的東西都已存在[162]。所以萬事萬物無論創始於何處，都有它需要的材料。」

福慕斯露出笑容接著說道：「還得多講幾句，奧菲烏斯的神聖教義：『我必須一再叮嚀讓人們明瞭眞理』，不僅宣稱蛋的存在年紀要較母雞爲大，同時他的貢獻在於絕對的原生性超越所有的事物，而且沒有任何例外。如同其他的準則，希羅多德所說：『讓虔誠的沉默能占上風。』[163] 怎麼說都不太像是一種神秘的口訣。雖然世界包括很多種類的生物，有人可能會說，從蛋中孵出來的種類不會很少。相反的是從蛋產生空中和海洋無數的動物，就是拿陸地的動物來說像是蜥蜴；還有凶狠的爬蟲像是鱷魚；兩隻腿的動物像是鳥類；還有蛇類的沒有腿和腳；長有很多隻腳的蝗蟲。因此戴奧尼蘇斯的奉獻儀式，將蛋尊爲神聖的象徵，並沒有什麼不合理的地方，在它的內部孕育和包容的事物難以列舉。」

---

161 狄爾斯、克朗茲《希臘古代哲學殘卷》No.1，提到波利克萊都斯；無論是指甲接觸泥土，還是畫筆接觸畫布，還是手指接觸琴鍵，那一刹那之間就是功力的表現；所謂藝術的偉大在於技巧的偉大，就是這個道理。

162 柏拉圖《泰密烏斯篇》49A、50D及53D。

163 希羅多德《歷史》第2卷171節，提到埃及人在塞埃斯舉行的神秘祭典，以及辦理祭祀德米特的帖斯摩弗里亞節慶。

3 等到福慕斯說完話以後，塞尼西歐特別指出，最後的項目完全出自福慕斯的想像，也是他首先要反對的要點。他繼續說道：「福慕斯，請不要妄自菲薄，現在你不是在諺語上面開一扇門，而是將全世界打開放在我們眼前。要知道這個世界先驗存在的任何事物，實際上在所有事物當中具備最完整的特性，因而它能支持我提出的理由，亦即完整早於非完整合乎自然之道；如同完美之先驗存在於缺陷；或整體之先驗存在於部分。要說部分的存在於根本沒有部分之前，這種觀點可以說是毫無道理可言。因而沒有任何人能說人是精液的一部分，或者母雞是蛋的一部分。我們倒是應該說蛋是母雞的一部分而精液是人的一部分；因而蛋和精液各自後於母雞和人，能從母體獲得繁殖的能力。然後追本溯源完全是大自然所賜的恩惠。萬物都需要歸屬到各自的種類，因而它們的意願是與其他的種類形成分離。事實上，未來發展的原動力已經受到限制，需要生產同類的產品，凡是沒有生存和無法生存的東西就沒有需要。」

「毫無疑問我們看到的蛋是自然形成的組織，欠缺像動物所擁有的軀體和架構，以及所有的器官和脈管。地面出生的蛋不值得在書上大登特登，詩人提到坦達里烏斯的兩個兒子[164]，都是從天上降落的蛋裡面生出來。然而在我們這個時代，地面生產的動物已到達完整和完美的程度，像是埃及的老鼠[165] 和到處可見的蛇、青蛙和蟬，如同現存的成果是一種外來的異質，無關乎最初成因和能量。奴隸戰爭[166] 期間的西西里，大量血液和未經埋葬的死屍污染地面，繁殖不計其數的蝗蟲像是爆發出來一樣，散布到全島每一個角落，啃吃的結果是摧毀所有的農作物。這些動物從地裡生長出來，它們從土壤當中吸收養分，可以創造出一種有助於未來發展的殘餘物，產生的刺激作用使得相互吸引，增加交尾的次數，爲了繁殖後代自然是卵生，還有一些是胎生。可以很清楚的知道，動物從地表獲得最初的根源，然而卻從相互之間的關係和運用不同的方式，履行各自發展出來的生殖作用。」

「通常會有『子宮的存在先於婦女』的說法，子宮對於嬰兒有如雞蛋對於小雞，都在裡面受孕然後獲得生命。因而誰能提出問題說是爲何蛋不存在而家禽可

---

164 就是卡斯特和波拉克斯這對孿生子；至於海倫從蛋中出生早已證實，阿昔尼烏斯《知識的盛宴》第2卷57F，提到生出海倫的蛋是從月球上面降落下來。

165 參閱戴奧多魯斯・西庫盧斯《希臘史綱》第1卷10節，以及奧維德《變形記》第1卷422行及後續各行。

166 西西里曾發生兩次大規模的奴隸暴動事件，第一次是135-132 B.C.，第二次是在104-100 B.C.，都被羅馬的軍團敉平。

以出生，這與問到男人和女人何以出生在生殖器和子宮存在之前，又有什麼不同。眞正的原因在於絕大多數的部分與整體同時存在。唯有各部分的生存才有能量，有了能量才有活動，有了活動才有結果。精液和蛋是各部分的生殖能量獲得的結果，因而隨之是整體的創造。還要考慮下面的說法：正如同食物的消化不可能先於動物本身的存在，精液或蛋也不可能發生類似的現象。我認爲某些消化和移轉的作用是常有之事，自然界不會擁有動物的食物所形成的殘餘先於動物本身的存在。儘管如此，精液可以提出符合第一原則的要求，蛋卻無法滿足第一原則的定義(因爲它不能存在於前)，也不能具備整體的性質(因爲它的非完整)。」

「那麼我們不能說一個創造物的出生沒有可以關聯的基本原則，然而我們可以說生殖的原則在於能量引起事物最早的變化，能量使得結合和交媾獲得豐碩的成果。我們認爲蛋與血液和奶汁一樣，都是動物消化養分以後的產品，沒有看到蛋的形成是來自泥土，只有它的結構和製程發生在活著的動物體內。單性繁殖的生物可以說是不計其數，鰻魚就是其中之一，人們捕獲很多這一類的魚，從來沒有發現精液或卵，即使將一個地方的水全部排乾，泥土也都刮除，等到水聚集起來，又有活的鰻苗出現。無論生殖所需要的別種因素爲何，出現的時間當然會比較晚一些，即使現在形成的個體與來自別的成因有所區隔，必然優先於原始的創造物。鳥在產卵之前先要結巢，婦女在分娩之前先要準備嬰兒的衣物，你不能說鳥巢的存在先於卵而衣物的存在先於子女。」

「柏拉圖說『大地無須模仿婦女而是婦女以大地爲師』[167]，所有的雌性動物都是如此。可以獲得同樣的推論，最早的動物從大地出生，且其完全成長和自給自足皆來自母體的完美和力量。因爲自然界的弱勢無法對母體做出進一步的設計和安排，所以大地的生殖過程不需要具備此種功能的器官、翅鞘和脈管。」

問題四：角力是否就是最古老的運動[168]？
參加者：黎西瑪克斯、蒲魯塔克、索西克利、菲利努斯

科羅尼(Corone)的索西克利[169] 在德爾斐的阿波羅神廟，超越所有的詩人贏

---

167 柏拉圖《麥內克西努斯篇》238A。

168 有關各種運動的起源、種類和次序，可以參閱哈里斯(H. A. Harris)《希臘的運動選手和競賽項目》(*Greek Athletes and Athletics*)24頁。

169 科羅尼就是科羅尼亞，這是皮奧夏一個小鎮，394 B.C.斯巴達人在此打敗底比斯的盟軍；索

得優勝，我們舉行宴會祝賀他獨占鼇頭。運動會的競賽日期即將接近，大部分的談話都與角力家有關，很多著名的選手要前來比個高下。安斐克提昂會議的城邦代表黎西瑪克斯當晚在場，說是他最近聽到一位文法學家如此表示，角力在所有運動當中是最古老的項目，甚至它的名稱就是明顯的證據，有充分的理由可以假定(這是文法學家說的)，目前的競賽規則使用的術語，設立的時間可能更要早一些。例如有人會說笛子已經tuned(調好音)，要是說起笛子的音調，有人用術語加以表示，稱之爲strokes(撫弦)，這種慣用語來自七弦琴的指法。有人將palaestra稱爲所有運動員練習的「場地」，可以用來推論與pale(角力)這個字有關，在其他的運動可以分享之前，這是後來才出現的狀況，最早都是被角力手占據。

我說這不算強有力的證據；「場地」的命名由來並非角力是最古老的運動，而是只有這種形式的運動在比賽的時候，需要土俵、灰包和邊環。還有就是在「場地」裡面不辭辛勞的人，並非參加賽跑和拳擊之類運動，而是角力或者在擁擠和混亂的格鬥場，須知格鬥的激烈在於是混合拳擊和角力。我說道：「除此以外，大家可以想一想，角力是所有運動當中最講究技巧和最富於詭計的項目，如果同時又獲得最古老的聲譽，這種道理能夠講得通嗎？最早產生的項目需要的條件是簡單、樸實、完全靠體能無須經過協調的技巧。」等到我說完以後，索西克利說道：「你的話沒錯，我要用語源學肯定你的觀點，根據我的看法pale(角力)這個字來自paleuein(詭計)之意，也就是『運用謀略制服對手』。」

菲利努斯說道：「依我看來這個字來自palaiste(手掌)，角力手的較量主要運用手的這個部位，其他像是拳擊手用的是pugme(拳)，因此一種活動稱爲pugme(拳擊)，另外一種稱爲pale(角力)。還有另外一種可能：詩人所說palunai(遍撒一地)，就是我們看到的palaistai是角力手使用的『粉』或『粉狀物』，也可能用這種方式使得文字衍生眞正的意義。我們可以進一步的考量，賽跑選手的任務難道不是要盡可能加大各人之間的距離和空間？拳擊選手在比賽的時候，不管他們的鬥志多麼高昂，裁判絕對不允許兩個人扭打抱成一團，在我們的眼中只有角力選手緊緊擁抱不放，大部分的競賽動作，無論是正面和側背的攻擊，或者正面和側背的防禦，兩個人不會鬆手更不會形成混戰。獲得明顯的推論，pale(角力)的得名來自plesiazein(拉近摔倒)和pelas(貼身制服)。」[170]

(續)

西克利是一位詩人也是蒲魯塔克的朋友。

170 看起來這些說法實在過於牽強附會，真正的語源還是不得而知。

問題五：荷馬在他的著作中安排一系列的體育活動，就提到的次序來說，為何最先是拳擊、其次是角力，最後是賽跑？

參加者：黎西瑪克斯、泰蒙、麥內克拉底、蒲魯塔克和其他人士

1 等到菲利努斯說完上面的話接受我們的嘉許，黎西瑪克斯重新說道：「此外，有誰能說出最早的體育競賽是什麼？如同在奧林匹克運動會那樣會是賽跑？(此處脫落的字數不詳)……他們一個項目接著一個項目向大家介紹競賽選手，幼童角力手之後是成年角力手，加上拳擊手和格鬥士，只有幼童通過以後，成年人才一一呼名進場。不論我們如何考量，看來荷馬並非展現暫時性的次序，在他的作品當中只要出現體育比賽總是拳擊列在首位，其次是角力，賽跑殿後。」

帖沙利的麥內克拉底露出驚訝的神色說道：「啊！偉大的海克力斯，這些我們怎麼都沒有注意！如果你有荷馬的詩篇在手中，不妨讓我瀏覽一下，好能重新記得這些事。」

泰蒙說道：「好吧！這些話每個人都聽到了。同時我也可以這麼說，佩特羅克盧斯(Patroclus)[171] 的葬禮當中，體育競賽的節目是按照這個次序。詩人指使阿奇里斯向尼斯特所說的話，保留原來的先後順序沒有變更：

我因而給予你的獎賞，
不是你奮戰過的拳擊，
角力或盡全力的賽跑，
以及致命的標槍投擲。」[172]

「還有就是荷馬要讓一位年老的紳士嘮嘮叨叨的回答，好像這位長者的意願在於

我要擊倒厄諾普斯之子克利托米狄斯，
角力我要降服普琉朗的兒子安西烏斯，

171 佩特羅克盧斯是明尼久斯之子，阿奇里斯的結義兄弟和密友，被赫克托所殺，阿奇里斯為他舉行盛大的葬禮，參閱荷馬《伊利亞德》第23卷。

172 荷馬《伊利亞德》第23卷620行及後續各行。

> 最後賽跑勝過伊斐克利使他側目而視。[173]

再就是他要奧德修斯迎戰斐亞賽人

> 拳擊、角力或者賽跑，
> 各種項目隨便你們挑。[174]

以及亞西諾斯所提最低限度的試探，

> 我們並非優秀拳擊手，
> 角力缺少訓練不純熟；
> 唯有賽跑是真正強項，
> 腳程勝過奔馳的猛獸。」[175]

「他沒有胡亂使用任何臨時決定的次序，現在這個樣子下次又換種方式，完全遵從那個時代的傳統以及事物的習慣性做法，等到大家都能接受，他們盡可能長久保持古老的順序。」

2 我的兄弟講完以後，我說除了無法贊同有關次序的解釋，其餘的說法都很正確。比賽的運動項目之中，要說拳擊和角力較之賽跑出現更早，雖然有人持這種觀點，看來未必眞有其事。同時我臨時心意一動，就說所有的運動似乎都在摹擬戰鬥的動作，用來加強體能和戰技的訓練。舉行全副武裝的賽跑是在所有其他項目之後，可以證明體育和競賽的目的是爲了適合軍事的要求。從事實得知，獲勝的運動員進入城市，允許他們摧毀或拆除一段城牆，所要表示的含義是：一個城市擁有能夠戰鬥和進行征服的人員，對於城牆沒有多大的需要。拉斯地蒙規定只要在運動會獲得勝利冠冕的人員，允許在對陣的戰線上面選擇位

173　荷馬《伊利亞德》第23卷634行；這裡是皮洛斯國王尼斯特回想他當年參加競賽的狀況，提到被他擊敗的克利托米狄斯(Clytomedeus)、安西烏斯(Ancaeus)和伊斐克利(Iphicles)，都是這些項目的高手。

174　荷馬《奧德賽》第8卷20行。

175　荷馬《奧德賽》第8卷246行。

置，也就是說戰鬥的時候可以站在國王的旁邊[176]；動物當中只有戰馬能夠參加凱旋的行列和競賽的場地，牠們的習性和訓練適合於陪伴戰鬥人員，一起投身慘烈的戰爭。

我繼續說道：「如果我的陳述迄今爲止在推論方面都沒有差錯，那麼讓我們做進一步的考量。戰鬥人員首要任務在於攻擊和自衛，他們的次要任務是在肉搏近戰之際，竭力抗拒和壓制對手。據說斯巴達人在琉克特拉吃了敗仗，因爲我方的人員都是經驗豐富的角力手，所以在伊斯啓盧斯的詩篇，他把一位全副武裝的戰士稱爲『身著鎧甲又力大無窮的角力士』[177]；索福克利提到特洛伊人說他們是『戰馬的愛人、強弓的射者和緊握盾牌的摔角手』[178]。士兵第三個工作是敗北逃走和獲勝的追擊。說起拳擊名列榜首，角力保有次席而賽跑敬陪末座，倒也不是沒有幾分道理。因爲拳擊在於模仿攻擊和防禦，角力是近身搏鬥的揪扭和奮戰，賽跑使得一個人能從戰場奔逃求生或者追逐潰敗之敵。」

問題六：為何樅、松以及類似它們的樹木不能接枝？
參加者：克拉托、斐洛和索克拉魯斯

1 索克拉魯斯(Soclarus)在他那位於西菲蘇斯河畔的花園款待我們，展現在大家眼前的是造形非常奇特的樹木，種類繁多，全部經由所謂接枝的方法而成：我們看到橄欖樹長在乳香木的樹幹上面，石榴和桃金孃的枝葉生在一起；橡樹結著甜美的梨子，篠懸木容許蘋果的芽插，無花果也與桑樹嫁接，還有其他混雜的樹木目的是爲了生產甜美的果實。因此在座人員開始調侃索克拉魯斯，就大家恭維的說法，他培育出來的品種和樣本，較之詩人筆下的人面獅身怪和吐火獸，令人感到更爲驚異不已。克拉托提出一個問題要我們討論，爲何植物之中只有常綠樹天生無法接受混種的嫁接，無論是konos(針葉樹)[179]（這是他說的)之中的柏、松或樅莫不如此，其他品種的苞芽都不能在它們的枝幹上面生長。

---

176 蒲魯塔克《希臘羅馬英豪列傳》之〈萊克格斯傳〉22節，斯巴達人認為戰死在國王的身邊是最高的榮譽。

177 貝爾克《希臘抒情詩集》第2卷242頁No.5。

178 瑙克《希臘悲劇殘本》之〈索福克利篇〉No.775。

179 蒲魯塔克用konos這個字表示「針葉樹」真是晦澀令人難解；有些哀歌體的詩篇認為作者是柏拉圖，提到樹木都會帶有田園的背景和韻味。

2 斐洛回答道：「克拉托，學問淵博的人士對於事物都能說出一番道理，農夫也會加以肯定認爲所言不虛。他們提到油脂對植物有害，你可以看到無論那種樹木接觸到油類，很快就會枯萎[180]，我們知道蜜蜂也是如此。剛才你提到的樹木先天具備的性質就是飽含樹液，分泌出來成爲松香和樹脂。他們在樹幹上面砍個缺口，可以收集流出來的汁液。排出油質液體的木頭，劈開以後可以用來作爲引火的材料，富於油脂的物質乾燥以後會閃耀發光，如同油會與其他液體分離一樣，這些樹木也不會和其他種類混合在一起。」

等到斐洛說完以後，克拉托提出他的觀點，樹皮也會造成這樣的後果；由於這些樹木的樹皮不僅薄而且乾燥，無法供應苞芽可以維持生存的環境，同時也難以附著其上；要是樹皮潮濕而柔軟，插枝在它的下面很容易接受。

3 索克拉魯斯的發言可以看出他的觀察具備一流的能力，說是植物需要將它的養分輸送給苞芽，特別是這種養分要能容易轉變，使得苞芽可以加以控制和吸收。他說道：「我們首先要打碎泥土使它變軟，耕種是一種養分轉變的過程，使得植物容易適應和依附，緊密和堅硬的土地很難進行轉變的作用。這些樹木的材質很緊密，無法控制養分和加以運送所以不能進行化合作用。」

最後索克拉魯斯繼續說道：「再者，可以明顯看出，接枝的台木對苞芽如同執行土壤的功能；土壤和台木必須供應充分的養分和結實條件，因此他們選擇產量最大的植物，用插枝和壓條的方式將苞芽接到台木上面，如同我們將嬰兒交給乳汁最豐碩的婦女來哺養。像是樅、柏以及所有的針葉樹，我們看到它們的結實可以說是乏善可陳。正像有些人過於肥胖以至於大部分都無法生育(因爲他們將養分用在自己的身體，剩餘之物不足以供應生殖所需)。像這類的樹木將養分全部花在本身，增加它的體積長得極其高大，不會生長果實或是長出的果實很小而且成熟很晚。一個人對於任何生物在養分貧瘠的環境之下不能成長，無須感到過分的驚訝。」

問題七：有關七鰓鰻或鯽魚[181] 的傳聞為何？
參加者：奇里摩尼阿努斯、蒲魯塔克和其他人士

---

180 參閱柏拉圖《普羅塔哥拉斯篇》334B，認為橄欖油對於所有的植物和動物的皮毛，都會造成傷害。

181 或稱吸盤魚，參閱普里尼《自然史》第9卷79節，以及湯普生《希臘魚類辭典》68-79頁。

1 有次宴會供應很多種小魚給我們食用，特拉勒斯的奇里摩尼阿努斯(Chaeremonianus)[182] 指出其中一種，有著尖銳而伸長的魚頭，認爲外形很像七鰓鰻。他說他看到這種魚是在啓航離開西西里的時候，總算是見識到牠具備的威力，眞是讓人感到無比的驚奇。守望者看到一條七鰓鰻黏附在船體的外側，馬上把牠捕獲，此後整個航程極其順利，能夠保持正常的速度一點都沒有耽誤；否則不會有這麼好的效果。

聽到這方面的敘述，有人取笑奇里摩尼阿努斯竟會相信虛構和揑造的謊言；還有人閒聊說是與事物的相剋[183] 有關；其中一位來賓聽到以後舉出若干一物剋一物的例子：公羊只要看一眼就能阻止發瘋的大象；如果你用一根橡樹枝子指著蝮蛇再輕輕碰牠一下，這條蛇立即停住不動；用無花果樹製成欄柵將野牛圍住，牠就安靜下來變得較爲溫和；摩擦琥珀可以吸住各種細微的物品，只有羅勒的葉子和被油浸濕的東西除外；天然磁石不能吸住塗過大蒜的鐵器。這些事項倒是可以進行明確的測試，只是很難找出它的成因，當然並非完全不可能做到。

2 我特別提到所有這一切事情，與其規避問題還不如解釋原因。我繼續說道：「讓我們多想一想，很多事物在偶然狀況之下，基於存在的原因得知名實不副。例如，要是一個人認爲葡萄成熟與Agnus castus(純潔樹)大有關係，如同他們所說

葡萄收成要等神聖的樹木開花。[184]

或者說油燈出現燭花表示悶熱而陰鬱的氣候；或者畸形扭曲的指甲就內臟的潰瘍來說不是起因而是徵候。」

「上面這些說法都陪伴著出於相同成因的條件，然而我對於船舶航行的緩慢和吸附七鰓鰻這兩件事，只需要找出一個成因就可以解釋清楚。當一條船處於堅固的狀況，所有的船材不像是吸滿水分的原木，它的龍骨自然會輕快的滑過海

182 這位平民原來的名字叫作奇里蒙(Chaeremon)，因為特拉勒斯地震以後，他對復建工作有很大的貢獻，所以賜給他這個名字以為表揚。

183 凱利瑪克斯揭發一位人物，就是門德的波盧斯(Bolus)，說他假借德謨克瑞都斯之名，發表一部稱為《相生與相剋》(*Sympathies and Antipathies*)的著作；參閱狄爾斯、克朗茲《希臘古代哲學殘卷》之〈德謨克瑞都斯〉No.300。

184 瑙克《希臘悲劇殘本》之〈Adesp篇〉No.396。

面，乾淨的船頭切開波濤不僅容易而且運轉自如；等到一條船過度的浸泡聚積很多海草，外殼上面長滿藤壺，船身就會產生很大的阻力，妨礙到它在海面的行動。要是將船體的木材長滿的藤壺和海草全部刮乾淨，這時七鰓鰻就會沒有黏性的物質可以吸附。所以我們考慮船隻的航行緩慢，應該找出眞正的因素，不必附會到其他事物上面。」

問題八：為什麼會有人說被狼咬過的馬更有活力？
參加者：蒲魯塔克的父親、蒲魯塔克和其他人士

幾位鄉紳說起lycospades這個用在馬匹身上的術語，字意的來源是「狼咬」；特別是被狼咬傷以後產生的成效，使得馬匹勇敢奮發而且難以駕馭。我的父親是善於辯論的高手，經常擁有幾匹非常優秀的座騎；根據他的說法是小駒遭到狼群攻擊，一旦逃脫以後，就會成爲體型雄壯和奔馳快捷的駿馬，獲得的稱呼是lycospades即「遭狼咬過」之意。在座很多位人士證明他所說是眞有其事。他提出這個問題的理由，想要知道爲什麼馬匹遭到不幸的厄運，反而更爲生氣勃勃，精力十足。大家經過一番討論，認爲馬匹獲得這樣的經驗，會使得牠害怕而不是意氣飛揚，變得膽小和容易受驚，經常出現突發和敏感的行動，如同羞怯的野生動物。至於就我的看法而言，覺得一個人對於事實和想到的案例，是否應該從相反的方向來考量，才不至於倒因爲果。小駒逃脫野生動物的攻擊沒有受到傷害，不能說牠以後會變成速度更快的千里馬，而是牠與生俱來精力充沛和奔跑敏捷的條件，所以才能免於落入惡狼之口。同樣我們不能說奧德修斯逃出賽克洛普斯的魔掌，使得他成爲一個精明能幹的人物，事實上就是因爲他具備這種本領，才能安然離開獨眼巨人的洞窟。

問題九：為什麼遭狼咬過的羊，牠的肉質更為甜美但是牠的毛會長蝨子？
參加者：佩特羅克勒阿斯、蒲魯塔克和其他人士

上述的談話完畢以後，我們的討論轉到羊被狼咬這一方面；有人說可以供給味道更好的鮮肉，只是剪下的羊毛容易長蝨子。佩特羅克勒阿斯是我的親戚，他對羊肉變得甜美提出有點道理的解釋，說是動物的咬齧會使被害牲口的肉質柔

嫩。從事實來看(他繼續在說)，狼的體質具備高溫火熱的特性，最堅硬的骨頭呑到肚內都會分解以後消化，因此羊只要被狼咬到，留下的肉很快腐敗，其他宰殺的方式都不會出現這種現象。有關羊毛的問題我們感到懷疑：或許是羊毛並沒有長出蝨子，而是從動物的身上吸引過去，獸肉的分離出於一種非常粗糙的撕裂工具或者體溫的降低。羊毛(我們的推斷)之所以衍生長蝨子的性質，在於被狼殺死的羊，它的毛髮因爲狼的咬齧造成體質發生變化。

觀察的結果支持我提出的理論；我們知道獵人和廚師宰殺動物通常一刀奏效，只要割斷喉管放血就會留下沒有生命的屍體；要是在身上砍很多刀反而不容易殺死，更令人感到奇特之處，有人將刀子插在犧牲品的身上，造成的後果是很快的分解和腐敗，有些肉類的保存時間甚至連一天都不到。至於別的屠宰過程沒有像這樣快速，被殺動物的肉不會出現類似的情形，維持良好的保存狀況可以延續一段時間。我們知道荷馬曾經暗示，外表的變化取決於宰殺的方式，動物的死亡從牠們的皮、毛、爪或蹄上，可以清楚看出，特別是他經常提到皮的來源，

> 有力一擊使得公牛立即倒斃。[185]

最堅硬的獸皮來自宰殺的動物，而非死於疾病或老邁。凡是被野獸咬死的牲口，蹄子變成黑色，毛髮會脫落，皮膚水腫產生很多皺紋。

問題十：為何古代的民衆會相互分享食物，反倒是現在的民衆用餐各取所需？
參加者：哈吉阿斯、蘭普瑞阿斯和其他人士

1 我在家鄉出任名年執政[186]的職位，幾乎大部分晚餐都是定量配給的宴會，如同參加祭典發給每人一份應得的飲食，奇怪之處在於很多人都感到高興。還是有些人持不同的看法，認爲這種方式使大家無法交往而且非常低俗，所以加以指責，認爲晚餐必須回歸到習慣的方式，特別是在我的執政任期之

185 荷馬《伊利亞德》第3卷375行；參閱赫西奧德《作品與時光》541-542行普羅克利的注釋。

186 雅典在西元前8世紀廢止君主以後，設置三位執政分別負有宗教、軍事和行政的職責，稱為「宗教執政」(Archon Basileus)、「軍事執政」(Polemarchos)和「首席執政」(Eponymous Archon)，後又增設六名「司法執政」(Thesmothetai)；其中「首席執政」又稱「名年執政」，因為他任職那一年就冠上他的名字作為紀元之用。

內就該如此。

哈吉阿斯(Hagias)[187] 說道：「就我的意見來說，我邀請每位來賓的目的不會爲了吃吃喝喝，而是能夠相聚在一起。要是根據祭典分享胙肉去安排宴會，就會扼殺人際之間的交往；每個人按照重量去拿自己那一份，如同從屠夫的櫃台上面把它推到你的面前，令人感到羞辱，會使許多晚餐不能被稱爲宴會，也使得很多參加的人不能稱之爲朋友。古代的方式當然與現在大不相同，過去宴請賓客是在每個人面前擺一張桌子，上面放著一個酒杯和一壺酒，吩咐各人自行飲用，不必理會別人；雖然笛摩奉的兒子說他們接待歐里斯底也是如此[188]，事實上已經出現差別待遇，像是目前流行的方式，除了酒還要供應肉類和麵包，那怕從主人家中餵牲口的料槽裡面拿出來，也沒有多大關係；當時的習俗是飲宴之中保持沉默，由於主人要與歐里斯底交談，只有在這方面我們不會受到強制，那就是大家非得三緘其口不可。」

「我們現在要從事的工作是讓彼此之間愉快的交談，享受演奏豎琴或簫笛的女樂師給我們帶來悅耳的歌曲，或許這是邀請賓客建立友誼最重要的項目，沙拉的拌和缽放在我們中間可以盡情取用，使大家感到極其欣喜，要讓每個人的食欲去衡量所能獲得的樂趣；然而像是肉類和麵包的分發，就事實而論是最不公正的措施，無法讓人有任何尊嚴可言；同等分量分配給人們，實際上他們的能力並不相等，特別是這種方式對要得少的人而言是太多了，就需要量多的人來說又嫌不足。各位朋友，可以談談醫生所開的處方，無論多少病人都是同樣的藥品，它的重量稱過以後完全一樣，這樣的做法豈不荒謬。如同有一種主人不管客人是餓還是渴，準備的食物都是一樣，甚至每個人的服侍也沒有不同，要是就適合的程度而言，等於將幾何的決定方式用數學來取代[189]。當我們到雜貨店買東西的時候，大家都使用公定的度量衡，在宴會當中每個人的胃口大小不一，分配同樣的分量有人吃飽有人還嫌不足，應以每人足夠爲原則。」

「荷馬的定量宴會來自營地的軍事會餐，我不想在這些方面多加介紹，倒是願意激起人們長久以來的仁慈之心，如同對待自己的同伴那樣尊重所有的友情，給予的禮遇不僅讓對方共用他們的爐火和房舍，還能分享他們的配給和糧食。讓

187　只知哈吉阿斯是蒲魯塔克的朋友，後來又參加第3篇問題7的討論。

188　他們在歐里斯底的審判宣布之前，不願有其他人員受到牽連，所以安塞斯特里亞(Athesteria)祭典期間，喬伊斯區(Choes)舉行的各種儀式，都讓歐里斯底單獨飲酒用餐，這種習慣成為傳統一直保持下去；參閱優里庇德的悲劇《伊斐吉妮婭在陶瑞斯》947行及後續各行。

189　參閱柏拉圖《國家篇》第8卷558C以及《法律篇》757A，就是用幾何分配來取代數學分配。

我們不要理會荷馬筆下的晚宴，參加人員在用畢以後總是感到有點饑餓或是口渴，至於高高在上負責主持的國王，看起來比義大利的客棧老闆更爲討厭，戰場上面與敵人進行肉搏作戰之際，對於那些人有幸能與他們同餐共飲記得非常清楚[190]。品達對會餐的描述的確會更好一點，那裡

擺出場面盛大和華麗的飲宴，
讓英雄人物經常聚會和相見；[191]

大家無分彼此共同享用，只有做到這一點，才能眞正談得上親密的關係和深厚的情誼。如果一切都要分得清清楚楚，甚至連食物都無法共享，僅憑這點理由就足以使最要好的朋友成爲仇視的敵人。」

2 我們對哈吉阿斯的發言表示贊許，立即激起蘭普瑞阿斯的反駁。蘭普瑞阿斯一開始就提到這些事並沒有什麼好奇怪，對於與別人一樣接受定量的配給，哈吉阿斯早就表示出氣惱的模樣，可見他在這方面有很多次的經驗，原因出在他的食量很大；實在說他把自己(這是蘭普瑞阿斯加油添醋的話)列入要吃飽爲止的名單當中；就像德謨克瑞都斯所說的，「連魚骨頭都無法留下來與別人分享。」

蘭普瑞阿斯繼續說道：「令人最高興的事莫過於讓我們按照習俗，供應人們比他們應得分量更多的東西；優里庇德劇中的老婦人說到平等的待遇，

城邦之間有錯綜複雜的關係，
盟國訂交有藕斷絲連的情誼。[192]

同桌共餐的人士應該培養出這種氣氛，比起其他任何東西更爲迫切；他們的需要出於自然無須強求，最重要在於不趕流行引進新奇之物。有些人對供大家享用的菜餚吃得太多難免引起反感[193]，有些人進餐太慢就像隨波逐流跟在後面的船隻；

190 蒲魯塔克對於荷馬筆下的阿格曼儂，始終抱著不以為然的態度，特別是《伊利亞德》第4卷345行，阿格曼儂那種說話的語氣讓人難以釋懷。

191 克里斯特《品達的吉光片羽》No.187。

192 優里庇德的悲劇《腓尼基人》537行。

193 優里庇德的悲劇《腓尼基人》539行。

我認爲在賓客之間的猜忌、侵占、搶奪和掣肘，對於一場宴會不可能奏起友善和歡樂的序曲。這種行爲庸俗又粗魯，經常造成侮辱和憤怒的結局，爆發的目標不僅在賓客之間，有時還對著侍者和主人。」

「儘管如此，就一個正人君子的看法，最不體面和難以入目的行爲，莫過於要讓『分配女神』和『抽籤女神』用公平的原則來主持晚宴和酒會。更有甚者，晚宴稱之爲『分肥』[194]，賓客變成『分紅者』；侍者就是『攤派員』，因爲他們的工作有助於食物的均分和發放。拉斯地蒙人設有『切肉者』的職位，出任者絕非無名小卒而是城邦頭號人物，甚至就是賴山德在亞細亞的戰役當中，接受亞傑西勞斯王的指派擔任『切肉者』[195]。等到晚宴變得豪華奢侈，定量分肉的習俗才慢慢廢除。我認爲不可能去分特製的蛋糕、利底亞的布丁、濃稠的醬汁以及各種珍貴食材料理而成的佳餚；這些奢華的山珍海味使得人失去抗拒的能力，將等量分配的習慣全部放棄。現在還能證明我的說法，在於舉行祭典和公眾宴會事實就是如此，只有簡單和價廉的食物，每個賓客仍舊分配同等分量的菜餚。因而恢復供應等量配額的習慣，在於同時要重新推廣節儉的風氣[196]。」

「『只要任何來客還有私下一份，所有的友情全部付之東流。』這種說法眞實不虛，那是沒有公平分配所致；並非將某個人的所有物據爲己有，而是帶著貪婪之心拿走大家的東西，公正的蕩然無存開始引起爭吵。法律的作用在於抑制此種行爲，所以要局限與緩和私權利；他們對於屬於全體所有之物非常重視，爲了達成公平分配的目的，特別設立職位和賦予權力，並且指派人員負起責任。談到其他方面，尤其是發給花冠和指派臥榻和座次，也不要指望主人都做得很正確。但是，如果某人帶著他的情婦或者一位豎琴女郎前來參加宴會，我們認爲『朋友之間有通財之義』這種說法雖然無可厚非，卻也不能讓『一切共有的原則』大行其道，安納克薩哥拉斯曾經有過這樣的主張。私人的所有物涉及到這些方面，不能讓它干擾到正常的朋友關係，事實上聚會最重要的特質和最受到重視的事項，一般而言極其普通而平常，那就是相互交談、舉杯致敬和朋友情誼；因此讓我們不要再去羞辱『分配女神』以及優里庇德所稱『造化小兒拿抽籤做手段』[197]。因

194 參閱阿昔尼烏斯《知識的盛宴》第1卷12C；荷馬《奧德賽》第8卷98行及《伊利亞德》第9卷225行；以及湯普生《古代的希臘社會》（*Ancient Greek Society*）330頁。

195 蒲魯塔克《希臘羅馬英豪列傳》之〈賴山德傳〉23節和〈亞傑西勞斯傳〉8節，亞傑西勞斯這樣做根本不理會別人的看法。剛才提到的亞洲戰役發生在396-394 B.C.。

196 參閱赫西奧德《作品與時光》722行及後續各行。

197 瑙克《希臘悲劇殘本》之〈優里庇德篇〉No.989。

爲這種手段給予超群出眾的分量，既非財富也非榮譽，等到機會來臨就會落下，可能在此處也可能在該地，它讓貧民和寒士感到驕傲，激勵他們去品嘗獨立自主的滋味；同時要讓財主和貴人習慣於平等待遇不得亂發脾氣，遵從自制之道不得冒犯他人。」

第三篇

尊貴的索休斯·塞尼西歐，有次詩人賽門尼德(Simonides)[198] 參加酒宴，看到一位客人靜靜坐在那裡，沒有與任何一位來賓交談，他說道：「閣下，如果你是一個傻子，那就做些聰明的事情；要是很精明的話，那麼做些蠢事也未嘗不可。」赫拉克萊都斯(Heracleitus)[199] 卻說：「還是藏拙不讓人知要好得多。」要想達成賽門尼德的要求，非得要靠飲酒放鬆身心才行，

有識之士引吭高歌，
接著跳舞開懷歡樂，
無聊妄語從未說過。[200]

我想詩人在這裡表示出快活與酒醉不同之處。一個人飲酒適度所顯現的特徵就是唱歌、舞蹈和笑聲。嘮叨個不停總比突然陷入安靜要好，因為這是醉倒之前的情況。

柏拉圖持同樣的觀點，認為就大多數人而言，可以從飲酒當中看出表露無遺的本性[201]。荷馬的詩句說是

只有杯盞交擊之聲，
使得兩人相知更深；[202]

表示他知道飲酒使人饒舌多嘴，從而引起更多的胡言亂語。事實上一個人在吃喝的時候保持安靜，就不容易讓人知道他的底細；因為相互勸酒會引起交談，等到

198 賽門尼德(556-457 B.C.)是希臘一位家喻戶曉的抒情詩和輓詩體詩人，遊歷各地受到宮廷的款待，他的作品現已散失殆盡。

199 赫拉克萊都斯是西元前6世紀出身以弗所王室的哲學家，他說的話可以參閱狄爾斯《赫拉克萊都斯的殘卷》No.95，以及斯托貝烏斯《花間飛舞》第3卷82節。

200 荷馬《奧德賽》第14卷464-466行。

201 柏拉圖《法律篇》第1卷649D。

202 荷馬《奧德賽》35-36行。

情投意合甚至會將隱匿的事情暴露出來；同桌共飲使人有機會對在座人員有更深的認識。

有個人用嚴厲的口吻譴責伊索：「閣下，為何你要透過這些窗戶來辨識人的心靈？因為酒不讓我們保持沉默，所以會使我們現出原形。反過來說，人的行為帶有虛假和做作的模式，唯有歡飲可以將它完全摧毀，領著我們脫離傳統的家庭教師帶來的束縛。」[203] 伊索和柏拉圖發現酒可以用來達成這樣的目的，這是任何人都需要知道的檢驗方法；沒有人受到強迫非要去盤問對方或是要識破對方的意圖，僅僅希望獲得友善的款待，才將談話的題目帶到他們的聚會當中，誰知這樣的交談如同藏匿靈魂當中最卑賤的部分；所以唯有讓最文明的教導恢復元來的勇氣，走進大自然前往蔥翠的草原和牧場，接受文學和藝術的陶冶和滋養[204]。因此我將第三篇研究酒宴的十個題目呈獻給你，頭一個問題要討論花冠。

問題一：為何在酒宴當中用得到花冠？

參加者：阿蒙紐斯、蒲魯塔克、伊拉托和特里豐

1 花冠[205] 有次成為我們談話的題目。雅典舉行盛大的宴會，音樂家伊拉托(Erato)在向繆司獻祭以後，款待人數很多的賓客。晚餐結束將各式各樣的花冠分送給大家，我們將玫瑰編成的裝飾品戴在頭上，至於常用的月桂冠反而置在一邊。阿蒙紐斯(Ammonius)[206] 為此向我們取笑一番，說是玫瑰冠造形極其嫵媚，適合遊戲當中的女郎和少婦，並非這群道貌岸然的學者和名士。

阿蒙紐斯接著說道：「我對伊拉托的行為感到奇怪，他痛恨在歌曲中使用半音音階，我們所喜愛的阿加豐(Agathon)[207] 遭到他的譴責，因為阿加豐在製作《邁索伊》(*Mysoi*)一劇的時候，成為第一位(有人持這種說法)將半音音階的音

203 培里(Perry)《伊索全集》(*Aesopica*)第1卷260頁No.100；以及盧西安《赫摩蒂穆斯》(*Hermotimus*)20節。

204 柏拉圖《菲德魯斯篇》248B。

205 阿昔尼烏斯《知識的盛宴》第15卷669E及後面各段，對於「花冠」這個題目有詳盡的論述和豐富的資料，只是有的觀點與蒲魯塔克相違。

206 阿蒙紐斯是柏拉圖學派哲學家，蒲魯塔克在雅典求學的老師，經常以指導者的角色出現在他的作品當中。

207 阿加豐是雅典的悲劇家和詩人，他的作品在416 B.C.勒尼安祭典的戲劇競賽中贏得第一次的優勝。

樂，介紹到悲劇裡面混雜運用的人。你們現在看看他，竟然在宴會中擺滿色彩繽紛種類各異的花卉，他封閉可用的聽覺不讓靡靡之音闖入我們的耳中，卻打開另外的便門使得奢華的表徵，能夠經由我們的眼睛和鼻孔進到我們的靈魂；還要讓花冠當作帶來歡樂的事物而非虔誠的信仰。」

「然而宗教的馥郁比起花朵的香味產生更爲純淨的芬芳，因爲襲人欲醉的鮮花在通過花冠編織者的雙手以後，所有的氣味已經損耗殆盡。除此以外，飽學之士參加的宴會當中，歡樂幾無立足之地，交談必定言之有物，無須遵循人之大欲。受到邀請的賓客帶著朋友參加晚宴，根據上流社會的習俗，如同受邀者本人一樣受到歡迎(例如，蘇格拉底帶著亞里斯托迪穆斯參加阿加豐舉辦的宴會)[208]，然而一個人自行前來必定會吃閉門羹，正像歡樂關聯到食物和飲酒，隨著與生俱來的欲望當然會受到歡迎，在我們的宴會當中可以安然入席，對於其他的不速之客，像是毫無理性可言的奢侈，已經找不到容身之地。」

2 在場的年輕人沒有見識過阿蒙紐斯的神情，感到侷促不安，只有趕緊將花冠取下，因爲我知道阿蒙紐斯藉機扔出一個題目好讓人家討論，於是我轉過頭向著特里豐(Tryphon)[209] 醫生說道：「閣下，要看你意下如何，是否跟我們一樣不予理會，

玫瑰的苞蕾在花冠上面開放；

或者告訴我們花冠對於飲酒的好處是不勝枚舉，而且不管在任何場合都會這樣的表示。」

伊拉托插嘴說道：「難道我們認爲歡樂沒有貢獻所以決定不予接受，甚至在尋歡作樂帶來的煩惱當中也體驗不到任何好處？對於香料和紫色的衣物，因爲價格極其昂貴，成爲引起誤解的裝束和油膏(使用外國人[210] 的字眼)，自然會讓我們側目而視，天生的色彩和香味如同水果一樣，爲何不能具備簡樸和純潔的特性？我怕會將採摘花朵和欣賞自然界給予的消遣之物當成一種傻事，我們之所以藐視香味和顏色，那是認爲自然界沒有能夠提供有需要的東西，其實它已經給人

208　柏拉圖《會飲篇》173B、174A及後續各段。

209　他是蒲魯塔克熟悉的朋友，經常參加本章有關醫藥問題的討論。

210　這位外國人是埃塞俄比亞的國王，出現在希羅多德《歷史》第3卷22節。

帶來愉悅和歡樂的花卉，我們為何還擺出瞧不起的態度。」

「我想可以從另外的角度來看這件事，如果自然界的任何作為都合於原則[211]（我相信這是你的主張），由於它的目標是帶來愉悅，那麼只要讓我們感到高興，即使沒有眞正的用途又有什麼關係。可以想一想成長的樹木如何用它的葉子來保護果實，季節變換的炎熱和寒冷，只要在限度之內都可以獲得它的支持；延續下去的花朵除了提供給我們欣賞，好像沒有多大用處。盛開的花發出撲鼻的香味，展現一條掛氈所模擬的光彩和色澤，使得我們的嗅覺和視覺得到愉悅和滿足。摘下植物所有的葉子會給它帶來災害，一種如同潰瘍的落葉症造成的後果，使得樹木一片光禿變得極其醜陋。似乎我們應有的做法，不僅在於『嚴格禁止使用月桂的樹葉』（這是借用伊姆皮多克利的詩句[212]），還得赦免所有的樹木，不能為了打扮自己進而摧殘它們，要知道粗暴的除去樹葉是違犯自然的行為。採摘花朵如同收穫葡萄，對於植物毫無損害，盛開之際不加以收集，很快就會枯萎而凋謝。編織花冠用樹葉而不用花朵，就我的看法這對植物而言，如同某些外國人對於家畜那樣不合情理，他們用牲口的皮而不是毛來製作衣物。這是我對花冠這個行業所說的公道話。」

「我不是一個精通文藝的人，想不起讀過的詩篇當中，提到古代在運動會的優勝者，戴著花朵編成的花冠，好像僅僅記得玫瑰冠用來獻給繆司，莎孚就對一些缺乏教養和毫無知識的婦女朗誦這樣的詩句：

> 可憐呀！那將是你長眠之地，
> 無法獲得來自派里亞的玫瑰。[213]

特里豐對於醫學具備豐富的知識，如果能夠給大家提出證據，我們一定會洗耳恭聽。」

3 特里豐繼續談話的主旨，說是古代的有識之士不會忽略這方面的事務，毫無疑問，他們的醫療技術主要依靠植物具備的藥性，他說道：「證明這些只是初步的成果；據說亞傑諾瑞德(Agenorides)和奇朗(Cheiron)是最早開業

---

211 亞里斯多德《政治學》1253A，以及狄奧弗拉斯都斯《論植物的成因》第1卷1節。

212 狄爾斯《伊姆皮多克利的殘卷》No.140。

213 戴爾《希臘抒情詩》第1卷354頁No.58；以及斯托貝烏斯《花間飛舞》第4卷12節，抄錄的詩文最為詳盡；詩中提到的派里亞位於色雷斯，是九繆司的出生地。

的兩位醫生，泰爾人(Tyrians)和馬格尼西亞人(Magnesians)分別給他們帶來植物及其根部當作禮物[214]，可以用來治療病患。大家認爲戴奧尼蘇斯是非常高明的醫生，不但發現酒是效力很強和深受歡迎的藥品，還帶給我們廣受讚譽的常春藤，只是它的作用與酒完全相反，要求參加祭典的信徒戴上用它編成的花冠，可以減少很多困擾，由於常春藤性寒可以防止醉酒[215]。」

「有些植物從記載的名稱可了解，古人對它的藥效有充分的認識。像是他們所稱的karua(榛樹)，因爲它能發出一種濃厚帶有karotikon(催眠作用)的蒸氣，任何人要是躺在這種樹木的下面，會對身體有害；水仙的得名在於它使神經變得遲鈍，引起身體陷入深沉的痲醉之中，所以索福克利依據諸如此類的理由，就說

古代的花冠擁有神奇的力量，[216]

他的意思是指稱爲克蘇妮婭(Chthonia)[217]的女神。還有peganon(芸香)也是如此，命名的由來是它的熱所形成的乾燥作用，使得精液pegnunai(凝固起來)，所以對於想要懷孕的婦女極其不利[218]。」

「有人認爲藍紫色的草藥和從而得名的寶石像是紫水晶[219]，有助於飲酒可以多喝不醉，可以說完全出於想像與事實不符。雖然這兩樣物品的名稱都來自所擁有的顏色，其實草藥的葉子並不帶有純葡萄酒的色澤，看起來還要淡一點如同攙過水的酒。現在大家可以發覺難以計數的其他事物，其得名應該歸功於所具備的特性，所以我在前面提過要根據文獻的記載加以研究，才知道古人如何使用酒宴的花冠。純葡萄酒喝多了會上頭，身體不受心靈的控制，讓人感到非常不舒服，花卉釋放出來的香精，對身體有很大的幫助，保護頭部抗拒酒醉的影響，如同堡壘的防壁用來抵禦敵人的攻擊，暖色的花卉發揮溫和的鬆弛功能，可以擴張身體的poroi(脈管)，等於讓酒得到排放的孔道；還有就是經由輕微的接觸形成緩慢的冷卻，可以阻擋蒸氣的上升，因而知道花冠通常是由紫羅蘭和玫瑰的花朵編

---

214 泰爾是腓尼基人的城市；馬格尼西亞是帖沙利一個地區。兩位醫生很可能就是當地人士。

215 當代名醫斐洛奈德(Philonides)和阿波羅多魯斯都有這種看法，參閱阿昔尼烏斯《知識的盛宴》第15卷675A及後續各段。

216 索福克利《伊底帕斯在科洛努斯》683行。

217 其實是伊姆皮多克利筆下的角色，一些用來擔任隨扈和侍候工作的精靈。

218 參閱普里尼《自然史》第20卷143節。

219 這種紫水晶的名字叫作amethystst，普里尼說它是一種寶石，掛在頸脖作為飾物，喝酒就不會醉，參閱《自然史》第37卷9節。

成，這兩種花的香味對於頭痛有減弱和抑制的作用。」

「像是指甲花、番紅花的花蕊以及榛樹製成的汁，裡面含有某種藥效溫和的成分，使得身體的不適和憤怒的情緒都會慢慢消散，即使大量飲酒也會變得平靜下來，酒醉的效應因腸胃的吸收變得不太厲害，很容易讓人進入睡眠之中，不會再給大家製造麻煩。有些花卉的香味向上擴散進入腦部，清理感覺器官對外的脈管；發生的香味暖和而稀薄，無須外力的作用便能輕易與體液分離，不會產生後遺症，可以溫暖被自然界所冷卻的頭腦。這也是人們爲何將套在頸脖的花環稱之爲hypothymides(燻沐的消毒作用)[220] 的理由所在，就是在胸部塗油也是爲了使香氣可以上升，阿爾西烏斯(Alcaeus)可以見證確有其事，我們聽聽他的吩咐：

請將香水從頭頂慢慢淋下來，
變成灰色的胸膛也沾點光彩。」[221]

「雖然是鼻孔捕捉到氣味才能讓熱的影響力進入腦部，人們始終認爲靈魂的居所是心臟，所以套在頸脖的花環不能稱爲hypothymides，事實上它應該叫作『香氣薰人』才對，如同我所說它的名字來自花卉的揮發物，具備有燻沐消毒的性質。我們對花冠或花環的揮發物能夠擁有這樣大的力量不應感到驚奇，根據記載，甚至就在紫杉的樹蔭下面，都可使睡眠的人因而致死，特別是這種樹木正在開花的時候；經常出現的狀況就是收集罌粟汁液的人，如果對發出的蒸氣不採取保護措施，很可能感到昏迷因而不省人事。有人將俗稱瘋草的草藥拿在手裡，甚至僅僅看它一眼，就能讓不停的打嗝馬上停止。據說將這種草藥種在畜欄的旁邊，對於羊群會帶來很大的好處。我認爲玫瑰之所以得名，在於它釋放出rheuma(川流不息)的香氣，這也是它很快凋謝的原因所在。從玫瑰發生的作用可以稱爲冷凝劑，天生火熱的外觀也不是沒有道理，因爲發出的熱非常微弱，只能圍繞在玫瑰的表面，內部的冷將香氣逼得向外散發。」

---

220 參閱阿昔尼烏斯《知識的盛宴》第15卷674C-D。

221 阿爾西烏斯是620 B.C.生於列士波斯島的抒情詩人；引用的兩句詩參閱戴爾《阿爾西烏斯的殘卷》No.86。

問題二：常春藤到底適合寒冷還是炎熱的氣候[222]？
參加者：蒲魯塔克、阿蒙紐斯、伊拉托和特里豐

1 我們稱許特里豐言之有物，阿蒙紐斯帶著笑容提到他不得不做殺風景的事，要把如此有趣又芳香撲鼻的言論丟在旁邊，好像是一個已經枯萎的花冠。他繼續說道：「除此以外，我不了解常春藤何以會與冷卻作用發生關係，甚至還獲得這樣大的名聲，能夠減輕飲用烈酒所產生的效應。因為它應該算是燥熱的植物，帶有辛辣如火的成分，它的漿果泡在酒中，產生強烈的刺激性，飲用以後更容易醉倒而且對人體有害。人們說起常春藤的小枝要是硬扯下來，兩端翹起像是經過火烤的木頭。其他植物的枝葉上面聚集的積雪，經常會保持很多天不會熔化，只要落在常春藤上面片刻工夫就會消失。還有就是常春藤四周的冰雪，因為植物所發出的熱，融解的速度要快很多。」

「狄奧弗拉斯都斯的著作當中提到一個故事[223]，這是最有利的證據可以用來支持我的論點。說是亞歷山大命令哈帕拉斯(Harpalus)[224]將希臘的樹木，種植在巴比倫的花園裡面；由於當地的氣候極其炎熱，一定要將闊葉林地可以用來遮蔭的樹木，列入栽種的品種當中。只有常春藤因為水土不服無法成活，雖然哈帕拉斯花了很大的精神，也竭盡諸般努力還是沒有效果。常春藤之所以枯萎而凋謝，完全是它本身的熱加上炎熱的土壤彼此排斥，造成無法適應的現象。任何一種賦予的屬性在分量上面居有絕對優勢，就會對本體造成毀滅的後果。這就是對立的特質為何會相互吸引的原因所在，冷才會喜愛熱；熱對冷也是如此；可以拿來解釋常見的事物，像是富於樹脂和生產松香的樹木，特別是松樹和樅樹，才能生長在高山地區，暴露在強風和冰雪之中。」

「除此以外，我的老友特里豐，你要知道那些對霜敏感和不耐風寒的樹木就會落葉，出於它們只有少量而微弱的熱力，在日益減低的狀況下只有放棄。橄欖、月桂、扁柏與常春藤一樣，富於油脂和熱量，所以能夠保持常綠。提到我們

222 植物的冷與熱不是憑著感覺而是自然之理，這個問題狄奧弗拉斯都斯在《論植物的成因》第1卷21節，已經從各個角度加以討論。

223 狄奧弗拉斯都斯《植物史》第4卷4節，普里尼《自然史》第16卷144節，都提到常春藤是亞洲的原生植物。

224 哈帕拉斯是最受亞歷山大重用的友伴，一直負責財政和宮廷有關的事務，等到亞歷山大快要從印度班師，生怕過去的惡行暴露，帶著六千人馬和五千泰倫的財富，離開東方來到希臘。

敬愛的戴奧尼蘇斯，他很坦率把不攙水的酒稱爲『天之美祿』，自稱『醉仙』[225]，倒是沒有把常春藤拿出來介紹一番，說它具備千杯不醉的特性，或是對酒產生排斥的作用。看來只有我會這樣做，如同我是酒的愛好者一樣，如果手邊沒有葡萄酒，就用啤酒來取代[226]，必要時只有飲用蘋果汁，像是其他人可以拿棗椰來製酒。戴奧尼蘇斯也會如此，他在冬天想用葡萄的葉子編成花冠，看到葡萄樹全部凋零只剩樹幹，只有對外形類似的常春藤表示歡迎之意。可以確定它在模仿葡萄藤所具有的特色，扭曲的莖幹在延展的過程會下垂，大量葉簇綠意盎然而且雜亂的生長，特別是叢生的漿果肖似成熟的葡萄結實累累。常春藤在某種程度上對喝醉的人有點藥效，我認爲這是它的熱所產生的作用，可以使身體的脈管得以擴張，有助於對酒的消化和吸收。特里豐，提到戴奧尼蘇斯現在還能成爲一個醫生[227]，那完全是因爲你的緣故，這種說法我非常同意。」

2 特里豐仍舊保持沉默，正在考慮如何回答；伊拉托懇求在座每位年輕人，要他們出面助特里豐一臂之力，要不然只有將花冠放在旁邊認輸。阿蒙紐斯保證我們會有安全通行證，因爲他對我們發表的論點不會加以反駁。等到特里豐也表示他需要我們加入討論，這時只有我願意給予答覆，說到我的任務不是去證明常春藤的寒冷性質，因爲那是特里豐挑起的話題，他提到這種植物的冷卻作用，以及所具備的性質可以成爲良好的收斂劑。

我繼續說道：「有關常春藤與酒混合會使人喝醉，這種說法並不正確，因爲無法將這種狀況稱爲飲用者會醉倒的誘發作用；當然莨菪的藥效能夠引起脫序和失常，還有很多類似的藥物能使知性受到刺激變成瘋狂。提起『扯下常春藤小枝』的論點毫無道理可言，出自人爲的行動並不具備自然的力量，實際上木材產生扭轉、彎曲和翹起，出於火的強勢作用將水分迅速排除所致。反倒是天生的內部熱力會使得材質更加堅實和持久。」

「我們可以進一步考量，是否常春藤的生長方式和它對其他物品的依附，原因不在於它的體質過於虛弱和寒冷，如同植物受到連續不斷的抑制和攔阻，就像一個旅客因過分勞累而體力透支，只能經常坐下來休息，才有精力繼續前進。常

225 參閱阿昔尼烏斯《知識的盛宴》第8卷363B，解釋它的原文methy(飄飄欲仙的感覺)，認為Methymnians(至高無上者)這個稱號只能用在神明身上。

226 波利拜阿斯《歷史》第34卷9節，提到一位西班牙國王喜愛啤酒；阿昔尼烏斯《知識的盛宴》第1卷16C加以引用。

227 參閱派克、翁梅爾《德爾斐的神讖》第2冊167頁；提到戴奧尼蘇斯成為醫生的來龍去脈。

春藤需要支撐才能盤旋纏繞，因爲熱能的欠缺所以無法直立以及引導發展，尤其是向上運動的特質在於熱力的作用。冰雪的熔化和從植物上面流下，成因在於葉子上面的水氣；由於冰雪是無數小球體的聚合物，形成多孔的特性，流動的水會將其切割，通過其間帶來破壞的後果。同時冰雪的融解不會發生在寒冷和潮濕的地點，主要原因是暴露在陽光之下。」

「常春藤保持常綠的特色，所以不具備性熱的徵候；如同伊姆皮多克利所說『有著極其完美的葉子』[228]，從這方面來說性寒的徵候倒是非常明顯；至少桃金孃和銀杏就是常綠植物，不能算是性熱，要歸納到性寒的種類。有人認爲植物保有葉簇在於混合著性熱和性寒。伊姆皮多克利提出的主張還要增加一個成因，就是它們的脈管系統當中的導管有某種對稱性，使得養分的輸送擁有工具和方式的優點，吸收的分量更爲充足。這種說法對落葉植物並不確切，因爲較寬的導管在脈管系統的上部，較窄的導管在下部，後者無法輸送足夠的養分，前者不能使少量的輸送維持較長的時間，接受以後很快傾注一空，如同水流通過落差過大而且築有堤防的灌溉溝渠。植物只要施加足夠和適合的養分，就能防止落葉，保持生氣勃勃的常綠外觀。」

「你說『常春藤種在巴比倫因水土不適無法存活』，這種高貴的植物有正確的選擇，它們不願生活在蠻族當中，皮奧夏的神明把它看成自己的鄰居和夥伴。它不願鼓勵亞歷山大成爲族人的叛徒，正確的做法是要他拿出作戰行動，對付逃亡國外的人士。原因在於常春藤的性寒而非性熱，所以無法忍受極端相反的溫度；就植物的素質而言，賦予的特性不會造成毀滅的傷害，而是接納和培育。可以舉例說明，雖然百里香是性熱的植物，非常適合栽種在乾燥的土壤，人們提到巴比倫地區的氣候，就說炎熱多塵令人感到窒息，很多有錢人家將酒囊裝滿冷水，睡在上面用來保持涼爽。」

問題三：為何婦女飲酒能保持清醒，然而年老的男士很快酩酊大醉[229]？
參加者：弗洛魯斯和蘇拉

亞里斯多德在他的〈論酒醉〉(Concerning Drunkenness)一文中，提到老年

228　狄爾斯、克朗茲《希臘古代哲學殘卷》第1卷339頁No.77-78。

229　馬克羅拜斯《農神節對話錄》第7卷6節模仿這種討論方式，就連題目都完全雷同。

人容易喝醉，反倒是婦女多飲好像若無其事[230]；弗洛魯斯感到疑惑之處，在於亞里斯多德沒有指出原因，通常他不會出現這樣的疏失。因此弗洛魯斯提議要在座各位考慮這個問題，正好是他的朋友招待大家晚餐的場合。蘇拉的回答說是先讓問題獲得局部解決，從而使人了解到其他的部分。如果我們可以正確決定有關婦女這方面的成因，那麼有關老年人的問題可以迎刃而解。要知道兩者的體質完全相反：可以說是潮濕對乾燥、光滑對粗糙、柔軟對堅硬。

蘇拉繼續說道：「我所提出第一件與婦女有關的事項，那就是她們擁有滋潤的體質，女性的主要成分都是水，用來構成細膩、平滑和色澤鮮明的肉體，還給她們帶來月經。等到她們喝下的酒混入大量液體之中，辛辣的味道消失，變得像水一樣的平淡。還有就是一個人對於成因仍舊可以從亞里斯多德那裡得到若干暗示，他說人們喝酒要是很豪爽，如同古人所稱『一飲而盡』，就是不換氣的工夫舉杯將酒喝完，很不容易陷入玉山頹倒的局面，因爲酒順著向下流動的力量，很快通過內臟，不會久留在身體裡面[231]；我們看到婦女飲酒通常用這種方式。再者女性要不斷汲取流體補充月經的需要，身體的組織會供應很多管道和分流點，作用如同堤防和渠道；所以酒毫無疑問會從其中流過，很快排出體外，身體的中樞部分不會受到刺激，通常這種干擾是酒醉帶來的後果。」

「如同我對gerontes(老人)這個字的看法，首先給人的印象就是他們需要適當的滋潤，因爲所稱的『老人』不是rheontes eis gen(流到地面)，而是單獨的個體所面臨的狀況，已經變得geodeis 或geeroi(有如塵土或即將入土)，特別是僵直和硬化的關節以及粗糙的皮膚，更能表現出乾燥的體質。當老年人在飲酒的時候，因爲他們的身體枯乾有如海綿，能夠吸收大量的酒，還會留在組織裡面，遲鈍和沉重的感覺帶來不適和痛苦。如同暴發的洪水流過土質堅實的地面，不會形成到處泥濘的現象，只有鬆散的土壤才會浸泡在水中；酒所以會長久停留在老年人的體內，完全是受到乾燥的吸引所致。」

「除了這方面的考量，還可以觀察酒醉的特徵和老人具備的性質，須知酒醉的特徵非常明顯：抖動的四肢和口齒不清的舌頭、嘮叨的談話、暴躁的脾氣、健忘的習性、飄浮的意念。即使是身體健康的老人，或多或少都存在這些徵候，有時僅僅狀況稍微有點改變，像是偶然的騷動，就會全部引發出來。因而老年人喝

230 羅斯《亞里斯多德殘篇》No.108，裡面提到老年人容易喝醉是因為身體的熱量減少，不像年輕人有充沛的體力和熱能。

231 參閱本章第7篇問題1第1節，認為酒喝下去以後，向下流動要經過肺部，再到身體的其他部位。

醉不會產生『後遺症』，特別是單獨一人更會如此；對於所有老年人會加強這方面的傾向。事實證明，老年人比起年輕人更加嗜酒如命。」

問題四：婦女的體質與男子相比是否較為寒冷[232]？
參加者：阿波羅奈德、阿什里都斯和弗洛魯斯

1 蘇拉講完以後，兵法家阿波羅奈德說他同意有關老年人的陳述，要是提到婦女方面，認爲大家沒有考慮到她們的體質較爲寒冷，因爲這個緣故，即使飲下刺激性很強的酒，它也無從發揮醉人的效力。等到這個問題十之八九已經得到解決，薩索斯(Thasos)[233] 的阿什里都斯(Athryitus)是個醫生，說是婦女的體質並不寒冷，就人們共同的看法，體溫甚至比起男子還要高些，這樣一來等於誘導我們留下繼續探討原來的題目。這時有人經過深入考量，認爲酒的性質並非燥熱而是寒冷。

2 弗洛魯斯表現出驚訝的神色，阿什里都斯回答道：「有關酒的問題，我完全聽從這位仁兄的意見。」然後用手指著我(實際上，這個題材早在幾天前就已經談過)。他繼續說道：「提到婦女的熱量較高，我認爲已經有明確的證據；首先，她們的身體不像男子沒有長很多的毛髮；因爲熱量要消耗體內的養分，男子的體溫低所以消耗較少，剩餘的養分才能轉變成毛髮；其次，婦女體內有大量血液，這也是熱量的來源，發生的燃燒會增加消耗，所以月經期間要加速血液的循環作用。第三，接著是埋葬的事務可以證明女性較男性的體質要熱；凡是按照傳統方式處理死者身後的問題，他們提到火葬的程序，每十具男性屍體要搭配一具女性屍體同時火化，因爲女性的血肉和器官，組織結構含有樹脂和油類的性質，所以女性的屍體可以當作引火木柴來使用。再者，如果生殖力的因素是熱量，女孩比男孩的情欲反應就年齡而言要早一段期間，同時對性活動的刺激也要早很多。這些事實可以證明她們的熱量較高。還有一個重要和具有說服力的證據，婦女很容易撐過寒風刺骨的冬天，大部分的婦女比起男子更能忍受嚴酷的氣

232 參閱亞里斯多德《論動物的器官》第2卷2節；巴門尼德引用在他的著作(狄爾斯、克朗茲《希臘古代哲學殘卷》第1卷227頁No.28)之中。

233 薩索斯是愛琴海中靠近色雷斯海岸的島嶼，出產的大理石極其有名。

候，毫無疑問她們穿的衣物可以少一些。」

3 弗洛魯斯說道：「我認爲你舉出例證正好在駁斥你提出的論點。首先，婦女抗拒寒冷的能力較強，是有幾分可能並非絕對如此，還要視個人的狀況而定；其次，婦女的卵子在生殖作用上都是處於被動的方式，這與女性寒冷的體質有關，僅僅提供物質和養分給來自男性的精子。再者，婦女停止生育比起男子喪失生殖能力的時間更要早很多，女性的屍體富於脂肪燃燒起來更爲激烈，這些構造成分可以證明身體的寒冷性質。儘管如此，年輕男子要努力鍛鍊體能，所以很少長得肥胖。每月發生的月經並不表示血液的分量，而是血液的變質和敗壞；特別是它的養分不能再加以吸收，所以無法納入其他的器官和組織之中，如同糞便變成多餘之物，喪失生命力，最後只有排泄出去；身體的熱量變得虛弱不足，出現精神不振和暈眩的徵候。月經期間排出的經血，造成養分的流失和熱量的欠缺，易於遭受寒冷的襲擊產生渾身顫抖的現象。」

「談到婦女的身體毛髮較少，要是我們看到身體最熱的部位才會長出毛髮，誰還會說造成這樣的結果是出於寒冷而非炎熱？這些生長物被熱能推送出來，特別是身體表面有孔竅和皺紋很多的部位。婦女的軀體給人的感覺非常光滑，皮下脂肪要應付寒冷的關係，質地變得更加緊實。尊貴的阿什里都斯閣下，你應該知道婦女的肌理要比男子細密得多，有些人若要與婦女同床共寢，身體就會灑上香水以及塗上油膏，即使他們不會去接觸身邊的伴侶，或者有什麼干涉的行爲，還是要爲自己完成這些修飾工作。因爲男子的身體出於熱力作用體溫較高，組織的質地比較鬆弛而開放，所以對於塗油產生的潤滑作用有這方面的需要。」

問題五：酒類是否屬於收斂的寒冷性質？
參加者：阿什里都斯、蒲魯塔克和弗洛魯斯

1 弗洛魯斯繼續說道：「我們討論有關婦女的問題，雙方針鋒相對互不相讓，看來已經夠了。現在不如談談酒，我想知道你怎麼會覺得它帶有寒冷的性質。」

我回答道：「難道你真的認爲這是我提出的理論？」他說道：「還會另有其人

不成？」我回答道：「我記得亞里斯多德主持的討論曾經提到這個問題[234]，並非現在，那已經是很久以前的事。就是伊庇鳩魯在他的《會飲篇》裡面，有很長的篇幅談這方面的事項[235]。我想他的結論是這樣表示：『他始終認爲酒的特性就絕對的知覺而言並非熱；而是某種原子產生熱，另外一種則產生冷。有些原子進入身體會將熱拋棄，還有一些原子在身體裡面，它的熱被吸引出來，一直到適應體內的溫度達成平衡爲止；所以上面的狀況與我們身體的結構和性質沒有多大關係。按照這樣的說法，有些人在飲酒以後變得全身發熱，還有些人的經驗是完全相反。』」

2 弗洛魯斯說道：「這種說法還是讓我無法解惑，如同帶著我們經由普羅塔哥拉斯直指皮羅(Pyrrho)[236]；看起來事實非常明顯，我們可以接著提起油、牛奶和蜂蜜，以及同樣方式的任何東西，至於它們的性質是否受限於彼此的攙雜和混合，最好還是以不談爲妙。你如何能夠堅持『酒具備寒冷的性質』這個論點？」

我回答道：「就像現在這種場合一樣；那一天我也是突如其來的加入談話，逼得要在毫無準備之下即席發表聲明。首先我提到的事項是醫生常用的攝生術，一般而言對於身體虛弱的病人要讓他進食滋養的補品，通常不用燥熱的食物免得造成腸胃失調，有時爲了紓解食欲不振會要他飲酒。同樣的處方用來醫治下痢和盜汗，比起使用冰雪收效更大，因爲酒具備冷卻和收斂的性質，對於有害身體的失衡狀況產生阻止和抑制的作用。如果酒的性質和藥效可以提升體溫，我認爲拿酒當作藥物開給患有心臟疾病的受害者，等於將火埋進冰雪之中，沒有一點用處。」

「其次，大多數人都這麼說，冷卻作用使人昏昏入睡，大多數的催眠藥物像是顛茄和鴉片都是退熱劑，只是這些藥物的鎮靜和麻醉作用非常強烈，不像酒特有的溫和性質，使得身體在樂於接受的狀況下，用來拒止和停息內在機能的活動，因而它與麻醉劑的使用在程度上有很大的差異。」

234　羅斯《亞里斯多德殘篇》No.12。

235　烏西尼爾《伊庇鳩魯學派殘卷》No.60。

236　非常容易看出皮羅學派(Pyrrhonians)的懷疑論，很多地方依循普羅塔哥拉斯和其他詭辯家的觀點，特別是皮羅對於熱和火的性質，一直抱著無法認同的態度，參閱戴奧吉尼斯·利久斯《知名哲學家略傳》第9卷104節。

「第三，熱就是繁殖[237]；生殖的流體經過熱力的媒介，才能具備正確的流向、心靈的激動和性欲的力量。男子飲酒過量對於做愛的欲望感到遲鈍，射出的精液就生殖力而言，強度減低而且效能不足。從另一方面來說，他們與婦女的交媾所以功能不彰而且效率很差，在於他們的精子因爲冷卻作用，活動變得極其緩慢。」

「要知道每個人從酒醉體驗到酷寒極其類似的徵兆：全身顫抖、頭腦沉重、臉色蒼白、四肢抽搐、口齒不清、身體僵硬和感官麻木；大多數人喝醉的後果是完全癱瘓，這時酒發揮最大的打擊作用，身體的熱量幾乎已經消耗殆盡。任何人因酩酊大醉和宿醉難忍帶來身體的痛苦，要想減輕只有趕快臥倒在床，蓋上被子保持溫暖，到了次日要沐浴和按摩，所進飲食不要刺激內臟系統和器官，恢復身體消除和喪失的熱能。」

我繼續說道：「要是讓我們全部依循經驗產生的現象，這時發現寒冷和酒醉的類似之處並不十分顯著。有關酒醉的主要特性不會造成困擾，因爲老年人絕大多數具備寒冷的體質，似乎喝醉的人很像老年人，這話我已經說過：嗜酒之徒很快變成年邁的長者，很多人過早禿頭，或者在盛年之前頭髮轉成灰色，這些人都是因爲熱能不足帶來的煩惱。有些酒具備醋的性質和特色，沒有任何溶液能像醋那樣對火帶來絕滅的作用，因爲它過於寒冷能控制火焰的燃燒和減緩釋出的溫度。我們看到醫生用葡萄之類的水果，如同石榴和蘋果一樣當作退熱的藥物，要比其他種類的食物發揮更大的功效。我們知道寒冷和酸很有關係，要是酸度過高便會破壞甜分。難道是因爲這樣，人們才不用蜂蜜混合雨水和冰雪的方式來釀酒[238]？」

「古人將植物當中的常春藤作爲祭品奉獻給酒神[239]，爲何沒有用同樣的理由將地球上面爬蟲類的蛇[240]，當成犧牲奉獻給其中一位職司嚴寒和酷冷的領主？有人以爲酒的熱力作用，只要大量飲用，可以成爲毒胡蘿蔔素的解毒劑[241]，我個人完全不同意這種用藥的觀點，因爲酒與諸如此類毒素的混合，不僅毫無治療功效，只要吃到肚中立即斃命。問題不在於酒的熱力可以抗拒毒胡蘿蔔素，而是冷

237 亞里斯多德《論動物的生殖作用》第2卷3節。

238 這是俗稱的蜂蜜酒或蜜汁；參閱本章第4篇問題6第2節。

239 優里庇德的悲劇《酒神信徒》101行和686行及後續各行；參閱賀拉斯《頌歌集》第2卷19節19行。

240 鮑薩尼阿斯《希臘風土誌》第1卷31節。

241 參閱本書第4章〈如何從友人當中分辨阿諛之徒〉19節；以及普里尼《自然史》第25卷152節。

卻可以增強毒素的性能。較爲可信的假定是毒胡蘿蔔素的冷凝效應，比起其他特性和功能，對飲用以後喪命的人而言要負起更大的責任。」

問題六：性交最適合的時間為何？
參加者：佐庇魯斯、奧林皮克斯、索克拉魯斯以及一些年輕人

1 有些年輕人對於古代的文獻一竅不通，就去攻擊伊庇鳩魯的論點，根據的理由是他在《會飲篇》一書中，提到何時最適於性交的討論內容[242]，認爲極其不雅也沒有這種需要。老年人在晚宴的時候當著年輕人的面，談論與性有關的問題，還要衡量人們是否應該在餐前或餐後交媾，就他們的看法是極其猥褻的行爲。在座的飽學之士當中有人提到色諾芬，說他在晚餐以後陪著客人回家，不是步行而是騎馬，然後再與自己的妻子做愛。

佐庇魯斯是一位醫生，他對伊庇鳩魯的著作非常熟悉，發言加以補充，說他們並沒有很用心閱讀伊庇鳩魯的《會飲篇》，因爲裡面沒有提出涉及原則的問題，或是要求闡明解決的方法，然後再實事求是進行討論。他只是在晚餐以後帶著一群年輕人散步，與他們談話的著眼點在於道德方面的教導規勸，對於肉欲的需要應該知道節制，所持的理由是性交通常對身體有害，特別是進餐和飲酒之後，更要規避免得產生不利的影響。

佐庇魯斯接著說道：「如果他研討的主題是交媾，我們基於對哲學家的信任，是否非得禁止他對性交的時辰做全盤的考量？難道不能在適當的時刻，讓他對於這類的問題做理性的討論？要是他認爲用餐飲酒的場合很適宜討論，談起人之大欲又有什麼讓人感到羞愧之處？從另外的角度來看，一個哲學家在大白天的課堂上面，當著不同出身的人士，公開談論諸如此類難以啓口的問題，我認爲應該給予譴責。目前處於同伴和朋友都在的場合，大家的手裡拿著杯子，等到酒過三巡，再怎麼荒唐和愚蠢的故事說出來都很適合，對於性交這個有用的題目，無論是說還是聽，又有什麼值得害羞的地方？」

他繼續說道：「就我個人的意見要看天狼星的位置，希望季諾把他所說的『大腿張開』之類尋開心的句子[243]，放在描述晚宴的文章裡面，不要在《政治體

242 烏西尼爾《伊庇鳩魯學派殘卷》No.61。
243 阿尼姆《古代斯多噶學派殘卷》第1卷No.252。

制》這本書中出現，畢竟這是一本非常嚴肅的著作。」

2 這番話使得年輕人感到窘迫，坐在那裡不發一語。在座其餘人員向佐庇魯斯提出要求，請他就伊庇鳩魯對這件事情的看法說明理由。他的答覆是他已經記不清楚詳細的情形，只是認爲伊庇鳩魯害怕性交會帶來痛苦的後果，等到我們的身體進入這種活動的激昂和混亂之中，便會引起心靈的困惑和騷擾。通常我們把酒看成無事生非的傢伙，喜歡搧風點火引起爭端，讓我們的身體不得安寧，處於這種狀況之下，要想安靜入睡都很困難，隨之發生的性交帶來新的煩擾，兩種力量緊密結合在一起，使我們肉體不勝負荷，最大的危險在於沒有安身之處，就像一間房屋的根基不穩，隨時會動搖倒塌。因爲這個時候的精液流動不易，飽食造成阻塞的作用，等到養分萃取完畢成爲凝結的殘留物。

有人就說只要身體處於平靜的狀況，消化作用已經結束，養分在體內流動送到各個器官，這時就可以從事性的活動，必須在身體需要再度補充養分之前，把事情辦好才是正確的方式。對於伊庇鳩魯的分析，大家還要加上醫生的意見。事實上性交的安全時間是在白晝，只是要等消化的程序完成。晚餐以後急著性交不是沒有危險，食物還沒有完全吸收，產生的煩擾和興奮會引起消化不良，造成身體的損傷比起一般成因要大上兩倍都不止。

3 奧林皮克斯加入討論，他說道：「就我的論點而言，非常欣賞畢達哥拉斯學派的克勒尼阿斯(Kleinias)提出的反駁：對於一個人什麼時候應該與婦女性交這個問題，他所說的答案爲：『無論任何時候，你都免不了要遭到很大的傷害。』[244] 基於這方面的論點，不管佐庇魯斯剛剛說什麼，都有足夠的道理；從另一方面而言，我看到其他可能的時間有別的優點和困難，當然會對房事問題帶來很大的影響。」

「因而出現諸如智者薩里斯(Thales)[245] 遭遇的狀況，他的母親要他結婚給他帶來很大的困擾，爲了避免她不斷的強加干預，就用應付的話加以搪塞，開始對她的說辭是：『母親，現在還沒到適合的時間。』以後就說：『母親，現在已經過了適合的時間。』有關做愛的事對每個人而言，最好的習慣是他上床之際就說：

---

244 狄爾斯、克朗茲《希臘古代哲學殘卷》第1卷444頁No.54，戴奧多魯斯・西庫盧斯《希臘史綱》第10卷9節，都認為這句格言是畢達哥拉斯所說。

245 智者薩里斯是希臘七賢為首的人物；參閱戴奧吉尼斯・利久斯《知名哲學家略傳》第1卷26節。

『現在還沒到適合的時間。』等到他下床之際就說：『現在已經過了適合的時間。』」

4 索克拉魯斯說道：「奧林皮克斯，你提到的狀況應該是運動員要說的話，仍舊到處瀰漫練習帶來的汗臭味，以及拿烤牛肉當成晚餐，這些都不適合目前這個場合。我們中間的年輕人都已經結婚，他們必須『辦好愛的事情』[246]，阿芙羅黛特仍然沒有完全放棄已到花甲的老人，我們在神的頌歌中提出懇求，請祂賜給我們恩惠，我始終認爲

人們為著思慕美麗的愛神，
要把老邁的年紀延後降臨。」[247]

「如果你願意的話可以讓我們考慮一下，是否這個時候眞的適合，或是對任何意見都抱反對的態度，因爲伊庇鳩魯不同意阿芙羅黛特所說的夜晚，在神明當中祂對這點最堅持，即使像米南德這樣歌頌愛情的權威人士，他的主張也是如此[248]。實在說我認爲在從事這類活動的時候，拉開夜幕將歡娛遮住未嘗不是一件好事。從他們的眼中來看，大白天做愛仍然不願將莊重的禮法置之不顧，或者讓人擁有大膽、生動而放縱的回憶，可以取代獻殷勤的舉止和再度燃起的情欲。柏拉圖[249] 曾說『視覺是最敏銳的感官可以穿透身體』，就會對立即的印象做最有效的運用，喚醒心中歡樂的情景，不斷帶來清新可喜和精力充沛的欲念。黑夜掩蓋做愛帶來無饜和狂野的行爲，使得一個人的心性經過轉變以後平靜下來，視覺的刺激物不會在暴力的海岸發生沉船的悲劇。」

「除了上面所提的以外，一個人告別歡樂離開宴會回到家中，戴著他的花冠和塗油的芳香，上了床以後背對妻子，用床單把自己裹起來，到底是何種感官使他如此；在白天的事務繁忙之中，特地召喚她離開婦女的房間，前來與自己享受燕好之樂，豈不是就像晨起的公雞抱著她做早晨第一件事？老兄，一個人應該有這樣的念頭，黃昏表示一天的工作已經結束，清晨卻是一天的開始。歡樂之神戴

246　荷馬《奧德賽》第11卷246行。

247　這兩句詩的作者應該是阿克曼，參閱艾德蒙《希臘抒情詩》第2卷510頁No.3。

248　科特《米南德的戲劇殘本》第2卷246頁No.789。

249　柏拉圖《菲德魯斯篇》250D。

奧尼蘇斯[250] 加上特普西可瑞和塔利婭負責的時段是薄暮和黃昏[251]；清晨喚醒我們要對技藝之神雅典娜[252] 和商業之神赫耳墨斯[253] 盡自己的責任。因而詩歌、舞蹈與合唱的頌辭都要占用傍晚的閒暇，加上

酒宴、慶典以及悽惻哀怨的笛聲。[254]

其他時間充滿鐵鎚的叮噹和鋸木的震動，稅吏在一大早的喊叫，以及召喚人們進入宮廷的宣告，要他們去為君主或長官服務，這個時候的歡樂活動全部停頓：

不再有酒神的雕杖和進香的行列；
美麗的塞浦路斯女郎已杳如黃鶴，
青年的賞心樂事付之戰陣和溝壑。[255]
因為白天要努力應付生活的重壓。」

「詩人同樣不讓筆下的英雄在晝間與他們的妻子或情婦上床[256]，除了描述帕里斯(Paris)逃離作戰崗位溜到老婆的懷裡，等於說那些無法控制自己的欲念，一定要在光天化日之下做愛的人物，不能算是忠實的良人，只能看成瘋狂的淫夫。其實晚餐之後的性交並不如伊庇鳩魯所想的那樣，會對身體帶來很大的損害；只要沒有過重的負擔、飲酒以及吃得太飽；出現不適的狀況還置之度外，硬要逞能的結果當然會樂極生悲。如果一個人的心情自在輕鬆，身體安詳舒適，充滿柔情蜜意，要在間隔一段時間之後做愛，那麼他的身體不會受到騷擾，也不會帶來病態的興奮，以及如同伊庇鳩魯主張的論點，說是原子處於不穩定的狀態。如果他的行為合乎自然之道又能保持平靜的情緒，整個系統和機能會很快復元，一種新的流體立即補充空虛的部分。」

「正當全神投入軍國大事或重要工作之際，還要分心做愛，應該特別注意帶

---

250 前面還將戴奧尼蘇斯稱為全能的解放者，除去我們所有的束縛；參閱本章第1篇問題1第2節。

251 特普西可瑞和塔利婭都是九繆司的成員，前者職掌舞蹈與合唱，後者職掌喜劇和田園詩。

252 參閱本書第8章〈機遇〉4節，以及瑙克《希臘悲劇殘本》之〈索福克利篇〉No.760。

253 參閱亞里斯托法尼斯的喜劇《武士》297行及其注釋；阿果拉的商賈樹立祂的雕像，每年舉行盛大的祭典；參閱鮑薩尼阿斯《希臘風土誌》第1卷15節。

254 希尼德認為這句詩的作者是凱利瑪克斯，只是出處不詳。

255 瑙克《希臘悲劇殘本》之〈Adesp篇〉No.397；詩中的塞浦路斯女郎是指海倫。

256 荷馬《伊利亞德》第3卷441-447行。

來的後遺症；應該避免心理的憂慮，不要讓身體陷入激動、興奮和憤怒的狀況，以免對於事務的處理造成困難和障礙。之所以出現疲憊和失常，在於缺乏足夠的時間獲得充分的休息。閣下，並非每個人都能像伊庇鳩魯那樣擁有閒暇和鎮定的神色[257]，出於理智和哲學給予源源不絕的供應。我們日復一日要完成接二連三的工作，所有的時間都占用殆盡，如同在教練場接受永無休止的折磨，掙扎的過程使得身體欠缺性交所需的條件，既不適合也沒有任何好處。因爲性交產生強烈的興奮作用，會消耗我們的精神和體能。要知道高貴和永恆的神明不會理睬凡夫俗子，我們只有自求多福。雖然如此，我認爲我們必須遵守城邦的法律，凡事務求審慎小心，特別是在任何性行爲之後，不得立即進入神明的廟宇，舉行奉獻犧牲的祭典。我們認爲夜晚在入睡之前那段時間最爲適合，接著有充分的休息恢復精力，可以重振男子的雄風，如同德謨克瑞都斯所說：『新的一天有新的氣象。』[258]」

問題七：飲用較甜的新酒為何不易醉倒？
參加者：蒲魯塔克的父親、哈吉阿斯、亞里斯提尼都斯、蒲魯塔克和其他人士

1 雅典的民眾在Anthesterion月第十一天(2月11日)向神明奉獻新酒，將這一天稱爲披索伊吉亞(Pithoigia)祭典[259]。長久以來，他們在飲用和祈禱之前，先要舉行酹酒的儀式，爾後將它當作「藥物」服下不會危害身體，即使多喝都很安全。我們的曆法將這個月稱之爲Prostaterios[260]，意爲「阿波羅之月」，第六天根據習俗要向傑紐斯(Genius)這位善神[261] 獻祭，同時要嘗新釀的酒，正好是在西風停息以後，潮濕的氣流對酒產生很大的影響，只要經歷這段期間的考驗沒有變質，成爲當年的佳釀可以長久保存。

---

257 烏西尼爾《伊庇鳩魯學派殘卷》No.426。

258 狄爾斯《德謨克瑞都斯的殘卷》No.158。

259 披索伊吉亞這個字的意義是「打開封好的陶甕」，通常這種陶甕是用來裝酒；還有學者認為古老的時代，會用pithos(陶罐)來裝死者的骨灰，所以舉行Pithoigia祭典在一開始是當成「亡靈節」，後來才與酒神發生關係。

260 毫無疑問Prostaterios源自阿波羅保護神(Protector)；其實希臘十二個月份的名稱，並沒有用到這個字。

261 這是來自冥界的亡靈成為家庭的保護者，或許最早就是某種鬼魂，很像中國民俗中流傳的灶王爺。

我的父親遵守傳統規定舉行相關的儀式，等到晚宴完畢，當天飲用的酒受到大家的贊許。他建議年輕人應該抱持實事求是的哲理，驗證所謂「飲用新釀帶有甜味的酒不會醉倒」這種說法。對很多人來說這個題目像是很難讓人相信的悖論，哈吉阿斯提到甜的酒到處都有，讓人厭惡和產生喝夠的感覺，因此一個人不太容易飲下大量味甜的新酒到醉倒的程度，只要口渴獲得滿足，食欲感到過量就會加以拒絕。他特別舉出荷馬寫出的詩句：

> 乳酪、香甜的蜂蜜和醇美的酒；[262]

承認「醇美」有別於「甜蜜」，因爲酒在開始釀好的時候會「甜」，由於發酵的作用變得「醇美」，要經過相當的時間才會「不甜」。

2 尼西亞的亞里斯提尼都斯說他記得在某本著作中，讀到有關的記載，味甜的新酒與其他的酒攙和起來，就不會讓人喝醉[263]。他還加上一段說是有些醫生特別推薦，如果一個人喝酒過量引起嘔吐，在將他扶上床之前，先讓他吃一塊浸過蜂蜜的麵包，可以用來解酒。要是甜的性質可以減輕酒的後勁，那麼新酒很難讓人醉倒不是沒有道理，除非它的甜味已經發生變化。

3 大家對於年輕人的頗懂禮貌感到相當欣慰，他們沒有加入問題非常明顯的辯論，只是就提出的解答根據個人的看法做出最好的判斷。雖然解釋就在手邊而且非常容易明白，亦即味甜的新酒很難消化(如同亞里斯多德所說，極其濃膩要突破胃的束縛[264])，溶液裡面還包含大量的氣體和水分，談到後面這兩種成分，氣體受到外力的排除很快消失，殘餘的水分會有效減低酒的後勁，須知時間會增加蒸發的力量，水因分離作用慢慢喪失，酒的容量雖然減少，它的勁道反而加強。

---

262 荷馬《奧德賽》第20卷69行。

263 資料來源可能出自亞里斯多德《問題》第3卷872B，至於尼西亞的亞里斯提尼都斯是何許人也，不得而知，除了此處再也沒有提到。

264 羅斯《亞里斯多德殘篇》No.220。

問題八：為什麼飲酒很多甚至過量的人，只要步伐不會蹣跚就表示可以自我控制？

參加者：蒲魯塔克和他的父親

1 我的父親說道：「我們已經打擾亞里斯多德一段時間，現在就所謂的『蹣跚而行』這個題目，難道不該多表示點意見？雖然亞里斯多德基於所提出的探討[265]，的確有迫切的需要，只是就我的看法，他對因果關係的處理並不適當。根據我的了解，他曾經說過這樣的話：頭腦清醒的人具備的判斷力，在於能夠正確和合理的分辨對與錯以及區別是與非；一個人要是飲酒過多，他的知覺受到抑制和破壞；到了最後成爲行動蹣跚的醉漢，就他的想像機能而言雖然保持強勢的反應，然而他的理性機能卻已陷入失序的狀況。因爲他依循虛幻的外觀和景象，做出的判斷當然會有差錯。」他繼續說道：「你對這方面的敘述有什麼意見？」

2 我回答道：「我把亞里斯多德這部分的著作仔細閱讀一遍，發現涉及因果律的問題敘述都很適切。如果你想要我再下工夫深入探討，首先要考慮的問題，是否應該將從而產生的屬性歸於身體的變化，這點你在前面已經提過。行動蹣跚的人只有心靈處於混亂之中；只要尙未狂飲，他的身體仍舊受到衝動的控制。等到陷入酩酊大醉的狀況，身體才會對衝動沒有反應，到達無法行動的程度。步伐蹣跚雖然表示身體開始失衡，事實上還能保持理性，擁有較能自主的行動能力。」

我繼續說道：「如果從另外的角度來考慮這個狀況，酒的分量要是在攙雜的比率上發生改變，對於它的後勁並沒有什麼影響；如同製造陶器，火的溫度適中可以燒出堅固耐用的成品，要是火勢過於強烈會將陶器燒毀，高溫使得表層熔化造成塌陷。還有就是初春之際容易罹患熱病引起發燒，等到炎熱的季節來到，這一類的病情慢慢減輕最後消失。我們的情緒因爲喝酒覺得放鬆而平靜，然而過量卻會陷入混亂和興奮之中，能說心中對酒就不會產生抗拒之感？蒜藜蘆具備的特性在於引起腹瀉讓人感到不適；要是給的劑量過少不能達成通便的作用，無法發揮治病的效果，會使身體更加痛苦。有些人服用較正常藥量爲低的鎭靜劑，這時變得精神興奮異常，要想安然入睡必須增加分量。我認爲很可能蹣跚具有失序的

265　亞里斯多德《問題》第3卷871A。

特色，大量的酒進入身體帶來的興奮作用，到達最高點以後慢慢平息下來，心靈的狂亂激動就會逐漸消耗殆盡。這種現象如同開始聽到輓歌和葬禮的笛聲，哀傷之際眼淚自然流淌，過不了多久同情心慢慢消褪不再感到那樣悲痛。你看到酒所能產生的作用也是如此，開始飲酒激起熱烈的情緒和興奮的衝動，再喝下去會安撫心靈帶來醺醺然的快感，等到已經酩酊大醉就會躺下平靜的休息。」

問題九：飲酒要「喝五喝三不喝四」，這有什麼含義？
參加者：亞里遜、蒲魯塔克和他的父親

1 正當我講到這裡的時候，亞里遜(Aristion)[266] 用他那慣常的大嗓門說道：「有一條最公正也最民主的規則，過去長久以來為節制的飲酒方式排除在外，如同受到暴君的放逐一樣，看來有希望在我們的酒宴當中恢復。專家在研討七弦琴的音樂理論，確定和弦的比率三比二是五度協和音程；二比一是八度協和音程；然而四度協和音程(產生的和弦聲音最為微弱)的比率是三比一。音樂理論家戴奧尼蘇斯提到酒與水的三種混合方式，用協和音程來表示即五度、三度和四度，所以在他的歌曲當中有這樣的歌詞：

> 飲酒要喝五喝三不喝四。」[267]

「說實在的『五』就是三比二的比率，表示三份的水再攙上兩份的酒；『三』的比率是二比一，也就是兩份的水和一份的酒；然而『四』是三份的水中注入一份的酒，它的比率是三比一[268]，這種混合的方式含酒量最低，容易讓人保持清醒，適合一群有見識的官員在官式宴會的場合飲用，或者是邏輯學家皺著眉頭正在沉思默想三段論法的談話，喝這種酒不會影響到他的頭腦。至於其他兩種

---

266 這位仁兄對於食物和酒的常識和見聞非常豐富，本書第50章〈愛的對話〉2節提到索克拉魯斯的父親名叫亞里遜，不知兩者是否是同一人。

267 參閱赫西奧德《作品與時光》591-596行及其注釋；以及阿昔尼烏斯《知識的盛宴》第10卷426D。

268 原書說它的比率是4:3，已經改正；從而得知五的葡萄酒含量是2/5即40/100，三的含量是1/3即33.3/100，四的含量是1/4即25/100；通常葡萄酒的酒精含量是10/100，所以五的混合酒的酒精含量只有4/100，相當於一般的淡啤酒。

方式，混合比率爲二比一的酒，帶來的困擾只能到達半醉的程度，如同

撥動心靈深處一根琴弦，
聖潔的感覺會油然浮現。[269]

雖然使人難以保持清醒，卻也不會像泡在酒中的蠢漢那樣爛醉如泥。只有混合比率爲三比二的酒濃淡適中最爲爽口，可以紓解身心使我們安然入睡，就像那位『給予保護和撫慰的女家庭教師』，這是赫西奧德在詩中所描述的人物[270]；因爲只有它在我們高傲和失序的激情當中，用來形成一種深邃的瀟灑和寧靜。」

2 沒有人駁斥亞里遜的論點，明顯看出他的談話帶有開玩笑的性質。我邀請他乾一杯酒，好像他演奏七弦琴已到爐火純青的功力。僕人走上前來要爲他倒酒，亞里遜婉拒，帶著笑容說他是一位音樂理論家而非琴師。這時我的父親補充幾句話，他的說法是：古人也有同樣的表示，宙斯有兩位奶媽(愛達[Ida]和亞德拉斯提[Adrastea])，赫拉只有一位(優卑亞[Euboea])，阿波羅當然也是兩位(阿勒色[Alethea]和科里薩利亞[Corythaleia])，戴奧尼蘇斯的奶媽更多，爲的是要讓這位神明更加溫馨和審慎，多幾位寧芙使他獲得更好的教養和照顧。

問題十：為何肉類放在月光下面比起陽光下面更容易腐敗？
參加者：優特迪穆斯、薩特魯斯、摩斯契昂和蒲魯塔克

1 蘇尼姆(Sunium)的優特迪穆斯(Euthydemus)[271] 舉行晚宴款待我們，準備的菜餚有一頭碩大的野豬，在座人員看到全都嘖嘖稱奇，他說還有一頭體型更大，就是因爲這個緣故才買下來，由於月亮的關係已經變質腐敗，他很想知道受到損失的原因何在，不像太陽(他的想法)雖然比月亮要熱很多，對肉類的腐爛帶來的影響反而要小。薩特魯斯說道：「最讓人感到不可思議之處也許跟

269 瑙克《希臘悲劇殘本》之〈Adesp篇〉No.361。
270 赫西奧德《作品與時光》464行。
271 蘇尼姆是阿提卡地區最南端一個海岬，上面有個小鎮取同樣的名字；門繆斯・優特迪穆斯(Memmius Euthydemus)是德爾斐的祭司，所以他是蒲魯塔克的同僚，他的兒子也是蒲魯塔克的學生。

月亮無關，可能出在獵人身上。當他們打到一頭野豬或者一隻鹿的時候，如果想要運到鎮上去賣，就會在動物的屍體上面插進一根銅釘，可以保持肉質的新鮮不至於腐敗。」

2 我們用完晚餐，優特迪穆斯再度提到這個讓他感到困惑的問題。摩斯契昂是一個醫生，他說腐敗的現象在於屍體的分解和液化，肉類發臭爛掉以後都會變成液體。所有的熱能(他特別指出這點)只要溫和而輕柔，就會激起水分的活動進而防止乾燥。如果熱量非常強烈，帶來相反的效果，使肉類變得乾硬。經過這樣的考量可以明瞭問題之所在。月亮帶來緩和的暖氣使得屍體維持濕潤的狀態，太陽發生強烈的熱力奪去屍體的水分。

可以參考阿契洛克斯(Archilochus)[272] 的著作，寫出的情景符合自然的現象：

我希望天狼星威力大減，
無須發射出銳利的光線。[273]

荷馬提到赫克托的下場，讓我們更了解道理何在；赫克托倒斃在地，阿波羅召來一朵白雲，投下陰影將他遮住；

不要讓太陽照射到屍首，
免得筋骨四肢乾如柴束。[274]

月球(他的推論)射出的光線攜帶的熱力相當微弱，因而

黑暗之地不讓葡萄成熟，

這是艾昂的詩句[275]。

---

272 阿契洛克斯是西元前7世紀中葉的詩人，生於帕羅斯島，他在當代與荷馬齊名，僅留下其他著作引用的殘句。

273 貝爾克《希臘抒情詩集》No.61。

274 荷馬《伊利亞德》第23卷190-191行。

275 瑙克《希臘悲劇殘本》之〈艾昂篇〉744頁No.57。

3 等到摩斯契昂停止發言，我說道：「你所說的論點從各方面來看都很周詳，只是不應該拿熱的能量和程度來裁定產生的現象。我們可以看到太陽在冬天的熱力較弱，然而屍體的腐爛在夏季更快，如果變質是溫和的熱力所造成，那就不應該出現這種狀況；事實上天氣愈炎熱，肉類的敗壞愈迅速。我們要知道，月亮引起屍體的腐敗不在於熱量的不足或熱力的減低，情形完全相反，根據某些人士的主張，在於熱流所具備的特性，這種熱流來自月亮。從最普通的事情可以明顯看出，絕非所有的熱都屬於一類，僅僅在於程度上面有所差異。」

「其實火的性質可以區分為很多種，彼此並不類似。金匠使用穀物外殼當燃料生火製作金器；內科醫生點燃葡萄枝發出的熱力用來熬藥；乾燥的檉柳木頭最適合拿來熔化和塑造玻璃。蒸氣浴用橄欖樹當燃料對於身體有很大的好處，只是會損壞浴場的建築物，將所有的鑲板和作為基礎的石材燻得骯髒不堪，好像建築物的下面一直有東西在焚燒。所以有良心的官員不讓承租人在經營浴場的時候，用橄欖樹生火將水燒開。如同他們不會拿毒麥放在火爐裡面燒火一樣，因為這種植物的蒸氣會使洗浴的人感到頭痛，甚至產生眩暈的效應。」

「月亮與太陽有所差異其實毫無可怪之處，後者發出衰微的熱流，前者放射的熱流會使身體的水氣開始運行活動。奶媽都非常小心不讓兒童暴露在月亮下面，他們的身體如同綠色的木材滿是水分，很容易引發痙攣和抽搐。我們看到有人在月光照耀之下入眠，早上很難從床上起來，像是人的感覺產生昏迷或麻醉，那是月亮讓水分注入使身體變得沉重。據稱月亮有助於婦女的分娩使之更加順利，通常發生在滿月期間，由於水分的紓解作用，疼痛的程度大為緩和。基於這種理由，阿特米斯與月亮的關係非任何人所能比擬，大家把祂稱為洛奇婭(Locheia)『生育之神』和艾莉昔婭(Eileithyia)[276]『免於生產之苦』。泰摩修斯的說法更為露骨：

月球通過無限蒼穹，
四周滿布燦爛群星；
要讓嬰兒趕快出生。」[277]

「月亮的力量關係到無生命的物體同樣明顯。滿月期間砍伐的樹木飽含水

276　艾莉昔婭是赫拉的女兒，產婦和分娩的保護神。

277　戴爾《希臘抒情詩》第2卷194頁No.12；參閱本書第21章〈羅馬掌故〉77節。

分，所以質地較軟而且很快腐朽，建築師都棄之不顧。農夫在每月的月底急著在打穀場收集小麥，因爲接著會很難乾燥，要拖延一段時間。小麥在月圓之際的運輸要將它分開相當容易，因爲含有水分質地比較柔軟。人們經常說起麵粉每到望日發得很好，其實發酵作用與腐敗的程序完全類似；發酵會使麵糰變得多孔而質輕，如果適當的時間沒有好好掌握，最後出現完全一樣的變質和敗壞。肉類的腐爛簡而言之就是變得多孔而液化，如同亡靈凝固以後化爲濕氣。我們看到大氣之中出現類似的事情，特別是滿月那段期間露水的消失和凝結，我認爲抒情詩人阿克曼(Alcman)[278] 產生聯想，將露水稱爲空氣和月亮的女兒，還寫出下面一段詩句：

宙斯的女兒赫爾莎，
塞勒尼是她的母親，
呱呱落地獲得預言，
在世全靠露水維生。[279]

月光擁有產生濕氣和變得柔和的特性，幾乎每個地方都可以找到證據。」

「人們提到將銅釘插進肉裡，可以保持新鮮不會腐爛，如果確有其事的話，那就表示它具備某種治療的功能和收斂的性質。醫生將銅鏽加入處方之中，製成的藥劑可以治癒某些疾病。曾經有這樣的記載，要是人在銅礦裡面度過很長的時間，獲得的好處是睫毛脫落以後可以再生，還有就是含銅礦砂的飛塵進入眼中，不知不覺之間發生堵塞的作用，眼淚流不出來變得非常乾燥。這也是詩人將青銅稱爲『人們的幫手』[280] 或『眼的愛慕者』[281] 的道理所在。亞里斯多德提到青銅矛頭和刀劍造成的創傷，要比鐵製武器引起的痛苦較少而且容易治癒，因爲青銅具備的藥效即刻之間留在傷口當中[282]。事實非常明顯，收斂劑所具備的特性在於使物品不致腐敗，藥物所具備的特性是減少傷亡。當然，有人認爲從肉中穿過的釘子可以聚集水分，如同受傷的部位會發生吸引的作用。所以大家才會言之鑿

---

278 阿克曼是西元前7世紀的抒情詩人，居住在斯巴達，是拉柯尼亞的土著，作品以《少女之歌》最為出名。

279 貝爾克《希臘抒情詩集》No.48；赫爾莎(Hersa)因靠露水維生，得到「露仙子」的稱號，參閱本書第61章〈自然現象的成因〉24節。

280 荷馬《奧德賽》第13卷19行。

281 荷馬《伊利亞德》第2卷578行。

282 亞里斯多德《問題》第1卷863A。

鑿，說是在身上看到出現瘀傷或污點，表示所有的病痛都聚集在該處，大可以認爲其他器官仍舊健壯無恙。」

第四篇

尊貴的索休斯·塞尼西歐，想當年波利拜阿斯勸西庇阿·阿非利加努斯每次前往羅馬廣場，總要在市民當中認識一位新朋友，然後才能返回家中[283]。我們不必賣弄學問嚴格規範「朋友」的定義，像是過於理想的方式，要求情誼持恆不變和固若磐石，而是採用較爲鬆寬的標準，就是任何具有善意的人。狄西阿克斯(Dicaearchus)[284] 不斷大聲疾呼，保證對每個人都很親切仁慈，身爲朋友卻可以退而求其次。友誼這個目標的達成要盡最大的努力，性格更要能堅定剛毅。提到一般的生意來往、社交生活以及社區成員分享各種表演活動，都會將和睦列在其中，還能提供機會演練親切的規勸和相互的好感。

你或許會同意波利拜阿斯的勸告，不僅適合市民大會，同樣可以用於一般場合；我們在找到新的朋友成爲客人參加晚餐之前，總不能讓現在聚會的成員不歡而散。人們趕到市民大會是爲了處理事務，或者有其他的目的；那些前來赴宴的人至少還很聰明，能夠獲得新朋友如同人到老年能有一段好時光。有人心存貪念想把所有東西都抓在手中，這只是世俗的卑下之見，只有朋友除了實質的利益還能帶來歡樂和榮譽。從另一方面來說，我們要是忽略人際關係，對於自己而言是很大的缺點和短處；有人參加歡聚之所以毫無所得，那是他著重口腹之欲而非心靈滿足。

賓客蒞臨不是完全爲了享用菜餚、美酒和甜點，而是談話、歡笑和親切的態度所產生的友情。角力場爲了讓揪鬥的雙方抓得更緊，需要提供品質最好的細沙[285]，贏得堅實的友誼在於舉杯痛飲和推心置腹的情投意合。談話中間的飲酒可以增加歡樂的情趣，使得身體產生極其快慰的感覺；此外還有促進消化避免飽食產生的不適。如同大理石[286] 可以降低溫度，用來消除在燒紅的鐵液中過多的熔渣，經過反覆的淬火軟化和鍛鍊成型的程序，增加金屬的硬度使之更爲銳利；因

283 參閱本書第16章〈羅馬人的格言〉10節之2，以及斯托貝烏斯《花間飛舞》35節；所謂「友誼」在羅馬帶有政治的意味和要求。

284 狄西阿克斯是亞里斯多德的門人，當代知名的逍遙學派哲學家。

285 角力的選手上場之前先用橄欖油塗滿全身，再撒上顆粒很細的白沙。

286 石灰石含有碳酸鈣，在高溫中會與鐵砂產生化學作用，形成可以浮在鐵汁上的熔渣，很容易清除；大理石是石灰石的一種。

而清談之樂可以防止酒徒的放縱行爲，使得他的心靈不會完全爲飲酒所操控。雖然酒給人帶來的深刻印象在於促成友誼的成長，所以才有「酒逢知己千杯少」的說法，談話卻可以使得這種情緒穩定下來，雙方在歡樂和情誼當中獲得緩和與紓解。

問題一：為何多種食物比單一食物容易消化？
參加者：斐洛、蒲魯塔克、菲利努斯和馬西昂

1 我們在伊拉斐波利亞(Elaphebolia)[287] 節慶期間來到海姆波里斯(Hyampolis)[288]，所以第四輪的十個題目當中，第一個問題與宴會有關，要討論飲食的多樣性。斐洛是一位醫生，他在我們到達以後，舉行盛大的宴會給予熱烈的款待。主人注意到隨著菲利努斯前來的一群小孩當中，有一位只拿麵包沒有要其他的菜餚，就大聲叫道：「老天爺！俗語說得好：

可拿石塊來打架，
遇到巨岩沒辦法。」[289]

他趕出去爲這些小孩拿一些吃的東西，過了一會他帶著乾的無花果和乳酪給他們。

我說道：「這就是人們供應精緻和昂貴的山珍海味所出現的狀況，因爲他們對於最主要和最基本的食材，覺得拿不出手就抱著不屑準備的態度。」斐洛聽到以後回答道：「講得很對，我的心裡突然產生這種想法，好像菲利努斯要帶索薩斯特(Sosaster)前來參加我們的宴會，聽說這個人一輩子無論吃喝都是牛奶，其他食物概不入口。可能索薩斯特在早年就用簡單的飲食，後來才能養成這種古怪的習慣。至於我們這群年輕的朋友，不會像阿奇里斯那樣，從呱呱落地就在奇朗(Cheiron)[290] 的撫養之下，不能殺生只能吃一些蔬菜和麵食。難道一個人也能舉

287　祭祀狩獵女神阿特米斯舉行的宗教活動，《希臘銘文》第10卷90節證實確有其事。

288　海姆波里斯是福西斯地區一個小鎮，位於阿比附近。

289　這是一個謎語，所謂「巨岩」是讓船發生海難的礁石；參閱阿昔尼烏斯《知識的盛宴》第10卷457B，引用這兩句詩。

290　身為醫生的奇朗是半人半馬的馬人，收留並且撫養很多英雄人物，這時就有一種不同的說

出極其光彩的例證，說是能像蟬那樣只靠露水和空氣過活[291]？」

菲利努斯接著說道：「即使我們處於亞里斯托米尼斯在世的時代，自己也不知道會受到邀請去參加百人斬(hekatomphonia)[292] 的慶功宴會。除此以外，我們應該供給一些清淡和衛生的食物，如同一道護身符或是一服解毒劑，用來對付極其奢華又有害健康的飲宴風氣。還有就是經常聽到你說起簡單的膳食，比起精心調製和種類繁多的料理，不僅容易消化，就是獲得也無須大費周章。」

這時馬西昂(Marcion)插嘴說道：「斐洛，菲利努斯的話讓你白費一片苦心，所有的客人聽到以後都會大倒胃口，氣餒之餘只有奪門而走。你要是肯低聲下氣求我，倒是可以提出保證，讓大家認爲混合的食材比起單一的種類更容易消化，那麼你的貴賓便不會受到誤導，願意留下來大快朵頤。」斐洛就求馬西昂爲他多多美言幾句。

2 等到晚宴完畢以後，我們要菲利努斯公開說明多樣性雜食的害處。他很無奈的回答道：「這不是我提出的論點[293]。過去斐洛只要抓住機會就告訴我們，僅僅提一件事就可以知道，動物通常堅持簡單的食物，毫無變化的進食習性使得牠們比起人類更爲健康。還有就是關起來催肥的牲口很容易生病，天賦的本性逐漸喪失變得更爲溫馴，因爲餵養牠們的飼料混合各種穀物，不僅可口而且營養豐富。其次我要告訴大家，沒有一位醫生會像社會改革者那樣莽撞，竟然大膽到開給發燒病人的藥方，是要他吃種類繁多的飲食；通常是簡單和清淡的菜餚，主要的著眼點在於容易消化，使得內臟的功能有效運行，不致產生其他變化。我們可以拿布匹的漂染[294] 做例子，簡單的原色不僅工序較少而且不會失誤。就拿製造香水的材料來說，最純和最香的精油調配的過程最爲迅速。因此簡

(續)

法，提到他拿獅子的肝和熊的骨髓餵食阿奇里斯。

291 很多詩文都說蟬不需食物，柏拉圖《菲德魯斯篇》259C，亞里斯托法尼斯《雲層》1360行以及亞里斯多德《動物史》532B，其實我國古籍也有這方面的記載。

292 這是一種向神明奉獻犧牲和安撫亡靈的祭典，它的起源是古代某位梅西尼人在作戰中殺死一百個敵人，亞里斯托米尼斯是西元前7世紀的知名之士，據說他一生當中參加過三次這種類型的儀式和宴會；參閱鮑薩尼阿斯《希臘風土誌》第4卷14節，以及蒲魯塔克《希臘羅馬英豪列傳》之〈羅慕拉斯傳〉25節。

293 出自優里庇德的悲劇《麥蘭尼庇》，參閱瑙克《希臘悲劇殘本》之〈優里庇德篇〉511頁No.484。

294 柏拉圖《國家篇》429D-E提到布匹的染色，這是一個很切題的觀點，可以拿來與他在《泰密烏斯篇》50D-E的說法做一比較。這方面的分析基本上適合有關香水製造的問題。

單和類似的營養物經由消化作用很容易轉變[295]。等到性質迥然不同的食物有相當數量混合起來，相互之間引起剋制和衝突，過早的接觸使得它們的成分和素質受到破壞。」

「就像社區當中出現一群行爲惡劣有如地痞流氓的暴民，這些成員根本無法建立統一與和諧的秩序，大家按照自己的利益各行其是，像是與言語相異的外國人進行溝通，最後還是無法達成協議。酒就是很明顯的例證：把幾種酒混合在一起，他們稱之爲『容易入口』，飲了以後很快醉倒，出現這種狀況就是對酒的消化不良所引起。喜歡開懷痛飲的人通常避免混著喝幾種酒[296]，就是這個道理。陰謀分子會將酒攙和起來好達成某種企圖。混亂的根源在於見異思遷和不守常規。這也可以說明音樂家將不同的曲調組合會特別小心，因爲出現差錯的地方通常在於組合的本身，有時還會產生極其怪異的效果。我對我所說的話會證明它很有道理，相互衝突的陳述比起類型相異的食物會帶來正常的消化作用，更能說服大家同意我的看法。」

「如果這方面的論點過於膚淺，我可以將它拋棄去順從斐洛的主張。經常聽他說起，無論是消化良好或者腸胃出了問題，全都視吃進的食物性質而定。那些種類繁多的佳餚所形成的化合物，危害身體，釀成不利的健康狀況。我們必須根據經驗得知哪些食物可以搭配在一起，帶著滿意的態度加以運用。如果出於本身的難以消化而不是其他原因，僅是性質有了問題引起腸胃的不適和痛苦，那麼我們就要避免五花八門的各種美食，這也是斐洛的廚師刻意奉獻給我們的口福。他的料理方式是賣弄烹調的技巧來反對斐洛的主張，用新奇和花樣來提升我們的奢侈，並不是爲了滿足食欲，引導我們到另一個層次，各式各樣的菜餚極其華麗而豐盛，超越本身所要求的適度和自足。因而手藝高明的廚師就像海普西庇爾(Hypsipyle)[297] 撫育嬰兒，要在遙遠而廣闊的草原上面：

摘下的花朵是如此美麗，
帶著歡娛的心情在收集，

---

295 或許是更容易吸收；像是單一的染料對於雙重染色會形成妨礙，參閱普里尼《自然史》第9卷63節。

296 參閱普里尼《自然史》第23卷24節，以及亞里斯多德《修辭學》第3卷2節，這種策略像是為了反對陶匠，大家相互保證減少飲酒，這樣一來製造和販賣陶甕的生意就會受到影響。

297 林諾斯國王蘇阿斯有個名叫海普西庇爾的女兒，後來淪為奴隸，被帶到尼米亞，給國王萊克格斯的兒子歐菲底(Opheltes)當奶媽。

卻無法讓幼兒感到滿意。」[298]

「談到這方面的事情，我們必須記取蘇格拉底的教誨[299]，要提防過分精緻的菜餚產生的作用，誘惑人們在不感饑餓的時候，還要去大吃大喝。可以明顯看出他的叮嚀，要我們對食物的繁多和混雜特別提高警覺。千變萬化的飲食慫恿我們習於放縱的生活，遠超過聲色和性欲的需要，就是任何種類的娛樂和消遣都瞠乎其後，因爲它們是種類極多的刺激物，等於增加誘因的成分飽足以後，重新又能引起口腹之欲。從另一方面來看，過於簡略和一成不變的歡樂會喪失魅力，缺乏新鮮感就無法引導我們邁越自然形成的阻障。大體而論，我期望人們能夠容忍一個音樂家，他的演奏是混雜又亂成一團的聲音，或許還能讓人接受；即使是一位全身帶著芳香油膏氣味的體操教練，總比一位推薦各種肉類的醫生要好得多，這樣一來他會使身體健壯的康莊大道，由於飲食習慣的轉換變得崎嶇難行。」

3 等到菲利努斯說完以後，馬西昂提到他的看法，認爲蘇格拉底責備的對象[300]，不僅是那些爲了討好和奉承而培養興趣的人士，還將那些爲了身體健康而排斥歡樂的傢伙包括在內，如同一股反對和充滿敵意的力量，竟然取代原來的支持和包容。

馬西昂接著說道：「我們雖然抱著聽天由命和勉爲其難的態度，還是應該想盡辦法去治療疾病，特別是面對極其猛烈的徵候更應如此；沒有一個人可以從其他所有的醫療方法當中將歡樂移走，即使他有這個意願還是無能爲力。舉凡進食、睡眠、沐浴、塗油和躺在臥榻上面休息，所有這些都伴隨著歡樂，僅僅其中一部分就能支持和照顧一個人使他能恢復健康；只要充分供應正常和適宜的東西，可以削弱變態和異質的勢力。如同適時的沐浴或酒類的供應，當病人需要它的時候，又有什麼樣的苦惱、涸竭和毒害能夠如此輕易而簡單的袪除一種疾病？養分的吸取伴隨歡樂能夠很快撫慰所有的鬱卒，使得天生的體質得以復元，好像在暴風雨之後恢復晴朗的天空和平靜的海洋。痛苦的治療工作進度緩慢很少有成功的希望，對人性施以殘酷的扭曲最後是暴力相向。菲利努斯，如果這樣的話，

298 出自優里庇德的悲劇《海普西庇爾》，參閱瑙克《希臘悲劇殘本》之〈優里庇德篇〉No.754；劇中提到歐菲底被毒蛇咬死。

299 色諾芬《回憶錄》第1卷3節。

300 阿尼姆《古代斯多噶學派殘卷》第1卷No.558，以及西塞羅《論義務》第3卷3節；據說蘇格拉底對於言行不一和首鼠兩端的人物，養成一種不假辭色的習慣。

請不要僅僅爲了我們拒絕升起帆來逃走，好離開歡樂的誘惑，就給我們帶來壞的名聲。我們寧願試著去調解『歡樂』和『健康』這兩種概念，要是與一些哲學家想要斡旋『歡樂』與『榮譽』相比，做起來更爲合理而適宜。」

馬西昂繼續說道：「菲利努斯，我認爲你在一開始所提出的主張就不可靠，因爲你假定動物之所以比人類更爲健康，在於牠們的生存靠著非常簡單的飲食。事實上這種論點毫無依據可言。優波里斯(Eupolis)[301] 描述的山羊是最好的證據，牠們非常高興能有如此種類繁多的食物，可以說是包羅萬象無所不具。我特別引用下面的詩句：

> 我們用各種樹木來餵養羊群，像是樅木、闊葉橡樹和楊梅屬的灌木叢；
> 牠們嚼著柔軟嫩芽；還有茂密的蕨類、芳香的鼠尾草和多葉的旋花科；
> 加上橄欖、乳香樹、沙漠梣樹、白楊、栓木櫟、橡樹、石南和常春藤；
> 低垂的柳樹、黃槐、長滿絨毛的元參、百合、岩玫瑰、百里香和薄荷。[302]

植物的種類何其繁雜，有數以千計不同的氣味、芳香和其他性質，優波里斯所舉的名字只是少數，大部分都已略過不提。」

「你提出的第二個論點已被荷馬駁斥[303]，由於他非常正確地觀察到眞實的現象，所以才會表示黑死病的發生從襲擊動物開始。特別是動物的生命周期極其短促，旋踵之間便面臨死亡的困境，而且易於受到疾病的侵害；牠們之中幾乎不可能獲得長壽，除非你要把渡烏和大鴉算在裡面，你知道這兩種鳥類只要看到食物，就會毫不選擇的猛撲下去。」

「帶著你的好意提到病人的飲食，從難以消化的食物當中，將容易吸收的東西區分出來。爲了盡力幫助病人恢復健康，根據經驗知道攝取不同種類的食物，才能促進身體的消化作用，當然這樣做對發燒的患者並不適合。要是你說害怕品項複雜的食物會引起衝突和剋制，不管怎樣我都認爲提出的理由不夠充分。身體從食物有關的元素獲得特別的養分是非常自然的事，多種菜餚的餐飲會直接進入器官之中，基於身體各個部分的特定需要，因而供應和分配多樣化的特質。伊姆皮多克利對於發生的現象有獨到的描述：

---

301 優波里斯是一位擅長老式阿提卡喜劇的戲劇家，這裡提到的「山羊」是他一部作品的名字；參閱柯克《阿提卡喜劇殘本》之〈優波里斯篇〉No.14。

302 分辨植物的名稱是非常困難的工作，這裡提到的品種可以參閱狄奧弗拉斯都斯《植物史》。

303 荷馬《伊利亞德》第1卷46-50行。

物有冷熱濃淡，
味分苦辣酸甜；
饑者自易進食，
總以適口為先。[304]

如同其他元素要等待相對應的器官，充滿活力的元氣所發出的熱能，用來分解由元素按照相互關係所組成的合成物。據以假定元素的聚集由不同成分構成才能完美無缺；我們的身體爲了完成它的合成物，必須依靠很多不同的物質，並非單獨一種可以解決。」

「從另一方面來看，倘若事情並非如此，那麼我們所稱的『消化作用』，提到它的自然功能就是食物的質變和轉換，種類較多的菜餚會使轉變的過程進行得更爲完整和快速。因爲嗜好的本身很單純或許是一種習慣，有時不受其他事物的影響，否則不如站在反對的立場加以駁斥，這樣做等於把對立的事物結合起來，除去某些特質使之成爲可以拋棄的廢物。」

「菲利努斯，如果你從根本上就排斥混雜和繁多的食物，那麼你不應該拿午餐的精緻和烹調的可口，借題發揮對斐洛大肆奚落。最好的辦法還是暴露他的荒謬和才智的虛擲，應該用來調配伊拉西斯特拉都斯稱之爲『神明的手』[305] 的高貴解毒劑，從而將礦物質組合起來成爲一種處方，這裡面包括植物和動物的原料，都是陸地和海洋的產品。我的看法最好是把這一切都忘掉不必再提，限定醫療的運作要靠粗茶淡飯、吸杯放血法以及油與水的互不相容。」

「你提到各式各樣食物會讓我們大快朵頤，放縱食欲到無法控制的程度，不錯，親愛的朋友，這樣做是何等的純正、衛生和芬芳。總而言之，飲食比起任何事物給我們帶來更大的歡樂，也能滿足最基本的需要。爲什麼我們不去準備粗糙的大麥麵包用來代替麥片粥？爲什麼我們不去準備角狀洋蔥[306] 和金色薊菜用來取代蘆筍？等到我們捨棄美好宴會當中芳醇的佳釀，爲什麼不去飲用從大酒桶(周圍飛舞著成群的蚊蟲在那裡轟隆作響)中倒出的粗製劣酒？於是你會這樣回答，生命當中健康的規劃是不要輕率告別歡樂，正好相反，享受歡樂要出於謙恭的態度，用一種理性的模式使得食欲成爲福祉的奴僕。」

---

304 狄爾斯《伊姆皮多克利的殘卷》No.90。

305 取這個名字表示有不可思議的力量和效用，等於是神明給予的幫助；根據亞歷山大·特拉利阿努斯(Alexander Trallianus)的說明，這種處方包括五種主要成分。

306 要是按照普里尼《自然史》第12卷的植物索引，應該是「長形洋蔥」才對。

「航海家運用各種器具逃避可怕的暴風雨，一旦使它降服無法肆虐，沒有人願意再度陷入狂飆之中，重新體驗無比騷亂的情況。身體的組織完全類似，毫無必要去反對良好的胃納，非要削減過多的分量不可，親愛的朋友，要是一個人在早年就變得虛弱不堪，無法正常的成長甚至失去應有的機能，那麼一種非常嚴酷和困難的療程，可以加強這方面的需要，使他重新振作起來。基於這樣的理由，我們的用餐要是拿簡易和單調做比較，還是以多樣性的食物較佳，可以讓身體充滿活力，即使在喪失能量以後，更加易於重新啓動各部門，而不是讓整個過程完全停止下來。人們有權要求食物能有某些分量，要說飽食比起不足更應該避免，這種觀念不見得可靠，倒是適得其反。如果到達暴飲暴食的程度就會帶來某種形式的損害或者引起疾病，當然我們會承認這種方式對身體非常不利。我們仍舊抱持這種看法，食物的不足即使沒有任何害處，就它的本身來說還是違反自然的要求。」

「讓我的答覆用輪唱的方式來回應你的臆測，我們所持的觀點是雜食更會讓人欣然同意，供應的菜餚更能引起食欲，只要增進胃口當然有益健康，如果你要對多餘和過量加以改革，等於是推翻這樣的觀點，那你將如何貫徹『豆子和鹽』[307] 的主張？不同的食材配合得美味可口，容易被身體消化和吸收，要是能夠發揮視覺的影響力，產生色香味三者俱全的效果，使得感官受到刺激更加樂於大快朵頤。從另一方面來說，引不起食欲的東西吃進肚中，像是在組織系統當中喪失目標到處漂流，自然的成因會將它們驅散開來，或者基於需要只有勉強忍受。大家要把這件事牢記在心頭不得有誤，那就是食物的多樣性不限於珍貴的醬汁，像是abyrtake、kandylos、karyke之類的名稱[308]，僅能說是稀罕和無聊而已。甚至就是柏拉圖都認同雜食的方式[309]，所以他坐在高貴又見多識廣的市民前面，談起洋蔥、橄欖、綠色蔬菜、乳酪以及各式各樣的料理，還有就是他並沒有用欺騙的言辭，讓他們願意放棄去吃美味的午餐。」

307　蒲魯塔克在玩弄文字遊戲；因為這句諺語的含義，在於強調為人之道不要忘記長久的友情，並不是要我們支持清淡的飲食。

308　abyrtake是一種用在湯裡面的調味料，用芹菜、韭菜、蘑菇和石榴子製成，參閱柯克《阿提卡喜劇殘本》之〈菲里克拉底篇〉511頁No.181及其注釋；kandylos是一種利底亞美食，有很多種變化，用來構成非常複雜的前菜；karyke是另一種利底亞醬汁，主要的材料是血和香料。

309　柏拉圖《國家篇》372C。

問題二：為何人們認為松露是雷電所生？以及大家何以相信人在睡眠當中不會被雷電擊斃？

參加者：亞傑瑪克斯、蒲魯塔克、多羅修斯和其他人士

1 亞傑瑪克斯(Agemachus)在伊利斯[310] 舉辦一次晚宴，拿出一些碩大的松露給我們享用，每位在場人員都表示感謝之意，其中某個來賓帶著笑容說道：「它爲了使人們易於獲得，即使雷電大作又有何妨。」明顯看出他在譏諷那些無知之士，根據他們的說法落雷可以生產松露。參加談話的人士當中，還是有幾個成員堅持他們的觀點，雷霆的打擊使地面裂開，空氣像一枚大釘穿透其中，土層內部出現縫隙，引導松露聚集在該處。他們繼續表示這是眾所周知的見解，須知松露的確產於落雷，絕非只是暴露它的位置而已。如同某些人出於想像，總認爲下雨天不僅使蝸牛露面，事實上它的出生來自雨水。

亞傑瑪克斯支持眾所認同的理論，勸大家不要以爲超乎自然的奇蹟不值得相信。他說落雷、閃電和其他的大氣現象(diosemia)[311] 造成很多不可思議的效果，只是成因很難發現，幾乎不可能完全確定。「譬如那些受到訕笑的諺語，風信子的花纓可以保護我們不受雷擊[312]，並非它小到無法打到，而是因它具備抗拒的特質，就像無花果樹和海豹的毛皮[313]，他們還提到鬣狗的生皮，所以船主用來蒙蓋在桅杆的頂端。農夫確信伴隨著閃電的陣雨會使土壤肥沃。一般而論，我們直接觀察到那些最不可思議的部分，諸如閃耀的火花來自潮濕的水氣，輕柔的雲層產生震耳欲聾的霹靂，然而只有頭腦簡單的人士才對這些狀況感到驚奇。我所以饒舌不休的用意，在於邀請大家找出某種理論來解釋可見的現象，絕不是用無禮的態度迫使每個人對松露都有所表白。」

---

310 伊利斯位於伯羅奔尼撒半島的西部，瀕臨愛奧尼亞海，境內有奧林匹克聖地，每四年舉辦一次運動會，能長期維持和平的局面。

311 diosemia的原意是「宙斯的徵兆」，諸如在政治方面做出重大的決定之前加以勸阻，特別提醒採取軍事行動務必審慎從事；蒲魯塔克用來表示天候的狀況，實際上已將星象的示警和地震的預告全都包括在內；有關的內容可以參閱亞里斯多德《氣象學》。

312 阿昔尼烏斯《知識的盛宴》第2卷64B，提到一條諺語，說風信子可以提升性能力，只是很難消化。

313 可以拿本章第2篇問題7和第5篇問題9所提出的觀念和例證，與普里尼《自然史》第2卷146節的文字做一比較。

2 我帶著勉強的神情，特別提到亞傑瑪克斯的說法對討論甚有助益。不過片刻工夫，及時的甘霖伴隨著雷聲，比起不可能得到的理論，使得我的信心大增，因而我繼續說道：「產生這種現象的原因在於暖氣混合著雨水下降；強烈和純粹的火消逝在閃電的形式之中；這時它那沉重、多霧的成分凝結成爲雲層，隨之會改變外形，釋放冷卻的空氣有助於水分的降落。濕氣按照次序以溫和的形式滲入萌發的芽苞之中，迅速的膨脹從而種子開始成長。降落的水分對所有的植物而言，賦予個別的性質和特殊的風味，舉例來說：露水使草變得更甜，適合牛群的進食；雲層所形成的彩虹只要籠罩在樹木的頂端，會使下面的植物充滿芳香的氣味。這些樹木可以由所發出的香味加以辨別，在我們這個地區將它稱之爲iriskepta（激發）[314]，大家相信是彩虹穿過樹幹和枝葉的添加物。」

「這也使我們更有理由認定，雷聲大作的暴風雨帶來的熱力、陣風和降雨，貫穿以後深入地表，使得土壤受到攪動、碎裂和形成毛細作用。如同動物身體的淋巴結和腺體腫瘤，所以會長大是因爲某種熱力的效應，加上血液的水分所產生的綜合作用。松露看來並不像植物，然而沒有水分還是無法生存，它的外形沒有根或芽，不像是附著在其他物體上面，雖然出現在土壤當中，成長的方式卻非常獨特，可能要經歷轉換和變形的過程。」

我接著說道：「或許你們認爲這些說法不過聊備一格而已，儘管如此，我在前面已經敘述雷霆和閃電的效果以及它的特性，正好用來解釋爲何人們總把松露的存在看成一種超自然的現象[315]。」

3 當時在場的人還有修辭學家多羅修斯，他大聲說道：「你說得很對，不僅一般普通民眾，就是某些哲學家都接受出於神意的原則。至少我個人還知道一個案例，有關閃電擊中我們鎮上的房屋，從而產生很多奇異的事件，像是使得酒從甕中溢出卻沒有損壞容器，通過一個睡覺的人沒有使他受到傷害，或者接觸到他的衣服，只是他腰上束著一條裝錢的皮帶，裡面的銅幣完全熔成一團[316]。鎮上住著一位畢達哥拉斯學派的哲學家，他前去請教對此有何高見，這位學者只是擺出虔誠的姿態，要這個人不要認爲自己有天大的福氣，而是要感謝神明的保佑。我也聽說閃電有次擊中一位士兵，他正在羅馬的一個廟宇前面站崗，

314　亞里斯多德認為香氣的產生是來自形成彩虹的水分而不是彩虹本身；參閱亞里斯多德《問題》第12卷3節。

315　亞里斯多德《問題》第24卷19節，認為雷電和硫黃都是神聖的東西。

316　可以參閱本章第1篇問題1第2節，提到米塞瑞達底遭到雷擊的故事。

結果只有鞋帶燒掉，其他沒有遭到任何損失。還有一個例子提到木頭盒子裡面裝著幾個銀杯，閃電使得銀器全部熔化，發現沒有接觸到木頭，盒子還是完好如初。」

「下面提到的事你們可能相信，有人也許不會，只要知道的人無不感到驚奇不已：那就是被閃電殛斃的屍體不會腐爛；很多因而死亡的人不予火化或埋葬[317]，留在該地盡量不要干擾，只要在四周建一道圍欄，遺骸處於永遠栩栩如生的狀態。他們證實在優里庇德的詩中，克利美妮(Clymene)對菲松(Phaethon)的敘述不符實情[318]：

我的愛人倒臥在山嶺的裂隙，
成為一具腐朽和不潔的屍體。」[319]

「硫磺甚至在希臘得到theion(神)[320] 這樣的名字，我認爲是來自燃燒的氣味，辛辣又刺鼻，逼得我們要說這個物品被閃電擊中。就我個人的理念，這種氣味可以用來解釋，爲什麼狗和鳥不願將宙斯擊殺的屍首當成食物。」

「讓我對這方面的解釋不要過分吹毛求疵，好像用來對付一片月桂葉子[321]。至於其他的問題可以讓我們的朋友來說明，他對松露這個項目講得非常完整而周延。我們應該避免陷入像畫家安德羅賽德(Androcydes)那樣的困境，他天生喜愛食魚，因而在他的作品當中，忠實地表達栩栩如生的細節，魚群環繞西拉(Scylla)的四周，使他受到指控說他的畫風考量食欲而非藝術[322]。無獨有偶，當我們對松露引起爭論的根源進行探索的時候，有人會說我們完全聽從歡樂的嚮導。對於像這樣的問題，進行的討論當然會受到其他方面的影響，特別是所做的解釋非常明顯可以說服我們，能夠心甘情願相信確有其事。」

---

317 普里尼《自然史》第2卷145節，說是被雷電殛斃的人還是會埋葬；所以會以訛傳訛是羅馬有一個叫作Bidental的市場，自從遭到雷擊以後，損毀的房屋一直沒有重建。

318 克利美妮是菲松的母親，詩中所說的愛人是他的父親赫利歐斯(Helios)。

319 瑙克《希臘悲劇殘本》之〈優里庇德篇〉No.786。

320 這種語源真是匪夷所思。

321 因為有位阿波羅女祭司說過這樣的話，只要口裡嚼著月桂葉子，靈感就會源源不絕。

322 阿昔尼烏斯《知識的盛宴》第8卷341B記載同樣的故事，說是引用波勒蒙的著作。

4 我強調大家要遵循主題的規範，餐後討論雷霆和閃電[323] 的過程之中，就像喜劇裡面所遇到的場景，現在到了升起舞台機具和產生特殊效果的時候。大家雖然同意省略這個題材其他方面的問題，還是堅持他們的決定要聽取特別關心的情節，那就是睡眠中的人可以豁免於閃電的誅戮。等到我想要解釋這種現象，由於這是一個得不到定論的問題，就會發現自己將是寸步難行。我仍然敢說雷霆是一種火，具備的特性是不可思議的潔淨和精微，因爲它直接起源於極其純粹和未受污染的物質，能夠迅速將攙雜其中帶有水或土的物品帶走或除去。

按照德謨克瑞都斯的說法：「泥土製成的物品不受閃電的打擊，能夠忍受來自天空極其明亮的閃光[324]。」密度很大的物質像是鐵、銅、銀和金，阻斷閃電的通路，繼續它的堅持和抗拒就會斷裂或熔化。閃電通過輕軟和多孔的物質不會發生接觸，像是衣服和乾燥的木頭，質地非常鬆散而且開放。綠色樹木含有水分使得通路受到阻塞，引起燃燒便會產生火災。如果說熟睡的人不會被閃電殛斃，我們應該找出理由而不是說說就算數。清醒狀況下的身體變得堅實而緊密，等於增加抗拒的阻力，這個時候所有的部分充滿騰躍的元氣。活力十足的體魄一旦拉緊就能適應我們的感官，它的作用如同樂器上面緊繃的琴弦；對於整個動物界來說，可以賦予適當的激奮、堅實和健壯[325]。

從另一方面來說，睡眠使得身體鬆弛，體液的濃度變得稀薄而疏落，不會增加阻力反而容易擴散，結果是開放很多的通路，好像充滿活力的元氣變得虛弱，甚至到達完全喪失的程度。聲音和氣味的通過使得感官無法察知。因此面對猛衝的質點不會加以抵抗，能夠從它們那裡接受一種影響，特別是這些質點如同閃電，通過的速度是如此的精微而且敏捷。自然界爲了自我防衛，運用各種程度的不透性，等於舉起一面堅硬和稠密的盾牌，對付較爲微弱的攻擊；等到破壞的力量大到無法抗拒，鬆軟又能降服的物質與堅定不屈相比，所受的損害沒有那麼嚴重。

我說道：「談起沒有考慮到驚怖、害怕和恐慌所產生的效果，我還要多說幾句；這些狀況引起的情緒反應會帶來很多死亡的案例，略而言之完全基於對往生

---

323 黑格《阿提卡的劇院》218頁提到雷電機具(bronteion)；參閱亞里斯托法尼斯的喜劇《雲層》292行及其注釋。

324 狄爾斯《德謨克瑞都斯的殘卷》No.152；狄爾斯的解釋是「宙斯發出的閃電帶來蒼穹最純淨的光輝」。

325 伊拉西斯特拉都斯(Erasistratus)是西元前3世紀最著名的醫生，這樣的說法像是他倡導的論點，已經獲得正面的回響。

的畏懼。牧羊人面對自然界的狀況要訓練他的羊群，聽到雷聲要跑到一個地方大家擠在一起，任何單獨留下的羊隻因霹靂大作，驚駭到陷入散失或絕亡的處境。更有甚者，明確的證據顯示數以千計的人遭到雷殛，身上沒有出現傷口或焦痕，從而得知『畏懼使得生命像小鳥一樣逃離所在的身體』，所以優里庇德才會寫出下面的詩句：

> 殘酷的雷霆毀滅無數生命。[326]

一般來說，我們的聽覺在所有的感官當中最易受到驚嚇，巨大的聲響產生的惶惑和恐懼會引起極大的混亂，熟睡的人由於無所感覺反而受到保護，人們處於清醒狀況，不僅命中注定要受到想像的侵蝕，同時還要增加打擊的力量，因為畏懼(deos)眞的能夠束縛(dein)、制約和堅固我們的身體。」

問題三：舉行婚禮為什麼會有邀請很多賓客參加宴會的習慣？
參加者：索休斯．塞尼西歐、提昂和其他人士

1 我的兒子奧托布盧斯結婚的時候，索休斯．塞尼西歐來到奇羅尼亞，是在場觀禮的貴賓之一。他對不同的場合曾經提出很多清談的題材，所以看到當前的狀況他認為這是可以討論的問題：婚禮的喜宴為什麼要比其他的宴會邀請更多的客人。他特別提到有些典故是確有其事，像是過去的立法者曾經大力鼓吹，為了消除奢侈揮霍的惡習，制定法條限制參加婚禮的賓客人數。

塞尼西歐說道：「很多人提到這方面的理由，古代在阿布德拉有位名叫赫卡提烏斯(Hecataeus)的哲學家，對很多問題都會發表高見，就我個人的看法，他雖然說得天花亂墜，並不見得會讓人信服。赫卡提烏斯所持的論點：人們舉行婚禮邀請大批來賓參加喜宴，是為了能有很多現場的證人來證明主人的地位和身分，同時讓人知道新娘來自有名望的家族[327]。然而在另一方面，喜劇家對於舉行婚禮的鋪張和浮誇大肆抨擊，特別是豐盛的飲宴和龐大的費用，結果是無法穩固安全的基礎，喪失面對未來的勇氣。譬如米南德曾經提到一個人，在他的婚禮當

326 瑙克《希臘悲劇殘本》之〈優里庇德篇〉No.982。
327 狄爾斯、克朗茲《希臘古代哲學殘卷》之〈阿布德拉的赫卡提烏斯〉No.5。

中用裝著菜餚的碗盤把自己環繞起來[328]：

你們談到這個圍起的範疇，
適合何其可怕的酒色之徒，
而非一位純潔無辜的新婦。」

2 他繼續說道：「要想避而不談是非常容易的事，須知自己沒有任何貢獻就不能指責別人，因此我要第一個站起來陳述我的觀點。所有舉行宴會的場合當中，沒有比婚禮更能引起注目而且會讓人議論紛紛。平素不管是我們向神明奉獻犧牲，朋友長途旅行前夕的餞別，還是爲遠來賓客的擺酒接風，很可能連自己的知交和親戚都不清楚有這回事；然而一場喜宴卻被婚禮的大聲吆喝、耀目的火炬、尖銳的簫笛，掀揚得舉城皆知，整個過程如同荷馬所說的那樣，『附近的婦女都站在自家門口，不僅四處觀望還要齊聲讚譽[329]。』接待的賓客都要經過事先的邀請，這是無人不知的慣例，包括所有的親屬、朋友和關係匪淺的人士在內，因爲我們生怕會遺漏任何一位，就會引起天大的誤會。」

3 我們對他講的道理甚表贊許，提昂接著話頭說道：「讓我們採用公認的原理原則，因爲會經常有這種可能。如果你們願意聽，我還要多說幾句，這種特別的聚會不僅要表現出友情的款待，須知這是家庭的重大事務，要用莊嚴的典禮將新建立的親屬納入到家族之中。難道還有什麼事比兩個姓氏的結合更爲重要？雙方的家長認爲有責任要將自己的朋友和親戚向對方做最好的展現，這樣一來賓客名單的人數就會加倍，除此以外，一場婚禮最主要和大部分的活動都掌握在婦女的手裡，等到這些女賓必須出席，當然會將她們的丈夫包括在內。」

問題四：海洋出產的美食為何比陸地要更加豐富？
參加者：波利克拉底、森瑪克斯、蘭普瑞阿斯和其他人士

328 柯克《阿提卡喜劇殘本》之〈米南德篇〉No.865。
329 荷馬《伊利亞德》第18卷495行。

1 優卑亞的伊迪普蘇斯在所有希臘人的口裡，被大家冠以「溫泉」的稱號，成爲一個眾所周知的旅遊勝地，擁有非常豐富的自然資源，供來客在閒暇之餘可以享用，何況還有非常美麗的莊園和布置高雅的公寓。島嶼的地形可以捕獲大量獵物和禽鳥，海洋的產物更是難以比擬，供應市場的食材使得我們的餐桌上面，擺滿山珍海味的佳餚，特別是海岸附近的深處出產很多美味又昂貴的魚類。這個地方以春天的遊客最多，幾乎到達人滿爲患的程度，還有很多前來休養的人士不分季節長期留住該地。他們聚集在一起的時候，外表看來已經是毫無所求，空閒的時間可以進行沒完沒了的談話。

每當詭辯家凱利斯特拉都斯(Callistratus)[330] 居停不走，由於他的誠摯和善意使人無法抗拒，大家不會到其他人士的家中去用餐。最難能可貴的地方，在於經過他選擇的賓客所形成的團體，讓聚會的場合給大家帶來莫大的歡娛。他效法古代的人物西蒙(Cimon)[331]，經常要爲三教九流的訪客舉辦盛大的宴會；他的精力能夠媲美西琉斯(Celeus)[332]，從過去的記載可以得知，西琉斯是首位將優秀和受到尊敬的市民集合起來，建立了一個他稱之爲prytaneum(晝間舉行的議會)[333] 的組織。

2 這裡的談話都能適合聚會的性質，有次在午餐之後，大家針對佳餚珍饈非常熱烈的討論，陸地抑或海洋出產的食物使人感到更爲滿意。大多數與會人士齊聲頌揚大地的慷慨，它的產物是如此的豐裕富足和種類繁雜，無論是形式和性質的變化多端到難以衡量的地步。這時波利克拉底(Polycrates)[334] 轉過頭來向森瑪克斯(Symmachus)[335] 說道：「你出生在一個四面環海的地方，可以說是在大洋的懷抱當中養育成長，神聖的奈柯波里斯(Nicopolis)[336] 所以會有極其

330 凱利斯特拉都斯是德爾斐的官員，從當時留下的碑文得知，他的家族一直把持當地的大小事務。

331 狄奧龐帕斯提到這位西蒙是密提阿德(Miltiades)的兒子，後來也像父親那樣成為享有盛名的將領，對於雅典的貧民非常慷慨，受他恩惠的人不計其數；參閱阿昔尼烏斯《知識的盛宴》第12卷533A-B。

332 荷馬風格的《德米特讚曲》473行，提到西琉斯是傳說中伊琉西斯的國王。

333 這是雅典實行民主制度以後所設置的議事單位，與現在得知的狀況已經很難加以區隔。

334 波利克拉底的出生地是亞該亞的西賽昂，祖先是大名鼎鼎的阿拉都斯；蒲魯塔克將〈阿拉都斯傳〉呈獻給他(收於《希臘羅馬英豪列傳》)。

335 森瑪克斯代表奈柯波里斯參加安斐克提昂會議。

336 奧古斯都為了紀念他在阿克興海戰獲得勝利，在靠近戰場的半島上面，建立奈柯波里斯這個城市。

便利的對外航線，看來難道你不要站起來爲海神波塞登講幾句辯護的話？」

森瑪克斯回答道：「不錯，我確有此意，亞該亞(Achaea)[337] 的海域曾經爲你提供適口充饑的美食，看來你應該助我一臂之力才對。」

波利克拉底說道：「我一定義不容辭。首先我們要考慮用什麼樣的表達方式。雖然世上的詩人不計其數，我們只將其中超凡入聖的一位稱之爲『詩人』，大家就知道所指何人；我們吃過很多美味的菜餚，談起食物的特殊或卓越，只有海裡的魚可以獲得『珍饈』(opson)的頭銜，因爲就材質和風味而論遠超過所有的品項。事實上被我們稱之爲『老饕』或『美食家』的人，並不只會享受牛排而已，雖然海克力斯『在吃完肉以後會進一些綠色的無花果』[338]，柏拉圖是無花果的愛好者，阿昔西勞斯嗜食葡萄，這些都不算數；遠不及那些願意傾其所有去買魚，以及聳起耳朵要聽鐘鳴的人[339]。」

「笛摩昔尼斯受到貪食和放縱的指控，就說斐洛克拉底(Philocrates)[340] 也用賣國獲得的錢財，拿去討好娼妓和買魚食用。聽說還有一位愛好美食的傢伙，在會場當中怒氣爆發大肆咆哮，帖西奉(Ctesiphon)[341] 非常機智的回答道：『我親愛的同僚，請不要這樣！你像是要我們把一條魚活生生的吃進肚裡。』然而詩人何以會寫出下面這樣簡潔的詩句：

有魚可入口，
何必吃酸豆？」[342]

「人們何以至今仍有這種觀念，用老天爺的名義要使大家能過好日子的時候，爲什麼得說『讓他們分享今日的宴會』？他們宣稱這次晚餐可以享用最好的

337 波利克拉底來自瀕臨科林斯灣的亞該亞地區。

338 瑙克《希臘悲劇殘本》之〈優里庇德篇〉No.907；阿昔尼烏斯《知識的盛宴》第7卷276F也提到這句詩，只是將肉這個字改為牛排。

339 斯特波拉《地理學》第14卷2節658頁，提到一個很不可思議的故事，說是有個民族聽到鐘聲就會很快產生反應，因為只有出售從海中捕獲好吃的魚，才會敲鐘通知大家去買。

340 參閱笛摩昔尼斯《論騙人的使節》第19卷229節；346 B.C.雅典和馬其頓的菲利浦簽訂和平協定，斐洛克拉底是主要推動人，笛摩昔尼斯據以指控他犯下賣國的罪行。

341 帖西奉是雅典的政客，笛摩昔尼斯出錢修復雅典的長牆，帖西奉在市民大會提出建議，通過敕令贈給笛摩昔尼斯一頂金冠，伊司契尼斯藉以指控兩人犯下重罪，等過了十年，才做出無罪的判決。

342 柯克《阿提卡喜劇殘本》之〈斐勒蒙篇〉No.38；酸豆是經過醃漬的綠色葉苞，生長它的植物名叫續隨子，大量栽種在地中海周邊地區。

美食眞是確有其事？難道每個人得到的食物非得是麥片粥和鹹菜不可？須知海灘上面不僅是湧來的波濤和小圓石而已，因爲新鮮的魚類在岸邊非常豐富，可以拿來供應我們的餐桌。」

波利克拉底接著說道：「還有一點要知道，海裡獲得的食材，不管怎麼說都非常昂貴，加圖在首都大聲疾呼反對奢侈和浪費的生活方式，曾說一條魚的價格在羅馬比一頭牛還要高，一桶煙燻的鱘鰉值得上一百條羊外加一頭牛，這麼多的牲口無法進城，只有宰殺以後切成大塊才行[343]。雖然這種說法有點誇大，倒也含有幾分實情。」

「還有一些實際發生的狀況要考量，如同最能幹的醫生對藥物的功效有最好的判斷，或者如同最熱情的音樂愛好者對曲調最有資格加以讚譽，因此要對一頓豐盛的佳餚做出得體的評論，必須是一位最權威的美食家。顯然我們無法要求畢達哥拉斯或色諾克拉底[344] 去仲裁諸如此類的事情；也只有像是詩人安塔哥拉斯、埃里色克斯之子斐洛克森努斯和畫家安德羅賽德可以這樣做[345]。他們說安德羅賽德最大的嗜好就是吃魚，所以在以西拉(Scylla)[346] 爲主角的名畫當中，精心繪出幾條魚游在她的四周，他對這個題材不僅充滿熱情，也是他對生活方式的體驗。至於談起安塔哥拉斯，像是安蒂哥努斯王有次在營地裡面，發現他的裝束就像一個廚子，正在煮康吉鰻好除去嘴裡的饞蟲，於是問他道：『荷馬會把阿格曼儂料理鰻魚的事也記在書裡嗎？』安塔哥拉斯的回答極其機智：『阿格曼儂的事務如此繁忙，你想他竟會發現有人在營地裡面烹調康吉鰻嗎？』這是我從歷史獲得的證據，以及可以運用的方式，部分來自喬治(George)[347] 的論點，特別提供給你和賣魚小販作爲參考。」

3 森瑪克斯說道：「好吧！就我的觀點而言，對於主題的反駁完全出於嚴肅的態度，以及合乎邏輯的手法。如果opson(作料)是一種使得菜餚美味可口的東西，那麼最好的作料在於可以引起我們的食欲。稱爲Elipistics(樂觀

343 參閱阿昔尼烏斯《知識的盛宴》第4卷274F。

344 色諾克拉底自339到314 B.C.，擔任學院的山長達二十五年之久，可以說是桃李滿天下。

345 這三個人不是詩人就是藝術家，當然可以隨心所欲地過著追逐美食的生活，不像那些教育家和衛道之士，還要考慮別人對他的觀感。

346 西拉是外形像美人魚的海中精靈。

347 這裡的喬治就是如同中文用「張三李四」稱呼一般人士。

者)[348] 的哲學家宣稱，希望在生命當中發揮強有力的結合作用，特別指出喪失希望使得生活毫無樂趣變得難以忍受。相應之下我們可以斷言，要是缺乏那些維持食欲的材料，所有的食物毫無滋味而且難以入口。你會發現這些用在食物上面的作料，產於海洋而非陸地。最重要的項目是鹽[349]，沒有它，所有的食物吃起來味同嚼蠟。甚至就是麵包裡面放點鹽都可以增加風味，這可以用來解釋爲何波塞登要分享德米特的香火。鹽是最好的作料，用於其他的調味品使得具備的滋味更爲獨特。」

「不管怎麼說，古代的英雄人物習慣於純樸和簡單的飲食，他們的行爲像是經過訓練，棄絕精製的菜餚和各種作料，甚至魚類都不食用，即使紮營在海倫斯坡(Hellespont)地區[350] 仍舊如此。然而他們對於吃肉不加鹽卻無法忍受。他們可以證明鹽是唯一的作料，是無可取代之物。如同色彩需要光線一樣，味道需要鹽來刺激我們的感官。否則的話所有的味道嘗起來都讓人感到討厭和反胃。要是根據赫拉克萊都斯的說法[351]，屍體比起糞便更應該馬上拋棄，然而所有的肉類都是屍體或者其中的部分；說起鹽對肉類所產生的效果，如同給它帶來眞正的生命，供應所需的風味和令人感到愉悅的素質。這也是爲什麼鹽只是千篇一律帶有刺激性的鹹味，卻先於主菜上來之前就能掌握食欲的道理所在。一般來說，最早端出來的食物都應帶有很重的鹹味才對；這種味道的作用在於使得食欲轉向別的菜餚，拿出年輕人的活力願意大快朵頤。否則的話，即使是最精緻的佳餚當成前菜，也會讓人感到食之乏味。」

「鹽不僅使食物有了滋味，就是對飲料同樣產生效用。荷馬的句子『喝的水帶有洋蔥的怪味』[352]，比較適合海員和槳手的口吻，因爲君王不會落到這種地步。用鹽適度的食物呈現原來的味道，無論搭配何種酒類都會香甜容易入口，即使放在飲水當中，喝起來都別有滋味使人精神振作，不會出現像洋蔥那樣討厭和刺鼻的氣味。除此以外，加了鹽的食物可以幫助消化，使得所有的食材變得柔軟，更容易混合調配，所以鹽的貢獻不僅是風味特殊的作料，還是療效極其卓越的藥物。海洋食材製成的菜餚最能滿足人的味覺，而且食用最爲安全衛生，不像

348 Elpistics的語源來自elpis即「前途光明」之意。

349 看來蒲魯塔克認為鹽產自海洋，雖然希羅多德提到鹽礦和岩鹽，參閱《歷史》第4卷185節；西塞羅《論神的本質》第5卷53節，談起鹽沼或鹽池。

350 參閱柏拉圖《國家篇》404B-C，須知特洛伊就在海倫斯坡地區，這是荷馬筆下的英雄人物，不論是展開遠征行動的目標，或者以保衛家園為己任，兩軍在此地作戰長達十年之久。

351 狄爾斯《赫拉克萊都斯的殘卷》No.96，斯特拉波《地理學》第16卷4節784頁。

352 荷馬《伊利亞德》第11卷630行。

一般肉類那樣油膩，比較容易消化和吸收。季諾[353] 可以出面作證，我的說法無一字虛假，就是克拉托[354] 也會如此。這兩位的處方當中都說魚最適合病人食用，因爲這種肉類非常清淡，合乎養生之道的要求。還要指出一點：我們知道海邊的空氣涼爽又潔淨，對身體的健康頗有助益，從而獲得正確的推斷，海洋的產品不僅衛生而且完美無缺。」

4 蘭普瑞阿斯說道：「你說的不錯，讓我們加一些推測的事項。我的祖父無論在任何場合，一有機會就嘲笑猶太人，說他們禁絕食用來源正當的肉類，抱著毫不通融的態度。我們必須說所有菜餚當中，最正當合法的種類應該是來自海洋。陸地動物的肉只要拿到我們的面前，難免有時會產生憐憫之情，對其他物品而言都是前所未有的事。因爲陸地動物特別是人類豢養的牲口，牠們與大家耗用同樣的食物和呼吸同樣的空氣，就是飲用和沐浴的水源與我們都沒有差異。等到要屠殺牠們的時候，對於悲慘的叫聲就不加理睬，甚至與牠們作伴分享儲存的食物，統統不放在心上，過去一直這樣做的人類能不感到羞愧？反之海洋動物完全是來自國外的異類，與我們的距離非常遙遠，牠們的生育和成長是在不同的世界。我們看不到可憐的表情，聽不到哀鳴的聲音，何況牠們並沒提供服務；如果牠們沒有生活在我們之中，或是我們對牠們沒有任何愛護之情，當然不可能提出懇求，要我們不要把牠們當成食物。我們的世界等於哈得斯對海洋動物的統治，人只要落在哈得斯的手中絕無倖理，所以牠們來到此地馬上就會滅亡。」

問題五：猶太人禁食豬肉的原因在於尊敬抑或厭惡豬這種動物？
參加者：凱利斯特拉都斯、波利克拉底和蘭普瑞阿斯

1 等到他說完以後，在場其他人士對他的論點提出冗長的反駁，凱利斯特拉都斯爲了終止這部分的爭辯就說道：「你們有沒有想過猶太人爲什麼避免食用最適合的肉類，並且認爲這是非常正當的行爲？」

353 這位季諾是蒲魯塔克的朋友，僅在這裡提過就不見蹤影，與本書第71章〈論斯多噶學派的自相矛盾〉2節提及的西蒂姆的季諾非同一人。

354 克拉托是蒲魯塔克的姻親，曾出現在本章第1篇問題1，從《希臘銘文》第3卷No.1327得知，這位醫生在羅馬帝國初期來自雅典。

波利克拉底回答道：「我全然同意你的說法，然而我還要引伸出另外一個問題：他們禁絕食用豬肉的理由在於對豬的尊敬還是厭惡這種動物？他們自己有關這方面的記載聽起來完全像是神話故事，或許還有一些比較嚴謹的道理，只是沒有發表而已。」

2 凱利斯特拉都斯說道：「根據我的印象，這種動物在世人的眼中享有某些尊敬[355]，雖然大家都認同牠的醜陋和骯髒，要是提到外形或極其原始的習性，拿來與糞甲蟲、田鼠、鱷魚甚至家貓相比，不管怎麼說還是略勝一籌，然而後面這幾種生物，被不同教派的埃及祭司視爲崇拜的聖物。無論如何，他們說起豬之所以獲得人們的好感出於一個很充分的理由：按照古代相傳的故事，說牠最早用突出的鼻子掘開地面，造成一道畦溝，教導人們發揮犁頭的功能。順便提一句，他們認爲這就是hynis(農具)這個字的起源(來自hys即『豬』之意)。埃及人耕種低窪地區的鬆軟土壤根本不用犁。等到尼羅河水漲淹沒他們的田畝，隨著消退的水面將這些工作交由豬來負責，靠著牠們的踐踏和用鼻覓食，很快翻轉深厚的泥土，使之能夠覆蓋撒下的種子。如果有些民族基於這樣的理由不吃豬肉，看來我們也無須大驚小怪。」

「其他的動物在蠻族當中獲得更高的禮遇，所持的理由可說是微不足道，有的還極其荒謬。據說田鼠之所以被埃及人視爲神聖之物在於牠的盲目，因爲他們認爲黑暗較之光明擁有更強勢的地位。同時他們還提到每當新月出現，田鼠就會產下第五代的小鼠，等到月相處於黑暗期間，牠們的肝臟會縮小。牠們和獅子都是長著利爪的四足獸，從而可以聯想到太陽，因爲幼鼠在剛生之際具有視力，睡眠不過片刻工夫，牠們的眼睛在沉睡之中還能閃爍發光。」

「埃及人的泉水是讓它從石雕的獅子口中噴注出來，因爲太陽通過獅子座的時候，尼羅河一年一度開始暴漲即將淹沒廣大的田地。他們還提到朱鷺剛剛孵化出來，牠的重量不過兩個德拉克馬[356]，大小相當初生嬰兒的心臟，要是拿牠伸出的雙足和扁平嘴部的位置來看，恰好成爲一個正三角形。當他們從記載得知畢達哥拉斯學派的人士，不僅愛好白色的公雞[357]，還禁食生長在海洋中的緋鯉和海

355　即使這種說法讓人覺得極其勉強，它的來源可能是佩特羅紐斯的雋語；這位詩人在尼祿時代享有很高的聲譽。

356　蒲魯塔克時代1德拉克馬的幣值相當於3.4公克的白銀。

357　這是畢達哥拉斯學派的教條之一，戴奧吉尼斯·利久斯《知名哲學家略傳》第8卷34節，對這方面的問題進行研討，得到的結論是都能接受。

扇，那又怎麼能夠責備埃及人竟然難以理喻到如此地步？或許我們還記得瑣羅亞斯德的擁戴者祆教祭司，他們特別尊重刺蝟而又厭惡水豚[358]，對於後者要殺得愈多愈好，這樣才能蒙受神明的賜福和保佑，難道這種方式你不感到怪異？」

「因此我認爲猶太人要是憎恨豬，那就會像祆教祭司殺水豚一樣，會對豬毫不留情的痛下毒手。事實上只有不守教規的猶太人才用將牠吃掉的方式，來奪走污穢動物的生命。或許這種做法並不矛盾，那就是他們因爲豬教導世人播種和耕地，所以獲得應有的尊敬，如同他們喜歡驢子一樣，當年是牠在沙漠中將他們帶領到有泉水的地方[359]。還有一種說法可以更讓我言之有理，那就是猶太人禁食野兔，認爲不能將如此骯髒的東西吃進肚裡。」

3 蘭普瑞阿斯反駁道：「這種說法不見得可靠，猶太人禁食野兔是因爲牠的外形很像驢子，然而他們對驢子有很高的評價。野兔看起來跟驢子非常相似，只是體型小很多；至於牠的皮毛、耳朵、明亮的眼睛以及好淫的習性，可以說毫無差別，像這樣大小懸殊的動物給人產生類同的感覺，倒也非常少見。或許他們對動物的特質所持的觀點，仍舊遵循埃及人的規範，認爲野兔的行動迅速加上感官的機警，像是帶有若干神性；牠的眼睛毫不鬆懈，甚至睡覺時都張得很大；聽覺的靈敏可以說是舉世無匹，埃及人甚爲欽佩，所以他們的象形文字畫出野兔耳朵，用來表示聽覺的概念。」

「猶太人憎恨豬肉是明顯的事實，因爲蠻族特別厭惡皮膚方面的疾病，像是麻瘋[360]以及天花留下的白色疤痕，相信人類經由接觸傳染受到這類病變的荼毒。就是現在我們一旦在豬的身上，看到牠的內側出現麻瘋和鱗片狀疱疹的徵兆，通常變得虛弱和消瘦，而且很快就會布滿整個軀體。更有甚者，豬的習性非常污穢不潔，讓人認爲牠的肉質是低劣的次級品。我們沒有發現任何一種動物像豬那樣喜愛爛泥和垃圾，願意留在最骯髒的糞坑，讓我們認定牠的原始和天然的棲地就是如此。人們還提到豬的眼睛長的位置過於扭曲，視線無法及於上方的目標，除

358 這個字的原意是指「水中的鼠類」或「海中的鼠類」，因為「水豚」是齧齒類動物，才用這個譯名，然而「水豚」原產地是中南美洲，體型較鼠類大很多，譯名是否適當值得商榷。

359 塔西佗《歷史》第5卷3節和它的注釋，提到摩西率領猶太人出埃及途中遭遇缺水的狀況，從而引伸出他們對於野驢的崇拜，然而約西法斯對此堅決否認，說是猶太人並不像埃及人對鱷魚一樣禮遇驢子；或許是希伯來人為了提升牠的地位，否則怎麼會說耶穌騎著驢子進入耶路撒冷？

360 麻瘋的顯著症狀是皮膚出現鱗片和斑痕，很像得了牛皮癬或乾癬。

非將牠的身體翻轉過來，這時的眼睛帶著不自然的斜視，才能看到天空。」

「這種動物會發出無法抑制的尖叫，只有讓牠保持軀體仰臥的姿態，憤怒的狂嚎方能停止下來，所以能夠安靜在於廣闊的視覺帶來的驚愕，附加對上天的權威感到恐懼。爲了使得神話的內容變得更合乎情理，所以才有阿多尼斯(Adonis)[361]被野豬害死的傳說。有的民族將阿多尼斯和戴奧尼蘇斯視爲一人，所以會讓大家相信在於祭典中有很多儀式爲兩者所共有，雖然有人認爲他因而受到戴奧尼蘇斯的寵愛。費諾克利(Phanocles)[362] 這位詩人的作品充滿色情的描述，從下面的詩句可以知道他在說誰：

> 戴奥尼蘇斯巡遊山嶺到處狩獵，
> 為何抓住蒙受神恩的阿多尼斯，
> 如同神明拜訪塞浦路斯的聖地。」

問題六：誰是猶太人的神？
參加者：森瑪克斯、默拉吉尼斯和其他人士

1 森瑪克斯聽到最後這段陳述甚感驚異，於是他問道：「蘭普瑞阿斯，難道你會將本土的神祇[363] 登錄在希伯來人的日曆上面，暗示他們的『秘密儀式是放蕩的叫喊，戴奧尼蘇斯成爲婦女的刺激物，用狂熱的祭禮來讚美祂的來臨』？竟然會有一些古老的傳說可以證明酒神與阿多尼斯就是同一個人？」

默拉吉尼斯(Moeragenes)插嘴說道：「不要理他，我是雅典人，可以回答你的問題，你說的神並沒有第二位。因爲我們每年都要參加完美的神秘祭典[364]，所

361 阿多尼斯是閃族的神祇或半神，很多方面與戴奥尼蘇斯非常相似，祂的祭典在希臘和埃及相當流行，就連猶太人也都難免，後來視為偶像崇拜受到取締；可以參閱《舊約．以西結書》第8章14節：「誰知，在那裡有婦女坐著，為搭模斯哭泣。」這裡所提的搭模斯指的是阿多尼斯。

362 費諾克利是西元前3世紀一位哀歌體詩人。

363 很多記載提到戴奥尼蘇斯的母親塞梅勒是底比斯人，所以蒲魯塔克和他的兄弟蘭普瑞阿斯，都能認同這位皮奥夏老鄉，感到十分光彩。

364 應該是伊琉西斯的神秘祭典，每年9月一連舉行數天，包括從雅典到伊琉西斯的進香行列，祭祀的神明是伊阿克斯(Iacchus，祂是戴奥尼蘇斯的化身)、德米特以及其女帕西豐尼；傳統的宗教活動延續達千年之久，直到393 A.D被羅馬皇帝狄奥多西一世(Theodosius I)明令廢止。

以大部分相關的證據，只有我們可以合法的宣布或洩漏，要是能與朋友談論需要保守的秘密，對我而言根本是毫無顧忌，特別是現在已經用過餐後酒，我們更應該感受到神明的慷慨，只要在座各位同意，我會原原本本說出來。」

2 所有的人士都感到興趣催他繼續講下去；他說道：「首先，猶太人最重要和最神聖的假日，無論就它的時間和性質而言，可以很明顯看出與戴奧尼蘇斯有很深的淵源。他們舉行所謂的『齋戒』是在葡萄的收穫期，會在帳棚和木屋裡面陳設很多張桌子，上面擺滿各式各樣的水果，用葡萄藤和常春藤編成簾幕，將場地裝飾得煥然一新。他們將頭兩天稱爲Tabernacles(聖幕)。過了幾天以後他們舉行另外一個祭典，這個時間與巴克斯的節慶完全一致，就是名稱也不加掩飾，認爲整個典禮是『攜帶樹枝的遊行行列』或『攜帶神杖的遊行行列』，他們在進入廟宇的時候每個人的手裡都拿著一根神杖[365]。至於在裡面舉行的儀式，性質和程序如何我們並不清楚，很可能是酒神模式的狂歡作樂，事實上他們用小型號角[366] 召喚崇拜的神，下凡接受奉獻的祭品和犧牲，這與亞哥斯人在戴奧尼西亞祭典的做法毫無差別。還有就是他們在行進當中使用小型豎琴，演奏的樂曲可以激勵士氣，他們將在場的樂師用自己的語言稱爲Levites，它的語源來自Lysios(解救者)，或許來自Evius(喊叫的神)[367]，後面這個解釋更加適切。」

「我認爲甚至Sabbath(安息日)[368] 的餐聚，也不能說與戴奧尼蘇斯毫無關係，就是現在還有很多人將『酒神信徒』稱爲Sabi，說他們在膜拜神明的時候發出喊叫的聲音。笛摩昔尼斯和米南德的作品裡面可以找到這方面的證據。還是有些跡象可尋，只要你稍微用心就可以知道Sabi這個名稱來自sobesis(奇特的興奮狀態)[369]，可以用來描述儀式的參與者當時的心情。猶太人保持安息日的傳統，

365 約西法斯《猶太戰爭史》第5卷210節，《猶太古代史》第15卷11節；提到廟宇的入口裝飾黃金製作的葡萄藤和果實；以及塔西佗《歷史》第5卷5節，有關猶太人的宗教信仰和生活習慣。

366 參閱亞里斯托法尼斯的喜劇《阿查尼人》1000行；以及薩克斯《樂器史》112頁。

367 無論Lysios或Evius，都是酒神巴克斯的頭銜和稱呼。

368 希伯來人提到Sabbath都與天上和地面的「軍隊」有關；參閱《舊約·以賽亞書》第5章5節，及《新約·羅馬書》第9章29節，「萬軍之王」就是這個字；在希臘文的Sabazios或Sabos就是指戴奧尼蘇斯；根據羅馬當局官方的記載，猶太人將Sabazios引進首都以後，給社會造成很大的混亂，將這種禮拜儀式視為犯罪行為，到了139 B.C.執行大規模的驅離行動；參閱華勒流斯·麥克西穆斯《言行錄》第1卷3節。

369 蒲魯塔克用sab這個字根構成很多變化，不同的讀法表示「尊敬」或「畏懼」之意。

邀請每個人參加宴會享受飲酒的樂趣，等於是他們自己證實與戴奧尼蘇斯的關係非比尋常。他們在辦理任何較爲重要的事務之前，總會遵守習俗啜飲一口不攙水的純酒[370]。現在舉出離題甚遠也不是沒可能的論點，只要反對就可以推翻所有的證據；首先，他們在舉行慶典的時候，祭司長站在最前面領導遊行的隊伍，他的頭上戴著法冠，身穿繡金的麂皮大氅，一件長袍拖到腳踝，足登厚底官靴，衣服上可綴著很多小鈴，步行之際發出悅耳的叮噹聲[371]。所有的裝束和程序都要遵守傳統和習慣。其次，他們在夜間舉行的慶典要發出喧囂的吵鬧，當作一個很重要的要求，將神的護衛稱爲『青銅響器』[372]，神杖刻著精美的浮雕放在廟宇的山花以及鼓架(或者其他相類似的物件)上面，所以這些只適用(他們的說法)於戴奧尼蘇斯，與其他的神明沒有關係。」

「再者，猶太人的宗教事務不使用蜂蜜，他們認爲要是將它與酒攙和一起，就會讓酒喪失應該具備的風味。只有在葡萄無法生長的地方，他們才用蜂蜜作爲代替品用來舉行酹酒的儀式。甚至就是當前的蠻族都不喜歡蜂蜜釀成的酒，他們爲了抵制過甜的口感，情願使用帶有酒味的苦根。從另一方面來看，希臘人某些祭神的酹酒，使用不會讓人喪失神志的『飲料』，他們稱之爲melisponda[373]，所以會有這種概念，在於他們對酒和蜂蜜都抱反對的態度。我還要進一步表示，對於猶太人的實際狀況無論怎麼說，發現很難加以證實；但是有一點可以無須質疑，他們使用的懲罰區分很多的種類，其中最讓人厭惡的一種，就是一個定罪的犯人，在指定的期限之內禁止飲酒，時間的長短由法官寫在判決書上。諸如此類的懲處……[374]」

問題七：一個星期的天數用行星命名，為何不按從太陽起算的位置次序排列日期的先後[375]？

370　學者引用《舊約．利末記》第10章9節的記載，根本否定這種說法；就是《舊約．士師記》第9章13節或《舊約．詩篇》第104篇15行，對於蒲魯塔克沒有多大的支持。

371　參閱《舊約．出埃及記》第28章，至於這種鈴聲來自厚底官靴或衣服的繸帶，還是不得而知；可以與約西法斯《猶太古代史》第3卷159節的敘述做一比較。

372　經過科里斯(Corais)的訂正，將它當成德米特的稱號，品達《地峽運動會之頌》第7卷3節，同時提到祂與戴奧尼蘇斯，還有學者認為「青銅響器」最早是雷亞的頭銜。

373　通常這種用其他飲料替代酒類的「酹酒儀式」用於祭祀復仇女神。

374　第4篇的本文從此處脫落，問題7到10的題目還保留在手抄本當中。

375　笛歐．卡休斯《羅馬史》第32卷18節，對於這個問題可以提供一些答案。古代認為行星、太

問題八：作為印鑑的指環為何要戴在次於中指的無名指[376]？

問題九：指環可以鑲嵌神像或智者之像，究竟以何者為宜[377]？

問題十：為何婦女不能吃萵苣的心芽[378]？

(續)

陽和月球的位置，根據運轉的軌道由遠而近得到它們的次序：(1)土星(2)木星(3)火星(4)太陽(5)金星(6)水星(7)月球。每天的時辰按照二十四小時從第一個星球算起，以七為周期輪流；譬如第一天第一小時為土星，算到最後一小時為火星；那麼第二天第一小時為太陽，最後一小時為水星；接著第三天第一小時為月球；依此類推第四天第一小時為火星、第五天第一小時為水星；第六天第一小時為木星；第七天第一小時為金星；要是每天都以第一小時的星球作為代表，從而得知第一天是土星、第二天是太陽、第三天為月球、第四天是火星、第五天是水星、第六天是木星、第七天是金星；為了將太陽的位置放在第一，向前進一位使土星列於最後，這是七曜的日曜日、月曜日、火曜日、水曜日、木曜日、金曜日、土曜日，所以獲得的來源。然而經過這樣的排列以後，卻與最早的星球位置有所不同。

376 參閱馬可羅拜斯《農神節對話錄》第7卷13節，從而得到兩個理由，一是按照埃及人的論點，這根手指的神經對心臟產生導引的作用，另外一個理由是來自伊楚里亞人的意見，說是戴在無名指蓋印時比較方便；同時還不要戴在右手，因為這隻手的活動較多，可以減少它受到損害。

377 畢達哥拉斯和羅馬法學家阿提烏斯·卡庇托禁止將神像鑲在指環上面，參閱馬可羅拜斯《農神節對話錄》第7卷13節；克勞狄斯一世 (Ateius Capito)的廷臣所戴戒指，上面嵌著他的肖像，普里尼《自然史》第33卷12節。

378 因為萵苣會降低婦女的情欲變成性冷感。參閱普里尼《自然史》第19卷127節。

第五篇

尊貴的索休斯·塞尼西歐，對於身體和心靈的歡娛，你現在抱持什麼樣的想法？由於我並不知道雙方有這樣大的隔閡，像是

> 我們之間橫亙無數險峻的山巒、
> 難以渡越一直轟隆作響的海洋。[379]

然而我可以確定一件事，就是你對某些人的意見既不表示支持也不見得尊重[380]，因爲他們認爲靈魂就其本身而言，沒有任何特定的歡娛或偏袒。根據他們的論點，靈魂僅不過是身體活在世間的夥伴，它所表現的喜悅或陰鬱在於反映身體的歡樂或苦難。換句話說，靈魂僅是一個圖章[381] 或一面鏡子，發生在肉體上面的銘記和印象，透過感官加以接收。這種極其庸俗的見解當然會被很多事實所駁斥。如同品味卓越的有識之士參加宴會，用餐之後急著要享受甜點的心情，這時就會發現談話之樂與身體沒有多大關係，很清楚的知道私下貯藏起來的愉悅，完全是爲了滿足我們的靈魂，這也是眞正僅有的樂趣，其他非但不相容而且得自肉體的接觸。

保母親手給嬰兒餵食絲毫感覺不到歡娛的心情；只有在餵完以後停止吵鬧安靜睡覺，讓她能夠不受干擾自由用餐或飲酒，這時才會獲得忙裡偷閒帶來的快樂。靈魂用置身事外的方式分享口腹之樂，完全基於身體的食欲，順從它的需要以及平息它的情緒，豈不是跟保母沒有多大差別？等到身體獲得安適再無衝突，靈魂最後能從憂慮和奴役之中得到解脫，這時會盡全力滿足所要的樂趣和盛宴，在於觀念、學識、掌故以及有關奇特問題的冥想凝思。從事實得知，在用完餐以後，即使那些很普通而且沒有什麼學問的人，都要讓他們的心靈沉溺在其他的歡樂當中，盡可能遠離涉及身體之事，所以前面那些狀況又有什麼値得一提？他們

379　荷馬《伊利亞德》第1卷156-157行。

380　這是指伊庇鳩魯學派的人士而言；參閱烏西尼爾《伊庇鳩魯學派殘卷》No.410和429。

381　這是很刻板的表達模式。

可以從事的項目，像是機智問答、猜謎以及人名和數字遊戲[382]。酒宴還有機會提供其他的節目，像是啞劇和滑稽劇、各種模擬的演技和腹語，以及取自米南德[383]劇本的場景；並不是因爲這些表演可以「轉移肉體的痛苦」[384]或是使得「身體產生平穩和安詳的舉動」[385]，而是讓每一個人的靈魂都能喜愛美景和渴望知識，順其自然尋找滿足和樂趣，能從無窮盡關懷身體的處境當中解脫出來。

問題一：伶人演出憤怒和痛苦的表情給觀衆帶來歡樂，要是身歷其境看到眞實狀況則不然[386]，其理何在？

參加者：蒲魯塔克和他的伊庇鳩魯學派友人

1 你與我們同在雅典那段期間，有次我提出的觀點成爲討論的主題。當時正好是喜劇演員斯特拉托贏得比賽的勝利，我記得差不多每個人都在談論他的事蹟。我們在伊庇鳩魯學派的皮蘇斯家中晚餐，桌上還有幾位同一學派的人員。大家的心中都感到好奇，自然而然提到喜劇，接著對這個題目有關的內容進行討論：雖然我們聽到人們發出憤怒、痛苦或畏懼的聲音，就會感到悲傷和煩惱，爲何受害者的音調和姿態被模仿得惟妙惟肖，反而讓我們爲之擊節賞識不已？

其他的來客幾乎都異口同聲表示意見，認爲模仿者最占便宜的地方，是不會像實際的受害人那樣身歷其境，只是將發生的情節顯現出來，給大家帶來歡暢和滿足。

---

382 字母的次序通常可以用來表示數字，諸如alpha是1，beta是2，依此類推；玩遊戲的時候，先報出一個姓名說出字母所代表數字的總值，再根據這個值推算出另外一個名字；這種例子出現在詩句當中，參閱《帕拉廷詩集》第4卷321行及後續各行。

383 經常朗誦的詩文，除了米南德在喜劇裡的台詞和對話，還有其他劇作家的作品，特別是亞里斯托法尼斯的獨白，更是膾炙人口；參閱本章第7篇問題8。

384 伊庇鳩魯曾經這樣表示：「適度的歡樂到達完美的境界，就會除去心靈和肉體所有的痛苦」；參閱烏西尼爾《伊庇鳩魯學派殘卷》72頁No.3，戴奧吉尼斯·利久斯《知名哲學家略傳》第10卷139節，以及西塞羅《論目的》第1卷11節。

385 這是亞里斯蒂帕斯和伊庇鳩魯對歡樂所下的定義；參閱烏西尼爾《伊庇鳩魯學派殘卷》No.411，以及本書第75章〈答覆科洛底：為其他哲學家提出辯護〉27節。

386 蒲魯塔克在本書第2章〈年輕人何以應該學詩〉3節，拿出這個問題來討論，參閱柏拉圖《國家篇》605C以及亞里斯多德《修辭學》1371B和《詩學》1448B，得知兩位哲人對這個題目都很感興趣。

2 這時我大聲說了一句「眞是多管閒事」[387]，所以會有這樣的表示，那是我們抱著對藝術的熱愛，任何表演只要展現理性或才華，就能贏得我們的好感，因而獲得的成就給予極力的讚譽。「就好像蜜蜂喜歡甜味一樣，只要能有一點花蕊的地方，便會孜孜不倦到處尋找；人類喜愛藝術和美也是如此，這是與生俱來的本能，任何成果或行爲只要顯示心靈和理性的特徵，自然會受到我們的歡迎和珍視。」

「我們要是將一塊麵包或是用麵糰做的小狗或小牛，放在一個幼兒的面前，可以看到他毫不考慮就會去拿外形縮小的物體。同樣的道理，如果一個人拿給他一塊沒有形狀的白銀，這時另外一個人給他銀製的小動物或杯子，幼兒會拿後面這個他所喜歡的東西，表示他已經感覺到藝術和所要表達的意義。這可以解釋兒童何以更喜歡帶有謎語的故事，就是遊戲也要較爲複雜或者帶有困難。人類出於某些天生的習性，無須教導就會受到靈巧和機敏的吸引；眞正的憤怒或痛苦帶來的影響，會使人展現極其平凡的感情和姿態，成功的模仿行爲可以明顯看出，完全出於個人的機智和權勢，因此我們對於工作的達成自然而然會很高興，只是與現實的差異仍舊使我們感到苦澀難安。」

「提到造形藝術我們獲得類似的經驗；看到有人生病或者即將嚥氣就會感到難以自禁的痛苦，然而斐洛克特底(Philoctetes)[388]的繪畫或是約卡斯塔(Jocasta)的雕塑[389]，會給大家帶來欣賞的樂趣和齊聲的頌揚。他們提到後者的青銅像，有位藝術家將它的面孔鍍上一層白銀，更能表現面臨死亡的人應有的神色。」

我繼續說道：「各位伊庇鳩魯學派的朋友，你們認爲從景色和聲音所接受的歡樂，不在視覺或聽覺而在心靈。塞倫學派(Cyrenaics)[390]的人士就這個論點曾經與你們極力爭辯，現在我要提出非常確鑿的證據，有利於塞倫學派的主張。一隻母雞不停的咯咯叫，還有啼聲嘶啞的烏鴉，這些讓人聽起來就感到心煩；模仿嘈雜的母雞或烏鴉的藝人，發出逼眞的聲音聽到耳中卻很高興。看到癆病患者形

387 參閱本書第44章〈論不會得罪人的自誇〉3節，這條諺語的意義是：任何人想要插足其他的合唱團，不是傻子就是無聊的傢伙。

388 索福克利有一齣極其出名的悲劇，主角斐洛克特底這位特洛伊戰爭的英雄人物，雙腳因為長期繫上足械，血肉淋漓帶來無法忍受的痛苦；參閱本書第2章〈年輕人何以應該學詩〉3節，西元前5世紀知名的畫家亞里斯托奉(Aristophon)為斐洛克特底繪出刻畫入微的傑作。

389 約卡斯塔是伊底帕斯的母親，等到發覺竟然嫁與兒子為妻，羞愧之餘自縊而亡；她的雕像出自西元前4世紀當代大師希拉尼昂(Silanion)之手。

390 北非的塞倫是唯樂主義哲學家亞里斯蒂帕斯的家鄉，他創立的學院設在該地，後來成為知名的塞倫學派。

銷骨立的模樣，會讓我們感到震驚不已，卻會用欣賞的眼光注視受苦者的雕像和繪畫，因爲我們的內心爲它的神似所吸引，這是人類的天性使然。」

「民眾稱讚帕米諾(Parmeno)的豬嚎已經成爲通俗的諺語，到底是何種內在的心態和外部的境遇所造成？你或許聽過這樣的傳聞：帕米諾模仿動物的聲音成名以後，有些競爭者不服氣出面跟他打對台，只是所有的市井之徒全都厚愛帕米諾，大家說道：『省省事吧！誰夠資格能與帕米諾的母豬比個高下[391]。』有位藝人走到台前，懷中抱著一頭未斷奶的小豬，嚴密蓋好不讓人看見，下面的民眾聽到如假包換的尖叫，還用抱怨的語氣說道：『不過如此！這怎麼能跟帕米諾的口技同台競藝？』因此這位老兄就讓小豬從他的懷中露頭出來亮相，證明他們的判斷出於偏見，根本沒有是非可言。從而可以獲得很明確的推論，在人的心靈當中，除非能夠確認智慧或意識到的努力，已經包括在完成的工作當中，否則即使完全類似的知覺反應，也不可能在第二次還能產生對應的結果。」

問題二：古代的詩藝競賽有何特點和內涵？
參加者：蒲魯塔克和其他人士

阿波羅賽會[392] 期間討論一個問題，最近增添的競賽項目是否應該取消。一旦在最早的三個項目(阿波羅的笛手[393]、抒情詩人和七弦琴伴奏的歌手)之外，接受新增的悲劇競爭者，當局認爲這樣一來善門大開，再也無法抗拒外來大量的攻擊和侵犯，運用各種方式的說辭在他們的耳邊聒噪。祭典和節慶帶來感到可喜的變化和深受歡迎的請求，代價是無須堅持嚴格的音樂特性和氣氛。這樣一來當然會給擔任裁判的人士增加困擾，失敗者的人數隨著競賽項目而增加，造成更多的怨恨和敵意。

在座人士當中有幾位提出他們的看法，特別是成群結派的散文作家和詩人應

391 帕米諾是西元前4世紀末葉名聲響亮的悲劇演員，還有人說他是一個畫家，繪出的豬隻，逼真的程度讓人聽到牠尖叫的聲音。

392 希臘人為了推崇阿波羅的功德，在德爾斐舉行皮同賽會，最早只有音樂競賽，每八年一次，582 B.C.改成現在的型態，四年一次，增加各種運動項目，同時規定奧林匹克運動在它的第三年辦理。

393 據說阿波羅討厭吹笛的人，所以早期的音樂競賽沒有這個項目，到了586 B.C.順應民眾的喜愛和要求，優勝的樂師獲得「阿波羅笛手」的頭銜。

該率先罷手。這不是對文學有任何偏見，最令人感到困窘的地方，在於所有的競爭者都是最知名的人物，問題是不可能每個人都獲勝，雖然在我們看來他們都有這份功力。就在會議召開期間，我希望能說服那些想要改革的人，讓他們知道慶典本身是癥結所在，它就像一件樂器，設若有太多的琴弦和調子，運用起來就難以爲繼。後來賽會的監督佩特里烏斯[394] 設宴招待我們，大家再度提起這個話題，我還是爲詩藝的成因提出辯護。

我特別指出在宗教的慶典當中，詩藝的競賽並非很晚參與也不是新奇之物，事實上非常古老的年代就已經接受勝利的冠冕。我的一些朋友期望舉出眾所周知的例證，像是帖沙利的厄奧利克斯(Oeolycus)舉行的葬禮，還有卡爾西斯的安菲達瑪斯身後的狀況，據說荷馬和赫西奧德爲寫出長篇敘事詩相爭不下[395]。我對來自課堂的老生常談抱著嗤之以鼻的態度；如同有些人在佩特羅克盧斯的火葬場上，將荷馬的rhemones(演說者)讀成hemones(投擲者)[396]，好像阿奇里斯在談話當中提到要贈送獎品，現在還要加上別的東西一樣，即使出現這樣的錯誤，我還是不屑一顧。我僅僅提到阿卡斯都斯爲他的父親佩利阿斯(Pelias)[397] 辦理喪事，舉行一場詩文比賽，最後是西比爾(Sibyl)[398] 獲得優勝。我馬上被人追問不停，要求證實難以置信和有違常理的陳述；幸好我還記得出處就把來源告訴對方，說是阿昔山德(Acesander)[399] 在他的《利比亞》(*Libya*)一書中有詳實的記載。

我繼續說道：「這些資料普通人很難取得，我知道你們當中很多人都有興趣，事實也應如此，可以參考雅典人波勒蒙(Polemon)[400] 在德爾斐對各地金庫的記載，這個人的學識極其淵博，終生從事希臘歷史的研究，抱著孜孜不倦和實事求是的態度。那本書讓我們了解西賽昂人的金庫裡面，存放著埃里什里的亞里斯

394　這位飽學之士的全名是盧契烏斯·卡休斯·佩特里烏斯(Lucius Cassius Petraeus)，是蒲魯塔克的朋友，從他的姓氏可以看出他是羅馬人。

395　赫西奧德在《作品與時光》654行提到他與其他詩人要比個高下，只是對象不是荷馬；然而赫西奧德卻寫出《荷馬與赫西奧德的較量》這樣的作品；本書第13章〈七個哲人的午宴〉10節，對於這個故事的細節有詳盡的描述。

396　荷馬《伊利亞德》第23卷886行。

397　佩利阿斯是帖沙利國王，米狄亞騙他說有辦法可以讓他返老還童，就用沸水將他燙死在銅鍋之中。

398　很多擁有預言能力的女祭司都使用西比爾這個頭銜，到底是何人不得而知。

399　阿昔山德是西元前3或2世紀歷史學家，參閱穆勒《希臘歷史殘篇》第4卷No.285。

400　波勒蒙是著名的古文物學家，他的出生地是伊利姆或帕加姆；參閱阿昔尼烏斯《知識的盛宴》第6卷234D。

托瑪琪(Aristomache)[401] 一塊記事金板，提到女詩人參加地峽運動會的競賽項目，兩次奪得抒情詩的優勝冠冕。」

我接著往下說道：「我們不必爲奧林匹克運動的做法心儀不已，好像他們的政策是對各種形式的比賽，如同命運女神抱持不偏不倚的態度，萬古不朽又能歷久常新。阿波羅賽會僅僅擁有三或四個音樂方面的比賽項目，好像是體育競賽的附加物；事實上運動項目大多數在開始就已設置，一直延續到目前亦復如是。奧林匹克運動會最早只有賽跑，其他項目都是後來慢慢增添。有些新加的比賽還是遭到撤銷，像是競走和四輪賽車[402]。就是兒童的五項運動，他們也不頒發獎品。許多改革完全基於祭典和節慶的需要。我一直遲疑不決，應否說起早些年代在比薩(Pisa)[403] 的決鬥，舉行的著眼點完全在於屠殺，所有的失敗者都難逃一死；生怕你們又要我證實所說的話，因爲飲酒的關係到時候可能記不起來，豈不是成爲大家的笑柄。」

問題三：為何把松樹當成奉獻給波塞登和戴奧尼蘇斯的聖物？地峽運動會最早用松枝製作優勝者的花冠，後來改用芹菜，現在又用松枝，其理何在？

參加者：普拉克色特勒斯、盧卡紐斯、蒲魯塔克、一位修辭學教授和其他人士

1 地峽運動會舉行期間，科林斯的祭司長盧卡紐斯(Lucanius)設宴款待我們，這時大家討論一個問題，爲什麼會用松枝編成花冠，頒發給獲得優勝的人員。普拉克色特勒斯是官方指派的通事，他的說法完全訴諸神話，引用民間的傳奇故事，發現梅利瑟底(Melicertes)[404] 的屍體爲海浪打上來，留在一根松樹的樹根上面。他還指出這個地方離麥加拉不遠，得到「佳麗落難之處」的稱呼，根據麥加拉人的傳聞，英諾將幼兒抱在懷裡，義無反顧投身大海之中。在座人士有很多位提到，松枝花冠特別與波塞登大有關係，這是眾所周知的事；盧卡

401 亞里斯托瑪琪可能是以西比爾為稱號的女預言家，至於提到埃里什里不是沒有含義，因為擁有「最偉大的西比爾」之稱的希羅菲勒就是出生在該地；參閱鮑薩尼阿斯《希臘風土誌》第10卷12節。

402 參閱鮑薩尼阿斯《希臘風土誌》第5卷9節。

403 比薩是伊利斯管轄的地區，有一個同名的小鎮，雄偉的奧林匹亞神廟位於該地。

404 梅利瑟底是英諾的幼子，他的母親抱著他蹈海而死，後來成為海神帕利蒙(Palaemon)，為了紀念他才舉行地峽運動會；英諾是戴奧尼蘇斯的姨母和奶媽，死後封為琉柯色，最受羅馬人膜拜的神明。

紐斯加以補充，因爲松樹當成聖物已經奉獻給戴奧尼蘇斯，舉行的儀式成爲梅利瑟底祭禮的一部分，這是非常合理而適切的安排。最後所提的內容引起我們的興趣，想要知道古人爲什麼非要將松樹奉獻給波塞登和戴奧尼蘇斯。

兩位神明掌管著潮濕之地以及生殖，我們認爲大家都能接受，並沒有不合邏輯的地方。事實上所有希臘人都將波塞登稱爲「賜與生命者」，同時稱戴奧尼蘇斯爲「樹木之神」[405]，按時向祂們奉獻祭品。現在還是有人認爲松樹與波塞登的關係極其密切；當然並不像阿波羅多魯斯(Apollodorus)[406] 所說的那樣，因爲它生長在海濱或是它如同大海喜愛吹拂的風(有人還爲風的效果爭辯不休)，完全是爲了松樹可以用來造船的緣故。無論是松還是諸如樅、石松等同類的喬木，生產的木材最適合製造船舶，如同副產品樹脂和松香可以用來防水，否則船身就不適合在大海航行。

從另一方面來說，他們認爲松樹奉獻給戴奧尼蘇斯是爲了它會使酒變得更甜，據說長滿松樹的國度盛產可以釀成甜酒的葡萄。狄奧弗拉斯拉斯歸功於土壤的熱力發生的效果[407]，一般來說松樹生長在陶土含量很多的地區，這種土壤的溫度增高以後，會對酒帶來催熟作用，甚至就是流泉的水質很軟入口香甜。順便提一下，如果陶土裡面加進小麥，由於穀粒的膨脹，質地會變得稠密，認爲這是熱力使得體積增加。

或許是松樹本身對葡萄的生長頗有裨益，因爲樹木富於某種成分，對於酒的貯藏甚具功效而且可以保證酒的品質。樹脂經常用來密封酒罐的蓋頭，很多人在酒裡攙著松香飲用，像是希臘的優卑亞人經常如此，還有義大利住在波河兩岸的民眾，帶有樹脂風味的酒從高盧的維恩納(Vienna)[408] 地區輸往各地，在羅馬人當中獲得很高的評價。使用樹脂不僅使得酒的味道帶有特定的芳香，還可以增加它的濃度，淡薄的新酒由於熱力的作用很快變得更加醇厚。

2 聽到這番議論以後，一位熟悉當代文學知名於世的修辭學教授開口說道：「啊！神哪！地峽運動會不是就這幾天才用松樹當作勝利者的花冠

405　戴奧尼蘇斯不僅是酒神，因為葡萄的關係他是所有植物的保護神。

406　古代希臘有兩位史家的名字都是阿波羅多魯斯：一位來自阿提米塔(Artemita)，主要作品是《波斯史》四卷；另一位生於雅典，作品以編年史為主，於西元前2世紀中葉風行一時；本章所指應為後者。

407　雖然狄奧弗拉斯都斯建立很多的理論，但是在他的作品當中，找不到本章提出的說法。

408　這個城市位於法國，現在的名字叫作維恩(Vienne)；參閱普里尼《自然史》第23卷24節，提到維恩納靠近赫爾維亞(Helvia)地區。

嗎？過去一直都是用芹菜，確鑿的證據就是喜劇裡面一位守財奴說的話：

我很高興地峽的表演項目很賣座，
價格關係只有芹菜的花冠是現貨。[409]

史家泰密烏斯(Timaeus)[410] 記載了下面的軼聞逸事。西西里戰爭期間要與迦太基大軍對陣決一勝負，科林斯人突然看到幾匹驢子馱著芹菜，部隊大多數成員將遇到這件事當成凶兆，因爲大家把芹菜當成哀悼的象徵，只要提到某人病危就說『你現在只能送把芹菜給他』。泰摩利昂(Timoleon)[411] 倒是能夠激厲士氣振奮軍心，特別提醒他們不要忘記，地峽運動會是用芹菜製作勝利的冠冕。」

「安蒂哥努斯(Antigonus)[412] 將他的旗艦命名爲『地峽號』，因爲這艘船的船尾自行長出芹菜。我可以引用一份出自頌辭的資料，裡面提到一個陶甕長出的芹菜蓋住甕口。因而有下列的詩句：

阿提卡陶匠將泥坯放在窯中燒製，[413]
性急的酒神注入鮮血能永久貯藏，
培育科林斯地峽令人心儀的嫩枝，
從甕中迸發後成長茁壯毫不為難。

你要是沒有讀到這些句子，難道就會爲松樹成爲地峽運動會的古老花冠感到得意，認爲不會是新近輸入的東西使得我們能從父執的手裡繼承？」你可以確認的一件事，就是這位修辭學家要給年輕人一個印象，他不僅學問高深而且博覽群書。

---

409 柯克《阿提卡喜劇殘本》第3卷〈Adesp篇〉438頁No.153。

410 泰密烏斯(356-260 B.C.)是當代知名歷史學家，生於西西里的陶羅米尼姆，受到放逐，在雅典生活達五十年之久，著作有《西西里史》三十八卷。

411 泰摩利昂是西元前4世紀的科林斯將領，獻身西西里的獨立戰爭，領導敘拉古的民眾，推翻僭主和阻止入侵的迦太基人；本章提到的狀況發生在341 B.C.，他在靠近西吉斯塔(Segesta)的克瑞米蘇斯(Crimisus)河擊潰迦太基大軍，參閱蒲魯塔克《希臘羅馬英豪列傳》之〈泰摩利昂傳〉26節。

412 可能是馬其頓國王安蒂哥努斯二世哥納塔斯，在位期間277-239 B.C.；或者是安蒂哥努斯三世多森(Doson)，在位期間229-221 B.C.。

413 最好的陶土來自科利阿斯(Colias)，靠近阿提卡南邊一個海岬。

3 盧卡紐斯面帶微笑注視著我說道：「啊！提到海神！引用的詩文多麼的出色！看來我們沒有受過教育產生的無知，使得其他的人士占了上風，可以用來說服我們應該全般接受。事實完全相反，松樹在運動會是傳統的花冠，至於用芹菜做材料從尼米亞傳來還是不久之前的事，這是他們與海克力斯[414] 的爭端所引起。根據這樣的說法，芹菜一向被視爲神聖的象徵占了上風，使得松樹逐漸被人遺忘。雖然如此，松樹總算恢復元來的特權，現在獲得更高的榮譽。」

盧卡紐斯闡述的觀點讓我信服，同時還提高我的注意力，能夠記起很多權威人士的作著，用來證明他的說法站得住腳。例如優豐瑞昂(Euphorion)[415] 描述的梅利瑟底含有這番意義：

海邊堆起松木流淚為他舉行火葬，
戴著神聖的樹枝做成勝利的冠冕；
迄今沒人出於嫉妒蠻橫將它扯下，
美妮之子眼露凶光站在嬌娃身邊，
用芹菜編成的花冠一直壓到眉沿。[416]

我記得凱利瑪克斯(Callimachus)[417] 將這方面的問題表達得非常清楚，在他的詩篇當中海克力斯提到芹菜：

阿勒底之子主持的祭典極其古老，[418]
芳香的蔬菜可以獎勵勝利的辛勞，
面臨尼米亞的敵對松樹遭到輕視，
過去在伊菲拉用來表揚優勝勇士。[419]

414　根據蒲魯塔克《希臘羅馬英豪列傳》之〈帖修斯傳〉25節的記載，海克力斯創辦奧林匹克運動會，帖修斯為了與他一較高下，舉行地峽運動會向海神波塞登致敬，並沒有提到與尼米亞人發生衝突之事。

415　優豐瑞昂在276 B.C.生於優卑亞的卡爾西斯，是一位詩人和文法學家。

416　美妮是指月球，她的兒子是尼米安的獅子，這是伊庇米尼德的說法；參閱狄爾斯、克朗茲《希臘古代哲學殘卷》之〈伊庇米尼德〉No.2。

417　凱利瑪克斯是知名的學者、詩人和文法學家，從260到240 B.C.逝世為止，一直在亞歷山卓圖書館擔任館長。

418　科林斯的多里斯人將阿勒底(Aletes)視為民族英雄；參閱品達《奧林匹克運動會頌歌》第13卷14行及《地峽運動會之頌》第2卷15行。

好像我讀過普羅克利(Procles)[420] 所寫有關地峽運動會的文章，根據作者的記載，第一次的競賽就使用松枝編成的花冠，等到後來整個場面變得更加神聖，他們模仿尼米亞運動會採用芹菜花冠。這位普羅克利我認爲他在學院苦讀期間，成爲色諾克拉底的門下極其出色的弟子。

問題四：荷馬說過：「混合的酒後勁很強。」其理何在？
參加者：尼西拉都斯、索西克利、安蒂佩特和蒲魯塔克

1 有幾位客人在晚餐的時候提到阿奇里斯，說他強迫佩特羅克盧斯飲下烈酒，爲了不落人口實，竟然舉出很可笑的理由：

這位親密的朋友正好在家中作客。[421]

尼西拉都斯是我們來自馬其頓的友人，他甚至斬釘截鐵的表示，荷馬所說的zoros，意義不是「尚未混合」而是「熱」，這個字來自zotikos(給予生命)和zesis(沸騰)。他的意見認爲朋友來訪，立即攙和一大碗酒是很普通的事，那怕我們酹酒祭神同樣要將新酒混合起來。詩人索西克利想到伊姆皮多克利[422] 在宇宙的演化中，曾說「那要等到akretos(尚未混合)變成zoros(沒有問題)」，因而詩人力言zoros眞正的意義是eukratos(已經攙好)而不是akratos(尚未混合)。

書中沒有地方可以看出來，說是阿奇里斯要爲佩特羅克盧斯準備攙混的酒，然後非要他飲用不可；就像他用比較級的zoroteros 取代zoros(沒有問題)，正如他用dexiteros取代dexios(右手)或thelyteros 取代thelys(女性)一樣，並沒有什麼可怪之處；因爲荷馬習慣上使用比較級的替換來表示肯定語句。我們的朋友安蒂佩特提到，古代他們將「紀年」稱爲horos，習慣上要是字首改爲za，就是特別

(續)————

419 伊菲拉(Ephyra)是科林斯在古代使用的名字。

420 普羅克利是西元前4世紀柏拉圖學派的哲學家，師事麥內克拉底，他寫的著作名字叫作《論節慶和祭典》(*On Festivals*)；參閱穆勒《希臘歷史殘篇》第2卷No.342。

421 荷馬《伊利亞德》第9卷204行。

422 這部分的資料參閱狄爾斯、克朗茲《希臘古代哲學殘卷》之〈伊姆皮多克利〉No.35；要是如同亞里斯多德在《詩學》1461A中所說，這句話的意思是「把酒兌得快一點」，不是像酒鬼一樣，要求「把酒兌得濃一點」，而且手抄本又正確無誤，那麼索西克利的說法有商榷的餘地。

對這個年份強調它的重要性；這可以解釋阿奇里斯爲何將存放時間很長的酒稱之爲zoros(陳年佳釀)。

2 我提醒那些堅持己見的人，他們認爲zoroteros(絕無問題)這個字的意義是thermos(熱)，thermoteros(更熱)這個字的意義是「快點」；有沒有想到我們的日常講話中，總說要幫手和僕人thermoteron(更熱烈)的工作。從另一方面來看，我指出要這幾位竭盡努力來解釋是很幼稚的事，因爲他們很怕同意zoroteron(問題解決)這個字的意義是akratoteron(要更強壯)，如此一來會讓阿奇里斯落入極不厚道的立場，說他在仗勢欺人。安斐波里斯的佐伊拉斯(Zoilus)[423]提到這部分出了差錯，只是他並不承認而已。首先，阿奇里斯要佩特羅克盧斯用混合的方式，來加強酒的力道，那是因爲他知道像斐尼克斯和奧德修斯這些年長之人，喜歡勁道十足而不是淡薄如水的酒。

其次，阿奇里斯是奇朗的門生，怎麼不知道飲食之道，一定會想到酒量很淺的人(像是他自己和佩特羅克盧斯)，應該喝混合以後比較溫和的酒，特別是難得碰到無所事事的閒暇時刻，更不能馬上醉倒在地。基於這個理由，所以他拿芹菜餵座騎，不是其他的草料。這樣做非常正確，馬匹遇到不正常的怠惰會出現跛足，芹菜用來治療這種症狀最爲有效。至少在《伊利亞德》找不到其他的例子，讓我們發現用芹菜或任何別的綠色牧草來餵養馬匹[424]。阿奇里斯像是一個好醫生，照顧他的座騎非常細心，一定要注意當時的環境，當馬匹處於閒散無事的狀況，爲了健康起見要用比較清淡的食物。他款待那些花整天時間在戰場搏鬥的人，一定要他們拿出攙和好力道很強的酒，那與他應付遊手好閒的人絕不會一視同仁。

事實上，有證據顯示阿奇里斯沒有愛飲酒的嗜好，特別是他的個性粗暴而且不善交際：

此人倔強剛愎有如烈火，
說話頂撞帶來問題多多。[425]

423　佐伊拉斯是西元前4世紀犬儒學派哲學家和評論家，獲得「荷馬的鞭笞者」這個綽號知名於世。

424　荷馬《伊利亞德》第2卷775行及後續各行。

425　荷馬《伊利亞德》第20卷467行及後續各行。

他有次很坦誠的提到自己，說是「浪費很多無眠的夜晚」[426]；要知道短暫的睡眠無法滿足醉漢和酗酒的人。當他與阿格曼儂發生衝突的時候，開始是用「酒鬼」[427] 這個綽號來罵對方；看來把自己泡在酒缸裡面是身爲國王的人最大的弱點。這也是奧德修斯和斐尼克斯來到以後，阿奇里斯認爲混合的酒比較溫和，更適合他們飲用，免得喝醉被人看不起。

問題五：有人舉行宴會邀請很多賓客，為何非要如此？
參加者：蒲魯塔克和他的祖父蘭普瑞阿斯

1 我從亞歷山卓遠遊返家，每一位朋友都爲我接風，有次在宴會提出一個不太文雅的問題，引起大家熱烈的討論。類似的狀況在這種場合出現很多次，就是邀請的客人如果事先沒有考慮周詳，整個聚會亂成一團，最後只有不歡而散。歐尼西克拉底(Onesicrates)這位醫生舉行宴會，沒有一大群來客，只是邀請幾位關係密切的朋友和親戚。我的心中突然浮現一個念頭，那就是你應該將柏拉圖的話，「擴張的城邦絕非只出現一個，會有好幾個同時進行」[428] 用在宴客上面。

我說道：「談起宴會的大小只要維持原有功能，大致就不會出錯。如果邀宴的場面太大，客人之間無法相互談笑，不能享受朋友交往的樂趣，甚至連彼此的狀況都不了解，這種聚會還不如停止算了。參加社交的活動不必像在軍營，需要副官傳達指示，更不是留在三層槳座戰船上面，要聽水手長敲鐘報時；最重要在於所有人員都能自由自在的交談。如同在一個合唱團裡面，站在最靠邊的人都能聽到指揮在說什麼。」

2 等到我說完這些話，我的祖父蘭普瑞阿斯提高聲音好讓每個人都聽到，他說道：「我知道我們必須表現出謙虛的態度，不僅在飲食方面，就是邀請賓客的人數也應如此，請問這樣做眞的沒錯嗎？你刪除不可能前來的賓客，又要把每個人都拉進來，好像要他們去參觀表演節目或是公眾的演說，這在我看

---

426 荷馬《伊利亞德》第9卷325行。

427 荷馬《伊利亞德》第1卷225行。

428 柏拉圖《國家篇》422E-423D；其實這句話還缺了一段，就是「城邦的範圍不可太小或太大，要能足夠而且統一」。

來連待客之道都談不上，其他的更不必提了。我始終認爲主人要爲來賓供應適當的房間或場地，如果這方面做得不夠好，比起麵包和酒用完無法補充，更令人感到可笑。應該在任何時候對於不速之客，包括那些自行前來的外鄉人，都要準備足夠的食物和飲料。除此以外，如果麵包和酒都吃得乾乾淨淨，還可以怪罪偷竊成性的僕人，如果空間不足以容納眾多的來賓，那是主人的過失而且是對客人的一種冒犯。順便多說一句，赫西奧德這兩句詩眞是刻畫入微：

除卻世人，
尚有亡魂。[429]

簡而言之，空間和場地對隨後出現的萬事萬物乃是不可或缺。對照之下，我的兒子就是用這種方式，所以昨天才會將酒宴變成市民大會，而且是著名的安納克薩哥拉斯類型，亦即『所有事物全部擠成一團』[430]。」

「雖說場地寬敞而且供應充足，我們還是要避免人數過多，因爲相互之間就會干擾到交際和寒暄。奪走餐桌上面清談的樂趣，比起耗盡美酒還要讓人感到不快。狄奧弗拉斯都斯戲稱理髮店是『不能買醉的酒宴』[431]，因爲經常有一群人在那裡喋喋不休。要是把太多的客人放在一個地點，就會妨害到一般性的談話；只能讓少數幾位享受彼此的交際，因爲客人爲了接觸和交談，分爲二或三個團體，完全沒有覺察到這樣會使臥榻的位置變得遙不可及，像是在一個競賽場中，處於分離之下，根本看不到共同的方向。相隔的距離像是在中間可以分別

走向特拉蒙之子埃傑克斯
以及阿奇里斯居住的帳棚。」[432]

「萬貫家財的人犯下大錯，就是蓋了可容三十個臥榻或更多的豪華餐廳，這樣的排場使得宴會無法發揮社交的功能，更不可能在這裡會晤知心好友，要想將接待的任務做得盡善盡美，需要的主持人還不止一位。其實眞要是那樣的話，我們應該把誇耀的場面置之腦後，除了當證人和觀眾沒有其他的用途，因爲他們只

429 赫西奧德《神譜》116行。
430 狄爾斯、克朗茲《希臘古代哲學殘卷》之〈安納克薩哥拉斯〉No.1。
431 溫默《狄奧弗拉斯都斯的吉光片羽》No.76。
432 荷馬《伊利亞德》第11卷7行及後續各行。

想到財富，如同一齣悲劇的演出，沒有金錢，就像是眼睛瞎了一樣，不如告別這個世界。我們其餘的這些人要能保護自己，不必冒險去聚集一大批群眾，唯有較小的團體才能獲得良好的接待。有些人舉行宴會次數少到有點像『閃電照亮哈瑪(Harma)[433] 的碉堡』，如同諺語所說的那樣，逼得要將每一位熟人和親戚都列入賓客名單，不論他們的家住得多遠。那些喜歡請客的人每次只款待三到四位來賓，使得宴會非常輕鬆而且易於照料，有如擺渡者很方便操縱他的船隻。」

「要從很多朋友當中做出正確選擇的辦法，就是在你心中經常思考要邀請的人。宴會面對的瑣碎雜務不必驚動所有的親友，只有能幹又願意幫忙的人，可以要求他們給予協助，如同我們想要得到指點和忠告，就要請見解高明的有識之士；要是我們與人打官司，辯護律師是列名其上的首選；想要在旅途當中有人作伴，就要找有閒有錢的公子哥兒，他們不需要負擔家庭的生計。請客最重要的事莫過於慎選來賓：設宴目的是要招待政治人物，爲了對他的禮遇，陪客應該是政府官員和民意代表，最好他們都是認識的朋友；如果是結婚喜宴或慶祝生日，來人以親屬爲主，參加祭拜宙斯的儀式，因爲祂是家庭的保護神。像今天的宴會是爲了歡迎朋友返家，或許有的是爲了送行告別，主人因而舉行的聚會，使得每位來賓感到極爲榮幸。」

「我們向某位神明奉獻犧牲的時候，無須對上天所有的神明禱告祈福，可以將同個廟宇或祭壇的供奉者包括在內：舉行酹酒的儀式要將三個碗倒滿攙好的酒，分三次向所有的神明獻祭，不得有所遺漏；這樣做是『不讓神明的唱詩班中聽到嫉妒的聲音』[434]。朋友的唱詩班同樣神聖，要明智的區分參與後續的社交聚會。」

問題六：為何晚宴開始用餐的時候感到擁擠等到後來卻很寬敞？
參加者：蒲魯塔克的祖父蘭普瑞阿斯和其他人士

上面的討論剛結束，我們又提出一個問題，爲什麼開始進食的時候，感到擠得很不舒服，後來反而變得輕鬆自在。看來跟拿取食物的方式很有關係，預期有

433 斯特拉波《地理學》第9卷2節，提到雅典有一個祭司每年有三個月，每月有三天用來觀察天空，找出閃電出現的方向，好決定何時向德爾斐呈送祭品；哈瑪是一個很大的山岩，靠近菲勒在阿提卡北面的巴尼斯山脊上面。

434 柏拉圖《菲德魯斯篇》247A。

這樣的說法也不會太離譜。在座人士有幾位就用餐者在臥榻上面的姿勢提出解釋：一般而言，每位客人在進食的時候[435]，爲了使他的右手伸到餐桌，身體必須放平占的地方要大，等到用完餐就會側轉到一邊，在臥榻上面形成銳角，所占的面積自然減少。就像我們手指的關節緊握一起占的空間較小，等到整個手掌伸展開來當然會不一樣。所以我們用餐前後的姿勢由水平變成垂直，使得臥榻上面的客人不會有壓迫之感。

大多數在座的人士認爲問題出在座墊的放置，受到用餐者的重壓經常會碰撞。有點像穿舊的鞋子更爲寬鬆，在於材料出現更多的孔洞，而且受到腳的壓力變得扁平所致。有位年老的長者開玩笑的說，任何一次宴會都有兩個不同的主席和督導；開始是「餓鬼」，使得所有的兵法和策略都不發生作用；後來變成「酒神」，大家都承認他是一位優秀的將領[436]。伊巴明諾達斯有次發現手下的將領缺乏經驗，所以無法領導部隊進入位置困難的陣地[437]，全部陷入極大的混亂之中。他立即接下指揮的責任，先將部隊解散再按照編制重新整理隊形。宴會有點大同小異，開始用餐之際大家饑餓不堪，像是一群吵鬧不休的獵犬毫無秩序可言，等到後來落在戴奧尼蘇斯的手裡，這位消愁解悶的神明和合唱團的指揮，使大家舉杯痛飲，恢復友善和快活的歡宴氣氛。

問題七：說起有些人的眼光極其邪惡會給受注視的對象帶來傷害，是何道理？
參加者：密斯特流斯．弗洛魯斯、蒲魯塔克、佩特羅克勒阿斯、索克拉魯斯和該猶斯

1 晚宴當中提及受到符咒的魘魅和邪惡眼神帶來霉運的問題，每個人都認爲談論這種事情非常愚蠢，對它抱著不屑一顧的態度。我們的主人密斯特流斯．弗洛魯斯(Mestrius Florus)[438] 公開宣稱，實際發生的狀況在引起大家驚

435　這時可以用左肘撐在臥榻上面，使身體保持休息的姿態。

436　戴奧尼蘇斯的遠征行動，「遍及整個世界而且無往不利」；戴奧多普斯．西庫盧斯引用在《希臘史綱》第3卷64節。

437　伊巴明諾達斯與菲里的亞歷山大對陣，有關部署和作戰的細節問題，參閱戴奧多普斯．西庫盧斯《希臘史綱》第15卷5節。

438　密斯特流斯．弗洛魯斯是非常有權勢的羅馬人，蒲魯塔克因為他的關係，才能獲得羅馬的姓氏和市民權。

異之餘，同時也讓很多人相信確有其事。然而所報導的事實通常都得不到承認，因爲缺乏所需的解釋。這種說法不見得正確，鑑於數以千計的案例都有不容爭辯的事實，只是我們拿不出合乎邏輯的解釋。

弗洛魯斯繼續說道：「大體而論，一個人用理性的眼光來看任何事物，最後的結果是他會喪失好奇的心理。要是合乎邏輯的解釋不能自圓其說，我們就會像一個哲學家那樣陷入困惑的迷宮[439]。因而依據這種思惟方式，任何人要是拒絕接受不可思議的事物等於否定哲理的存在。正確的做法是運用邏輯的工具找出產生這些事物的理由；關鍵在於根據記載的眞實情節和內容。無法解釋的現象可以提出很多的例子，像是邪惡的眼神就是其中一種，在很多記錄上面可以找到這方面的資料。有這樣的案例，我們知道某些人只要凝視兒童，就會給他們帶來嚴重的傷害，因爲兒童的體質過於脆弱，無法抗拒無形的影響和打擊。年紀較大的人只要有健全的體魄，邪惡的力量發生的作用就會減低。」

「根據菲拉克斯(Phylarchus)[440] 的記載，古代有個民族稱之爲帖比亞(Thibaeans)[441]，住的地方靠近潘達斯(Pontus)，說是他們不僅可使兒童送命，連成人都無法幸免；任何人只要被他們看到，或是呼吸到他們吐出的氣息，或是與他們交談，很快就會生病最後一命嗚呼。這種現象似乎被某位半血統的希臘人所發現，那是他帶著一些奴隸到那裡去販賣。從這個故事裡面可以看到某種成因，如果這樣說好像很難令人感到驚奇，那就是疾病的侵襲是來自於身體的接觸和空氣的傳染。老鷹的羽毛要是攙雜其他鳥類的落羽，產生的摩擦會引起腐敗的作用。從而得知，人類之間的接觸已經證實有些狀況之下可以相互獲利，有些卻帶來衝突和毀滅，我們對這方面沒有道理抱著懷疑的心態。我說過有時會出現這種情形，在一瞥之下使人受到傷害，由於很難找出原因，所以事實無法讓人信服。」

2 我回答道：「其實你從身體發出和投射的質點[442]，就可以找到原因的痕跡和線索，這種方法屢試不爽。因爲氣味、聲音和呼吸都是性質類似的發射物。這是一道流動的質點形成於生命的有機體，我們的感官受到撞擊的刺激

439 哲理的濫觴讓人感到不可思議，根據柏拉圖《瑟伊提都斯篇》155D和亞里斯多德《形上學》982B的論點，在於討論成因以及邏輯的解釋和知識之間的關係。

440 菲拉克斯是雅典的歷史學家，215 B.C.左右他的作品風行一時，蒲魯塔克撰寫埃傑斯、克里奧米尼斯和皮瑞斯的傳記，很多是引用他的資料。

441 雅各比《希臘史籍殘卷》81F，說是菲拉克斯曾經提到帖比亞這個神秘的民族。

442 狄爾斯《伊姆皮多克利的殘卷》No.89；所有的物體都有放射出去的質點。

才會產生感覺。有生命的身體具備溫度和運動，較之無生命的身體更有充分理由可以射出這些質點；甚至像呼吸都能產生有韻律的悸動，身體受到刺激就會發出一道持續流動的發射物；在所有的發射物當中活動力最強的流體，應該是通過眼睛向外投射。視力的作用極其快速無比敏捷，具備的本質擁有如同火焰的光輝，可以散布奇特的影響力。總而言之，人類的經驗和知性都是經由眼睛才能獲得成果和效用；心靈和肉體受到歡樂與否的操控和反應完全取決於所見之物。」

「愛情是靈魂最強烈和最有力的經驗，經由視覺給最早的刺激供應進入的通路，當男人凝視心目中的美貌尤物之際，他的全身像是熔化一樣向著對方傾注。如果我們相信只是單方面的作用，任何人要是經由眼睛產生被動的感應和遭到對方的傷害，那麼他就無法向其他的對象如法炮製，那眞是會令人感到無比的驚奇，因爲這是不可能的事。男女之間的回眸相應產生彼此吸引的作用，如同發出的光線或是一道流動的質點，愛人受到感動像是形體已經消失無蹤，獲得的歡樂夾雜著哀怨，他們將這種昇華的感情稱之爲『甜蜜的苦惱』[443]。無須接觸甚至不必聽到聲音，僅僅看到或被看見就會使他們遭到如此巨大的創痛。通過視覺所擴散的磁性和燃起的愛意，使得不相識的人也能產生戀情；米狄亞的石油精[444] 會爲一段距離之外的火焰所點燃，就我個人的判斷，心靈感應能夠取代這種自然現象也不應感到驚奇。美麗佳人的回應只在遠處瞄一眼，就能在愛慕者的心靈激起炙熱的欲念。」

「再者，我們經常聽到有人說起，患有黃疸的病人只要被一隻千鳥[445] 看到，症狀便會消失，身體可以免於受苦；這種鳥類具備的特性和體質，必然會使牠爲同樣的疾病所苦，因爲經由病患的眼睛所產生的流體傳送過去。因此千鳥不願面對患有黃疸的人士，只有轉過頭去並且閉上兩眼，有人認爲不是牠們吝於運用治療的功能，而是害怕自己反而受到致命的一擊。最後，眼睛暴露在外，因之眼病很容易受到傳染，較之其他疾病更難防治，特別是眼睛具備理解力、洞察力和快速反應的能力，所以容易受到病症的侵害和襲擾。」

443　艾德蒙《希臘抒情詩》之〈莎孚篇〉238頁No.81。

444　斯特拉波《地理學》第16卷1節引用伊拉托昔尼斯的說法，石油精產於蘇西斯(Susis)；蒲魯塔克提到亞歷山大的侍從在巴比倫被石油精燒傷，參閱《希臘羅馬英豪列傳》之〈亞歷山大傳〉35節。

445　柏拉圖《高吉阿斯篇》494B的注釋，引用希波納克斯的話：千鳥為了不要喪失商業價值，在出售的時候要將頭蓋住；還有人說千鳥是黃色或部分黃色的鳥，所以被人稱為金鶯，參閱普里尼《自然史》第30卷28節。

3 佩特羅克勒阿斯說道:「你說得很對，甚至連生理學產生的效果都提了出來。然而有關心靈感應包括使用符咒的魔魅，何以能如此準確和有效，僅僅只要瞄那麼一眼，能把傷害擴展到其他人士的身上?」

我回答道:「難道你不知道心靈受到任何影響，都會使身體產生交感作用?情欲的念頭對於性器官產生刺激作用;狂熱的獵犬與獵物搏鬥的時候，經常會兩眼充血使得視覺模糊，甚至興奮到目盲的程度;對黃金的貪婪引起的痛苦或嫉妒，使得一個人改變性格連帶健康都受損不淺;猜忌一直植根在心靈的深處，這種情緒與邪惡同樣使我們的身體受到污染。藝術家繪出猜忌的面孔，讓人一看就知道這是病態。人的嫉妒心理所能到達的程度，使得理智完全被邪惡的影響力所蒙蔽，看到痛恨的對象從眼睛投出的一瞥，如同毒箭像是非要致人於死不可。我的結論是類似傳聞並非無的放矢或自相矛盾，任何人只要遇到仇恨的眼光總是不寒而慄。狗在憤怒狀況下咬人會帶來最大的危險;據說人類的精子在兩情相悅之際最易受孕，通常心靈的激烈情緒會增強體能的力量到最大強度。所以我才會公開表示爲何護身符會對怨恨發揮保護作用;別有用心的凝視可以吸收邪惡的眼光，能夠減少對受害者施加的壓力。弗洛魯斯，請把我對大家的貢獻，當作支付給娛樂所繳交的費用，價值多少可以計算一下。」

4 索克拉魯斯回答道:「很好，想要我們當成流通的貨幣來接受，就得讓我先檢查你所說的論點是否有謬誤和杜撰之處。很多人提到邪惡眼光的受害者這件事，如果想要我們認爲眞實不虛，主要在於你不是一個毫無見識的人，只要你認可我們還有什麼可說。因爲那些人相信他們的朋友和親戚有邪惡的眼光，甚至還有身爲父親的人，使得妻子不敢把所生的子女抱給他們看，也不讓子女被他們的眼光掃到，這樣做已經有很長的時間[446]。處於當前的情勢之下，你怎麼能夠相信這種痛苦來自嫉妒?憑著上天的名義，你怎麼還能說他們自認受到迷惑?你一定聽過那些事情，如果沒有，不管怎麼說你也得讀讀下面的詩句:

英俊的優提萊達斯長著美麗鬈髮，
惡毒的禍根對自己施以符咒懲罰，

446 愛護子女的父親情願自己成為瞎子，不要讓他們受到邪惡眼光的毒害，這種例子出現在愛爾蘭、那不勒斯和埃及等地。

罹患致命痼疾如同陷身巨大漩渦。[447]

這是優提萊達斯(Eutelidas)的傳說，有自戀傾向的美男子看到不祥之物，患下惡疾，使得他的美貌連同健康一起消失。對於這樣奇特的現象，看來只有憑著你的智慧才能說明清楚。」

5 我回答道：「好吧！我像是別無選擇；由於我剛剛喝下一大杯酒，你也看到了，所以才會那樣不顧一切，要把產生邪惡因素的各種情緒說出來，特別是這些想法憋在我心中已經有很長的時間。須知邪惡的因素獲得第二天性的力量，只要有任何刺激的機會，甚至反對個人的意志，重新恢復習慣和熟悉的情緒。可以考量一下這些情緒的邪惡因素，怯懦的人何以連救過他們生命的事物都會感到怕害；暴躁的人何以會對最親密的朋友發怒；愛好權力和放縱聲色的人最後還是無法約束自己，非要殺害最聖潔的人物。習慣依據制定的模式有力量去影響性格，易於失足者很難逃過前進路途安排的各種誘惑，跌到是無可避免的後果。」

「設若有人讓自己落入猜忌和惡毒的情況，引起積極的活動用來對付最親近的人士，獲得的好處在於滿足特定的病理學條件，看來我們對這種現象毫無感到奇怪的理由。在這種局面之下他們的行動完全基於天性，並非他們的意志所能掌握。如同一個球體具備特殊的形狀，受到外力就會像一個球體那樣滾動，而且一個圓柱體就會像一個圓柱體；因而一個人的天性猜忌，就會對任何事物拿出猜忌的方式來採取行動。除此以外，他經常把眼光投向身邊的人和所愛的人也是非常自然的事，因而對這些人造成的傷害遠勝於其他無關的人士。」

「我的內心認爲似乎有點道理，英俊的優提萊達斯和其他人都這麼說，他們之所以遭遇不幸，完全是被人下了一道符咒的關係。依據希波克拉底的理論[448]，身體的健康狀況極其良好其實是靠不住的事；只要抵達顚峰就無法保持長久，一旦動搖就會向下滑落到相反的方向。當一個人習慣於硬朗和精壯的體魄之後，等到發現沒有預期那樣好的時候，感到驚異之餘就會特別加以注意，事實上這時他的健康狀況已經是在倒退當中，如果他的身體條件突然變壞，就會覺得好像是被下了一道帶來魘魅的符咒。自我的蠱惑和著魔經常發生，流動的質點會從水面或

447 這三句詩的作者是優豐瑞昂。

448 希波克拉底《格言和警句》第1卷3行；以及塞蘇斯《論醫學》第2卷2節。

類似鏡面的東西反射出來，會像蒸氣一樣升起回到看者的眼中，如同傷害別人一樣會對自己造成傷害。或許這種狀況出現在有些幼童的身上，這時我們會錯怪那些曾經看過他們的人。」

6 當我說完以後，弗洛魯斯的女婿該猶斯問道：「那麼，我們感到失望就能不去理會經文的記載或德謨克瑞都斯的描述[449]，如同古老的神讖將伊朱姆或麥加拉的人民排除在外？德謨克瑞都斯提到僞造的經文都是幸災樂禍的產物，完全出於有意而爲，使得它瀰漫著邪惡和嫉妒。根據他的說法，杜撰的東西與所負荷的厄運，依附到犧牲者，就會永遠居住在他的體內，給他的身體和心靈帶來困惑和損傷。我認爲要把德謨克瑞都斯的著作和意圖廣爲流傳，拿出勇氣高聲向大家提出呼籲。」

我回答道：「你講的很對，我對於有一件事沒有引起你的注意感到奇怪，那就是我否認發射物擁有生命和自由意志。不要認爲我故意要說些幽靈和幻影的奇譚，讓你感到毛骨悚然或是在深夜讓你陷入驚怖之中。要是你願意的話，讓我們明天早上接著再談。」

問題八：為何荷馬提到蘋果樹就說「它的光輝全部來自果實」以及伊姆皮多克利將蘋果稱為hyperphloia(多汁)？

參加者：特里豐、蒲魯塔克、幾位學者、蒲魯塔克的祖父蘭普瑞阿斯

1 有次我們在奇羅尼亞舉行宴會，秋天成熟的水果種類繁多，都拿到前面來讓大家享用，在座人員有位逸興大發，朗誦著名的詩句：

蘋果和無花果結實累累，
給燦爛的季節帶來光輝。[450]

後面還要加上一句：

---

449 狄爾斯《德謨克瑞都斯的殘卷》No.77。
450 荷馬《奧德賽》第7卷115行。

茂密而又閃爍的橄欖樹。[451]

這使我們感到奇怪，爲什麼荷馬僅僅指出蘋果樹，說它的產量極其豐碩。特里豐這位醫生發表意見，說是荷馬要運用對比的描寫手法，雖然這種果樹的外形矮小又不起眼，卻能長出甜美又碩大的果實。有人加進來表示，說是就他所見沒有任何一種水果，能像蘋果那樣兼具所有水果的優點。僅拿一件事來說，它的外皮是如此清新可喜，只要撫摸到它就會使手沾上香味。嘗起來的味道極其甜美，聞到的氣味和看到的色澤，更加令人滿心愉悅。提到它的色香味俱全，可以滿足我們所有的感官，接受的讚譽眞可以說是名不虛傳。

2 我認爲他們所說都很正確，只是對伊姆皮多克利的詩句感到疑惑：

晚產的果實甜美而飽滿。[452]

形容石榴的用字非常適宜，成熟的收穫季節已接近尾聲，天氣不會像夏天那樣炎熱。炙人的陽光使得石榴的樹液淡薄而且養分不足，要等到氣溫降低變得涼爽，輸送養分的樹液始能到達適當的濃度。狄奧弗拉斯都斯因而說只有這種樹的果實，在蔭涼的葉片下面才會很快成熟。我承認有件事使我大惑不解，就是那位哲學家爲何用hyperphloia(多汁)來稱呼蘋果，特別是他並沒有隱瞞事實的習慣，不像有些人爲了寫作的文句更爲典雅，才會用些華而不實的形容詞，如同塗上一層俗麗的色彩；不管怎麼說，他只是簡單的敘述基本的事實和性質。可以舉例加以說明，譬如他用「包容生命的大地」表示我們的肉體，以及「雲層聚集者」表示空氣，以及「鮮血淋漓」表示肝臟。

3 當我說完以後，在場有幾位學者提到蘋果會用上形容詞「飽滿多汁」，原因在於它們現在已經處於盛產期。像是詩人會用phlyein(洋溢充沛)這個詞來表示「到達生長茂密的頂點」。他們談起安蒂瑪克斯(Antimachus)也如法炮製，用phleiousan(結實累累)來描述卡德密人的城市[453]。同樣的阿拉都斯說到

451　荷馬《奧德賽》第7卷116行有這句話。

452　狄爾斯《伊姆皮多克利的殘卷》No.80。

453　這是指底比斯；安蒂瑪克斯生於科洛奉，柏拉圖時代一位抒情詩人，寫出書名為《底比斯人》(*Thebaid*)的史詩；這裡引用他留存的殘句。

希流斯(Sirius)用下面的詩句[454]：

有些種類長得健壯無比，
否則外皮枯萎落果滿地。

這裡的phloos是指果實的「外皮」長得鮮明光彩。討論繼續下去，提到有些希臘人[455] 會向弗勒奧斯(Phleios)的戴奧尼蘇斯獻祭，那麼「弗勒奧斯」這個字來自phloos。蘋果比起任何其他水果更能保持光澤誘人的表皮，哲學家給予的稱呼是hyperphloia，有「不可思議的繁茂」之意。

我的祖父蘭普瑞阿斯說hyper這個字不僅有「逾越限度」或「相當猛烈」之意，還可以解釋爲「登峰造極」或「凌於絕頂」；因而用同樣的方法，可以拿hyperthyron(大門上面)這個字表示「門楣」，或用hyperôon這個字表示「楣石」。荷馬提到「獻祭的動物」就用kre' hypertera(外面的肉)這個字來表示[456]；如同他用enkata(內臟)這個字來表示「裡面的肉」[457]。

他繼續說道：「我們考量伊姆皮多克利所以沒有用到這些詞句，可能是他根本沒有如此表達的意圖。鑑於其他水果的外部都包著一種phloios(殼)(不論這層表面稱之爲皮、莢、蒴或穀都可)，蘋果的蒴包在果實內部，是一層閃亮帶膠質的皮膜，種子附著在中間，所有可食用的部分包在外面，所以稱爲hyperphloion(皮膜之外)也不是沒有道理。」

問題九：無花果這種樹木帶著強烈的苦味，為何能夠生出最甜的果實？
參加者：蒲魯塔克的祖父蘭普瑞阿斯和其他人士

接著提出的問題是何以如此香甜柔美的無花果，竟然長在最苦的樹木上面。這種樹木的葉子獲得的稱呼來自它的thrion(粗糙)，樹幹充滿帶有強酸的樹液，焚燒產生極其辛辣的濃煙[458]，從它的灰燼中獲得的粉末，因爲含有強鹼是很有效

454 引用自阿拉都斯的抒情詩《自然現象》335行，提到的希流斯就是最亮的天狼星。

455 特別是指居住在普里恩、埃里什里和以弗所的希臘人，須知這三個城市都位於小亞細亞。

456 荷馬《奧德賽》第3卷65行。

457 荷馬《伊利亞德》第11卷176行。

458 本章第6篇問題10，對於無花果樹的苦味有深入的討論。

的清潔劑。雖然所有的植物都是先長出苞蕾再結成果實，最讓人感到不可思議之處，在於只有無花果樹不會開花。他們說無花果樹不會受到雷擊，很可能是它的樹幹帶有苦味而且質地粗糙，其他可以避免閃電損毀的目標，像是海豹毛皮和鬣狗的生皮。

一位年老的紳士表示不同的意見，因爲植物將所有甜的成分集中在果實裡面，所以將苦的成分留下而且不會稀釋。如同肝臟吃進嘴裡感到香甜可口，一定要將旁邊的膽囊清除乾淨。無花果將帶油質的汁液輸進果實，截下所有的糖分。

我的祖父蘭普瑞阿斯說道：「原則上我相信園丁的話，芸香會與周圍的樹木分享留在地下的糖分。根據他們的說法，生長在無花果樹下面或種[459]在旁邊的芸香，變得較甜而且氣味溫和，可能是獲得的糖分可以抵銷強烈和濃厚的香味。或許無花果爲了減少苦味就將養分排進土壤當中，如果這樣結的果實不會太甜，老天爺，那就糟了。」

問題十：誰才能算得上「分享鹽和豆」的朋友？為何突然之間荷馬會將鹽稱為神聖之物？

參加者：弗洛魯斯、阿波羅法尼斯、蒲魯塔克和菲利努斯

1 弗洛魯斯招待我們晚餐，他問起諺語「分享鹽和豆的朋友」[460]有什麼含義。阿波羅法尼斯(Apollophanes)這位學者已有現成的答案，他說道：「這條諺語認爲朋友的情誼非常親密，在一起用餐能吃到鹽和豆子就感到滿足。」然後我們很有興趣討論鹽爲何能夠獲得這樣高的身價。荷馬過去也曾說過：

> 神聖的鹽撒在他的身上。[461]

柏拉圖同樣提到這件事[462]，根據人類的習慣，認爲所有物質當中以鹽最受神明的

---

459 或許是「接枝」也說不定；因為亞里斯多德《問題》924B，以及狄奧弗拉斯都斯《論植物的成因》第5卷6節，都提到這個問題。

460 參閱本章第4篇問題1第3節，是指長久以來一起吃苦打拼的朋友。

461 荷馬《伊利亞德》第9卷214行。

462 柏拉圖《泰密烏斯篇》60E，因為鹽可以當作祭神的供品，這點在法律上都有規定。

寵愛。接著問題變得更爲複雜，埃及的祭司基於宗教的觀點，完全禁絕在食物中放鹽，甚至就是日常的麵包同樣淡而無味。如果受到神的寵愛而且視爲神聖，爲何他們要用宗教的理由加以避免？

2 弗洛魯斯要我們不必理會埃及人，對於這個問題只要從希臘人身上找出好的答案就可以交差。我說就事論事，埃及人的觀點與我們並不衝突。嚴格的宗教規定只是在某個特定期間之內，禁止交媾、歡笑、飲酒和其他很多值得贊許的事情。或許埃及人要求行動的純潔，有了這方面的顧慮才會刻意避免，因爲鹽有助於熱力的作用，這與引起催淫性質很有關係。鹽之所以讓他們產生反感，可能在於它是美味的作料，比起其他調味品更爲重要，甚至被人稱爲charites（快樂），有了它，所有的食物可以滿足口腹之欲。

3 弗洛魯斯問道：「難道這就是我們爲什麼將鹽稱爲神聖的理由？」我回答道：「的確如此，就重要性來說還不能列在後面。人們會將很普通的東西視爲神聖，在於充分供應非常實際的需要，像是水、光和季節，同時他們覺察到大地不僅僅『神聖』而已，其實它就是一位女神。鹽就它的用途來說絕不會敬陪末座，使得身體的味覺和消化器官發揮功能，入口的菜餚和飲料能夠讓我們大快朵頤。」

「可以考量鹽是否具備其他的特性所以不能冠以神聖之名：保存屍體很長一段時期不至於敗壞，它成爲死神有力的對手，不會讓死者很快的腐爛而消滅殆盡。如同我們的靈魂是身體最重要的成分，可以保存生命防止它與肉體分離；如同我們身體裡面貯存的鹽分，發揮無以匹敵的功效在於調和體內的構成要素，對於分解和腐化的程序產生干擾、控制和阻止的作用。基於這種原因，所以有些斯多噶學派的人員才會說，母豬在生產之際變成行屍走肉[463]，靈魂要等一陣子才會灌輸進去，就像鹽一樣使生命得以維持。你曾經提到我們將雷電視爲神聖，凡是受到雷殛的屍首，可以保存很長一段時間不會腐爛。古人將鹽視爲神聖，那是因爲它具備聖火同樣的性質，關於這點又有什麼可怪之處？」

---

463 阿尼姆《古代斯多噶學派殘卷》第1卷No.516及第2卷No.722、723；普里尼《自然史》第8卷207節；以及西塞羅《論神的本質》第2卷64節，提到克里西帕斯的論點。

4 等到我停止說話，菲利努斯順著這條線索說道：「有鑑於神是所有事物的濫觴和起源，你不認爲生殖作用也具備神聖的性質？」

我說這倒沒錯，他繼續說道：「好，人們認爲鹽對生殖作用的功效不只一點點，甚至就是你提過的埃及人，他們有些愛狗的人士，看到所養的寵物不願交配，就餵牠們用鹽醃過的肉或者鹹的食物，用來刺激和加強牠們的性能力。載運鹽的船隻上面繁殖難以計數的老鼠，根據某些權威人士的說法，母鼠無須交尾只要舐鹽就可以懷胎。很可能是鹹味對性伴侶產生刺激作用，提升對交媾的興趣。富於女性氣質的佳人或俊男被稱爲『韻味十足』或『火力猛烈』，並非消極被動或是委婉屈服，而是發揮魅力和多方挑逗。」

「我想詩人之所以把阿芙羅黛特稱爲『生於鹽水』，就是對祂起源於海洋的情節加以渲染，用這種方式暗示鹽具備助長生殖的性質。同時他們對波塞登的描述是說這位海神的豐饒和多產。甚至就是在動物當中，無論是陸地或空中的種類和數量比起海洋眞是大爲遜色。這是伊姆皮多克利的詩句要表達的觀點：

> 豐收的魚是沉默品類，
> 數量之多居領先地位。」[464]

464　狄爾斯《伊姆皮多克利的殘卷》No.74，這裡的領先暗示阿芙羅黛特所擁有的地位。

第六篇

尊貴的索休斯·塞尼西歐，康儂(Conon)之子泰摩修斯(Timotheus)[465] 經常參加奢華的官式宴會，有次柏拉圖請他到學院進晚餐，擺出極其簡單的菜餚，平常爲了表示尊敬拿來向繆司獻祭。艾昂[466] 將哲人的飲食方式稱之爲「清心寡欲」[467]，餐後會使身體處於平靜和鬆弛的狀態，所以正常的睡眠不會受到干擾，就是出現的夢境都會帶來安詳與舒適。泰摩修斯在第二天的早晨深有所感，就說柏拉圖的客人何其有幸，能夠擁有「今是而昨非」的心得。其實只要身體處於最佳的平衡狀態，就可以給我們帶來健康和幸福，須知只要貪杯就會誤事，從柏拉圖的客人在事後的表現，看不出他們有過量飲酒的機會。有人常把過去的飲食帶來的滿足一直縈迴心頭，如同昨日的香氣和烹調的味道始終留戀不忘，這種情緒所產生的歡樂並不值得推崇。

從另一方面來說，對於談話的題材進行深思熟慮的探索和討論，不僅現在就給我們帶來最新的歡樂以及長留記憶之中，還能讓參加者用口頭的報告獲得與美味的菜餚同樣的效果。運用這種方式，人們在今天還能夠如同古老的時代，參與蘇格拉底式的歡宴分享和欣賞文學的嗜好和品味。如果要想獲得純粹肉體的歡樂，最適當的辦法是不要像色諾芬和柏拉圖，只留給我們一些談話的記錄，而是要像在凱利阿斯和阿加豐的家中，供應佳餚、美酒和甜點[468]。他們不管花費多少錢，從來沒有想到要提這件事，卻將富於哲理的討論全部寫成作品，並且享受這些重大成果所產生的樂趣。因之他們爲大家留下一個先例，聚會當中有價值的對話勝於山珍海味，也唯有清談可以記錄下來供後人效法。

---

465 父子兩位都是雅典知名的將領，分別在西元前5-4世紀建立功勳，現在發現尼波斯為他們寫的傳記。

466 開俄斯的艾昂(490/480-422 B.C.)是詩人和散文家，大部分時間都留在雅典，寫出很多劇本都已佚失，只有散文作品存世。

467 可以說是不會造成「陽氣太旺」或者「欲火上升」；這則軼事可以參閱西塞羅《突斯庫隆討論集》第5卷100節及其注釋，阿昔尼烏斯《知識的盛宴》第10卷419C以及伊利安《歷史文集》第2卷18節。

468 柏拉圖和色諾芬都在他們的《會飲篇》中，借用詩人的口，描述雅典的富豪凱利阿斯和阿加豐當主人，可以達到「四美具、兩難并」的要求。

問題一：為何禁食引起口渴甚於饑餓？
參加者：蒲魯塔克和其他人士

這是〈會飲篇：清談之樂〉第六篇，第一個要討論的問題是禁食帶來的痛苦，爲何口渴更甚於饑餓。一個人挨餓感到口渴的痛苦更甚於饑餓，看來似乎是不合邏輯的事，我們認爲乾燥食物的缺乏，按照常理應該給予相同種類的補充。因而我現在要提出的論點，就是我們身體的組織當中，唯一或主要需要的養分是熱能的構成要素[469]。

我接著繼續說道：「如同我們見到的事實，身體內部需要給予食物，以及消耗所有能獲得養分的元素，不是空氣、水或土而是火。幼小的動物比起成年的動物更爲貪吃，因爲身體的熱能消耗較大；反過來說，年長者忍受禁食更爲容易，體內的火現在減少變得微弱；像是冷血動物需要的食物比其他任何動物爲少，在於牠們缺乏熱能。運動、歡呼或任何升高熱力的活動，刺激一個人的食欲，需要的量也要增多。水分是自然界最主要的物質，就我的意見，它是供應養分給予熱能的元素。從事實可以證明，添加油料火焰就會增強，所有的物質以灰最爲乾燥，因爲濕氣完全燒掉，留下的殘餘物已沒有任何水分。火所以使得固體剝落和分離，在於除去將它結合在一起的水。當我們禁食的時候，留在身體裡面殘存的食物所發出的熱，首先對水的需要產生強大的吸引力，接著是燃燒程序要繼續從體液當中尋找水分，這種過程所形成的現象(可以拿來與泥土受熱變成乾燥相比)，使得身體需要飲水來補充，等到恢復正常以後，才會因爲熱的元素激起我們對固體食物的食欲。」

問題二：饑餓和口渴的原因在於健康通路的欠缺抑或改變？
參加者：蒲魯塔克、斐洛和幾位醫生

1 斐洛和幾位醫生都參加討論，對於小前提大肆抨擊，說是出現焦渴不是缺乏水分，而是體內的某些管道改變形狀所致。由一件事情可以得知，有人在夜晚爲口渴所苦，如果倒下睡覺，即使沒有飲水也不會感到乾渴；還可以提到另外一點，一個人患了熱病要是不感到口乾，病情馬上會減輕甚至痊癒。很

469 四種元素(火、氣、水和土)的基本原則應用到生理學；參閱本章第2篇問題2所舉的例證。

多人在沐浴以後可以紓解乾渴的感覺，令人驚奇之處在於嘔吐也能產生這種功效。在這些案例當中，我們知道身體的水分並沒有增加；僅是管道的形狀發生變化，展現出新的情勢和狀態。

饑餓的狀況可以說是更爲明顯。很多病人毫無胃口還是需要食物；還有一些病人已經盡量吃飽喝足，這時的食欲不僅沒有減低，實際上反而加強更能持久不變。有些沒有食欲的人只要嘗一些醃過的橄欖或酸豆，很快就恢復元來的胃口。這樣的證明十分有效，饑餓的發生起因於消化的通道出現改變，並非食物的欠缺和不足，有些刺激性很強經過鹽醃的食物，吃進肚中使胃收縮和蠕動，反過來說使它鬆弛和紓解也未嘗不可，對於養分的可容性產生調節的作用，這就是我們所稱的食欲。

2 他們提出的學說在我看來似乎不無道理，就自然界所堅持的立場而言，卻與食欲維持生物的生命這種說法形成矛盾；因爲食欲的作用在渴求所有的需要，讓任何匱缺都能得到滿足。我接著前面的問題繼續說道：「食欲是一個重要的指標可以用來區別生物和無生物，我不同意說它是一種功能，提供保護作用使人類得以生存；或者說它可以根據管道的尺寸大小，給予適當的調節。我認爲無須在這方面進行更多的討論。」

「須知堅持這兩種說法都不合邏輯，從一方面來看，就是身體的變冷由於缺乏適度的熱量；從另一方面來看，就是拒絕承認所以遭受口渴或饑餓之苦在於缺乏應有的水分或養分。還有一種觀念看起來更不合理，他們的看法是自然界所以會排泄是因爲飽食過多，它尋找補充不是因爲缺乏，而是在於隨著出現的狀況。動物的生存在需要方面要想獲得滿足，絕不會與農業的生產發生關係，還有很多情形和採取的應付步驟也都如此。諸如我們在遭到乾旱的時候會運用灌溉的手段；過度的日曬使得萬物焦乾枯萎，這時我們會拿出防範的措施，用來降低溫度或者給予濕潤的空氣；如果植物受到嚴寒的侵襲，我們給它們加上掩蓋物，維持溫暖和加以保護。有的方面我們沒有提供的權力，只能祈求神明的保佑，像是適量的降雨和炎熱的陽光下吹起涼爽的微風；自然界會對損失的部分給予適當的補充，還要確保所有的元素達到平衡。我認爲trophe(育種)這個字的來源是terei physin，即『維持本性』之意。植物的維持本性是無意識的行爲，根據伊姆皮多克利的說法[470]，它們能從大氣之中吸取所需要的水分。我們的情況是在食欲的導

470 狄爾斯《伊姆皮多克利的殘卷》No.70。

引之下，尋找和追求任何欠缺的元素以達成內部的平衡。」

「不僅如此，讓我們就細節方面加以觀察，就知道所提出的兩個論點都有很大的錯誤。首先，酸苦和辛辣的食物不會產生食欲，根據入口的分量帶來刺激的感覺，有點像碰到尖銳的東西所引起的發炎；眞正刺激食欲很可能是吃下某些成分，會引起食物的磨碎和分解，用來供應給消化系統；出現不足和饑餓在於肚內的空虛和排泄的作用，並非管道受外力所逼要適應新的形狀。酸的食物或者有刺激性、含鹽分的食物，分解以後供應身體所需的養分；然而前些日子所留下的腐敗殘餘物，在排泄的過程中會再度產生新的食欲。其次，沐浴者所遭到的狀況，口渴的程度會減低，不是出於管道出現新的形狀，而是經由血肉之軀吸收液體，再度有充足的水分在管道之內流動。」

「嘔吐是將吃進肚內不相容的東西排除出去，即使合適的食物有時還是無法避免這種後果。口渴並非僅僅需要液體而已，也不能說是沒有其他限制條件；須知飲水也是非常自然和適合的事。一個人獲得的養分出了問題，即使再豐富也無濟於事；口渴的感覺在於渴望遭到堵塞的液體，除非管道能夠通行無阻，否則不可能使食物和飲料混合起來，這時管道只接受性質相同的食物[471]。熱病引起的發燒迫使水分向下流動，退到一個器官會出現很強的壓力。事實上很多人在兩種狀況下都會嘔吐，液體向下所造成的壓迫，使得體內的食物和養分產生濃縮和凝固；另外則是身體因水分不足和缺乏產生口渴的感覺。等到發燒消退以後，熱力從身體的中樞解除，水分回復元來的狀態，可以保持正常的生理現象。」

「這個時候因爲水分的供應使得各種器官變得光滑而溫和，不再出現粗糙和焦灼；有時候會滿身大汗淋漓，表示水分不足的狀態已經終止，管道的通暢不再對體液的流動造成阻礙，從其他部位輸送過來可以滿足需要。就像花園裡面有口水源充足的井，除非打水灌溉，否則植物仍舊因缺水而變得枯萎。我們的身體要是將所有的體液排放到一個位置，除非水分的流動和擴散能恢復元狀，那麼其他部分感到不足和乾涸也就沒有什麼好奇怪。人在生過一場熱病以後，或是從睡眠中醒來，都會有感到口渴的經驗。那是因爲入睡以後使得水分從內臟向身體其他部位流動，同時又無法從體外獲得補充。」

「你是否認爲管道的形狀出現某種改變因而產生饑餓和口渴？就我的看法來說，除非管道發生收縮和伸張，否則不會出現任何對比非常強烈的改變。如果管道處於收縮的狀況，就不會接受食物和飲料。等到管道開始伸張，出現的空虛當

471　有關「同類」的食物，參閱本章第4篇問題1第2節。

然需要補充所需的物質。」我繼續說道:「各位朋友,大家可以看到,織品的染色要先浸泡在收斂性的溶液當中,使它發揮清潔劑的作用,將織品的管道或孔洞裡面多餘的物質溶解以後除去,留下的空間可以讓染料充實和附著。」

問題三:飲水可以減輕饑餓的痛苦為何進食反而增加口渴的難過?
參加者:蒲魯塔克和接待他的主人

1 宴會的主人認爲我的陳述就這個主題的討論而言很有見地,特別是有關通路的空乏和充實,這方面的理論有助於解答下面的問題:爲何飲水可以緩和饑餓的感覺,反倒是進食使得人更加口渴?他繼續說道:「我的看法是通路的理論雖然有點異想天開,拿來解答這個問題倒是很適合而且具有說服力。每一種管道根據它的性質具有不同的能力,較寬的通路可以接納固體和液體的物質,較狹的通路只能通過液體。後者的空虛引起口渴而前者引起饑餓。一個人要是在口渴的狀況下進食沒有任何好處,因爲狹窄的管道不容許乾的食物通過,需要的水分仍然無法獲得。從另一方面來看,人們在饑餓的狀況下飲水,液體進入較大的通路,充實以後可以緩和饑餓引起的劇烈痛苦。」

2 我內心認定的事實非常清楚,所以不同意他敘述的理由,我說道:「你提到這些通路會貫穿我們的肉體,理論的依據很牽強,讓大家感到並不可靠還是願意接受;至於要人相信無論是潮濕的食物還是乾燥的食物,都不可能進入同樣的部位,好像通過一個濾網形成篩檢和分離,這種說法不切實際而且荒謬。我們的身體會將固態食物與液體混合起來,經由內部熱力和機能運作的協助,食物的分解程序要比任何工具更爲精確和有效,產生的養分具備適應的能力和同類的性質,不僅可以容納在身體所有的血脈和管道之中,還帶進各種器官,很快融合結成一體。如果不是這樣的話,問題最困難的部分還是無法獲得明確的解決,事實上任何人只吃食物,不喝飲料,只會增加口渴的程度;所以這方面沒有提出合理的解釋。」

我繼續說道:「經過深入的考慮,是否大家可以接受我提出的兩點作爲證據。第一點是水分由於乾燥的作用產生消耗和排除;同時水的分解和蒸發會對乾燥的體質進行滲入,使得缺乏的狀況得以減輕。第二點是饑餓和口渴的起因並非乾或濕的食物全部被排出體外所致;而是對這兩者缺少適當和足夠的數量;因爲一個人要完全喪失維持生命的食物，不僅是身受饑餓和口渴的痛苦，最後的結局是死亡。這個前提要是能夠同意，就可以很容易找出想要的解釋。等到我們吃完東西以後，固態食物會使口渴的狀況更加惡化，因爲原本分散體內已經不足的水分，會被乾燥的物質所消耗和吸收。我們可以看到泥土、灰塵和沙石吸收水分，混合起來潮濕的水就消失不見。從另一方面來看，飲水可以減輕饑餓的痛苦，因爲液體可以濕透和分解消化器官所存留堅硬的食物殘渣，水分和蒸氣作爲運輸的工具，將這些養分送到身體所需要的部位。」

「伊拉昔斯特拉都斯很早就明瞭水的性質。食物的乾燥和體積所形成的質量和鈍重，只有與水混合以後才會沉浮其間便於運送。因此在很多狀況之下，沒有水喝僅僅沐浴，也可以很快對饑餓產生紓解的作用。外部的水分滲入身體，使得食物存留在更有營養和更有益健康的體液之中，發生的效果可以克制與緩和饑餓極其強烈和尖銳的痛苦。有些人在餓死之前，即使沒有任何養分可以讓身體吸收，僅靠著飲水也可以維持較長的活命時間。」

問題四：從井中打出來的水，要是整夜放在露天之下為何會變得更涼[472]？
參加者：一位客人、蒲魯塔克和其他人士

1 一位客人養成奢侈的習慣喜愛冷飲，僕人早一天從深井將飲水打上來以後，裝進水甕將它吊掛在井的通道裡面，不要與底下的水面接觸，經過一夜的時間，等到宴會開始送進來，要比剛打上來的水更爲清涼。這位客人的腹笥甚寬，他說這樣做是從亞里斯多德的著作[473] 中得知，同時還解釋理由何在：所有的水只要經過預熱的程序會變得更爲冰冷；皇室使用這種方式供應所需，那就是先將水燒開到達沸點，降到室溫再裝進容器以後四周堆滿冰雪，最後獲得寒氣逼人的飲水。要知道我們的身體會出現類似的狀況，洗過熱水浴以後有清涼的感覺，熱力帶來的鬆弛作用使得全身的毛孔張開，空氣流過身體的表面會引起從熱到冷的劇烈變化。基於這種原理，從井中打上來的水經過預熱，在空氣中很快變得更冷。

472　參閱本書第63章〈論寒冷的原則〉12節。
473　羅斯《亞里斯多德殘篇》No.216。

2 這位外鄉人的記憶力實在驚人，大家感到非常欽佩，只是所提出的理論還是讓人百思不解。吊掛的水甕裡面的水如果很冷，空氣如何使它變熱？反過來說，如果裡面的水已經熱過，又如何使它變冷？同樣的事物經由同樣的成因，如果沒有加入其他不同的因素，最後產生迥然相異的結果，可以說是非常不合邏輯。

這時我們的朋友保持安靜正在沉思，我說對於這種現象根本不要顧慮空氣的問題，從常識得知深井裡面的空氣一定會比外面要冷，因而不可能存在這種想法，那就是寒冷的空氣使得水變熱。再進一步思考，井裡的冷空氣無法改變井水的溫度，問題在於井裡的水量很大，如果只汲上來少量的水，這時空氣可以達成冷卻的效果[474]。

問題五：將小石子和鉛塊放在水中，為何會使水變得更涼？
參加者：蒲魯塔克和一位客人

我說道：「亞里斯多德有這樣的陳述[475]，說是人們認爲把小石子或鉛塊放到水中，可以使水冷卻和減低它的溫度，不知道你記不記得有這回事？」他回答道：「誠如你所說的那樣，他只是提出這種現象，也是很多難題之一，可以讓我們試著去解釋它的成因，然而要想有所發現是很不容易的事。」

我說道：「你說得很對，如果不讓我們傷傷腦筋，那倒是眞讓人感到奇怪。不管怎麼說，總是要想辦法盡力而爲。首先，你有沒有想過，外部空氣的影響可以使水冷卻，難道不會對石頭或塊狀的金屬造成更大的效果？像是青銅或陶土的容器不可能避開空氣的影響，這時容器的密度保存低溫的效果，然後再由它反射到水裡，使得冷卻擴散開來及於整體。這也是河流到了冬天會比海洋更冷的理由所在。冷空氣發生功效在於河底的反射作用，海洋很深無法在海底同樣施爲，所能發揮的功效經由阻止就會逐漸消失。」

「還有一種可能的方式，就是較淺的水更加容易冷卻，由於本身的質量薄弱，所以難以抗拒寒冷的降溫。磨刀石[476] 和鵝卵石都會使水面變得更淺，因爲

474 蒲魯塔克在本書第63章〈論寒冷的原則〉提到空氣是寒冷的成因，然而他沒能確認蒸發作用的效果，多孔的陶甕產生的毛細管現象，使得蒸發的速度倍增。

475 羅斯《亞里斯多德殘篇》No.213。

476 或是「未曾提煉的生鉛塊」，蒲魯塔克認為亞里斯多德會使用相同的名稱；參閱本書第63章

它們可以將水裡的泥沙和固體物質沉澱以後聚集起來，等到水變得更淺和質量更少，產生的結果是更加屈從於冷卻的作用。再者，鉛本身具備寒冷的性質；要是將它與醋混合起來磨成粉末，可以製成含鉛的醋酸鹽，一種強力的退熱和冷卻劑，用量不當可以致人於死[477]。鵝卵石有足夠的密度和硬度可以冷卻水，任何一種石頭都是緊密的固體，寒冷可以形成凝結和帶來壓力，愈冷造成的密度愈大。從而獲得結論，無論是石頭還是鉛塊由於固體的特性，有助於增加水的寒冷和降溫。」

問題六：為何雪要用麥稭來保存使它不要熔化？
參加者：蒲魯塔克和一位客人

1 停頓一會以後，這位客人說道：「戀愛的人願意把一切都告訴喜歡聽的朋友，即使他們表示沒有多大興趣，他還是非要一吐胸中塊壘不可。我現在要談一談雪也是抱著這種心情，雖然這裡不會下雪，也找不到供應的地方，我還是想要弄清楚，爲何能用性質最熱的物質將它保存起來。人們把雪看成一個嬰兒那樣用麥稭將它包好，然後再加上一層緊密的羊毛，可以讓它很長時間處於原封不動的狀態。給人帶來溫暖的東西有能力保持最冷的冰雪，眞是讓人感到驚奇不已。」

2 我回答道：「這種說法聽起來好像很有道理，如果我們認爲任何可以保持溫暖的東西都具備某種形式的熱，那可說是很大的錯誤。特別是我們看到同樣一件長袍，在冬天可以使人保持溫暖，然而在惡毒的陽光之下，可以使身體感到涼爽。最好的證據是悲劇裡面，眾所周知的奶媽照顧尼歐比(Niobe)[478]的小孩，

> 穿的衣物質地很好卻已破舊襤褸，

(續)

〈論寒冷的原則〉11節。

477 參閱普里尼《自然史》第34卷175節以及所附注釋，裡面敘述製造的工序。

478 尼歐比是坦塔盧斯的女兒和安菲昂的妻子，等到她的子女夭折以後，祈求上天讓她早日歸西。

讓他有時暖和有時帶來一陣寒意。[479]

日耳曼蠻族的裝束都是用來防禦寒冷，埃塞俄比亞人拿來抗拒炎熱的太陽，我們這些希臘人禦熱防寒雙管齊下。要是將衣物的防寒說成『熱的物質』，爲什麼不將它的禦熱說成『冷的物質』呢？如果我們的判斷來自感官最早的印象，這時可以證明衣物是冷的物質，因爲剛穿內衣和接觸毛毯的剎那，只有一陣冰涼的感覺。過了一會兒，禦寒的東西吸收身體的熱量，就能使我們慢慢暖和起來。須知它的作用不僅在於保溫，更重要的是隔絕外部寒冷的空氣。特別是患上熱病和發燒的病人，雖然身體的溫度很高，然而在更換衣物的時候，仍舊感到很冷要加蓋被服。因此一件衣服我們要是用來保暖，它就能讓我們感到溫暖；要是拿來使冰雪維持寒冷，同樣可以發揮冷卻的作用。」

「冰雪的冷卻在於它發射出稀薄的氣體，只要不讓這些氣體外洩，就可以維持冰雪在凍結的狀態。如果這些氣體散發出去，就會逐漸熔化成水，凍結過程所形成的白色也會完全消失。當冰雪用衣物包裹起來以後，絕緣的效果不僅將寒冷維持在裡面，還不讓外部較爲溫暖的空氣去熔化已經凍結的水分。未經漂洗的物質帶有粗糙而乾燥的絨毛，增加衣物的重量對於鬆散的冰雪帶來壓力，可以發揮更佳的保冷效果；麥稭的質量較輕，形成的覆蓋不會將冰雪壓得很緊，只要包裹得非常嚴密，仍舊可以隔絕外面的空氣，使冰雪保持寒冷的狀況。我們根據觀察可以得知，只有冰雪的冷氣外洩才會造成熔化的現象，不能保持原來的固體，成爲液態的水。」

問題七：酒要濾過以後再喝，這樣做對嗎？
參加者：奈傑和亞里遜

1 我同鎮的朋友奈傑(Niger)追隨一位知名哲學家，經過短期教導之後回到家鄉，這段時間就學生來說雖然不見得有很大的收穫，卻也讓他們染上不少惹人討厭的習氣。這些人不僅喜歡吹毛求疵，只要有機會就會借題發揮。就在亞里遜用晚餐款待我們的時候，奈傑批評宴會花費太多過於奢侈。他特別告訴我們不要先將酒過濾，應該直接從酒缸裡倒出來喝；說是赫西奧德曾經提過，

479 作者不詳；瑙克《希臘悲劇殘本》之〈Adesp篇〉839頁No.7。

唯有這樣才能保持酒的勁道[480]。

奈傑說道：「純淨的酒質反而沖淡它的醇度和火氣，就像花束的香味經過一再的過濾就會完全消失。須知這種做法反映出愛好奢華、虛榮和精緻的習性，追求歡樂不惜犧牲事物有用的本質，就像人們滿足口腹之欲可以違背天理，甚至為了獲得柔嫩的瘦肉要將豬和雞去勢。我用隱喻的方式表示人們要將酒加以閹割，喝進肚中對身體的健康毫無益處，質地溫潤很難節制就會過量。所以將酒的苦澀之味拿走使它容易入口，完全是一種計謀，要讓大家不斷的喝下去。這使我想起病人之所以要喝燒開的水，那是因為清涼的飲料無法控制他們的口渴。使得酒帶有辛辣味道的某些成分，經由過濾程序會遭到除去或喪失，這種成分主要就是酒的殘留物，也是酒最基本的要素，一旦失去就無法保持原有的品質。古人甚至將酒稱之為『渣滓』[481]，就像我們根據一個人最主要的性質，將他稱之為『靈魂』或『首領』。因此我們將『葡萄的收成』稱為trygan[482]，荷馬有的地方用diatrygios表示『豐收的季節』；習慣上用aithops(火焰或紅)來形容酒，不是像亞里遜供應非常純淨的酒，不僅味道很淡還帶著『膽汁』的色澤。」

2 亞里遜笑著說道：「我的酒顏色鮮紅不是膽汁，芳醇圓潤充滿陽光的滋味，還是頭一回從酒桶裡面汲出來飲用。你希望我們裝滿色澤如同黑夜和貂皮外罩的酒[483]，至於所說的純淨只是文字的誤用，讓人聯想到體液的淨化問題。其實我用過濾的方式除去酒中使人昏迷、醉倒和致病的成分，與水混合起來較為清淡，飲用以後不會引起怒火，就像荷馬筆下的英雄所犯的毛病[484]。因為aithops這個字荷馬的意義不是『陰森』而是『透明』和『閃爍』；閣下，他即使用aithops這個字來形容青銅器具，裡面並不帶有『雄偉』和『明亮』的含義。」

「明智的安納查西斯(Anacharsis)[485] 對雅典人的風俗習慣通常抱著排斥的態

480 赫西奧德《作品與時光》368行，是指「酒甕剛剛打開的時候」。

481 tryx這個單字可以表示「渣滓」、「新酒」和「葡萄汁」這幾種意義。

482 蒲魯塔克也用這個字表示「收集渣滓」，因為它是一個動詞，說它「收穫葡萄」當然可以，就是不能說它是「葡萄汁」。

483 伊斯啟盧斯的悲劇《七士對抗底比斯》699行，用這個字形容復仇女神伊瑞尼斯，說祂的外形是無比的「黑暗陰森」。

484 參閱本章第9篇問題1第1節，提到阿奇里斯為佩特羅克盧斯的葬禮舉辦宴會，邀請的人員都是願意單打獨鬥的勇士，雖然心中充滿怒氣和敵意，還是放下爭執，盡情歡樂接受主人的款待。

485 安納查西斯是西元前6世紀一位錫西厄君主，曾經遊學希臘多年，居留雅典成為梭倫的貴賓，有人將他列為希臘七賢之一。

度，然而卻對他們使用木炭讚譽不已，說是能讓煙散在門外火留在室內。我想你是一個聰明人，總可以爲我們所犯的錯誤找出其他理由。我們要抽取和排除酒中擾亂心靈和違害健康的因素，使得它看起來更爲清澈而不俗麗，並非像是剝奪鋼鐵當中銳利的特質，只是在飲用之前更爲潔淨，所以要濾去它的腐蝕和污穢，這種做法又有什麼不對呢？你提到『酒在未過濾之前的性質更爲強勁』，閣下，這種說法非常正確，所以一個瘋子在極度興奮之下態度更爲狂暴，等到他服下蒜藜蘆的根製成的藥劑，或是運用治療作用的攝生法，身體復元以後，粗暴和激動的性格就會慢慢消失，眞正強壯和穩健的心靈再度回到系統之中。因而過濾的潔淨可以除去暴虐和病態的因素，讓酒獲得溫和與健康的性質。」

「還有人大聲嚷嚷說我過分講究清潔和乾淨，當一個婦女抹上胭脂灑著香水，佩帶金玉穿起紫袍，要把全套服飾展現在眾人的面前，這時她一定會先行沐浴洗髮和塗上膏油。荷馬在他的詩篇當中，描述赫拉修飾自己的方式跟上面有點出入：

> 餐後她洗去全身的塵垢，
> 接著塗上香噴噴的膏油。[486]

看來她對清潔身體還是非常注重，當她戴起黃金的胸針和精工製作的耳環，最後才是阿芙羅黛特的魔法戒指，使她充滿迷人的魅力；這樣做就一個妻子而言，實在過分而且輕浮的舉止不符合她的地位。」

「雖然如此，還是有人用蘆薈使他的酒改變顏色，或用肉桂或番紅花來增加甜味，使它像婦女的臉孔那樣裝扮起來，好去參加無比歡樂的聚會，充當的角色就像淫媒和鴇母；人們要想拿走混雜不潔和令人不快的成分，簡單的處理方式就是用過濾使它更爲純淨。你或許會說我對大家的接待過於精緻和奢華，那麼就先拿這所房屋來說，爲什麼它的牆壁塗著泥灰而不是大理石？爲什麼它是如此的簡單和開敞，可以呼吸新鮮的空氣以及欣賞日月的運行？爲什麼每個酒杯都洗刷得乾乾淨淨，比其他所有的東西更爲明亮和閃耀？酒杯要是骯髒和霉臭，我們豈不是將受到污染的酒連同它的浮渣和穢物一起吃進肚中？」

「難道還需要聽我繼續講下去？就拿用小麥做出麵包來說，可以看出需要完成很多的步驟，然而整個程序沒有別的只是一種淨化作用，不僅包括簸和篩來獲

486 荷馬《伊利亞德》第14卷170行。

得穀粒，還得用選取和分離將所有的雜物清除乾淨；磨粉可以將麩皮碾碎，烘焙在於除去水分，使得材料更進一步的純化和減輕重量，成為更適於食用的形式。要是酒的渣滓可以用過濾的方法除去，如同在液體當中有些廢物的沉澱，這也是很普通的事沒有什麼好奇怪之處，特別是這樣做不需要額外的花費，也不會帶來很多麻煩，那又有什麼可說的呢？」

問題八：引起「貪食症」的原因何在？
參加者：蒲魯塔克、索克拉魯斯、克里奧米尼斯和其他人士

1 執政要在公開的場所舉行傳統的獻祭儀式，一般民眾在自己家中辦理，眾所周知的典禮稱之為「貪食的袚除」。他們要用「神廟供奉」的木杖責打一位奴隸，然後將他逐出家門，口裡一直念念有辭：「除去貪食，有益健康，多積財富」。當我出任執政的時候[487]，參加公開儀式的人數比前幾次要多很多。等到典禮完畢，回到設置宴席的地方，大家在桌上開始討論bulimos（貪食症）[488] 這個字的緣起，接著是驅出奴隸之際口裡念念有辭的習慣用語，特別是災難的本身以及引起的原因。我們認為這個名稱用來表示一次範圍廣泛或經常出現的饑荒，特別是我們中間的伊奧利亞人，他們的方言是用p來取代b；我們宣稱這個字是pulimos而不是bulimos，念起來就像是polys limos（嚴重的饑饉）一樣。

同時大家還獲得共識，那就是這個字的意義與bubrostis（胃口極大的食欲）不同，主要的證據來自梅特羅多魯斯（Metrodorus）[489] 的《愛奧尼亞史》（*The History of Ionia*）[490]。梅特羅多魯斯的著作記載西麥那的市民是最早的伊奧利亞人，他們用一頭黑色的公牛當作犧牲向巴布羅斯蒂斯（Bubrostis）獻祭，宰殺以後整隻放在祭壇上面燔炙。因為不論何種性質的饑餓都很像是疾病，特別是貪食引起難以滿足的欲望，更是身體處於異常的狀態呈現出來的徵兆和症候。人們用正

487　他在自己的家鄉奇羅尼亞擔任名年執政，這是城邦最高的職位；參閱本章第2篇問題10第1節。

488　這裡所指的bulimos（貪食症）不是胃口好和食量大，而是要經常的吃東西，免得發病嚴重到失去性命；就現在的醫學知識而言，完全是血糖過低引起的問題

489　希臘在西元前4世紀有兩位歷史學家名叫梅特羅多魯斯；本章所指應該是出生在開俄斯的學者，他是德謨克瑞都斯的門生。

490　雅各比《希臘史籍殘卷》No.43，摘錄留存的資料。

常的狀態做出合理的對比，他們希望免於這種疾病的折磨，就可以獲得財富和健康。胃部不適所以會有nausea這個名字，是因爲乘坐naus(船隻)在海上航行所引起，產生的習慣性術語擴展到類似的症候方面，無論不適的原因爲何都使用同樣的稱呼。因此bulimy(貪食症)這個字的緣起我在前面說過，經歷一番發展使它具備目前的意義。這場討論的過程非常輕鬆，大家都盡自己本分提出意見。

2 我們開始說明這種痛苦的病症產生的原因，首先遇到的問題就是「貪食症」爲何會襲擊一個在深雪中跋涉的人，就像布魯特斯(Brutus)[491] 正在狄爾哈強(Dyrrachium)到阿波羅尼亞(Apollonia)[492] 的路上，他的性命面臨危險的處境。大雪紛飛之際要通過崎嶇的地區，供應糧食的輜重行列落在後面拉開距離，布魯特斯感到暈眩最後喪失神志，部隊被迫要向著城牆跑去，乞求敵方的警衛給予麵包，獲得以後，他們立即能讓布魯特斯復元，等到他占領當面的城鎮，知道他爲何對待所有的居民都很公正仁慈。馬和騾子都會患上「貪食症」，特別是牠們在運輸乾無花果和蘋果的時候。最令人感到驚奇的事就是麵包可以恢復人的精力，即使對牲口而言沒有任何一種食物能夠與它相比。因此罹患這種病症的人，那怕只吃下一小口麵包，就能邁開腳步繼續前進。

3 趁著大家繼續保持沉默之際，我認爲他們身爲前輩[493] 對這個問題的答案，可以說是毫無是處；無論如何，等於爲熱心的學者提供一個機會，使得他能夠按照自己的方法，大膽的追尋眞理。現在我要提出亞里斯多德所寫的論文[494]，說是處於極端寒冷的狀況之下，身體內部因爲過熱產生病理方面的液化現象，如果熔解的物質聚集在腿部，就會引起疲勞和腳步沉重的感覺，要是累積在內臟或呼吸器官，就會使人感到暈眩和虛弱。

4 等到我說完這些話，討論還是繼續下去，自然會有人對亞里斯多德的學說加以攻擊，也有人爲他辯護。索克拉魯斯提到這個論點的開始部分非

491 參閱蒲魯塔克《希臘羅馬英豪列傳》之〈馬可斯・布魯特斯傳〉25-26節。

492 狄爾哈強和阿波羅尼亞兩個城市位於希臘西北部的伊庇魯斯地區，瀕臨愛奧尼亞海，前者在北是羅馬時代重要港口，後者在南是進入希臘的門戶，爾後成為學術中心。

493 這跟祖先扯不上關係，應該是指那些參加討論德高望重的長者。

494 亞里斯多德《問題》888A，因為這部作品經過後人的考證，很可能是借用亞里斯多德之名的偽作，從本篇問題9的內容來看，蒲魯塔克對它的真實性存疑。

常正確，實在說任何人在雪地行走，身體感到寒冷好像凍結起來一樣，硬要強辯是熱力產生不正常的液化作用，對於中樞的呼吸器官形成阻塞，就他的看法是對問題的規避。他贊同的理論是熱量正在縮減，大部分都集中在身體的內臟，因而耗盡所供應的食物。就像火焰的燃燒等到燃料用完，熱力本身就會冷卻下來。這可以解釋兩個疑點，第一是寒冷為何使人感到難以忍受的饑餓，還有就是為何只吃極其少量的食物，會很快爆發充滿活力的能量。消耗食物的過程等於一種燃料的點火燃燒，重新發出維持生命的熱力。

5 克里奧米尼斯是一位醫生，他說limos（饑餓）這個字，在成為複合字以後不再帶有原來的意義，如同katapinein（吞嚥）這個字與簡單的動詞型態pinein（飲用）有點差異；還有anakyptein（再現）與kyptein（彎腰）已經大不相同。所以bulimy（貪食症）這個字，並不如大家所想的那樣與limos（饑餓）有關，而是腸胃的病理狀態，由於熱力的集中所引起的昏厥。如同嗅鹽可以使昏厥的人甦醒，麵包能夠解除「貪食症」的痛苦；不是他們處於饑餓的狀況（只要很少的量便可以點燃生命的火花），因為麵包可以召回消沉的能量和活力。我們從馱獸的案例可以知道，陷入昏厥的衰弱狀況並非來自饑餓，乾無花果和蘋果的味道不可能滿足實質的欠缺，而是帶來灼熱和暈眩的感覺。

6 我們認為敘述的理由已經相當充分，只是感到從相反的假定事項可以提出更好的主張，那就是「貪食症」的發生何以不是凝結而是擴散。冰雪所發射出來的蒸氣是像霜一樣的物質或是一種非常細微的塵埃，具備貫穿和分離的能力，不僅可以透過皮肉，就是銀或青銅製的容器都無法阻擋；我們可以看到蒸氣穿過這些容器上面極其微細的小孔，產生的沉澱作用會在容器的表面凝結成一層很薄的冰霧。人們旅行經過雪地，寒冷的氣體極其凜冽，接觸到四肢和皮肉，如同火焰發揮燒傷的作用，這種酷寒在身體裡面擴散開來，通過毛細孔將熱排出體外，在皮膚表面出現像霧一樣的汗水，能量就會散失和消耗。如果一個人平常不喜歡活動，身體的熱能就會減少損失；一旦運動增加使得食物很快轉變為熱能，接著會因熱的流動散失到體外，無可避免會出現體力透支帶來最後的衰亡。

嚴寒不僅會結冰也造成身體的熔化，就是大塊的磨刀石在刺骨的冬季都會融蝕[495]，也就是這些物體的表面出現流汗的現象，事實上受到「貪食症」襲擊的病

495 本書第63章〈論寒冷的原則〉11節及其注釋，提到嚴寒會使錫塊或鉛塊碎成粉末。

人，他們並不是饑餓的受害者，而是寒冷給他們的身體帶來孔隙和液化。據稱冬天因爲寒冷的蒸氣會使毛細孔開放，特別是疲勞和運動使得身體的熱力作用更爲劇烈；身體會因內外交相征的結果變得更爲消瘦和虛弱。很可能是乾無花果和蘋果所產生的蒸氣，使得駄獸體內的熱引起無法抑制的消耗和分散。簡而言之自然界不同的生物對於體力的恢復或衰弱有不同的成因。

問題九：荷馬對其他的液體使用特別的形容詞，為何只用「液體」來稱呼橄欖油？

參加者：蒲魯塔克和其他人士

1 液體的種類很多，荷馬習慣上將它們用特別的形容詞加以修飾，像是他說「白色」的牛奶，「黃色」的蜂蜜或者「血紅」的酒；他唯獨對食用油加上「液體」[496] 這個形容詞，事實上它比起其他溶液更適合這種性質。我們針對這個問題的答覆，就說如同最甜的物質是徹底的甜，最白的物質是徹底的白；所謂「徹底」的意義是它沒有攙混性質相反的東西；因而「液體」就它的意義可以用於任何物質，只要沒有「不甜或乾」的成分在內，其實所指的物質就是食用的橄欖油。

2 首先，橄欖油的光滑顯示出性質的單一，觸撫起來的感覺完全沒有任何差別；再者，它的外觀是清澈的反射體，沒有不均勻的雜質使映象出現扭曲，由於它的流動性是如此平順，在每個部分都會將最細微的光線反映到我們的眼中。牛奶的性質與它完全相反，是唯一不會像鏡子可以反映物體型象的液體，那是牛奶含有大量土的元素[497]。除此以外，橄欖油在所有液體當中只有它在攪拌的時候安靜無聲，這是液體的特性使然；其他的液體無論是流動和傾注，外形的不規則，使得土的部分只要遭到衝撞就會發出聲音。橄欖油的純淨不會出現稀釋的問題，它的質地最爲緊密，乾燥的土所形成的質點不會出現空間或通道，容許其他的成分能夠侵入其間。它的質點完全如一，所以才會具備光滑和黏附的性質。

496 荷馬《奧德賽》第6卷79、215行；或《伊利亞德》第23卷281行。

497 參閱亞里斯多德《氣象學》383A。

3 橄欖油的細膩和黏著，不會容許空氣進入產生泡沫；基於這些緣故，我們知道它可以用來作爲生火的燃料，因爲只有水分才具備可燃性[498]，當我們用木材當燃料生起火來，煙是由空氣中產生，土的成分留下成爲灰燼，只有水分在火焰中消耗殆盡，因此火靠著液體供應所需的原料。要是水、酒和其他液體裡面含有比例較高的泥土，一旦這些土的物質遇到火，粗糙的質地會產生分離的作用，重量的壓力使得火焰因而熄滅。橄欖油是極其純淨的液體，構成的質點非常微小，不僅容易改變它的結構，而且會被火焰控制和吞噬。

4 關於它的流動性有一個確鑿的證據，即是最少的質量可以擴展和掩蓋最大的面積，無論是蜂蜜、水或其他的液體都辦不到，而且會因本身的乾燥作用很快消失。橄欖油作爲塗身的油膏具備潤澤和柔和的性能，它的質點比起其他液體更能滲透到內部。因爲它可以抗拒液體的揮發很不容易消失。當一件衣袍被水淋濕很快乾掉，油跡通常很難洗淨，因爲它的細膩和流動可以滲入織物的纖維。亞里斯多德說過，混雜的酒玷污衣服不易清除，因爲它變得更加細小，性質更加穩定，可以深入縫隙和孔道之中[499]。

問題十：要是把獻祭的胙肉掛在無花果樹的枝幹下面，為何肉質很快變得非常柔軟？

參加者：亞里遜、蒲魯塔克和其他人士

亞里遜的廚師受到所有賓客的喜愛，由於他烹調的手法高明，還有一項最大的長處，即使剛剛宰殺奉獻給海克力斯的犧牲，等到他把胙肉拿到桌上供大家享用的時候，入口非常柔嫩，像是已經放過一天以上。亞里遜說是將剛殺牲口的屍體，掛在無花果樹的下面，肉質很快催熟而且可以保存很久。於是我們開始討論爲何會產生這種現象。從兩件事情可以知道無花果樹體放出帶有強烈刺激性的氣體：第一是根據我們的嗅覺；第二據說即使是最狂暴的公牛，只要拴在無花果樹下面，就會安靜下來，讓人撫摸也不會亂使性子，好像牠的精力受到感染變得萎

498　亞里斯多德在討論古代哲學家的時候，突然發覺這方面的現象和原理，參閱《形上學》第1卷893B和《氣象學》第2卷354B，以及本書第63章〈論寒冷的原則〉21節。

499　亞里斯多德《問題》874A。

縮和虛弱。主要原因在於整棵樹帶有非常重的苦味；在所有植物當中無花果樹的樹液最爲豐富，無論是果實、木質部分還是葉片都會流出白色的汁液。因此燃燒它的樹幹會產生刺激性的濃煙，灰燼溶在水中成爲鹼液，是強烈的收斂劑。

然而同樣的效果來自熱力的作用，因此有人認爲無花果樹的汁液，產生的熱力使它凝結成乳狀，跟質點的粗糙毫無關係，完全在於不規則的形狀使它黏在一起，所以會光滑是因爲圓形的質點受到力的作用浮現到表面[500]。所有的質點在潮濕的混合物中，受到熱力的作用，將沒有黏性和帶有水氣的成分全部熔化。可以舉出一個例證，牛奶經過提煉以後帶有甜味的清漿，不僅毫無價值而且是品質低劣的飲料。可以明顯看出不是粗糙的質點逼走光滑的質點，而是冷卻和無法調製的成分受到熱力的清除所致。鹽是強有力的溶劑對於排斥的程序有很大的幫助，加熱產生的中和與抵銷可以將質點再度凝結聚集起來。

因而我們推論無花果樹可以放出帶有熱力、苦味和刺激的蒸氣，鳥類經過它的燻製，肉質變得非常柔脆；如果你將麥粒用碳酸鹽浸過再把鳥肉貯藏其中，產生的熱力可以達到同樣的效果。麥子可以發出熱量已經獲得證實，你只要將酒壺埋在麥堆裡面，酒就會很快蒸發。

---

500 盧克里久斯《論萬物的本質》第4卷622段及後續各段，提出非常精闢的解釋，說是平滑的原子產生甜味，粗糙的原子帶來辛辣的味道；這方面的觀念是來自德謨克瑞都斯，參閱狄爾斯、克朗茲《希臘古代哲學殘卷》之〈德謨克瑞都斯〉No.135。

第七篇

尊貴的索休斯·塞尼西歐，某位知名之士極其機智況且愛好交際，有次獨自進食之後說道：「今天我沒有用餐，只是塡飽肚皮而已。」暗示所謂的「飲食」是要與朋友共享，否則的話只是白白浪費；羅馬人喜愛引用名言諺語，所以把這句話奉爲圭臬。伊維努斯(Evenus)[501] 贊許火是最鮮美的調味品[502]，荷馬將鹽稱爲「神聖的物品」[503]，用俗語來說就是「上天的恩典」，只要與食物混合起來，它的滋味將變得更加可口，然而在餐桌上面最爲甜美的東西是朋友、同伴和相識已久的熟人，不完全爲了在一起吃喝，主要是享受彼此傾心交往的清談，至少可以交換有益、適宜和切題的意見。大多數人的酒後閒聊都會言不及義，只能反映日常的生活狀況，因而討論的題目就像經過選擇的朋友，要證明有資格能參加水準很高的宴會。

拉斯地蒙人邀請年輕人或外邦客前往公共食堂用餐，都會指著門對他們說道：「這裡說過的話出去以後不能講[504]。」我們對這種心態和語氣都不表贊同，無論我們說過什麼都不怕洩漏給別人知道，因爲所談的項目絕不會涉及放縱、背德、荒淫和褻瀆，更不會在背後道人長短。〈會飲篇：清談之樂〉第七篇，包括十個題目，舉出的例證可以作爲評判的標準。

501 帕羅斯的伊維努斯是西元前5世紀希臘名聲響亮的輓詩體詩人。

502 貝爾克《希臘抒情詩集》No.10；有人認為這話是普羅迪庫斯所說，參閱狄爾斯、克朗茲《希臘古代哲學殘卷》No.84及其注釋。

503 荷馬《伊利亞德》第9卷214行；本章第5篇問題10第1節。

504 引用自《拉柯尼亞的政體結構》236F；參閱蒲魯塔克《希臘羅馬英豪列傳》之〈萊克格斯傳〉12節，原書只提到拉斯地蒙人帶子弟到公共餐廳進食，要求他們養成保守機密的習慣，並沒有將外邦客包括在內。

問題一：柏拉圖認為酒液進入身體以後要通過肺[505]，何以吾人對持異議者給予駁斥？

參加者：尼西阿斯、普羅托吉尼斯、弗洛魯斯、蒲魯塔克及一位不知姓名的來賓

1 一位參加宴會的客人在夏季的傍晚靈感大發，朗誦陳腔濫調的詩句：

酒在天狼星露面之時潤濕肺部；[506]

尼西阿斯是來自奈柯波里斯(Nicopolis)[507] 的一位醫生，他說阿爾西烏斯(Alcaeus)[508] 是詩人，對於身體結構的無知倒也沒有可怪之處，至於身爲哲學家的柏拉圖竟會出錯，眞讓人百思不解。阿爾西烏斯倒是能夠提出辯護之辭，在於肺與胃位置鄰接的緣故，水分充溢的身體讓它也得到好處，才會使用「濕潤」這個字眼。

尼西阿斯繼續說道：「無論如何，哲學家非常坦白的寫出飲下的酒要通過肺部，即使對那些很熱心要爲他辯護的人來說，並沒有留下能夠說得通的理由[509]。他犯下明顯的錯誤，首先是液體和乾燥的食物混合起來，才能將養分供應我們的身體，胃就是具備這種功能的容器，使得柔軟和充滿水分的食物，通過它進入下腹部。其次是肺的組織不夠平滑而且質地也不緊密，喝下混雜大麥的濃粥在通過的時候，怎麼能避免不讓它黏住？伊拉西斯特拉都斯(Erasistratus)[510] 理所當然會反對柏拉圖的論點。」

「柏拉圖在他的對話當中，對於大部分的身體都經過仔細的考量，要像一位哲學家抱著很大的希望，能夠了解自然界賦予每種器官的功能。問題出在他對於

505 奧盧斯·傑留斯在《阿提卡之夜》第17卷11節，對於酒液進入肺部的題材加以引用和討論；馬可羅拜斯《農神節對話錄》第7卷15節，模仿這種談話的方式。還有希波克拉底《論心臟》2節，亞里斯多德《論動物的器官》第3卷3節，部分內容涉及這個範圍。

506 這句詩的作者是阿爾西烏斯，參閱貝爾克《希臘抒情詩集》No.39。

507 奈柯波里斯位於伊庇魯斯地區，奧古斯都為了紀念阿克興海戰的勝利，就在附近的半島上面興建這座城市。

508 西元前7世紀的阿爾西烏斯生於列士波斯島的邁蒂勒尼，是那個時代享有盛名的抒情詩人，對於後來的詩人特別是賀拉斯有極大的影響，他的作品只留下殘句。

509 柏拉圖《泰密烏斯篇》No.70及91；格林支持柏拉圖的論點，認為進入人體的液體，有部分會通過肺部。

510 西元前3世紀的伊拉西斯特拉都斯生於西奧斯，定居亞歷山卓，成為顯赫一時的醫生和學者，建立的學院直到蒲魯塔克的時代，仍舊以教學嚴謹知名於羅馬世界。

會厭軟骨所扮演的角色毫無所知；然而這個微小的組織卻發揮重大的作用，當我們在吞嚥食物的時候，封閉氣管，防止它在無意之中掉入肺部；要是在呼吸的時候有任何東西滑落進去，就會引起激烈的咳嗽，聲音沙啞而刺耳。會厭軟骨如同後院的內門可以向兩邊開啓：我們說話它會落向食道；要是進食或飲水就會落向氣管，當我們再度吸入空氣的時候，保持到達肺部一條不受阻礙的通路。」

他繼續說道：「我們都知道慢慢的喝比起大口吞嚥，能在腹部留下更多的水分；出現後面這種狀況，是因爲液體靠著向下的動能直接進入膀胱；要是就前面的狀況而言，它們會因食物的關係受到滯留，經過軟化作用混合起來，不會單獨的流動。所以在吞嚥的時候不會出現液體分離的狀況，它們與食物進入一個容器之中，伊拉西斯特拉都斯的著作[511]，提到液體的功能如同車輛，可以加速將食物帶進消化器官。」

2 經過尼西阿斯解說一番以後，身爲教師的普羅托吉尼斯談起荷馬，說他最早提到身體用來裝食物的容器是胃，氣管是供呼吸之用，然而在古代即將「氣管」稱爲aspharagus(所以那些聲音宏亮的人有個綽號叫作erispharagai[嗓門大])。荷馬才有這樣的描述，阿奇里斯要刺穿赫克托「裸露的leukanie(咽喉)，人體當中死亡最爲快捷的通路，然而沉重的青銅矛頭未能切斷他的『氣管』，還能勉強張嘴應對」[512]；他把aspharagos(氣管)說成聲音和呼吸的特殊管道，同時將leukanie(咽喉)說成養分的容器，如同下面的詩句：

> 嘴裡的食物和美酒要進入喉嚨。[513]

3 等了一會，弗洛魯斯(Florus)[514] 說道：「我們能毫不反駁就這樣讓柏拉圖的論點受到詆毀？」

我回答道：「我們不可能如同對柏拉圖一樣背棄荷馬，他並沒有否認液體和固體食物經由氣管這個同一條路徑，有詩爲證：

511　這位與本書第50章〈愛的對話〉2節當中的普羅托吉尼斯應該是同一人，他是蒲魯塔克的朋友，從塔蘇斯遠道前來的貴賓。

512　荷馬《伊利亞德》第22卷325及328-329行。

513　荷馬《伊利亞德》第24卷641行及後續各行。

514　弗洛魯斯是蒲魯塔克擁有權勢的朋友，博學多才且又見聞廣闊，喜愛討論哲理和文藝，在本章中發言達十三次之多。

> 咽喉噴出凝結的酒和入口的肉；[515]

除非有人確認賽克洛普斯是個獨眼龍一樣，說他爲食物和聲音只準備單一的通道，就荷馬的意思hparynx是『食道』而非『氣管』，無論古代還是現在已經成爲每個人都有的共識。我所以引用這方面的論點並非欠缺權威的說法，主要在於闡明眞相，因爲支持柏拉圖的證人不僅數量眾多而且論學問極其淵博。」

「只要你堅持自己的論點，當然可以不理會優波里斯在《奉承者》一劇中提到的：

> 普羅塔哥拉斯是知名的詭辯家，
> 夏至之前要用美酒將肺部沖刷。[516]

同樣能夠不把文質彬彬的伊拉托昔尼斯說的話當一回事，因爲他有這樣的描述：

> 他喝下大量純酒將肺浸得濕透。[517]

優里庇德的說法更加直率：

> 飲下的酒通過布滿肺部的渠道，[518]

表示他比伊拉西斯特拉都斯的眼光更爲銳利。因爲他清楚肺有很多的凹洞，可以容納管道從其中穿過用來運送液體。」

「須知呼吸不需要特別的通路，空氣經過管道就會從中自由自在的逸出；由於這層關係，液體和固體就與空氣一同進入，肺的結構如同一個篩子，運用滲透的模式才能供應液體所需的渠道。閣下，誠如你所說胃具備肺所擁有的功能，所以才能通過麥片粥和肉類，其實胃並不如很多人所想的那樣光滑，凸凹不平的表面可以容納稀薄和微小的質點，使吞嚥的食物不會很快向下移動。」

「無論是他或別人的記載都難以讓人感到滿意；自然女神的職掌極其奧妙和

---

515 荷馬《奧德賽》第9卷373行。

516 柯克《阿提卡喜劇殘本》之〈優波里斯篇〉No.147。

517 參閱鮑威爾(Powell)《亞歷山卓選集》(*Collectanea Alexandrina*)65頁。

518 瑙克《希臘悲劇殘本》之〈優里庇德篇〉No.983。

繁複，超過語言和文字所能形容的限度，精巧的工作所能達成的功效像是呼吸和體溫，根本不可能給予適當的解釋。」

「現在我可以爲柏拉圖找到一個證人，他是洛克里的菲利斯提昂，這位古代的權威人士，在你所擅長的學門有卓越的聲譽，還要加上希波克拉底和他的追隨者戴奧克賽帕斯(Dioxippus)[519]。這些人讓我們知道除了柏拉圖提到的通道，再沒有其他的路徑。你說的會厭軟骨沒有逃過戴奧克賽帕斯的注意，他說在吞嚥的動作當中，從這個器官的鄰近位置，液體的部分開始分離接著流入氣管，同時固體的食物滾進食道。固體食物當然不會滑入氣管；然而食道除了養分的乾燥部分，即使與水分混合起來還是可以接受。這樣的作用像是有類似的解釋，你知道會厭軟骨的位置在氣管的前面，如同一個柵門或調節器，喝下的液體像是過濾那樣，就會一點一滴慢慢通過，不會因爲外力的壓迫突然大量湧入，使得正常的呼吸受到干擾。這是鳥類沒有具備會厭軟骨的道理所在，牠們的飲水動作除了吞食沒有吮吸和舔舐，一次只有少量進入口中，可以逐漸潤濕牠們的氣管。」

「權威的資料已經提供得夠多了，柏拉圖的記載可以經由普通的觀察，獲得進一步的證實：當氣管受到傷害，就無法吞嚥液體；他們提到洩漏和噴湧的狀況如同一根破裂的水管，雖然這時食道仍舊完整沒有任何損傷。我們知道的疾病當中包括肺部發炎，繼續惡化會感到如烤炙一樣的焦渴，成因在於乾燥和發燒引起對液體的過分需要。還有比這個更強而有力的證據，就是自然界對有些生物來說，不讓牠們具備肺之類的器官，即使有，它的體積也很小，根本沒有飲水的需要和欲望。因爲每一種器官附帶天生的本能，要能履行賦予它的使命；生物並不是每個部分都有飲水的需要，也不是每個器官都熱中於飲水的行動。」

「根據你的記載，膀胱對於動物而言好像是沒有用處，因爲胃得到的水分是連帶著食物，通過以後再進入下腹部；液體養料形成的殘餘不需要專用的通道，就像船底的排水孔只要一個，經由同個位置和同條路徑，可以與肺的排水系統共用。膀胱和腸所以會分離而且具備不同的功能，是因爲一種廢棄物的形式來自肺，另外一種來自胃，當我們吞嚥開始就會發生分離作用。須知液體的排泄物無論是它的顏色或氣味，與乾的食物形成的糞便毫無相似的地方。有很多自然而然的道理，像是液體和固體會在胃部混合起來，完全是滲透作用發揮的效果，具備的特性可以取代肺的過濾，從而得到乾淨和不受污染的水分。」

519　這裡提到菲利斯提昂是西元前4世紀擅長醫術的作家，很多著作與醫藥有關；戴奧克賽帕斯這個名字應該改為笛西克帕斯(Dexippus)才對。

「從來沒有發現石頭在腹部形成，何以會說只要飲下去的東西，都會經過胃到達腹部；然而液體的凝聚和固化可以在膀胱上出現結石，倒是令人感到很有道理。看來是液體經過氣管以後，使得胃從它那裡獲得適當和足夠的水氣，用來軟化食物使之成爲一種流體，因而不會產生液體的殘餘。肺會從它的本身分配空氣和液體，可以說是只留下所需要的部分，將剩下的排泄物注入膀胱。」

「這種說法比其他的記載更有可能，要想在這一類的問題上面獲得什麼成就，倒是令人感到懷疑，因爲討論的事物並不重要，而且可以找到很多似是而非的論點，特別是要抨擊一個極有名望和影響力的哲學家，更不會得到想像中應有的成效。」

問題二：誰是柏拉圖所說那位「頭角崢嶸」的人士？為何種子或精液偶爾接觸到牛角就會出現一層「堅硬的殼」？

參加者：優特迪穆斯、佩特羅克勒阿斯、弗洛魯斯、蒲魯塔克和其他人士

1 集會的場合有人朗誦柏拉圖的著作，大家對於他將有些人稱爲kerasbolos(頭角崢嶸)或ateramon(堅硬的殼)[520]，都會感到疑惑不解；當然他不會存著這種想法，如同一般人相信種子要是掉在牛角上面，發芽成長得到的穀粒有「硬殼」，倒是可以說完全出於文字的假借和轉用，一位個性執拗和寧折不彎的人士，被形容爲「頭角崢嶸」的角色。我們的困難在於要找到理由，說明種子接觸到牛的角爲何會受到不可思議的影響。

我經常請求朋友對我要多加體諒，因爲我無法像狄奧弗拉斯都斯那樣規避問題，特別是書本上面蒐集和討論很多的現象，它的成因我們尚未發現就可以脫手不管，像是母雞生蛋以後要躲藏在草堆裡面[521]，海豹被捕獲以後會吞嚥自己的消化器官，公鹿將脫落的角埋在地下，還有一種名叫海濱刺芹的野菜(只要有一隻羊吃下它，整個羊群會停下不再前進)[522]。本文當中提到角上的種子這件事，發

520 柏拉圖《法律篇》853D；提到「堅硬的殼」，意思是有些人天生愚蠢又倔強，法律對他們那種難以教導的心靈，無法產生軟化的作用。

521 亞里斯多德《動物史》第8卷2節，以及普里尼《自然史》第10卷116節，解釋動物這種行為如同宗教的淨化作用。

522 以上這些動物的行為，參閱伊利安《論動物的習性》第3卷19節；羅斯《亞里斯多德殘篇》No.370；以及普里尼《自然史》第28章77節。

生這種現象已經獲得證實，只是它的成因很難找出來，看來甚至是不可能的事。

我在德爾斐參加一次宴會，有些朋友開始討論這個問題，所持的理由不僅是

酒足飯飽才有心思提出好主意，[523]

而是飲酒使人的詢問更加熱情，發表自己的看法更有把握。

2 我一口拒絕這方面的請求，何況優特迪穆斯[524] 是我擔任祭司的同事，佩特羅克勒阿斯[525] 是我的女婿，就是支持他們的論點也沒有多大意思，他們依據農事和狩獵得到的經驗，舉出很多類似的自然現象；例如，爲了避免降落冰雹造成的危害，雖然可以用田鼠的血或婦女的破爛衣服加以阻止[526]，看來還是巫師做法更爲有效；將野生的無花果樹種在栽培的無花果樹旁邊，可以防止後者的落果，以及助長它的成熟[527]；從事實得知鹿被捕獲流下帶鹹味的眼淚，野豬的淚水像是含有糖分。

優特迪穆斯說道：「如果你很在意這些問題，當然願意對芹菜和小茴香加以解釋，人們認爲前者愈是將它踐踏愈會長得茂盛，後者在播種的時候要大聲咒罵，說一些難以入耳的髒話[528]。」

3 弗洛魯斯感到不以爲然，覺得這種談話再繼續下去實在太幼稚，前面提出的問題沒有解決又不能放棄；因而我說道[529]：「很想找到一種偏方給你吃進肚中，好讓你跳進這場爭論來反對我們，從而幫助你解決剛剛提出的問題。我認爲寒冷會使小麥和豆類的生長更爲堅忍頑強，氣候的壓迫之下會變得不易屈服；溫帶地區在溫暖天氣中生長的穀物質地比較柔軟，使得它的組織變得更加鬆散。引用『穀物成長靠季節而不是土地』這句諺語駁斥荷馬的說法是一種錯

523　這是不知名的詩人留下的殘句。

524　優特迪穆斯出現在本章第3篇問題10，看起來不是很親近的朋友，很可能是來自奇羅尼亞的同鄉。

525　這位年輕人經常在蒲魯塔克的對話中出現，作者唯一的女兒幼時夭折，很可能是姪女的丈夫。

526　普里尼《自然史》第28卷77節，有同樣的記載。

527　參閱本書第50章〈愛的對話〉8節，亞里斯多德《動物史》557B，以及狄奧弗拉斯都斯《論植物的成因》第2卷9節。

528　參閱狄奧弗拉斯都斯《植物史》第2卷4節；普里尼《自然史》第19卷120節。

529　下面的文字特別是寒冷的影響這種觀念，來自狄奧弗拉斯都斯《論植物的成因》第4卷12節。

誤。播種的種子直接從手中進入已經耕耘的田地，會很妥當的停留在土壤裡面，上面的覆蓋使它得到足夠的熱度和水分；至於擊中牛角的穀粒不會像赫西奧德所說的那樣，能夠得到『最好的安置』[530]，因為它們只是遭到拋棄，不能算是種植的種子，堅硬的地面產生很大的阻礙，沒有掩蓋可以看得清清楚楚。寒冷可以刺激赤裸的外殼，雖然不能造成毀滅的後果，卻能減少所含汁液增加木質的成分。」

「你可以觀察到一塊大石頭，埋在土裡的部分比起露出地面的部分，因為吸收熱量的關係很快保持較低的硬度，所以工匠會把要加工的石材埋進土裡，好像溫度的提升造成催熟的效應；證明使用的材料要是沒有遮蔽放在露天，寒冷的滲透使質地變得更為堅硬，會給爾後的加工帶來較多困難。所以穀物不要放在打穀場暴露在晴空之下太久，只要完全乾燥就要儲存起來。有些地方運用風力揚殼去塵，冷卻的過程使得穀粒變得結實(從馬其頓的腓力比[Philippi]得到這方面的報導)，儲存的時候他們用乾草蓋在上面加以保護。要是聽到農夫說起兩條相鄰的田畦，種在一條上面的作物生長容易脫落的穀粒，另外一條則否，不必表現出驚訝的樣子；還有就是種類相同的豆莢，竟然長出質地不同的豆子，那是它們暴露在風雨帶來的寒冷之下，明顯看出時間的長短帶來彼此相異的影響。」

問題三：為何液體在貯存的過程當中，會有酒在中段、橄欖油在頂端和蜂蜜在底部品質最佳的說法？

參加者：阿勒克賽奧、蒲魯塔克和其他人士

1 赫西奧德勸大家「酒罈剛剛啓開或是即將見底，不妨盡量多飲，喝到中段得要省儉一點」[531]。那是因為品質最好的酒位於中間的關係；我的岳父阿勒克賽奧(Alexio)[532] 對提出的論點嗤之以鼻，他說道：「誰不明白最好的酒在當中，最好的橄欖油和蜂蜜分別在頂端和底部？然而赫西奧德卻告訴我們要把中間的酒留下來，須知酒罈打開成為半空的狀況很容易變質，難道非要等到酒發酸以後再喝。」我們將評論留給赫西奧德去聽，討論的重點在於問題的本身，那

530 赫西奧德《作品與時光》471行。

531 赫西奧德《作品與時光》368行。

532 全書只有在這裡提到他的岳父，只知道名字，其餘付之闕如。

就是質地爲何會出現這樣的差異。

2 解釋蜂蜜的問題沒有多大困難，大家都知道液體的成分要是鬆散，它的重量一定很輕，反之密度大因爲重量的關係，沉到較輕者的下面；如果你把容器翻轉過來，對立的部分要恢復到適當的位置，於是一部分下沉而另一部分上升。

酒在這方面還是可以說出很多道理；比較合理的說法是酒因爲熱量的散發，具備特殊的性質要聚集在中間的位置，當然會保持最佳的狀況，底部會留下殘渣影響到它的風味，頂部的表面接觸空氣使得它的品質容易變壞。很多東西只要與空氣接觸就會發生變化，我們知道酒最容易出現這樣的狀況；事實上他們把酒罈埋在地下，上面蓋上厚厚一層泥土嚴密的封存，盡量減少空氣與它接觸；還有就是裝滿酒的容器不像部分空虛的容器，那樣容易讓裡面的酒變質。半空的容器使得空氣可以流通，全部裝滿以後酒本身可以產生封閉作用，不讓引起腐敗的成分進入液體裡面。

3 橄欖油爲大家提供一個很有趣的題材。有人發表意見說是下層的油，含有從橄欖滲出的水分所以變得不純，上層的油離開污染源最遠，應該品質最好才對，事實並不盡然如此；有人發覺成因在於橄欖油的密度，基於這種特質很難攙其他的物質，除非大力的攪拌，否則不會與別的液體混合。空氣同樣受到排斥會保持分離的狀態，因爲它的質點具備精純和不變的特性，要是一種影響的因素欠缺所需的能量，產生的結果很難對它帶來明顯的改變。亞里斯多德根據觀察提出的報告反對上面的論點，他認爲油裝在半空的容器裡面，不但品質較佳而且有很好聞的味道，歸功於大量空氣進入之後，接觸到油，會產生強烈的改良效果。

4 我說道：「空氣具備同樣性質，對於油有改良作用，倒是對酒產生不利的影響，這方面其實也沒有什麼可怪之處，就像時間對酒有益卻對油有害一樣，這種方式的接觸空氣發生兩種作用：一種是冷卻的作用可以保持它的新鮮，另一種是質地的緊密使得空氣沒有進入的通道，很快會過期導致腐敗；這就是頂端的酒質地較差而上層的油甚好的緣故，貯存時間過久對前者增進醇美的香味，後者反而會變質，甚至到不堪入口的程度。」

問題四：羅馬人有古老的習慣，就是桌子不能在空無一物的狀況下搬走，以及油燈不能讓它熄滅，其理何在？

參加者：弗洛魯斯、優斯特羅孚斯、西撒紐斯、盧契烏斯和蒲魯塔克

1 弗洛魯斯是古代習俗的愛好者，從來不讓餐桌上面空空如也，總是吩咐奴僕要留些食物在上面。他說道：「我知道我的父親和祖父，不僅遵守這個習慣非常審慎小心，還不讓家人滅掉點燃的燈火，古代的羅馬人會一絲不苟的執行，只是現在的民眾爲了不要浪費燃料，等到用畢晚餐就會吹熄家中的油燈。」

雅典的優斯特羅孚斯(Eustrophus)[533] 是賓客之一，他說道：「除非弗洛魯斯知道我的市民同胞波利查穆斯(Polycharmus)使用的計謀，否則又能省下多少錢？他爲了防止奴隸將燈盞裡的油偷走，經過考量最後想出一個辦法，等到燈火熄滅以後，立即將油加滿，第二天再去檢查油面是否保持滿盈的狀況。」

弗洛魯斯帶著笑容說道：「看來這個問題已經獲得解決，我們可以進一步思索，有關餐桌和油燈這兩件事，古代人士所以要擺出小心翼翼的態度是何緣故。」

2 首先我們研究有關油燈的問題。弗洛魯斯的女婿西撒紐斯(Caesernius)表示意見，認爲他的祖先所以不願熄滅燈火出於虔誠的動機，把它視爲長明聖火[534] 的同一種類；因爲火就像是人類有兩種死亡的方式，一種出於暴力就是將它弄熄，另一種是出於自然的壽終正寢。聖火受到保護絕不可熄滅，不斷添加燃料，還要全神貫注給予關照；一般的火可以讓它自行熄掉，只是他們拒絕使用外力加以撲滅，不必吝惜用來維持火焰的燃料，就像俗語所說不要餵食無用的牲口，讓它自行走上死亡的道路。

3 弗洛魯斯的兒子盧契烏斯對於這些談話表示相當滿意，提到羅馬人尊敬聖火不會使用不當的方式，至於一般的火沒有它那樣神聖，更不能與它相提並論；如同有些埃及人膜拜和推崇整個狗的族群，或者將狼或鱷魚視爲神聖的對象，只能選擇一隻餵給食物(有些人是一條狗，或一條鱷魚或狼)，不管怎麼

533 這位貴賓是本書第28章〈德爾斐的E字母〉的對話者。

534 聖火點燃在羅馬廣場的灶神廟，由灶神處女負責看管，永保長明不得熄滅。

說還是無法養活全體神聖的動物；羅馬的市民只關心和保存一種特別的火，用它作為象徵，表示對所有的火抱持尊敬的態度。他說道：「沒有什麼能比火更像活在世上的生命，自動自發尋找所需的食料，發出的光輝如同心靈，能夠揭露和淨化所有的事物；特別在它的絕滅或毀棄之中，隱約可以看到一種勢力的存在，並非完全缺乏基本的延續條件。它會像活在世上的生物提出堅定的主張，反抗屠殺帶來暴力和殘酷的死亡。」

他做出結論以後，轉頭對著我說道：「或許你可以提出一些更好的解釋。」

4 我回答道：「不，不，我對你所說的實情沒有任何異議，只是再要強調一點，習慣在社會責任方面讓我們得到寶貴的經驗。我們要讓大家知道那些才是邪惡的行為：像是在餵飽自己的肚皮以後，竟然要去毀滅可以供養別人的食物；就在自己獲得足夠的用水以後，要去堵塞和破壞一個可供別人解渴的泉源；如同自己使用以後再去拆除航行或旅行的指標。不僅如此，任何一種可以供應接踵而至的後人所需的好處，我們都要保留俾能發揮更大的貢獻。一盞燈在用不著的時候就將它熄滅，這種微不足道的省儉，表現一個人缺乏紳士的風度，我們要它保持點燃的狀態，使得有人在需要的時候，可以得到照亮四周的光線。如果我們期望在睡眠中獲得安全，最慷慨的辦法是將視覺和聽覺借給別人，還有就是宙斯賜給我們的審慎和勇氣。」

「我感到奇怪的地方在於這種想法非常荒謬，那就是為了灌輸感恩的德行，非要奉行一些趨向極端的規定；所以古代的人對於結實的橡樹表示推崇，同時雅典人宣布某些無花果樹的果實要當成祭品，還有一棵神聖的橄欖樹絕對不得砍伐。事實上遵守傳統規定所能發揮的效果，不是要我們重視迷信而是對於習俗抱著感激之情。為了能促進彼此共有的觀念，甚至於尊敬沒有感覺或無生命的物品。因此赫西奧德的做法很對，他不允許大家從『未曾奉獻的盤子』[535] 取食麵包和肉類。我們舉行酹酒儀式一定要有火，這是它提供服務的證據；羅馬人在使用油燈的時候，不會將添加進去的燃料再倒出來，要讓它繼續發出光亮直到用完自行熄滅為止。」

535 赫西奧德《作品與時光》748行，這句話的真正意思是「未曾對它念過咒語的陶罐」或「沒有拿來奉獻祭品的容器都不能使用」，蒲魯塔克認為容器本身就是祭品。

5 等我講完以後，優斯特羅孚斯問道：「何以這種說法對餐桌的問題也能提供有用的研究門徑？人們認爲大家在用完晚餐以後，爲何還要在桌上留些食物給奴隸和他們的子女？因爲就怕他們所能享用的東西沒有與我們共食一樣的多。波斯國王(根據他們的說法)不僅時常送食物給他們的朋友、官員和衛士，甚至還會查看奴隸和獵犬的伙食；能夠在一個餐桌上面獲得所需的麵包，主要的考量基於大家都生活在一個屋頂之下。須知只要供應所需的食物，就連最陰鬱的野獸都會馴化，能與人友善相處。」

6 我面帶笑容回答道：「閣下，我們爲了表示待客的誠意，就會使用『務必使貴賓吃到有魚留下』[536] 這句諺語；還有畢達哥拉斯的『不要呆坐在糧斗上面』[537]，指示我們必須自食其力使生活不致匱乏，每天都要考慮到明日所需。我們皮奧夏人經常掛在嘴邊的一句話：『總要留點東西給米提人』，即使那時的米提人蹂躪和搶劫福西斯地區和皮奧夏的邊界，也不必對他們趕盡殺絕。當下的場合最適用的箴言是『多準備一些食物給不速之客』[538]，須知這種狀況經常出現。」

「就我個人的看法並不同意阿奇里斯的態度，他的餐桌上面總是空無一物，讓人一見之下感到饑腸轆轆，埃傑克斯和奧德修斯身爲使者前來商量大事[539]，他在毫無準備之下，從屠宰開始最後送上烤肉；還有他爲了向普里安表示友善，就『跳了起來』趕著殺死『一頭白羊』，那個夜晚算是讓人大快朵頤[540]。」

「從另一方面來看，優米烏斯是受到明師調教的好徒弟，特勒瑪克斯突然出現也不會讓他感到困窘，立即安排座位給予殷勤的款待，

> 大盤烤肉顯然是昨天留的剩菜。[541]

---

536 表示山珍海味多得吃不完，能讓賓客盡興而歸；要說它有我國那種「年年有餘」的含義，也沒有什麼不對。

537 蒲魯塔克對畢達哥拉斯學派的規範有很大的興趣，在現存的作品當中，「不要呆坐糧斗」這一條就出現五次之多。

538 參閱阿昔尼烏斯《知識的盛宴》第1卷13節。

539 荷馬《伊利亞德》第9卷206行。

540 荷馬《伊利亞德》第24卷621行，特洛伊國王普里安前來贖回兒子的屍體，即使再豐盛的款待，還能有大吃大喝的胃口？

541 荷馬《奧德賽》第16卷50行；特勒瑪克斯是奧德修斯的兒子，優米烏斯是王室的牧豬奴。

看起來這是一件小事，接下來可就不一樣，他仍舊能享受食物帶來的歡樂，卻可以減少對食欲的渴求，他要是不像別人那樣存有貪念，就能禁絕手邊可以得到的東西。」

7 盧契烏斯提到他記得他的祖母從前曾經說過，餐桌是一件帶有神聖意味的木器，如果上面沒有食物就不具備應有的性質。他繼續說道：「我的心中存有的觀點，認爲餐桌很像我們的地球，除了供應我們所需的養分，它的外觀是圓形而且非常穩定，帶有的特性使得我們可以稱之爲『家庭』[542]；正如我們期望地球爲人類生產有用的東西，所以不希望餐桌放棄它的職責，讓人看起來像是貧瘠無物，顯示我們連一點好的運道都沒有。」

問題五：何以應該避免從靡靡之音獲得歡樂[543]？如何做才能有效？
參加者：凱利斯特拉都斯、蘭普瑞阿斯和蒲魯塔克

1 阿波羅運動會舉行各項比賽期間，凱利斯特拉都斯身爲安斐克提昂(Amphictyons)會議指派的督導，有一位笛手擁有市民的身分，也是他朋友，未能及時登記，被他取消參賽的資格。等到他設宴款待我們，就讓這位樂師與大家相見，還有舞蹈的團體隨著一起前來，全都穿著華麗的戲服，頭上戴著花冠，目前的安排像是一支參加競賽的隊伍。首先可以斷言，這是一場精采的演出，使我們大飽耳福；整個大廳沸騰起來充滿嘈雜的回音，等到笛手發覺所有的聽眾爲他的魅力所征服，大家在高昂的笛聲之下如同催眠一樣，身體隨著不自主的擺動。主人拋棄假裝謙虛和客氣的神色，表示音樂比美酒更使人陶醉其中，而且多多益善不會有任何害處。所有的賓客在舞蹈的團體進場以後，不再爲叫囂和鼓掌感到滿足，大家都起身參加跳舞的行列，雖然能夠保持原有的節奏和旋律，有欠體面的動作實在不是身爲紳士應有的舉止。等到樂師和藝人停止下來，整個團體再度歸還原位，如同經過一陣瘋狂發作之後的恢復平靜。

---

542 圓形的「爐灶」與「家庭」是同義語；雖然赫斯夏是灶神也是家庭保護神，從傳說得知祂是大地之母蓋亞的化身；參閱瑙克《希臘悲劇殘本》之〈優里庇德篇〉No.944。

543 可以與本書第2章〈何以年輕人應該學詩〉1-2節的內容做一比較。

2 蘭普瑞阿斯很想對年輕人直言給予忠告，因爲不願引起不快或當成嚴苛的批評，就在他遲疑不決之際，凱利斯特拉都斯給他做了一個手勢，然後親自對大家說出下面一番話：「對於一位喜愛音樂和觀眾的人士而言，我難以指控他有放蕩形骸的習性；從另一方面來看，我並不完全同意亞里斯托克森努斯的陳述，所謂『美感』只用於獲得歡樂的感覺；因爲人們把食物和香水稱爲『美麗的東西』，提到『美』的場合是指在那裡可以享受愉悅和昂貴的醇酒佳餚。就是亞里斯多德都在誤導我的觀念，他對耳目聲色之娛持寬容的態度，不認爲是過分放縱的行爲，完全是人的習性使然；即使無理性的生物也能具備這方面的本能和感受[544]。」

「我們觀察到很多動物爲音樂著迷，例如公鹿喜愛笛子的吹奏，有一個歌曲名叫〈種馬的騰躍〉[545]，這是演奏給母馬聽，特別是在牠們蓋起頭罩進行配種時候。品達特別提到一首歌讓人非常感動：

> 海豚都在風平浪靜的洋面嬉戲，
> 優美的笛聲已帶來舞蹈的旋律；[546]

這時舞蹈的姿態如同捕獲一隻角梟[547]，模仿帶著韻律的聳肩動作，歡樂的神色眞是讓人大開眼界，我從未見過這樣的場面，不像有的人只能私心竊竊自喜，舞者卻用肢體語言來表達，的確能夠做到惟妙惟肖的程度；我們要讓旋律、節奏、舞蹈和歌曲不斷通過感官，使得心靈產生共鳴，從而感受到它所具備的特質，歡樂才能發揮它的功能。這種情緒作用不能保持秘密，或是讓它在黑暗中進行，或者將它放在高牆的圍繞之中(這是塞倫學派的論點)，我們爲了讓它公開演出，特別建造體育館和劇院。大批觀眾可以看到也能聽見，證明它能給我們帶來歡樂而且有深刻的印象，讓所有的民眾得到高尚和文明的娛樂，不會感染放縱的風氣和產生色情的綺念。」

---

544 亞里斯多德《奈科瑪克斯倫理學》第3卷1118A及《問題》第28卷949B。

545 本書第12章〈對新婚夫婦的勸告〉的序文也提到這種習俗，參閱伊利安《論動物的習性》，認為邁西亞人是始作俑者。

546 希里德《品達的吉光片羽》No.235。有關這個海豚的故事，參閱本書第13章〈七個哲人的午宴〉19節。

547 羅斯《亞里斯多德殘篇》No.254-255；以及阿昔尼烏斯《知識的盛宴》第9卷390C。

3 等到凱利斯特拉都斯說完以後，蘭普瑞阿斯看到在場的樂師和藝人顯出不以爲然的神色，仍舊堅持自己的立場，於是他說道：「啊！凱利斯特拉都斯，你雖然是李昂的兒子，這方面的看法讓人難以理解，我怕古人將戴奧尼蘇斯稱爲列什(遺忘之神)的兒子，完全出於一種誤會，他們應該把他當成列什的父親才對。他似乎讓你忘記與歡樂有關的過錯，一部分是極端的放縱，還有就是誤解和疏忽。造成傷害是非常明顯的事，任性的過失在於人們無法自律，逼得必須壓抑他們的理智。對於這種行爲不會施以直接或立即的懲處，他們也就避而不提這方面的傷害，裝出一無所知的模樣。主要的過錯在於飲食和女色的奢侈和放縱，不僅風評甚差，還帶來很多身體的疾病和財務的損失，我們將自暴自棄的生活方式稱之爲自甘墮落。」

「聲名狼藉的狄奧迪克底，雖然患有眼炎視物困難，當一位心儀的婦女出現在面前，他會情不自禁的歡呼：『啊！可愛的光！』還有那位來自阿布德拉的學者，

誰知犬儒學派的安納薩爾克斯，
到處想表現堅定和無畏的意志，
他們說他了解的真理全是壞事；
自然女神拿欲望當成尖銳長矛，
逼他返回虛偽的原處無路可逃，
詭辯家只要聽到就會心驚肉跳。[548]

雖然人們對於歡樂嚴加戒備，由於它的掩飾和蒙蔽，能夠一舉占領他們的肚皮、性器官、口腔和鼻子，接著用埋伏的方式攻下眼和耳的防線。」

「這些人雖然與其他人有所不同，基於放蕩和輕浮的成因在於無知和缺乏經驗，根本不了解會有什麼後果發生，所以不能把他們看成完全失去自律的能力。他們認爲可以掌握歡樂不會成爲它的奴隸，只要整天留在劇院不進飲食即可；如同一個陶甕所以感到自傲，爲著不能從它的腹部或是從甕底將它舉起來，殊不知只要抓住甕耳就很容易辦到。阿昔西勞斯說一個人要是縱情女色，至於是人前或人後倒是沒有多大差別[549]；我們必須嚴加防備，就是不要讓耳目之娛從而陷入墮

548 狄爾斯《哲理詩殘卷》之〈泰蒙篇〉No.58。
549 奧盧斯·傑留斯《阿提卡之夜》第3卷5節。

落和奢華之中；有人認爲一個城市固若金湯，在於大多數的城門都用門閂、螺釘和鐵閘柵嚴密緊閉，可保萬無一失，要是敵人能從一個城門長驅直入，或是越過城牆凌空而降，那麼一切辛勞便化爲烏有。」

「一個人即使能夠絕跡於阿芙羅黛特的香閨，卻無法與繆司斷絕關係，也不能不去劇院消磨時光，那麼他就不能說是已經免於歡樂的糾纏，事實上他的心靈早就降服成爲它的戰利品。我的意思是旋律和節奏征服我們的感官，較之廚師或香水匠的產品更有威力，因爲音樂的諧和與變化比菜餚更能擄獲和腐化他們的心靈。他們用餐桌來證明所言不虛，如同品達所說：『光輝的地球和洶湧的海洋供應的產物，我們不能苛求也無法加以改變』[550]；音樂可以激起興奮的情緒，即使無法讓整個市鎮，也可以使得整座大廳，充滿歡呼、鼓掌和喝采的聲音；然而食物、菜餚和醬汁以及最醇的美酒，都無法帶給我們這樣大的樂趣。」

「我們必須對這些歡樂特別小心防備，因爲它們擁有難以抗拒的力量，不像來自味覺、觸覺和嗅覺的感官，所能產生的效果，只是我們心靈當中屬於非理性和『天生』的部分，而是能夠掌握我們判斷和思考的功能。再者，我們不能全靠理性盡力去反對各種奢侈帶來的花樣，仍舊有其他的情緒堅持它要發泄的方式。即使是美食家到漁市場也會爲寒酸的口袋伸不出手，花費昂貴的妓院會讓小氣的登徒子爲之卻步；米南德的劇本描述如下的情節，一個工於心計的淫媒運用手段，讓參加宴會的賓客一個接著一個暴露出他們的本性，他帶著模樣高傲又打扮得珠光寶氣的粉頭前來亮相，

大家垂首坐在那裡裝著吃甜點。」[551]

「不錯，不知節制會受到嚴厲的懲處，就是爲欠債背負很重的利息，要知道讓一個人鬆開錢袋可不是一件容易的事。對那些著迷於音樂和笛藝的高人雅士而言，受到刺激的部位是眼睛和耳朵，經常可以免費獲得和享受這方面的樂趣，無論是在祭典、劇院或宴會，都是別人付帳自己無須花一毛錢。這樣一來聽眾很快著迷到難以自拔的地步，因爲他無法從計算價錢方面，免得陷入太深或是強烈的約束自己。」

---

550 希里德《品達的吉光片羽》No.220。

551 柯克《阿提卡喜劇殘本》之〈Adesp篇〉No.607。

4 大家沉默不語，我說道：「好吧！難道我們期望這樣做或這樣說的打算，都是爲了能夠將自己從欠債當中拯救出來？我們不能像色諾克拉底所說的那樣用耳塞來保護自己不受污染[552]，也不能聽到七弦琴的調音或看到笛子放在嘴邊，馬上站起來離開宴會。」

蘭普瑞阿斯回答道：「當然不致如此，一旦我落到與西倫斯同樣的處境，應該向繆司提出呼籲，如同古老的年代可以在赫利康獲得庇護。如果一個人對於價昂的娼妓充滿高漲的激情，我們不能將珀妮洛普帶來與他同台演出，更不能讓他娶潘昔婭(Pantheia)[553] 爲妻。有人喜歡啞劇或是歌曲以及各種演奏，就說他沒有藝術素養而且品味很低，非要強迫他去觀賞優里庇德、品達和米南德的戲劇不可。用柏拉圖的話來說，便是要以『理性的清泉沖去耳中帶苦味的鹽粉』[554]。如同魔法師規勸那些被鬼附身的人，要他們不斷在口裡念著以弗所人的字母，在這些嗚囀和雀躍當中，

像是狂暴的群眾受到蠱惑刺激，
仰起頭一同對著上天反唇相稽；[555]

就會讓我們記得神聖和莊嚴的著作，同時要與眞正高貴的歌曲、詩詞和傳奇做一番比較，不應該爲低俗的節目感到眼花撩亂，也不要委屈自己躺在音樂的旋律之中隨波逐流。」

問題六：有的來賓被人稱為「身影」，赴宴是出於其他人員的代邀，何種情況及那種型態的主人才有這一類的客人出現？

參加者：蒲魯塔克、弗洛魯斯和西撒紐斯

1 荷馬描述阿格曼儂設宴款待各路大軍的主將，麥內勞斯沒有受到邀請，因爲知道

552 赫因茲《色諾克拉底的吉光片羽》No.96，參閱本書第3章〈論課堂的聽講〉2節。

553 潘昔婭是一位波斯權貴人物的妻子，出現在色諾芬的歷史著作《居魯士的教育》之中。

554 柏拉圖《菲德魯斯篇》243D。

555 希里德《品達的吉光片羽》No.208，蒲魯塔克引用在本章第1篇問題5第2節，本書第30章〈神讖的式微〉14節，只是用詞稍有不同。

他的兄弟認為他目前心神不安，[556]

所以不會怪罪自己的親手足會出現這樣的疏忽，可以明顯看出，他也不會故意不去表示譴責之意，很多人用這種方式對朋友的考慮不周表示抗議。他們以爲出於忽略忘記邀請，會讓大家如釋重負；如果表示尊重非要他前來不可，有他在場就難免讓大家感到悲傷。

這樣一來就會產生可以討論的問題，出現間接邀請的習俗淵源何處，所謂這樣的客人現在稱之爲「身影」[557]，就是自己沒有受到邀請而被受邀賓客帶去赴宴的人。大家一致認爲開始於蘇格拉底，亞里斯托迪穆斯雖然沒有接到請柬，受到蘇格拉底的說服，願意陪同他前去參加阿加豐的宴會[558]。亞里斯托迪穆斯獲得非常奇特的經驗，他沒有注意蘇格拉底在路上走的時候，思考問題走得很慢就留在後頭，等於是他一馬當先走在前面，這時太陽在後面將他的影子投向前方，好像是沒有受到邀請者比受邀者先抵達主人的門前。等到以後無論是款待來自國外的客人，特別是非常重要的人物，可以不需要知道帶來的隨從和朋友，全部都由主賓代爲邀請。

一般來說，主人必須詳細列出客人的數目，才能事先完成妥善的安排，否則就會像一個人要在鄉下招待菲利浦，結果出現很尷尬的狀況，因爲國王帶來一大群隨從，晚餐沒有準備足夠的分量，看到主人陷入困窘之中，於是菲利浦很安靜的傳話下去，要他們「留點容量給最後的甜點」，大家在開始的時候不會狼吞虎嚥，這樣使得每個人可以勉強餵飽肚子。

2 我與大家討論這個問題的時候，是想到什麼說什麼，抱著隨心所欲的態度；弗洛魯斯認爲我們對於所謂的「身影」要有更嚴肅的論點，還要考量一個人被這種方式邀請成爲食客是否適合；然而他的姊夫西撒紐斯覺得這種行爲根本不應容許，所以說最好的辦法還是聽從赫西奧德的勸告：「務必邀請自己的朋友前來晚餐」[559]，或者至少要邀請朋友的相識或同伴，分享酹酒的儀式、食

556 荷馬《伊利亞德》第2卷409行；阿格曼儂是希臘大軍的統帥前去征討特洛伊，麥內勞斯是斯巴達國王，這次戰爭是因為他的妻子海倫遭到誘拐所引起。

557 拉丁文是umbra，可以當作「幽靈」或「鬼魂」解；參閱賀拉斯《諷刺雜詠》第2卷8節22行。

558 柏拉圖《會飲篇》174A。

559 赫西奧德《作品與時光》342行。

物、美酒和談話的殷勤款待。他繼續說道：「現在的狀況如同讓船隻獲得特許，無論在何處都可以任意卸貨一樣，使得我們的晚宴充滿隨心所欲願意前來參加的人，至於是否可以使得整個團體洋溢高雅的氣氛，根本不在考慮之列。」

「看到一位有教養的人士竟然成爲間接邀請的客人，甚至沒有受到邀請就前去赴宴，讓我感到不可思議，特別是主人根本不知道他是何方神聖。或者是主人知道他甚至是很熟的朋友，然而卻沒有邀請他，這時要前來參加宴會一定會感到羞愧，同時認爲即使迫於朋友的好意，還是以不要違反主人的意圖爲原則。」

「再者，某人邀你前往另外一位人士家中作客，你無論比起代邀者早到或晚到都會出現尷尬的狀況，像是站在主人面前需要一位保人，證明你參加晚宴並不是沒有受到邀請，充其量是某人的『身影』而已，這種場面的確讓人感到難爲情。或許，從另一方面來看，有人手舞足蹈跟隨代邀他的人赴宴，甚至在他塗油和沐浴的時候充當衛士，無論是故意晚到還是匆匆趕來，都是貨眞價實的奴性作祟和奉承手法，像是納索(Gnatho)在混吃混喝的技巧方面，成爲有記錄可查的高手和大師[560]。」

「還有另外一點可以說明：即使主人覺得一個人的講話不太適合，還是會說：

> 要想稍微吹噓一下，請開尊口！[561]

飲宴場合的言行難道不應該考慮坦誠的態度和戲謔的口吻？如果身爲不速之客，這個時候要知所收斂，間接邀請的方式究竟不能算是正式的貴賓；無論他是否願意與其他客人進行自由自在的交談，始終成爲別人肆意批評的對象。」

「感到遺憾的地方在於這個名字不夠莊重，還是有人樂於接受，不以『身影』的稱呼爲忤。在我當主人邀請朋友前來飲宴，由於這個城市有根深柢固的習俗，一時找不到其他可用的藉口，我還是歡迎身影前來參加我的宴會；至於我個人要用這種方式應邀到另外人士的家中，會很堅定的表示婉拒之意。」

560　納索扮演食客是新喜劇當中極其風趣的角色，特倫斯(Terence)的喜劇《宦官》(*Eunuch*)風行一時，就是靠著他的插科打諢和妙語如珠。

561　這句詩出自不知其名的悲劇家或喜劇家；參閱柯克《阿提卡喜劇殘本》之〈Adesp篇〉No.1228；或瑙克《希臘悲劇殘本》之〈Adesp篇〉No.398。

3 等我講完以後大家保持寂靜，弗洛魯斯說道：「有關最後這點會產生問題。在於代為邀請的方式有時無法避免，像是前面所說要款待國外來的一位訪客，如果只請他不將他的朋友包括在內，是相當不禮貌的行為，何況事先不容易知道誰會陪同前來。」

我答覆他的話說道：「我們是否贊同主人可以運用代邀的方式，讓邀請的客人擁有這種特權，受到邀請的人也不能拒絕。主人並不適合提出請求，也不方便給予同意，即使不應該鼓勵代邀的行動，事實上還是照做不誤。任何與權貴或外邦人[562] 相關的狀況，有時無法邀請也無從選擇，我們只有接受與他們同來的人士。至於款待一位朋友則不然，因為我們知道他的底細，就不容易產生誤會，即使出現疏失只要更正過來，就可造成皆大歡喜的結局。」

「不過，有時候決定權不操在主人的手裡，完全要看對方的反應；如同向某位神明獻祭，也會祈求同在一座祭壇或一個神廟的神祇，一起來享用他奉上的犧牲，雖然他沒有一一呼喚祂們的名字；在一個充滿感情和友善的團體，豐盛的餐宴不完全靠著飲食和擺設，一定要適合客人的口味，不能帶有暴發戶的心態；邀請的客人要是彼此間非常熟悉，或者是親戚或朋友關係，這樣的宴會使人感到更加愉快。無論是為返國人員的接風或是家庭的聚會或是事業的需要，安排會餐是理所當然之事，唯有情投意合的團體才會帶來眞正的歡樂，宴會的要求在於分享熱情和戲謔，彼此言語和舉止的互動，還得讓朋友和賓客之間有機會溝通，才能度過一段快樂的時光。廚師準備的菜餚要有各種不同的風味，包括酸甜苦辣在內，你要是將不同口味和嗜好的人聚集起來，要想大家都能感到滿意，也是一件不容易的事。」

我繼續說道：「逍遙學派的理論，第一位提案者並沒有提出具備的內容，最後提出的建議也不是放諸四海皆準；兩者之間的提案者會眞正提出某些事項或者會被其他人提出[563]。因此，我們的討論有三個對象：邀請者、被邀請者和既是被邀者又是邀請者。我們剛剛已經說過邀請者的狀況，我以為我的看法並不適合其他人士。至於被邀請者首要的義務，代邀別人的時候要加以考慮，人數一定不能太多。他不能像一支留在敵國境內的軍隊，要為所有的人去尋找糧草；也不能像在國外找到新開墾的土地，好像所有的問題都可以解決。這時會讓主人處於左右為難的場面，如同人們向赫克托和來意不善的精靈供應膳食，祂們根本不會享

562 蒲魯塔克的意思是指羅馬人。

563 亞里斯多德《形上學》第5卷1072A。

用，只會把整個家庭搞得烏煙瘴氣[564]。如同人們經常說起的，

德爾斐奉獻犧牲的人要買肉吃，[565]

這種話當然是在取笑我們。要是遇到沒有教養的客人，無論是外邦人或朋友，他們帶來一群『身影』，如同哈庇斯的惡劣行徑把你的宴會搶劫一空。」

「再者他不應遇到人就代爲邀請，要盡可能是主人的朋友或熟人，還要避免請來有過節的人士，要按照東家的性格和狀況來邀請，譬如主人是拘謹的長者，就代請一些正人君子，如果他是學者就請飽學之士，如果他是有影響力的人就請一些權貴；何況這些人之間容易交談，很可能原來就是熟悉的朋友。諸如此類的環境提供機會讓人們相識進而建立友誼，可以說是非常適當和有益的舉動；有時這種介紹流入形式，經常出現雙方意氣無法相投的狀況，例如將貪杯如命的酒徒推薦給潔身自愛的主人，或是要奢侈揮霍的來賓結識生活簡樸的寒士；或者，從另一方面來說，將陰鬱的老人或長著鬍鬚一本正經的詭辯家，介紹給喜愛飲酒歡樂的年輕人，他們之間很難交談下去。舉行宴會要想達到賓主盡歡的結局，完全在於雙方適當的行爲舉止和相互的情投意合。」

「現在談到三種人之中的最後一種，這個人是被一個人邀請到另外一家去作客；如果他排斥或厭惡『身影』這個名字，那麼他眞的害怕成爲一個影子，然而在另一方面，他需要多加斟酌再做決定。任何一位有教養的人不會立即接受這種方式的邀請，首先要考慮是誰在開口以及爲何要這樣做，如果對他不是很熟就沒有這個必要，可能邀請他的人非常富有或者地位高貴，就像是舞台上面的名角，要他前往以壯聲勢；或者是他本人很有名氣，可以給邀請他的人以及主人帶來榮譽。」

「甚至即使是一位朋友或關係密切的相識，也不必立刻接受邀請，除非他期望我們的聚會有迫切的理由，而且找不到其他的機會，像是他離開很長一段時間以後，剛從海外返回家門；或者是要離家遠行，明顯得知出於友情的需要渴望大家相聚一堂；或許他找的人數量有限沒有外人，甚至只是少數非常親近的朋友；或許是主人非常卓越是値得交往的人士，所以要特別帶去認識。我們要避開如同

564　蒲魯塔克是德爾斐的祭司，難免要接待很多牛鬼蛇神的人物；像是提到的赫克特就是冥界的黑暗女神。

565　意思是分肥的人太多，還要奉獻給胃口奇大的祭司，難免會讓香客怨聲載道；參閱柯克《阿提卡喜劇殘本》之〈Adesp篇〉No.460。

荊棘和刺叢之類的邪惡之徒，這些傢伙只要找到一點機會就緊纏住我們不放。沒有人介紹就不要與他們說長論短，也不必介紹給自己的朋友，免得引起很多的麻煩；最重要的是一定要潔身自愛，才能與他們劃清界線。還有一種很不得體的方式，就是前去拜訪一位你根本不清楚底細的人，除非如我在前面所說的那樣，具備極其突出和卓越的氣質，他像是在尋找機會要接受別人的友誼，或者你出現在他的住宅，只是爲著陪同其他的客人。」

「有關我們自己相識的人，情願讓他接受另外一次邀請前來拜訪，總比透過第三者的代邀更爲得宜。菲利浦的弄臣經常闖席成爲不速之客，帶來的混亂讓國王爲之開懷不已[566]；如果這種情形與一位紳士或好友有關，對於主客雙方都產生深刻的印象；因爲不預期的狀況對雙方都是難得的經驗，面對這樣的場合會使得賓主盡歡，要把一切的安排歸於玉成其事的人。特別注意接受統治者、富豪或權貴的款待，赴宴的客人都應該出於他們的邀請，如果出於第三者的安排是相當犯忌的事；我們要盡量少與這些人來往，免得名聲因爲奉承、攀緣、低俗和野心，產生不利的影響。」

問題七：為何女性笛手吹奏的音樂適合宴會完畢之後供大家欣賞？
參加者：一位斯多噶學派詭辯家和菲利浦

我在奇羅尼亞設宴款待帕加姆(Pergamum)[567] 來的戴奧吉尼阿努斯，席間討論娛樂的各種方式，一個鬍鬚很長的斯多噶學派詭辯家言辭咄咄逼人，發現要想反擊的確很不容易。他對於人們在飲酒的時候，一邊聆聽女笛手的吹奏，拿出柏拉圖使用的譴責之辭，說是會分心無法享受清談之樂。普祿薩(Prusa)的菲利浦雖然與詭辯家同一個學派，勸我們不要把阿加豐的話當回事，因爲這位悲劇作家邀請很多著名的賓客，所以才說與他們的談話，比聽音樂會給人帶來更大的愉悅；他說令人感到驚異之處不是笛手被大家趕走，而是再快樂的交談還是無法讓來客忘記美酒佳餚。

菲利浦繼續說道：「儘管如此，即使有蘇格拉底、安蒂塞尼斯和其他學者在

566 色諾芬《會飲篇》第1卷18節。

567 帕加姆是小亞細亞的首府，距離海岸有二十四公里，圖書館的規模僅次於亞歷山卓，是希臘世界一座名城，從282-133 B.C.，建有阿塔盧斯世系的帕加姆王國。

場，色諾芬對於引見有位名叫菲利浦的小丑，卻一點都不感到有失顏面，如同荷馬所說來人就像是『可以用來下酒的蒜頭』[568]，會給大家帶來歡笑。柏拉圖提到亞里斯托法尼斯有關愛情的講話，在他的《會飲篇》[569] 當中等於是喜劇的幕間時段，最後會打開對著街道的大門，從外面帶進一個裝束極其鮮豔的觀眾：就是喝醉酒在那裡胡鬧的亞西拜阿德，頭上還戴著花冠。然後是他與蘇格拉底爲了阿加豐發生一點摩擦，以及蘇格拉底那篇受到三美神推崇的頌辭；就是阿波羅帶著調好音的七弦琴進入宴會的場所，在場人士也會要神明等待片刻再演奏，因爲他們的談話還在進行，一直要得到結論才能告一段落，這些話雖然有點不敬的意味，實情難道不就是如此？」

他繼續說道：「考慮到這些偉大人物的對話是如此充滿魅力，仍舊運用插曲的方式岔開主題，同時在《會飲篇》加入很多喜劇的相關情節，我們當中有很多政治家以及事業興旺的人士，可以說沒有一位鄉巴佬，那麼爲何還把這些帶來歡笑的娛樂趕走，聽到西倫斯來到就先逃之夭夭？運動員克萊托瑪克斯確實值得讚譽，也是只要有人提到女色他才起身離開宴會[570]；如果一位哲學家的告辭是怕聽笛子的吹奏，或是發現有一位女豎琴家正在調音，馬上吩咐奴僕送上他的靴子，叫小廝準備好提燈，這種情形又怎不令人感到可笑？看來他厭惡這種極其高尚的娛樂，與一個蜣螂排斥香水的味道[571] 又有什麼不同？」

「說實在的，眞正適合餐後酒的消遣就是音樂節目，如同我們可以敞開心靈面向神明。在其他方面我對優里庇德可以說是讚譽有加，唯獨無法接受他要爲音樂制定法規的理念，貶低到只運用於哀悼和悲傷的場合；如同需要醫生在病床旁邊進行嚴肅而清醒的談話，好把後事交代清楚。音樂對於戴奧尼蘇斯的天之美祿能夠增進歡娛的情趣，可以用來分類爲消遣而非工作。有位斯巴達人在雅典看到新編的悲劇參加競賽，從演員、監製到導演都全力以赴，幾乎是不眠不休的加強準備，他說這個城市眞要爲戲劇陷入瘋狂之中而自得其樂[572]。其實我們應該把戲劇的演出看成一種娛樂的方式，不値得爲它花費太多的精力，特別是金錢和時間

568　荷馬《伊利亞德》第11卷630行。

569　蘇格拉底特別提到亞里斯托法尼斯不會反對愛情，還說他把全部生命都奉獻給戴奧尼蘇斯和阿芙羅黛特(這兩位是酒神和愛神)；參閱柏拉圖《會飲篇》177E。

570　要想了解古代的拳擊和角力選手如何加強訓練和自我克制，可以參閱伊利安《論動物的習性》第6卷1節以及《歷史文集》第3卷30節。

571　狄奧弗拉斯都斯《論植物的成因》第6卷5節，說是兀鷹會被香味逼退，蜣螂不會接近玫瑰。

572　本書第26章〈雅典人在戰爭抑或在智慧方面更為出名？〉6節，提到同樣的狀況，只是讓人產生不同的觀點和感想。

要用在更重要的事項。現在端出餐後酒讓我們的身心獲得鬆弛，當然會喜歡這些消遣的節目，凡事我們不應過分的享受，那麼就要考慮是否會產生樂極生悲的結局。」

問題八：適合晚宴的餘興節目有那幾種？
參加者：蒲魯塔克、一位詭辯家、菲利浦和戴奧吉尼阿努斯

1 等到菲利浦講完以後，我為了不讓詭辯家有駁斥的機會，於是開口說道：「戴奧吉尼阿努斯(Diogenianus)[573]，到底有多少種娛樂節目適用於晚宴的場合，你認為大家討論這個問題如何？我們先要請一位見識高明的人擔任裁判，由於他對於每一種節目都沒有偏見，不會受到個人情緒的影響，在他的認可之下一定會做出最好的選擇。」

戴奧吉尼阿努斯贊同我的提議，詭辯家毫不遲疑給予回答，說是他早已絕跡於所有舞台和樂隊的各種娛樂，還是願意推薦一種消遣的節目，當前在羅馬的宴會已經流行，只是還沒有傳播開來能為一般大眾所接受。

詭辯家說道：「柏拉圖的對話錄你應該非常熟悉，有的是文詞的說明和敘述，有的帶有表演的情節讓人感動。所以人們才會將戲劇性對話當中最精采的部分教給學戲的奴隸，據說他們是用死背的方式下很大的苦工，精通一種表演的手法，適合於劇中人物的個性，就是調整他們的聲音、姿態和道白，能與劇本的微言大義配合得絲絲入扣。對於類似的教學方法和模式，舉凡個性堅定和教養良好的人士都會熱心贊同；還有一些成年人沒有受過教育對音樂一無所知，他們的耳朵無法分辨諧和的旋律，誠如亞里斯托克森努斯(Aristoxenus)[574] 所言，聽到合乎音韻的歌曲連膽汁都會嘔出來，當然會將高尚的娛樂拒之於千里之外。如果他們從頭到尾都抱著禁止的態度，我一點也不會覺得奇怪，因為社會上面頹喪和奢靡的風氣一直占有優勢。」

573 對於斯多噶學派的人士而言，這個名字暗示「冷漠無情」。

574 亞里斯托克森努斯是希臘世界最偉大的音樂家，也是一位哲學家，西元前4世紀生於義大利的塔倫屯，傳世的作品有《和聲的理論和原則》(*The Principles of Elements and Harmonics*)、《節奏的基本原理》(*The Elements of Rhythm*)、《論音樂》(*On Music*)、《論調性》(*On Melody*)、《畢達哥拉斯學派的哲學理論》(*The Pythagorean Maxims*)，對後世產生極大的影響。

2 菲利浦發覺在座人員當中某些人士頗爲反感，他說道：「閣下，務必原諒我們，不要多加責怪；等到這種風氣在羅馬流傳開來，我們[575]是第一批表示厭惡的人士；還有人認爲適合柏拉圖的說法，當成一種嗜酒的娛樂方式，從他的對話得知，可以用美酒、甜點和香水來表達所具備的內涵，我們對這種託辭首先展開激烈的批判。等到有人大聲朗誦莎孚或安納克利昂的詩篇，我在感動之餘抱著尊敬的心情放下酒杯。我要說的實在很多，生怕目標對著閣下，擺出一本正經的神情而不是開玩笑的口吻；因此，你可以看到我把『用理性的清泉沖去耳中帶有苦味的鹽粉』[576]的責任，連同我的酒杯一併交給我們的朋友戴奧吉尼阿努斯。」

3 戴奧吉尼阿努斯接下酒杯說道：「這番話說得眞有道理，飲酒不僅對我們無害還有很多的好處，看來我像是要修正自己一些觀念。所有的娛樂項目不過大同小異，只是其中大多數要調整它在名單上面的位置：位居第一是悲劇：激昂的雄辯和細膩的情節極其哀怨感人，非常不適合在飲宴的場合演出。我認爲皮拉德風格[577]的戰舞最難討好，不僅虛憍做作而且需要龐大的演員陣容；蘇格拉底對於舞蹈一直情有獨鍾，爲了尊敬他，我認爲貝特留斯風格[578]的表演方式，很値得向大家推薦；嚴格講這不是一種團體舞，很接近自由發揮的舞步和韻律，詮釋精靈、潘神和薩特與厄洛斯尋歡作樂的情景。」

「老式喜劇帶有變幻無常的氣氛，對於正在舉杯暢飲的賓主都不適宜，諸如他們所謂的表演模式過於裝模作樣而且不留情面，運用嘲笑和謾罵的手法已經冒昧無禮到極點，所有的情節充滿淫穢的道白和色情的詞句。隆重的宴會擺出盛大的排場，指派特別的侍者伺候到場的賓客，幾乎每個人都需要專屬的學者解釋暗示和引喻：誰是優波里斯劇中的主角利斯波迪阿斯(Laespodias)[579]，誰在柏拉圖的喜劇中扮演辛尼西阿斯[580]，還有克拉蒂努斯的新作裡面朗潘一角由誰擔

575 這裡的「我們」是指這些斯多噶學派的人士。

576 參閱色諾芬《會飲篇》第2卷15節。

577 阿昔尼烏斯《知識的盛宴》第1卷20B-C，提到貝特留斯和皮拉德就像一對舞伴，在他們共同努力之下，發展出「悲劇的舞蹈形式」。皮拉德來自西里西亞，他寫了一本有關舞蹈的書；貝特留斯來自亞歷山卓，他的出身是密西納斯的自由奴。

578 色諾芬《會飲篇》第2卷15節。

579 這裡提到的角色可以參閱柯克《阿提卡喜劇殘本》之〈優波里斯篇〉No.102。

580 這位柏拉圖是西元前5-4世紀雅典的喜劇家，曾經贏得兩次優勝，是亞里斯托法尼斯的競爭對手，只有殘句存世；參閱柯克《阿提卡喜劇殘本》之〈柏拉圖篇〉No.184。

綱[581]，以及所有那些在劇中受到挖苦和嘲笑的人士。整個宴會變成一個教室，所有尖酸刻薄的對白不僅深具含義而且都有所本。」

「儘管如此，還有誰會對新式喜劇表示異議？它已經當作《會飲篇》的構成部分，看來米南德比起飲酒更容易使我們的談話順利進行。帶有歡樂和純樸自然的風格延展到整個表演動作，清醒之際不會過於低俗，即使蹣跚而行也不感到困難；劇中人物的品德是那樣高尚，所有的情節是一道潛伏的暗流，如同酒的熱力使得鐵石心腸都會熔化，就像鼓風爐的火將堅硬的鋼化爲繞指柔；全部都混合著正經和幽默，最大的好處是男士可以一邊飲酒一邊欣賞，詩情畫意的結局讓所有的觀眾都能皆大歡喜。」

「甚至米南德劇中的色情成分也就適合酒後的男士，等到離開以後就會休息在妻子的懷中；所有的戲劇沒有一齣涉及到男色和孌童。劇中的情節即使有處女受到誘惑，最後的結局仍舊以婚姻告終；漫不經心的婦女涉及風流韻事的場面，如果內容受到攻訐和造成羞辱，在年輕人這部分會受到懲處和感到悔恨，不倫之戀立即無疾而終；清純少女的愛情總有一位父親出面主持合法的典禮，給予他們浪漫的時間和過程，可以感到是非觀念的調節和慈善爲懷的自覺。人們經常爲著其他的公務忙碌不堪，把娛樂和消遣當成不足掛齒的小事，等到飲了足夠的酒，就說米南德的劇本具備文雅的魅力，發揮改造和重建的影響力，有助於達到善和美的最高道德標準，這時我一點都不會感到驚奇。」

4 戴奧吉尼阿努斯講完這段話陷入沉思之中，不管他僅僅暫時停頓一下或是已經結束，詭辯家對他發起另一輪的攻擊，認爲需要從亞里斯托法尼斯的著作當中，列舉一些對他的論點有助的文字。這時菲利浦轉過頭來對我說道：「戴奧吉尼阿努斯已經達成他想要的目標，因爲他對心儀的米南德一直推崇不已，看來他只對這方面最有興趣。仍舊有很多消遣的方式沒有提出來討論，我很想聽到你的高見。等到明天大家全都清醒以後，會請各位擔任雕塑比賽的裁判，一定會讓戴奧吉尼阿努斯和外來的客人感到滿意。」

我回答道：「好吧，還有某些啞劇像是他們所說的『神劇』或『鬧劇』，我不認爲這兩種都適合在宴會中演出。神劇上演的時間拖得很長，需要很多的道具和裝備；鬧劇是亂開黃腔和口無遮攔的低級喜劇，如果主人的個性謹慎細心，連那些帶著我們的鞋子陪同前來的奴隸，都不能讓他們趁著這機會去觀看。下層社會

581 參閱柯克《阿提卡喜劇殘本》之〈克拉蒂努斯篇〉No.117。

的民眾連同他們的妻子和兒女，都會安靜的坐在那裡觀看這些演出，我認爲這些節目比酗酒對心靈造成更大的混亂。」

「七弦琴流傳的期間非常久遠，從荷馬的時代直到目前，都是宴會當中極其熟悉的對象；所以不願意解除古老的友情關係，僅僅希望琴師不要只彈奏悲傷和憂鬱的曲調，爲了給大家帶來愉悅，應該改變它的風格和手法，適宜於歡宴和慶典的場合。如果我們想要笛子就不會將它從桌邊趕走，如同花冠一樣在酹酒儀式據有重要的地位，可以吹出帶有宗教意味的伴奏，有助於大家高聲齊唱讚美曲。甜美的聲音慢慢注入和通過我們的聽覺，能夠瀰漫到整個心靈，帶來寧靜和安詳的氣氛和感覺，如果我們有太多的煩惱和憂慮，連飲酒都無法加以排除和轉移，靠著它那跳躍的音符，像是睡在柔和的胸懷得到最大的撫慰。」

「笛子的音聲有其範疇和限度，不會使心靈產生狂熱的情緒，特別是它的低音音域和複調旋律，加上飲酒帶來的濕潤，攪拌起來有如水乳交融。牛隻不了解說話所代表的意義，牧人用帶音樂性的口哨或呼叫，或者是號笛或海螺的殼，激勵牠們賣力或是平息牠們的動作。我們的精神生活當中時常存有草食牲口的習性，對於理性既無感受也無反應；一位樂師靠著七弦琴和笛子，讓音樂的旋律和節奏來鎮定我們的心靈和安撫我們的情緒。」

「如果我能表達個人的意見，絕不會允許宴會當中只有笛子或七弦琴的旋律，即使聽不到悅耳的歌聲也在所不計；我們仍舊保持一種習慣，就是主要的樂趣還是來自談話，願意把閒暇的時光花在有益的討論上面，只是拿旋律和節奏作爲助興的工具，使得場面非常熱鬧不會出現冷清的狀況；我們在吃主食的時候沒有人拒絕酒和美味帶來的歡樂，只是蘇格拉底反對同時享受香水的氣味，認爲毫無必要而且過於人工化[582]；所以當七弦琴或笛子在沒有歌聲的陪伴之下，就在我們的耳邊響起的時候，讓我們不必有所回應。這些出現在團體裡面的談話和聲音，讓我們身體的理性部分同樣享受愉悅的盛宴，這時我們才能將全部的身心投入其中。我們認爲在古老的神話裡，馬西阿斯(Marsyas)受到神的懲罰，罪名在於他過分的自信，昂首吹奏笛子一副得意洋洋的模樣，靠著樂器的旋律，想要與七弦琴伴奏下的歌聲比個高下[583]。」

我繼續說道：「我們還要特別注意，任何一位來賓要是能用哲理的談話對人

582　色諾芬《會飲篇》第2卷3節。

583　馬西阿斯是一個山林水澤的精靈，竟敢與阿波羅比賽誰的演奏更為動聽，輸了以後被神明將他的皮活活剝下。

有所啓發，務必要加以鼓勵，而不是有心運用其他的方式阻礙彼此的溝通。有些人是那樣的愚蠢，明明可以自得其樂，爲了滿足驕傲的心理，不得不從另外的來源引入其他的消遣；如同優里庇德提到的城邦，不願在家中好好過日子，非要

遠赴海外去耀武揚威一番不可。[584]

波斯國王過分籠絡的做法毫無品味可言，他將玫瑰和番紅花編成的花冠，送給斯巴達的使者安塔賽達斯(Antalcidas)[585] 之前，先將它浸在香水裡面，使得花朵美麗的本質全部遭到破壞[586]。正當整個團體浸潛於文學和藝術的氣氛之中，同樣不要讓樂器的聲音干擾神遊其中的心靈，像是用外國的神祇驅趕自己家中的保護神。」

「宴會當中發生口角和爭執已到針鋒相對的情況，這是音樂節目演出的最好時機，或許作爲一種藉口用來阻止談話離題到不愉快的事情，像是出現極其詭異的論點以及陷入政治和法律的狡辯之中。等到場面慢慢平靜下來，整個團體重新開始交談，大家不再爲唇槍舌劍的交鋒傷透腦筋。」

問題九：為何希臘人和波斯人都有酒後商議國家大事的習慣？
參加者：格勞西阿斯和其他人士

奈柯斯特拉都斯設宴款待我，大家談起與雅典市民大會相關的事項，有位人士發表意見，他說：「各位貴賓，我們在飲酒以後才會深思熟慮各種問題，這是師法波斯人的習性[587]。」

格勞西阿斯反駁道：「何以波斯人會比希臘人更具遠見？有個希臘人曾經說過：

---

584 瑙克《希臘悲劇殘本》之〈優里庇德篇〉No.984。

585 安塔賽達斯是拉斯地蒙擁有權勢的政治家，388 B.C.指揮斯巴達艦隊，經由他的努力使得希臘和波斯在387 B.C.簽署和平協定。

586 蒲魯塔克《希臘羅馬英豪列傳》之〈佩洛披達斯傳〉30節及〈阿塔澤爾西茲傳〉22節，都記載了這件事，他們強調國王的禮遇所表示的榮譽，至於品味就沒人重視了。

587 希羅多德《歷史》第1卷133節。

酒足飯飽才有心思提出好主意。[588]

追隨阿格曼儂圍攻特洛伊的戰士都是希臘人，他們在大吃大喝之後就說：

長者的指示句句都是金玉良言，
開始就要說免得我們方向走偏。[589]

原先也是基於這個原因，尼斯特才會向國王提出建議，要他召集指揮官前來會商：

盛情款待是身為統帥分內工作，
要看誰能提出最佳的用兵方略。」[590]

「希臘人不僅熱愛國家還能保持古老的習俗，讓他們的統治者酒後還能聚集在一起，這可以解釋在所有民族當中，只有他們能夠建立最優勢的政府。克里特人設立所謂的andreia(勇士廳)，斯巴達有個地方可供召開秘密會議之用，也是貴族委員會的所在地[591]；我認爲它的功能如同我們的大會堂和立法委員會。柏拉圖建議設立夜間開會的執政會議[592]，與前面所說沒有多大不同之處，只是由最優秀的政治家組成，對於最重大的事件進行審愼又細密的研討和評估。荷馬筆下的英雄『想要上床睡覺的時候，最後在赫耳墨斯的雕像前面舉行酹酒儀式』[593]，難道他們沒有將理性和酒一起帶到聚會的地方？他們就在離開之前，向著精明的神祇提出請求，參加他們的陣營給予最好的顧問和諮詢。想起最古老的時代，人們認爲戴奧尼蘇斯並不需要赫耳墨斯的幫助，大家把前者稱爲Eubuleus(最好的軍師)，因爲祂的關係就把夜晚稱爲euphrone(思考的時間)。」

588　這是作者不詳的殘句。
589　荷馬《伊利亞德》第9卷93行。
590　荷馬《伊利亞德》第9卷74行。
591　參閱蒲魯塔克《希臘羅馬英豪列傳》之〈萊克格斯傳〉12行。
592　柏拉圖《法律篇》第12卷968A。
593　荷馬《奧德賽》第7卷136-138行。

問題十：酒後討論公事能否看成一個好習慣？
參加者：奈柯斯特拉都斯、另一位是蒲魯塔克的兄弟(可能是蘭普瑞阿斯)

1 格勞西阿斯說完以後，大家一致認爲原來的爭執完全平息，沒有人會耿耿於懷，所以奈柯斯特拉都斯提出一個新的問題。他說他過去對這件事並不在意，因爲這算是波斯人的習慣，等到現在經過調查，發現希臘人也不遑多讓，所以需要討論提出辯護，看來一切都像是極其荒謬的傳聞。

他繼續說道：「理性如同我們的眼睛，要是包圍它的水晶體像波浪一樣的洶湧，就很難自由的轉動發揮應有的功能。看來飲酒激起的情緒反應，使得我們的判斷陷於不穩和失誤的狀況；就像爬蟲受到太陽的熱力照射，深受干擾之餘，只有沉入水中才能逃避；然而人們飲酒產生的感覺，就像使用一張臥榻而不是一把椅子，可以支撐整個身體躺在上面，即使擺出任何動作都非常舒適，最好的結果是讓心情保持平穩。要說我們這方面無法做到的事，就是不能將刀劍和長矛分配給酒鬼，只能看成站立不穩的小孩發給他們玩具和球。然而神對那些不勝酒力的人，會將蘆葦放在他們的手上，它不像箭矢那樣尖銳，也沒有刀劍那樣堅硬，等到他們非要與敵人拚個死活不可，總可以讓對方受到一點傷害。我們一定要明瞭這一點，那就是酒醉的蹣跚而行造成的喜劇效果，不會帶來悲劇的傷感或疾病的傷殘。」

「飲酒會產生醉意使得自己充滿信心，認爲一切問題可以迎刃而解。對於軍國大事的斟酌考量帶來致命的傷害，在於一個人即使沒有所需的才幹或是欠缺實際的經驗，也不願意審慎從事或是傾聽有經驗人士的建議；其實柏拉圖說起oinos(酒)這個字，它的語源來自oiesthai noun echein，即『相信自己有理智』之意[594]。每一位飲酒的人不見得認爲自己有多麼重要、多麼英俊或多麼富有，然而卻對自己的智慧充滿信心和期望。所以酒進入肚中會使人說話提高音量，對四周的人士造成感染，喋喋不休和漫無目標的談論，像是表示他是一位重要的領導者。這時對他最適合的事是下達命令而不是受領任務，是衝鋒陷陣而不是殿後防衛。」

他最後做出結論：「事實上說起這方面的證據可以說是多如牛毛，如果有人願意提出反面的論點，不管你是年輕人或德高望重的長者，我們都樂於聽聽你的高見。」

---

594 柏拉圖《克拉提魯斯篇》406C，如同威士忌是智慧之鑰(whiskey is wit’s key)一樣。

2 我的兄弟不懷好意提出誘人入彀的詢問：「你認爲每個人只要片刻工夫，就可以掌握問題的重點，進行有深度的討論？」

奈柯斯特拉都斯的答覆是他確實可以做到；何況有這樣多的學者和政治家在場，我的兄弟面帶笑容回答道：「閣下，你現在能夠與我們討論各種問題，難道喝了酒便不能就政治狀況和國家大事交換意見？不能說一個人多飲幾杯看起大的東西模模糊糊，反倒是能夠聚集焦點觀察細小的物品，或者是會議或交談中聽不清別人所說的言辭，倒是可以欣賞歌唱和音樂的演奏？要知道有用或有利的事項對於我們的感官，會比美好的外貌和華麗的裝束，引起更大的注意和產生更大的影響，因爲這是源自心靈所能發揮的作用。」

「要說一個人不知節制的飲酒，會使哲理的思惟發生不夠嚴謹的現象，我認爲這並沒有任何可怪之處，然而我認爲在這種狀況進行政治的討論和談判，智慧的表現更加強勢而且充滿積極進取的活力。回想菲利浦當年在奇羅尼亞(Chaeronea)[595] 的時候，酒喝得醉醺醺，說一大堆沒有意義的話，看起來讓人感到極其愚蠢的樣子，等到他要處理有關停戰與議和的提案，他擺出嚴肅的神色，皺著眉頭不理四周懷疑和審慎的氛圍，給予雅典人理性和肯定的答覆。」

「要知道飲酒與喝醉完全是兩回事。有些人喝醉還要在外面遊蕩，這時大家認爲他們應該上床睡覺；有些人的酒量很好可以繼續喝下去，根本不需爲他們感到憂心忡忡，認爲他們會失去理性，擺脫所有的責任和負擔。這與我們看到舞者和樂師在宴會或在劇院的表演沒有什麼差別；主要在於所具備的經驗和技巧，加上精確的動作和協調的能力，使得他們無論在任何場合都能遊刃有餘。」

「很多人仗著酒意加上自信就會逞能，然而憑著機智和口才，不至於令人不快到逾越本分的程度。據說伊斯啓盧斯靠著飲酒才能完成他的悲劇，引用高吉阿斯的話認爲[596]，《七士對抗底比斯》這齣戲的內容都是『阿瑞斯的身影』，其實這種批評並不正確，要說戴奧尼蘇斯在擔綱演出倒是沒錯。因爲柏拉圖說過『酒能溫暖心靈和肉體』這句話[597]；使得性格變得分外順從，願意採取快速和積極的行動，可以讓想像力打開一條通路，對於隨後的談話建立莫大的信心。」

「有些人具備開創的才能，只是在神志清醒的時候相當的冷漠和尖銳，等到飲下大量的酒就會帶來熱情，無形中建立起溝通的橋梁；酒能袪除怯懦的心理，

595　西元前338年8月，馬其頓國王菲利浦二世在奇羅尼亞會戰擊敗雅典與底比斯的聯軍。

596　狄爾斯、克朗茲《希臘古代哲學殘卷》No.82。

597　柏拉圖《泰密烏斯篇》60A。

這是進行商議和諮詢最大的障礙，也能趕走卑鄙和低劣的情緒，振奮大家的精神，不再讓內心埋藏著欺騙和積怨，用直率的語言揭發每個人性格的特色和暗中的感受。只有正直和誠實才是帶來豐收的種子，如果不能構成相互之間的信心，所有的工作經驗和前瞻做法將全部落空，只要奸詐和叛逆仍舊遮掩他的心靈，不管再好聽的話都無法發揮作用。」

「因此，不必害怕酒會成為情感的刺激品，除非一個人落入邪惡之中，否則不會激起最低級的行為，因為這時他們的思考功能從來不會處於清醒的狀態。狄奧弗拉斯都斯經常將理髮鋪稱之為『無酒的聚會所』，因為只能聊天不能暢飲；如同一個缺乏教養的人，通常因為憤怒、惡意、競爭和戲謔，引起內心潛伏的冷酷性格和無酒醉意；須知飲酒會使負面的情感趨於遲鈍而不是更加尖銳；也不會讓人愚蠢和笨拙而是簡單和天真，不僅關心本身的利益也會注意黨派的榮譽。須知多數人的最大錯誤在於不夠精明，卑劣和欺瞞的心靈毫無見識可言；通常因為貪杯列入傻瓜之流，任何想法都被認為太過率真和幼稚。」

「古代的人士會將神明稱之為Eleuthereus(解救者)和Lysios(釋放者)，其實這樣做與他們的想法適得其反。他們認為這位神明並非如優里庇德所說，占卜的禮物來自『酒醉和瘋狂』的因素，為了讓我們得到自由，會除去我們靈魂當中奴役、怯懦和疑惑的天性，答應賜給我們快樂和幸福，用坦誠和正直的態度對待每一個人[598]。」

598 優里庇德的悲劇《酒神信徒》298-299行。

第八篇

尊貴的索休斯·塞尼西歐，人們在清談之中捨棄哲理的討論，要比夜晚的宴會沒有明亮的場所更加糟糕；燈台被拿走變得一片黑暗，對於謙沖和審慎的人而言，他們的行爲不會有任何問題，自尊自重是最大的保證，可以確定他不論是人前人後，都會言行一致。沒有知識加上欠缺教養的人，非要用酒維持一個團體的交往，即使拿出雅典娜極其出名的黃金燈台[599]，也無法保證宴會有高尚的品味和良好的秩序。要是一群客人根本無法交談，來此只是爲了塡飽肚皮而已，這樣看來與餵豬就沒有多大差別。主人想要在酒宴中讓大家享受交談的樂趣，卻又無法保持井然有序的舉止，也不能從彼此交換意見得到任何裨益，如同答應在晚餐提供美酒佳餚，結果是一些沒有混合好的劣等貨色，加上不合時令又半生不熟的食物，一樣讓來賓感到何其荒謬。

酒和食物得不到適當的處理，讓人感到討厭之外還不衛生，如同宴會當中的談話流於沒有主題的窘狀，表達的內容庸俗又愚蠢。哲學家對於沉溺於杯中物的酒徒，想要形容他們醉後的模樣就是「嘟囔不已」[600]，意思是他們談話的內容空洞一直在喋喋不休。等到放縱和任性到達極限，這已經不是欠缺紀律的胡言亂語，而是會出現暴力的行爲或者人事不知醉倒在地；最後的結果是完全與我們的文化和教養背道而馳。

婦女參加阿格瑞歐尼亞祭典(Agrionia)[601]，都要舉行一個傳統的儀式，發覺戴奧尼蘇斯逃走以後，她們繼續尋找，接著停了下來，說是祂在繆司那裡獲得庇護，現在已經藏身在祂們當中，然後等到晚餐結束，她們開始相互提出問題進行猜謎遊戲[602]。這個儀式的含義是交談能讓我們沉思，或是給大家帶來啓發和教

599　參閱荷馬《奧德賽》第19卷34行，由於特勒瑪克斯暗中看不見，雅典娜用光照亮他和奧德修斯要走的路。

600　這是斯多噶學派的常用語；參閱阿尼姆《古代斯多噶學派殘卷》第3卷No.643。

601　這是皮奧夏人每年為酒神戴奧尼蘇斯舉行的祭典。

602　奇羅尼亞和奧考麥努斯這兩個地方，對於祭典的儀式有顯著的差異；依據蒲魯塔克在本書第22章〈希臘掌故〉的描述，古代的米尼阿斯拒絕膜拜酒神戴奧尼蘇斯因而受到懲處，皮奧夏有些家庭的婦女是米尼阿斯的後裔，所以戴奧尼蘇斯的祭司舉行祓禊的儀式，手拿長劍前去驅趕這些婦女。

誨，即使喝酒助興又有何妨；如果在談話當中非要舉杯盡歡不可，出於繆司善意的抑制，也要讓野性和狂熱藏匿起來。

這裡是〈會飲篇：清談之樂〉第八篇，第一個問題的討論開始於去年的柏拉圖生日那天，我們爲此還大事慶祝一番。

問題一：何以偉大的人物與出生的日期大有關係？神明的後裔為何出生之際會有奇特的徵兆？

參加者：戴奧吉尼阿努斯、蒲魯塔克、弗洛魯斯和坦達里斯

1 我們在Thargelion第六天(5月6日)慶祝蘇格拉底的誕辰，得知柏拉圖的生日就在第二天，日期的巧合讓我們的談話有了第一個題目。首位發言人士是帕加姆的戴奧吉尼阿努斯，他贊許艾昂提到這件事與命運女神有關，雖然不是來自智慧女神倒也沒有多大差別，何況兩人之間有很多相似的結局[603]。幸運的結合何其相稱而且令人感到高興，不僅在於生日能夠前後連接，年長者更爲著名，還是後輩的老師。

我聽到以後像是受到很大的鼓勵，要向大家提及很多年代學上機緣湊巧的例子，像是優里庇德的出生和死亡都帶有傳奇的性質：因爲他呱呱落地的日子出現歷史上重大的事件，那天正是希臘人和米提人在薩拉密斯打了一場海戰[604]；兩位西西里僭主當中年長的戴奧尼休斯一世，恰好在他逝世那天降生世間[605]。如同泰密烏斯的說法，命運女神讓模仿悲劇事件的作者退場，同時會讓演出悲劇情節的角色進入舞台[606]。

有人說起馬其頓國王亞歷山大和犬儒學派的戴奧吉尼斯，兩位亡故的日期是同一天。阿塔盧斯王在自己生日那天逝世，大家對這種傳聞都表示同意；論及龐培大將在埃及的被害，有人說那天正是他的生日，也有人說是生日的前一天[607]。

---

603 狄爾斯、克朗茲《希臘古代哲學殘卷》No.36。

604 這場海戰發生在西元前480年9月23日。

605 可能出於一時的口誤，因為蒲魯塔克的原意是：「那一天是他成為僭主的日子」。時間是在406 B.C.。

606 參閱穆勒《希臘歷史殘篇》第1卷223頁No.119。

607 後面這兩個例子引用自蒲魯塔克《希臘羅馬英豪列傳》之〈卡米拉斯傳〉19節；可能蒲魯塔克佚失的隨筆《論日期》也有這些資料。

讓人記起品達出生在皮同運動會期間，這是用來慶祝阿波羅祭典的主要項目，後來他爲這位神明寫出很多詞藻華麗的頌歌。

2 弗洛魯斯要我們在柏拉圖生日這天，不要忘掉擁護學院的知名哲學家喀尼德(Carneades)[608]，兩人都在阿波羅節慶期間出生，雅典把這一天稱爲薩吉利亞(Thargelia)祭典，另外一位是塞倫人，所以要慶祝卡尼亞(Carneia)祭典。

他說道：「兩個地方的民眾舉行慶祝都在第七天，你們這些預言家和祭司爲阿波羅奉上尊號，稱之爲Seventh-born(第七天出生者)，因爲祂在那一天來到世間[609]。我認爲任何人也不會這麼想，說是柏拉圖的家世淵源於阿波羅，因而會讓神明感到羞辱，由於他得到蘇格拉底的教導(這方面倒是可以媲美阿奇里斯的老師奇朗(Cheiron))，使得他的醫術較之阿斯克勒庇斯有過之而無不及。」他還提到柏拉圖的父親亞里斯頓有託夢的傳聞，夢中出現的幽靈吩咐他不得與妻子同房達十個月之久[610]。

3 拉斯地蒙人坦達里斯(Tyndares)回答道：「下面這句詩用來讚譽柏拉圖非常適合：

> 他是出自神而非凡人的名門子弟。[611]

我認爲人的出生與神明的不朽並沒有什麼矛盾之處，只能算是地位的變遷和境遇的榮枯，亞歷山大有很深的體驗，他說他在與婦女交合以及需要睡眠的時候，會很明確得知自己是必死的凡夫俗子[612]；在他看來睡覺就是精神向肉體屈服的結果，完全是基於軟弱的成因；物種的毀滅和傳承所造成的生殖作用，使得前代和後代之間會有顯著的不同；我聽到柏拉圖將永生不朽的神明，稱爲宇宙和所有物

608 喀尼德生於塞倫，156 B.C.左右成為雅典新柏拉圖學派的創始者和領導人，有口若懸河的辯才，多次代表希臘向羅馬當局陳情，深受各界人士的歡迎和敬重，逝世於129 B.C.。

609 阿波羅的稱號像是Hebdomagenes、Hebdomeios和Hebdomagetes，它的含義都與「七」有關；因為他出生的日期是第七天，所以才將陰曆的每月用七天一輪分為四個星期。 參閱凱利瑪克斯《頌歌集》第4卷249行及後續各行，說是阿波羅生日那天，天鵝在提洛島上空繞著圈子，高唱七遍讚美歌曲。

610 有關阿波羅生日的傳說，參閱戴奧吉尼斯．利久斯《知名哲學家略傳》第3卷2節。

611 荷馬《伊利亞德》第24卷258行。

612 蒲魯塔克《希臘羅馬英豪列傳》之〈亞歷山大傳〉22節。

種的天父和造物者，這時就感到安心不少。祂們的創造確實沒有通過精液，完全是神的力量才有生殖的原則，這樣才能感受到它的影響力並且傳承到後代；

> 母雞除非孵卵和育雛的期間將近，
> 否則不知道為安全應該曲折前進。」[613]

「凡人可以藉著身體的親近，或者某種型態的接觸，或者某種代理者的關係，使得神明去改變人類必死的特性，使能懷孕生出具有神性的後裔，我對這方面並沒有感到任何怪異之處。」

他最後做出結論說道：「『這個故事不是我講的』[614]，埃及人說阿派斯(Apis)的出生是在接觸到月亮以後的事[615]，一般而言他們允許凡間的婦女和男性的神明發生肉體關係，從另一方面來說，他們不認爲塵世的男子能讓天上的女神懷孕生子；因爲他們認爲神的本體包括空氣和呼吸以及熱量和潮濕。」

問題二：柏拉圖提到神祇經常演算幾何題目，含義何在？
參加者：戴奧吉尼阿努斯、蒲魯塔克、坦達里斯、弗洛魯斯和奧托布盧斯

1 上面的討論講完以後，有一段時間大家沉默不語，戴奧吉尼阿努斯重新引起話題說道：「如果大家同意的話，我們在柏拉圖生日這天也讓他加入談話，現在我們正在討論與神明有關的事務，那麼他過去說過神祇經常演算幾何的話，要是這方面的陳述確實出自他的口中，很想了解爲何在他的心裡抱持這樣的念頭。」

我特別提到這方面的陳述不見於柏拉圖的任何著作之中，只能推斷此種論點很合於他的性格。坦達里斯立即接著發表高見，他說道：「戴奧吉尼阿努斯，他對幾何學大加贊許，認爲它能將人類從所依附的感覺世界，提升到更高的層次，足以理解不朽的存在；幾何學在這方面非常類似哲學，所要達成的目標是培養思

613 瑙克《希臘悲劇殘本》之〈索福克利篇〉No.436。

614 瑙克《希臘悲劇殘本》之〈優里庇德篇〉No.484。

615 阿派斯是聖牛，成為奧塞里斯在地球上面的化身，有關他的生日，可以參閱本書第27章〈埃及的神：艾希斯和奧塞里斯〉43節，及希羅多德《歷史》第3卷28節；希臘人認為祂就是愛奧和宙斯之子伊巴孚斯。

考的能力，如同舉行神秘祭典要讓大家參與入會的儀式，要不是他曾經說過或者很多次出現在他著作之中，難道你以爲他會把這樣深奧難解的學說隱藏起來不讓大家知道？因爲歡樂和痛苦就像釘子，把靈魂堅牢的釘在肉體上面[616]，這可以說是最大的敗筆，使得感官作用的目標比起智能知識的目標更爲清晰，迫使認知的判斷出自情緒而非理性。經歷強烈的痛苦和歡樂，對於肉體有關的事物可能會有改變，養成特別加以注意的習慣；雖然就理解而言，會對眞理出現盲點或是喪失視力的器官，須知心靈明亮的程度價值『一千雙眼睛』[617]，神明就用它進行凝視或沉思。」

「數理科學就是一面不受污染的明亮鏡子，所有與智慧相關的知識和學門，只要在眞理方面有任何痕跡或幻影都會在上面出現；特別是幾何學如同斐洛勞斯所說的那樣，是科學的根源也是撫養它們的母親；提升理解的能力同時還指引出新的方向，對於知覺作用進行完全的淨化和逐步的釋放。基於這方面的理由，柏拉圖譴責優多克蘇斯、阿克塔斯和米尼克穆斯(Menaechmus)[618]，說是他們將立方體倍增的問題，納入工具運用和機械裝置的範疇；像是他們爲了求得兩個合乎比例的中線，不考慮理論的基礎，只用圖形作爲解決的手段[619]。柏拉圖認爲這樣做會敗壞和毀棄幾何學原來具有的優勢，將純知識的抽象目標回歸感官世界，不再考量形而上和永遠存在的形象，須知那才是神明始終堅持不變的立場。」

2 等到坦達里斯講完以後，弗洛魯斯是他的知己之交，平常愛開玩笑，裝出對他愛慕備至的樣子，這時接著說道：「我很感謝你沒有獨占發言的時間，還能讓大家分享，你應該讓我們有權力拒絕你提出的論點，因爲你證明除了我們以外，神祇並不需要幾何學。的確神明不必拿數學當作一件工具，用來了解祂所創造的事物，何況這些都已經眞正的存在。由於神明給予的協助，才能讓它與存在之物發生關係。或許你沒有注意到，是否柏拉圖對那些與你關係密切又

616 柏拉圖《斐多篇》83D，提到每一種歡樂和痛苦如同釘子，將靈魂非常牢固的釘在肉體上面，使它帶有物質的特性，任何只要肉體認為真實的東西都能接受。

617 柏拉圖《國家篇》第7卷527E，說是每個人的靈魂當中有個尋求知識的器官，維護這個器官比維護一萬隻眼睛更為重要。

618 優多克蘇斯是尼杜斯人，生卒的年代約為400-350 B.C.，是當代知名的數學家、天文學家、地理學家和哲學家；阿克塔斯是西元前4世紀初葉的數學家和畢達哥拉斯學派哲學家；米尼克穆斯是優多克蘇斯的門人，著名的數學家。

619 狄爾斯、克朗茲《希臘古代哲學殘卷》No.47，以及蒲魯塔克《希臘羅馬英豪列傳》之〈馬塞拉斯傳〉14節。

非常熟悉的事物，在開始的時候已經給予指點或暗示；我的意思是蘇格拉底、萊克格斯和畢達哥拉斯，他們都擁有各自的理念和精神，柏拉圖卻能將他們全部結合在一起(狄西阿克斯也提出類似的看法)。」

「你當然知道萊克格斯所以在拉斯地蒙取消算術比例，那是因爲它具備民主傾向和易於煽動的特質[620]，因而他推薦幾何比例來取代，在於它適合溫和的寡頭政體和法制的君主政體。算術分配要求每個人得到相等的數量，評估的標準在於數字；幾何分配要求每個人得到的數量應該符合他的價值，評估的標準在於比例[621]。有關這方面的運用並沒有將所有的事物都混合在一起，而是在善與惡之間設立非常明顯的區分原則；人們接受這些原則不在於求得平衡或者直接出於命運的安排，而是經常在他們當中出現善與惡的區隔。尊貴的坦達里斯，神明要用幾何的比例判定我們的行動，完全在於正義和分配要能名實相副，教導我們要考量基於『正義的平等』而不是基於『平等的正義』。暴民要尋找的平等才眞正是最不符合正義的要求，神明盡可能要在可行之前予以連根拔除。祂依據個人的價値維持應有的差別，用幾何學的模式設立比例的關係，這才是合乎法律要求的標準。」

3 我們對弗洛魯斯的發言讚譽有加，只有坦達里斯裝出外表高興的樣子，還要奧托布盧斯[622]與他做進一步的溝通，對於他的說法給予應得的譴責。奧托布盧斯婉拒他的要求，只是表示自己有不同的看法。他說幾何學基於主觀的認定，已經具備極限的特質和屬性，神明在創造世界和模仿事物的過程當中，除了本身不加任何限制以外，沒有使用其他方法。古人將「無限」這個術語用於沒有界線和無法決定的事物，那是缺乏秩序與和諧使然，無關於體積的大小和數量的多寡。因爲形狀或排列通常是一種限制強加在材料上面，使它能夠出現形狀或是安排位置，這種過程並不是失去控制或是無法排列；等到數目和比例從中間產生出來，物質不再受到囚禁，就會被線條和線條構成的圖形所包圍，進而成爲實體可以供應物體原始的種類和獨特的形式，可以說是爲氣、土、水和火四種元素的濫觴打下基礎。

無論是正八面體、十二面體、錐體和正方體，都有相等的邊長和類似的夾

620 因為坦達里斯是一位斯巴達人。

621 這兩種比例與分配有關，參閱柏拉圖《法律篇》第6卷757B，亞里斯多德《政治學》第3卷第5章8節和第5卷第1章7節，《奈科瑪克斯倫理學》第2卷第6章7節；以及本章第2篇問題10。

622 蒲魯塔克有五個子女，唯一的女兒幼時夭折，這是他第三個提到名字的兒子。

角，就可以用來推論它們的比例；要是不能根據幾何學的定理，用來限定物體的形狀大小和連接所有構成的部分，也不可能從失去秩序和變化多端的事物當中找到適當的比例。經過時間的推移使得極限從無限之中產生，宇宙的諧和、混合和界定才會完美。物質一直要掙脫加於其上的限制到沒有束縛的狀態，盡量避免受到幾何學帶來的規範，只有理性構成的比率將它扣押起來，用線條將它包圍再排列成不同特質的原型，這些才是所有物體的起源和成因[623]。

4 奧托布盧斯講完話，大家要我發表意見，希望能對討論的問題有所貢獻。我恭維提出的觀念是智慧的產物，不僅言之有理而且獲得佳譽眞是受之無愧。

我說道：「你不僅沒有遺忘學院傳授的學問，也不會完全依據從外面得來的知識，你對這方面的解釋和說明，我們身爲教授都給予高度的贊同。幾何學最具特色的定理或最難解的問題：給予兩個圖形用來建構第三個圖形，後者要等於前兩者其中之一且對另一圖形產生類似的關係[624]。據說畢達哥拉斯解出這個難題以後，爲了慶祝起見向神明奉獻犧牲。比起著名的畢氏定理即一個直角三角形斜邊的平方等於對邊的平方與底邊的平方之和，更加精鍊而且具備啓發心靈的性質。」

戴奧吉尼阿努斯說道：「這話沒錯，只是與我們目前的討論又有什麼關係？」

我回答道：「如果你記得柏拉圖的《泰密烏斯篇》，其中第一原則談起宇宙的起源，可以區分爲三個部分，我們可以將其中之一稱爲神明，另外一種是物質，還有一種是形式[625]。物質是材質最起碼的規律，形式是最美麗的原型，神明是最合理的成因；神明的意圖是盡可能不要留下不能運作和尙未成形的東西，然而祂卻使用比率、度量和數目，讓一個宇宙減少它的自然性質，由於形式的特性和物質的數量，得到所有材料的統一，不再有任何區別。因此，只要向他提出這個問題，從所給予的兩種成分可以創造第三種結果，還可以繼續進行和保存下去，使得宇宙等於它的物質和類似它的形式。整個宇宙還會繼續變遷和轉移的過程，那是構成它的物體帶來先天的強制作用，獲得天父和造物主的援助，藉著理性的力

623 這段文字的起源應該是柏拉圖《泰密烏斯篇》，從物體的構成可以得知這種概念來自該篇的53C。

624 歐幾里德《幾何原本》第6卷25節。

625 並非僅僅參考《泰密烏斯篇》48E就夠了，因為那裡所說的三個要素是原型、模仿和空間；還要記住29E提到造物主的創造萬有和宇宙。

量以及參考原型的結構，對於所有存在的物種加以限制。因而事物從衡量的尺度來看比具備對稱的形式還要美麗。」

問題三：為何晚上傳來的聲音比白天要好聽？
參加者：阿蒙紐斯、皮蘇斯、蒲魯塔克、色拉西盧斯和亞里斯托迪穆斯

1 有次阿蒙紐斯在雅典的府邸設宴招待我們，外面有嘈雜聲音傳了進來，一群民眾向他們的將領歡呼致敬(阿蒙紐斯正是第三次開始擔任這個職務)。等到派隨從外出打發大家返家，熱鬧的狀況逐漸變得清靜。現在讓我們有一個題材可以討論，爲何戶外群眾的呼聲在室內聽得非常明白，反倒是外面的人無法聽到裡面的談話。

阿蒙紐斯說亞里斯多德已經解決這個問題[626]。他說在室內大家說話的聲音，傳到外面進入大量的空氣之中就會分散開來，很快變得微弱而消失；來自外面的聲音不受影響，保持清晰讓人容易理解。阿蒙紐斯繼續說下去，有些事實還是需要解釋，那就是聲音何以在夜間更爲宏亮，而且發音更加清晰。

阿蒙紐斯說道：「我認爲這是上天給我們最大的恩典，視覺無法發揮作用或只能隱約見到，還可以精確聽到傳來的聲音；我們的眼睛在漆黑之中(如同伊姆皮多克利所言『孤獨如瞽者的夜晚』)視而不見，要靠耳朵捕捉空氣中的聲音，用來彌補感官方面產生的缺陷。這樣的操作方式是自然的必要過程[627]，我們必須查明它的成因，物理學家的工作是研究與材料和手段有關的原則，這得問你能否給我們可以相信的解答？」

2 沒有人講話，大家安靜下來，皮蘇斯(Boethus)[628] 說他在年輕的時候，全副精神在學院裡面從事學術研究，他除了熟悉幾何學的方法，已經習慣於主張和採用未曾測試的假定，現在對於伊庇鳩魯已經證實的學說當然不會放

---

626 亞里斯多德《問題》903B。

627 這些範疇的完成出於天意，雖然科學家可以檢驗物質的成因，還要通過居中的媒介，不可能直接探討它的源頭。

628 皮蘇斯是伊庇鳩魯學派的成員，也是蒲魯塔克很親近的朋友；參閱本章第5篇問題1，以及本書第29章〈德爾斐的神讖不再使用韻文的格式〉5節。

過[629]。因而他說道：「存在的事物產自不存在之中；房間裡面有大量尚未散布和混合的空氣原子存在，空氣的分散所及的範圍以及運動性，完全在於它鬆弛的結構；質點之間留下的眞空很小而且狹窄，等到原子分散開來充滿整個空間，產生的壓力使得這些原子擁擠在一起。室外會留下廣闊的空間，使得質點之間的間隔變得更大。這種現象發生在夜晚是受到寒冷的影響；因為溫暖會使得聚集的狀況變得鬆脫、離散或分解，這也是物體在沸騰、柔軟和熔化以後會占有更大的空間，反之，質點的凍結和冷凝會使物體的聚合更為緊密，在容納它們的器具當中留下更多的眞空，這些空間是質點的撤離所形成。」

「音聲不論是接近和衝擊大量聚集起來的質點，可能出現安靜無聲的狀況，或者產生激烈的震動以及很多的碰撞和延誤。沒有原子的眞空向外伸展，它的行程經過一條平滑、連續和沒有阻礙的路途，來到我們的聽覺器官，它的力量會維持強度，不僅可以得知它的信息，所有的細節都會保存下來。你會注意到空的容器經過打擊很快產生反應，發出悠長的音響以及環繞的回音，而且傳導的過程非常平穩；裝滿固體物質或部分液體的容器，變得無聲或者音色極其沉鬱空洞，那是因為聲音沒有通路可以經過的關係。黃金和石頭的物理性質極其緊密，音聲的傳導不良，使得聲音衰弱而呆滯，通過以後很快的消失。青銅產生優美悅耳的聲音，在於它的結構有更廣泛的空間，質量的物理性質在於它的輕便和勻稱，不是由密集的質點結合而成，包含大量富於彈性的材質。這樣可以供應更便利的通路給其他的運動方式，特別是聲音很容易接受，還可以加速它的行程，直到某些東西像是劫路的強盜，才會將它抓住、阻攔和蒙住眼睛使它不辨方向，因為受到妨礙只有停下來終止所有的行動。」

最後皮蘇斯得到結論：「我的意見是聲音在夜間比較響亮而白晝的狀況要差一點，那是溫度和空氣發生膨脹的關係，使得原子之間的空隙較小。希望沒有人否決我的基本假定。」

3 阿蒙紐斯為了能夠回答皮蘇斯的問題，就催我說幾句話，於是我開口說道：「尊貴的皮蘇斯，雖然你的基本假定就內容而言非常空泛，我們還是不會擅自動它分毫。你誤以為眞空有助於聲音的保存或運動。沉默和安靜的特色就是沒有接觸、影響和衝撞；聲音就是傳導物體的衝擊，因而一個聲音傳導體是一個物體，每個部分都會影響到整體，而且具備很強的凝聚力，所有的質點容

629　烏西尼爾《伊庇鳩魯學派殘卷》No.323。

易運動、揮發而且性質不變；由於它的張力和凝結，使得任何一次衝擊都會產生反應。我們知道四種元素當中，唯一可以舉出來當成例子的就是氣。因爲其他的水、土和火都不能發出聲音，只有氣的流動對於元素造成的衝擊，就會發出吼叫之聲或颯颯作響。我們對於青銅的結構不會避開不談，一種混合平滑流暢的空氣就會讓人感覺到衝撞和共鳴。我們僅僅從外表加以判斷，認爲鐵是一種弱性、多孔和蜂巢的元素所形成的結構，就金屬材料而言它發出的聲音非常刺耳，爲了不要增加麻煩，夜間不必用它來增加空氣的張力，雖然它會留下通路和眞空，這時空氣就會成爲聲音的障礙，或者對它的材料產生破壞作用。氣的本身就是聲音的成分、實體和力量。」

「除了這幾點以外，不平靜的夜晚例如多雲或有暴風雨的天氣，根據你的理論，比起明朗和天候沒有變化的晚上，聽到的聲音會更加宏亮；因爲它們的原子受到外力集中到一個位置，留下有些區域沒有質點成爲眞空。看來寒冷的日子的確要比炎熱的夏夜，聲音會更加的清晰和響亮。只是這種狀況並非顚撲不破的眞理。」

「現在我暫時不理會你提出的論點，先引用安納克薩哥拉斯所說的話，他認爲空氣受到太陽的驅使形成一種顫抖和共振的運動，可以明確得知很多細小的碎片在陽光中舞動，有些人將它稱之爲塵埃。安納克薩哥拉斯還提到，熱會產生嘶嘶和嗡嗡作響的雜音，在白晝會使其他的聲音很難聽到，到了夜晚這些質點運動的雜音就會停息[630]。」

4 當我說完以後，阿蒙紐斯說道：「我們一方面拒絕德謨克瑞都斯的論點，另一方面又要修正安納克薩哥拉斯的說法，這樣做豈不是讓人感到可笑。設若一定得讓安納克薩哥拉斯的身體不要發出嘶嘶之聲，因爲這既無可能也沒有需要。原子的振動和運轉在光亮處開始激烈的攪拌，經常會讓聲音形成分裂接著向四周散布。你說過空氣是聲音的最原始材料，它的供應最關重要，空氣處於平靜的狀態，從很遠的來源以直接、平順和繼續的方式，通過聲音的質點和它的波動。無風的平靜天氣傳輸聲音，相反的條件則否，出現的狀況如同賽門尼德的詩句，

不會有隆隆作響的風暴穿越天空，

630 狄爾斯、克朗茲《希臘古代哲學殘卷》No.59；參閱亞里斯多德《問題》903A。

只有甜蜜的聲音進入大家的耳中。[631]

空氣的騷動會產生阻擾作用，甚至聲音的原型到達我們的耳中，都不可能精確無誤，不管在任何狀況之下都會減少它的音量或強度。夜間除了聲音本身沒有其他力量引起空氣的運動，白晝有一個強力的來源就是太陽，安納克薩哥拉斯前面已經說過。」

5 阿蒙紐斯的兒子色拉西盧斯回答道：「憑著宙斯的名發誓，雖然我們看不到投擲和變動，卻可以感覺到這種現象的存在，為何我們不能將它歸之於空氣的運動？『宙斯是天上諸神的領導者』[632]，祂沒有在暗中或溫和攪拌空氣的質點，只要祂現身，就會激起所有的事物使之行動，從開始就表明

正義的信號好讓世人各盡其本分；[633]

追隨祂的信徒像是每天黎明都獲得新生，如同德謨克瑞都斯所說『清新的思想就是高升的旭日』[634]，不僅要高聲宣示還要實踐履行。因而伊拜庫斯(Ibycus)[635]將破曉稱之為『高聲歡呼』，因為每天這個時刻我們首先聽到聲音和張口說話。然而夜晚的空氣在萬物休息之際，大多數變得不再運轉和停止波動，自然指使聲音不讓我們受到打擾和妨害。」

6 塞浦路斯的亞里斯托迪穆斯當時也在場，他說道：「色拉西盧斯，你有沒有想過大軍的夜間會戰和通宵行軍不會同意你的看法？雖然空氣處於激烈的騷擾和振動之下，即使他們盡量控制還是發出很大的聲音，這種現象的部分成因經過討論還是出於本身。我們在夜間的講話所以會大聲，通常與受到騷擾有關，或者為情緒所激發。我們下達命令或是詢問別人總是會提高音量。當我們在休息的時候，只要任何事情引起說話或採取行動，都不是常態而是確有必要，如果狀況非常嚴重，受到需要的逼迫，我們的聲音在傳輸的過程會用很大的力氣。」

---

631 貝爾克《希臘抒情詩集》之〈賽門尼德篇〉No.41。
632 引用自柏拉圖《菲德魯斯篇》246E。
633 阿拉都斯《自然現象》6行。
634 狄爾斯、克朗茲《希臘古代哲學殘卷》No.68B。
635 伊拜庫斯是西元前6世紀生於雷朱姆的抒情詩人。

問題四：為何各地的競賽對優勝者授與製作質材不同的花冠作為獎勵？棕櫚的複葉都會為大家選用，是何緣故？為何體型最大的椰棗樹稱之為Nicolauses？

參加者：希羅德、索斯庇斯、普羅托吉尼斯、普拉克色特勒斯和卡菲西阿斯

1 地峽運動會比賽期間，索斯庇斯(Sospis)[636] 第二次出任大會主席，我不願參加他舉辦的宴會，因爲他要款待很多國外來的訪客，有幾次還得邀請全體市民。一次他在家中設宴招待最親近的朋友，來客都是知識分子，當時我也應邀參加。經過一番寒暄以後，有人帶一根棕櫚樹的葉束和一個花冠，當作禮物和榮譽送給修辭學家希羅德(Herodes)[637]，這是他的一位學生在演講比賽獲得優勝的獎品。他很高興的接受以後要來人將原物帶回去；特別提到他不了解爲何所有的比賽，優勝者的獎品是不同種類的花冠，還加上一根棕櫚的葉束。

他說道：「我不相信有些人的解釋，說是一根長著複葉的葉束，象徵著一場競賽或賽跑力求公正平等，因爲上面的葉片對生而且依序排列，所有的行動都會按部就班不會紊亂；同時nike(勝利)這個字來自事實的表現，就是他們不會me eikon(屈服)。有很多其他的植物爲了精確分配養分，它們的葉子成雙長在對立的位置，不會因爲它的大小或重量產生不公，這種現象眞是令人嘖嘖稱奇。還有一種可能的觀點，就是古人讚譽樹木的美麗和它的造形，像是荷馬就把斐亞賽的少女[638] 比喻爲『棕櫚樹初生的葉片』，是那樣清新又可愛。」

「我們都知道有人把玫瑰和毛縷的花朵擲向獲勝者，甚至丟蘋果和石榴，這種觀念來自用美麗的東西推崇和獎勵他們的成就。然而棕櫚樹沒有什麼用途，種在希臘即使長出果實還不能食用，因爲水土的關係一直生澀難以成熟。像是在埃及和敘利亞生長的棗椰，外形美觀讓人見到難以忘懷，可以製成最甜蜜的乾果，世界上沒有一種樹木可以與它相比。據稱國王非常寵愛逍遙學派哲學家奈柯勞斯(Nicolaus)，因爲他的個性讓人產生好感，容貌英俊而且體態修長，紅潤的面孔展現誘人的魅力，所以雄壯和美麗的棗椰得到『奈柯勞斯』的綽號，一直使用到現在[639]。」

---

636 可能是一位科林斯人，餘不詳。

637 從本章第9篇問題14得知，阿蒙紐斯在雅典有一個學術的圈子，希羅德是成員之一。

638 這位女郎是瑙西卡，荷馬《奧德賽》第6卷163行。

639 這位國王是猶太的希律(Herod)一世或稱希律大帝；根據雅各比的說法，奧古斯都雖然將這種甜食稱為椰棗，後來因為經常將它當作禮物送給奈柯勞斯，所以才得到這個名字；有關奈

2 從希羅德的談話當中，我們發覺他雖然喜愛這個題目，卻對奈柯勞斯講了很多題外話，索斯庇斯說道：「我們對於問題的討論非常熱心，所以才會找出很多理由用來支持自己的論點，希望對大家有所貢獻；我首先要說明一點，勝利者甚至到了老年，也要盡可能保持不朽的名聲。所以才會選擇像棕櫚樹這種能在世間存活最久的植物，如同奧菲烏斯體的詩句可以用來作證：

> 他們的壽命之長如同棕櫚的葉束。[640]

它還具備一種特性就是葉束非常堅實同時保持常綠[641]，當然很多其他的樹木是有所不如。我們不能說月桂、橄欖、桃金孃或其他樹木，它們的葉子不會凋謝，而是脫落以後會在原來的位置重新長出新的樹葉，如同我們的城市可以永續發展一樣。只有棕櫚的葉子不會一次掉光，脫落的位置不再生長葉片，始終能保持旺盛的精力，所以人們認為這是獲得勝利所特有的象徵。」

3 等到索斯庇斯做出結論，文法學家普羅托吉尼斯對著地理學家普拉克色特勒斯說道：「修辭學家不像我們經過研究可以對討論有所貢獻，他們的臆測只能以大概和可能作為理由，豈不是在那裡盡力賣弄本行的知識？我記得讀過雅典的歷史，提到帖修斯在提洛島第一次主持運動會，扯下神聖的棕櫚樹上面長著spadix（複葉）的葉片[642]。」

4 普拉克色特勒斯回答道：「你說得沒錯，只是他們很想知道，帖修斯在開始舉辦運動會的時候，為什麼他要扯下棕櫚的葉束，並非使用月桂或橄欖樹的葉子。或許認為這種獎品並不適合皮同運動會，所以在安斐克提昂的推薦之下，為了把榮耀歸於神明，他們第一次用月桂和棕櫚來裝扮勝利者。實在說，人民奉獻給神的花冠也是用棕櫚的葉片編成，根本不會考慮月桂或橄欖樹，例如尼西阿斯在提洛島為當地的雅典人舉行神聖的典禮[643]，完全按照傳統習慣用

（續）

柯勞斯的事蹟，參閱雅各比《希臘史籍殘卷》No.90之T1。

640 克恩《奧菲烏斯的殘卷》225行。

641 這是伊姆皮多克利說的話，參閱狄爾斯、克朗茲《希臘古代哲學殘卷》No.31，不過，事實上棕櫚的葉束還是會掉落。

642 帖修斯這個故事可以參閱鮑薩尼阿斯《希臘風土誌》第8卷48節。

643 參閱蒲魯塔克《希臘羅馬英豪列傳》之〈尼西阿斯傳〉3節；尼西阿斯為了感恩向阿波羅奉

棕櫚的葉束，還有就是雅典人在德爾斐的祭祀[644]，以及更早的時代科林斯人為塞普西盧斯設立的雕像，無不如此。」

「阿波羅喜歡人民舉辦的運動會和勝利者，祂自己參加的項目有豎琴演奏、歌唱和擲鐵餅，還有人將拳擊包括在內[645]。對於參加競賽的選手而言，祂是他們的保護神，如同荷馬作證說祂曾經交代阿奇里斯，

讓我們選出兩位擅長打鬥的勇士，
舉起拳頭用攻擊爭取獎品和榮譽，
唯有獲勝才能得到阿波羅的保佑；[646]

阿奇里斯參加射箭比賽的時候，所有的射手都向神明祈禱要能贏得獎品，只有他瞧不起這種舉動，所以神明讓他錯失準頭[647]。鑑於競賽的項目有的很快決定輸贏，有的要花費很長的時間，所以德爾斐人用拳擊手向阿波羅致敬，克里特人和拉斯地蒙人用的是賽跑的選手。從奉獻兵器和貴重的戰利品給德爾斐的神廟，難道不能證實這位神明在獲得勝利的領域以及決定輸贏的權力方面，擁有很大的影響力？」

5 普拉克色特勒斯還未講完，提昂的兒子卡菲西阿斯插嘴說道：「這種說法感覺不到學術研究或地理論文的韻味，完全是集逍遙學派老生常談之大成，企圖用修辭學的論調來說服大家。閣下，為何要升起宏偉的悲劇舞台機具，打算拿神明來嚇唬你的對手，好像祂應該去偏袒受到祂寵愛的人士。」

「讓我們追隨卓越的嚮導索斯庇斯，再度緊抓棕櫚葉片，在爭論當中有機會舉出兩個很好的理由。首先，巴比倫人歌頌棕櫚樹不惜大肆讚揚，說它給人們帶來三百六十種用途，然而對於希臘人沒有多大好處，看起來只適合運動會的場合。雖然它是如此的美麗和雄偉，由於在我們的國土無法結實，只是虛有其表而已。還有就是它像一個運動員，將獲得的養分全都用在鍛鍊強壯的身體，只有很少的部分給予種子，這是一種很不理想的特質。」

(續)

獻青銅的棕櫚樹。

644 雅典在波斯戰爭獲勝後，向德爾斐阿波羅神廟奉獻青銅棕櫚樹，上面的果實用黃金製成。

645 參閱鮑薩尼阿斯《希臘風土誌》第5卷7節。

646 荷馬《伊利亞德》第23卷659行及後續各行。

647 荷馬《伊利亞德》第23卷850行及後續各行。

「其次，下面我所提到的事情超過以前我們曾經陳述的狀況，說真的沒有任何其他樹木能夠辦得到。你要是在一根棕櫚樹的木材上面加上重量，它不會向下彎曲而是另外一端向上翹起，用這種方式反抗對它施加的壓力[648]。這是參加運動競賽應該具備的條件，一個人要是優柔軟弱，對於外力的逼迫無法堅持到底，就會承受不住高壓，只好屈服。看來能夠忍受訓練的辛勞和振奮高昂的鬥志，不僅要有強壯的身體，還得具有堅毅的意志。」

問題五：為何水手從尼羅河汲水要在清晨之際？
參加者：蒲魯塔克的幾位友人

某人提出一個問題，爲何水手從尼羅河汲水要在夜晚而不是白天？有些人認爲他們對太陽懷有一種害怕的心理，因爲熱會使液體趨於腐敗。任何物體的受熱和加溫都會引起變化，進而使它的質地和組織更爲鬆弛，在另一個角度來看，冷帶來凝固和壓力使得物體保持現存的狀態，特別是水在這方面有突出的表現。水經過冷卻會維持它的特質，如同冰雪可以使得肉類長時期不會腐爛。加溫的過程會改變物體的正常狀態，像是蜂蜜在煮沸以後就會變質，否則可以用來保存其他食物。最好的例子是池塘的水用來解釋這種現象，冬天它的水質與其他水源沒有什麼不同，都可以拿來飲用，到了夏天就會變得有害健康。看來夜晚類似冬天而白晝好比夏季，使得船上的水手得到一種概念，從夜晚打上來的水免於污染，不會產生難聞的氣味。

事實上這樣的論述已經具備說服的能力，還可以提出另外的證據來加強外行人的信念，可以肯定他們在海上獲得的經驗。有人說水手在夜間汲水，是因爲這時的河流非常安靜，不像白天有很多人在打水灌溉，船隻來往航行，還有無數的動物在水中活動，產生的攪拌作用會使水中泥沙增多，變得渾濁不堪。這種狀況之下難免水質很差，很多成分在水中混合以後要比不混合更容易產生敗壞作用。因爲質點的混合會帶來彼此的衝突，產生衝突就會導致改變，須知腐敗的本身就是一種變化。所以畫家才會將顏色的混合叫成「失貞」，荷馬也把布料的染色稱

648　參閱本書第61章〈自然現象的成因〉32節，奧盧斯·傑留斯《阿提卡之夜》第3卷6節，狄奧弗拉斯都斯《植物史》第5卷6節，以及普里尼《自然史》第16卷223節。

爲「玷污」[649]，通常認爲未混合能保持原來的性質就是貞潔，特別是土與水的混合就會改變和破壞天生可以飲用的特性。四周被陸地包圍的池塘，裡面的水停滯不流動很容易變質，所含的泥沙較多；流動的小溪不會混合其他物質，土質在進入激流之前已經遭到抖落。

赫西奧德用適當的字句讚譽水源是

> 奔騰不息的流泉讓人們免於焦渴；[650]

也只有未經混合和純潔的水不會受到污染，飲用以後才有健康的身體。在討論當中大家非常肯定一點，那就是水質與不同的地形有很大的關係。水源流過山嶺和岩石遍布的地區，比起經由沼澤和平原，所含的土質要少了很多。尼羅河的四周都是鬆軟的沙漠地形，如同我們身體裡的血液流過肌肉組織，得到的好處是水質甜美，水量充沛而且富於養分，問題在於水流的不潔和渾濁。在這種狀況之下，要是攪拌的作用使得泥土和液體混合，等到河流開始平緩下來，泥沙因爲重量的關係沉澱以後就會消失不見。這是他們何以在夜間汲水的原因，同時還預知太陽使得液體當中最好的成分不斷蒸發，就會引起水質的繼續惡化。

問題六：難道是人們參加晚宴遲到，才出現akratisma(早餐)、ariston(午餐)及deipnon(晚餐)等稱呼？

參加者：蒲魯塔克的兒子、提昂的兒子、蒲魯塔克、提昂、索克拉魯斯、蘭普瑞阿斯和其他人士

1 劇院舉行音樂會的節目不少，我那幾位年幼的兒子停留很久，等到返家已過了晚餐時間，提昂的兒子用開玩笑的口吻，挖苦他們是「停止用餐者」和「深夜進食者」[651]。他們爲了自衛起見反而說對方是「跑來赴宴者」[652]。在場有位年長的客人特別指出，「跑來赴宴者」是指用餐遲到的人；由

649 荷馬《伊利亞德》第4卷141行。

650 赫西奧德《作品與時光》595行。

651 貝爾克《希臘抒情詩集》之〈阿爾西烏斯篇〉No.37。

652 這種稱呼會用在食客身上，阿昔尼烏斯《知識的盛宴》第1卷4A；朱維諾《諷刺詩》第3卷67行，用來嘲笑食客匆忙穿衣裝扮的樣子。

於已經延誤時間，只有急著加快腳步希望早點到達。他還提到凱撒[653] 身邊的弄臣迦巴，用詼諧的語句把遲來的賓客叫作「喜愛晚宴的人」，理由是不管公事多麼繁忙，對於邀請還是不肯推辭，因爲他們樂意外出用餐。

2 我談起雅典一位知名的政客波利查穆斯，有人在市民大會批評他的生活方式，他的答覆最後竟然這樣說：「各位市民同胞，我把我的生活已經交代得很清楚；另外還要多加一句，我應邀參加的宴會，從來不是最後到達的人。」這種態度可以看成民主的表現，從另一方面來說，那些遲來的人逼得大家要等待，擺出唯我獨尊的派頭難免受人憎恨。

3 索克拉魯斯像是年輕人的辯護律師，在幫他們說話：「不管你們怎麼說，故事裡面提到阿爾西烏斯把彼塔庫斯叫作『深夜進食者』，那是他要跟普通老百姓打成一片，所以才會很晚用餐[654]。事實上，時間過早的飲宴在古代會遭到大家的譴責；那時的人還說akratisma（早餐）這個字來自akrasia（放縱口腹之欲）。」

4 提昂插嘴說道：「我們很難相信竟然有人會寫出古代的生活，提到那個時候的民眾，不僅工作繁重而且自律甚嚴，早晨只吃一塊沾著akratos（未攙水的酒）的餅，再沒有別的東西下肚；所以他們將『早餐』稱爲akratisma那是出於這個緣故[655]。他們還把如何去『準備晚餐』稱之爲opson，由於先要能離開事務和各種活動，他們的用餐會opse（延後或更晚）一點。」

我們其次要探討的題材是deipnon（晚餐）和ariston（早餐或午餐）的語源。雖然贊同ariston和akratisma這兩個字表示類似的意思，這是靠著荷馬所給的證據，他提到優米烏斯的同伴，

> 就在天色微明之際開始用起早餐。[656]

653　這位凱撒是指奧古斯都皇帝。

654　貝爾克《希臘抒情詩集》之〈阿爾西烏斯篇〉No.37，但是戴奧吉尼斯．利久斯《知名哲學家略傳》第1卷81節，對於這種說法有不同的解釋。

655　參閱阿昔尼烏斯《知識的盛宴》第1卷11C。

656　荷馬《奧德賽》第16卷2行。

還是認爲ariston這個字來自aura(晨間的微風),如同後者來自aurion(明日);從另一方面來看,所謂deipnon(晚餐或主餐)來自讓勞動或工作dianapauei(得到休息),人們進餐是在工作結束以後,或是在工作當中找一個空檔。同樣在荷馬的著作裡面有這樣的詞句:

> 日正當中一位樵夫為他備好午飯。[657]

當然,人們不管在那裡用ariston(早餐)都不會帶來很多麻煩,因爲取用手邊現成的食物,說起deipnon(晚餐)是要準備的一餐;所以ariston這個字來自rhaiston(簡便),deipnon這個字來自diapeponemenon(精緻)。

5 我的弟弟蘭普瑞阿斯是一個愛開玩笑的冒失鬼,他表示這方面的用語,拉丁文比希臘文更爲適合,我們頗不以爲然認定他是一片胡言。他說道:「他們提到cena(晚餐)這個字的得名來自koinonia(友情),羅馬人通常早上的一餐獨自進食,晚餐要與朋友共同享用。他們將ariston稱爲prandium,那是因爲『白天的時間』;因爲endion是『正午』,所以他們把ariston以後的休息稱爲endiazein(午睡)。他們從字義認定proinen是『最早』的一餐,或prin endeeis(在需要之前)所得到的養分。」

蘭普瑞阿斯繼續說道:「還有更多的字像是臥榻罩套、酒、蜂蜜、橄欖油、味道、烤好的麵包等等,拉丁文和希臘文都是同一個字;難道就能否認comissatum(狂歡作樂)源自希臘字konos(喧囂飲宴),也不認爲把『混合』叫成miscere是來自荷馬詩中的emidge:

> 她將混合著蜂蜜的甜酒倒進大碗,[658]

其他像是『一張桌子』稱爲mensa源自meson(站立在中間),麵包稱爲panis源自peina(免於饑餓),『花冠』稱爲corona源自『頭頂』,因爲荷馬一直把kranoss(頭盔)比喻爲花冠[659],或者edere(吃)源自edein,或者dentes(牙齒)源自odontes,或

---

657 荷馬《伊利亞德》第6卷86行。

658 荷馬《奧德賽》第10卷356行。

659 荷馬《伊利亞德》第7卷12行。

者他們所說的labra（嘴唇），因為我們要lab-（抓住）bora（食物）送進口中？」

「我們對於所聽到後來衍生的字句，要嚴肅面對不能迴避；至於早期發生的併用狀況，不能讓它很容易據有優勢可以取代我們現有的字彙；須知堅固無比的城牆，只要有一段崩裂，其他部分受到影響也會倒塌。」

問題七：畢達哥拉斯學派的教條是不讓燕子在家中築巢，還有就是起床時要將睡衣抖一抖，其故安在？

參加者：盧契烏斯、蘇拉、蒲魯塔克和菲利努斯

1 迦太基人蘇拉[660] 已經向大家宣布，因為我離開羅馬有很長一段時間，趁著這次返回的機會舉行宴會為我接風（這是羅馬人的說法），邀請幾位來往很密切的朋友，其中包括畢達哥拉斯學派哲學家摩迪拉都斯（Moderatus）的門生，名叫盧契烏斯（Lucius）[661]，是土生土長的伊楚里亞子弟。等到他見到我的朋友菲利努斯禁用肉類食物，非常自然的談起畢達哥拉斯的教條。他說他是一個伊楚里亞人（Etruscan）[662]，不像一般所說的那樣是出於父親的家世和血統，而是如同畢達哥拉斯那樣，出生在伊楚里亞，還在該地成長和接受教育。

他強調遵守「生活規範」（symbola）[663] 的重要，像是吩咐一個人起床的時候，要抖動身上穿過的睡衣；將陶壺拿起來不要在灰燼上面留下它的痕跡，同時還要將灰攪拌一下；不要讓燕子像賓客一樣可以在家中築巢；不要跨過一把掃帚；不要在家中養一隻有彎爪的猛禽。他說雖然奉行畢達哥拉斯學說的人士，將這些告誡用口述或書寫的方式代代相傳，只有伊楚里亞人是唯一的民族，拿出小心翼翼的態度聽從吩咐貫徹實施。

---

660 這位是色克久斯．蘇拉（Sextius Sulla）是〈會飲篇：清談之樂〉經常出現的對話者，對於形形色色的問題都能發表高見；在本書第33章〈論控制憤怒〉和第62章〈論月球的表面〉中，他是重要人物。

661 這位盧契烏斯是畢達哥拉斯學派的成員，雖然他出現在本篇問題8，不可能是弗洛魯斯的兒子，很可能與本書第62章〈論月球的表面〉那位盧契烏斯是同一個人。

662 他是畢達哥拉斯這個世系，參閱狄爾斯、克朗茲《希臘古代哲學殘篇》No.14。

663 畢達哥拉斯學派的「生活規範」和「口授教條」包含來自神話、傳說、習俗和諺語方面的資料；可以參閱本書第1章〈子女的教育〉17節，以及狄爾斯、克朗茲《希臘古代哲學殘卷》No.58。

2 盧契烏斯開始討論這些題材以後，談起有關限制燕子的規定，大家的看法是覺得非常奇特，這樣一個無害又對人類友善的小東西，竟然被當成長著利爪生性凶狠的鷹鷲看待。就是盧契烏斯對於古代人士的解釋，都抱著不以爲然的態度，只能說它代表一種隱藏的意思，就是這種鳥是誹謗者和在耳邊搬弄是非的人。其實燕子沒有輕聲低鳴的習性，只是也不像烏鴉、鷓鴣或母雞那樣喋喋不休。

蘇拉說道：「好吧！他們說神話中提到燕子會殺死自己的雛鳥，對牠的排斥是人們不想受到影響去做傷天害理的事，特留斯(Tereus)、普羅克妮(Procne)和斐洛美拉(Philomela)[664] 不就出現過慘絕人寰的悲劇？甚至有人將這種鳥類稱之爲『道利斯(Daulis)的貴婦』。燕子的糞便落在詭辯家高吉阿斯的身上，他望著這隻鳥兒說道：『斐洛美拉，你看看你做的好事！』[665] 或許這種解釋一樣沒有什麼道理？雖然夜鶯曾經參與類似的不幸事件，並沒有被人拒於千里之外，或者像敵人那樣遭到驅逐。」

3 我說道：「蘇拉，這樣講實在是過分了一點，倒是可以考慮其他的狀況，燕子會在畢達哥拉斯教派人士當中獲得惡名，或許與長著利爪的禽鳥出於類似的理由？燕子屬於肉食性的鳥類，就是神聖又能發出音樂的蟬都不會放過；亞里斯多德曾經提及，說牠低飛掠過地面捕食微小的昆蟲。還有就是只有燕子對於所居的人家沒有任何貢獻，諸如大鸛不會從我們那裡接受招待和庇護，僅僅停棲在屋頂上面，就在我們的家宅附近巡視，殺死那些討厭和對人有害的小動物，像是蟾蜍和蛇類。雖然燕子可以得到很多好處，等到孵出幼鳥撫養成長，如同忘恩負義之徒立即高飛遠走。」

「還有一點特別要提出來，在所有與我們分享住處的生物當中，只有蒼蠅和燕子無法加以馴化，牠們難以接觸也不會與人作伴，更不想參與任何工作或娛樂。蒼蠅所以會怕人在於受到粗暴的虐待，不斷遭到驅趕和噓走；燕子的羞怯在於天生的厭惡異類，對於其他生物從無信任之感，基於懷疑的本能，即使餵養也不能馴服。研究這一類的問題，即使運用適當的方法也難以找到直接的答案，倒是從它與其他事物之間的關係，帶來的反應和影響可以察覺一些端倪，從而得知

664 斐洛美拉和普羅克妮分別變成燕子和夜鶯是眾所周知的故事，蒲魯塔克過分感情用事，才會提到特留斯對姨妹的不倫之戀，以至於普羅克妮為了報復起見，竟然殺害她與特留斯所生的兒子。道利斯是位於福西斯地區的城市，特留斯生於斯長於斯。

665 狄爾斯、克朗茲《希臘古代哲學殘卷》No.82。

畢達哥拉斯的意圖，是拿燕子作爲人類會輕浮易變和無情無義的例證，希望我們對於任何狀況要考慮周詳，禁止一時的衝動做出後悔的決定；要是有人在緊急的危難時刻，前來向我們尋求庇護，與我們發生密切的關係，時期之長已經超過需要，還要分享我們的居家生活和神聖的事物，這時就要當機立斷加以拒絕。」

4 我所講的話讓大家不再有任何顧忌，很有信心評論其他的「生活規範」，認爲提出的解釋局限於倫理學的範疇。菲利努斯就說他們會將陶壺留在灰上的印記除去，等於給我們一個教訓不要在言行當中遺留憤怒的痕跡；再者，激烈的敵對狀態結束以後趨向和平，所有的邪惡和褻瀆不要留存心頭。抖動睡衣從表面看來好像沒有隱匿的含義，他們認爲這種想法或許失禮，爲了不讓別人看出剛剛與妻子同床共枕，所以外表不得出現零亂不整的模樣。

蘇拉的看法是這條規定在於不讓人在白晝還大睡懶覺，早上第一件事就是將寢具先收拾妥當。夜晚是休息的時候，晨間起床以後就要工作，所以不要忘了將屍體的痕跡全部除去，因爲一個人在睡眠的時候，如同死掉一樣不能有任何作爲。

他認爲這方面的說明所以言之有理，在於可以獲得額外的證據，因爲畢達哥拉斯學派的人士極力鼓勵他們的同志，不僅不能解除或減輕身上的負荷，反而要增加所受的壓力使能挑起更重的擔子；這些可以表示他們絕不同意怠惰的習性和閒散的生活。

問題八：為何畢達哥拉斯學派禁止食魚，對於其他肉類卻沒有這樣嚴格？
參加者：伊姆皮多克利、盧契烏斯、提昂、蘇拉、蒲魯塔克和尼斯特

1 盧契烏斯對於上面的討論沒有說一句話，只是抱著無可無不可的態度，用平靜的眼光看著大家；伊姆皮多克利對著蘇拉說道：「要是我們的朋友對這番談話感到不滿，那麼我們的心血算是白費了。雖然這些題目當中還有一些疑問需要維持沉默，我認爲談到禁止食用魚類，並沒有玄奧之處值得爲它保守秘密[666]。不僅古老的畢達哥拉斯學派成員對這方面多所著墨，即使那個與我同時

666　本章第4篇問題5第2節，蒲魯塔克讓一位對話者在討論海洋生物的時候，特別提到畢達哥拉斯學派禁食海扇和紅鰡；有關食物的禁忌和素食主義的見解，應該參閱波菲利的《論禁絕》。

代的人物阿勒克西克拉底，我曾經遇到他所教出來的門生，他們即使過著節制的生活，還是會拿獸類的肉當成食物，同時用牲口作爲犧牲，卻完全無法忍受魚的味道。我難以接受拉斯地蒙人坦達里斯提出的理由，他說禁止食用在於魚的沉默不語，所以他們將魚稱之爲ellops(安靜)，在這方面受到束縛就會三緘其口。他說這一點符合畢達哥拉斯學派的教條，與我同名的詩人用他的座右銘『了然於心，深藏不露』，規勸鮑薩尼阿斯凡事再三斟酌，不得輕舉妄動[667]。一般而論，早期的畢達哥拉斯學派人士認爲靜肅是神聖的事，甚至神明透露祂們的意願，讓大家了解任何行動和作爲都無須大張旗鼓。」

2 盧契烏斯用平靜的口吻簡單交代幾句，就說眞正的理由晦澀難解而且無法用言語表達，我們可以就各人所見提出可能的答案，不會有人把它放在心上。文法學家提昂首先發言，提到要想證明畢達哥拉斯是一位伊楚里亞人，是一件重要的工作卻不容易完成；他繼續說道：「大家都同意下面的狀況，亦即畢達哥拉斯與埃及的智者相處很長一段時間，很多方面給他們某種程度的影響，同時也認爲這些埃及人對於祭典和儀式處於權威的地位，所以才會出現很多相關的規定。例如禁止食用豆類，希羅多德提到埃及人確有此事，不僅不種植甚至連見到都覺得無法忍受[668]；現在我們還知道祭司禁食魚類。對於某些人士基於宗教職責的考量，不得用海洋出產的鹽作爲調味品，甚至加入麵包之中都算是違反規定[669]。可以說出很多理由，其中只有一種眞實無虛：他們痛恨海洋把它當成毫無關係的異域，說它天生對人類帶來造成毀滅的敵意。」

「埃及人不相信神明會受到它的養育，然而斯多噶學派的成員卻認爲星辰成長於海洋[670]，最後升起才高懸天際。他們將奧塞里斯尊爲父親和救主，認爲居住的國土就是這位神明身上散發的物質所形成，反倒是奧塞里斯最後絕滅在大海之中[671]。當他們對祂哀悼的時候，說祂的出生是在左邊而亡故是在右邊；就將尼羅河的神秘訴諸歸宿和長眠於海洋的懷抱。他們從不考慮海水可以飲用，它所滋養

667 狄爾斯、克朗茲《希臘古代哲學殘卷》No.31，伊姆皮多克利的詩讓他的朋友鮑薩尼阿斯很難處理。

668 希羅多德《歷史》第2卷37節。

669 有關埃及人和鹽之間錯綜複雜的關係，參閱本書第27章〈埃及的神：艾希斯和奧塞里斯〉5節，以及本章第5篇問題10。

670 參閱阿尼姆《古代斯多噶學派殘卷》第1卷No.121「有關太陽」，第2卷No.690「地球的蒸發作用讓星球得到所需的養分」。

671 尼羅河是奧塞里斯的分泌物，參閱本書第27章〈埃及的神：艾希斯和奧塞里斯〉36節。

的生物不夠純淨，無法充當舉行儀式的祭品，甚至連食用都會出現問題，在於沒有共享地球上的空氣，生活的條件也難以產生相合的習性。不僅如此，空氣維持和養育萬物，缺乏會帶來致命的後果；然而魚類的出生和成長完全違反自然的定律和規範。埃及人把海洋生物看成來自異國的東西，對於他們的血液和呼吸帶來不利的影響；有的人在外面遇到海船的船長都不願打招呼，因為這位老兄要在海上討生活。」

3 蘇拉贊同提昂的論點，還對畢達哥拉斯學派人士提出另外的看法，說他們會吃肉類在於將動物作為犧牲的關係，即使要向神明奉上祭品，從來沒有將魚類列入其中。

等到他們講完以後，我接著說：「有很多人包括哲學家和門外漢在內，都要站出來為海洋辯護反對埃及人的偏見，特別是它有極其卓越的貢獻，使得人類可以過安逸和幸福的生活。畢達哥拉斯學派人士抱著與魚類互不相犯的態度，那是因為魚類與大家毫無任何關係，這種觀念眞是怪誕又可笑，也可以說是受到野蠻風俗的影響。如同將賽克洛普斯的禮物贈給其他生物，完全出於同類和親密的關係，就是把它拿來供作衣食之用[672]。然而他們提過畢達哥拉斯曾經買下整網的魚，然後下令將牠們連網一起丟掉。他不是對於魚類抱著漠不關心的模樣，把牠們當作其他的族群甚或帶著敵意的眼光，事實上他是把魚類視為被俘擄的朋友和親戚，願意花錢將牠們贖回來[673]。」

「因此，這些哲學家出於高貴和仁慈的動機，提出一個內容相反的理由，使得我相信他們對海洋生物的赦免，為了教誨人類履行公正的行為，同時還要讓自己習慣這方面的要求，因為其他的動物會提供人類虐待的藉口，唯獨魚類沒有能力也不會對我們帶來任何傷害。這一類的觀點很容易表示出來，無論是來自古代的著作或宗教，殺死無害的動物或者把牠們當成食物，都被視為很大的罪孽。後來基於人類的數量大幅增加的需要，以及一份德爾斐的神讖(這是流傳下來的故事)的指示，為了拯救地球上面的果實免於毀滅，他們開始用動物當作犧牲。然而他們仍舊感到厭惡和畏懼，下手的時候很簡單的稱為『去做』[674]。」

「他們對於用活的動物獻祭極其審慎從事，宰殺的行動一直抱著小心翼翼的

672　如同獨眼巨人對奧德修斯所說的話：「我會先吃掉你的同伴，等到最後才拿你填飽肚皮，我給你的禮物是讓你多活幾天。」荷馬《奧德賽》第9卷369行及後續各行。

673　這是畢達哥拉斯學派成員要遵守的「口授教條」，它與我國的「放生」觀念頗有雷同之處。

674　一種委婉的說法，是指屠殺或處死供作犧牲的動物。

態度，後來出現酹酒的儀式，讓牠搖動頭顱表示同意；這種預防措施在於避免有任何違反正義的行爲。然而，不必著重其他方面的考量，要是有人建議唯獨禁食雞或野兔，那麼在很短期間內牠們的數量大增，不可能維持城市生活或是能夠獲得收成。雖然習俗的產生是基於需要，而歡樂的生活更增加放棄肉食習慣的困難。」

「須知用海洋生物的族群餵飽我們的肚皮，不會出現侵犯的程度過大還是過小的理由。牠們不會占用我們需要的空氣和水，也不會損害我們的作物；等於在另一個環繞著我們的世界，除非要對牠們處以死刑，否則牠們會留在自己的邊界之內，不會對我們有任何侵犯行動。事實很明顯，無論是用釣鉤還是拖網捕捉魚類，都是爲了滿足老饕的貪食，即使擾亂水域和沉到深處，都不需要找出合理的藉口。絕不會有人將紅鯔稱之爲『貪吃穀物者』，或者說鸚鵡魚是『葡萄的食家』，或者把灰鯔或海鱸叫作『種子的竊賊』，我們會用譴責的口吻給陸地動物取這一類的綽號[675]。就是貂或家貓對於這一類的動物極其愛好，連最大條的魚都不會放過，我們也不必像小氣的傢伙在那裡抱怨。」

「因此，畢達哥拉斯學派人士不僅要求自己遵守實在法，不得對他人有不公正的行爲，同時還要遵守自然法，不得傷害對人無害的生物，非必要盡量避免食用魚類，進而達到完全禁絕的目標。事實上我們不認爲這樣做是有欠公正的行爲，同時很高興魚是美味和奢侈的象徵，因爲牠的價錢很昂貴也是可有可無的菜餚。」

「所以荷馬才會提到希臘人有不吃魚的習慣，他們在海倫斯坡的海岸地區紮營，補給困難狀況下還是如此；甚至就是愛過奢華生活的斐亞賽人，以及那些淫蕩的求婚者，雖然都是居住在海島的民眾，對於用魚調製的菜餚毫無興趣。奧德修斯和他的同伴經歷海上長途航行，只要麥粉還能維持，從未用過釣竿、漁網和罟罝；

> 等到馬上要吃完船上儲備的糧食，[676]

還剩下一點拿在手裡去餵奉獻給太陽神的牛隻，最後爲了能夠活命而不是滿足口

---

675 第一個綽號是荷馬用在母豬身上，見《奧德賽》第18卷29行；第二個是阿契洛克斯提到一頭驢子，見貝爾克《阿契洛克斯的殘卷》No.97；第三個是亞里斯托法尼斯責怪鳥類，見他的喜劇《鳥群》232行。

676 荷馬《奧德賽》第12卷329行及後續各行。

腹之欲，他們只有捕魚爲食，

不讓饑餓折磨我們要用彎曲的鉤。[677]

處於這種狀況之下連聖潔的牛都要把魚當成草料。」

「我們可以獲得一種結論，禁食魚類合乎宗教的要求是神聖的習性，不僅埃及人和敘利亞人遵守不渝，就連希臘人都認同這種觀念。我個人的看法是這種意圖所以被大家奉爲金科玉律，那是爲了棄絕雜亂無章的奢侈和揮霍，購買價昂的魚製成海味應該包括在內。」

4 尼斯特回應我的話，大聲說道：「你爲何沒有把我的鄉親喜愛諺語的麥加拉人算在裡面？然而你應該經常聽我說起，理普提斯(Leptis)[678] 稱爲『提醒者』的波塞登祭司，由於他們服侍的神明擁有『生命養育者』的尊號，所以禁止食用魚類。從古代的海倫衍生綿延的後裔，他們向『擁有父權的波塞登』獻祭，自認與敘利亞人一樣進化的源頭是潮濕地區。所以他們對於魚抱著尊敬的態度，因爲兩者是同一種族還受到牠的撫養；這方面的論點沒有比安納克西曼德(Anaximander)的學說[679]，可以提出更爲合理的解釋。他很肯定的表示人和魚是同一個環境中進化而成，人類最早是在魚的體內孕育和撫養(如同狗魚所運用的方式)，等到成熟可以照顧自己，這時才離開登上陸地。」

「有人就說火要吞噬它的雙親，那是木頭點燃以後會變成灰燼的關係(根據一個竄改者的說法，《賽克斯的婚禮》[*The Marriage of Ceyx*]是赫西奧德的作品[680])，所以安納克西曼德洩漏一個秘密，人類的父親和母親是魚類，要是把牠們吃下肚眞是大逆不道。」

---

677 荷馬《奧德賽》第12卷332行。

678 理普提斯是北非地區的城市和重要港口，大量穀物在此地集散運往羅馬。

679 米勒都斯的安納克西曼德(610-540 B.C.)是一位哲學家和天文學家，將日晷傳入希臘，同時繪製第一幅「已知陸地」的地圖。

680 拉克(Rzach)《赫西奧德的吉光片羽》No.177。

問題九：是否會出現新的疾病以及其成因為何？
參加者：斐洛、蒲魯塔克、戴奧吉尼阿努斯和其他人士

1 斐洛(Philo)是位醫生[681]，他特別提到一種名叫象皮症的疾病，不久之前才知道，雖然古代的醫生曾經詳述很多微不足道的癬疥之疾，這種病倒是沒有出現在任何文獻資料。我從哲學的範疇支持斐洛的論點，證明有一個名叫阿瑟諾多魯斯的學者，在他的著作《論流行病》(*Epidemics*)第一卷，提過象皮症和恐水症的名字，正是阿斯克勒皮阿德(Asclepiades)[682] 在世的時代。所有在場人員都表示不可思議，新的疾病竟然那樣早就被人知道。同時他們認爲令人印象深刻的症狀，竟能長時期逃過大家的注意眞是讓人感到驚異。不過，大多數人還是傾向於第二種假說，應責備的對象是人類，因爲他們認爲這些事情根本沒有任何新奇之處，不像其他的政治體制，因爲就人的身體來說不足以掀起一場革命。

2 戴奧吉尼阿努斯加以補充，認爲無論是疾病還是內心的情緒，治療的過程仍舊遵循一條普通又重視傳統的道路。他說道：「我們對於邪惡的事情傾向於嘗試各式各樣不同的項目，主要在於心靈的主宰也很樂意經常有所改變。然而心靈的失調還會保存一種常態的健康狀況，情緒的問題仍舊看到節制的本能仍在運作，如同海洋遇到洪水氾濫不會造成任何困擾。雖然存在著無數的欲望，還有畏懼難以數計的成因和形式，可以說沒有一種新的惡行在古代未曾提及，何況這些都有人親身體驗。須知要想列舉所有的痛苦和歡樂實在過於困難。

生命沒有當前和昨日是經常之事，
無人得知他們會在何時來到塵世。」[683]

「我們的身體染上新的疾病出現剛剛浮顯的症狀，這些都與內部器官的失衡無關；如同靈魂是本身所有行動的根源，外在的成因都與自然有密切的關係。身體能夠接受發燒的狀況，即使有無數的變化仍舊在限度之內；如同船隻被它拋下

681 斐洛是來自海姆波里斯的貴賓，精通醫學和植物學，參加多場討論會，發言扼要極有見地。
682 阿斯克勒皮阿德在西元前1世紀生於俾西尼亞，後來定居羅馬行醫，享有極高的聲譽；至於這裡提到的疾病，古代學者歸功於德謨克瑞都斯的著述，參閱狄爾斯、克朗茲《希臘古代哲學殘卷》No.68。
683 索福克利的悲劇《安蒂哥妮》456行。

的錨拖得打圈子，受到鍊條的限制還是不會離去。」

「任何一種新的疾病要是沒有成因是不可能的事，一種已經存在的物體竟然來自不存在，可以說是完全違背自然律。除非一個人能展示出一種新的空氣，或者一種水的奇特型態，或是過去世代從未嘗過的食物從另一個世界輸入，或是來自兩者之間的空間。維持生命的物質就會引起所有的病痛，須知疾病沒有特別的種子，完全是我們的飲食不適於體質，或是我們運用食療的錯誤使得系統受到干擾。身體的錯亂和失調有截然不同的形式，而且會一直延續下去，雖然經常會使用新的名字，那是出於習慣使然，須知疾病是自然界常則的一部分。數目有限的疾病當中，形形色色的名字是產生混淆的根源，如同具備演講的才華或是精通造句的規則，不可能突然出現文字濫用或句法錯誤的狀況，因之身體成分的組合都以有限數目的關節錯開和機能失衡爲條件。從某種意義而言，甚至就是變態和反常的徵狀都已包括在自然界的架構之內。」

「神話作家在他們的領域應該都是專家，他們提到天神和巨人之戰的時代，月球的運轉反其道而行，不像通常那樣從原處升起，就會產下完全違背自然的怪物。我們在座的朋友都指控自然界產生新的疾病，如同它會讓怪物出生；完全不提出現這變化的任何理由，不管是有可能或者沒有可能，受到的痛苦不是加重就是減輕它原來程度，就說它適合這個新的疾病，連帶那些認爲不同的地方，全都安在它的頭上。尊貴的斐洛，體型的大小或數量的多寡所以會急遽增加，要是與其他種類無關或者沒有帶來壓力，這種說法非常不合邏輯；我不認爲象皮病眞是某種皮膚病的終極形式，或者說恐水症是某種胃病變的末期徵候，到了這種狀況已經是無藥可醫。還有令人感到驚異之處，在於我們並沒有注意到荷馬對於恐水症相當的熟悉。可以明顯得知他用上『瘋狗』[684] 這個名詞，因爲『瘋』這個形容詞來自疾病，他將它用在人類的身上。」

3 等到戴奧吉尼阿努斯講完以後，斐洛就他的反駁做出適當的回答，然後要我幫他爲古代的醫生進行辯護，如果這些疾病發生在他們之後的時代，那麼他們根本沒有治療的責任，更談不上對於重大事項的無知或疏忽。

首先，戴奧吉尼阿努斯認爲無論是強化作用或鬆弛作用，不會產生不同的種類，更不會迫使任何事物進入其他層級，我們的看法是他在這方面犯下很大的錯誤；如果確實像他所想的那樣，那麼我們也可以說醋和發酸的酒沒有什麼不同，

684　這是善射的圖瑟(Teucer)對赫克托的稱呼；荷馬《伊利亞德》第8卷299行。

至於苦味與收斂劑、小麥與毒麥都是同一回事，這種薄荷和另外一種薄荷也看不出相異之點。性質相同的東西可以明顯看出其間的差別只是程度不同而已，有些樣本表現出來的強度較低，包含的性質就成分而言較爲弱小；另一種相對的樣本已經增加張力，它的性質可以發揮強勢作用。火焰經過更純的空氣、發射的質點離開火焰、露變成霧、雨變成雹，這些都是張力和強度的增加，我們還能說兩者並沒有什麼不同嗎？或許就現在的狀況而言，盲目與弱視毫無差別，霍亂與反胃作嘔的症狀完全相似，僅是調節的功能過大或過小而已。這種說法對於我們的討論根本沒有必要，如果對手承認強化作用以及本身的增強，現在是第一次走向存在，新奇之點在它屬於量而非質的範疇，仍然如同從前是一種悖論。

其次，索福克利的詩句已經很明顯的強調，任何事物即使是現在才發生，就不能說它從前沒有出現，因而

> 狀況一旦發生就不是無前例可循；[685]

我們認爲這些疾病不可能像賽馬一樣，阻攔的欄杆放下就一起衝出來；反而是一個接著一個到達，保持相當的間隔，個別在第一時間出現。

我說道：「可以臆測這些疾病的出現是缺陷帶來的後果，從熱和冷當中產生，一開始就會侵犯我們的身體，要是後來處於過飽、奢華和放縱的環境，隨著生活的怠惰和閒散，最初的需要變成過供過於求，體液就會產生失衡的現象。身體累積有害的廢物成爲培養新疾病的溫床，相互之間出現新的併發症狀和複合作用。」

「按照自然律的作用使得萬物受到制約和劃定範圍，如果更精確的表示，自然界就是秩序或者是秩序的成品。可以把失序看成品達筆下的沙，『它的數量超出理解的範圍』[686]；要是與自然界的簡單相比，它不僅沒有任何約束也沒有任何限制。事實的眞相只允許一種陳述，提到虛假不實有無法計算的數量。無論是旋律和音調都有公式可循，要是公式不能將這兩者都包括在內，那麼人們的彈琴、唱歌和跳舞都會發生錯誤。其實悲劇家弗里尼克斯就曾這樣描述自己，

> 雖然我在跳舞場上表演很多花樣，

685 瑙克《希臘悲劇殘本》之〈索福克利篇〉No.776。

686 品達《奧林匹克運動會之頌》第2卷179行。

如同漆黑之夜巨浪打在洶湧海面。」[687]

「克里西帕斯談起數字的組合命題，其中以十爲基數的單一命題僅數量就超過一百萬[688]（希帕克斯[Hipparchus][689]加以駁斥，經過精算以後表示，肯定命題方面有十萬三千零四十九個複合陳述，否定命題方面的數量是三十一萬九百五十二個）。色諾克拉底斷言，音節的數目經過組合造成的單字有一兆二十億個之多[690]。我們的身體擁有這麼多的功能，每次要從飲食吸收這麼多不同的物質，這些養分使用在運動和改變上面，也不在相同的時間和類似的次序，在這樣錯綜複雜的狀況之中，當然會產生新出現和不熟悉的疾病，難道這有什麼可奇怪之處？例如雅典發生瘟疫，根據修昔底德的敘述，死亡人數的統計非常精確，主要原因在於食腐肉的鳥類和野獸，不願接觸病死的屍首[691]。」

「有些民族居住在紅海周邊地區，阿加薩契達斯(Agatharchidas)[692]提到當地的土著染上新的疾病，出現的症狀以前從未見過：某種恙蟲成長在患者的下肢或手臂，然後在肉中吃出一條通路，最後會鑽出皮膚，當牠們觸及外物就會退回去，停留在肌肉組織當中，造成難以忍受的發炎和疼痛。沒有人知道這種病過去是否發生，或是以後會有任何人染上，從目前的狀況推斷，只會給這裡的人民帶來不幸。」

「還有很多類似的病例，像是有個人很長時間感到排尿極其困難，竟然有一根帶節的麥梗隨著小便流出來。我停留在雅典的時候，一位名叫伊菲帕斯(Ephebus)的房東，竟然隨著大量外流的精液，從身上排出一條帶毛的小蟲，長著很多條腿行動極其迅速。亞里斯多德提到泰蒙那位居住在西里西亞的祖母，每年有兩個月的冬眠，這段期間除了呼吸沒有任何生命跡象[693]。門諾的著作中提到肝病的症狀，說是患者一直注意家中的老鼠，想盡辦法要把牠抓住；這種現象至

687　貝爾克《希臘抒情詩集》之〈弗里尼克斯篇〉No.3。

688　阿尼姆《古代斯多噶學派殘卷》第2卷No.210；本書第71章〈論斯多噶學派的自相矛盾〉29節。

689　尼西亞的希帕克斯是西元前2世紀的學者，身為數學家和天文學家，特別擅長散文寫作，沒有傳世的作品。

690　赫因茲《色諾克拉底的吉光片羽》No.11。

691　修昔底德《伯羅奔尼撒戰爭史》第2卷50節，提到以腐肉為生的鳥和獸不是不接觸屍首，而是吃了以後受到傳染發病死亡。

692　尼杜斯的阿加薩契達斯是西元前2世紀希臘的歷史學家和地理學家；參閱穆勒《希臘歷史殘篇》第3卷196頁No.14。

693　羅斯《亞里斯多德殘篇》No.43，書中提到泰蒙不是那位主張懷疑論的哲學家和詩人。

今從來沒有見到過。有些事物過去不存在，當下突然出現，或是從前存在的事物發覺已經消失，無論如何我們都不應感到驚奇。主要成因在於我們身體的結構，它的成分使得組合隨著時間產生形形色色的變化。」

「因此，德謨克瑞都斯不應推銷新來的空氣或陌生的水源，由於我們沒有這方面的需要，當然會對他感到滿意；然而我們知道有些德謨克瑞都斯學派的成員，無論講述還是著作都會提到其他世界的瓦解，外來的原子從無限的空間流入，這是瘟疫和其他特殊疾病的根源，經過這樣的通路來到我們當中；讓我們不要理會地球上面出現局部的破壞，這些來自地震、乾旱和洪水，成因是肇始於地球的風和河川，它們同樣遭到狀況的惡化和環境的改變。」

「我們對於耗費的穀物、烹調的食物和飲食當中其他的成分，如果發生重大的改變，不能不抱著極其關心的態度；很多材料過去未曾食用甚至連嘗都不敢，現在把它當成佳餚美味，像是葡萄酒攙一些蜂蜜，或是母豬的子宮；他們說古代的人不吃動物的腦部，所以荷馬才會說『我看他的身價比不上腦子』，在這裡提到的腦因爲它令人感到噁心，不僅拒絕收下還要把它拋棄；我知道很多年長人士不吃熟透的黃瓜、香櫞或胡椒。或許這些食物運用不尋常的方式對身體造成影響，吃下去以後會對體質帶來改變，像是他們已經感覺到產生很特別的東西或殘餘物。食物的次序和安排的方式，經過妥善的處理可以讓人耳目一新；通常所稱的『冷盤』就是生蠔、海膽和生菜；看來身體如同輕裝步兵部隊，要從後衛改變部署成爲前鋒，保持在第一線的前列位置。」

「奉上所謂的開胃酒也是一種重大的改變，古代在用完甜點之前連水都不會去喝，現在大家一開始就把自己灌醉，非要肚子裝滿酒才吃一點食物，端出量少而且味道辛辣帶酸的開胃菜，好用來刺激客人的食欲，然後再開懷大啖其他的菜餚。就引起生活的改變和培育新的疾病而言，目前的洗浴方式對身體的影響產生倍增的效應，如同一塊鐵燒紅以後，浸在冷水裡面加以淬火，使得整個質地發生劇烈的變化，須知

> 這是進入陰曹地府最快捷的路徑！」[694]

「我相信我們的祖先現在只要看到浴室的門，都會說出這句話；因爲他們對

---

694 文字與原詩有點差異，奧德修斯要順著阿奇朗河也就是冥河進入地獄；參閱荷馬《奧德賽》第10卷513行。

於沐浴不尚奢華，過程溫和而簡樸；大家知道亞歷山大大帝患了熱病就睡在浴室；高盧的婦女通常會帶著小孩，一邊吃麥片粥一邊清洗身體。現在的浴場就像一群瘋狂吠叫的狗，在那裡爭奪撕咬丟給牠們的一塊肉。大家呼吸潮濕和炎熱的空氣，不讓身體獲得一點安寧，每一個原子受到刺激和擾亂，爭著離開這個地點，直到我們熄滅爐火讓熱度降低，騷動的情形才會平靜下來。」

我最後得到這樣的結論：「戴奧吉尼阿努斯，你說我們不需要找出外來的成因，或是兩個世界當中的空間，就地球上面的狀況來說，只有改變生活方式才會染上新的疾病，還未進入老年就已一命嗚呼。」

問題十：為何我們在秋季較少相信夢中的顯靈？
參加者：弗洛魯斯、法弗瑞努斯、奧托布盧斯、蒲魯塔克其他幾位兒子

1 弗洛魯斯正在閱讀他帶到色摩匹雷的一個手抄本，就是亞里斯多德的大著《科學的難題》(*Scientific Problems*)，從而他自己也找出很多問題，可以提出來與朋友分享，特別是能本著哲學家鍥而不舍的精神，證明亞里斯多德所說「學識的重要在於發現更多的疑問」[695]，眞是顚撲不破的至理名言。大多數題目在我們散步的時光給大家帶來歡樂，只有談到夢境特別是在秋季幾個月發揮不了作用，是在用餐完畢才提出來，法弗瑞努斯那時已經討論過其他的題目。

我兒，你的朋友認爲亞里斯多德已經解決這個問題[696]，除非是說他得到的結論備受指責，否則不會做進一步的檢視或討論。新鮮多汁的果實和穀物會在體內產生大量難以控制的氣體；按理說酒在釀製過程會出現氣泡，就是新榨的橄欖油用來點燈都會滋滋作響，那是熱力使得蒸氣在液體裡面升起；我們看到剛剛收割的穀粒和各種果實，外形顯出豐碩而飽滿的模樣，等到內部的氣體全部排放出去才會成熟。他們辯稱有些食物會引起出現惡兆的夢境，對於睡眠產生的形象有某種程度的干擾，非常明確的證據就是人們接受規勸，藉著解夢的方式進行占卜和算命，那就得先要禁食豆類和烏賊的頭部。

695　羅斯《亞里斯多德殘篇》No.62。
696　羅斯《亞里斯多德殘篇》No.242。

2 法弗瑞努斯(Favorinus)[697] 從各方面來說都是亞里斯多德狂熱的推崇者，認爲在學院當中逍遙學派的哲學理論最富於說服力，藉著這個機會提出德謨克瑞都斯古老的論點，像是過去被煙霧燻成漆黑，經過擦拭變得明亮乾淨；然而他能運用的東西也不過是德謨克瑞都斯的腐儒之見而已，說是一種怪誕的霧氣穿過身體的脈管上升，使得我們在睡眠當中見到一些景象。這種薄淡的霧氣從所有的物品，像是器具、衣服、植物、特別是動物身上散發出來，由於它們的移動和溫暖，向著我們這邊噴灑和依附；不僅就輪廓而言，與動物的形體非常相似(伊庇鳩魯在這方面，同意德謨克瑞都斯的觀點，後來還是拋棄他的理論)，而且它的前進和運送要靠彼此之間的吸引力，每個人的心靈衝動、精神意念、倫理特質和情緒反應，全都出自同一個來源的複製品；等到擔任陪伴的接受者受到打擊，就會把這種霧氣當成活的生物，不僅與它說話，還告訴它所有的想法，提到逃走是出於理性和衝動；這時複製品無論在任何位置，始終保持整體無缺和不受扭曲直到完成接觸；空氣可以提供一條平滑的通路，由於不受阻礙而且行動迅速，可以維持最佳的狀態。秋天是樹木落葉的季節，氣候的變化無常和激烈狂暴，使得薄霧在經過的路徑上面受到外力的推擠，會向各個方向扭曲和飛舞，清晰和明亮因而減弱或遭到摧毀，行動的緩慢使它的效能大幅衰退。從另一方面來看，大量的霧氣在很快接受以後，會從腫脹和過熱的身體裡面用很高的速度噴出，可以表示已經煥然一新，而且它的含義變得眾所周知。

3 法弗瑞努斯面帶笑容望著奧托布盧斯和他的同伴，隨後說道：「我看你有意與幽靈的影像進行一場拳擊比賽[698]，自認能夠掌握古老的教條內涵，就很容易支配往昔的操練方式，只有不顧一切的做下去。」

奧托布盧斯說道：「請不要對我們玩什麼花樣！我們知道你贊同亞里斯多德的論點，只是拿德謨克瑞都斯作爲幌子，現在我們會轉變注意力到亞里斯多德的學說，還要與它進行不斷的爭辯，因爲他對剛剛收成的果實和穀物，以及大家所喜愛的早秋季節，做出非常錯誤的指控和陳述。我們的主顧是metoporon(晚秋)，對它而言夏季不過是一個證人；如同安蒂瑪克斯所說的那樣，我們在綠意最濃的時候和開始轉變的季節，正在大啖豐碩的收成，對於騙人和虛假的夢境，

697 可能與前面出現的法弗瑞努斯是同一人，生於阿里拉特(Arelate)，是著名的詭辯家，精通數個知識領域的飽學之士，只是年紀要較蒲魯塔克為小。

698 如果蒲魯塔克的意思是憑著想像進行角力的練習，這種說法也沒有什麼不可以。

我們很少受到它的糾纏，更不會引起心神的不安。從另一方面來說，樹葉凋落的月份已經爲冬季打開大門，穀物全部熟透，剩下的水果變得乾燥而皺縮，如同你所說的那樣失去所有的風味。有些人想要盡早飲下新釀的酒，那時是冬天剛結束的Anthesterion月(2月)；所以我們就將這個特別的日子稱爲傑紐斯節慶，雅典人把它叫作披索伊吉亞祭典(Pithoigia)[699]。我們曾經提過就是釀製葡萄酒的人，擔心酒還在發酵的時候大部分都已被偷喝掉。」

「現在讓我們不要再對天之美祿說些挑毛病的話，可以追尋其他的途徑和線索；很早開始就把名字給予一年當中所有的季節，有一個的得名在於它會出現空虛和失落的夢，倒是可以從這個方向下手探索。所以稱爲『秋季』是因爲寒冷和乾燥造成樹葉的脫落，當然某些樹木有溫暖和帶著油脂的葉子，像是橄欖、月桂和棕櫚，還有一些樹葉可以保持潮濕，像是桃金孃和常春藤。是它們的結構起了保全的作用，並不是全部都能產生這方面的功效；主要在於帶黏性的膠質不會長久保持，樹液會因寒冷而凝結或是因乾燥變得質弱和不足。植物的生長要想繁茂青蔥，在於潮濕和溫暖的氣候，對於動物更有必要。」

「反之，酷寒和乾旱會產生致命的後果。荷馬經常說起『大汗淋漓的凡夫』，叫大家對『天氣暖和的日子』歡呼，把痛苦和害怕稱爲『骨髓凝結的慘痛』和『膽戰心寒的恐懼』；alibas(倒斃)和skeletos(枯涸)這兩個字都是指死亡；所有毀損和貶抑的身分和地位在於他們處於乾旱如荒漠的狀態。血液由於它的溫暖和潮濕，能夠控制身體裡面所有的物質和成分，然而年齡的增長使得這兩方面的質和量都會衰退。如同歲月的遞嬗，晚秋有點像人進入老年，潮濕的季節已成過去，不再有炎熱的天候帶來充沛的元氣。就像提供一個綜合著乾和冷的樣本，使得我們的系統很容易感染到疾病。不過，我們的心靈要分享肉體的經驗也是難以避免的事，特別是旺盛的精力變得僵硬停滯，占卜的光線昏暗難以見物，就像一面鏡子蒙著一層霧氣，反映的東西是那樣的黯淡無光，讓我們得不到清楚明晰的印象。」

699　雅典人為了向酒神戴奧尼蘇斯致敬，就在Anthesterion的第十一天(2月11日，相當於現在的3月2日)舉行一連三天的安塞斯特里亞節慶，第一天舉行披索伊吉亞祭典或稱「開罈儀式」，大家飲用新釀的酒，並且用它向神明獻祭。

第九篇

尊貴的索休斯・塞尼西歐，〈會飲篇：清談之樂〉第九篇包括雅典的聚會在內，正好遇到神明的祭典[700]，經過討論得知九這個數字適合繆司還是很有道理。現在看到問題的數目超過常用的十個，想來你也不會覺得有什麼驚異之處。我的責任是所有屬於繆司之物應該全部歸還原主，不能褻瀆神聖有任何侵占的行爲；事實上我需要奉上更爲美好的祭品，免得自己感到對神明虧欠良多。

問題一：引用詩人的詩句是否應該合乎時機和環境？
參加者：阿蒙紐斯、伊拉托和其他人士

1 阿蒙紐斯在雅典擔任軍事執政的職務，聽到戴奧吉尼斯(Diogenes)[701]的學院要爲年輕人辦理講座，主要的課目有文學、幾何、修辭和音樂；結束以後他邀請大獲成功的老師參加晚宴。幾乎所有與會的學者全都與他非常熟悉，大家對於文藝抱著很大的興趣。要是阿奇里斯舉辦宴會，邀請的人員都是願意單打獨鬥的勇士[702]，如同書中告訴我們，即使這些人的心中充滿怒氣和敵意，彼此會拿出武器決一生死，現在也會把爭執放在一邊，全副精神用來享受主人的款待。對於阿蒙紐斯而言，事態的發展完全相反，老師之間的競爭和敵對，乾杯以後變得更加尖銳，不斷發出挑戰的言辭使得全場混亂不堪。

2 基於這樣的緣故，他要求伊拉托在七弦琴的伴奏之下，向大家唱出赫西奧德的《作品與時光》開場白：

700 我們不知道雅典是否對繆司有任何公眾的祭典，或許會在學院舉行私下的儀式，行之多年成為正式的宗教活動。

701 戴奧吉尼斯是馬其頓駐紮在派里猶斯的總督，他將派里猶斯、慕尼契亞、薩拉密斯和蘇尼姆歸還雅典，獲得150泰倫的報酬，後來他用這筆錢興建以他為名的學院；參閱蒲魯塔克《希臘羅馬英豪列傳》之〈阿拉都斯傳〉34節。

702 這是阿奇里斯為佩特羅克盧斯的葬禮所舉辦的比武競賽，參閱荷馬《伊利亞德》第23卷810行及後續各行。

把它看成某種鬥爭是錯誤的想法；[703]

我對他大加恭維說他選擇的詩句切合當時的狀況。伊拉托就這個題目進行解說，認爲引用詩人的作品只要非常得當，不僅可以產生娛樂的效果，還會爲大家帶來莫大的好處。當時就有人提到當年托勒密舉行婚禮的時候，由於他娶自己的姊妹爲妻，認爲是違反自然習俗和法律規定的行爲[704]，伊拉托卻對大家朗誦這一句詩：

宙斯對著姊妹兼妻子的赫拉高喊；[705]

使得所有人員的疑慮頓時冰消瓦解。

還有就是馬其頓國王德米特流斯(Demetrius)[706] 舉行宴會，有一位音樂家是受到邀請的賓客，餐後很勉強應國王之命高歌一曲；後來德米特流斯召喚他進宮，說是其子菲利浦提出要求，希望他能教授音樂的課程，須知菲利浦這時還是一個幼童，於是這位音樂家情不自禁的說道：身爲皇子的菲利浦值得

海克力斯和我們給予大力的栽培。[707]

安納薩爾克斯(Anaxarchus)[708] 參加宴會，被亞歷山大擲出的蘋果擊中，站了起來用報復的口吻高聲念出：

---

703 赫西奧德《作品與時光》11行，第一行原本是很切題的詩句，現在卻將後面的詩句放在前面當成序文；赫西奧德對於期望的競爭與殘酷的敵意要做一個區隔。

704 托勒密二世費拉德法斯娶他的親姊妹阿西妮二世為妻，這是承繼法老王的傳統；希臘人接受同父異母或同母異父的兄妹或姊弟成為夫婦，同父同母的親兄弟姊妹絕不允許。

705 荷馬《伊利亞德》第18卷356行；狄奧克瑞都斯《田園詩》第17卷130行及後續各行，要訴諸同樣的前例。

706 或許是指馬其頓國王德米特流斯二世，在位期間239-229 B.C.，他是菲利浦五世的父親。

707 瑙克《希臘悲劇殘本》之〈Adesp篇〉No.399；無論是馬其頓還是斯巴達的皇室，都以海克力斯的後裔自詡，以能繼承祖先的英勇視為無上的榮譽。

708 阿布德拉的安納薩爾克斯是西元前4世紀的哲學家和詭辯家，德謨克瑞都斯的門生，同時也是皮羅的老師，陪伴亞歷山大大帝遠征亞洲，全心襄贊，深受倚重，因為多言賈禍，亞歷山大崩殂後，他被塞浦路斯國君奈柯克里昂處死。

天神常被凡夫俗子打得遍體鱗傷。[709]

要說最好的例子發生在一位科林斯的年輕戰俘身上，就在這座城市遭到焚毀的時候[710]，由於穆米烏斯知道這位自由人出身的男孩讀寫俱佳，命令他就現場的情況朗誦應景的詩篇；因而得到這樣的句子：

神明多次庇護希臘城邦幸免絕滅。[711]

據說穆米烏斯深受感動以致流下眼淚，還讓這位男孩的親人全部獲得自由。

再要提的就是悲劇名角狄奧多魯斯(Theodorus)[712] 的妻子，婚後拒絕與丈夫同床共枕，等到狄奧多魯斯獲得戲劇比賽的優勝，歡迎他進入閨房的時候說道：

唯有英雄的後裔可享受魚水之歡。[713]

3 談起詩句的引用有違時機和環境，這種例子可以說是不勝枚舉，我們應該知道還要盡量避免。像是龐培大將經過慘烈的戰役班師還朝[714]，延請的家庭老師爲了誇耀本事，表示他的女兒精通教授的課程，拿出一本書要她念出下面的詩句：

你沒有喪生戰場竟然能全身而退。[715]

還有就是卡休斯・隆吉努斯(Cassius Longinus)[716] 聽到一個痛苦的信息，說他的

---

709 優里庇德的悲劇《歐里斯底》271行，歐里斯底威脅復仇女神說要給祂一箭；斐洛迪穆斯指責安納薩爾克斯無人臣之禮，竟然用酒杯作勢要擲向亞歷山大。

710 這是146 B.C.的亞該亞戰爭，羅馬擊敗希臘聯軍，攻下科林斯縱火焚毀，全城市民發售為奴。

711 荷馬《奧德賽》第5卷306行。

712 狄奧多魯斯是西元前4世紀雅典鋒頭最健的悲劇名伶，本人也是一位劇作家；參閱亞里斯多德《政治學》1336B。

713 索福克利的悲劇《伊里克特拉》2行，因為他有一位祖先是阿格曼儂，才會說他是英雄的後裔。

714 是在62 B.C.，東方戰役結束後，龐培從耶路撒冷回到羅馬。

715 荷馬《伊利亞德》第3卷428行，海倫對帕里斯說的話。

716 羅馬用這個名字的人不勝其數，包括很多知名之士，這裡所指應是參加謀刺凱撒的卡休斯・

兒子在海外亡故，沒有人知道確有其事或是錯誤的傳聞；一位年老的元老院議員前來拜訪向他說道：「隆吉努斯，爲何你對無聊的八卦和惡意的謠言認爲是空穴來風？可能是你不知道或是沒有讀過這句詩：

> 任何流言閒語並不都是無稽之談。」[717]

羅得島有位文法學家在劇院裡面賣弄學問，說是只要念出一句詩，他就知道出自何書，連章節都不會錯，於是有人大聲朗誦：

> 人類當中邪惡之徒趕快離開本島！[718]

總而言之，伊拉托的表達方式無論是犯了無心之錯，或者是開一個粗魯的玩笑，總算讓喧囂的來賓逐漸平靜下來。

問題二：alpha位居字母表之首，其理何在？
參加者：阿蒙紐斯、赫米阿斯、普羅托吉尼斯和蒲魯塔克

1 談話提供一個有用工具，可以減少人們的騷動不安。儘管如此，祭祀繆司的節慶期間，遵照習俗大家要聚集在一起，用抽籤的方式彼此之間提出問題，不僅帶有學術的意味而且還會充滿哲理。阿蒙紐斯害怕會出現「同行是冤家」的狀況，所以取消抽籤的規定，要一位幾何學家向一位文法學家提出問題，或者是一位音樂家向一位修辭學家討教，問完一個問題再交換雙方的位置。

2 幾何學家赫米阿斯首先向文法學家普羅托吉尼斯請教一個問題，alpha列在字母表第一位基於那些道理。他回答都是學校所教現成的答案。首先，母音要比子音和半母音在次序上據有優先的位置；其次是在母音當中，有的音較長，有的較短，還有可長可短並不明確；最後，領先的位置屬於一個母音的

(續)————

隆吉努斯。

717　赫西奧德《作品與時光》763行，說這句話的意思是「無風不起浪」，任何事情的發生總是先有徵兆。

718　荷馬《奧德賽》第10卷72行。

字母，在於它與其他母音相比，能居於字首而非字尾。根據他的說法，alpha所具備的特性，在於將它置於iota和upsilon之後，它會拒絕屈服而且不會同意，結果是一個音節由兩個母音所構成；出於排斥作用就會自動跳開，試著從留下的母音重新開始。

從另一方面來看，可以隨你的高興來決定alpha的位置，無論在何處都可以放在其他兩個母音的前面，像是它們會很和諧的追隨它的領導，用來形成單字的音節；例如aurion(明日)、aulien(笛子)、Aias(埃傑克斯)、aideisthai(受到羞辱)以及無數的其他單字。這種狀況如同一位五項運動[719]的選手，能在比賽當中占有三種優勢：首先是作爲一個母音字母已經較其餘的字母爲優先；其次是作爲一個雙倍時程的母音字母已經較其他的母音字母爲優先；最後是alpha具有的性質使它在雙倍時程的母音字母當中獲得領導的位置，不會追隨其他字母或是屈居第二。

3 等到普羅托吉尼斯說完以後，阿蒙紐斯叫著我的名字，他問道：「卡德穆斯(Cadmus)[720]把alpha放在第一位，那是腓尼基人拿來用它作爲牛的名字；赫西奧德基於需要，不把它放在第二或第三位而是第一位，你作爲一個皮奧夏人，難道不認同這兩位的觀點[721]？」

我回答道：「這方面當然沒有問題，特別是要支持我的祖父的意見，比起贊成戴奧尼蘇斯更爲賣力[722]。你們知道，我的祖父蘭普瑞阿斯經常說起，在所有清晰的人聲當中，第一個自然發聲的母音就是alpha的音值。他極力主張在口腔當中無聲的呼吸，會因爲嘴唇的運動出現可以聽到的聲音；嘴唇最初的運動是嘴巴張開以後的垂直分離；這時發出聲音非常簡單無須用力，更不必得到舌頭的幫助，發聲的器官保持最初的位置；所以嬰兒最早發出的就是這個音。」

「過去他說起聲音的認知作用，例如aiein(聽)、adein(唱)、aulein(笛子)、alalazein(喊叫)等單字的第一個字母就是alpha。我認爲airein(提高)和anoigein(張

719 五項運動是跳遠、短跑、鐵餅、標槍和角力；優勝選手必須保持三項不敗。

720 卡德穆斯是腓尼基人，底比斯的奠基者還發明希臘的字母；事實上它的根源就是腓尼基的字母。

721 赫西奧德《作品與時光》405行：「開始買頭牛，接著是女人」；其實希臘字母alpha無論是名稱還是形狀，完全來自閃族的字母aleph，這個稱呼的含義就是「牛」。希臘字母的A表示牛頭的兩隻角向下。

722 戴奧尼蘇斯是卡德穆斯的外孫，因為他的母親塞梅勒是卡德穆斯的女兒。

開)這兩個單字，從它得名的適應性來看，就是嘴唇的張開和提高伴同口腔發出a的聲音。由於這樣的緣故，所有不發聲的字母，除了一個例外，都要用一個增加的alpha，如同在黑暗中出現一道光線。只有pi這個子音缺少alpha，因爲phi和chi這兩個子音，都可以算成pi和kappa這兩個送氣的子音。」

問題三：母音和半母音的數量和相互之間的關係為何？
參加者：赫米阿斯、蒲魯塔克和佐庇瑞奧

1 赫米阿斯的回答是他接受這兩人的解釋。我說道：「你是否可以就字母表的字母數目，詳細說明它的理由？因爲就我的論點，在這些字母當中，無論是子音或半母音的字母，它們的數目要是與母音的字母或兩者本身來做比較，就可得知三者的關係絕非出於無意和巧合，如同你這位幾何學家所言是一種算術的比例，因爲它們的數目依序爲九、八和七[723]，具備的特性是中間的數目與兩端相比，不是多一個就是少一個。其次是最大的數目與最小的數目，產生的關聯如同繆司與阿波羅，我們知道九這個數字指定給繆司，七這個數字與祂們的領導人關係匪淺[724]。我們要是將兩端的數目相加，得到的和是中間這個數目的兩倍，因而半母音的字母，分別具備母音和子音這兩種字母的性質。」

2 赫米阿斯說道：「據稱赫耳墨斯是第一位在埃及發明書寫的神明，所以埃及人所用的字母，第一個就是朱鷺這種屬於赫耳墨斯的聖禽，就我的看法他們所犯的錯誤，在於這個位居最前面的字母竟然不能發出聲音，讓人無法很清晰的聽到[725]。好吧，所有的數字當中四與赫耳墨斯的關係最爲密切，很多作者都提到祂的生日是某個月份的第四天[726]；不僅最原始的字母表所含數量來自四

723 希臘字母的區分為子音有九個：β、γ、δ、θ、κ、π、τ、χ、φ；母音有七個：α、ε、η、ι、ο、υ、ω；以及半母音八個：ζ、λ、μ、ν、ξ、ρ、σ、ψ。

724 每個月第七天要紀念阿波羅的生日；參閱本章第8篇問題1第2節。

725 希臘的赫耳墨斯就是埃及長著朱鷺頭的透特(Thoth)，柏拉圖《菲德魯斯篇》274D提到這位神明，說祂創造文字；朱鷺有兩種就是有冠的朱鷺和神聖的朱鷺，出現在埃及的象形文字當中，不可能成為單方面的語音符號。現代的埃及古物學家排列字母的語音符號，通常會將兀鷹排在前面，這是標準的聲門閉鎖音，所以與蒲魯塔克「不能發出聲音讓人無法清楚聽到」的說法相符。

726 每月第四天的生日除了赫耳墨斯，還有海克力斯、阿芙羅黛特和厄洛斯這幾位神祇，參閱亞

與四的乘積，亦即卡德穆斯所稱『腓尼基字母』[727]，還有就是帕拉米德(Palamedes)爲後來使用的字母多加四個，接著是賽門尼德按照前例再增加一次[728]。這點必須要指明，在一系列的數字當中三是第一個最完美的數字，要是有一個開始的數和一個中間的數再加上最後的數，那麼六等於這三個因數之和[729]；現在可以知道六乘以四，或是最完美的字三乘以第一個立方數的八，都可以得到它的和是二十四的數目。」

3 當赫米阿斯還在長篇大論說個不停的時候，佐庇瑞奧(Zopyrio)這位教書匠在一旁對著他冷笑，不斷說一些讓人聽得到的評論，等到發表意見的人講完話，佐庇瑞奧馬上站起來，非難所有的論點都是在胡說八道。他說無論是字母的數目或是前後的次序，完全是機緣湊巧，沒有什麼道理可言，如同《伊利亞德》和《奧德賽》這兩本書，它們的第一行詩的音節，數一數就知道數目相同[730]，這不過是偶然的現象，無須據以大作文章；即使兩本書最後一行詩的音節數目雷同[731]，也不是出於作者的刻意安排。

問題四：戴奧米德用矛刺傷阿芙羅黛特的那一隻手？
參加者：赫米阿斯、麥克西穆斯和佐庇瑞奧

1 前面的討論完畢以後，赫米阿斯想要給佐庇瑞奧出一個題目，我們加以制止。坐得距離較遠的修辭學老師麥克西穆斯，從荷馬的詩篇中向他提出一個問題：戴奧米德刺傷阿芙羅黛特的哪一隻手？佐庇瑞奧很快反問菲利浦何以會瘸一條腿。麥克西穆斯回答道：「這兩件事根本風馬牛不相及；就是笛摩昔尼斯在場，對我說的題材也難以有任何表示[732]。如果你承認自己的無知，那麼我

(續)

里斯托法尼斯的喜劇《財源廣進》1126行及其注釋。

727 蒲魯塔克認為早期的字母只有十六個，即α、β、γ、δ、ε、η、ι、κ、λ、μ、ν、ο、π、ρ、σ、τ；然而更早的愛奧尼亞字母應該是二十個而不是十六個。

728 普里尼《自然史》第7卷192節，同意帕拉米德增加四個字母的說法，這四個字母是ζ、υ、φ、χ；倒是沒有提到賽門尼德增加的四個字母θ、ξ、ψ、ω。

729 這種論點的意思就是1+2+3=6，雖然文字的敘述很囉唆，算式的表示應該是很簡單。

730 是十七個音節。

731 是十六個音節。

732 笛摩昔尼斯〈論王權〉67節。

會讓你了解詩人即使沒有指出受傷的手，靠著個人的機智還是可以得到答案。」看來佐庇瑞奧無法回答只有保持沉默，我們要麥克西穆斯提出證據。

2 麥克西穆斯說道：「首先，有詩爲證，

泰迪烏斯之子是心雄萬夫的勇士，
投出長矛刺中阿芙羅黛特的柔荑；[733]

狀況非常清楚，如果他想刺中她的左手，不需要躍向一邊再投出長矛，只要直接向前衝過去，他的右手自然對著她的左手。當時的實情更爲合理，就是阿芙羅黛特用最強壯的手就是右手，抱住伊涅阿斯向後飛奔，要是她這隻手臂遭到傷害，伊涅阿斯的身體就會掉落地面。」

「其次，等到阿芙羅黛特返回天國，詩人敘述雅典娜對祂的嘲笑：

塞浦瑞斯大力勸說某位希臘婦女，
隨著她深愛的特洛伊人私奔異域；
身材豐滿的少女被祂撫摸著雲鬢，
不小心被金別針將祂的纖手刺傷。[734]

何況我認爲你是一位非常優秀的老師，爲了對學生表示好感或加以鼓勵，會用右手而不是左手去摸一摸他的頭。就像阿芙羅黛特在所有女神當中最爲精明，也會用同樣的方式安慰祂所寵愛的女士[735]。」

733 荷馬《伊利亞德》第5卷335-336行；詩中的泰迪烏斯之子是指希臘的勇將戴奧米德。

734 荷馬《伊利亞德》第5卷420-425行；這裡的塞浦瑞斯是阿芙羅黛特的稱號，那位希臘婦女是海倫，特洛伊人則是帕里斯，當然祂所撫摸的少女也就是海倫；其實雅典娜並沒笑祂，只是宙斯將祂打趣一番。

735 荷馬《伊利亞德》第5卷424行，使得優斯塔修斯大發議論，或許魏吉爾知道這件事不好處理，所以《埃涅伊德》第11卷277行，才有不同的表達方式；也就是前面說是刺傷左手，到後面變成刺傷右手。

問題五：為何柏拉圖說埃傑克斯的靈魂在地獄抽中的籤是第二十號[736]？
參加者：索斯庇斯、海拉斯、蘭普瑞阿斯、阿蒙紐斯和馬可斯

1 所有的討論都讓我們感到樂不可支，唯有文法學家海拉斯除外，大家看到他悶聲不響(事實上他對自己的談話沒有多大把握)，於是修辭學家索斯庇斯念了一句詩：

> 埃傑克斯孤獨的靈魂飄泊無所依，[737]

接著提高聲音朗誦剩餘的段落，現在是直接向著海拉斯傾訴：

> 長官，走近一點好知道我的心意，
> 來此先要平息憤怒和剛愎的脾氣；[738]

海拉斯聽了這種弦外之音，面露不豫的神色，倉皇間做出笨拙的答覆，就說埃傑克斯的靈魂曾經在冥府抽中第二十號籤，根據柏拉圖的意見，是爲了改變過去的形狀，從現在開始要像一頭獅子；然而就埃傑克斯本人而言，沒有去想一想喜劇中那位老人所說的話：

> 看到遠不如我的人名聲響徹巷閭，
> 還不如重新輪迴來生變成一頭驢。[739]

索斯庇斯帶著笑容說道：「趁著我們在披上驢皮之前這個間隙，你可以向大家解釋一下，柏拉圖敘述特拉蒙之子爲了前去改變命運，能夠在陰暗的地府抽中第二十號籤，到底這位哲學家心裡有什麼想法。」

海拉斯認爲他前面說的話沒有效果反而成爲笑柄，於是口吐穢言拒絕回答。因此我的兄弟接著說道：「任何人只要談起容貌、實力和勇氣，認爲埃傑克斯要

---

736 柏拉圖《國家篇》620B提到埃傑克斯抽中的籤是二十號，代表他對未來的選擇，就是要過雄獅的生活。

737 荷馬《奧德賽》第11卷543行。

738 荷馬《奧德賽》第11卷561-562行。

739 出自米南德的喜劇《狄奧弗魯米尼》(*Theophorumene*)，這是其中的殘句。

是與『佩琉斯的跨灶之子』[740] 相比總是稍有不如，難道這就是他在希臘的軍隊當中一直名列第二的緣故？須知二十是第二個十，第一個十才是最顯赫的數字，如同阿奇里斯在亞該亞人當中的地位。」

大家聽到以後笑了起來，這時阿蒙紐斯說道：「蘭普瑞阿斯，你對海拉斯作弄夠了，現在我們希望你不要再開玩笑，開始進行嚴肅的討論，看來你應志願出面解決提出的問題。」

2 蘭普瑞阿斯一臉緊張的樣子，經過短暫的停頓就說，柏拉圖常對我們玩些文字遊戲，他的著作中就有關靈魂的爭論要去結合神話的性質，讓人認為這部分對他而言具有相當的分量；因而他用harma（飛翔的戰車）暗示天國[741]，具有令人可以理解的性質，特別是harma這個字與宇宙enharmonion（和諧的）轉動有關。同樣還在詩文中提到名叫厄爾(Er)的龐菲利亞人(Pamphylian)[742]，這個人是哈摩紐斯(Harmonius)的兒子[743]，訴說他在冥府見到哈得斯的經驗；兩個名字帶有影射的意味，靈魂的產生在於harmonia（部分的結合）能夠synharmottontai（適應）他們的肉體[744]，它是從aer（空氣）的各個區域聚集起來，獲得釋放才有第二次的降生世間。

他繼續說道：「我的意思並不認為eikostos（第二十）與現實毫無關係，然而卻與故事中的想像因素非常eikos（類似），就是抽籤也代表著eike（隨機）或某種運氣成分，看來這些也可以言之有理？特別是柏拉圖經常談論三個成因，他是首屈一指的哲學家，當然了解到先天的氣數和後天的運道，彼此之間的互動關係是如此的錯綜複雜，我們的自由意志會與其中任一或兩者同時形成結合。他深受讚譽之處在於發現這些成因，對於我們日常的事務發揮重大的影響力；每個人可以靠著自由意志去過想要的生活（亦即善惡自行作主，全與神明無涉）[745]，只要做出正確的選擇就會合乎正義的要求，要是出現相反的環境就是錯誤的選擇，至於命運的需要和依賴可以放在一邊。」

---

740 荷馬《奧德賽》第11卷551行，跨灶之子是指阿奇里斯。

741 柏拉圖《菲德魯斯篇》246E。

742 柏拉圖《國家篇》614提到厄爾的父親名叫阿美紐斯(Armenius)，普羅克盧斯在他的記述中將它讀成阿摩紐斯(Armonius)。

743 龐菲利亞是小亞細亞一個區域，Pamphylian（龐菲利亞人）這個字的意義是of all tribes（所有的種族），以及Er這個字來自aer（空氣）之意。

744 柏拉圖《泰密烏斯篇》41D。

745 柏拉圖《國家篇》617E。

「機遇的問題可以帶來運道也能產生危險，使得我們生活當中很多事務可以預先做出決定。合理的狀況在於不同團體的成員，可以各自享用形形色色的養育和社會關係。我們還要進一步思考，有些項目的成因完全出於偶然的機遇，再要探求是否毫無理性可言；須知抽籤或投票的結果還是與有關的原則相符，要是停止這方面的活動，就會讓運氣造成或偶然產生的事件，變成只有天意或神性的形式才能發揮功效。」

3 就在蘭普瑞阿斯還在喋喋不休的時候，文法學家馬可斯好像有意見要發表，等到我的兄弟結束講話，他接著說道：「荷馬在描述死神的插曲中[746]，曾經提到所有的亡魂在世間的名字；伊爾庇諾(Elpenor)的屍首沒有妥善的埋葬，靈魂只能在冥河的岸邊徘徊不去，不可能來到哈得斯的跟前；我認爲即使是提里西阿斯的靈魂，也不適合列入其他人士的中間，因爲

他在臨死之際還能保持神志清醒，
有帕西豐尼的庇護得以處變不驚；[747]

他在飲下犧牲的鮮血之際，非常清楚生前的狀況談起來仍舊頭頭是道。蘭普瑞阿斯，你要是把這兩個人減去不算，那麼所有的數目完全正確無誤；埃傑克斯的靈魂也就會在第二十次出現在奧德修斯的視線之內。所以柏拉圖從荷馬描述死神的插曲當中，引用部分情節做出無傷大雅的暗示。」

問題六：波塞登的敗北這個神話故事有何暗示的意義？包括的問題是雅典人為何略去Boedromion月(9月)的第二天？
參加者：麥內菲盧斯、海拉斯和蘭普瑞阿斯

1 大家對文法學家馬可斯恭維一番以後，逍遙學派的麥內菲盧斯(Menephylus)對著海拉斯表示意見，他說道：「你看，這個問題沒有一點冒昧無禮的意思，閣下，你應該像索福克利那樣加入波塞登的陣營，否認『倔

746 這個主題涵蓋荷馬《奧德賽》整個第7卷。
747 荷馬《奧德賽》第10卷494-495行。

強的埃傑克斯會帶來厄運』[748]；然而你經常敘述波塞登的每戰必輸，像是在雅典、德爾斐、亞哥斯、伊吉納和納克索斯等地，分別被雅典娜、阿波羅、赫拉、宙斯和戴奧尼蘇斯打得大敗而逃[749]，儘管他到處碰壁事事不順，卻從來不會存著怨恨之心，所以才能與雅典娜分享神廟的祀典，還有一座祭壇是奉獻給他這位『遺忘之神』[750]。」

這時海拉斯一副心平氣和的樣子，他回答道：「麥內菲盧斯，要知道這是另外一樁事情，難道你忘了我們所以會略去Boedromion(9月)的第二天，不是爲了要適合月相的問題[751]，而是那天能讓人相信神明之間有領域的糾紛？」

蘭普瑞阿斯叫道：「哇！這樣看來波塞登是要比色拉西布盧斯(Thrasybulus)[752]客氣多了，不是說他獲得勝利，而是能忍受敗北帶來的羞辱……」

問題七：歌曲的和音何以要區分為三部分？

問題八：子音與旋律音程之間何以出現相異之處？

問題九：和諧音的成因為何？當產生兩個和弦的時候，旋律的出現在於它的低音部分？

問題十：太陽和月亮的黃道周期(蝕期)概略相等，為何月蝕的次數較日蝕為多[753]？

---

748 索福克利的悲劇《埃傑克斯》914行；希臘名字Aias讓人聯想到aiai「哎呀」這個字。

749 波塞登被雅典娜打敗失去雅典，參閱希羅多德《歷史》第8卷55節；在德爾斐被阿波羅打敗，參閱鮑薩尼阿斯《希臘風土誌》第2卷33節；他在亞哥斯不敵赫拉的威力，參閱鮑薩尼阿斯《希臘風土誌》第2卷15節，還說波塞登為了報復起見，讓大地變得滴水全無；他在伊吉納打不贏自己的弟弟宙斯，參閱品達《地峽運動會之頌》第8卷92行及其注釋；他在納克索斯連戴奧尼蘇斯都無法取勝，參閱戴奧多普斯．西庫盧斯《希臘史綱》第3卷66節。

750 這是衛城上面伊里克修姆神廟，奉祀雅典娜的黃金雕像。

751 參閱本書第35章〈手足之情〉18節；陰曆一個月通常是29.5天，所以希臘的十二個月交替有三十天或二十九天，使得每年的總天數是354天，這樣一來天數的累積就會出現一個閏月，使得季節不致與月份發生太大的偏差。

752 色拉西布盧斯是雅典的將領，三十僭主當政時期放逐到底比斯，403 B.C.重建雅典的民主政體，發起遠征，光復失去的領土和屬地，388 B.C.在阿斯平杜斯戰敗被殺。

753 參閱本書第62章〈論月球的表面〉相關的內容。

問題十一：我們使用的物品不可能保持永久如一，是否所有的物質都處於流動和變遷的狀態[754]？

問題十二：所有星球的總數可能成偶數而非奇數，其理何在？
參加者：索斯庇斯、格勞西阿斯、普羅托吉尼斯、蒲魯塔克和其他人士

「……我想你們知道賴山德的格言，說是兒童用擲骰欺騙，成人卻是發誓賭咒[755]，請問何以如此？」

格勞西阿斯說道：「我聽過非常類似的故事，好像與波利克拉底這位僭主有關，還有一位也用雷同的說法訓誡別人[756]，倒是你問這個問題到底想探討什麼？」

索斯庇斯回答道：「我看到兒童用小塊的蹠骨來玩單數或雙數的遊戲，學院派人士曾經對這件事進行研究，也有作品發表。還有一種玩法是用手抓一把東西，要人去猜究竟是單數或雙數，我認爲兩者之間應該是有很大的不同才對。」

普羅托吉尼斯也要來湊熱鬧，就叫著我的名字問道：「我們竟讓這位演說家自行其是，除了對別人一再的嘲笑，既沒有答覆任何問題，也沒有貢獻一點可供談話的賭注，這到底是怎麼一回事？或許他們不會分享宴席的把盞言歡，那是受到笛摩昔尼斯勸勉和鼓勵的緣故，這個人一生之中從來沒有飲過一杯酒！」

我回答道：「要想免除他們參加宴會應盡的責任，所提的理由不夠充分，事實上我們並沒有問很多無關的事情，除非你有更好的建議，我打算不讓他們接觸類似荷馬提出的問題，不僅屬於律師的業務範疇，還包括處理方面引起的衝突。」

問題十三：《伊利亞德》第三卷為何會引起爭論？特別是有關搏鬥的情節？
參加者：普羅托吉尼斯、蒲魯塔克、索斯庇斯和格勞西阿斯

普羅托吉尼斯問道：「你提這個問題是什麼意思？」

---

754 參閱本書第28章〈德爾斐的E字母〉18節。

755 參閱本書第17章〈斯巴達人的格言〉54節之4，以及蒲魯塔克《希臘羅馬英豪列傳》之〈賴山德傳〉8節，還說薩摩斯的波利克拉底要刻意效法。

756 蒲魯塔克說這個人是戴奧尼休斯一世，參閱本書第25章〈論亞歷山大的命運和德行〉第1篇9節；伊利安認為是馬其頓國王菲利浦，參閱《歷史文集》第7卷12節。

我回答道：「等一下會告訴你，同時也給這些老兄出個難題，他們馬上就會提高警覺。帕里斯要與敵手決鬥，我想你會同意他提出的條件：

我要與黷武好戰的麥內勞斯交鋒，
拚命是為著得到海倫和她的財富；
勝利的人證明自己的英勇和寬容，
獲得珠寶和美麗的妻室返回鄉土。」[757]

「後來赫克托向著全世界宣布，他的兄弟要向麥內勞斯挑戰，運用的辭句內容大同小異：

他吩咐全體特洛伊人和亞該亞人，
解下閃亮的鎧甲放在青蔥的地面，
讓帕里斯與善戰的對手決一死生，
用的籌碼是海倫和她所有的家當，[758]
勝者贏得佳人財寶可以立即成行。」[759]

「等到麥內勞斯接受挑戰，雙方爲了履行諾言立下重誓，阿格曼儂講出下面這番話來：

如果帕里斯走運能殺死麥內勞斯，
海倫和財富毫無異議全歸他所有；[760]
要是帕里斯不幸喪生在情敵手中，[761]
美髮的麥內勞斯贏得所有的賭注。」[762]

757　荷馬《伊利亞德》第3卷69-73行。

758　以上四句出自荷馬《伊利亞德》第3卷88-91行。

759　最後一句出自荷馬《伊利亞德》第3卷255行，這是使者伊迪烏斯(Idaeus)對特洛伊國王普里安說的話。

760　以上兩句出自荷馬《伊利亞德》第3卷281-282行。

761　這一句出自荷馬《伊利亞德》第3卷284行。

762　這一句出自荷馬《伊利亞德》第3卷72行。

「麥內勞斯只是制服帕里斯並沒有將他殺死，兩邊的人都在幫自己的同時還要反駁對方；亞該亞人說帕里斯吃了敗仗應該信守原訂的條件，特洛伊人拒絕的原因是帕里斯還好好活在世上[763]。」

我繼續說道：「我們對於爭執和仲裁一定要遵循『實話實說』[764]的要求，有關決鬥的規則所造成的問題，看來哲學家和文法學家無法解決雙方的矛盾；倒是修辭學家精通文法和哲學，可以做出正確的決定。」

2 索斯庇斯說道：「挑戰的規則如同法律一樣具有效力，只要當事的雙方表示接受即可，其他人都沒有置喙的餘地。目前的搏鬥有關生與死，決定勝利和敗北。那麼正確的論點，在於這位婦女應該屬於英勇和優越的人，勝者才有資格得到這方面的認定。然而從另外的角度來看，經常出現占有優勢的人被屈居下風的人所殺，如同後來阿奇里斯死於帕里斯的箭下，我相信你絕不會因爲帕里斯殺死阿奇里斯，就說後者不如前者那樣英勇無敵，也不以爲後者眞正贏得勝利，最多只是認爲他的運氣很好而已。」

「赫克托之所以戰敗被阿奇里斯殺死，主要原因是他不敢挺身而鬥，見到阿奇里斯上來搦戰，悚懼之餘趕緊逃走，對於自己的怯懦退縮一點也不掩飾，等於公開承認敵手比他高明百倍。那也是爲什麼伊里斯一開始就把信息告訴海倫：

他們舉起長矛前衝為你鏖鬥赴死，
須知勝者可以獲得佳麗當成妻室；[765]

後來宙斯爲了對麥內勞斯表示好感，決定這次交戰的結果：

拉斯地蒙國王憑著英勇獲得勝利。」[766]

「這件事說起來非常可笑，因爲波德斯(Podes)根本料想不到而且沒有防

---

763 荷馬《伊利亞德》第3卷456-460行，特洛伊人拒絕阿格曼儂提出的要求，只是荷馬沒有記錄這件事。

764 荷馬《伊利亞德》第18卷508行。

765 荷馬《伊利亞德》第3卷137-138行。

766 荷馬《伊利亞德》第3卷457行，這話是阿格曼儂所說，麥內勞斯成為戰神阿瑞斯鍾愛的人；只是宙斯在第4卷13行做出同樣的表示。

備，就被遠遠投來的標槍射中[767]；實在說，麥內勞斯不值得從一個人身上去爭取勝利的獎賞，那是因爲帕里斯放棄戰鬥，轉身逃到妻子懷抱中尋找庇護，爲了活命情願剝去全身的鎧甲；要是按照敵手在挑戰時宣布的條件，他還表示自己是卓越的戰士，現在仍舊占有上風。」

3 格勞西阿斯接著說道：「首先，有關法律、命令、協議或承諾這方面的事項，要知道後者較之前者的要求更爲嚴格，同時還具備更大的效力。阿格曼儂宣布的條件是殺死對方而非擊敗；這個只是口頭的協議，接著立下誓言成爲承諾，使得雙方的認同更加肯定，對於決鬥的結果如有違背會受到詛咒。即使挑戰是個人的行爲，協議和承諾要爲大家所接受。普里安在雙方立下誓言以後，離開決鬥場所說的話證實了此事：

宙斯和不朽的神明全都知道結局，
對這兩人安排命運好壞何其懸殊；[768]

因爲他了解雙方所同意的條件。沒過多久赫克托還提到：

天神克羅努斯之子竟讓誓言無效，[769]

在於兩位決鬥者都沒有被殺，這場挑戰到現在尚未結束，判定結果當然會讓人質疑。」

「我的意見是問題不在於戰鬥的方式，因爲前者提出的建議被後者接受，只有殺死敵手才能獲得勝利，須知勝者有時不一定能殺死敵手。總之，阿格曼儂對於赫克托提出的建議並非取消，沒有任何改變，只是增加主要的部分，獲勝在於殺死對手，只有這樣才是完全的征服，其餘都是對條件的規避，當然會引起爭論，如同麥內勞斯沒有傷到帕里斯，等到對手撤離也不願在後追擊。雖然搏鬥就眞實情況而言不會引起爭論，裁判的態度仍舊要保持公正和坦誠的立場。」

「我們認爲堅實而有效的協議，應該包括毋庸質疑和極其確切的結論；最強

767　荷馬《伊利亞德》第17卷575-579行，波德斯是一個特洛伊人，成為替死的倒楣鬼。

768　荷馬《伊利亞德》第3卷308-309行。

769　荷馬《伊利亞德》第7卷69行。這裡的天神克羅努斯之子是指宙斯。

有力的要點在於他的情敵逃走以後，麥內勞斯沒有停下來休息或是放棄尋找，卻在『聚集一起的士兵』當中來回走動，

> 希望看到面貌有如神明的帕里斯，[770]

這個人顯然占有上風，由證據得知他的勝利無效而且難以獲得定論，因為挑戰的對手已經獲得最好的解決方式就是高掛免戰牌。」

「此外麥內勞斯沒有忘記雙方的約定：

> 我們兩人當中有位命中注定滅亡，
> 讓他去死吧！大家可以和平收場；[771]

因此他需要找到帕里斯然後將他殺死，才能結束這場挑戰，如果他無法達成這個目標，就沒有權利要求獲得勝利的賭注。他在悲傷之餘為自己的壞運道責怪宙斯，別人就可以拿他所說的話當成證據，認為他並非獲得最後的勝利：

> 啊！至尊的宙斯！為何如此殘忍！
> 我要報復淫賊對髮妻的拐騙勾引，
> 你使我的劍在手中無故斷成數截，
> 就是縱馬讓長矛的猛刺全都落空。[772]

你看，他承認自己沒有擊中或殺死深恨的情敵，表示的意思是他無法奪走帕里斯的盾牌，也不能剝去對手身上穿著的鎧甲。」

問題十四：繆司的數量通常已有定論，為何有這方面的論述？

參加者：希羅德、阿蒙紐斯、蘭普瑞阿斯、特里豐、戴奧尼休斯、蒲魯塔克和麥內菲盧斯

---

770 荷馬《伊利亞德》第3卷450行。

771 荷馬《伊利亞德》第3卷101-103行。

772 荷馬《伊利亞德》第3卷365-368行。

1 我們用酹酒儀式向九繆司致敬以後，接著爲領導祂們的神明[773] 唱出頌歌，赫西奧德有一首讚譽繆司降生的詩篇[774]，大家在伊拉托用豎琴伴奏之下齊聲朗誦；等到整個程序告一段落，教授修辭學的希羅德站起來發言。他開口說道：「各位請聽我講的話，有人如同赫西奧德一樣，不讓卡利奧披與我們爲伍，硬要說她喜歡與國王作伴[775]，就我的看法修辭學家不應僅僅分析三段論法，或是提出自相矛盾的謬論，而是從事適合於演說家和政治家的事務。至於其他的繆司像是克萊俄發揮獲得頌揚的辯才，klea在古代是『讚美』的同義字；還有職司歷史的波利姆尼亞(Polymnia)，因爲她有『過目不忘』的本領；事實上所有的繆司在開俄斯[776] 如同其他各地一樣，都被稱爲Meneiai(記憶女神)。」

「我對優特披的看法倒是贊同有些人的主張，像是克里西帕斯就曾經說過，她在對話和正式的交談當中，擁有epiterpes(歡樂)的範疇和愉悅的成分[777]。這些交談很多是在演說家的領域之內，都是法庭的訴訟和施政的方針；內容不外乎表示當政者的善意，對其他人的動議加以支持，或是爲某些人的行動給予辯護；也可以就相互的關聯性大肆贊許或責備，這種運用的方式可以說無遠不屆。如果我們的做法非常富於技巧，所能獲得的成就肯定會很重要；要是缺乏經驗或者手法拙劣，當然會讓我們錯失大好的機會。有詩爲證：

> 啊！天哪！所有的人都會愛戴他！[778]

(有些哲學家認爲這句話也適合自己的身分)，我個人認爲對於演說家的功能非常相符，他們所擁有的『說服』和『魅力』在談話中可以採用。」

2 阿蒙紐斯回答道：「你用一隻『有力的手』[779] 掌握繆司，我們對此絕不會生氣；因爲朋友有通財之義[780]，宙斯所以能夠成爲許多繆司的父親，主要的理由就在於此，每個人都可從中獲得美好的事物；我們不一定非要精通打

773 是指太陽神阿波羅。

774 赫西奧德《神譜》35行及後續各行。

775 赫西奧德《神譜》80行，須知卡利奧披是職司辯論和英雄史詩的繆司。

776 說是這個島嶼並沒有確鑿的證據，或許經過訂正才讓開俄斯得到這份殊榮。

777 阿尼姆《古代斯多噶學派殘卷》第2卷No.1099。

778 荷馬《奧德賽》第10卷38-39行，詩中所指的領袖是奧德修斯。

779 荷馬《伊利亞德》第3卷378行。

780 這是常用的諺語。

獵、戰爭、航海或生意，但是每個人都需要教育和談吐，

可以從廣袤的大地獲得豐碩收成。[781]

所以宙斯只爲世人帶來一位雅典娜、一位阿特米斯和一位赫菲斯都斯，卻有很多位繆司。爲什麼不多不少就是九位？你能告訴我們原因何在？我想你是一位藝術的愛好者，同時又精通各個學門的知識，一定會深入考慮這方面的問題。」

希羅德回答道：「這個題目沒有奧秘難解的地方，無論男女對於九這個數字很容易念出口，特別顯著之點它是第一個奇數的平方以及第一個奇數的乘積，當然也可以分爲三個相等的奇數[782]。」

阿蒙紐斯笑著對他說道：「你詳細說明數字的性質，使得這個題目的爭論能有一個好的開始，然而還可以再加一些資料在上面，像是九是由頭兩個數字的立方即一和八的和所組成，還有另一種加法的形式，九可以分爲兩個三角形數即三和六，而且三和六都是完美的數字[783]。爲何屬於繆司的職掌要比其他的神明多很多倍，結果是我們有九個繆司，卻沒有九個德米特流斯、雅典娜或阿特米斯？我不認爲你會贊同這樣的解釋，所以生出九個繆司是因爲她們的母親名字是由九個字母所組成[784]。」希羅德笑了起來，接著沉默了一會兒，阿蒙紐斯鼓勵我們就這個題目表達個人的意見。

3 這時我的兄弟提出一個論點，那就是古人只知道三個繆司[785]。他說道：「提供證據對這個學者眾多且又知識淵博的團體而言，可以說是不自量力的炫耀學問。依據的理由並不像有些人所說的那樣，出於音樂(旋律)的三種型態即全音階、半音階和小於半音階[786]，也不是三種音符即高音、中音和低音用來

---

781 戴爾《希臘抒情詩》之〈賽門尼德篇〉No.4；參閱柏拉圖《普羅塔哥拉斯篇》345C。

782 因為一是基數，所以第一個奇數是三。所謂第一個奇數的平方是$3^2=9$；所謂第一個奇數的乘積是$3\times3=9$。

783 三角形數是用三角形模型的點所表示的數字，如同：∴ ⁘ ⁙ 得知3或6或10是三角形的數字；同樣正方形數是用四方形模型的點所表示的數字，如同：∷ ⁙ ⁙，因而4或9或16是四方形的數字。

784 Mnemosyne(記憶女神)這個字是由九個字母組成，不過這是英文的譯名。

785 參閱戴奧多魯斯·西庫盧斯《希臘史綱》第4卷7節，至於到底是那三位，沒有說得很清楚。

786 半音階音樂使用四分之一音程。

建立所有的音程[787]。德爾斐人把這些音符的名字用來稱呼繆司，其實在音樂的學理當中，無論是整體或局部，眞正有關的是音階，其餘都會造成錯誤。我的意見是古人把所有學門的知識和技藝，無論是根據理論或實踐可以分爲三個最主要的類別，亦即哲學、修辭和數學，認爲是三位女神帶給我們最爲文雅和用處最廣的禮物，他們還稱這些女神爲繆司。」

「後來到了赫西奧德的時代，這些功能看得更爲清楚，從而分辨出不同的組成部分和型態。然後他們觀察到每一種功能輪流包括三種不同的項目。數學的範疇分爲音樂、算術和幾何；哲學包含邏輯、倫理和自然科學；修辭方面他們說第一部分是指示或頌辭，第二部分是審議或查驗，最後是法庭或司法。這些學門都有神明或繆司或精靈給予控制和指導，有了這麼多的學門，就應該有相同數目的繆司，這也是很自然的事；現在你可以讓九分爲三個三，其中每個三再分爲三個一，同樣經過討論可以正確得知，不變的眞相就是每個單元都屬於繆司所有；經過區分得到三個範疇，每個範疇都有三位繆司負責，每位繆司都授與相互分離的功能和職掌，再由祂們給予安排和制定規則。各位要知道，我不相信詩人和天文學家會對我橫加指責，說我忽略或誤解他們所擁有的技能，因爲他們像各位一樣有深入的了解，那就是天文與幾何是同一範疇，詩與音樂的關係密不可分。」

4 特里豐醫生在他講完以後說道：「我們有什麼地方得罪你？爲何你非要封閉繆司在世上的廟宇？」密利提(Melite)[788] 的戴奧尼休斯突然插嘴道：「看來你請到很多其他人士參與抗議的行列；舉凡我這裡的農夫都認爲塔利婭應該屬於我們所有[789]，因爲在祂的照顧和維護之下，所有的植物都能euthalounton(欣欣向榮)，播下的種子都能發芽茁壯。」

我說道：「你這種說法不一定都很周詳，須知你們已經有了現成的天賜恩典『穀物女神』德米特[790]，以及如同品達所說的那樣，『酒神』戴奧尼蘇斯擁有

豐饒和興旺的莊園顯得喜氣洋洋，

787　參閱柏拉圖《國家篇》443D。希臘人將「最高音」稱為最低的音調，從「最高音」到「中音」形成一個四度音程，從「中音」到「最低音」形成一個五度音程。

788　密利提是一個阿提卡的選區，後來成為戶籍所在地的行政區。

789　參閱阿波羅紐斯·羅狄斯《阿爾戈英雄號歷險記》第3卷1行及其注釋。

790　參閱鮑薩尼阿斯《希臘風土誌》第1卷31節。

結實累累的秋季發出燦爛的金光。[791]

大家都知道你們身爲醫生就把阿斯克勒庇斯當成保護神，有很多地方還要求助於『療傷者』阿波羅，所以阿波羅不能僅僅算是繆司神的『領袖』。荷馬在他的書中提到所有的人都『需要神明』[792]，這話確實很有道理，然而絕不是所有人都『需要所有的神明』。」

「讓我感到迷惑的地方在於蘭普瑞阿斯爲何會忽略德爾斐人所說的話；他們很肯定的告訴大家，繆司對於音符的命名，不會因爲音樂來自人聲或琴弦有所區別；然而德爾斐人認爲整個宇宙可以分成三個區域，首先是固定的星球，其次是行星[793]，最後是地球；它們全都以諧和的方式盤根錯節地結合在一起，每個區域都有負責保護的繆司，最上層是海帕特(Hypate)、中層是梅西(Mese)、最下層是尼特(Neate)，所有天國和塵世、凡人和神明的事物，保持交織和聚集的狀態。柏拉圖同樣將類似的宇宙當成一個隱喻的形式，阿特羅波斯、克洛索和拉奇西斯三位命運女神的名字[794]，被拿來作爲稱呼之用，特別提到八層天球一個接著一個的運轉，都由西倫斯負責，跟繆司毫無關係。」

5 逍遙學派的麥內菲盧斯加入談話，他說道：「德爾斐人的論點看起來比較合乎情理；柏拉圖對出於神意的永恆運轉，認爲應由西倫斯掌管而非繆司，這裡面還有商榷的餘地，倒是令人感到奇怪。精靈對於人類不會懷有好感或善意，繆司的做法可以說是大相逕庭，或是將祂們冠上命運女神的稱號，把祂們當成需要女神的女兒；豈不知需要女神對於文藝始終懷有反感，說服女神同意繆司的作爲而且與祂們的關係非常親密。因此，我認爲繆司

痛恨需要女神到幾不相容的地步，[795]

---

791 克里斯特《品達的吉光片羽》No.153；戴奧尼蘇斯是植物的保護神，擁有「森林之神」的頭銜。

792 荷馬《奧德賽》第3卷48行。

793 這裡所說的行星，已經將太陽和月球包括在內。

794 柏拉圖《國家篇》第10卷617C；參閱本書第46章〈論命運〉2節，提到命運是宇宙唯一的靈魂，可以區分為三種：固定不變的部分、支持移動的部分、地球區域之內的下界部分，分別由三位命運女神負責掌控。

795 狄爾斯、克朗茲《希臘古代哲學殘卷》之〈伊姆皮多克利〉No.116。

並不像伊姆皮多克利在提到這件事的時候，說話還有相當的保留。」

6 阿蒙紐斯說道：「如果你的意思是指我們這個世界的需要女神，確實是一種帶有強制性的成因，處於我們的意志所及的範圍之外；我認爲需要能在神明之中獲得支配的力量，除了對邪惡者產生負面的影響，不在於它的難以忍受、無法控制或引起暴力；如同城邦所制定的法律，有人認爲最有利之點在於它的穩定和持久，並不是不能改變而是沒有這方面的意願。荷馬筆下的西倫斯像是在威嚇我們，實在說與柏拉圖學派的神話完全背道而馳；詩人傳達一種象徵性的眞理，暗示的說法是音樂的力量不會冷酷無情，更不會帶來毀滅的後果；如同靈魂離開凡間要到另一個世界，死亡以後會在空際飄浮無定；對於天國和神明會創造一種激情的愛[796]，還將必死的命運遺忘得乾乾淨淨；就用符咒來擁有和蠱惑這些靈魂，帶著歡樂的氣氛追隨西倫斯加入巡行的隊伍。」

「地球上面的音樂發出微弱的回聲傳到我們的耳中，通過語文的媒介使我們的靈魂受到感動，提醒它們在更早的生存期間曾有這方面的經驗。大多數靈魂的耳朵不是被蠟堵塞，而是感官的障礙和疾病。任何靈魂經由天賦的本能能夠分辨這種回聲，從而記憶起其他的世界；對於歡樂的喜愛激起瘋狂的熱情，渴望能夠掙脫肉體的束縛卻無法如願。我不可能對於所有的論點都提出合理的解釋；我的看法如同柏拉圖那樣，用『捲線桿』或『紡錘』這個字來代替『斧頭』，說起『螺旋』就是『星辰』，或者反其道而行，就將西倫斯這個名字給予繆司，因爲祂們在死神的領地要eirousas（說出）神明的眞理。索福克利筆下的奧德修斯在拜訪西倫斯的時候[797]，就說

> 福庫斯的女兒們唱出死神的歌曲。」[798]

「因此，八位繆司隨著八個天球一起不停的旋轉，另外還有一位分配地球這個區域。現在祂們分別主持運行的路徑，維持和擁有行星和恆星以及彼此之間的和諧；其中一位監督和巡視地球和月球之間的區域，允許人類經由天賦的言語和

796　參閱柏拉圖《克拉提魯斯篇》403C-D。

797　這裡的奧德修斯是索福克利一齣戲劇裡面的角色，只是其他的資料全付闕如；參閱瑙克《希臘悲劇殘本》之〈索福克利篇〉No.777。

798　福庫斯(Phocus)是西拉、赫斯庇瑞德(Hesperides)、格拉埃伊(Graiae)、戈爾根和伊瑞尼斯這些精靈和神祇的父親，只是西倫斯沒有包括在內。

詩歌，可以感覺和接受優雅、韻律和均衡；推薦說服女神撫慰和安定我們騷動的心靈，召回奔放如野馬的欲望不要誤入歧途，能讓我們走上平穩的正道。如同品達所說：

宙斯喜愛戰亂已經全部變得陌生，
靠著繆司的指示一切會歸於太平。」[799]

7 阿蒙紐斯從色諾法尼斯那裡引用他最喜愛的一句詩，

要讓它成為追求真理所持的論點，[800]

作爲他這番長篇大論的結語，接著要我們每個人都能說出心中所想的話。我只保持很短期間的沉默，然後提到柏拉圖相信自己的發現，那就是神明的權力可以從祂的名字找到線索[801]。

這時我接著說道：「讓我們同樣將一位繆司放置在天上[802]，認爲祂會關心天體的運行，只具備單一而簡潔的性質，並不需要繁多而複雜的引導。地球上面某些位置，可能有無以數計的錯謬、僭越和違犯，其他八位繆司會受到拖累，負責矯正各種不同的邪惡和分歧；因爲生命當中所有活動可以區分爲兩類，無論是嚴肅的部分或樂趣的部分，都要考慮應有的規範和運用的方法；前者在於教授世間的知識和神明的期望，卡利奧披、克萊俄和塔利婭是我們的導師，這些行動可以相互結合起來，在人生的道路上面指點正確的方向；等到我們轉向歡樂和消遣，不會疏忽那些獸性和暴力的激情，竟能失去約束任意橫行，而是運用適當的舞蹈、音樂、歌曲，靠著旋律和文字的力量，加以照應和護送，使得我們的進展更加平穩、順利。」

「我個人的看法與柏拉圖的主張有所不同；這位哲學家認爲每個人都有兩種行爲原則：一種是『歡樂的欲望出於天性』；另外一種是『信心的獲得在於求善』[803]；有時他說前者是感情而後者是理性，而且這兩種原則具備多樣性，可以

799 品達《皮同賽會頌》第1卷13-14行。
800 狄爾斯、克朗茲《希臘古代哲學殘卷》之〈色諾法尼斯〉No.35。
801 柏拉圖《克拉提魯斯篇》396A，但是在401A對他在前面提出的論點加以修正。
802 是指職司天文的烏拉妮婭，祂的名字源自Ouranos(上天)。
803 柏拉圖《菲德魯斯篇》237D。

再加以細分為若干部分；我認為每一種原則還需要深入的探討，要是感受文字所能表達的意義，還需要神意的保護、監督和指導。理性的功能從開始就是政治家和國王所應具備的特質，赫西奧德告訴我們說是卡利奧披負有這方面的職掌[804]，克萊俄的領域是推崇榮譽的熱愛和增長凌人的傲氣，波利姆尼亞負責的部分在於靈魂，喜愛存在記憶中的學問和掌故，所以西賽昂人將三位繆司之一稱為波利瑪瑟婭(Polymathia)[805]。」

「每個人都知道優特披研究自然界的事實真相，對於塵世任何種類的思惟，都不會保有和加入歡樂和享受的成分。談到飲食方面的基本欲念，塔利婭要減少它的粗魯和野性，可以強化人際的交往和增進彼此的友情；這也是我們用thaliazein(給人帶來歡娛)這個字的緣故，大家相聚在酒酣耳熱以後更能感到友情的可貴，不是醉倒在地出現暴力的行為和羞辱的言辭。我們的情欲因為伊拉托(Erato)[806]的緣故更為高漲，祂卻用理性和適切的說服，消除和絕滅歡樂當中的瘋狂和錯亂，拋棄荒淫和放蕩的行為，達成摯愛和信任的結局。歡樂主要來自我們的眼睛和耳朵，至於它歸於理性、感情或兩者的綜合，這要靠剩下的兩位繆司來負責，墨波米妮和特普西可瑞給予妥善的照應和井然的規範；一方面可以享受心身的愉悅和歡樂，另一方面不會沉溺其中無法自拔。」

問題十五：舞蹈有三個要素即動作(段落)、姿態和主題；何以所具備的性質還能適用於詩？

參加者：色拉西布盧斯和阿蒙紐斯

1 等到糕餅拿出來，當作獎品發給參加舞蹈表演的人員。我的兄弟蘭普瑞阿斯和舞蹈教練明尼斯庫斯(Meniscus)擔任裁判；因為蘭普瑞阿斯的皮瑞斯戰舞非常出名，角力學校的兒童沒有人比他更為出色[807]。現在有很多男孩參加表演極其熱心，只是技術還不夠熟練；那是出於兩種原因，其一是想要全程都保持優雅的姿態，其二是有些團體要求兩種舞句或段落(dance phrase)交互運

804 赫西奧德《神譜》80行。

805 「波利瑪瑟婭」的字義為「博學」。

806 「伊拉托」這個字讓人聯想到eran(迷戀)。

807 角力學校的體育訓練當中包括舞蹈在內，很多戰舞動作與搏鬥技巧的關係非常密切，無論攜帶武器與否莫不如此，參閱柏拉圖《法律篇》830C及阿昔尼烏斯《知識的盛宴》631。

用。

色拉西布盧斯詢問舞句這個字的意義，讓阿蒙紐斯有機會對舞蹈的要素做一番說明和解釋。

2 阿蒙紐斯提到三個要素亦即舞句、姿態和主題。他隨即加以解釋：「舞蹈包括動作和姿態，如同音樂的音符和音程。就舞蹈的其餘部分而論，都是許多動作的結束點，他們將這些動作稱之爲『舞句』，這時象徵的姿態稱之爲『裝扮』，舞者運用他們的身體表現出阿波羅、潘神和一位酒神信徒的形狀，姿態可以領導或終止動作的進行，所能達成的效果如同繪畫的圖形。第三個要素主題或指示，並不在於模仿所要表達的對象，而是將它展現在我們的面前。」

「詩可以拿來作爲事物的比較和對照，因而詩人運用適當的名稱指示事物，像是『阿奇里斯』、『奧德修斯』、『地球』和『上天』這些字，一般人不僅知道它的意義，同樣也會如法炮製；爲了追求模仿的演出和鮮明的聯想，可以運用擬聲和暗喻的手法。他們說起急湍的溪流是『水花四濺，泡沫翻騰』，疾飛的箭矢要『射中目標，貫穿軀體』[808]，以及一場勢均力敵的會戰是『拚死相爭，絕不退讓』[809]。」

「他們在詩句中爲了模仿事物的眞相，文字的排列組合顯得更爲生動而突出，如同優里庇德敘述的情景：

殺害戈爾根的凶手是雅典娜派往，
他越過宙斯神聖的蒼穹從容逃竄；[810]

以及品達筆下的英勇鐵騎，

牠躍過阿爾菲烏斯河陡峭的堤岸，
只有比賽可見到類似的鞭策手段；[811]

808 荷馬《伊利亞德》第11卷574行。

809 荷馬《伊利亞德》第11卷72行，這個著名的隱喻意義深遠。

810 瑙克《希臘悲劇殘本》之〈優里庇德篇〉No.985；戈爾根就是蛇髮女妖美杜莎，帖修斯得到雅典娜的協助將她殺死。

811 品達《奧林匹克運動會之頌》第1卷20行，阿爾菲烏斯河流過阿卡狄亞地區。

還有荷馬所描繪的戰車競技：

裝飾青銅白錫的戰車會閃閃發光，
隨著腳程飛快的馬匹向前面直撞。[812]

舞蹈的『裝扮』同樣要模仿外貌的神情，舞句或段落再度用來表達某些動作、情緒或可能性。」

「他們用『主題』正確無誤指出目標：地面、天空、他們自己或局外人士。這種做法據稱不僅正確而且及時，等到宣稱詩是一種裝飾和穩健的尺度，就會與它那適當的名字非常相似。例如：

尊敬的底米斯和目光銳利的愛神，
頭戴金冠的赫拉和美麗的戴奧妮；[813]

以及：

海倫的後裔都是主持正義的國王，
還有一幫謀臣勇將盡職輔佐參贊。[814]

此外還指出散文體和無韻詩的極其相似之處；像是阿爾克曼娜

為宙斯生下海克力斯和伊斐克利；[815]

以及：

將她稱為奧琳庇阿斯只有希臘人，
她的父親、丈夫和兒子都是國君；[816]

---

812 荷馬《伊利亞德》第23卷503-504行。

813 赫西奧德《神譜》16-17行，這裡提到四位神明，就是正義女神底米斯、愛與美的女神阿芙羅黛特、天后赫拉和阿芙羅黛特的母親戴奧妮(Dione)。

814 赫西奧德《神譜》27行。

815 瑙克《希臘悲劇殘本》之〈Adesp篇〉No.400；海克力斯和伊斐克利是一對孿生子。

對於舞蹈同樣會產生誤解，那就是主題或指示通常不會表現出逼眞、文雅、莊嚴和坦率。」

「總而言之，有人將賽門尼德對詩與繪畫的關係轉移到舞蹈，亦即舞是無言的詩，而詩是有形的舞，我們認爲這種說法非常得當；這樣一來好像不能說詩中有畫或是畫中有詩，而且兩者之間難以互通有無；特別是舞蹈與詩能夠圓滿的結合和包容，成爲一種藝術體裁稱之爲hyporchema(合唱頌歌)，表演兼用姿態和文字可以發揮雙方的優點和長處，使之更爲生動有力[817]。」

「詩篇的行數可以比擬於繪畫用來局限形體的線條(舞蹈的動作和姿態如同繪畫的色彩和形體)，每一種藝術可以明顯看出需要各方面的配合，作者認爲最成功的地方仍舊是『合唱頌歌』的創作。無須帶來更多說服的理由，僅用下面一首詩就足夠：

你把全身重量放在單一足趾上面，
隨著音樂起伏的節奏不停的迴旋，
要拿名駒和獵犬的動作當成榜樣，
舞蹈比賽的過程是如此輕快安詳；
就像帶角母鹿飛奔在多蒂安平原，
要從繁花遍野之地追循潺潺流泉，
猛獸跟蹤不斷轉頭從肩向後回顧，
所幸能找到免於死亡的逃生之路。[818]

旋律從琴弦上面流瀉而出，我們就會手舞足蹈，身體還隨著擺動，上面這首詩描述舞蹈的演出，要是把裡面的詞句用歌聲表達，試問誰還能保持不動的靜止姿態？」

「從作者的觀點可以明確看出，他們對於用詩或用舞蹈來自我誇耀，並不覺得有任何難爲情之處，這時他會說：

(續)

816 作者不詳；奧琳庇阿斯是摩洛西亞的公主，馬其頓國王菲利浦一世的妻子，亞歷山大大帝的母親。

817 hyporchema是一種歌唱形式的破陣樂，用來伴奏模仿戰鬥動作的舞蹈。

818 作者不詳，或許是品達，因為阿昔尼烏斯《知識的盛宴》15D提到最佳的hyporchema出自色諾迪穆斯(Xenodemus)和品達；貝爾克認為是賽門尼德的大作。

我知道運用舞步使姿態更為輕盈，
克里特的花式動作真是大名鼎鼎；[819]

而今舞蹈的素質日趨低落，已經無法讓人大飽眼福，結果的確出現伊拜庫斯擔憂的事情，所以他有這樣的描述：

我害怕自身的罪孽會使神明震怒，
誰知世人卻將榮華富貴全部賜與。[820]

舞蹈只能拿粗鄙的詩作爲伴侶，如同其他神聖的器物無法獲得上天的寵愛，使出暴君的手段將所有的音樂納入它的支配之下，留在貪婪和愚蠢的劇院成爲唯一的女主角，那些學識豐富和德行高潔的人士，認爲它已經喪失過往已有的聲譽。」

尊貴的索休斯·塞尼西歐，我們有幸前來舉行繆司的祭典，獲得德高望重的阿蒙紐斯全程參與，大家享受睿智和博學的清談，現在已經到了曲終人散的時候。

819　克里斯特《品達的吉光片羽》No.107；阿昔尼烏斯《知識的盛宴》181B引用這兩句詩，只是改動幾個字。

820　戴爾《希臘抒情詩》之〈伊拜庫斯篇〉No.24；參閱柏拉圖《菲德魯斯篇》242C。

第七十八章
論音樂

1 義士福西昂的妻子經常引爲自豪之處，把良人在戰爭方面的成就視爲最貴重的裝飾品[1]。然而就我的看法，對於老師教授的知識，能夠勤奮的學習和仔細的鑽研，不僅讓自己感到光彩，就連我的朋友和親人同樣與有榮焉。我們知道身爲將領最顯赫的功績，是在危險的關頭能夠拯救部隊於危亡之中，保存一個城邦甚或一個國家的安全；須知缺乏智慧，單憑倚賴武力不會使士兵或市民，甚或所有的同胞變得更加完美。從另一方面來看，幸福的因素和至善的根源，發現它不僅用於一個家庭、一個城市或一個國家而是整個人類。須知文明會帶來更大的利益，就它的價值而言比得上所有軍事的成就，我們應該對此進行更深入的討論。

2 家世高貴的歐尼西克拉底在農神節(Saturnalia)[2] 次日，設宴招待音樂造詣很深的人士，像是亞歷山卓的索特瑞克斯(Soterichus)，以及從他那裡領受年金的黎昔阿斯。等到傳統的儀式結束以後，歐尼西克拉底說道：「閣下，在這個充滿歡樂的聚會中，想要深入探索人籟之聲的特質和理論，實在不是很好的主意，討論的題目需要非常清醒的頭腦。最有學識的文法學家把說話的聲音定義爲『空氣受到打擊產生可以聽到的感覺』，昨天我們鑽研過文法，藉著字詞[3] 可以產生語言的表達和記憶的保存，現在讓我們跟在文法的後面，繼續討論與前者相關的第二門學問亦即聲音；換個更爲通俗的說法就是音樂。特別的地方是只有人類會對神明唱出頌歌，不僅是虔誠的行爲，也是受到上蒼贊同的唯一祈

---

1 參閱蒲魯塔克《希臘羅馬英豪列傳》之〈福西昂傳〉10、14節，笛歐·克里索斯托姆《演說集》第75卷7節以及斯托貝烏斯《花間飛舞》第3卷267頁。

2 農神節的慶典要從12月17日開始，延續七天之久。

3 希臘的「字詞」不僅僅指字母的排列，還包括它的發音和音節在內。

求方式，荷馬的敘述極其高明[4]：

希臘人整天在唱絕妙的讚美曲，
要向銀弓之神阿波羅虔誠哀訴，
祂一一聽入耳中感到滿心歡娛。

來吧，你們這些愛好音樂的人，要記得告訴你們的同伴，希臘人是首先運用音樂的民族，就在那個時候讓他們獲得極大的好處，特別是能掌握這門藝術的技巧，還能贏得很高的名聲；最後使得整個人類得益不淺。」以上是我們的老師致辭的開場白。

3 黎昔阿斯回應道：「尊貴的歐尼西克拉底，你說的話眞是至理名言，特別是提出的問題，大家都想找到最完美的答案。無論是柏拉圖學派的學者[5]或逍遙學派的哲人[6]，他們對於古代音樂[7]和它在當前的沒落，孜孜不倦撰寫有關的論文；還有博學的文法學家[8]以及和聲學家的門人弟子，他們花費很大的心血研究這個題目。只是這幾位權威專家，大家總是各說各話，欠缺統一的論點。赫拉克萊德在他的《文集》(*Collection*)裡面，記載第一個創造音樂的人，運用西塔拉琴的伴奏，將他寫的詩用歌聲唱出來，就是宙斯(Zeus)和安蒂歐普(Antiope)的兒子安菲昂(Amphion)[9]，可以明顯看出他接受雙親給予的教誨。保存在西賽昂的文件可以證實此事，把亞哥斯的女祭司、作曲者和樂師的名字提供給赫拉克萊德。」

「就在這個時候還發生一樁事，優卑亞的黎努斯(Linus)完成哀歌；還有安塞敦的安塞斯(Anthes)寫出皮奧夏的讚美曲，以及派里亞的派魯斯(Pierus)呈獻給繆司的詩歌；接著是德爾斐的菲拉蒙(Philammon)有這樣的記載，說他為勒托的漂泊以及阿特米斯和阿波羅的出生譜出樂章，況且他是第一個在德爾斐的神廟

4 荷馬《伊利亞德》第1卷472-474行。

5 這裡提到柏拉圖學派的學者是柏拉圖本人和赫拉克萊德。

6 哲人是指亞里斯多德、赫拉克萊德和亞里斯托克森努斯。

7 所謂古代音樂是指流行於西元前6世紀末葉之前，拉蘇斯尚未發起改革的音樂。

8 這裡提到的文法學家是格勞庫斯、戴奧尼休斯・伊安巴斯(Dionysius Iambus)、伊斯楚斯(Istrus)和亞歷山大・波利赫斯托。

9 有關安菲昂的事蹟可以參閱普里尼《自然史》第7卷204節，以及鮑薩尼阿斯《希臘風土誌》第9卷5節。

創設合唱團的人[10]；薩邁瑞斯是土生土長的色雷斯人，卻是那個時代音色最美的男子，唱出旋律動人的歌聲，(如同詩人[11] 的說法)他竟敢與繆司一比高下，根據記載他撰寫〈泰坦與眾神之戰〉(War of the Titans with the Gods)的樂曲。古代的音樂家當中有一位是科孚的笛摩多庫斯(Demodocus)，他的作品有〈特洛伊的洗劫〉(Sack of Troy)[12] 和〈阿芙羅黛特與赫菲斯都斯的婚禮〉(A Marriage of Aphrodite and Hephaestus)[13]；再則是伊色卡的菲繆斯寫出〈英雄的凱旋〉(Return of the Heroes)，訴說他陪伴阿格曼儂從特洛伊返回國門的故事[14]。」

「在這些古人的作品當中，他們的文字雖然講究聲韻，主要的缺失是音步的錯亂。說起古老時代的抒情詩人，就像司提西喬魯斯一樣，寫出揚抑抑格的六音步英雄體詩篇，然後爲它配上音樂；赫拉克萊德還提到特潘德首先制定曲調，將荷馬的史詩和自己的作品使用西塔拉琴伴奏，在公開的競賽中高歌一曲，同時他是第一位將西塔拉琴演奏的曲調取上名字的人。克洛納斯(Clonas)是擅長哀歌和英雄體的詩人，效法特潘德要爲管樂制定曲調，作爲節日的宗教遊行之用；接著是科洛奉的波利姆尼斯都斯(Polymnestus)，運用類似的韻律和形式，使得他的樂曲能夠風行一時。」

4 「尊貴的歐尼西克拉底，現在常用的樂曲依據不同的名家而定，它的旋律用笛子或木簫之類管樂器演奏，所有的門派可從獲得的稱呼加以區別：像是阿波瑟托斯派(Apothetos)、伊里果埃派(Elegoi)、科瑪契歐斯派(Comarchios)、司考因昂派(Schoenion)、西菲昂派(Cephion)[15]……[16] 以及垂米勒斯派(Trimeles)[17]，後續的年代還加上另外一個門派，它的名字叫作波利姆尼斯廷派(Polymnestian)，曾經創新很多曲調。西塔拉琴演奏的樂曲，創立者是特潘

10 參閱雅各比《希臘史籍殘卷》第1卷〈菲里賽德篇〉92頁No.120。

11 荷馬《伊利亞德》第2卷594-600行，比賽的結果是薩邁瑞斯遭到毒打成殘，還被奪走美妙的歌喉。

12 荷馬《奧德賽》第8卷499-520行，敘述笛摩多庫斯唱出希臘人用奧德修斯的木馬計，攻占特洛伊以後燒殺擄掠的狀況。

13 荷馬《奧德賽》第8卷266-366行。

14 荷馬《奧德賽》第1卷325-327行。

15 阿波瑟托斯派的名字代表的意義是「保留」或「秘密」；伊里果派是「歌曲」或「哀悼」；科瑪契歐斯派是「酒宴的領導者」；司考因昂派是「尖細的聲音」；西菲昂派取名來自特潘德的學生西菲昂。

16 此處的文句脫落，字數應該不多。

17 垂米勒斯派的名字表示「三重奏」。

德，時間要比前面提到的門派歷史還更悠久。根據不同的表達方式給予很多的名字，如同皮奧夏調、伊奧利亞調、特羅契斯調(Trochaean)、奧克西斯調(Oxys)、西菲昂調以及特潘德調，還有就是四音音階調(Tetraoidios)[18]。特潘德對於英雄體的詩篇，都會用西塔拉琴彈出序曲。古老的曲調當中，泰摩修斯的六音步揚抑抑格用西塔拉琴伴奏，他所唱第一首歌曲就是英雄體的敘事詩，裡面還混合酒神合唱曲的形式，爲了在開始的時候不要違背古代音樂的嚴格規範。」

「實在說特潘德是當代最著名的歌唱家，也是運用西塔拉琴的高手，據說他在皮同賽會的音樂競賽中，連續贏得四次優勝。他也是世界上資格最老的音樂家；義大利人格勞庫斯有一篇〈論古代詩人和樂師〉(On the Ancient Poets and Musicians)的論文，斷言他是阿契洛克斯的前輩，肯定他的成就僅次於發明管樂的大師。」

5 「亞歷山大[19] 在《弗里基亞選集》(*Notices on Phrygia*)中提到，奧林帕斯開風氣之先，把管樂的演奏方式傳入希臘；在他之後才是愛達山的精靈達克特爾；海阿吉尼斯(Hyagnis)是第一個吹奏木簫的人，他的兒子馬西阿斯承接這方面的技藝，奧林帕斯還要追隨在後；特潘德模仿的對象，如果就英雄體的史詩來說應該是荷馬，至於音樂和作曲則是奧菲烏斯。看來奧菲烏斯沒有前輩可供他效法，在他那個時代還沒有人製作管樂的曲目，運用的方法與他擅長的弦樂大不相同[20]。克洛納斯是爲管樂編寫各種曲目的作曲家，雖然他出道要比特潘德晚很多，阿卡狄亞人卻說他生在特基亞，按照皮奧夏人的意見，他的家鄉是底比斯。特潘德和克洛納斯之後，由阿契洛克斯領一時的風騷。還有一些學者提到特里眞的阿達盧斯，說他在克洛納斯之前就爲管樂譜出膾炙人口的歌曲；詩人波利姆尼斯都斯是科洛奉的米勒斯(Meles)之子，他的創作稱爲波利姆尼斯廷風格。當代的作者有這樣的記載，說是克洛納斯的樂曲屬於阿波瑟托斯派和司考因昂派。抒情詩人品達[21] 和阿克曼[22] 都提到過波利姆尼斯都斯。特潘德譜出供西塔拉琴演奏的曲目，據說這在古代就已發展出固定的形式，最早的創作出於德爾

18 這裡的稱呼像是皮奧夏調、伊奧利亞調和特羅契斯調是用地名表示；奧克西斯調意為「高聲」；西菲昂調和特潘德調用人名表示；四音音階調是用「調性」來表示。

19 參閱雅各比《希臘史籍殘卷》第3卷273頁No.77。

20 根據傳說阿波羅將人聲演唱用西塔拉琴伴奏的方法，傳授給奧菲烏斯。

21 克里斯特《品達的吉光片羽》No.218。

22 佩吉《希臘抒情詩殘卷》79頁No.145。

斐的菲拉蒙之手。」

6「總之，豎琴的演奏方式是特潘德制定，直到弗里尼斯的時代都延續簡樸的風格；使用西塔拉琴演奏現在的曲目違背古代的規定，就是和聲或韻律的調整都不可以，因爲每一個曲目都要小心遵守適當的音調，包括它的節奏和旋律在內；他們特別提到nomoi(曲調)[23] 有嚴格的規範，要是任意改變所指定的音調，都是違背法律的行爲。任何祭典的儀式當中，開始的時候將荷馬和其他詩人的作品，用歌唱的方式表達其中的詩句，對神明是不敬的舉止；這在特潘德的序曲當中可以很清楚的看出。西菲昂是特潘德的入門弟子，豎琴的演奏方式由他引進希臘，那時還將它稱爲亞細亞豎琴，因爲列士波斯島與小亞細亞只有一水之隔，所以當地的樂師習於使用這種樂器[24]。據說生於列士波斯的帕瑞克萊都斯(Pericleitus)，成爲最後一位憑著技巧獲勝的豎琴家，那是斯巴達的卡尼亞祭典發生的事；等到他過世以後，手法高超的樂師逐漸凋零，列士波斯人再也無法保持過去的榮譽。權威人士誤信希波納克斯與特潘德是同時代的人物[25]，事實不然，甚至帕瑞克萊都斯在世的時間，都比希波納克斯更爲久遠。」

7「剛才已經討論一些適合弦樂器演奏的曲目，現在要談的曲目是用在管樂器上面。他們首先提到奧林帕斯，說他是一位弗里基亞的木簫演奏家，爲了榮耀阿波羅而創作了一首曲目，將它稱爲〈群眾〉(Many-Headed)[26]（學者提到這位年輕的奧林帕斯，就說他是前面那位老奧林帕斯的後裔；老奧林帕斯師事馬西阿斯，曾經創作幾種曲目，從形式上面來看都用來頌揚神明的恩典。這位老奧林帕斯得到馬西阿斯的寵愛，就將吹奏笛子的技巧傾囊相授，後來成爲首位將小半音音階傳入希臘的樂師，直到現在還用於祭典的各種宗教儀式）。還有人將『群眾』的譜成，歸於奧林帕斯的門人克拉底，然而普拉蒂納斯(Platinas)極其武斷的表示，曲目的作者確實是這位年輕的奧林帕斯[27]。」

---

23 nomoi這個字的原意是「經典」或「規範」；參閱柏拉圖《法律篇》第7卷799E-800A，以及亞里斯泰德·昆蒂良(Aristides Quintillian)《論音樂》第2卷6節。

24 薩摩斯的杜瑞斯抱持這方面的論點，參閱雅各比《希臘史籍殘卷》No.81。

25 傑羅姆(Jerome)認為希波納克斯在奧林匹克23會期(688-685 B.C.)獲得音樂比賽的優勝；阿昔尼烏斯《知識的盛宴》第14卷635，提到特潘德在奧林匹克26會期的比賽名列前茅，與前者相比不過是十二年以後的事。

26 品達《皮同賽會頌》第12卷39行。

27 佩吉《希臘抒情詩殘卷》369頁No.6。

「一般稱爲〈車駕〉(Chariot)[28] 的曲目是出自年長的奧林帕斯之手，這位音樂家是馬西阿斯的傳人；還有人說馬西阿斯被稱爲瑪西斯(Masses)，否認這種論點的人說他的名字就是馬西阿斯，身爲海阿吉尼斯的兒子，首先發明木簫吹奏的各種技巧。格勞庫斯是古代的詩人，他的著作中提到〈車駕〉曲目的作者是奧林帕斯[29]，還說希米拉的司提西喬魯斯所要仿效的對象，不是奧菲烏斯、特潘德、阿契洛克斯、薩勒塔斯這些知名之士，而是奧林帕斯，經常運用〈車駕〉曲目以及抑揚格的韻律和節奏；還有人情願遵循奧瑟歐斯(Orthios)風格，這種樂曲據稱是邁西亞人發明，因爲古代出名的木簫演奏家大都來自該地。」

8 「古代還有另外一種模式，大家稱爲克拉迪阿斯(Cradias)，根據希波納克斯的說法，密涅穆斯非常樂意採用[30]，他們用來當成演奏木簫的曲目，這時還將哀歌配上旋律成爲可以演唱的歌曲。只要敘述泛雅典節慶[31] 有關事項，音樂競賽顯得格外引人注目。至於其他方面，亞哥斯的薩卡達斯(Sacadas)是一位知名的作曲家，據說參加阿波羅節慶的音樂比賽，身爲技藝超群的木簫演奏家贏得三次優勝[32]。品達也提到他的事蹟。在波利姆尼斯都斯和薩卡達斯的時代，存在著三種曲調的模式，亦即多里斯調、弗里基亞調和利底亞調。據說薩卡達斯運用三種模式寫出迴舞曲，然後教導合唱團的演唱首先要用多里斯調，其次是弗里基亞調，最後是利底亞調。還有一種曲式叫作垂米勒斯或三重奏，意思是曲調的轉換和改變，因而在西賽昂的詩人名錄當中，提到克洛納斯是這類樂曲的原創人。」

9 「當前將大眾音樂的表演形式置於特潘德的指導之下，首先在斯巴達完成整體的架構[33]，其他城邦接著建立相關的組織，像是果爾廷(Gortyn)的薩勒塔斯、賽舍拉的色諾達穆斯(Xenodamus)、洛克里的色諾克瑞都斯

---

28 參閱優里庇德的悲劇《歐里斯底》1384行的注釋，得知這個曲目的名字代表多重意義：這輛戰車用來拖曳赫克托的遺骸；用來載運大地之母的神像；用於新婚夫妻的乘坐；來自一位皮奧夏的音樂家呈獻給雅典娜的讚美曲；來自戰車迅速的運動；來自弗里基亞的方言「戰爭」。

29 穆勒《希臘歷史殘篇》第2卷23頁No.3。

30 貝爾克《希臘抒情詩集》第2卷492頁No.96。

31 蒲魯塔克《希臘羅馬英豪列傳》之〈伯里克利傳〉13節，以及亞里斯多德《雅典的政體結構》60節。

32 參閱鮑薩尼阿斯《希臘風土誌》第10卷7節。

33 柏拉圖《法律篇》第7卷802A，提到建立詩歌與舞蹈的各種法規。

(Xenocritus)、科洛奉的波利姆尼斯都斯，以及亞哥斯的薩卡達斯，據說都負有主要的責任；在他們的建議之下，拉斯地蒙人舉行捷諾庇迪伊(Gymnopaediae)祭典，還有阿卡狄亞的阿坡狄克昔斯(Apodeixeis)祭典[34]，以及在亞哥斯稱爲英迪瑪夏(Endymatia)的節慶[35]。薩勒塔斯、色諾達穆斯、色諾克瑞都斯和他們的門生弟子都是詩人，經常聚集起來討論頌歌的譜曲，費盡心血沉迷於工作之中。波利姆尼斯都斯全部時間用於奧瑟歐斯調的倡導，而且將它用於軍事操練，薩卡達斯則是哀歌的撰寫。還有其他像普拉蒂納斯一樣的人士，斷言色諾達穆斯是海帕奇米斯(Hyporchemes)[36] 之類舞曲的作者，談到頌歌不是他擅長的項目，特別是他自己還保存一首作品，證明這種說法眞實無虛。品達也從事這兩方面的創作，他的作品可以明顯看出頌歌與舞曲大相逕庭。」

10 「波利姆尼斯都斯同樣會爲管樂撰寫曲目，和聲學的作者提到他將奧瑟歐斯調用在他的作品，我們無法做出肯定的表示，因爲古人對這件事保持沉默，還有就是克里特的薩勒塔斯是否譜出讚美曲，同樣引起大家的爭論。格勞庫斯斷言薩勒塔斯的生年是在阿契洛克斯之後[37]，說他才會拿阿契洛克斯的頌歌作爲模仿的對象，只不過他的樂曲較長而已，何況還運用皮阿尼亞地方和克里特島特有的旋律和風格，這在阿契洛克斯、奧菲烏斯和特潘德來說，都是不可能發生的事。他從奧林帕斯習得這方面的技藝，除此以外，我們要知道他是一位大名鼎鼎的詩人。洛克里人色諾克瑞都斯來自義大利，不管他有沒有讚美曲之類的作品，都會讓人追根究柢的查問，由於他的詩篇離不開英雄人物的主題和戲劇場面的描述，基於同樣的理由將他與別人的爭執稱爲酒神合唱曲；再者，格勞庫斯言之鑿鑿，薩勒塔斯就年齡看來是他的前輩[38]。」

11 「大家接受亞里斯托克森努斯的說法，認爲奧林帕斯是音樂全才，小於半音音階的運用出於他的創見，過去的音樂在他看來都是全音音階或半音音階。他們推測這個重大的發現有如下述：奧林帕斯自從對全音音階

34　只知道Apodeixeis這個字的原意是「展示」，相關的內容和形式不詳。

35　只知道Endymatia這個字的原意是「華麗服飾的祭典」，相關的內容和形式不詳。

36　這是一種合唱曲，伴隨舞蹈或啞劇形式的表演動作。

37　穆勒《希臘歷史殘篇》第2卷24頁No.5。

38　穆勒《希臘歷史殘篇》第2卷24頁No.4。

感到興趣，寫出的旋律通常會不理全音音階的第七弦低音[39]，有時會從第四弦的高中音開始，有時則是第五弦的中音；等到輕快跳過第六弦的次中音以後，形成新的特性就是音色變得更加優美。略過一根弦的方式受到稱許，音階的位置在類推以後重新制定，經過一段期間大家都能接受，最後還將轉變的方式運用在多里斯調。雖然全音音階和半音音階都有非常明顯的特色，略去琴弦的類推不願與它們有任何關係，它要尋找的目標是小於半音音階。這樣一來奧林帕斯才有第一首符合要求的作品。還有一些權威人士認爲司潘迪昂(Spondeion)才是小於半音音階的創始者，三種類型的曲目更能表現它的特性(要是你無法臆測出這部分正好就是全音音階，可以將司潘迪昂的作品和位在上方的音符記在心中。從這裡可以清楚得知，經過鑑定獲得兩種結果，一種是使用方法的錯誤，一種是違背音樂的法則。首先說它使用方法的錯誤，因爲司潘迪昂的音程要比四分之一音程還要小，較之於全音程，它的位置僅次於領先的音符；其次談到違背音樂的法則，對於司潘迪昂位在上方的音符，如果你想要除去它的特性，如同將所有的成效歸於一個全音程的間隔，結果完全靠後面出現的兩個雙倍音程，一個是構造簡單，一個是合成產物)。因爲小於半音音階的『壓縮』現在用於中間的四音音階，作曲家不會在作品裡面堅持非要不可，如果你聽到一位樂師用古老的方式吹奏管樂器，就很容易了解這一點；甚至就是半音音階在中間的四音音階，他們的打算是彼此不要結合在一起。」

「這些就是小於半音音階樂曲的起源，接著是半音音階的分割，無論是弗里基亞調或利底亞調，都會產生同樣的現象。可以看出奧林帕斯爲了促進音樂的進步和發展，介紹以前從來沒有人使用過的方法，以及他的前輩從來沒有聽到過的理論，所以他成爲希臘音樂的奠基者，建立更爲偉大和崇高的風格。」

12 「讓我們現在開始討論韻律或節奏：韻律的編排如同音樂的創作，同樣有種種不同的變化。所有這些用來裝飾音樂的新奇之物，特潘德推薦更爲風雅的方法，像是賦予它歷久常新的生命。波利姆尼斯都斯雖然運用別人的成果，像是出於自己的手中，還是沒有完全排除特潘德風格，始終維持優美和崇高的要求，即使是薩勒塔斯和薩卡達斯亦復如此。阿克曼和司提西喬魯斯採用其他革新的做法，對於古老的形式仍舊不會全盤否定。克里克蘇斯(Crexus)、泰摩修斯、斐洛克森努斯以及那個時代的其他詩人，創新的作品成長以後變得唯

39 這是新增加的一根弦，琴弦的總數達到八根，它的位置在次中音和最低音之間。

我獨尊，其他方法受到影響，現在稱爲『大眾化』和『商業化』。結果是減少弦樂器的琴弦數目，簡樸和莊嚴的古代音樂逐漸銷聲匿跡。」

13 「我已經盡其所能敘述古老的音樂和最早的開創者，以及後續的年代獲得進展更爲完美，可以結束談話，讓我的朋友索特瑞克斯發表意見，他不僅在音樂方面有高深的造詣，就是其他學門也有淵博的知識。我認爲音樂這門藝術的關鍵，就是不斷練習演奏的手法和技術。」黎昔阿斯說完這番話以後，索特瑞克斯開始提出自己的論點。

14 索特瑞克斯說道：「尊貴的歐尼西克拉底，你總是要求我們討論音樂這方面的問題，經過不斷的探索和思考，發現只有它會給神明帶來愉悅。提到我們的老師黎昔阿斯，他的洞察力和記憶力讓人佩服得五體投地，他曾經向大家表示，對於早期音樂的創作者，以及寫過相關題材的人士，抱著非常關切的態度。我還要提醒你應該知道這一點，就是他始終表示自己孜孜不倦從事創作。從另一方面來說，我們從未聽到有任何人自稱開創的宗師，能夠使音樂發揮莫大的優勢，這一切都是太陽神阿波羅的功勞，還用各種德行將它裝點得花團錦簇。木簫不是馬西阿斯、奧林帕斯或海阿吉尼斯的發明，阿波羅的賜與也不僅豎琴這一項，所有與管樂器和弦樂器相關的音樂全部出於祂的恩典；如同阿爾西烏斯和其他人士在他們的頌辭中提到，無論是舞蹈的場面還是奉獻的犧牲，都是爲了使祭祀阿波羅的典禮更加莊嚴隆重[40]。提洛的阿波羅神廟豎立祂的雕像，右手執一張銀光閃閃的弓，左邊是陪祀的美德三女神，每位手中都拿著一件樂器，有一位帶著一具豎琴，另一位的手裡是木簫，還有一位將牧羊人的蘆笛放在唇邊吹奏；我沒有杜撰這個故事，倒是安蒂克萊德提到它的來龍去脈，伊斯楚斯在他的〈神明的顯靈〉(Epiphanies)[41] 加以證實。據說這座雕像極其古老，製作的雕塑家當時處在海克力斯的年代。年輕人頭戴田佩的桂冠進入德爾斐，沿途會有一位管樂家吹奏樂曲。極北之地的海帕伯里安人(Hyperboreans)在古代運送神聖的物品獻給提洛島，一路都有絲竹之聲相隨。有人甚至認爲神明自己在那裡玩弄木管樂器，像是備受讚譽的作曲家阿克曼就有這方面的記載；科林娜還說阿波

40　貝爾克《希臘抒情詩集》第3卷147頁No.3。

41　雅各比《希臘史籍殘卷》第3卷334頁No.52，這個曲名應該是〈阿波羅的顯靈〉才對。

羅對於木簫的吹奏技巧來自雅典娜的傳授[42]。音樂受到人們的尊敬和喜愛，在於它是神明創造出來的珍品。」

15 「談起音樂的教化作用，古代最重視的部分是它具備神性的莊嚴，其實對於其他學門也都是如此；現代人在這方面有很大的改變，排斥往昔過於隆重的意識型態，就拿適合劇院演出充滿柔情蜜意的旋律，取代剛強進取和喧囂嘈雜用於戰陣和宗教的音樂。因此柏拉圖在他的《國家篇》第三卷，對於風行一時的靡靡之音極力駁斥，認為利底亞的曲目僅僅適合葬禮之用[43]。他們也說這是首先出現悲悼的樂章，亞里斯托克森努斯在《論音樂》第一卷，告訴我們奧林帕斯為皮同之死，如何用利底亞調譜成一首悲歌，雖然有人說這個曲子的作者是麥蘭尼庇德。品達的《頌歌集》特別提到，利底亞調的音樂首先出現在尼歐比的婚禮；根據其他學者的記載，像是戴奧尼休斯·伊安巴斯[44] 非常武斷的表示，托里巴斯(Torebus)是第一個譜出這種音樂的人。」

16 「混合利底亞調同樣富於情緒化的傾向，特別適合用在悲劇的情節。亞里斯托克森努斯說是莎孚創造出過於『女性化』的模式，悲劇家從她那裡學會這些本領，等到大家接受以後，就與講究堂皇和莊嚴效果的多里斯調結合起來，使得兩者都能營造出激情和悲劇的氣氛。提到音樂的歷史，學者認為管樂家皮索克萊德(Pythocleides)是承先啓後的人物，後來才輪到雅典的蘭普羅克利；特別提到兩者不會就手法上面一點差異，造成分道揚鑣的結局，即使大家認為它應該如此；亦即在曲譜更上方的位置，要從第四弦的高中音到第八弦的最低音，形成一個非常相似的通路。他們進一步提到聲色柔和的利底亞調，經過雅典人達蒙的倡導，要與混合利底亞調的陽剛性質完全相反，倒是很類似愛奧尼亞調。」

17 「在這三種曲調當中，一種過於哀怨悲傷的訴求，另一種瀰漫虛弱優柔的氛圍，柏拉圖在反對之餘，只有選擇多里斯調[45]，認為它適

42 佩吉《希臘抒情詩殘卷》339頁No.15。

43 柏拉圖《國家篇》第3卷398D-E，提到哀怨的輓歌式曲調，像是混合利底亞調和高音利底亞調，以及靡靡之音的某些伊奧尼亞調和利底亞調。

44 戴奧尼休斯·伊安巴斯是西元前3世紀的希臘歷史學家，拜占庭的亞里斯托法尼斯是他的學生。

45 參閱柏拉圖《國家篇》第3卷399A-C，除了多里斯調以外，還要加上弗里基亞調。

用於黷武和自制的民族。我可以向你保證，絕不是誤以爲這兩種在保護神控制下的城邦不能發揮任何作用，如同亞里斯托克森努斯在《論音樂》第二卷所說的那樣，柏拉圖學習音樂非常用心，接受雅典的德拉康(Dracon)和阿格瑞堅屯的梅提拉斯給予的教導。不僅如此，如同我在前面已經提過，多里斯調流露出高貴和莊嚴的氣質，基於這種優點他才採用。他非常清楚多里斯調的〈少女之歌〉，其中有很多首是阿克曼作的曲，還有一些出自品達、賽門尼德和巴克利德的手筆；就是遊行的樂曲和讚美神的頌歌，莫不如此；其實悲劇當中葬禮的音樂和某些哀怨的情歌，同樣可以運用多里斯調。他對阿瑞斯和雅典娜的讚美曲和酹酒頌歌都感到相當滿意，可以振奮和強化積極進取的心志。其實他對於利底亞調和愛奧尼亞調也不是一竅不通，因爲很多齣悲劇還在使用這一類音樂。」

18 「我們追溯過往的歷史，那個時代的人士並非孤陋寡聞，所以才運用有限的幾個曲調。不僅如此，即使那些少數可用的曲調，還得了解它們有嚴格的範圍和限制；同時知道這些都受到奧林帕斯和特潘德的影響，願意跟隨這兩人運用的方式，所以他們的選擇是避開多樣性的音調和變異。證據是奧林帕斯和特潘德的作品，其他的作曲家加以仿效，看起來非常相似。當時作曲的模式雖然限定三種曲調，似乎規格過於簡單，還是比運用各種變調和很多音符要好得多，沒有一個作曲家能夠模仿奧林帕斯的風格，即使有很多音調和樂譜的變化，相較之下仍舊差一大截。」

19 「古人沒有辦法發現所犯的錯誤，就是酹酒儀式的樂曲竟然加入第三弦的次高音，明顯的證據出在伴奏的部分；如果他們不知道如何正確運用，就無法與第七弦的低音產生悅耳的和聲。不僅如此，只有除掉第三弦的次高音，讓我們的耳朵接受通過第二弦的高音，酹酒儀式的樂曲才會表現出高貴和端莊的韻味。同樣的原則涉及到第一弦的最高音：他們還是用在伴奏方面，結果這個音雖然與第五弦的中音非常協和，卻與第三弦的次高音難以產生共鳴，他們感到出現的旋律不適合於酹酒儀式的樂曲。不僅這幾個音如此，就是共有的四音音階當中的最高音，所有人在處理的時候都使用這種方法：他們要是將最高音用於伴奏的部分，就會與第二弦的高音、第四弦的高中音和第六弦的次中音不能產生和聲；實際上這個旋律的使用者感到很難爲情，必須靠著這個音才能得到古代原有的風格。奧林帕斯和他的門人弟子，對於弗里基亞調的形式，並不是毫無所悉，事實上他們不僅用在伴奏，還出現在歌曲的旋律和其他弗里基亞的作品上面，這些頌歌是用來讚美大地之母。」

「再者，含有最低音的四音音階面臨的狀況，可以清楚表示出來：他們雖然對於多里斯調的作品無所知悉，在運用多里斯調的時候，對於四音音階不會忽略或置之不理(看來他們對四音音階非常熟悉，就是其他的曲調也會運用)；不僅如此，還希望保留原有的特性，因之他們在多里斯調中除去含有最低音的四音音階，是為了擁有莊嚴的風格。」

20 「悲劇家面臨的狀況也是如此：當前的悲劇用不著半音音階或小於半音音階的樂曲，特別是西塔拉琴從開始就已使用，比起悲劇早很多代都不止。就是半音音階比起小於半音音階也要歷時更久，我們要是按照習慣和人們對時間的計算，雖然應該說它更為古老，不能認定一物較另一物因為年代更為久遠，就必須有所差異和區別。有人認為伊斯啓盧斯或弗里尼克斯，並非不知道有半音音階所以才不用，這種說法怎麼能讓人接受？潘克拉底(Pancrates)有少數作品用到半音音階，大多數則是能免就免，因而有人說他對半音音階一無所知，這也是毫無道理的事。其實他的避開不是出於無知而是選擇的關係，因為他曾經提過，對於品達和賽門尼德的風格眞是佩服得五體投地，不管怎麼說，那些都是今日稱之為『老掉牙』的東西。」

21 「同樣的問題可以用在曼蒂尼的特提烏斯、科林斯的安德里阿斯(Andreas)、弗留斯的色拉西盧斯以及很多愛樂人士的身上；知道他們盡量避免的項目，像是半音音階的原則、轉調、增加琴弦的數目、節奏的形式和變化、音階、詩或音樂創作和演出的風格；讓人感到難解之處，就是當前正在流行這些東西。麥加拉的特勒法尼斯(Telephanes)對於蘆葦製的笛子抱著深惡痛絕的態度，不讓製造者得到如同木簫(是用木材或獸角製成的笛子)一樣的待遇，取締的手段在於禁止前者參加皮同賽會的音樂競賽。要是一個人對於他不會使用的東西，唯一能做的事就是凸顯他的愚昧，那麼在這個時代[46] 會發現無知的人何其眾多。有些人不會運用安蒂吉尼達斯(Antigeneidas)[47] 的手法，就會對多瑞昂(Dorion)[48] 的學校加以反對(他們的堅持在於表示蔑視)；至於那些對多瑞昂的技

---

46 這是指亞里斯托克森努斯風行一時的年代，大約是320 B.C.。

47 安蒂吉尼達斯是底比斯的管樂大師，他的顛峰時期大約是400-370 B.C.。

48 多瑞昂是知名的樂師，服務於馬其頓的菲利浦宮廷。

巧一竅不通的人，反過來就會排斥安蒂吉尼達斯受教的學校；還有人沒有學會泰摩修斯的演奏方法，就會杯葛用西塔拉琴伴奏的歌者，他們的打算都是爲了通俗的小曲和波利伊杜斯(Polyeidus)的作品宣揚，其他的樂曲整個加以放棄不再使用。」

「再者，針對複雜的項目進行適當的研究，從而熟悉所選定的題材；要是拿過去的作曲與現在進行比較，你就會發現那個時代同樣流行複雜的模式。古代人士對於節奏的處理，要比今日更加繁複，表現的手法不拘一格；還有就是伴奏的交互作用產生更多的變化，如同現代人愛好音樂所表現的風格，古代人的興趣在於它的節拍。」

「他們不是出於無知而是爲了堅持原則，才會對於轉調過多的音樂抱著不屑爲之的態度，難道我們應該對此感到驚奇不已？須知還有很多在每天的生活當中需要去做的事，所以我們對於問題所抱持的態度，不是採不採用而是適不適合，由於很多事物無法達成要求的目標，只有接受遭到刪除的命運。」

22 「我要讓大家知道，柏拉圖否定其他類型的音樂不是出於沒有認識或是不夠熟悉，而是這些音樂不適合他敘述的狀況，其次還要讓大家了解一個事實，就是他與和聲家的來往非常密切。他在《泰密烏斯篇》有關『靈魂的出生』那篇文章當中，特別提到他對數學和音樂的研究有如下述：『接著他用部分數字填滿兩倍數和三倍數兩個數列的間隔，這些數字是從最初的混合體分割出來，將它安置在這些間隔當中，使得每一間隔都有兩個中項。』[49] 從這一段介紹性文字看出他精通和聲學，這些我在前面都已提過。這裡有三種基本的中項：就是算術中項、幾何中項以及和聲中項；其他所有的中項都從此衍生出來。有關這些中項首先是同一數字超越前項又被後項超越[50]；其次是同一比例的問題[51]；最後則是既非同一數字亦非同一比例[52]。」

「柏拉圖的意思是藉著和聲學，讓大家知道靈魂當中四種元素的諧和；彼此相異之處求得一致；以及靈魂的兩個中項出現在每一個間隔之中，都能按照音樂的比率。我在下面要提到他們制定的級數。像是和諧的八度音程可以看到它有一

---

49 柏拉圖《泰密烏斯篇》35C-36A，可以參閱本書第69章〈論柏拉圖《泰密烏斯篇》有關「靈魂的出生」〉第19-26節。

50 這是算術中項，譬如9是12和6的中項：因為12－9=3且9－6=3。

51 這是和聲中項，譬如8是12和6的中項：12－8=4，4是12的1/3；8－6=2，2是6的1/3。

52 這是幾何中項，譬如一端是另一端的兩倍，可用a和2a來表示，它的中項是a・$\sqrt{2}$。

個Duple的比率[53]，用數字來表示就是六和十二，它的間隔是從中間四音音階的最低音，到分離四音音階的最高音。開始的六和接著的十二成爲兩個末端，中間四音音階的最低音用數字六表示，分離四音音階的最高音則是十二。還可以在中間增加其他的數字，只要一個是sesquiterce(四比三)比率，另一個就是sesquialter(三比二)比率。所謂其他的數字就是八與九，因爲八對六而言是sesquiterce比率，九對六則是sesquialter比率，這是對其中一個末端而言。要是提到另外一端，就得用十二來表示，十二對九是sesquiterce比率，十二對八是sesquialter比率。因爲六和十二之間有中間數字，以及八度音程的間隔是由四度音程和五度音程的間隔結合而成，可以明顯看出第五弦中音用數字八表示，則第四弦的高中音則是九。運用這種方式在分離四音音階當中，可以讓最低音到中音以及高中音到高音使用相同的比率。因爲中間四音音階的最低音到中音的間隔是四度音程，還有分離四音音階的高中音到最高音是同樣的狀況；這些數字一樣出現相同的比例，如同六比八之等於九比十二，以及六比九之等於八比十二，因爲八比六和十二比九都是sesquiterce比率，以及九比六和十二比八都是sesquialter比率。從這裡可以證明柏拉圖對數學的研究和認知，已經到達相當的程度。」

23 「柏拉圖的門人亞里斯多德提到和聲的莊嚴、神聖和偉大，這是他所說的話[54]：『和聲的天籟之音具有神性、高貴和奇妙的特質，它的存在自然形成四個部分，就是數學的兩個中項以及和聲的兩個中項，這些間隔的部分、尺寸和超過，全都要依據數目和相等的度量，因爲旋律的形式限定在兩個四音音程的範圍之內。』」

「他說身體是由相異的部分構成，然而彼此之間保持諧和，再者它的中項遵從算術比率能夠前後一致[55]。最高音與最低音的調整在於兩倍(二比一)比率，就會產生相互諧和的八度音程。如同我們更早說過的話，和聲有最高的音是十二單位，最低的音是六單位，它的高中音與最低音的協和是sesquialter比率的九單位，我們說它的中音是八單位。這些比率在進入音樂的主要間隔以後才會發生：就是四度音程(它追隨sesquialter比率)、五度音程(它追隨sesquiterce比率)和八度音程(它追隨duple[二比一]比率)。全音程當中可以發現sesquioctave(九比八)比

53 duple、sesquialteran、sesquitertian和sesquioctavan都是畢達哥拉斯學派稱呼比率的用語，各自表示2：1、3：2、4：3和9：8。

54 參閱羅斯所編亞里斯多德《優迪穆斯的殘卷》No.47及《論哲學的殘卷》No.25。

55 參閱柏拉圖《泰密烏斯篇》34B-35A。

率的存在。得到的結果是和聲的部分和中項，相互之間由於出現相異，那是出於數目的計算或幾何的關係，不是超越對方就是被對方超越。因而亞里斯多德提到中項有下面的性質：最高音超過中音是它本身的三分之一，最低音被中音超過也是同樣的比例，因而過多就是彼此之間的關係，因爲有相同的約數，就會發生超越和被超越(因爲中音位於兩個末端即最高音和最低音之間，無論是超過或被超過所形成的兩個比率，分別的sesquialter和sesquiterce，然而高中音位於兩個末端之間，形成兩個比率則是sesquiterce和sesquialter)。這些可以說是和聲的超越和被超越。從中音到最高音的間隔以及從最低音到高中音的間隔，要是用數字表示都是相同的比率[56]（因爲高中音超過中音是八分之一；再者最高音到最低音是二比一；高中音到最低音是三比二；中音到最低音四比三）。要是按照亞里斯多德的說法這是和聲的自然結構，關係到它的部分和數字。」

24 「和聲以及所有它的部分就組成的基本性質而言，包括三種成分是無限、有限[57] 和偶－奇數。即使和聲[58] 的本身就整體來看是偶數，擁有四個項次[59]；然而它的構造和比率都是偶數、奇數和偶－奇數。因而它有一個偶數的最高音是十二單位，高中音是奇數九單位；再者又是一個偶數的中音是八單位，以及一個六單位的最低音是偶－奇數。基於和聲的結構，以及構成部分彼此之間數字的差異和形成的比率，和聲是由整體及於各個部分的和諧狀態。」

25 「我們的身體有幾種感官的存在，因爲和諧是天賜的恩典，視覺和聽覺帶有神性，靠著神明的幫助將這兩種感覺供應人類。顯示它的和諧[60] 在於聲音和光線伴同其他感官能夠發揮整體的功能，在於它的組合順從和諧的要求。其他的感官對於視覺和聽覺而言，處於一種隨附的地位，由於都是感覺，同樣存在於諧和之中；因爲沒有諧和就不能發揮感覺的效果[61]；雖然其他的感官較之視覺和聽覺的等級要低，還是獨立行使功能不會妄自菲薄。首先，兩者

56 譬如12：8=9：6，因為它們的比值都是3：2。

57 按照畢達哥拉斯學派的說法，偶數是無限，奇數是有限。

58 畢達哥拉斯學派用「和聲」稱呼八度音程；參閱狄爾斯、克朗茲《希臘古代哲學殘卷》第1卷409頁No.B6。

59 四個項次：nete「最高音」(12)；paramese「高音」(9)；mese「中音」(8)和hypate「最低音」(6)。

60 參閱柏拉圖《泰密烏斯篇》47B-D。

61 可以感覺到比率的存在；參閱亞里斯多德《論靈魂》第3卷2節。

出現在我們的身體表示神的到場，基於理性[62] 的方式具備有力和高貴的特質。」

26 「可以明顯看出，古代的希臘所以關心音樂的訓練，當然會有很充分的理由。他們認爲音樂可以陶冶和鑄造年輕人的性格[63]，對於美好的事物產生敏銳的感覺，養成平靜的心靈可以面對不意的狀況，有助於機會的掌握和積極的行動，特別是遭遇戰爭的危險可以處變不驚。有些民族在出戰之際運用管樂激勵士氣，像是拉斯地蒙人命令笛手吹奏卡斯特破陣樂，他們這時擺出秩序井然的陣線前去迎擊敵軍[64]。還有很多部隊向著戰場進軍，七弦琴的聲音可以保持整齊的步伐；克里特人有詳盡的記錄，提到他們長久以來在悠揚的軍樂聲中，神色自若面對刀斧臨頭的險境[65]。甚至就是現在還維持長號的運用[66]。亞哥斯在角力的遊行隊伍中演奏木簫，這是第尼亞(Stheneia)慶典的活動之一，據說競賽的緣起是爲了向達勞斯致敬，後來變成一種獻祭儀式，對象是供奉在第紐斯的宙斯。時至今日在五項運動的比賽當中，還維持傳統的規定，全程要吹奏管樂器用來提升熱鬧的氣氛。可以證實這種音樂不可能有很好的表現，或者帶有古典的風格，也不可能符合古代的規定，就像海拉克斯(Hierax)爲了參加比賽，創作一個名叫英德羅密(Endrome)的歌曲，雖然樂風委靡不振而且毫無特色，還是有很多樂師願意演奏。」

27 「據說更爲古老時代的希臘人，他們還不知道劇場的音樂，有關這方面的知識全部用來敬拜神明和教育青年。那時還沒有興建劇場，音樂留在神廟成爲膜拜的儀式，同時還用來頌揚忠義之士[67]。他們提到theatron(劇場)這個字出現很晚，theorein(成爲觀眾)就要早很多，是從theos(神)衍生而來。時至今日已經發展出新的面貌，沒有人再提到教育的功能，甚至連這方面的概念都已喪失；所有從事音樂工作的人都用來滿足劇場的需要。」

---

62 這是智慧而非需要的成因，參閱柏拉圖《泰密烏斯篇》47E。

63 參閱柏拉圖《國家篇》第3卷401D。

64 參閱蒲魯塔克《希臘羅馬英豪列傳》之〈萊克格斯傳〉22節，及奧盧斯·傑留斯《阿提卡之夜》第1卷11節。

65 參閱奧盧斯·傑留斯《阿提卡之夜》第1卷11節。

66 羅馬軍隊使用號角，這是征服者的聲音。

67 參閱柏拉圖《國家篇》第10卷607A及《法律篇》第7卷801E。

28「有人或許會問：『閣下，你的意思是古人沒有改革和創新的做法？』我的回答是這方面會有進步，原來高貴的氣質和禮儀的要求不會受到任何影響。因而有人經過查證要歸功於特潘德的努力，說他將第一弦的『最高音』用於多里斯調(他的前輩沒有將它用在曲調上面)；還說他的創作包括整個混合利底亞調，以及各種類型的奧瑟歐斯節奏，全都使用奧瑟歐斯音步，還有就是增加音步以後稱爲揚抑格的詩體。品達提到特潘德說他是典禮音樂的創造者，再者，阿契洛克斯建立新的體系，綜合各種不同類型節奏的六音節音步，以及確定用來伴奏所使用的樂器；同時還是首開風氣之先，對於新的發展和項目具有信心，像是頌詩第三節的架構、八音步的體裁、三音節音步的運用、韻律的理論，以及引起爭論的揚抑抑格六音步英雄體(有些還增加哀歌體押韻的對句)；再就是將抑揚格的詩句加上四音節音步的格律，以及對於引起爭論的揚抑抑格六音步英雄體，加強韻律使用和三音節音步。他們還提到阿契洛克斯將抑揚格的詩體引進音樂，可以用於詩篇的朗誦或歌唱的伴奏，後來悲劇作家照本宣科大加運用。克里克蘇斯接受這些方法和技巧，將它用在讚美酒神的合唱曲。有人還說他首先改進伴奏的方式，樂器比歌聲有更高的音調，因爲他的前輩都是讓伴奏追隨旋律的進展。」

29「對於波利姆尼斯都斯而言，不僅創造出現在使用的高音利底亞調，據說從他開始才增加樂音的調降或調升[68]。再者就是名聲響亮的奧林帕斯，據說他成爲最早接納調性音樂的希臘人，倡導小於半音音階的運用，他的〈戰神頌〉(Nome of Ares)強調合乎詩韻的節奏，還有那首推崇大地之母(Great Mother)的讚美曲，它的節拍如同緩慢的舞步，顯得更加莊嚴肅穆；有人說他的創作決定〈酒神頌歌〉(Bacchius)的形式。我們從古代音樂很多不同類型的作品當中，可以證明上面所說全都是事實。」

「赫邁歐尼區的拉蘇斯對於讚美酒神合唱曲的節奏，改變它的速度，不再拘泥於傳統的限制；同時增加管樂器的音域[69]，在他的指導之下，能夠容納爲數更多散落各處的音符，經歷轉變過程的音樂仍舊具備很大的優勢。」

---

68 參閱亞里斯泰德·昆蒂良《論音樂》第1卷10節。

69 參閱柏拉圖《國家篇》第3卷399D。

30 「作曲家麥蘭尼庇德有類似的表現，他的成名稍晚一點，不會堅持傳統音樂的規範，提到斐洛克森努斯和泰摩修斯亦復如此。七弦琴從安蒂沙的特潘德那個時代以來，始終保持彈奏七個音的形式[70]，然而泰摩修斯打破傳統增加琴弦的數目。其實管樂演奏從簡單趨向更加複雜的樂曲。麥蘭尼庇德是創作酒神合唱曲的詩人，在他那個時代的管樂樂師，參加演出要從詩人的手中領取報酬，可以明顯看出文字扮演主要的角色，音樂不過用來營造熱鬧場面而已，就拿身分地位來說，樂師較之詩人要矮上半截；當然，到後來這種不平等的現象慢慢消失。喜劇家菲里克拉底竟讓音樂的外表，裝扮成婦女的嬌柔模樣，當然會受到各方的厲聲抨擊，等到他請求正義女神問它遭遇那些凌辱和侵犯，有一首詩藉著音樂的名義給予這樣的回答[71]：

音樂：
我在說話的時候你們都要靜聽，
所有提到的事情會讓你們高興，
我的苦惱全部源於麥蘭尼庇德，
他最早將我掌握還要加以貶低，
還用十二根琴弦讓我全身鬆弛，
不管怎麼說他的日子都過得好，
那像我一直到今天還在受活罪。
辛尼西阿斯是受詛咒的雅典人，
演奏的樂曲都出現走調的變音。
他的酒神合唱曲已經無可救藥，
成為目標反映在明亮盾牌上面；
空出左手表演他那神奇的刀法。
雖然我用盡全身力氣不斷抵抗，
弗里尼斯像釘在我身上的螺絲，
快速旋轉要將我送進黑暗地獄，
他的五弦琴可以彈出一打音調；
逃不過後世應報這話我能接受，

70 貝爾克《希臘抒情詩集》第3卷11頁No.5。
71 自出菲里克拉底的喜劇《奇朗》，參閱柯克《阿提卡喜劇殘本》之〈菲里克拉底篇〉No.145。

誰知在失足以後很快東山再起。
啊！天哪！泰摩修斯何其不幸，
遭到惡漢暴力凌辱和無情殺害。

正義女神：
是誰這麼大膽，竟然喪盡天良？

音樂：
他是米勒都斯來此的紅頭奸賊，
做盡壞事讓那批幫凶自嘆不如，
他的音符像螞蟻在樂譜上亂爬，[72]
要是看到我在街道上單獨行走，
就用十二根琴弦將我緊緊綑綁。」

「還有喜劇家亞里斯托法尼斯提到斐洛克森努斯，說是他把變化的形式引進反覆重疊句的合唱曲當中。這種音樂的特性如同對一個高音歌手的描述：

發出走調的顫音是可怖的禍害，
使我全身扭曲如同一顆包心菜。[73]

其他的喜劇家還是將動聽的音樂砍得七零八落，同樣展現出極其荒謬的一面。」

31 「亞里斯托克森努斯曾經這樣表示，音樂教育的成功或失敗在於訓練和學習；他提到與他同時代的底比斯人特勒西阿斯(Telesias)，從幼年開始接受第一流的教育；還有一些人學習品達、底比斯的戴奧尼休斯、蘭普魯斯(Lamprus)[74]、普拉蒂納斯(Pratinas)以及其他的抒情詩人的作品，後來才能成爲西塔拉琴的優秀作曲家；亞里斯托克森努斯擅長管樂的演奏，對於音樂藝術各種不同的項目，爲了增加自己的眼界都很努力的學習，等到他接觸到劇院更爲

72　亞里斯托法尼斯的喜劇《參加帖斯摩弗里亞祭典的婦女》100行。

73　亞里斯托法尼斯的喜劇《財源廣進》293-294行。

74　蘇格拉底提到蘭普魯斯在雅典教音樂，還算不上聲望最高的老師；參閱柏拉圖《麥內克西努斯篇》236A。

美妙的旋律，就對自幼受到薰陶的典禮音樂，雖然雄壯威武，還是逐漸失去興趣，同時他對斐洛克森努斯和泰摩修斯的音樂素養心儀不已，特別挑選最複雜和最新穎的作品，當成模仿和效法的對象。等到他開始從事音樂創作，很想同時運用品達和斐洛克森努斯的作曲方式，因爲他在幼年就接受非常扎實的訓練，竟然發現自己在後者擅長的範圍之內，無法獲得很大的成就。」

32「如果一個人想要培養高貴的音樂情操和獨到的鑑賞眼光，就必須仿效古人運用的方法；只是絕不能故步自封停頓不前，還要加強各種知識和學問[75]，特別是從幼年就要獲得哲學的引導，養成良好的判斷力和適應性，使得音樂的運用更爲得體和有效。一般而言音樂區分爲三個主要部分：第一類是全音音階，第二類是半音音階，第三類是小於半音音階；任何人想要學習音樂的課程，必須熟悉詩文的寫作，這時就可以掌握上面這三個部分，同時知道如何運用適當的音樂形式，表達心中的構思和理念。」

「首先我們要認清音樂的教育僅僅在於養成一種習慣，對於細節的重視和全程的學習，無須進一步的解釋和強調，因爲這些都是其理自明的事[76]。我們還要知道有關音樂的教育和訓練，不需要列出包括所有項目的一覽表，無論是成爲老師或是門徒，完全要靠著命運和機遇，特別是缺乏健全的體制，想要達成教育的目標絕非易事。拉斯地蒙人以及曼蒂尼和佩勒尼(Pellene)的民眾，在古代找出權宜的辦法。他們的選擇是單一的調性或是數量很少的曲目，認爲這種性質用在教育年輕人方面最爲適合，特別是在缺乏師資狀況之下，沒有其他類型的音樂可以很快收到成效。」

33「如果我們已經查證各種訓練的課目，注意到這兩種曲調的內涵，那麼對於整個發展就會非常清楚。接著要討論一下和聲學，從而了解到它要學習的項目，主要是音程、體系、和聲的分類、音階、音調、調性的轉變；到此爲止就不需要再繼續念下去。我們是否不應追問作曲者的構想，就拿〈邁西亞〉(Mysians)[77] 這首酒神合唱曲作爲例子，序曲採用高音多里斯調，結尾是混合利底亞調和多里斯調，中間部分是高音弗里基亞調和弗里基亞調。因爲

75 參閱柏拉圖《菲德魯斯篇》268E-269B。

76 參閱柏拉圖《菲德魯斯篇》270B-271C。

77 參閱亞里斯多德《政治學》第7卷7節。

和聲學的理論還未擴展到足以包括這些問題，在很多地方還需要加以補充，特別是它對這些曲調是否適當配合的重要性完全視而不見。作曲家想要創作的音樂能夠清晰表達原有的特性，必須注意整個樂曲範圍要有適當的配合，然而無論是半音音階還是小於半音音階，都不能滿足它的需要。這方面的取代作用是擁有音樂技巧的人最主要的功能[78]。充滿一個音階的聲音，以及創作出來的旋律，可以明顯看出是兩件不相干的事情，況且後者並不是和聲學應該研究的領域。」

「有關節奏也是同樣的狀況，就最大限度而言，節奏還是無法了解適當的配合所代表的意義；不管我們在那裡使用『適當的配合』這個術語，通常會在內心想起某些原有的性質[79]。」

「我們明確的表示，元素之間形成結合、混合或兩者皆有的方式，可以產生原有的性質。可以拿奧林帕斯的作品爲例：將小於半音音階放進弗里基亞基調之中，並且混合四音節音步的節奏，等於在開始就讓雅典娜的讚美曲充分表露出原來的性質。你要是在旋律和節奏加上一些變化，以及運用你的技巧去調整它的節奏，就會從四音程音步變爲揚抑格[80]，這時它的結構就是奧林帕斯的小於半音音階曲目。你或許想保持小於半音音階的節奏和弗里基亞基調，加上四音音階的整個組合，這時就會發現原來的性質經歷很大的改變。雅典娜的讚美曲從介紹它的性質可以得知，要將它稱爲『和諧』，眞是失之毫釐差之千里。你會讚譽一個演奏非常精準的音樂家，無論是判斷的能力或者手法的技巧都可當之無愧。有人知道多里斯調，只是沒有技術可以判定它適用於何處，也就不能覺察它所能發揮的功效，再說多里斯調甚至不能保有原來的性質。實際上會對多里斯調產生質疑，對於擅長小於半音音階的作曲家，有人認爲他們就多里斯的歌曲而言，是否能夠勝任提供正確判斷的工作。」

「有關節奏的全部知識如同下述：有人知道什麼是四音節音步，卻不了解何時運用最爲適切，因爲他只知道如何將四音節音步湊在一起。實在說就作曲的方法而論，只要涉及四音節音步的節奏就會衍生其他的問題，像是有些人認爲它的節拍無法密切配合，或是不能涵蓋整個樂曲的範圍。因而你想要分辨適合或是不適合，至少要對兩種狀況有所認知：首先是原有的本質用來指導音樂的處理方

---

78 參閱柏拉圖《菲德魯斯篇》270B-271C，包括音樂在內所有偉大的藝術，都需要加強和補充，就是對事物本質的研究，獲得很高的文化修養和思辨能力，只有精神的昇華才能徹底通曉音樂的神髓。

79 參閱柏拉圖《菲德魯斯篇》270D-271A。

80 四音程音步的節奏是一長音三短音，揚抑格是一長音一短音。

式；其次是用來創作有關的因素和成分。這些話是在提示我們，僅僅著眼於和聲或節奏的知識，或是任何認可的特定研究，想要知道原來的性質或判定其他的因素，究竟何者能夠進入樂曲，可以說是毫無幫助。」

34 「三種類型的音階用於樂曲，會使和聲趨向不同的發展方向，特別是三種音階有等長的音域和等值的音程。如同四音音程一樣，古代人士唯一要學的只是小於半音音階，我們的先輩從來不會想到半音音階或全音音階，再者他們僅僅考量一種音域，就是所謂的八度音程[81]。這幾種音階的不同在於其間極其細微的變化，所有的『和聲』據說只有一種會被大家接受。沒有人能夠運用全部的和聲學，即使他在這方面懂得很多，要是與其他的知識相比，他所能獲得的進步還是有限；所以對於音樂不是只學習局部，最重要是得有整體的概念，還要與其他的成分混雜或結合成一體；如果他僅僅了解和聲，就會受到局限，只會運用一種方法。」

「總而言之，我們想要對音樂作品的各種因素做出正確的判斷，耳朵與心靈必須保持並駕齊驅，感覺和理解可以同時發揮功能。耳朵的效果不應超越心靈，這種狀況出現在感覺急速向前運動；然而它也不應逗留在後面，這種狀況發生在感覺的怠惰和遲鈍。自然律使得萬事萬物總是參差不齊，無法做到確切的平等，即使是同樣的感官，經常在同時之間出現或快或慢的狀況。如果聽覺能與心靈保持同一步調，所有不利的現象會都消除不見蹤跡。」

35 「三種最細微的成分必須同時刺激耳膜：就是聲音、時間和文字；聲音的過程使得我們認出音階的結構；時間可以產生節奏；文字的音節就是歌詞。我們的耳朵必須同時追隨一起進行的動作，可以明顯看出，除非聽覺能夠使得三者分離成獨立的狀態，否則不可能追隨三種運動的細節部分，同時還能分辨每一種的美好和謬誤。在我們這樣做之前必須知道何謂連續性，這就需要伴隨分辨的功能，因爲散落的樂音、分裂的時間或破碎的字句，不能產生好或壞的判斷，只有連續性才能達成所望的目標。它們是細微元素的混合狀態，成爲一個非常實用的結構體。對於連續性還有很多狀況要在後面敘述。」

---

81 octave(八度音程)就希臘文的字面意思是「通過所有的弦發出的聲音」。

36「我們其次要考慮的事項是，身爲音樂方面的專家[82] 是否有足夠的能力做出正確的判斷。僅僅知道整個音樂架構的枝節部分，就不夠資格成爲一個完美的音樂家或稱職的評論家，這方面的培養來自樂器和聲樂的才華和技巧，以及聽力的訓練和樂理的教育(我的意思是這些基礎課程的目的是辨識出旋律和節奏)；除此以外，還要增加有關韻律與和聲方面的練習、樂器的伴奏法則和語言的表達方式，以及其他必須學習的項目。」

「要想成爲一位優異的評論家，僅僅擁有這方面的學識和技能還嫌不足，所以我們應該盡力說明清楚。首先我們在開始要取得共識，就是有關事物的判斷，有人做得非常完美，還有人眞是一塌糊塗。完美的判斷在於了解音樂每個不同的曲目，無論是人聲的演唱以及管樂或弦樂的演奏，全都取決於本身所擁有的內涵和具備的條件，其次無論聲樂、弦樂或管樂，表現的好壞在於演出者的才華和技巧。不完美的判斷在於過分主觀和成見，認爲所有的表演都是爲了達成某個特定的目的。舉出的例子都是形形色色的個別狀況，這是解釋者經常運用的手法。其次則是已經完成的音樂作品，在運用的時候達成相同的標準。」

「因此你在聆聽管樂演奏的時候，對於兩位管樂家的配合是否和諧，以及樂器聲音清晰動聽或適得其反，你會做出正確的判斷。團體當中每一個人僅是樂器和人聲表演當中的部分，不會考慮個人的目標，而是求得整體的完美。有些作品具備同樣的性質，是否可以拿發聲法的優美當成判斷的準繩，或者有些判斷只適合於詩，如果用在聲樂方面是否會得到不同的效果。有人認爲基於作者的手法是一脈相傳，使得內容和格式千變萬化的作品，能夠表現相當類似的感情[83]。」

37「我們的祖先對事物的主要考慮因素在於它具備的性質，可以從古代的音樂當中找到莊嚴和坦誠。據說亞哥斯人有一次對於破壞音樂規範的樂師，視同罪犯施以懲處，因爲他們發現這位演奏者要讓城邦接受新式樣的樂器，它的弦較傳統的七條爲多，同時他對混合利底亞調擅自加以改變。」

「個性端莊持重的畢達哥拉斯拒絕用聽覺判斷音樂的優劣，必須用心靈的感受才能確定它擁有卓越的風格。所以他不會靠著耳朵做出決定，主要在於和聲的比率，認爲要讓音樂的辨識力，能夠限制在八度音程之內。」

82　亞里斯托克森努斯可以說是西元前4世紀最偉大的音樂理論家。

83　參閱柏拉圖《菲德魯斯篇》268C-269A。

38「我們這個時代的音樂家完全放棄這些最高貴的曲調，它們受到古人的喜愛，在於它能表現出雄偉的氣勢，雖然不能說其中絕大多數，還是像大家所憂慮的那樣，出在小於半音音階這個關鍵性問題上面。事實上他們怠惰不求深思，認爲小於半音的四分之一音程，耳朵很難辨識清楚，所以排斥在歌曲的形式之外，同時他們還堅持一種觀點，就是這種曲調的運用已經毫無意義可言。他們對於堅持的觀點具有強烈的自信，主要原因在於聽覺的遲鈍，如果無法感受演奏的旋律，那就表示樂曲的不存在以及沒有辦法運用；其次我們可以獲得半音音階、全音音階以及其他各種音程，卻不能通過和聲讓它們發揮成效。他們對於何謂三度、五度和七度根本沒有概念就加以以否定，其實三度包含三個四分之一音程，五度和七度分別包含五個和七個四分之一音程，須知只有奇數的音程才能駁斥不能運用的說法，因爲曲調藉著和聲可以獲得它的旋律。所有的音程以最小的四分之一音程爲基準，都是奇數的乘積。結果是四音音階衍生的部分都不能運用，只有一種例外，就是所有的音程以四分之一音程爲基準，都是偶數的乘積；而且這種四音音階不是尖銳的全音音階，就是主調音的半音音階。」

39「諸如此類觀念的形成和表達，不是爲了毫無顧慮就否定事實的眞相，而是因爲它的本身前後矛盾和出爾反爾。這些人曾經提過，他們盡量運用四音音階的衍生部分，其間出現的音程使它不會相等或是成爲無理數；因爲他們經常會讓第六弦的次中音和第二弦的高音向下降半個音。他們甚至拿一個無理數的音程降低更加穩定的音調，使得第三弦的次高音和第四弦的高中音更加趨近；特別是他們讚譽這種四音音階體系的運用，最值得信任的地方是大量的音程成爲無理數[84]，非僅移動的音調就是穩定的音調都會向下調降，最明顯的證據是大家都清楚這種狀況。」

40「高貴的荷馬讓我們知道音樂在很多環境當中，能夠發揮很大的作用，像是阿奇里斯獲得音樂的撫慰，能夠平息他對阿格曼儂的怒氣，那是因爲他受教於睿智的奇朗，才會讓他具有這方面的才華：

他為了解悶彈起精巧的七弦琴，

---

84 所謂無理數就是無法整除的數，像是2：3、4：3和8：9的比率都是無理數。

音色清越加上華麗的銀製琴橋，
這是他從埃蒂昂獲得的戰利品，
英雄的頌歌讓他感到自在逍遙。[85]

荷馬告訴我們運用音樂的適當方式：阿奇里斯的父親佩琉斯(Peleus)是維護正義的仁者，所以他有資格用歌聲頌揚英雄人物，讚美勇武的半神[86]。荷馬進而教導我們要掌握最好的時機；所以他爲一個人打發閒暇的時間，找到有利又讓人快活的消遣。阿奇里斯雖然是一個行動非常積極的武士，因爲他憎恨阿格曼儂，置身事外不願參加戰鬥。我們推測荷馬相信一種狀況，就是英雄人物聽到氣質高貴的音樂，他的心靈就會感受到刺激，像是已經全身披掛，立即就要衝鋒陷陣去攻打敵人。當他詳述以前建立的功勳的時候，就知道他要立即採取行動，如同古老的音樂，最大的長處是讓人擁有心理的優勢。我們聽說海克力斯、阿奇里斯和很多英雄豪傑，都曾求助於音樂的力量，根據傳說他們的訓練者是典型的有識之士奇朗，接受的教導不僅是音樂，還包括正義的信念和醫療的本領[87]。」

41「要是有人出於自己的不愼，對於某些學識和技能在使用上出現錯誤，因而帶來損失和災難，他就不能指責學識和技能應該負起過失的責任[88]。這時他進一步考量這是使用者造成的缺陷應該受到責備。要是一個人在幼童的年紀，對於音樂的學習非常勤奮，它的價值如同接受教育能給予適當的重視。任何高貴的事物都會受到推崇，還要將它據爲己有，那些背道而馳趨向低賤的東西，不僅是音樂還包括所有的技能，都應該受到譴責和遺棄。這樣使得一個人不會染上卑劣的習性，如同他經由音樂的方法可以得到最爲豐碩的收穫，他會對自己和城邦做出最大的貢獻；不管是行爲還是語言，都要避免喪失和諧的衝突，無論何時何地都要端莊有禮、潔身自愛和循規蹈矩。」

42「有些城邦在良好法律的治理之下，對於音樂的堂皇風格總是抱著極其關懷的態度，可以就這方面舉出很多例子加以說明；尤其是特

85 荷馬《伊利亞德》第9卷186-189行。

86 佩琉斯拒絕接受阿卡斯都斯的妻子希波利特對他的示愛，贏得女神帖蒂斯的敬重，願意與他結成連理。

87 荷馬《伊利亞德》第11卷830-832行，佩特羅克盧斯提到阿奇里斯教他醫學常識。

88 參閱柏拉圖《高吉阿斯篇》456D-E。

潘德的斡旋除去即將爆發的內戰；還有克里特的薩勒塔斯，據說他接受德爾斐神讖的指示前去巡視拉斯地蒙，藉著音樂的力量恢復人民的健康，普拉蒂納斯力言斯巴達人的得救，完全靠它制止黑死病的蔓延。荷馬同樣提到襲擊希臘人的瘟疫，因爲音樂的功能最後得以絕跡，下面就是詩人的描述[89]：

> 希臘人整天在唱絕妙的讚美曲，
> 要向銀弓之神阿波羅虔誠哀訴，
> 祂一一聽入耳中感到滿心歡娛。

尊貴的導師，我對音樂發表很多意見，這些詩句可以當成它的結論，因爲你在開始就讓我們知道音樂所擁有的實力。它最高貴居於首位的特質是帶著感激回歸神明，其次是淨化我們的心靈保持理智的清醒與和諧。」

索特瑞克斯接著說道：「尊貴的導師，我可以向你提出保證，一定不會辜負你的期許，現在請大家乾了這杯酒。」

43 索特瑞克斯的舉止受到大家的讚譽，無論是表達的方式或訴說的內容，特別是他會將全副精力用在音樂上面。我的導師說道：「我對大家的表現感到非常滿意，每個人都盡到自己的本分。黎昔阿斯在西塔拉琴的伴奏之下，高歌一曲讓我們大飽耳福；還有索特瑞克斯憑著他對音樂的認識，毫不保留的傾囊相授，不僅涉及理論和原則，還有它的效果和運用，眞是使大家獲益匪淺。我想還有一件事他們很樂意留給我來說，就是我認爲這兩位愛樂之士，絕不因爲羞怯而感到技不如人，即使是他們將音樂帶進宴會，也不會覺得不好意思。高貴的荷馬無論在那裡，都說舉杯的時候應該有音樂在旁邊侍候，所以他的詩句[90]：

> 歌唱和舞蹈平添宴會高雅氣氛。

我祈求不要有人從這句話，就認定荷馬所要表達的意思，說是音樂的作用僅是帶來歡樂而已；不僅如此，就是詩句本身就已掩蓋更深的道理。他將音樂帶進古代

---

89 荷馬《伊利亞德》第1卷472-474行。

90 荷馬《奧德賽》第1卷152行。

的宴會和狂歡痛飲之中，相信是爲了發揮它最大的長處和特點，就是驅除與緩和飲酒所產生瘋狂的行爲和激烈的情緒。像是你崇拜的亞里斯托克森努斯到處在說，飲宴所以會有音樂的演奏，因爲酒能亂性使身體和心靈處於放縱的狀態，樂曲基於遵守秩序和保持平衡的特性，產生與混亂完全相反的氣氛，還讓我們獲得適當的撫慰和宣泄。因而荷馬宣稱古代人士在遭遇這些狀況的時候，就將音樂當成一種治療的手段。」

44 「各位朋友，經過深入的思索從事實得知，音樂最受尊敬而且價值最高的地方，大家都忽略不提。無論是畢達哥拉斯、阿克塔斯、柏拉圖和其他古代的哲學，提到宇宙的迴旋和星辰的運行，都說音樂會發揮促成和維持的影響力，同時他們斷言神明用來形成萬物的架構是以和諧作爲基礎[91]。不過，現在沒有時間來詳述這方面的問題。最後我們須知音樂的精義在於對所有事物給予適當的度量，看來沒有比這點更爲重要。」他說完這些話，開始低聲吟唱讚美曲，接著向農神和祂的後裔，包括所有的神明和九繆司在內，舉行酹酒的儀式，最後宴會結束大家離去。

91　參閱柏拉圖《克拉提魯斯篇》405C-D。

蒲魯塔克作品目錄

前面的阿拉伯數字是傳統的目錄編號；存於《蒲魯塔克札記》及《希臘羅馬英豪列傳》的作品，數字前面加上M.表示《蒲魯塔克札記》各章的次序，數字前面加上L表示在《希臘羅馬英豪列傳》的各篇次序；其餘各篇則是已經喪失的論文和隨筆，如有殘卷則加以附記。

1 帖修斯與羅慕拉斯 L. 1
Theseus and Romulus

2 萊克格斯與努馬 L. 2
Lycurgus and Numa

3 提米斯托克利與卡米拉斯 L. 4
Themistocles and Camillus

4 梭倫與波普利柯拉 L. 3
Solon and Publicola

5 伯里克利與費比烏斯・麥克西穆斯 L. 5
Pericles and Fabius Maximus

6 亞西拜阿斯與馬修斯・科瑞歐拉努斯 L. 6
Alcibiades and Marcius Coriolanus

7 伊巴明諾達斯與西庇阿 殘卷1-2節
Epaminodas and Scipio Frags.1-2

8 福西昂與小加圖 L. 18
Phocion and Cato

9 埃傑斯與克里奧米尼斯 L. 19
Agis and Cleomenes

10 提比流斯・格拉齊與該猶斯・格拉齊 L. 19
Tiberius and Gaius Gracchus

11 泰摩利昂與包拉斯・伊米留斯 L. 7
Timoleon and Paullus Aemilius

12 攸門尼斯與塞脫流斯 L. 15
Eumenes and Sertorius

13 亞里斯泰德與加圖 L. 9
Aristides and Cato

14 佩洛披達斯與馬塞拉斯 L. 8
Pelopidas and Marcellus

15 賴山德與蘇拉 L. 12
Lysander and Sulla

16 皮瑞斯與馬留 L. 11
Pyrrhus and Marius

17 斐洛波門與弗拉米尼努斯 L. 10
Philopoemen and Flamininus

18 尼西阿斯與克拉蘇 L. 14
Nicias and Crassus

19 西蒙與盧庫拉斯 L. 13
Cimon and Lucullus

20 狄昂與布魯特斯 L. 22
Dion and Brutus

21 亞傑西勞斯與龐培 L. 16
Agesilaus and Pompey

22 亞歷山大與凱撒 L. 17
Alexander and Caesar

23 笛摩昔尼斯與西塞羅　L. 20
Demosthenes and Cicero

24 阿拉都斯與阿塔澤爾西茲　L. 23
Aratus and Artaxerxes

25 德米特流斯與安東尼　L. 21
Demetrius and Antony

26 奧古塔斯傳
Life of Augustus

27 提比流斯　殘卷182節
Tiberius　Frag. 182

28 西庇阿・阿非利加努斯　殘卷3-4節
Scipio Africanus　Frags. 3-4

29 克勞狄斯
Claudius

30 尼祿傳　殘卷5節
Life of Nero　Frag. 5

31 該猶斯・凱撒
Gaius Caesar

32 伽爾巴與奧索　L. 23
Galba and Otho

33 維提留斯
Vitellius

34 海克力斯傳　殘卷6-8節
Life of Heracles　Frags. 6-8

35 赫西奧德傳
Life of Hesiod

36 品達傳　殘卷9節
Life of Pindar　Frag. 9

37 克拉底傳　殘卷10節
Life of Crates　Frag. 10

38 達芬都斯　殘卷11節
Daiphantus　Frag. 11

39 亞里斯托米尼斯　殘卷12節
Aristomenes　Frag. 12

40 阿拉都斯
Aratus

41 十位演說家的傳記　M. 58
Lives of Ten Orators

42 荷馬研究　4卷　殘卷122-127節
Homeric Studies　4vols.　Frags. 122-127

43 伊姆皮多克利的註釋　10卷　殘卷 24節
Notes on Empedocles　10 vols.　Frag. 24

44 論第五實質　5卷
On the Fifth Substance　5 vols.

45 論問題正反兩面的辯駁　5卷
On Arguing Both Sides of a Question　5 vols.

46 傳說集　3卷
Stories　3 vols.

47 論修辭學　3卷
On Rhetoric　3 vols.

48 心理學概論　3 卷
An Introduction to Psychology　3vols.

49 論感覺 3卷
On the Senses 3 vols.

50 哲學家的著作選集 2卷
Selections from Philosophers 2 vols.

51 城市的善行
Benefactions by [Or to] Cities 3 vols.

52-53 論狄奧弗拉斯都斯的作品《機會主義者的政治手腕》 2卷
On Theophrastus' Work *Opportunist Statesmanship* 2 vols.

54 論忽略的歷史 4卷
On Neglected History 4 vols.

55 諺語和格言選集 2卷
A Collection of Proverbs 2 vols.

56 亞里斯多德的《問題》 8卷
Aristotle's T*opics* 8 vols.

57 索西克利 2卷
Sosicles 2 vols.

58 論命運 2卷 M. 46
On Fate 2 vols.

59 論公正，給克里西帕斯的答覆 3卷
On Justice, a Reply to Chrysippus 3 vols.

60 論詩藝
On the Art of Poetry

61 哲學家的見解，有關科學理論的摘要 5卷
On the Views Held by Philosophers, a Summary of Scientific Theories 5 vols

62 從著作、歷史和詩文中拼湊出來62段（或66段）摘要
A Patchwork of Extracts, Historical and Poetical, 62 (or 66) Sections

63 論學院從柏拉圖時代開始的合併與統一
On the Unity of the Academy Since the Time of Plato

64 論皮羅學派人士和學院派人士的差異
On the Difference Between the Pyrrhonians and the Academics

65 論柏拉圖《泰密烏斯篇》有關「靈魂的出生」 M. 69,70
On the Generation of the Soul in the *Timaeus*

66 柏拉圖對宇宙有起源所持的觀點，論這方面的事實
On the Fact That in Plato's View the Universe Had a Beginning

67 形式在何處？
Where Are the Forms?

68 物質加入形式的方法，從而構成最原始的身體
The Manner of the Participation of Matter in the Forms, Namely That It Constitutes the Primary Bodies

69 論蘇格拉底的守護神及其徵兆 M. 47
On the Sign of Socrates

69a 致亞西達瑪斯
To Alcidamas

70 論柏拉圖的《Theages》中爲蘇格拉底所做的辯護
In Defence of Plato's *Theages*

71 學院派哲學承認預言的眞實性 殘卷21-23節
That the Academic Philosophy Allows for the Reality of Prophecy Frags. 21-23

72 論倫理的德行 M. 32
On Moral Virtue

73 論月亮的表面 M. 62
On the Face That Appears in the Moon

74 奇數或偶數以何者爲好
Whether Odd or Even Number Is the Better

75 花甲老人是否應該忙於公務 M. 54
Whether An Old Man Should Engage in Public Affairs

76 論斯多噶學派的自相矛盾 M. 71
On Stoic inconsistencies

77 對斯多噶學派一般概念的駁斥 M. 73
On Conceptions, Against the Stoics

78 對斯多噶學派一般慣例的駁斥 M. 73
On Common Usage, Against the Stoics

79 斯多噶學派的言論較之詩人更爲荒誕悖理 M. 72
That the Stoics Talk More Paradoxically Than the Poets

80 對伊庇鳩魯論神明的講演所做的答覆
A Reply to Epicurus' Lecture on the Gods

81 致科洛底：爲其他哲學家提出辯護 M. 75
Against Colotes in Defense of the Other Philosophers

82 伊庇鳩魯不可能過歡樂的生活 M. 74
That One Cannot Even Live Pleasantly by Following Epicurus' Doctrine

83 論友誼，寫給俾西努斯的信
On Friendship, Addressed to Bithynus

84 阿蒙紐斯確認惡行無法帶來歡樂
Ammonius, or on Not Finding Pleasure in Involvement with Vice

85 論不會得罪人的自誇 M. 44
How to Praise Oneself without Giving Offence

86 修辭算是德行？
Is Rhetoric a Virtue?

87 人之如何自覺於德行的精進 M. 5
How to Be Aware of Making Moral Progress

88 神讖的式微 M. 30
On the Oracles That Have Come to an End

89 如何從友人當中分辨阿諛之徒 M. 4
How We Distinguish a Flatterer from a Friend

90 論寒冷的原則 M. 63
On the Principle of Cold

91 論天網恢恢之遲延 M.45
On Delays in Divine Retribution

92 言多必失 M. 39
On Talkativeness

93 論憤怒 殘卷148節
On Anger Frag. 148

94 養生之道 M.11
Advice on Health

95 論歡愉
On Cheerfulness

96 論羞怯 M.42
On Compliancy

97 論做一個多管閒事的人 M. 40
On Officiousness

98 論手足之情　M. 35
On Brotherly Affection

99 論彗星
On Comets

100 爲何人以三個姓名最爲合適？
Which of a Man's Three Names Is His Proper Name?

101 論放逐　M. 48
On Exile

102 論課堂的聽講　M. 3
On Listening to Philosophers' Lectures

103 年輕人何以應該學詩　M. 2
How One Should Study Poetry

104 爲政之道的原則和教訓　M. 55
Precepts of Statecraft

105 生存之道；其他抄本的題目：生命如同擲骰子
On Ways of Life. Another copy's title: On Life's Being Like a Game at Dice

106 課堂所學有效的運用
The Proper Use of School Exercises

107 愛的對話　M. 50
A Dialogue on Love

108 國王和將領的嘉言警語　M. 15
Saying of Rulers, Generals, and Monarchs

109 論自已的身體
On My Own Body

110 七位哲人的午宴　M. 13
Denner of the Seven Sages

111 致阿斯克勒皮阿斯的弔慰信
A Letter of Consolation Addressed to Asclepiades

112 安慰拙荊　M. 49
A Letter of Consolation to His Wife

113 論喜歡自行打扮的人
On Love of Self-Adornment

114 哺乳的奶母
The Wetnurse

115 對新婚夫婦的勸告　M. 12
Advice on Marriage

116 德爾斐的神讖不再使用韻文的格式　M. 29
On the Fact That the Priestess at Delphi No Longer Gives Oracles in Verse

117 德爾斐的E字母　M. 28
On the E at Delphi

118 埃及的神：艾希斯和奧塞里斯　M. 27
On the Meaning of the Story of Isis and Sarapis

119 阿拉都斯的《Weatherlore》的解釋　殘卷13-20節
Explanations of Aratus' *Weatherlore*　Frags. 13-20

120 尼康德的《Theriaca》之註釋　殘卷113-115節
Notes On Nicander's *Theriaca*　Frags. 113-115

121 亞里斯多法尼斯和米南德的綜合評比　M.59
A Comparison of Aristophanes and Menander

122 論希羅多德的《歷史》是充滿惡意的著述　M. 60
On the Malice of Herodotus

123 論《伊利亞德》的日期
On the Date of the *Iliad*

124 如何判斷眞正的歷史
How to Judge True History

125 回顧
Recollections

126 英勇的婦女；其他抄本的題目：論婦女與其丈夫的正常關係
Brave Deeds by Women. Another copy's title: On the Correct Relation of a Woman to Her Husband

127 論失去理性的野獸，一部詩集
On Irrational Animals, a Poetic Work

128 希臘和羅馬類似的故事　M. 23
Parallel Stories, Greek and Roman

129 論伊庇鳩魯的自相矛盾
On Epicurean inconsistencies

130 如何從政敵獲得好處　M. 6
How to Profit by One's Enemies

131 論學院的原則與預言的藝術並無衝突之事實
On the Fact That There Is No Conflict between the Principles of the Academy and the Art of Prophecy

132 致法弗瑞努斯的信談友誼；其他抄本的題目：論交友之道在於善加利用　殘卷159-171節
A Letter to Favorinus about Friendship. Another copy's title: On the Use to Be Made of Friends　Frags. 159-171

133 就自由意志這個題目答覆伊庇鳩魯
A Reply to Epicurus on the Subject of Free-Will

134 學院的課程
Academic Lectures

135 動物能夠思考？ M. 66
Can Animals Think?

136 柏拉圖學派論題 M. 68
Platonic Problems

137 從事公務何以無須成爲大忙人而出名？
How Might a Man Active in Affairs Escape the Reputation of Being a Busybody?

138 羅馬掌故 M. 21
Roman Customs Explained

139 外國掌故
Foreign Customs Explained

140 論神明之母的Cestos
On the Cestos of the Mother of the Gods

141 普羅塔哥拉斯的《論重要事務》
Protagoras' *On the First Things*

142 論亞歷山卓人對諺語的運用
On the Proverbs in Use among the Alexandrians

143 伊庇鳩魯學派人士的談話較之詩人更爲自相矛盾
That the Epicureans Talk More Paradoxically Than the Poets

144 何謂理解？
What Is Understanding?

145 論「Hing」與「無」
On "Hing" and "Nothing"

146 理解爲不可能之事
That Understanding Is Impossible

147 陸生或海生動物是否能更爲靈巧　M. 65
Whether Land-Animals or Water-Animals Are the More Intelligent

148 對於斯多噶學派和伊庇鳩魯學派的著作加以摘錄和駁斥
Extracts from, and Refutation of, Stoic and Epicurean Authors

149 對於斯多噶學派流傳世間的教條加以解釋
Explanations of Current Stoic Doctrines

150 論日期　殘卷142節
On Dates　Frag. 142

151 論好奇（論多管閒事或論無必要的推敲）
On Curiosity [or Officiousness, or Unnecessary Elaboration]

152 對克里西帕斯論第一必然性的答覆
A Reply to Chrysippus on the First Consequent

153 對假說的談話或論演繹的起點
A Discourse on Hypothesis, or on the Starting-Point for Deduction

154 論謊言的力量，對斯多噶學派的答覆
On What Lies in Our Power— a Reply to the Stoics

155 就迷信這個題目對伊庇鳩魯的答覆
A Reply to Epicurus on the Subject of Superstition

156 作爲倡導者的行動應否及於整體？
Should One Act as Advocate for Any and All?

157 致貝斯提亞的弔慰信
A Letter of Consolation Addressed to Bestia

158 論皮羅訴訟程序的十種方式
On Pyrrho's Ten Methods of Procedure

159 就「生活之道」這個題目答覆伊庇鳩魯
A Reply to Epicurus on the Subject of Ways of Life

160 解釋和題材
Explanations and topics

161 兌換的解釋
Explanations of Exchanges

162 論同義字的重複
On Tautology

163 論單元或單體
On Monads

164 市民知道他的建議會受到拒絕是否還應提出?
Should a Citizen Give His Advice, Knowing It Will Be Rejected?

165 論同時代的見解
On Contemporary Opinions

166 希臘掌故 M. 22
Greek Customs Explained

167 有關婦女的解釋
Explanations Concerning Women

168 論名人
On Famous Men

169 斯巴達人的格言 M.17
Spartan Sayings

170 問題的解答
Solutions of Problems

171 神讖選集
A Collection of Oracles

172 論痛苦的解除
On Freedom from Pain

173 論練習
On Exercises

174 論慾望
On Desire

175 論命運女神庇護羅馬人　M.24
On the Luck of Romans

176 論亞歷山大的命運　M. 25
On Alexander's Luck

177 論「自知之明」的格言和名聲不朽的問題
On the Saying "Know Thyself" and the Problem of Immortality

178 「隱士生活」難道是明智的選擇？（或論格言「過默默無聞的生活」）
M.76
On the Saying "Live in Obscurity"

179 論寧靜的心靈　M. 34
On Mental Calm

180 德行是否能學而致之？　M.31
On Virtue, Whether It Can Be Taught

181 論陷入特羅弗紐斯的洞穴之中
On the Descent into the Cave of Trophonius

182 哀求者
On Suppliant

183 自然科學的大要
An Epitome of Natural Science

184 論開風氣之先的哲學家及他們的繼承者
On the First Philosophers and Their Successors

185 論物質
On Matter

186 論亞歷山大的德行　M.25
On Alexander's Virtue

187 阿奇里斯的教育
The Education of Achilles

188 論塞倫學派的哲學家
On the Cyrenaic Philosophers

189 蘇格拉底的辯護
A Defense of Socrates

190 論蘇格拉底的判決
On the Condemnation of Socrates

191 論靠土地爲生
On Earth-Eaters

192 十種範疇的講授
Lecture on the Ten Categories

193 論難題
On Problems

194 論性格（或風格）
On Characters [or Styles]

195 城市的基礎
City Foundations

196 科學論點選集
A Collection of Scientific Opinions

197 雅典人在戰爭抑或在智慧方面更爲有名？
What Was the Basis of the Athenians' Renown?

198 論倡導者
On Advocates

199 最好的生活方式爲何？
What Us the Best Way of Life?

200 論日期
On Dates

200a 科學講座與公眾演說選集
A Collection of Scientific Lectures and Public Addresses

201 論普拉提亞的木頭雕像祭典 殘卷157-158節
On the Festival of Wooden Images At Plataea Frags. 157-158

202 文學問題導論選集
A Collection of Introductions to Literary Problems

203 論高貴的家世 殘卷139-141節
On Nobility of Birth Frags. 139-141

204 對笛歐在奧林匹克運動會講話的答覆
the Reply to Dio Delivered At Olympia

205 論赫拉克萊都斯的信念問題
On the Question of Heraclitus' Beliefs

206 火或水是否可以發揮更大效能 M. 64
Whether Fire or Water Is the More Useful

207 對哲學提出的慰勉之辭，寫給一位有錢的年輕人
An Exhortation to Philosophy, Addressed to a Rich Young Man

208 靈性之愛是否較之肉體之愛更有價值 M. 38
Whether the Affections of the Soul or the Body Are the Worse

209 論靈魂 殘卷173-178節
On the Soul Frags. 173-178

210 是否對任何事物保持判斷包括怠惰在內
Whether Reserving Judgment on Everything Involves Inaction

211 論愛財 M. 41
On Love of Weather

212 論地震
On Earthquakes

213 一位斯巴達人爲何而戰
How a Spartan Should Fight

214 對哲學提出的慰勉之辭，寫給帕加姆的阿斯克勒皮阿德
An Exhortation to Philosophy, Addressed to Asclepiades of Pergamum

215 何以吾人不應借貸 M. 57
On the Disadvantages of Borrowing

216 論狩獵
On Hunting

217 對意欲行騙者的答覆
A Reply to Those Who Attempt Deception

218 自然現象的成因 M. 61
Explanations of Natural Phenomena

219 抨擊那些不重哲學而致力於修辭學的人士
An Attack on Those Who Do Not Engage in Philosophy Because They Practice Rhetoric

220 為何對詩極其關切？
What Attention Is to Be Paid Poetry?

221 柏拉圖對生命的終結持何種觀點？
What in Plato’s View Is the End of Life?

222 愛的故事；其他抄本的題目：致戀愛中的男士或反對男士談戀愛 M. 51
Love Stories. Another copy’s title: To [or Against] Men in Love

223 介紹哲學的練習簿
A Book of Exercises Introductory to Philosophy

224 論優里庇德
On Euripides

225 我們何以要下定決心維護眞理？
How Shall We Determine Truth?

226 靈魂不滅
That the Soul Is Imperishable

227 答覆笛歐的談話
A Discourse in Reply to Dio

《蒲魯塔克札記》共有七十八章，未列入本目錄的各章爲：

1 子女的教育

7 論知交滿天下

8 機遇

9 善與惡

10　致阿波羅紐斯的弔慰信

14　迷信

16　羅馬人的格言

18　斯巴達人的古老習俗

19　斯巴達婦女的嘉言懿行

33　論憤怒的自制

36　論子女之愛

37　惡習是否足以引起不幸

43　論嫉妒與憎恨

52　哲學家應與掌權者多多交談

53　致未受教育的統治者

56　論君主政體、民主政體或寡頭政體

77　會飲篇：清談之樂

78　論音樂

共計十八章，列入目錄有六十章。

英漢譯名對照

說明：1. 僅列本文主要人名和地名，注釋的譯名沒有包括在內。
　　　2. 本書體裁極其繁複，譯名無法臚列出處的章節或頁次。

【A】

Abae　阿比
Abdalonymus　阿布達洛尼穆斯
Abdera　阿布德拉
Abydus　阿布杜斯
Acanthus　阿康蘇斯
Acarnania　阿卡納尼亞
Acesander　阿昔山德
Achaea　亞該亞
Achelous　阿奇洛斯
Acheron　阿奇朗
Achilles　阿奇里斯
Acidusa　阿西杜莎
Acragas　阿克拉加斯
Acrocorinth　阿克羅科林斯
Acrotatus　阿克羅塔都斯
Actium　阿克興
Ada　阿達
Adeimantus　埃迪曼都斯
Admetus　埃德米都斯
Adonis　阿多尼斯
Adrasteia　亞德拉斯提婭
Adrastus　亞德拉斯都斯
Aeacus　伊阿庫斯
Aeclus　伊克盧斯
Aegeiri　伊吉里
Aegina　伊吉納
Aegium　伊朱姆
Aegon　伊剛
Aegospotami　伊哥斯波塔米
Aeimnestus　伊因尼斯都斯
Aemilia　伊米莉婭
Aemilianus　伊米利阿努斯
Aemilius　伊米留斯
Aemilius Censorinus　伊米留斯・森索瑞努斯
Aemilius Lepidus　伊米留斯・雷比達
Aemilius Paulus　伊米留斯・包拉斯
Aemilius Macedonicus　伊米留斯・馬其頓尼庫斯
Aemilius Scaurus　伊米留斯・斯考魯斯
Aeneas　伊涅阿斯
Aenia　伊尼亞
Aenied　埃涅伊德
Aenis　伊尼斯
Aenos　伊諾斯
Aeolian　伊奧利亞人
Aeolus　伊奧盧斯
Aerope　伊羅普

Aeropus　伊羅帕斯
Aeschines　伊司契尼斯
Aeschines Socraticus　伊司契尼斯．索克拉蒂庫斯
Aeschylus　伊斯啓盧斯
Aesculapius　伊司庫蘭庇斯
Aesop　伊索
Aetha　伊莎
Aethicia　伊昔西亞
Aetna　伊特納
Aetolia　艾托利亞
Afranius　阿非拉紐斯
Agamedes　阿格米德
Agmemnon　阿格曼儂
Agamestor　阿加米斯特
Agasicles　阿加西克利
Agatharchidas　阿加薩契達斯
Agatharchides　阿加薩契德
Agatharchus　阿加薩克斯
Agathobulus　阿加索布盧斯
Agathocles　阿加索克利
Agathon　阿加豐
Agave　阿加維
Agelaus　亞傑勞斯
Agemachus　亞傑瑪克斯
Agenor　亞傑諾爾
Agesilaus　亞傑西勞斯
Agesipolis I　亞傑西波里斯一世
Agesipolis II　亞傑西波里斯二世
Agetoridas　亞傑托瑞達斯
Agis　埃傑斯
Agis II　埃傑斯二世
Agis III　埃傑斯三世
Agis IV　埃傑斯四世
Aglaia　阿格拉伊婭
Aglaonice 阿格勞妮絲
Aglaophon　阿格勞奉
Agrigentum　阿格瑞堅屯
Agrionia　阿格瑞歐尼亞
Agrippa　阿格里帕
Aias　艾阿斯
Ajax　埃傑克斯
Aidoneus　艾多紐斯
Aix　艾克斯
Alalcomenae　阿拉柯米尼
Alalcomenium　阿拉柯米尼姆
Albania　阿爾巴尼亞
Alba　阿爾巴
Albinus, Postumius　阿比努斯，波斯都繆斯
Alcaeus　阿爾西烏斯
Alcamenes　阿爾卡米尼斯
Alcander　阿爾康德
Alcestis　阿塞蒂斯
Alcibiades　亞西拜阿德
Alcinous　亞西諾斯
Alciphron　亞西弗朗
Alcippe　亞西庇
Alcippus　亞西帕斯
Alcmaeon　阿爾克米昂
Alcman　阿克曼
Alcmena　阿爾克曼娜
Alcyoneus　阿西奧紐斯
Aleuas　阿琉阿斯

Aleus 阿琉斯
Alexander 亞歷山大
Alexander the Great 亞歷山大大帝
Alexander Polyhistor 亞歷山大・波利赫斯托
Alexandria 亞歷山卓
Alexarchus 亞歷薩克斯
Alexibia 亞歷克西比婭
Alexicrates 阿勒克西克拉底
Alexida 阿勒克西達
Alexidemus 阿勒克西迪穆斯
Alexinus 阿勒克西努斯
Alexio 阿勒克賽奧
Alexis 阿勒克瑟斯
Alizon 阿利遜
Allia 阿利亞
Alpheius 阿爾菲烏斯
Alphinous 阿爾菲諾斯
Alps 阿爾卑斯
Althaea 阿瑟伊
Alyattes 阿利阿底
Amasis 阿瑪西斯
Amazon 亞馬遜
Ambracia 安布拉西亞
Ameria 阿美里亞
Amestris 阿美斯特瑞斯
Amisodarus 阿米索達魯斯
Ammianus Marcellinus 安米阿努斯・馬西利努斯
Ammon 阿蒙
Ammonius 阿蒙紐斯
Amorgos 阿摩格斯
Amphiaraus 安菲阿勞斯
Amphictyion 安斐克提昂
Amphidamas 安菲達瑪斯
Amphilochus 安菲洛克斯
Amphion 安菲昂
Amphipolis 安斐波里斯
Amphissa 安斐沙
Amphithea 安斐瑟
Amphitheus 安斐修斯
Amphitrite 安菲特瑞特
Amphitryon 安斐特里昂
Amulius 阿穆留斯
Amymone 阿美摩尼
Amytas 阿米塔斯
Anabus 安納布斯
Anacharsis 安納查西斯
Anacreon 安納克里昂
Anactorium 安納克托里姆
Anaxagoras 安納克薩哥拉斯
Anaxander 安納山德
Anaxandridas 安納山德瑞達斯
Anaxandrides 安納山卓德
Anaxarchus 安納薩爾克斯
Anaxibius 安納克西拜阿斯
Anaxicrates 安納克西克拉底
Anaxilas 安納克西拉斯
Anaximander 安納克西曼德
Anaximenes 安納克西米尼斯
Anchises 安契西斯
Anchurus 安丘魯斯
Ancus Marcius 安庫斯・馬修斯
Andania 安達尼亞

Andocides　安多賽德
Andreas　安德里阿斯
Androclus　安德羅克盧斯
Androcottus　安德羅科都斯
Androcydes　安德羅賽德
Andromache　安德羅瑪琪
Andron　安德朗
Andronicus　安德羅尼庫斯
Andros　安德羅斯
Androtion　安德羅遜
Angelus　安吉盧斯
Anio　安尼奧
Annius　安紐斯
Antaeopolis　安提波里斯
Antaeus　安提烏斯
Antagoras　安塔哥拉斯
Antalcidas　安塔賽達斯
Anteia　安提亞
Antenor　安蒂諾
Anthedon　安塞敦
Anthedonia　安塞多尼亞
Anthemion　安塞米昂
Anthes　安塞斯
Anthesteria　安塞斯特里亞
Anthus　安蘇斯
Anticleia　安蒂克萊婭
Anticleides　安蒂克萊德
Anticles　安蒂克利
Anticyra　安蒂塞拉
Antigenidas　安蒂吉尼達斯
Antigona　安蒂哥娜
Antigonus I　安蒂哥努斯一世
Antigonus II, Gonatas　安蒂哥努斯二世哥納塔斯
Antileon　安蒂勒昂
Antilochus　安蒂洛克斯
Antimacheia　安蒂瑪契亞
Antimachus　安蒂瑪克斯
Antiochus I Soter　安蒂阿克斯一世索特爾
Antiochus III the Great　安蒂阿克斯大帝
Antiochus IV Epiphanes　安蒂阿克斯四世伊庇法尼斯
Antiochus VII Sidetes　安蒂阿克斯七世西德底
Antiochus VIII Grypus　安蒂阿克斯八世「鷹鈎鼻」
Antiochus IX Cyzicenus　安蒂阿克斯九世西茲昔努斯
Antiochus　安蒂阿克斯
Antiochus Hierax　安蒂阿克斯「神鷹」
Antiochus Philopappus　安蒂阿克斯・斐洛帕普斯
Antiope　安蒂歐普
Antipater　安蒂佩特
Antipatrides　安蒂佩垂德
Antiphanes　安蒂法尼斯
Antiphon　安蒂奉
Antissa　安蒂沙
Antisthenes 安蒂塞尼斯
Antistius Labeo　安蒂斯久斯・拉比奧
Antoninus Marcus　安東尼努斯・馬可斯
Antylus　安特拉斯
Anubis　阿紐比斯

Anytus 安尼都斯
Apelles 阿皮勒斯
Aphareus 阿法留斯
Aphrodite 阿芙羅黛特
Apis 阿派斯
Apollo 阿波羅
Apollocrates 阿波羅克拉底
Apollodorus 阿波羅多魯斯
Apollonia 阿波羅尼亞
Apollonides 阿波羅奈德
Apollonis 阿波羅妮絲
Apollonius 阿波羅紐斯
Apollonius Mys 阿波羅紐斯・邁斯
Apollonopolis 阿波羅諾波里斯
Apollophanes 阿波羅法尼斯
Appian 阿庇安
Appius Claudius Caecus 阿庇斯・克勞狄斯・昔庫斯
Appius Claudius Pulcher 阿庇斯・克勞狄斯・普爾澤
Appuleius 阿蒲列烏斯
Arabia 阿拉伯
Arachosia 阿拉考西亞
Araspes 阿拉斯庇斯
Aratus 阿拉都斯
Arbela 阿貝拉
Arcadia 阿卡狄亞
Arcesilaus 阿昔西勞斯
Arcesus 阿昔蘇斯
Archedemus 阿奇迪穆斯
Archelaus 阿奇勞斯
Archemachus 阿奇瑪克斯
Archemorus 阿奇摩魯斯
Archias 阿基亞斯
Archidamidas 阿契達邁達斯
Archidamus II 阿契達穆斯二世
Archidamus III 阿契達穆斯三世
Archidamus 阿契達穆斯
Archilochus 阿契洛克斯
Archimedes 阿基米德
Archinus 阿契努斯
Architimus 阿契蒂穆斯
Archytas 阿克塔斯
Ardalus 阿達盧斯
Areimanius 阿里曼紐斯
Areius 阿瑞烏斯
Areopagus 阿里奧帕古斯
Ares 阿瑞斯
Aresas 阿里薩斯
Aretades 阿里塔德
Aretaphila 阿里塔斐
Arete 阿里特
Arethusa 阿里蘇薩
Areus I 阿里烏斯一世
Argileonis 阿吉里歐妮
Arginusae 阿金紐西
Argo 阿爾戈
Argonauts 阿爾戈號
Argos 亞哥斯
Ariamenes 亞里阿密尼斯
Aridaeus 亞里迪烏斯
Aridices 亞里迪斯
Ariminum 亞里米儂
Ariobarzanes 亞里奧巴札尼斯

Arion 阿里昂
Ariphron 亞里弗朗
Arippe 阿里庇
Aristaenetus 亞里斯提尼都斯
Aristaeus 亞里斯特烏斯
Aristagora 亞里斯塔哥拉
Aristagoras 亞里斯塔哥拉斯
Aristarchus 亞里斯塔克斯
Aristeides 亞里斯泰德
Aristion 亞里遜
Aristippus 亞里斯蒂帕斯
Aristobulus 亞里斯托布拉斯
Aristocleia 亞里斯托克莉婭
Aristocles 亞里斯托克利
Aristocrates 亞里斯托克拉底
Aristocreon 亞里斯托克里昂
Aristodemus 亞里斯托迪穆斯
Aristogeiton 亞里斯托杰頓
Aristogenes 亞里斯托吉尼斯
Aristomache 亞里斯托瑪琪
Aristomedes 亞里斯托米德
Aristomenes 亞里斯托米尼斯
Ariston 亞里斯頓
Aristonicus 亞里斯托尼庫斯
Aristonymus 亞里斯托尼穆斯
Aristophanes 亞里斯托法尼斯
Aristophon 亞里斯托奉
Aristotimus 亞里斯托蒂穆斯
Aristotle 亞里斯多德
Aristoxenus 亞里斯托克森努斯
Aristyllus 亞里斯特拉斯
Armenia 亞美尼亞
Arne 阿尼
Arrhephoroi 阿里弗羅伊
Arrian 阿里安
Arsalus 阿薩拉斯
Arselis 阿西利斯
Arses 阿希斯
Arsinoe 阿西妮
Artabanus 阿塔巴努斯
Artaphernes 阿塔弗尼斯
Artaxerxes I Long Hand 阿塔澤爾西茲一世「通臂猿」
Artaxerxes II Mnemon 阿塔澤爾西茲二世尼蒙
Artemis 阿特米斯
Artemisia I 阿提米西亞一世
Artemisia II 阿提米西亞二世
Artemisium 阿提米修姆
Arueris 阿魯埃里斯
Aruntius 阿隆久斯
Asclepiades 阿斯克勒皮阿德
Asclepiodorus 阿斯克勒皮奧多魯斯
Asclepius 阿斯克勒庇斯
Ascra 阿斯克拉
Asia 亞細亞
Aso 阿索
Asopichus 阿索皮克斯
Asopus 阿索帕斯
Aspasia 阿斯帕西亞
Assos 亞索斯
Assyria 亞述
Astarte 阿斯塔提
Asterium 阿斯提里姆

Astyages 阿斯提吉斯
Astydamas 阿斯提達瑪斯
Atarneus 阿塔紐斯
Ateas 阿提阿斯
Ateius Capito 阿提烏斯·卡庇托
Atepomarus 阿提波瑪魯斯
Athamas 阿薩瑪斯
Athena 雅典娜
Athenaeus 阿昔尼烏斯
Athenais 阿瑟納伊斯
Athenodorus 阿瑟諾多魯斯
Athens 雅典
Athos 阿索斯
Athrytus 阿什里都斯
Atilius 阿蒂留斯
Atiso 阿蒂索
Atlantis 亞特蘭提斯
Atlas 阿特拉斯
Atossa 阿托莎
Atreus 阿楚斯
Atropos 阿特羅波斯
Attalus I 阿塔盧斯一世
Attalus II 阿塔盧斯二世
Attalus III 阿塔盧斯三世
Attica 阿提卡
Atticus 阿蒂庫斯
Attis 阿蒂斯
Auas 奧阿斯
Augeas 奧吉阿斯
Augurs 奧古斯
Augustus 奧古斯都
Aulia 奧利亞
Aulis 奧利斯
Aulus 奧盧斯
Ausonius 奧索紐斯
Autobulus 奧托布盧斯
Autolycus 奧托利庫斯
Automatia 奧托瑪夏
Autophradates 奧托弗拉達底
Aventine 阿溫廷
Avidius Nigrinus 阿維狄斯·尼格里努斯
Avidius Quietus 阿維狄斯·奎伊都斯

【B】

Babylon 巴比倫
Bacchae 巴奇
Baccheus 巴奇烏斯
Bacchis 巴契斯
Bacchon 巴強
Bacchylides 巴克利德
Bacchyllidas 巴克利達斯
Bacis 巴西斯
Bactria 巴克特里亞
Baetis 貝蒂斯
Bagoas 巴哥阿斯
Balearicus 巴勒阿瑞庫斯
Banon 貝儂
Barca 巴卡
Baria 巴里亞
Barsine 巴西妮
Basiceia 巴西西亞
Basilocles 巴西洛克利
Bastarnia 巴斯塔尼亞

Bathycles　貝特克利
Bathyllius　貝特留斯
Baton　巴頓
Battus I　巴都斯一世
Battus II　巴都斯二世
Battus III　巴都斯三世
Bebrycians　畢布里西亞人
Bede　比德
Belestiche　畢勒斯蒂琪
Bellerophon　貝勒羅豐
Berecynthia　畢里辛錫亞
Beronice　貝隆妮絲
Bessus　貝蘇斯
Bestia　貝斯提亞
Bias　畢阿斯
Bion　拜昂
Bisaltia　貝薩夏
Bithynia　俾西尼亞
Bithynus　俾西努斯
Biton　畢頓
Blepsus　布勒普蘇斯
Bocchoris　波考瑞斯
Bocchus　巴克斯
Boeotia　皮奧夏
Boethus　皮蘇斯
Bona Dea　波納·迪
Borborus　波布魯斯
Bosporus Cimmerius　博斯波魯斯·辛米流斯
Bosporus Thracius　博斯波魯斯·色雷修斯
Boton　波頓
Bottiaea　波提亞
Boulis　波莉婭
Boule　波勒
Bouleuterion　波琉提瑞昂
Bovianum　波維阿隆
Branchidae　布蘭契迪
Brasidas　布拉西達斯
Brauron　布勞隆
Brennus　布倫努斯
Briareus　布萊阿里斯
Briseis　布里塞伊斯
Britain　不列顛
Brundisium　布林迪西
Brutus　布魯特斯
Bubulcus　布布庫斯
Bucephalia　布西法利亞
Bucephalus　布西法拉斯
Bucolus　布科盧斯
Busiris　布西瑞斯
Buto　布托
Byblus　拜布拉斯
Byzantium　拜占庭

【C】

Cacus　卡庫斯
Cadmeia　卡德密
Cadmus　卡德穆斯
Caecilius, Caprarius　西昔留斯，拉普拉紐斯
Caecilius, Metellus　西昔留斯，梅提拉斯
Caecilius, Diadematus　西昔留斯，戴迪

瑪都斯
Caecilius, Baliaricus　西昔留斯，巴利阿瑞庫斯
Caecilius, Macedonicus　西昔留斯，馬其頓尼庫斯
Caecilius, Nepos　西昔留斯，尼波斯
Caecilius, Pius　西昔留斯，庇烏斯
Caedicius　西第修斯
Caeneus　西尼烏斯
Caepio　昔庇阿
Caesar, Gaius Julius　凱撒，該猶斯・朱理烏斯
Caesar, Octavianus　屋大維
Caesar, Tiberius Augustus　提比流斯
Caesar, Gaius Julius Caesar Germanicus　日耳曼尼庫斯
Caesar, Nero Claudius　尼祿
Caesar, Servius Sulpicus Galba　伽爾巴
Caesar, Marcus Salvius Otho　奧索
Caesar, Aulus Vitellius　維提留斯
Caesar, Titus Flavius Vespasianus　維斯巴西安
Caesar, Titus Flavius Vespasianus　提圖斯
Caesar, Titus Flavius Domitianus　圖密善
Caesar, Marcus Ulpius Traianus　馬可斯
Caesar, Gaius Julius Caesar　喀利古拉
Caesernius　西撒紐斯
Calaureia　卡勞里亞
Calbia　卡爾比婭
Calchas　卡爾查斯
Callias　凱利阿斯
Callicles　凱利克利
Callicrates　凱利克拉底
Callicratidas　凱利克拉蒂達斯
Callimachus　凱利瑪克斯
Callinicus　凱利尼庫斯
Callinus　凱利努斯
Calliope　卡利奧披
Callippides　凱利彼德
Callipus　凱利帕斯
Callirrhoe　凱麗里
Callisthenes　凱利昔尼斯
Callisto　凱利斯托
Callistratus　凱利斯特拉都斯
Callixenus　凱利克森努斯
Calpurnia　卡普妮婭
Calpurnius　卡普紐斯
Calypso　卡利普索
Cambyses　康貝西斯
Camerinum　卡麥里儂
Camma　康瑪
Campania　康帕尼亞
Candaules　坎道勒斯
Cannae　坎尼
Canopus　坎諾帕斯
Cantabri　康塔布里人
Cantharion　康薩瑞昂
Canulia　卡奴莉婭
Canus　卡努斯
Caphene　卡斐妮
Caphisias　卡菲西阿斯
Caphisodorus　卡菲索多魯斯
Capitol　卡庇多
Capitoline　卡庇多林

Capparus　卡帕魯斯
Capranius　卡普拉紐斯
Capri　卡普里
Carbo　卡波
Carcinus　卡辛努斯
Cardaces　卡達西斯
Cardia　卡狄亞
Caria　卡里亞
Carmenta　卡門塔
Carneades　喀尼德
Carthage　迦太基
Carvilius　卡維留斯
Carystus　卡里斯都斯
Casander　卡桑德
Cassandra　卡桑卓
Cassiopaea　卡西奧庇亞
Cassius Brutus　卡休斯・布魯特斯
Cassius Chaerea　卡休斯・奇里亞
Cassius Severus　卡休斯・西維魯斯
Cassius Signifer　卡休斯・西格尼菲
Castor　卡斯特
Cathetus　卡則都斯
Catiline　加蒂藍
Catullus　卡圖拉斯
Caucasus　高加索
Cebes　塞畢斯
Cecrops　昔克羅普斯
Celaenae　西利尼
Celeus　西琉斯
Celsus　塞蘇斯
Celtiberians　塞爾特布里亞人
Celtic　塞爾特人
Censorinus　森索瑞努斯
Centaurs　馬人
Ceos　西奧斯
Cephallenia　西法勒尼亞
Cephalus　西法盧斯
Cephisocrates　西菲索多克拉底
Cephisodorus　西菲索多魯斯
Cephisodotus　西菲索多都斯
Cephisophon　西菲索奉
Cephisus　西菲蘇斯
Cephion　西菲昂
Cerameicus　西拉米庫斯
Ceraunian Mountains　西勞尼安山脈
Ceraunus　西勞努斯
Cerberus　色貝魯斯
Cercaphus　色卡法斯
Cercidas　色西達斯
Ceres　西瑞斯
Chabrias　查布瑞阿斯
Chaerae　奇里亞
Chaeredemus　奇里迪穆斯
Chaeremon　奇里蒙
Chaeremonianus　奇里摩尼阿努斯
Chaerephanes　奇里法尼斯
Chaerephon　奇里奉
Chaeron　奇朗
Chaerondas　奇朗達斯
Chaeroneia　奇羅尼亞
Chalcedon　卡爾西頓
Chalciope　卡爾西歐普
Chalcis　卡爾西斯
Chalcodon　卡爾科敦

Chaldeans 迦勒底人
Chalybon 迦利朋
Chares 查理斯
Charias 查瑞阿斯
Charicleides 查瑞克萊德
Charicles 查瑞克利
Charicrates 查瑞克拉底
Charilla 查瑞拉
Charillus 查瑞拉斯
Charmides 查米德
Charon 卡戎
Charondas 坦朗達斯
Chartier 卻特
Charybdis 查里布狄斯
Cheiromacha 奇羅馬恰
Cheiron 奇朗
Chemmis 奇美斯
Chersias 契西阿斯
Chersonese 克森尼斯
Chilon 契隆
Chimaera 契米拉
Chiomara 契奧瑪拉
Chios, 開俄斯
Choaspes 考斯帕
Chonuphis 喬努菲斯
Chromius 克羅繆斯
Chrysermus 克里塞穆斯
Chryseis 克里塞伊斯
Chrysippus 克里西帕斯
Chrysostom 克里索斯托姆
Chthonia 克蘇妮婭
Cicero, M. Tullius 西塞羅
Cilicia 西里西亞
Cimbri 辛布里
Cimmerians 辛米里亞人
Cimon 西蒙
Cinaethon 辛尼松
Cinaros 辛納羅斯
Cincinnatius 辛辛納久斯
Cinesias 辛尼西阿斯
Cinna 辛納
Cinyras 辛尼拉斯
Circe 喀耳刻
Cirrha 色拉
Cissoessa 賽西莎
Cithaeron 西第朗
Citium 西蒂姆
Civilis 西維利斯
Claudian 克勞狄安
Claudia Quinta 克勞狄婭・昆塔
Clazomenae 克拉卓美尼
Clea 克莉
Cleander 克倫德
Cleanthes 克利底斯
Clearchus 刻里克斯
Cleidamus 克萊達穆斯
Cleinias 克萊尼阿斯
Cleisthenes 克萊昔尼斯
Cleitodemus 克萊托迪穆斯
Cleitomachus 克萊托瑪克斯
Cleitonymus 克萊托尼穆斯
Cleitophon 克萊托奉
Cleitorians 克萊托里亞人
Cleitus 克萊都斯

Cleobis 克里奧比斯
Cleobule 克里奧布勒
Cleobulina 克里奧布里娜
Cleobulus 克里奧布盧斯
Cleoritus 克里瑞都斯
Cleodorus 克里奧多魯斯
Cleomachus 克里奧瑪克斯
Cleombrotus 克里奧布羅都斯
Cleombrotus I 克里奧布羅都斯一世
Cleomenes I 克里奧米尼斯一世
Cleomenes II 克里奧米尼斯二世
Cleomenes III 克里奧米尼斯三世
Cleomenes 克里奧米尼斯
Cleon 克利昂
Cleonae 克里奧尼
Cleonice 克里奧妮絲
Cleonymus 克里奧尼穆斯
Cleopatra 克麗奧佩特拉
Cleophon 克里奧奉
Cleotimus 克里奧蒂繆斯
Clio 克萊俄
Clodius Pulcher 克洛狄斯・普爾澤
Cloelia 克黎莉婭
Clonas 克洛納斯
Clotho 克洛索
Cluisia 克祿西婭
Cluvius 克祿維斯
Clymene 克利美妮
Clytemnestra 克利廷尼斯特拉
Clytomedes 克利托米德
Cnidus 尼杜斯
Cnossus 諾蘇斯
Cocles 柯克利
Cocytus 科賽都斯
Codrus 科德魯斯
Coeraneum 西拉尼姆
Coeranus 西拉努斯
Colias 科利阿斯
Collyte 科利提
Collytus 科利都斯
Colonus 科洛努斯
Colophon 科洛奉
Colotes 科洛底
Columella 哥倫美拉
Commagene 康瑪吉尼
Comminius Super 康米紐斯・蘇帕
Conon 康儂
Consualia 坎索利亞
Contruscus 康楚斯庫斯
Copais 科佩斯
Copreus 科普留斯
Corax 科拉克斯
Corcyra 科孚
Core 科里
Coretas 科里塔斯
Corinna 科林娜
Corinth 科林斯
Coriolanus 科瑞歐拉努斯
Cornelia 高乃莉婭
Cornelius, Clodius 高乃留斯，克洛狄斯
Cornelius, Marcellinus 高乃留斯，馬西利努斯
Cornelius Pulcher 高乃留斯・普爾澤

Cornelius　高乃留斯
Corniculum　高尼庫隆
Corone　科羅尼
Coroneia　科羅尼亞
Corope　科羅庇
Corsica　科爾西卡
Corybantes　科里班底
Corycian Cave　科里西亞洞穴
Cos　考斯
Cothus　科蘇斯
Cotys　科特斯
Craneion　克拉尼昂
Crannon　克朗儂
Crantor　克朗托
Crassus　克拉蘇
Crataidas　克拉泰達斯
Crateas　克拉提阿斯
Craterus　克拉提魯斯
Crates　克拉底
Cratidas　克拉蒂達斯
Cratinus　克拉蒂努斯
Cratippus　克拉蒂帕斯
Crato　克拉托
Cratyrus　克拉提魯斯
Creon　克里昂
Cresphontes　克里斯豐底
Crete　克里特
Cretinas　克里蒂納斯
Cretines　克里廷斯
Crexus　克里克蘇斯
Crison　克瑞遜
Critheus　克瑞修斯
Critias　克瑞蒂阿斯
Crito　克瑞托
Critobulus　克瑞托布盧斯
Critola　克瑞托拉
Critolaus　克瑞托勞斯
Crobylus　克羅拜盧斯
Croesus　克里蘇斯
Crommyon　克羅美昂
Cromnon　克羅儂
Cronos　克羅諾斯
Cronus　克羅努斯
Croton　克羅頓
Cryassus　克里阿蘇斯
Cteatus　帖阿都斯
Ctesias　帖西阿斯
Ctesibius　帖西拜阿斯
Ctesicles　帖西克利
Ctesiphon　帖西奉
Cumae　庫米
Cupid　丘比特
Curiatius　庫瑞阿久斯
Curio　古里歐
Curtius, Marcus　克爾久斯，馬可斯
Cyane　賽阿妮
Cyanippus　賽阿奈帕斯
Cyaxares　賽阿克薩里斯
Cybele　西比莉
Cyclades　賽克拉德斯
Cyclopes　賽克洛庇斯
Cyclops　賽克洛普斯
Cydias　塞迪阿斯
Cydippe　賽迪普

Cydnus 賽德努斯
Cylon 塞隆
Cyme 賽麥
Cynegeirus 賽尼吉魯斯
Cynisca 賽尼斯卡
Cynopolis 賽諾波里斯
Cynosarges 賽諾薩吉斯
Cynosureis 賽諾蘇里斯
Cypris 塞浦瑞斯
Cyprus 塞浦路斯
Cypselids 賽浦西利茲
Cypselus 塞普西盧斯
Cyrene 塞倫
Cyrnus 色努斯
Cyrus the Great 居魯士大帝
Cyrus the Younger 小居魯士
Cythera 賽舍拉
Cythnos 賽什諾斯
Cyzicenus 西茲昔努斯
Cyzicus 西茲庫斯

【D】

Dactyls 達克特爾
Daedalus 迪達盧斯
Daemon 迪蒙
Daiphantus 達芳都斯
Damascene 達瑪森尼
Damascus 大馬士革
Damasenor 達瑪辛諾
Damatria 達瑪特里婭
Damocleides 達摩克萊德
Damocrita 達摩克瑞塔
Damon 達蒙
Danaans 達南人
Danae 達妮
Danais 達奈斯
Danaus 達勞斯
Danube 多瑙河
Daphnaeus 達夫尼烏斯
Daphnis 達弗尼斯
Daphnus 達芬努斯
Darcier 達西爾
Dardania 達達尼亞
Dareius I 大流士一世
Dareius II 大流士二世
Dareius III 大流士三世
Dascyles 達錫勒斯
Datis 達蒂斯
Daulia 道利亞
Daulis 道利斯
Decelea 迪西利亞
Decimus 迪西穆斯
Decius 迪修斯
Deianeira 笛阿妮拉
Deimachus 戴瑪克斯
Deimus 狄穆斯
Deinias 戴尼阿斯
Deinocrates 戴諾克拉底
Deinomenes 戴諾米尼斯
Deinon 戴儂
Deiocles 戴奧克利
Deiotarus I 戴奧塔魯斯一世
Deiotarus II 戴奧塔魯斯二世
Delion 迪利昂

Delium 迪利姆
Delius 迪流斯
Delos 提洛
Delphi 德爾斐
Delphus 德爾法斯
Demades 迪瑪德斯
Demaratus 笛瑪拉都斯
Demeas 德米阿斯
Demeter 德米特
Demetrians 德米特流斯
Demetrius I 德米特流斯一世
Demetrius II 德米特流斯二世
Demochares 德謨查里斯
Democles 德謨克利
Democrates 德謨克拉底
Democritus 德謨克瑞都斯
Demodice 笛摩迪絲
Demodicus 笛摩迪庫斯
Demodocus 笛摩多庫斯
Demomeles 笛摩米勒斯
Demon 笛蒙
Demonice 笛摩妮絲
Demonicus 笛摩尼庫斯
Demophilus 笛摩菲盧斯
Demophontidae 笛摩奉蒂迪
Demus 狄穆斯
Demosthenes 笛摩昔尼斯
Demostratus 笛摩斯特拉都斯
Demoteles 笛摩特勒斯
Demylus 狄邁盧斯
Denaea 迪妮婭
Dercylidas 德西利達斯
Dercyllus 德西拉斯
Deucalion 杜凱利昂
Dexander 迪山德
Dexicreon 笛西克里昂
Dexitheus 笛克西修斯
Diadematus 戴迪瑪都斯
Diadumenus 戴杜米努斯
Diagoras 戴哥拉斯
Dicaearcheia 狄西阿契亞
Dicaearchus 狄西阿克斯
Dicaeosyne 狄西歐悉尼
Dike 狄克
Dictys 迪克特斯
Diochites 戴奧契底
Diocles 戴奧克利
Diodorus Siculus 戴奧多魯斯・西庫盧斯
Diodorus Periegetes 戴奧多魯斯・佩里吉底
Diodotus 戴奧多都斯
Diogeiton 戴奧杰頓
Diogenes 戴奧吉尼斯
Diogenes Oenomaus 戴奧吉尼斯・厄諾茅斯
Diogenianus 戴奧吉尼阿努斯
Diognetus 戴奧吉尼都斯
Diomedes 戴奧米德
Diomedon 戴奧米敦
Diomeia 戴奧米亞
Diomnestus 戴奧姆尼斯都斯
Dion 狄昂
Diondas 狄昂達斯

Dione　戴奧妮
Dionysia　戴奧尼西亞
Dionysius I　戴奧尼休斯一世
Dionysius II　戴奧尼休斯二世
Dionysius　戴奧尼休斯
Dionysius Iambus　戴奧尼休斯・伊安巴斯
Dionysius Siculus　戴奧尼休斯・西庫盧斯
Dionysus　戴奧尼蘇斯
Diopeithes　戴奧皮瑟斯
Dioscorides　戴奧斯柯瑞德
Dioscuri　戴奧斯庫瑞
Diotimus　戴奧蒂穆斯
Dioxippus　戴奧克賽帕斯
Diphilus　迪菲盧斯
Diphorus　迪弗魯斯
Diphridas　迪弗瑞達斯
Dirce　德西
Diyllus　迪盧斯
Dodona　多多納
Dolabella　多拉貝拉
Dolon　多隆
Domitian　圖密善
Domitius Ahenobarbus　杜米久斯・阿享諾巴布斯
Dorian　多里斯人
Dorion　多瑞昂
Dorotheus　多羅修斯
Dorus　多魯斯
Dositheus　多西修斯
Doson　多森
Dotian　多蒂安
Dracon　德拉康
Dromichaetes　德羅米契底
Dromocleides　德羅摩克萊德
Drusus　德魯薩斯
Dryas　德萊阿斯
Dryopians　德萊奧庇亞人
Dryus　德萊烏斯
Ducelius杜西久斯
Dulichium　杜利契姆
Duris　杜瑞斯
Dyrrachium　狄爾哈強

【E】

Ebius Tolieix　伊比烏斯・托利克
Echecrates　愛奇克拉底
Echelaus　愛契勞斯
Echemus　愛奇穆斯
Echepolus 艾奇波盧斯
Echinades　愛契納德斯
Echinae　愛契尼
Ecprepes　伊克普里庇斯
Eetion　埃蒂昂
Eetioneia　埃蒂昂尼亞
Egeria　伊吉麗婭
Egesta　伊吉斯塔
Egypt　埃及
Eileithyia　艾莉昔婭
Eileithyapolis 艾利昔亞波里斯
Eilioneia　艾莉歐妮婭
Eirene　艾里妮
Elaea　伊利亞

Elaeus 伊利烏斯
Elaphebolia 伊拉斐波利亞
Elateia 伊拉提亞
Elea 伊里亞
Electra 伊里克特拉
Eleon 伊勒昂
Elephantine 埃里芳廷
Elephenor 埃里菲諾
Eleusinium 伊琉西尼姆
Eleusis 伊琉西斯
Eleuther 伊琉瑟
Eleutherae 伊琉瑟里
Elieus 伊利烏斯
Elis 伊利斯
Ellopion 伊洛庇昂
Elpenor 伊爾庇諾
Elysium 伊利西姆
Elysius 伊利休斯
Emathion 伊瑪昔昂
Emodian 伊摩迪安
Empedocles 伊姆皮多克利
Empedus 伊姆皮杜斯
Empiricus 伊姆庇瑞庫斯
Empona 伊姆波娜
Empusa 伊姆普薩
Enalus 伊納盧斯
Endeis 英黛斯
Endrome 英德羅密
Endymion 英迪彌恩
Ennius 英紐斯
Entoria 英托里婭
Enyeus 伊尼烏斯
Eos 伊奧斯
Epameinondas 伊巴明諾達斯
Epaphroditus 伊巴弗羅迪都斯
Epaphus 伊巴孚斯
Epeirus 伊庇魯斯
Epeius 伊庇烏斯
Ephebus 伊菲帕斯
Ephesus 以弗所
Ephialtes 伊斐阿底
Ephippus 伊斐帕斯
Ephorus 埃弗魯斯
Ephyra 伊菲拉
Epicaste 伊庇卡斯特
Epicharmus 伊庇查穆斯
Epicles 伊庇克利
Epictetus 伊庇克特都斯
Epicurus 伊庇鳩魯
Epicydes 伊庇賽德
Epidamnus 伊庇達努斯
Epidaurus 伊庇道魯斯
Epimenides 伊庇米尼德
Epimetheus 伊庇米修斯
Epinomis 伊庇諾米斯
Epipolae 伊庇波立
Epitherses 伊庇則西斯
Epona 伊波娜
Er 厄爾
Erasistratus 伊拉西斯特拉都斯
Erato 伊拉托
Eratosthenes 伊拉托昔尼斯
Erebus 伊里帕斯
Erechtheium 伊里克修姆

Erechtheus　伊里克蘇斯
Eresus　伊里蘇斯
Eretria　伊里特里亞
Erginus　厄金努斯
Erianthes　伊瑞安昔斯
Eriboea　厄瑞卑婭
Erinys　伊瑞尼斯
Eriphyle　伊瑞菲勒
Eros　厄洛斯
Erymanthus　埃里瑪蘇斯
Erysichthon　埃里西松
Erythrae　埃里什里
Eryx　埃里克斯
Eryximachus　埃里克色瑪克斯
Eryxis　埃里克色斯
Eryxo　埃里克索
Espuiline　伊斯奎林
Eteocles　伊特奧克利
Etesian　伊特西安
Ethiopia　埃塞俄比亞
Etna　伊特納
Etruria　伊楚里亞
Eubiotus　優拜奧都斯
Euboea　優卑亞
Eubulides　優布利德
Eubulus　優布拉斯
Eucleides　優克萊德
Eucles　優克利
Euclid　歐幾里德
Eucnamus　優克納穆斯
Euctus　優克都斯
Eudamidas　優達米達斯
Eudemus　優迪穆斯
Eudorus　優多魯斯
Eudoxus　優多克蘇斯
Euergetes　優兒吉底
Euhemerus　優赫門魯斯
Eulaeus　優里烏斯
Eumaeus　優米烏斯
Eumelus　優密盧斯
Eumenes　攸門尼斯
Eumenes II　攸門尼斯二世
Eumenides　攸門奈德
Eumolpidas　優摩皮達斯
Eumolpus　優摩帕斯
Eunomia　優諾米亞
Eunomus　優諾穆斯
Eunosta　優諾斯塔
Eunostus　優諾斯都斯
Euphanes　優法尼斯
Euphorbus　優福布斯
Euphorion　優豐瑞昂
Euphranor　優弗拉諾
Euphrates　幼發拉底
Euphrosyne　優弗羅西妮
Euploea　優普利亞
Eupolis　優波里斯
Euripides　優里庇德
Euripus　優里帕斯
Europa　歐羅芭
Europe　歐羅普
Europus　優羅帕斯
Eurotas　優羅塔斯
Euryanassa　優里阿納莎

Eurybiades　優里拜阿德
Eurycleia　優里克莉婭
Eurycles　優里克利
Eurycrates　優里克拉底
Eurycratidas　優里克拉蒂達斯
Eurydice　優里迪絲
Eurymedon　優里米敦
Eurypylus　優里披拉斯
Eurytus　優里都斯
Eusebius 優西庇烏斯
Eustathius　優斯塔修斯
Eustrophus　優斯特羅孚斯
Eutelidas　優提萊達斯
Euterpe　優特披
Euthycrates　優特克拉底
Euthydamus　優特達穆斯
Euthydemus　優特迪穆斯
Euthynous　優特諾斯
Euthyphron　優特弗朗
Eutropion　優特羅皮昂
Euxippe　優克西琵
Euxitheus優克西修斯
Euxynthetus　優克森瑟都斯
Evagoras　伊凡哥拉斯
Evander　伊凡德
Evenus　伊維努斯
Evius　優烏斯

【F】

Fabia　法比婭
Fabius Fabricianus　費比烏斯・法布瑞西阿努斯
Fabius Maximus　費比烏斯・麥克西穆斯
Fabius Maximus Gurges　費比烏斯・麥克西穆斯・古吉斯
Fabricius Luscinus　法布瑞修斯・盧辛努斯
Fabula　法布拉
Falerii　法勒瑞
Faunus　福努斯
Faustus　福斯都斯
Faustus Cornelius Sulla　福斯都斯・高乃留斯・蘇拉
Favorinus　法弗瑞努斯
Felix　菲利克斯
Felis　菲利斯
Fenestella　菲尼斯提拉
Festus　菲斯都斯
Fetiales　菲特勒斯
Figulus　菲古拉斯
Firmus　福慕斯
Flaccus　弗拉庫斯
Flamen Dealis　弗拉門・迪利斯
Flaminian　弗拉米尼安
Flaminica　弗拉米尼卡
Flamininus, Titus Quintius　弗拉米尼努斯，提圖斯・奎因久斯
Flaminius, Gaius　弗拉米紐斯，該猶斯
Flavian　弗拉維安
Florentia　弗洛倫夏
Florus, Mestrius　弗洛魯斯，密斯特流斯
Fortuna Primigenia　弗土納・普里米

吉尼亞
Fufetius Metius　福菲久斯・梅久斯
Fulvius　弗爾維斯
Fulvius Stellus　弗爾維斯・斯特拉斯
Fundanus, Minicius　方努斯，米尼修斯
Furies　弗里斯
Furius Camillus　弗流斯・卡米拉斯
Fury　復仇女神

【G】

Gabba　迦巴
Gabii　加貝伊
Gaia　蓋亞
Gaius　該猶斯
Galatia　蓋拉夏
Galaxidorus　蓋拉克西多魯斯
Galaxium　蓋拉克西姆
Galli　蓋利
Gallus　蓋拉斯
Gandridae　甘德瑞迪人
Ganyctor　蓋尼克托
Garaetium　蓋里屯
Gaul　高盧
Gaza　加薩
Gedrosia　吉德羅西亞
Gegania　吉蓋妮婭
Gela　傑拉
Gellius　傑留斯
Gelo　傑洛
Geneta Mana　吉尼塔・瑪納
Genius　傑紐斯
Gephyraeans　傑菲里人
Geradatas　傑拉達塔斯
Germanicus Julius Caesar　日耳曼尼庫斯・朱理烏斯・凱撒
Germany　日耳曼
Geryon　傑里安
Gestius　傑斯久斯
Getae　傑提
Gidica　吉迪卡
Glauce　格勞斯
Glaucia　格勞西亞
Glaucias　格勞西阿斯
Glaucippus　格勞西帕斯
Glauco　格勞柯
Glaucon　格勞康
Glaucothea　格勞科瑟
Glaucus　格勞庫斯
Glisas　格利薩斯
Glycon　格利康
Gnaeus　格耐烏斯
Gnathaenion　納特妮昂
Gnathon　納索
Gnathonism　納索尼西姆
Gnesiochus　格尼遜克斯
Gobryas　戈布里阿斯
Gorgias　高吉阿斯
Gorgidas　高吉達斯
Gorgo　戈爾果
Gorgon　戈爾根
Gorgus　戈爾古斯
Gortyn　果爾廷
Gracchus, Gaius　格拉齊，該猶斯
Graiae　格拉埃伊

Granicus 格拉尼庫斯
Greece 希臘
Grote 格羅特
Gryllus 格里盧斯
Grypus 格里帕斯
Gurges 古吉斯
Gyaros 捷阿羅斯
Gyges 捷吉斯
Gyliphus 捷利法斯
Gylon 捷隆
Gyrian 捷里亞
Gyrtias 傑蒂阿斯

【H】

Habron 哈布朗
Habrote 哈布羅特
Habrotonon 哈布羅托儂
Hades 哈得斯
Hadrain 哈德良
Hagias 哈吉阿斯
Hagnon 黑格儂
Halae 哈立
Haliartus 哈利阿都斯
Halicarnassus 哈利卡納蘇斯
Halys 哈利斯
Hannibal 漢尼拔
Hanno 漢諾
Harma 哈瑪
Harmodius 哈摩狄斯
Harmonia 哈摩妮婭
Harmonides 哈摩奈德
Harmonius 哈摩紐斯
Harpalus 哈帕拉斯
Harpies 哈庇斯
Harpocrates 哈波克拉底
Hartman 哈特曼
Hasdrubal 哈斯德魯巴
Hebrew 希伯來
Hecataeum 赫卡提姆
Hecate 赫克特
Hector 赫克托
Hecuba 赫庫巴
Hedeia 赫迪婭
Hediste 赫迪斯提
Hegesander 赫吉山德
Hegesianax 赫吉西阿納克斯
Hegesias 赫吉西阿斯
Hegesippus 赫吉西帕斯
Hegesistratus 赫吉昔斯特拉都斯
Hegetor 赫吉托
Helen 海倫
Helenus 赫勒努斯
Helicon 赫利康
Heliodorus 赫利歐多魯斯
Heliopolis 赫里歐波里斯
Hellanicus 赫拉尼庫斯
Hellas 赫拉斯
Hellespont 海倫斯坡
Helots 希洛特人
Helvia 赫爾維婭
Hephaestion 赫菲斯提昂
Hephaestus 赫菲斯都斯
Hera 赫拉
Heraclea 赫拉克利

Heracleides　赫拉克萊德
Heracleium　赫拉克萊姆
Heracleitus　赫拉克萊都斯
Heracleius　赫拉克列烏斯
Heracleon　赫拉克列昂
Heraclid　赫拉克利德
Heraclides　赫拉克萊德
Heraclitus　赫拉克利都斯
Heraclus　赫拉克盧斯
Heraea　赫里亞
Heraeis　赫拉伊斯
Heraeum　赫里姆
Heaculaneum　赫庫拉尼姆
Herculanus　赫庫拉努斯
Hercules 海克力斯
Hercyne　赫西尼
Herippidas　赫瑞披達斯
Hermae　赫米
Hermaeus　赫米烏斯
Hermanubis　赫馬紐比斯
Hermaphroditus　赫瑪弗羅迪都斯
Hermas　赫馬斯
Hermeias　赫米阿斯
Hermes　赫耳墨斯
Hermione　赫邁歐妮
Hermippus　赫米帕斯
Hermodorus　赫摩多魯斯
Hermodotus　赫摩多都斯
Hermogenes　赫摩吉尼斯
Hermolaus　赫摩勞斯
Hermon　赫蒙
Hermopolis　赫摩波里斯
Hermotimus　赫摩蒂穆斯
Hermus　赫木斯
Herodes　希羅德
Herodian　希羅狄安
Herodicus　希羅迪庫斯
Herodorus　希羅多魯斯
Herodotus　希羅多德
Herois　希羅伊斯
Herophile　希羅菲勒
Herophilus　希羅菲拉斯
Hersa　赫爾莎
Hesianax　赫西安納克斯
Hesiod　赫西奧德
Hesperides　赫斯庇瑞德
Hestia　赫斯夏
Hidrieus　海德里烏斯
Hierapolis　海拉波里斯
Hiero　海羅
Hieronymus　海羅尼穆斯
Hierosolymus　海羅索利穆斯
Himera　希米拉
Himeraeus　希米里烏斯
Himerius　希米流斯
Himerus　希米努斯
Hippades　希派德
Hippalcmas　海帕克瑪斯
Hipparchia　海帕契亞
Hipparchus　希帕克斯
Hippasus　希帕蘇斯
Hippeius　希皮烏斯
Hippias　希皮阿斯
Hippo　希波

Hippocleides　希波克萊德
Hippocles　希波克利
Hippoclus　希波克盧斯
Hippocoon　希波庫恩
Hippocrates　希波克拉底
Hippocratidas　希波克拉蒂達斯
Hippodameia　希波達美婭
Hippodamus　希波達穆斯
Hippolochus　希波洛克斯
Hippolyte　希波利特
Hippolytus　希波萊都斯
Hippomachus　希波瑪克斯
Hipponax　希波納克斯
Hipponicus　希波尼庫斯
Hippostheneidas　希波昔尼達斯
Hippotae　希波提
Hippys　希庇斯
Hirtius　赫久斯
Hismenias　伊斯門尼阿斯
Hismenodorus　伊斯門諾多魯斯
Hismenus　伊斯門努斯
Hister　希斯特
Histiaea　希斯提亞
Homer　荷馬
Homerid　賀牳瑞德
Hoplites　荷普萊特斯
Horace　賀拉斯
Horatia　賀拉夏
Horatius　賀拉久斯
Horatius Cocles　賀拉久斯・柯克利
Horta　賀塔
Hortensius Hortalus　賀廷休斯・賀塔拉斯
Horus　荷魯斯
Hostilius, Tullus　賀斯蒂留斯，屠盧斯
Hyagnis　海阿吉尼斯
Hyampeia　海姆披亞
Hyampolis　海姆波里斯
Hybris　海布瑞斯
Hydaspes　海達斯披斯
Hylas　海拉斯
Hymen　許門
Hymnus　許努斯
Hyollidas　海奧利達斯
Hypate　海帕特
Hypates　海佩底
Hypatodorus　海佩托多魯斯
Hypera　海佩拉
Hyperbolus　海帕波拉斯
Hyperboreans　海伯波里安
Hypereia　海佩里亞
Hypereides　海帕瑞德
Hyperochus　海帕羅克斯
Hypsicreon　海普西克里昂
Hypsipyle　海普西庇爾
Hyrcania　海卡尼亞
Hyria　海瑞亞
Hysiris　海西里斯
Hystaspes　海斯塔斯庇斯

【I】

Ialysus　伊阿利蘇斯
Iamblichus　伊安布利克斯
Iambus　伊安巴斯

Iapygia　伊阿披基婭
Iasus　伊阿蘇斯
Iberia　伊比利亞
Ibycus　伊拜庫斯
Icarius　愛卡留斯
Ictinus　埃克蒂努斯
Ida　愛達
Idaeus　伊迪烏斯
Idanthyrsus　艾敦色蘇斯
Idas　愛達斯
Ides　艾德
Idmon　艾德蒙
Idomeneus　艾多麥紐斯
Ieius　艾伊烏斯
Ilia　艾莉婭
Ilissus　艾利蘇斯
Ilithyia　艾利特亞
Ilium　伊利姆
Illyria　伊里利亞
Ilus　伊盧斯
Imbros　因布洛斯
Inachus　愛納克斯
Indarnes　英達尼斯
India　印度
Ino　英諾
Io　愛奧
Iobates　愛奧巴底
Iolaidas　愛奧拉達斯
Iolas　愛奧拉斯
Iolaus　愛奧勞斯
Iole　愛奧勒
Ion　艾昂
Ionia　愛奧尼亞
Iortius　愛歐久斯
Iphicles　伊斐克利
Iphiclus 伊斐克盧斯
Iphicrates　伊斐克拉底
Iphigenia　伊斐吉妮婭
Iphitus　伊斐都斯
Iris　伊里斯
Irus　艾魯斯
Isaeus　伊西烏斯
Isagoras　埃薩哥拉斯
Isaras　埃薩拉斯
Ischomachus　伊斯考瑪克斯
Isidore　伊希多爾
Isis　艾希斯
Ismenias　伊斯門尼阿斯
Ismenodora　伊斯門諾朵娜
Ismenodorus　伊斯門諾多魯斯
Ismenus　伊斯門努斯
Isocrates　伊索克拉底
Isodaetes　伊索迪底
Issus　伊蘇斯
Ister　伊斯特
Isthmia　伊斯米亞
Istrus　伊斯楚斯
Italy　義大利
Ithaca　伊色卡
Iulis朱利斯
Ixeutria　埃克修垂亞
Ixion　埃克賽昂

【J】

Janus 傑努斯
Jason 傑生
Jerome 傑羅姆
Jerusalem 耶路撒冷
Jews 猶太人
Jocasta 約卡斯塔
Josephus 約西法斯
Juba 朱巴
Judaeus 朱迪烏斯
Jugurtha 朱古達
Julia 茱麗亞
Julia Pulchra 朱麗亞・普克拉
Julius, Gaius 朱理烏斯，該猶斯
Julius Canus 朱理烏斯・卡努斯
Julius Proculus 朱理烏斯・普羅庫盧斯
Jupiter 朱庇特
Justin 賈士汀
Juvenal 朱維諾

【K】

Kaibel 凱貝爾
Kleinias 克勒尼阿斯
Kneph 尼夫
Kopto 柯普托
Kore 柯麗
Kronos 克羅諾斯

【L】

Laarchus 拉阿克斯
Labotas 拉波塔斯
Labrandean 拉布蘭登
Labyadae 拉拜阿迪
Lacedaemon 拉斯地蒙
Laceter 拉西特
Lachares 拉查里斯
Laches 拉奇斯
Lachesis 拉奇西斯
Laconia 拉柯尼亞
Lacrates 拉克拉底
Lacritus 拉克瑞都斯
Lacydes 拉西德
Ladas 拉達斯
Laelius 利留斯
Laertes 利特斯
Laespodias 利斯波迪阿斯
Laetus 利都斯
Lagisce 拉潔西
Lagus 拉古斯
Lais 拉伊斯
Laius 拉烏斯
Lamachus 拉瑪克斯
Lamia 拉米婭
Lampis 蘭庇斯
Lampon 朗潘
Lamprias 蘭普瑞阿斯
Lamprocles 蘭普羅克利
Lamprus 蘭普魯斯
Lampsace 蘭普薩斯
Lampsacus 蘭普薩庫斯
Lanuvium 拉奴維姆
Laodameia 勞達米亞
Laomedon 勞美敦

Lapiths　拉佩茲
Larentia Fabula　拉倫夏・費布拉
Lar　拉爾
Lares　拉里斯
Larissa　拉立沙
Lasthenes　拉昔尼斯
Lasus　拉蘇斯
Latinus　拉蒂努斯
Latium　拉丁姆
Lattamyas　拉塔邁阿斯
Laurent　勞倫特
Laurentum　勞倫屯
Laus　勞斯
Leaena　莉伊娜
Leagrus　利格魯斯
Leander　勒安德
Lebadeia　勒巴迪亞
Lebadus　勒巴杜斯
Lechaeum　李契姆
Leda　黎達
Leios　黎歐斯
Lelantine　勒蘭廷
Leleges　勒勒吉斯
Lemnos　林諾斯
Leobotes　李奧波底
Leo　李奧
Leochares　李奧查里斯
Leodamas　李奧達瑪斯
Leogoras　李奧哥拉斯
Leon　李昂
Leonidas　李奧尼達斯
Leonnatus　李昂納都斯
Leonteus　李昂提烏斯
Leontiadas　李昂泰達斯
Leontiades　李昂泰阿德
Leontini　李昂蒂尼
Leontion　李昂芯
Leontis　李昂蒂斯
Leoprepes　李奧普里庇斯
Leosthenes　李奧昔尼斯
Leotychidas　李奧特契達斯
Lepidus, Marcus Aemilius　雷比達，馬可斯・伊米留斯
Leptines　列普廷
Leptis　理普提斯
Lesbos　列士波斯
Lesches　列士契斯
Lethe　列什
Leto　勒托
Leucadian　琉卡迪亞
Leucas　琉卡斯
Leucippe　琉西普
Leucippidae　琉西帕迪
Leucippus　琉西帕斯
Leucocoma　琉科可瑪
Leuco　琉柯
Leuconia　琉科尼亞
Leuconoe　琉科尼
Leucothea　琉柯色
Leuctra　琉克特拉
Leuctrus　琉克特魯斯
Libitina　黎比蒂娜
Libya　利比亞
Lichas　利查斯

Licinia　黎西妮婭
Licinius Sacerdos　黎西紐斯・薩色多斯
Licinius Stolo　黎西紐斯・斯托洛
Licinius Lucullus　黎西紐斯・盧庫拉斯
Licinius Crassus　黎西紐斯・克拉蘇
Licymnius　黎西姆紐斯
Limnaeus　林尼烏斯
Lindus　林杜斯
Linus　黎努斯
Lipara　黎帕拉
Livia　莉維婭
Livius　利維烏斯
Lochagus　洛查古斯
Locheia　洛奇婭
Locri　洛克里
Locris　洛克瑞斯
Locrus　洛克魯斯
Longinus　隆吉努斯
Longus　隆古斯
Lucan　盧坎
Lucania　盧卡尼亞
Lucanius　盧卡紐斯
Lucian　盧西安
Lucilius　盧西留斯
Lucius　盧契烏斯
Lucretia　盧克里霞
Lucretius　盧克里久斯
Lucullus　盧庫拉斯
Luperca　盧帕卡
Luscinus　盧辛努斯
Lusitania　露西塔尼亞
Lusius　盧休斯
Lutatius Catulus　盧塔久斯・卡圖拉斯
Lycaeon　黎西昂
Lycaon　黎卡昂
Lycastus　黎卡斯都斯
Lyceum　黎西姆
Lycia　呂西亞
Lyciscus　呂西庫斯
Lycomedes　黎科米德
Lycon　黎坎
Lycophron　萊柯弗朗
Lycopolis　萊柯波里斯
Lycoreia　萊柯里亞
Lycormas　萊柯瑪斯
Lyctus　萊克都斯
Lycurgus　萊克格斯
Lycus　黎庫斯
Lyde　麗蒂
Lydia　利底亞
Lydiadas　利迪阿達斯
Lygdamis　黎格達米斯
Lynceus　林西烏斯
Lysander　賴山德
Lysandra　賴山卓
Lysanias　賴薩尼阿斯
Lysanoridas　賴薩諾瑞達斯
Lysias　黎昔阿斯
Lysicles　黎昔克利
Lysidonides　黎西多奈德
Lysimache　黎西瑪琪
Lysimachus　黎西瑪克斯
Lysippus　黎西帕斯
Lysis　黎昔斯

Lysistratus　黎昔斯特拉都斯
Lysitheides　黎西瑟德
Lysitheus　黎西修斯
Lysius　黎休斯

【M】

Macar　馬卡
Macareus　馬卡流斯
Macedon　馬其頓
Macedonicus　馬其頓尼庫斯
Macellus　馬西拉斯
Machaetas　馬查塔斯
Maches　馬奇斯
Macrobius　馬克羅拜斯
Macyna　瑪西納
Maeandrius　密安德流斯
Maecenas　密西納斯
Maeonian　米奧尼亞人
Maeotis　米奧提斯
Magas　瑪迦斯
Magnesia　馬格尼西亞
Maia　邁亞
Malcander　馬爾康德
Malea　馬利亞
Malis 馬利斯
Mallus　瑪拉斯
Mamercus　瑪默庫斯
Mamertines　瑪默廷人
Mandron　曼德朗
Maneros　馬尼羅斯
Manes　馬尼斯
Manetho　馬尼索
Manilius　馬尼留斯
Manlius　曼留斯
Manteius　曼提烏斯
Mantias　曼蒂阿斯
Mantineia　曼蒂尼
Maracanda　馬拉坎達
Marathon　馬拉松
Marcellinus　馬西利努斯
Marcellus, Claudius　馬塞拉斯，克勞狄斯
Marcellus, Septimius　馬塞拉斯，塞普蒂繆斯
Marcia　瑪西婭
Marcion　馬西昂
Marcius, Ancus　馬修斯，安庫斯
Marcius, Coriolanus　馬修斯，科瑞歐拉努斯
Marcus　馬可斯
Mardonius　瑪多紐斯
Marius, Gaius　馬留，該猶斯
Marpessa　瑪帕莎
Marsi　馬西人
Marsyas　馬西阿斯
Martial　馬修
Masaesylians　馬西塞利亞人
Mases　馬西斯
Masinissa　馬西尼撒
Masses　瑪西斯
Massylians　馬賽利亞人
Matuta　馬圖塔
Mausolus　毛索盧斯
Maximus　麥克西穆斯

Mazaeus 馬舍烏斯
Meander 米安德
Medea 米狄亞
Medeius 米迪烏斯
Medes 米提人
Media 米地亞
Medius 米狄斯
Medullina 梅杜莉納
Megabates 麥加巴底
Megabyzus 米嘉柏蘇斯
Megaeleides 米吉萊德
Megacles 麥加克利
Megacleides 麥加克萊德
Megalopolis 麥加洛波里斯
Megara 麥加拉
Megareis 麥加瑞斯
Megareus 麥加里烏斯
Megasthenes 麥加昔尼斯
Megistias 麥吉斯蒂阿斯
Megisto 麥吉斯托
Meidias 密迪阿斯
Meinis 密尼斯
Melampus 米連帕斯
Melanchlaeni 麥蘭克利尼
Melanippe 麥蘭尼庇
Melanippides 麥蘭尼庇德
Melanippus 麥蘭尼帕斯
Melantheia 麥蘭昔婭
Melanthius 麥蘭修斯
Melanthus 麥蘭蘇斯
Meleager 默利傑
Meles 米勒斯
Meletus 梅勒都斯
Melia 梅利亞
Meliai 梅利伊
Melicertes 梅利瑟底
Melissa 梅利莎
Melissus 梅利蘇斯
Melon 梅隆
Melos 米洛斯
Melpomene 墨波米妮
Memmius 門繆斯
Memnon 門儂
Memphis 孟菲斯
Menaechmus 米尼克穆斯
Menander 米南德
Menares 米納里斯
Mendes 門德
Mene 麥內
Menecleidas 麥內克萊達斯
Menecrates 麥內克拉底
Menedemus 麥內迪穆斯
Menelaus 麥內勞斯
Menemachus 麥內瑪克斯
Menephylus 麥內菲盧斯
Menesaechmus 麥內西克穆斯
Menexenus 麥內克西努斯
Menippus 明尼帕斯
Meniscus 明尼斯庫斯
Meno 門諾
Menoetius 明尼久斯
Menyllus 麥尼拉斯
Mercury 麥邱利
Meriones 默瑞歐尼斯

Merope　麥羅普
Meropes　麥羅庇斯
Merops　麥羅普斯
Mese　梅西
Mesopotamia　美索不達米亞
Messene　梅西尼
Metageitnia　梅塔吉特尼亞
Metaneira　梅塔妮娜
Metapontum　梅塔朋屯
Metella　梅提拉
Metellus　梅提拉斯
Methon　梅桑
Methone　梅松尼
Methyer　梅齊爾
Metiochus　密蒂奧克斯
Metroa　梅特羅
Metrocles　梅特羅克利
Metrodorus　梅特羅多魯斯
Mettius Fufetius　密久斯・福非久斯
Mezentius　密珍久斯
Micca　蜜卡
Miccylus　米塞拉斯
Micion　邁西昂
Midas　邁達斯
Miletia　米勒夏
Miletus　米勒都斯
Milo　米洛
Miltiades　密提阿德
Mimnermus　密涅穆斯
Minerval　密涅瓦
Minos　邁諾斯
Minotaur　邁諾陶爾
Minucius　米努修斯
Minyades　米尼阿德
Minyae　米尼伊
Minyas　米尼阿斯
Mithras　米塞拉斯
Mithres　米塞里斯
Mithridates　米塞瑞達底
Mithridates VI Eupator　米塞瑞達底六世優佩托
Mitylene　米蒂勒尼
Mitys　米代斯
Mixolydian　密克索利迪安
Mnamias　納密阿斯
Mnaseas　納西阿斯
Mnasigeiton　納賽吉頓
Mneiai　奈亞
Mnemon　尼蒙
Mnemosyne　奈摩昔妮
Mnesarete　妮莎里特
Mnesimachus　尼西瑪克斯
Mnesinoe　奈西妮
Mnesiphilus　尼西菲盧斯
Mnesitheus　尼西修斯
Mneuis　紐埃斯
Moderatus　摩迪拉都斯
Modestus　摩迪斯都斯
Molione　摩利歐妮
Molionidae　摩利歐尼迪
Molossia　摩洛西亞
Molpagoras　摩帕哥拉斯
Molpus　摩爾帕斯
Molus　摩盧斯

Molycreia 摩利克瑞婭
Mopsus 摩普蘇斯
Moschion 摩斯契昂
Moschus 摩斯克斯
Mucius, Scaevola 穆修斯，西伏拉
Mummius 穆米烏斯
Munychia 慕尼契亞
Murchia 慕契亞
Murcia 穆西亞
Murena 穆里納
Muse 繆司
Museion 繆西昂
Musonius 繆索紐斯
Muth 繆什
Muthias 繆昔阿斯
Mutilus 繆蒂拉斯
Mycale 邁卡里
Mycenae 邁森尼
Myconos 邁柯諾斯
Mylasa 邁拉薩
Mynniscus 邁尼斯庫斯
Myra 邁拉
Myrina 邁里納
Myrmecides 墨米賽德
Myro 邁羅
Myron 邁朗
Myronides 邁隆尼德
Myrrhina 邁里娜
Myrsilus 邁西盧斯
Myrtale 默塔勒
Myrtis 邁爾蒂斯
Mys 邁斯
Mysia 邁西亞
Myson 邁森
Mytilene 邁蒂勒尼
Myus 邁烏斯

【N】

Nabis 那比斯
Naevius 尼維烏斯
Naiad 奈阿德
Namertes 納麥底
Nanarus 納納魯斯
Narcissus 納西蘇斯
Narnia 納尼亞
Narthacium 納薩西姆
Nasica, Cornelius Scipio 納西卡，高乃留斯・西庇阿
Naucratis 瑙克拉蒂斯
Naupactus 瑙帕克都斯
Nauplius 瑙普留斯
Nausea 瑙西亞
Nausicaa 瑙西卡
Nausicles 瑙西克利
Nausinice 瑙西妮絲
Nausithous 瑙西索斯
Naxos 納克索斯
Neaera 尼厄拉
Neacles 尼阿克利
Neanthes 尼安昔斯
Neate 尼特
Nectanabis 尼克塔納比斯
Nectar 尼克塔
Neicus 尼庫斯

Neileus 奈琉斯
Neiloxenus 奈洛克森努斯
Neleis 尼列斯
Neleus 尼琉斯
Nemanus 尼瑪努斯
Nemea 尼米亞
Nemeon 尼米昂
Nemertes 尼默底
Neobule 尼布爾
Neochorus 尼奧考魯斯
Neocles 尼奧克利
Neoptolemus 尼奧普托勒穆斯
Nephthys 尼弗齊斯
Nepos 尼波斯
Neptune 尼普頓
Nereids 尼里茲
Nesiotes 尼西奧底
Nessus 尼蘇斯
Nestor 尼斯特
New Carthage 新迦太基
New Cryassus 新克里阿蘇斯
Nicaea 尼西亞
Nicandas 尼康達斯
Nicander 尼康德
Nicanor 尼卡諾爾
Nicarchus 尼卡克斯
Niceratus 尼西拉都斯
Nicias 尼西阿斯
Nicidion 尼西迪昂
Nicocles 奈柯克利
Nicocrates 奈柯克拉底
Nicocreon 奈柯克里昂
Nicodemus 奈柯迪穆斯
Nicolaus 奈柯勞斯
Nicomachus 奈科瑪克斯
Nicomedes 奈柯米德
Nicophanes 奈柯法尼斯
Nicopolis 奈柯波里斯
Nicostrata 奈柯斯特拉塔
Nicostrate 奈柯斯特拉提
Nicostratus 奈柯斯特拉都斯
Niger 奈傑
Nigidius 尼吉狄斯
Nigrinus 尼格里努斯
Nile 尼羅河
Ninus 尼努斯
Niobe 尼歐比
Nisaea 奈西
Nisus 奈蘇斯
Nomads 諾瑪茲
Nonius 諾紐斯
Nuceria 瑙西里婭
Numa Pompilius 努馬・龐皮留斯
Numantia 努曼夏
Numantinus 紐曼蒂努斯
Numidians 努米底亞人
Numidicus 努米迪庫斯
Numitor 努米多
Nyctelia 奈克提利亞
Nyctelius 奈克提留斯
Nyctimus 奈克蒂穆斯
Nymphaeus 寧斐烏斯
Nymphs 寧芙
Nymphis 寧菲斯

Nysa　奈薩
Nysaeus　奈薩烏斯

【O】

Oarses　奧爾西斯
Oceanus　奧遜努斯
Ochimus　奧契穆斯
Ochne　渥克妮
Ochus　渥克斯
Ocnus　奧克努斯
Ocridion　奧克瑞狄昂
Ocrisia　奧克瑞西婭
Octavius　屋大維烏斯
Odeum　奧迪姆
Odryssians　奧德瑞西亞人
Odysseus　奧德修斯
Oeantheia　厄安昔亞
Oechalia　厄查利亞
Oedipus　伊底帕斯
Oenanthe　厄蘭瑟
Oenoclus　厄諾克盧斯
Oenomaus　厄諾茅斯
Oenophyta　厄諾菲塔
Oenops　厄諾普斯
Oenuphis　厄奴菲斯
Oeolychus　厄奧利克斯
Oeonus　厄奧努斯
Oeta　厄塔
Ogygia　奧捷吉亞
Olympia　奧林匹亞
Olympias　奧琳庇阿斯
Olympichus　奧林皮克斯
Olympieium　奧林皮伊姆
Olympus　奧林帕斯
Olynthus　奧林蘇斯
Omphale　歐斐利
Omphis　歐菲斯
Onasander　歐納山德
Onchestus　安奇斯都斯
Onesicrates　歐尼西克拉底
Onesicritus　歐尼西克瑞都斯
Onomacles　歐諾瑪克利
Onomacritus　歐諾瑪克瑞都斯
Onomademus　歐諾瑪迪穆斯
Onoscelis　歐諾西莉斯
Opheltas　歐菲塔斯
Oppian　歐庇安
Optatus　歐普塔都斯
Optilletis　歐普蒂勒提斯
Opuntains　歐庇斯人
Opus　歐庇斯
Orchalides　奧查萊德
Orchomenus　奧考麥努斯
Orestes　歐里斯底
Oreus　奧留斯
Orion　奧里昂
Orneae　歐尼伊
Oromasdes　歐羅瑪斯德
Oromazes　歐羅瑪茲斯
Orontes　奧龍斯特
Oropus　奧羅帕斯
Orpheus　奧菲烏斯
Orsilaus　奧西勞斯
Orthagoras　奧薩哥拉斯

Orthia　奧昔亞
Orthios　奧瑟歐斯
Orthus　歐蘇斯
Ortiagon　奧特阿岡
Ortygia　奧特吉婭
Osireion　奧西里昂
Osiris　奧塞里斯
Othryades　奧什拉德
Otus　奧都斯
Ovid　奧維德
Oxyartes　奧克西阿底
Oxydrachae　奧克西德拉奇
Oxyrhynchus　奧克西林克斯
Oxys　奧克西斯
Ozolia　歐佐利亞

【P】

Paccius　佩修斯
Pactyas　佩克特阿斯
Pacuvius　佩庫維烏斯
Paedaretus　披達瑞都斯
Paeonia　皮歐尼亞
Palaestrinus　帕利斯特瑞努斯
Palamedes　帕拉米德
Palatine　帕拉廷
Palladium　帕拉丁姆
Pallas　帕拉斯
Pallene　帕勒尼
Palodes　帕洛德
Pammenes　龐米尼斯
Pamphos　龐福斯
Pamphylia　龐菲利亞
Pamphyliacum　龐菲利孔
Pamyles　帕美勒斯
Pamylia　帕美利亞
Pan　潘
Panaenus 帕尼努斯
Panaetius　帕尼久斯
Panathenaea　佩納昔尼亞
Panchaea　潘奇亞
Panchon　潘喬
Pancrates　潘克拉底
Pandarus　潘達魯斯
Pandemos　潘迪摩斯
Pandionis　潘迪歐尼斯
Pandora　潘多拉
Pandosia　潘多西亞
Pangaeum　潘吉姆
Panhaema　潘希瑪
Panhellenes　潘赫勒尼斯
Panopolis　潘諾波里斯
Pansa　潘沙
Pantaleon　潘塔勒昂
Pantheia　潘昔婭
Panthoedas　潘昔達斯
Panthroedas　潘什里達斯
Pantica　潘蒂卡
Panticapaeum　潘蒂卡皮姆
Paphlagonia　帕夫拉果尼亞
Paphos　帕弗斯
Papirius　帕皮流斯
Papirius Romanus　帕皮流斯・羅曼努斯
Papirius Tolucer　帕皮流斯・托盧昔
Papyri　帕皮瑞

Paracyptousa 帕拉西普陶莎
Paraetonium 帕里托尼姆
Paralus 帕拉盧斯
Parauaei 帕勞阿伊人
Pardalas 帕達拉斯
Pareusium 帕里西姆
Paros 帕羅斯
Pariere 帕瑞里
Paris 帕里斯
Parium 帕里姆
Parmenides 巴門尼德
Parmenio 帕米尼奧
Parmeno 帕米諾
Parnassus 巴納蘇斯
Parnes 巴尼斯
Paros 帕羅斯
Parrhasius 帕瑞休斯
Partheneia 巴昔尼亞
Parthenius 帕昔紐斯
Parthenon 帕台農
Parthia 帕提亞
Partridges 帕垂吉斯
Parysatis 帕里薩蒂斯
Pasiades 帕西阿德
Pasiphae 帕西菲
Pataecion 佩提西昂
Paterculus 佩特庫盧斯
Patrae 佩特里
Patras 佩特拉斯
Patris 佩特瑞斯
Patrocleas 佩特羅克勒阿斯
Patrocles 佩特羅克利
Patroclus 佩特羅克盧斯
Paulinus 鮑利努斯
Pausanias 鮑薩尼阿斯
Pauson 鮑森
Paxi 佩克西
Pedieans 佩迪安斯
Pedinius 佩迪紐斯
Pegasus 佩格蘇斯
Peiras 派拉斯
Peirithous 派瑞索斯
Peisander 派桑德
Peisistratus 彼昔斯特拉都斯
Peitho 佩蘇
Pelasgians 佩拉斯基亞人
Peleus 佩琉斯
Pelian 佩利安
Pelias 佩利阿斯
Pella 佩拉
Pallaeus 佩勒烏斯
Pellene 佩勒尼
Pelopidas 佩洛披達斯
Peloponnese 伯羅奔尼撒
Pelops 庇洛普斯
Pelusium 佩盧西姆
Pelusius 佩盧休斯
Pemptides 佩普泰德
Peneleos 佩尼勒斯
Penelope 珀妮洛普
Pentheus 平修斯
Penthilidae 平瑟利迪
Peparethos 佩帕里索斯
Pepromene 佩普羅米尼

Perdiccas　帕迪卡斯
Pergamum　帕加姆
Periander　帕瑞安德
Pericleitus　帕瑞克萊都斯
Pericles　伯里克利
Perilaus　伯瑞勞斯
Perillus　伯瑞盧斯
Perinthus　佩林蘇斯
Perioeci　佩里伊西人
Periphetes　佩瑞菲底
Perrhaebia　佩里比亞
Perry　培里
Persaeus　帕西烏斯
Persephone　帕西豐尼
Perses　帕西斯
Perseus　帕修斯
Persia　波斯
Petillius　佩蒂留斯
Petraeus　佩特里烏斯
Petron　佩特朗
Petronius　佩特羅紐斯
Phaeacians　斐亞賽人
Phaeax　斐亞克斯
Phaedimus　斐迪穆斯
Phaedo　斐多
Phaedra　斐德拉
Phaedrus　斐德魯斯
Phaenippus　斐尼帕斯
Phaenon　斐儂
Phaestus　菲斯都斯
Phaethon　菲松
Phalaecus　費勒庫斯
Phalanthus　費蘭蘇斯
Phalaris　費拉瑞斯
Phallereus　費勒里烏斯
Phalerum　費勒隆
Phalion　費利昂
Phalis　費利斯
Phanias　費尼阿斯
Phanocles　費諾克利
Pharnabazus　法那巴蘇斯
Pharnaces　法納西斯
Pharos　法羅斯
Pharsalia　法爾沙莉婭
Pharsalus　法爾沙拉斯
Phaselis　法西利斯
Phayllus　菲拉斯
Pheidias　菲迪阿斯
Pheidolaus　菲多勞斯
Pheidon　菲敦
Phellus　菲盧斯
Phemius　菲繆斯
Pheneus　菲尼烏斯
Pherae　菲里
Pherecrates　菲里克拉底
Pherecydes　菲里賽德
Pherenicus　菲里尼庫斯
Phersephone　帕西豐尼
Phicium　菲賽姆
Phila　菲拉
Philadelphus　費拉德法斯
Philae　費立
Philagrus　菲拉格魯斯
Philammon　菲拉蒙

Philarchus 菲拉克斯
Philebus 斐勒巴斯
Philemon 斐勒蒙
Philetaerus 斐勒提魯斯
Philetas 斐勒塔斯
Philimus 斐利穆斯
Philinus 菲利努斯
Philip II 菲利浦二世
Philip V 菲利浦五世
Philip 菲利浦
Philippa 菲利芭
Philippi 腓力比
Philippides 菲利庇德
Philippus 菲利帕斯
Philiscus 菲利斯庫斯
Philistion 菲利斯提昂
Philistus 菲利斯都斯
Philo 斐洛
Philocares 斐洛卡里斯
Philochares 斐洛查里斯
Philochorus 斐洛考魯斯
Philocles 斐洛克利
Philocrates 斐洛克拉底
Philoctetes 斐洛克特底
Philodemus 斐洛迪穆斯
Philoetius 斐洛伊久斯
Philolaus 斐洛勞斯
Philomela 斐洛美拉
Philomelus 斐洛米盧斯
Philometer 斐洛米托
Philon 斐隆
Philonicus 斐洛尼庫斯
Philopappus 斐洛帕普斯
Philopator 斐洛佩特
Philophanes 斐洛法尼斯
Philopeithes 斐洛皮瑟斯
Philopoemen 斐洛坡門
Philostratus 斐洛斯特拉都斯
Philotas 斐洛塔斯
Philotes 斐洛底
Philotimus 斐洛蒂穆斯
Philoxenus 斐洛克森努斯
Phineus 菲紐斯
Phintias 芬特阿斯
Phigyas 菲吉阿斯
Phlegyas 弗勒吉阿斯
Phlius 弗留斯
Phloeum 弗勒姆
Phobus 福布斯
Phocaea 福西亞
Phocion 福西昂
Phocis 福西斯
Phocus 福庫斯
Phocylides 福西利德
Phoebidas 菲比達斯
Phoebus 菲巴斯
Phoedus 菲杜斯
Phoenicia 腓尼基
Phoenix 斐尼克斯
Pholegandros 弗勒甘德羅斯人
Phorcus 福庫斯
Phormio 福米奧
Phosphorus 福斯弗魯斯
Phraates III 弗拉阿底三世

Phrasicles　弗拉西克利
Phrontis　弗朗蒂斯
Phrygia　弗里基亞
Phrygius　弗里基烏斯
Phryne　弗里尼
Phrynichus　弗里尼克斯
Phrynis　弗里尼斯
Phrynon　弗里儂
Phylace　菲拉西
Phylarchus　菲拉克斯
Phyle　菲勒
Phyleus　菲勒烏斯
Phyllidas　菲利達斯
Phylonome　菲洛諾美
Physcius　菲斯修斯
Physcus　菲斯庫斯
Phytalmius　菲塔繆斯
Picenians　皮西尼亞人
Picus　皮卡斯
Pieria　派麗婭
Pieria　派里亞
Pierides　派瑞德
Pierus　派魯斯
Pigres　皮格里斯
Pindar　品達
Piraeis　派里伊斯
Piraeus　派里猶斯
Pisa　比薩
Pisias　畢西阿斯
Piso　畢索
Piso, Calpurnius Frugi　畢索，卡普紐斯・弗魯吉
Pisonis　畢索尼斯
Pistius　畢斯久斯
Pitane　披塔尼
Pithoigia　披索伊吉亞
Pittaceum　彼塔西姆
Pittacus　彼塔庫斯
Pityoessa　披特伊薩
Plangon　普蘭果
Plataea　普拉提亞
Plathane　普拉莎妮
Plato　柏拉圖
Platon　普拉頓
Plautus　普勞都斯
Pleiades　普萊阿德
Pleistaenetus　普萊斯提尼都斯
Pleistarchus　普萊斯塔克斯
Pleistoanax　普萊斯托納克斯
Pliny　普里尼
Plotinus　普洛蒂努斯
Plutarch　蒲魯塔克
Plutis　普祿蒂斯
Pluto　普祿托
Podargus　波達古斯
Podes　波德斯
Poemander　珀曼德
Poemandria　珀曼卓亞
Poine　波伊尼
Polemarchus　波勒瑪克斯
Polemo　波勒摩
Polemon　波勒蒙
Poliorcetes　波利奧西底
Pollianus　波利阿努斯

Pollis　波利斯
Pollux　波拉克斯
Poltys　波特斯
Polus　波盧斯
Polyaenides　波利厄尼德
Polyaenus　波利努斯
Polyarchus　波利阿克斯
Polybius　波利拜阿斯
Polycephalus　波利西法盧斯
Polycharmus　波利查穆斯
Polycleitus　波利克萊都斯
Polycrates　波利克拉底
Polycratidas　波利克拉蒂達斯
Polycrite　波利克瑞特
Polycrithus　波利克瑞蘇斯
Polydeuces　波利丟西斯
Polydorus　波利多魯斯
Polyeidus　波利伊杜斯
Polyeuctus　波利優克都斯
Polygnotus　波利格諾都斯
Polyhistor　波利赫斯托
Polyhynia　波利赫妮婭
Polymathia　波利瑪瑟婭
Polymestor　波利米斯托
Polymnestus　波利姆尼斯都斯
Polymnia　波利姆尼亞
Polymnis　波利姆尼斯
Polyneices　波利尼西斯
Polyphemus　波利菲穆斯
Polysperchon　波利斯帕強
Polyxena　波利克森娜
Polyxenus　波利克森努斯
Polyzelus　波利捷盧斯
Pompaedius Silo　龐皮狄斯・西洛
Pompeia　龐培婭
Pompeium　龐皮姆
Pompey　龐培
Pompeius, Quintus　龐培烏斯，奎因都斯
Pompilius　龐皮留斯
Poneropolis　波尼羅波里斯
Ponticus　潘蒂庫斯
Pontius　潘久斯
Pontus　潘達斯
Poplicola　波普利柯拉
Popillius Laenas　波披留斯・利納斯
Popillius Castus　波披留斯・卡斯都斯
Porcia　波西婭
Porcius Cato　波修斯・加圖
Porcius Cato the Younger　波修斯・小加圖
Poredorix　波里多瑞克斯
Porphyry　波菲利
Porsena, Lars　波森納，拉爾斯
Porta　波塔
Porus　波魯斯
Poseidon　波塞登
Poseidonius　波賽多紐斯
Postumia　波絲都美婭
Postumius Albinus　波斯都繆斯・阿比努斯
Postumius Agrippa　波斯都繆斯・阿格里帕
Potidaea　波蒂迪亞

Potone　波托妮
Poulytion　波利提昂
Praeneste　普里尼斯特
Pratinas　普拉蒂納斯
Praxiteles　普拉克色特勒斯
Praxithea　普拉克西瑟
Presto　普里斯托
Priam　普里安
Priapus　普里阿帕斯
Priccus　普里庫斯
Priene　普里恩
Priscus　普里斯庫斯
Procles　普羅克利
Proclus　普羅克盧斯
Procne　普羅克妮
Proculus　普羅庫盧斯
Prodicus　普羅迪庫斯
Proetus　普里都斯
Promedon　普羅米敦
Prometheus　普羅米修斯
Propertius　普羅帕久斯
Prophthasia　普羅弗薩西亞
Propoetus　普羅庇都斯
Propontis　普羅潘提斯
Propylaea　普羅庇利亞
Protagoras　普羅塔哥拉斯
Proteas　普羅提阿斯
Protesilaus　普羅提西勞斯
Proteus　普羅提烏斯
Prothous　普羅索斯
Protogenes　普羅托吉尼斯
Proxenus　普羅克森努斯
Prudentius　普祿敦久斯
Prusa　普祿薩
Prusias　普祿西阿斯
Prytanis　普里坦尼斯
Psamathe　薩美茲
Psammetichus　桑米蒂克斯
Pseuderacles　蘇迪拉克利
Ptolemy I Soter　托勒密一世索特爾
Ptolemy II Philadelphus　托勒密二世費拉德法斯
Ptolemy IV Philopator　托勒密四世斐洛佩特
Ptolemy V Epiphanes　托勒密五世伊庇法尼斯
Ptolemy VI Philometor　托勒密六世斐洛米托
Ptolemy VII Physcon　托勒密七世菲斯康
Ptolemy Ceraunus　托勒密・西勞努斯
Ptolemy　托勒密
Ptoum　托姆
Publilius　巴布利留斯
Publius　巴布流斯
Pulcher, Cornelius　普爾澤，高乃留斯
Pulchra, Julia　普契拉，茱麗亞
Pupius, Piso　普庇烏斯，畢索
Putane　普塔尼
Puteoli　普提奧利
Pydna　皮德納
Pylades　皮拉德
Pylaea　皮立亞
Pylos　皮洛斯

Pyraechmes　皮里克米斯
Pyrander　皮朗德
Pyrilampes　皮瑞蘭披斯
Pyriphlegethon　皮瑞弗勒杰松
Pyrrha　派拉
Pyrrhias　皮里阿斯
Pyrrho　皮羅
Pyrrhon　皮朗
Pyrrhus　皮瑞斯
Pysior　畢西爾
Pythagoras　畢達哥拉斯
Pytharatus　皮薩拉都斯
Pytheas　皮瑟阿斯
Pythes　皮昔斯
Pytho　皮索
Pythocleides　皮索克萊德
Pythocles　皮索克利
Pytholaus　皮索勞斯
Python　皮同
Pythones　皮索尼斯
Pythopolites　皮索波萊特

【Q】

Quietus, Avidius　奎伊都斯，阿維狄斯
Quintillian　昆蒂良
Quintus　奎因都斯
Quirinalia　奎林納利亞
Quirinus　奎林努斯
Quiritis　奎瑞蒂斯

【R】

Raria　拉里亞
Rectus　雷克都斯
Regia　雷基亞
Regulus, Atilius　雷高拉斯，阿蒂留斯
Regulus　雷高拉斯
Remus　雷摩斯
Rhadamanthus　拉達瑪蘇斯
Rhamnus　拉姆努斯
Rhea　雷亞
Rhegium　雷朱姆
Rhesus　雷蘇斯
Rhetana　雷塔娜
Rheximachus　雷克西瑪克斯
Rhium　萊姆
Rhodes　羅得
Rhodius　羅狄斯
Rhodope　羅多普
Rhodopis　羅多庇斯
Rhoecus　里庫斯
Rhoemetalces　里米塔爾西斯
Roma　羅瑪
Romanus　羅曼努斯
Rome　羅馬
Romulus　羅慕拉斯
Rotunda　羅圖達
Roxana　羅克薩娜
Rubellius　盧比留斯
Rubicon　盧比孔
Rufus　魯弗斯
Rumina　魯米娜
Ruminalis　魯米納利斯
Rusticus, Arulenus　魯斯蒂庫斯，阿魯勒努斯

Rustius 魯斯久斯
Rutilius 魯蒂留斯

【S】

Sabi 薩比
Sabines 薩賓人
Sabinus, Calvisius 薩比努斯，卡爾維休斯
Sabinus, Nymphidius 薩比努斯，寧菲狄斯
Sabinus 薩比努斯
Sacadas 薩卡達斯
Sais 塞埃斯
Salaminia 薩拉米尼亞
Salamis 薩拉密斯
Salia 薩莉婭
Salius 薩留斯
Sallust 薩祿斯特
Salmantica 薩爾曼提卡
Sambaulas 桑保拉斯
Sambicus 桑比庫斯
Samidas 薩米達斯
Samius 薩繆斯
Samnites 薩姆奈人
Samos 薩摩斯
Samothrace 薩摩色雷斯
Sanctus 桑克都斯
Sandanus 桑達努斯
Sane 薩尼
Saosis 薩奧西斯
Sappho 莎孚
Sarapion 薩拉皮昂
Sardanapalus 薩達納帕拉斯
Sardinia 薩丁尼亞
Sardis 薩迪斯
Sarmatians 薩馬提亞人
Saronic 薩羅尼克
Sarpedon 薩佩敦
Satibazanes 薩蒂巴贊尼斯
Satilaei 薩蒂立埃
Saturn 農神
Saturninus 薩都尼努斯
Satyrs 薩特
Satyrus 薩特魯斯
Scaevola 西伏拉
Scamander 斯坎曼德
Scapte Hyle 斯卡普特·海勒
Scarpheia 斯卡菲亞
Scaurus, Aemilius 斯考魯斯，伊米留斯
Scedasus 西達蘇斯
Scelmis 西爾米斯
Schoinion 司考因昂
Scias 賽阿斯
Scillus 錫盧斯
Scilurus 西盧魯斯
Scipio, Asiaticus 西庇阿，亞細亞蒂庫斯
Scipio, Africanus Maior 西庇阿，老阿非利加努斯
Scipio, Africanus Numantinus 西庇阿，阿非利加努斯·紐曼蒂努斯
Scipio, Nasica 西庇阿，納西卡
Sciraphidas 西拉菲達斯
Scirophorion 西羅弗瑞昂

Scirum　錫隆
Scopas　史科帕斯
Scotios　斯科蒂奧斯
Scribonius　斯克瑞波紐斯
Scylla　西拉
Scymbrates　辛布拉底
Scyros　西羅斯
Scythes　西瑟斯
Scythia　錫西厄
Scythinus　西辛努斯
Sebennytus　塞賓尼都斯
Sedatus　塞達都斯
Segesta　塞吉斯塔
Seiramnes　塞朗尼斯
Seiron　塞朗
Seisachtheia　塞薩克昔亞
Seius　塞烏斯
Sejanus, Aelius　謝雅努斯，伊留斯
Selene　塞勒尼
Seleucia　塞琉西亞
Seleucus I Nicator　塞琉卡斯一世尼卡托
Seleucus II Callinicus　塞琉卡斯二世凱利尼庫斯
Seleucus　塞琉卡斯
Selinus　塞利努斯
Selymbria　塞萊布里亞
Semele　塞梅勒
Semiramis　塞美拉米斯
Semonides　賽門尼德
Sempronius Sophus　森普羅紐斯·索法斯
Seneca, Lucius Annaeus　塞尼加，盧契烏斯·安尼烏斯
Senecio, Quintus Sossius　塞尼西歐，奎因都斯·索休斯
Septerion　塞普提瑞昂
Septimius Marcellus　塞普蒂繆斯·馬塞拉斯
Septimius Tuscinus　塞普蒂繆斯·圖斯辛努斯
Septimontium　塞普蒂蒙姆屯
Serapis　塞拉皮斯
Serenus　塞倫努斯
Sergius　塞吉烏斯
Seriphos　塞里福斯
Sertorius, Quintus　塞脫流斯，奎因都斯
Servilius Vatia Isauricus　塞維留斯·瓦蒂亞·埃索瑞庫斯
Servilius Caepio　塞維留斯·昔庇阿
Servius　塞維烏斯
Servius Tullius　塞維烏斯·屠留斯
Sesostris　塞索斯特瑞斯
Seth　塞特
Severus, Cassius　西維魯斯，卡休斯
Sextius　色克久斯
Sextus　色克都斯
Sibyl　西比爾
Sicily　西西里
Siculus　西庫盧斯
Sicyon　西賽昂
Sidon　西頓
Sidonius　西多紐斯
Sigeum　西格姆
Signifer　西格尼菲

Silanion　希拉尼昂
Silence　西倫斯
Silenus　西列努斯
Silius　西留斯
Silo, Quintus Pompaedius　希洛，奎因都斯・龐皮狄斯
Silvanus　希爾瓦努斯
Selvia　希爾維婭
Similius　希米流斯
Simmias　西邁阿斯
Simo　西摩
Simon　西蒙
Simonides　賽門尼德
Sinatus　西納都斯
Sinope　夕諾庇
Sinorix　西諾瑞克斯
Siphnos　夕弗諾斯
Sipylum　夕庇盧姆
Sipylus　夕庇盧斯
Sirens　西倫斯
Sirius　希流斯
Sisygambis　西昔岡比斯
Sisyphus　西昔浮斯
Sitalces　昔塔西斯
Smerdis　司默迪斯
Smicythus　司邁西蘇斯
Smintheus　司明修斯
Smu　司木
Smyrna　西麥那
Smyrnaeus　西麥那烏斯
Snell　司內爾
Soclarus　索克拉魯斯
Socles　蘇克利
Socrates　蘇格拉底
Sogdiana　粟特
Soli　索利
Solon　梭倫
Solymi　索利密
Sonchis　松契斯
Sophanes　索芬尼斯
Sophilus　索菲盧斯
Sophocles　索福克利
Sophus　索法斯
Sophron　索弗朗
Sophrosyne　索弗羅西妮
Soranus, Valerius　索拉努斯，華勒流斯
Sorcanus　索卡努斯
Sosaster　索薩斯特
Sosibius　索西庇斯
Sosicles　索西克利
Sosigenes　索西吉尼斯
Sositeles 索西特勒斯
Sositheus　索西修斯
Sospis　索斯庇斯
Sossius Senecio　索休斯・塞尼西歐
Sostratus　索斯特拉都斯
Sotades　索塔德
Soteles　索特勒斯
Soter　索特爾
Soterichus　索特瑞克斯
Sothis　索昔斯
Sotion　索蒂昂
Sous　蘇斯
Spain　西班牙

Sparti　史帕蒂
Sperchis　史帕契斯
Speusippus　史樸西帕斯
Sphacteria　史法克特里亞
Sphinx　司芬克斯
Sphodrias　司福德瑞阿斯
Sphragitid　司弗拉吉蒂德
Spintharus　司頻薩魯斯
Spithridates　斯皮司瑞達底
Sphridates　斯弗瑞達底
Spondeia　司潘迪亞
Spondeion　司潘迪昂
Spurius　斯普流斯
Stageira　史塔吉拉
Stascicrates　史塔西克拉底
Stateira　史塔蒂拉
Statius　史塔久斯
Stellus　斯特拉斯
Stephon　司提豐
Sterope　斯特羅普
Stesichorus　司提西喬魯斯
Stesimbrotus　司提辛布羅都斯
Sthene　第尼
Stheneia　第尼亞
Sthenelaidas　第尼萊達斯
Sthenelus　第尼盧斯
Sthennius　第紐斯
Sthenno　第諾
Stilbon　司蒂彭
Stilpo　司蒂坡
Stobaeus　斯托貝烏斯
Strabo　斯特拉波
Stratocles　斯特拉托克利
Strato　斯特拉托
Straton　斯特拉頓
Stratonice　斯特拉托尼斯
Stratonicus　斯特拉托尼庫斯
Strattis　斯特拉蒂斯
Strifes　斯特里弗斯
Strophius　斯特羅菲烏斯
Strouthias　斯特羅昔阿斯
Styx　斯特克斯
Sublicius　蘇布利修斯
Subura　蘇布拉
Suetonius　蘇脫紐斯
Suillii　蘇伊利
Sulla Felix　蘇拉・菲利克斯
Sulla, Sextius　蘇拉，色克久斯
Sulpicius Gallus　蘇爾庇修斯・蓋拉斯
Sulpicius Peticus　蘇爾庇修斯・佩蒂庫斯
Sunium　蘇尼姆
Super　蘇帕
Sura　敘拉
Susa　蘇薩
Susiana　蘇西阿納
Sybaris　西巴瑞斯
Syene　悉尼
Symbolon　森波隆
Syme　敘米
Symmachus　森瑪克斯
Syracusa　敘拉庫莎
Syracuse　敘拉古
Syria　敘利亞

Syrtis　敘蒂斯
Syrus　敘魯斯

【T】

Tabernacles　塔布納克利
Tacitus　塔西佗
Tacticus　塔克蒂庫斯
Taenarum　提納朗
Taenarus　提納魯斯
Talasius　塔拉休斯
Tamynae　塔邁尼
Tanagra　坦納格拉
Tanais　塔內斯
Tanaquil　塔納奎爾
Tanromenium　坦羅米尼姆
Tantalus　坦塔盧斯
Taphosiris　塔弗西瑞斯
Taprobanians　塔普羅巴尼亞人
Tarantini　塔蘭蒂尼
Tarentum　塔倫屯
Tarpeia　塔皮婭
Tarpeius　塔皮烏斯
Tarquin　塔昆
Tarquinius　塔昆紐斯
Tarquinius Priscus　塔昆紐斯・普里斯庫斯
Tarquinius Superbus　塔昆紐斯・蘇帕巴斯
Tarrias　塔瑞阿斯
Tarrutius　塔魯久斯
Tarsus　塔蘇斯
Tartarus　塔塔魯斯
Tatius　塔久斯
Tauromenium　陶羅米尼姆
Taurus　陶魯斯
Taxiles　塔克西勒斯
Taygetus　台吉都斯
Technactis　特納克蒂斯
Tegea　特基亞
Tegyrae　特基里
Teiresias　提里西阿斯
Teisias　提西阿斯
Telamon　特拉蒙
Telchines　特契尼斯
Teleclus　特勒克盧斯
Telegonus　特勒哥努斯
Telemachus　特勒瑪克斯
Telephanes　特勒法尼斯
Telephus　特勒法斯
Telesias　特勒西阿斯
Telesilla　特勒西拉
Telesinus　特勒西努斯
Telesippa　特勒西帕
Telesippus　特勒西帕斯
Telesphorus　特勒斯弗魯斯
Telesterion　特勒斯提瑞昂
Teletias　特勒蒂阿斯
Teleutia　特琉夏
Tellen　特林
Tellus　特盧斯
Telmarch　特瑪區
Telmarchy　特瑪契
Temenus　提米努斯
Temon　提蒙

Tempe 田佩
Tenedos 特內多斯
Tenes 特尼斯
Teos 提奧斯
Tereina 特里納
Terence 特倫斯
Terentius 特倫久斯
Teres 特里斯
Tereus 特留斯
Terina 特瑞納
Terminalia 特米納利亞
Terminus 特米努斯
Terpander 特潘德
Terpsichore 特普西可瑞
Terpsion 特普西昂
Tertia 特爾夏
Tertullian 特圖列安
Tethys 特齊斯
Tettix 特蒂克斯
Teucer 圖瑟
Teumesian 圖米西安
Thais 泰綺思
Teutons 條頓人
Thales 薩里斯
Thaletas 薩勒塔斯
Thalia 塔利婭
Thamus 薩穆斯
Thamyris 薩邁瑞斯
Thargelia 薩吉利亞
Thargelion 薩吉利昂
Thasos 薩索斯
Theaetetus 瑟伊提都斯
Theagenes 瑟吉尼斯
Theages 瑟吉斯
Theano 第安諾
Theanor 第安諾爾
Thearidas 瑟瑞達斯
Thebe 娣布
Thebes 底比斯
Thectamenes 提克塔米尼斯
Themis 底米斯
Themison 提米森
Themisteas 提米斯特阿斯
Themistius 提米斯久斯
Themistocles 提米斯托克利
Themistogenes 提米斯托吉尼斯
Theochares 狄奧查里斯
Theocritus 狄奧克瑞都斯
Theodectes 狄奧迪克底
Theodorus 狄奧多魯斯
Theogamia 狄奧加米亞
Theogenides 狄奧吉奈德
Theognis 狄奧吉尼斯
Theon 提昂
Theophanes 狄奧法尼斯
Theophiles 狄奧菲勒斯
Theophilus 狄奧菲拉斯
Theophrastus 狄奧弗拉斯都斯
Theopompus 狄奧龐帕斯
Theorian 狄奧瑞安
Theotimus 狄奧蒂穆斯
Theoxenia 狄奧克西尼亞
Thera 瑟拉
Theramenes 瑟拉米尼斯

Therasia　瑟拉西亞
Thericles　色瑞克利
Therippides　色瑞庇德
Thermae　瑟米
Thermopylae　色摩匹雷
Theron　瑟隆
Thersander　瑟山德
Thersippus　瑟西帕斯
Thersites　瑟西底
Theseum　帖修姆
Theseus　帖修斯
Thesmophoria　帖斯摩弗里亞
Thesmothetae　帖斯摩特提
Thesmotheteum　帖斯摩特提姆
Thespesius　帖司庇修斯
Thespiae　帖司庇伊
Thespis　帖司庇斯
Thessaly　帖沙利
Thetis　帖蒂斯
Thettalus　帖塔拉斯
Thibaeans　帖比亞人
Thisbe　瑟斯比
Thoas　蘇阿斯
Thoosa　蘇歐莎
Thorian　蘇尼安
Thorycion　索里西昂
Thoth　透特
Thrace　色雷斯
Thraseas　色拉西阿斯
Thrasonides　色拉索奈德
Thrasybulus　色拉西布盧斯
Thrasycles　色拉西克利
Thrasydaeus　色拉西迪烏斯
Thrasyleon　色拉西里昂
Thrasyllus　色拉西盧斯
Thrasymachus　色拉西瑪克斯
Thrasymedes　色拉西米德
Thria　色里亞
Thucydides　修昔底德
Thudippus　休迪帕斯
Thueris　休瑞斯
Thurii　休里埃
Thyestes 昔伊斯底
Thymoteles　昔摩特勒斯
Thyreae　昔里伊
Thyreatis　昔里蒂斯
Thyrsus　色蘇斯
Tiber　台伯河
Tiberianus　提比瑞阿努斯
Tiberis　提比瑞斯
Tiberius　提比流斯
Tiberius Caesar　提比流斯・凱撒
Tibullus　提布拉斯
Tibur　提布
Tigellinus　泰吉利努斯
Tigranes　泰格拉尼斯
Timaea　泰密婭
Timaeus　泰密烏斯
Timagenes　泰瑪吉尼斯
Timarchus　泰瑪克斯
Timesias　泰米西阿斯
Timocharis　泰摩查里斯
Timocleia　泰摩克萊婭
Timocles　泰摩克利

Timocrates　泰摩克拉底
Timodemus　泰摩迪穆斯
Timoleon　泰摩利昂
Timomachus　泰摩瑪克斯
Timon　泰蒙
Timothea　泰摩莎
Timotheus　泰摩修斯
Timoxena　泰摩克森娜
Tiribazus　泰瑞巴蘇斯
Tiryns　泰倫斯
Tisander　泰桑德
Tissaphernes　泰薩菲尼斯
Titan　泰坦
Tithonus　泰索努斯
Tithora　泰索拉
Titius, Lucius　盧契烏斯・提久斯
Titus　提圖斯
Tityus　泰提烏斯
Tlepolemus　特利波勒穆斯
Tlesimachus 特利西瑪克斯
Tolieix, Ebius　托利克斯，伊比烏斯
Tolmides　托爾邁德
Torebus　托里巴斯
Torquatus　托奎都斯
Tosiopians　托西歐庇亞人
Tralles　特拉勒斯
Trasimene　特拉西米尼
Trebonius　特里朋紐斯
Treres　特里里人
Triballians　特瑞巴利亞人
Trimeles　垂米勒斯
Triphyllians　垂菲利亞人
Tripodiscioi　垂波迪修伊
Triptolemus　垂普托勒穆斯
Trisimachus　垂西瑪克斯
Tritogeneia　垂托吉尼亞
Triton　特瑞頓
Tritons　特瑞頓
Troad　特羅阿德
Troades　特羅阿德
Trochaios　特羅喬歐斯
Troezen　特里眞
Troglodytes　特羅格洛迪底
Troilus　特羅伊盧斯
Trophonius　特羅弗紐斯
Troscius　特羅斯修斯
Trosobius　特羅索拜斯
Troy　特洛伊
Tryphoiodorus　特里斐奧多魯斯
Tryphon　特里豐
Tryteaus　特里提烏斯
Tubero, Aelius　圖貝羅，伊留斯
Tullus　屠盧斯
Tuscinus　突斯西努斯
Tuxium　圖克西姆
Tybi　泰比
Tydeus　泰迪烏斯
Tyndares　坦達里斯
Tyndareus　坦達里烏斯
Tynnichus　坦尼克斯
Typhon　泰封
Tyndaridae　坦達里迪
Tyre　泰爾
Tyro　泰羅

Tyrrhenians　第勒尼安人
Tyrrhenus　第勒努斯
Tyrtaeus　特提烏斯
Tzetzes　柴昔茲

【U】

Udora　烏多拉
Urania　烏拉妮婭
Umbria　翁布里亞
Uranios　烏拉尼奧斯
Uranus　烏拉努斯
Utica　烏提卡

【V】

Valence　瓦倫斯
Valentinus　華倫蒂努斯
Valeria　華勒麗婭
Valeria Luperca　華勒麗婭・盧帕卡
Valerius　華勒流斯
Valerius Flaccus　華勒流斯・弗拉庫斯
Valerius Laevinus　華勒流斯・利維努斯
Valerius Antias　華勒流斯・安蒂阿斯
Valerius Conatus　華勒流斯・科納都斯
Valerius Gestius　華勒流斯・傑斯久斯
Valerius Soranus　華勒流斯・索拉努斯
Valerius Torquatus　華勒流斯・托奎都斯
Valerius Publicola　華勒流斯・波普利柯拉
Varro, Marcus Terentius　瓦羅，馬可斯・特倫久斯
Veii　維愛
Velleius　維勒烏斯
Veneralia　維里拉利亞
Vespasian　維斯巴西安
Verres　維里斯
Vesuvius　維蘇威
Vetutius Barrus　維圖久斯・巴魯斯
Vicus　維庫斯
Vienna　維恩納
Vigil　魏吉爾
Vitellius　維提留斯
Vitruvius　魏特魯維烏斯
Vittatus　維塔都斯
Voconius Naso　浮康紐斯・納索
Volsci　弗爾西人
Vulso　烏爾索

【W】

Wilamowitz　魏拉摩維茲
Wyttenbach　維廷巴克

【X】

Xanthians　詹第亞人
Xanthippe　詹第普
Xanthippus　詹第帕斯
Xanthus　詹蘇斯
Xenaenetus　色內尼都斯
Xenias　色尼阿斯
Xenocles　色諾克利
Xenocrates　色諾克拉底
Xenocrite　色諾克瑞特
Xenocritus　色諾克瑞都斯
Xenodamus　色諾達穆斯

Xenon　色儂
Xenophanes　色諾法尼斯
Xenophon　色諾芬
Xerxes　澤爾西斯
Xois　紹克埃斯
Xuthus　祖蘇斯

【Z】

Zacynthus　札辛蘇斯
Zagreus　札格留斯
Zaleucus　札琉庫斯
Zama　查瑪
Zaratas　札拉塔斯
Zeigler　季格勒
Zeipoetes　季皮特斯
Zeleia　季列亞
Zeno　季諾
Zephyr　季菲爾
Zethus　齊蘇斯
Zeus　宙斯
Zeuxippus　朱克西帕斯
Zeuxis　朱克西斯
Zoilus　佐伊拉斯
Zonaras　佐納拉斯
Zopyrio　佐庇瑞奧
Zopyrus　佐庇魯斯
Zoroaster　瑣羅亞斯德
Zoster　佐斯特

漢英譯名對照

說明：1. 僅列本文主要人名和地名，注釋的譯名沒有包括在內。
2. 本書體裁極其繁複，譯名無法臚列出處的章節或頁次。

【三劃】

夕弗諾斯 Siphnos
夕庇盧姆 Sipylum
夕庇盧斯 Sipylus
夕諾庇 Sinope
大流士一世 Dareius I
大流士二世 Dareius II
大流士三世 Dareius III
大馬士革 Damascus
小居魯士 Cyrus the Younger

【四劃】

不列顛 Britain
厄奴菲斯 Oenuphis
厄安昔亞 Oeantheia
厄金努斯 Erginus
厄查利亞 Oechalia
厄洛斯 Eros
厄塔 Oeta
厄奧利克斯 Oeolychus
厄奧努斯 Oeonus
厄瑞卑婭 Eriboea
厄爾 Er
厄諾克盧斯 Oenoclus
厄諾茅斯 Oenomaus
厄諾普斯 Oenops
厄諾菲塔 Oenophyta
厄蘭瑟 Oenanthe
巴比倫 Babylon
巴卡 Barca
巴尼斯 Parnes
巴布利留斯 Publilius
巴布流斯 Publius
巴西西亞 Basiceia
巴西妮 Barsine
巴西洛克利 Basilocles
巴西斯 Bacis
巴克利達斯 Bacchyllidas
巴克利德 Bacchylides
巴克特里亞 Bactria
巴克斯 Bocchus
巴里亞 Baria
巴奇 Bacchae
巴奇烏斯 Baccheus
巴昔尼亞 Partheneia
巴門尼德 Parmenides
巴契斯 Bacchis
巴哥阿斯 Bagoas
巴納蘇斯 Parnassus

巴勒阿瑞庫斯 Balearicus
巴強 Bacchon
巴都斯一世 Battus I
巴都斯二世 Battus II
巴都斯三世 Battus III
巴斯塔尼亞 Bastarnia
巴頓 Baton
戈布里阿斯 Gobryas
戈爾古斯 Gorgus
戈爾果 Gorgo
戈爾根 Gorgon
方努斯，米尼修斯 Fundanus, Minicius
日耳曼 Germany
日耳曼尼庫斯，尼祿·克洛狄斯 Germanicus, Nero Claudius
日耳曼尼庫斯·朱理烏斯·凱撒 Germanicus Julius Caesar
比德 Bede
比薩 Pisa
毛索盧斯 Mausolus
丘比特 Cupid
以弗所 Ephesus

【五劃】

加貝伊 Gabii
加蒂藍 Catiline
加薩 Gaza
卡奴莉婭 Canulia
卡休斯·布魯特斯 Cassius Brutus
卡休斯·西格尼菲 Cassius Signifer
卡休斯·西維魯斯 Cassius Severus
卡休斯·奇里亞 Cassius Chaerea
卡戎 Charon
卡西奧庇亞 Cassiopaea
卡利普索 Calypso
卡利奧披 Calliope
卡努斯 Canus
卡庇多 Capitol
卡庇多林 Capitoline
卡狄亞 Cardia
卡辛努斯 Carcinus
卡里亞 Caria
卡里斯都斯 Carystus
卡帕魯斯 Capparus
卡波 Carbo
卡門塔 Carmenta
卡則都斯 Cathetus
卡庫斯 Cacus
卡桑卓 Cassandra
卡桑德 Casander
卡麥里儂 Camerinum
卡勞里亞 Calaureia
卡斐妮 Caphene
卡斯特 Castor
卡普里 Capri
卡普妮婭 Calpurnia
卡普拉紐斯 Capranius
卡普紐斯 Calpurnius
卡菲西阿斯 Caphisias
卡菲索多魯斯 Caphisodorus
卡達西斯 Cardaces
卡圖拉斯 Catullus
卡爾比婭 Calbia

卡爾西斯 Chalcis
卡爾西頓 Chalcedon
卡爾西歐普 Chalciope
卡爾查斯 Calchas
卡爾科敦 Chalcodon
卡維留斯 Carvilius
卡德密 Cadmeia
卡德穆斯 Cadmus
古吉斯 Gurges
古里歐 Curio
司內爾 Snell
司木 Smu
司弗拉吉蒂德 Sphragitid
司考因昂 Schoinion
司明修斯 Smintheus
司芬克斯 Sphinx
司提西喬魯斯 Stesichorus
司提辛布羅都斯 Stesimbrotus
司提豐 Stephon
司蒂坡 Stilpo
司蒂彭 Stilbon
司福德瑞阿斯 Sphodrias
司潘迪亞 Spondeia
司潘迪昂 Spondeion
司頻薩魯斯 Spintharus
司默迪斯 Smerdis
司邁西蘇斯 Smicythus
史帕契斯 Sperchis
史帕蒂 Sparti
史法克特里亞 Sphacteria
史科帕斯 Scopas
史塔久斯 Statius
史塔吉拉 Stageira
史塔西克拉底 Stascicrates
史塔蒂拉 Stateira
史樸西帕斯 Speusippus
台吉都斯 Taygetus
台伯河 Tiber
尼厄拉 Neaera
尼夫 Kneph
尼卡克斯 Nicarchus
尼卡諾爾 Nicanor
尼布爾 Neobule
尼弗齊斯 Nephthys
尼列斯 Neleis
尼吉狄斯 Nigidius
尼安昔斯 Neanthes
尼米亞 Nemea
尼米昂 Nemeon
尼西亞 Nicaea
尼西拉都斯 Niceratus
尼西阿斯 Nicias
尼西迪昂 Nicidion
尼西修斯 Mnesitheus
尼西菲盧斯 Mnesiphilus
尼西奧底 Nesiotes
尼西瑪克斯 Mnesimachus
尼克塔 Nectar
尼克塔納比斯 Nectanabis
尼努斯 Ninus
尼杜斯 Cnidus
尼里茲 Nereids
尼波斯 Nepos
尼阿克利 Neacles

尼庫斯 Neicus
尼格里努斯 Nigrinus
尼特 Neate
尼琉斯 Neleus
尼康達斯 Nicandas
尼康德 Nicander
尼斯特 Nestor
尼普頓 Neptune
尼奧考魯斯 Neochorus
尼奧克利 Neocles
尼奧普托勒穆斯 Neoptolemus
尼祿 Caesar, Nero Claudius
尼瑪努斯 Nemanus
尼維烏斯 Naevius
尼蒙 Mnemon
尼歐比 Niobe
尼默底 Nemertes
尼羅河 Nile
尼蘇斯 Nessus
布布庫斯 Bubulcus
布托 Buto
布西法利亞 Bucephalia
布西法拉斯 Bucephalus
布西瑞斯 Busiris
布里塞伊斯 Briseis
布拉西達斯 Brasidas
布林迪西 Brundisium
布科盧斯 Bucolus
布倫努斯 Brennus
布勒普蘇斯 Blepsus
布勞隆 Brauron
布萊阿里斯 Briareus
布魯特斯 Brutus
布蘭契迪 Branchidae
平修斯 Pentheus
平瑟利迪 Penthilidae
幼發拉底 Euphrates
弗土納・普里米吉尼亞 Fortuna Primigenia
弗里尼 Phryne
弗里尼克斯 Phrynichus
弗里尼斯 Phrynis
弗里基亞 Phrygia
弗里基烏斯 Phrygius
弗里斯 Furies
弗里儂 Phrynon
弗拉米尼卡 Flaminica
弗拉米尼安 Flaminian
弗拉米尼努斯，提圖斯・奎因久斯 Flamininus, Titus Quintius
弗拉米紐斯，該猶斯 Flaminius, Gaius
弗拉西克利 Phrasicles
弗拉門・迪利斯 Flamen Dealis
弗拉阿底三世 Phraates III
弗拉庫斯 Flaccus
弗拉維安 Flavian
弗流斯・卡米拉斯 Furius Camillus
弗洛倫夏 Florentia
弗洛魯斯，密斯特流斯 Florus, Mestrius
弗朗蒂斯 Phrontis
弗留斯 Phlius
弗勒甘德羅斯人 Pholegandros

弗勒吉阿斯 Phlegyas
弗勒姆 Phloeum
弗爾西人 Volsci
弗爾維斯 Fulvius
弗爾維斯・斯特拉斯 Fulvius Stellus
札辛蘇斯 Zacynthus
札拉塔斯 Zaratas
札格留斯 Zagreus
札琉庫斯 Zaleucus
瓦倫斯 Valence
瓦羅，馬可斯・特倫久斯 Varro, Marcus Terentius
甘德瑞迪人 Gandridae
田佩 Tempe
皮卡斯 Picus
皮立亞 Pylaea
皮同 Python
皮西尼亞人 Picenians
皮里克米斯 Pyraechmes
皮里阿斯 Pyrrhias
皮拉德 Pylades
皮昔斯 Pythes
皮洛斯 Pylos
皮朗 Pyrrhon
皮朗德 Pyrander
皮格里斯 Pigres
皮索 Pytho
皮索尼斯 Pythones
皮索克利 Pythocles
皮索克萊德 Pythocleides
皮索波萊特 Pythopolites
皮索勞斯 Pytholaus
皮奧夏 Boeotia
皮瑟阿斯 Pytheas
皮瑞弗勒杰松 Pyriphlegethon
皮瑞斯 Pyrrhus
皮瑞蘭披斯 Pyrilampes
皮德納 Pydna
皮歐尼亞 Paeonia
皮薩拉都斯 Pytharatus
皮羅 Pyrrho
皮蘇斯 Boethus

【六劃】

伊凡哥拉斯 Evagoras
伊凡德 Evander
伊巴弗羅迪都斯 Epaphroditus
伊巴孚斯 Epaphus
伊巴明諾達斯 Epameinondas
伊比利亞 Iberia
伊比烏斯・托利克 Ebius Tolieix
伊司契尼斯 Aeschines
伊司契尼斯・索克拉蒂庫斯 Aeschines Socraticus
伊司庫蘭庇斯 Aesculapius
伊尼亞 Aenia
伊尼烏斯 Enyeus
伊尼斯 Aenis
伊吉里 Aegeiri
伊吉納 Aegina
伊吉斯塔 Egesta
伊吉麗婭 Egeria
伊因尼斯都斯 Aeimnestus
伊安巴斯 Iambus

伊安布利克斯 Iamblichus
伊朱姆 Aegium
伊米利阿努斯 Aemilianus
伊米留斯 Aemilius
伊米留斯・包拉斯 Aemilius Paulus
伊米留斯・馬其頓尼庫斯 Aemilius Macedonicus
伊米留斯・斯考魯斯 Aemilius Scaurus
伊米留斯・森索瑞努斯 Aemilius Censorinus
伊米留斯・雷比達 Aemilius Lepidus
伊米莉婭 Aemilia
伊色卡 Ithaca
伊西烏斯 Isaeus
伊克普里庇斯 Ecprepes
伊克盧斯 Aeclus
伊利休斯 Elysius
伊利西姆 Elysium
伊利亞 Elaea
伊利姆 Ilium
伊利烏斯 Elaeus
伊利烏斯 Elieus
伊利斯 Elis
伊希多爾 Isidore
伊庇卡斯特 Epicaste
伊庇米尼德 Epimenides
伊庇米修斯 Epimetheus
伊庇克利 Epicles
伊庇克特都斯 Epictetus
伊庇波立 Epipolae
伊庇則西斯 Epitherses
伊庇查穆斯 Epicharmus
伊庇烏斯 Epeius
伊庇道魯斯 Epidaurus
伊庇達努斯 Epidamnus
伊庇鳩魯 Epicurus
伊庇魯斯 Epeirus
伊庇諾米斯 Epinomis
伊庇賽德 Epicydes
伊里克修姆 Erechtheium
伊里克特拉 Electra
伊里克蘇斯 Erechtheus
伊里利亞 Illyria
伊里亞 Elea
伊里帕斯 Erebus
伊里特里亞 Eretria
伊里斯 Iris
伊里蘇斯 Eresus
伊姆皮多克利 Empedocles
伊姆皮杜斯 Empedus
伊姆庇瑞庫斯 Empiricus
伊姆波娜 Empona
伊姆普薩 Empusa
伊底帕斯 Oedipus
伊拉托 Erato
伊拉托昔尼斯 Eratosthenes
伊拉西斯特拉都斯 Erasistratus
伊拉提亞 Elateia
伊拉斐波利亞 Elaphebolia
伊昔西亞 Aethicia
伊波娜 Epona
伊阿利蘇斯 Ialysus
伊阿披基婭 Iapygia

伊阿庫斯 Aeacus
伊阿蘇斯 Iasus
伊拜庫斯 Ibycus
伊洛庇昂 Ellopion
伊迪烏斯 Idaeus
伊剛 Aegon
伊哥斯波塔米 Aegospotami
伊涅阿斯 Aeneas
伊特西安 Etesian
伊特納 Etna
伊特納 Aetna
伊特奧克利 Eteocles
伊琉西尼姆 Eleusinium
伊琉西斯 Eleusis
伊琉瑟 Eleuther
伊琉瑟里 Eleutherae
伊索 Aesop
伊索克拉底 Isocrates
伊索迪底 Isodaetes
伊納盧斯 Enalus
伊勒昂 Eleon
伊莎 Aetha
伊斐吉妮婭 Iphigenia
伊斐克利 Iphicles
伊斐克拉底 Iphicrates
伊斐克盧斯 Iphiclus
伊斐帕斯 Ephippus
伊斐阿底 Ephialtes
伊斐都斯 Iphitus
伊斯米亞 Isthmia
伊斯考瑪克斯 Ischomachus
伊斯門尼阿斯 Hismenias
伊斯門尼阿斯 Ismenias
伊斯門努斯 Hismenus
伊斯門努斯 Ismenus
伊斯門諾多魯斯 Hismenodorus
伊斯門諾多魯斯 Ismenodorus
伊斯門諾朵娜 Ismenodora
伊斯奎林 Espuiline
伊斯特 Ister
伊斯啓盧斯 Aeschylus
伊斯楚斯 Istrus
伊菲帕斯 Ephebus
伊菲拉 Ephyra
伊奧利亞人 Aeolian
伊奧斯 Eos
伊奧盧斯 Aeolus
伊楚里亞 Etruria
伊瑞尼斯 Erinys
伊瑞安昔斯 Erianthes
伊瑞菲勒 Eriphyle
伊爾庇諾 Elpenor
伊瑪昔昂 Emathion
伊維努斯 Evenus
伊摩迪安 Emodian
伊盧斯 Ilus
伊諾斯 Aenos
伊羅帕斯 Aeropus
伊羅普 Aerope
伊蘇斯 Issus
休里埃 Thurii
休迪帕斯 Thudippus
休瑞斯 Thueris
列士波斯 Lesbos

列士契斯 Lesches
列什 Lethe
列普廷 Leptines
印度 India
吉尼塔・瑪納 Geneta Mana
吉迪卡 Gidica
吉蓋妮婭 Gegania
吉德羅西亞 Gedrosia
因布洛斯 Imbros
多多納 Dodona
多西修斯 Dositheus
多里斯人 Dorian
多拉貝拉 Dolabella
多森 Doson
多隆 Dolon
多瑞昂 Dorion
多瑙河 Danube
多蒂安 Dotian
多魯斯 Dorus
多羅修斯 Dorotheus
安丘魯斯 Anchurus
安尼都斯 Anytus
安尼奧 Anio
安布拉西亞 Ambracia
安吉盧斯 Angelus
安多賽德 Andocides
安米阿努斯・馬西利努斯 Ammianus Marcellinus
安奇斯都斯 Onchestus
安東尼努斯・馬可斯 Antoninus Marcus
安契西斯 Anchises
安庫斯・馬修斯 Ancus Marcius
安特拉斯 Antylus
安紐斯 Annius
安納山卓德 Anaxandrides
安納山德 Anaxander
安納山德瑞達斯 Anaxandridas
安納布斯 Anabus
安納克托里姆 Anactorium
安納克西米尼斯 Anaximenes
安納克西克拉底 Anaxicrates
安納克西拉斯 Anaxilas
安納克西拜阿斯 Anaxibius
安納克西曼德 Anaximander
安納克里昂 Anacreon
安納克薩哥拉斯 Anaxagoras
安納查西斯 Anacharsis
安納薩爾克斯 Anaxarchus
安提亞 Anteia
安提波里斯 Antaeopolis
安提烏斯 Antaeus
安斐克提昂 Amphictyion
安斐沙 Amphissa
安斐波里斯 Amphipolis
安斐修斯 Amphitheus
安斐特里昂 Amphitryon
安斐瑟 Amphithea
安菲昂 Amphion
安菲阿勞斯 Amphiaraus
安菲洛克斯 Amphilochus
安菲特瑞特 Amphitrite
安菲達瑪斯 Amphidamas
安塞多尼亞 Anthedonia

安塞米昂 Anthemion
安塞敦 Anthedon
安塞斯 Anthes
安塞斯特里亞 Anthesteria
安塔哥拉斯 Antagoras
安塔賽達斯 Antalcidas
安蒂吉尼達斯 Antigenidas
安蒂克利 Anticles
安蒂克萊婭 Anticleia
安蒂克萊德 Anticleides
安蒂沙 Antissa
安蒂佩垂德 Antipatrides
安蒂佩特 Antipater
安蒂奉 Antiphon
安蒂法尼斯 Antiphanes
安蒂阿克斯 Antiochus
安蒂阿克斯·斐洛帕普斯 Antiochus Philopappus
安蒂阿克斯「神鷹」Antiochus Hierax
安蒂阿克斯一世索特爾 Antiochus I Soter
安蒂阿克斯七世西德底 Antiochus VII Sidetes
安蒂阿克斯九世西茲昔努斯 Antiochus IX Cyzicenus
安蒂阿克斯八世「鷹鈎鼻」Antiochus VIII Grypus
安蒂阿克斯大帝 Antiochus III the Great
安蒂阿克斯四世伊庇法尼斯 Antiochus IV Epiphanes
安蒂洛克斯 Antilochus
安蒂哥努斯一世 Antigonus I
安蒂哥努斯二世哥納塔斯 Antigonus II, Gonatas
安蒂哥娜 Antigona
安蒂勒昂 Antileon
安蒂斯久斯·拉比奧 Antistius Labeo
安蒂塞尼斯 Antisthenes
安蒂塞拉 Anticyra
安蒂瑪克斯 Antimachus
安蒂瑪契亞 Antimacheia
安蒂歐普 Antiope
安蒂諾 Antenor
安達尼亞 Andania
安德里阿斯 Andreas
安德朗 Andron
安德羅尼庫斯 Andronicus
安德羅克盧斯 Androclus
安德羅科都斯 Androcottus
安德羅斯 Andros
安德羅瑪琪 Andromache
安德羅遜 Androtion
安德羅賽德 Androcydes
安蘇斯 Anthus
托西歐庇亞人 Tosiopians
托利克斯，伊比烏斯 Tolieix, Ebius
托里巴斯 Torebus
托姆 Ptoum
托奎都斯 Torquatus
托勒密 Ptolemy
托勒密·西勞努斯 Ptolemy Ceraunus
托勒密一世索特爾 Ptolemy I Soter
托勒密七世菲斯康 Ptolemy VII

Physcon
托勒密二世費拉德法斯 Ptolemy II Philadelphus
托勒密五世伊庇法尼斯 Ptolemy V Epiphanes
托勒密六世斐洛米托 Ptolemy VI Philometor
托勒密四世斐洛佩特 Ptolemy IV Philopator
托爾邁德 Tolmides
朱巴 Juba
朱古達 Jugurtha
朱克西帕斯 Zeuxippus
朱克西斯 Zeuxis
朱利斯 Iulis
朱庇特 Jupiter
朱迪烏斯 Judaeus
朱理烏斯・卡努斯 Julius Canus
朱理烏斯・普羅庫盧斯 Julius Proculus
朱維諾 Juvenal
朱麗亞・普克拉 Julia Pulchra
米代斯 Mitys
米尼伊 Minyae
米尼克穆斯 Menaechmus
米尼阿斯 Minyas
米尼阿德 Minyades
米吉萊德 Megaeleides
米地亞 Media
米安德 Meander
米努修斯 Minucius
米狄亞 Medea
米狄斯 Medius
米南德 Menander
米洛 Milo
米洛斯 Melos
米迪烏斯 Medeius
米納里斯 Menares
米勒夏 Miletia
米勒都斯 Miletus
米勒斯 Meles
米連帕斯 Melampus
米提人 Medes
米塞里斯 Mithres
米塞拉斯 Miccylus
米塞拉斯 Mithras
米塞瑞達底 Mithridates
米塞瑞達底六世優佩托 Mithridates VI Eupator
米奧尼亞人 Maeonian
米奧提斯 Maeotis
米蒂勒尼 Mitylene
米嘉柏蘇斯 Megabyzus
考斯 Cos
考斯帕 Choaspes
色內尼都斯 Xenaenetus
色卡法斯 Cercaphus
色尼阿斯 Xenias
色西達斯 Cercidas
色克久斯 Sextius
色克都斯 Sextus
色努斯 Cyrnus
色貝魯斯 Cerberus
色里亞 Thria

色拉 Cirrha
色拉西布盧斯 Thrasybulus
色拉西米德 Thrasymedes
色拉西克利 Thrasycles
色拉西里昂 Thrasyleon
色拉西阿斯 Thraseas
色拉西迪烏斯 Thrasydaeus
色拉西瑪克斯 Thrasymachus
色拉西盧斯 Thrasyllus
色拉索奈德 Thrasonides
色瑞克利 Thericles
色瑞庇德 Therippides
色雷斯 Thrace
色儂 Xenon
色摩匹雷 Thermopylae
色諾克利 Xenocles
色諾克拉底 Xenocrates
色諾克瑞特 Xenocrite
色諾克瑞都斯 Xenocritus
色諾法尼斯 Xenophanes
色諾芬 Xenophon
色諾達穆斯 Xenodamus
色蘇斯 Thyrsus
艾伊烏斯 Ieius
艾多紐斯 Aidoneus
艾多麥紐斯 Idomeneus
艾托利亞 Aetolia
艾克斯 Aix
艾利昔亞波里斯 Eileithyapolis
艾利特亞 Ilithyia
艾利蘇斯 Ilissus
艾希斯 Isis
艾里妮 Eirene
艾奇波盧斯 Echepolus
艾昂 Ion
艾阿斯 Aias
艾莉昔婭 Eileithyia
艾莉婭 Ilia
艾莉歐妮婭 Eilioneia
艾敦色蘇斯 Idanthyrsus
艾德 Ides
艾德蒙 Idmon
艾魯斯 Irus
西巴瑞斯 Sybaris
西比莉 Cybele
西比爾 Sibyl
西尼烏斯 Caeneus
西伏拉 Scaevola
西列努斯 Silenus
西多紐斯 Sidonius
西西里 Sicily
西利尼 Celaenae
西庇阿，老阿非利加努斯 Scipio, Africanus Maior
西庇阿，亞細亞蒂庫斯 Scipio, Asiaticus
西庇阿，阿非利加努斯・紐曼蒂努斯 Scipio, Africanus Numantinus
西庇阿，納西卡 Scipio, Nasica
西辛努斯 Scythinus
西里西亞 Cilicia
西拉 Scylla
西拉尼姆 Coeraneum
西拉米庫斯 Cerameicus

西拉努斯 Coeranus
西拉菲達斯 Sciraphidas
西昔岡比斯 Sisygambis
西昔浮斯 Sisyphus
西昔留斯，巴利阿瑞庫斯 Caecilius, Baliaricus
西昔留斯，尼波斯 Caecilius, Nepos
西昔留斯，庇烏斯 Caecilius, Pius
西昔留斯，拉普拉紐斯 Caecilius, Caprarius
西昔留斯，馬其頓尼庫斯 Caecilius, Macedonicus
西昔留斯，梅提拉斯 Caecilius, Metellus
西昔留斯，戴迪瑪都斯 Caecilius, Diadematus
西法勒尼亞 Cephallenia
西法盧斯 Cephalus
西倫斯 Silence
西倫斯 Sirens
西庫盧斯 Siculus
西格尼菲 Signifer
西格姆 Sigeum
西班牙 Spain
西琉斯 Celeus
西留斯 Silius
西納都斯 Sinatus
西茲昔努斯 Cyzicenus
西茲庫斯 Cyzicus
西第修斯 Caedicius
西第朗 Cithaeron
西麥那 Smyrna
西麥那烏斯 Smyrnaeus
西勞尼安山脈 Ceraunian Mountains
西勞努斯 Ceraunus
西菲昂 Cephion
西菲索多克拉底 Cephisocrates
西菲索多都斯 Cephisodotus
西菲索多魯斯 Cephisodorus
西菲索奉 Cephisophon
西菲蘇斯 Cephisus
西塞羅 Cicero, M. Tullius
西奧斯 Ceos
西瑟斯 Scythes
西瑞斯 Ceres
西蒂姆 Citium
西達蘇斯 Scedasus
西頓 Sidon
西爾米斯 Scelmis
西維利斯 Civilis
西維魯斯，卡休斯 Severus, Cassius
西蒙 Cimon
西蒙 Simon
西摩 Simo
西撒紐斯 Caesernius
西盧魯斯 Scilurus
西諾瑞克斯 Sinorix
西賽昂 Sicyon
西邁阿斯 Simmias
西羅弗瑞昂 Scirophorion
西羅斯 Scyros

【七劃】

佐伊拉斯 Zoilus

佐庇瑞奧 Zopyrio
佐庇魯斯 Zopyrus
佐納拉斯 Zonaras
佐斯特 Zoster
伽爾巴 Caesar, Servius Sulpicus Galba
伯里克利 Pericles
伯瑞勞斯 Perilaus
伯瑞盧斯 Perillus
伯羅奔尼撒 Peloponnese
克利托米德 Clytomedes
克利廷尼斯特拉 Clytemnestra
克利底斯 Cleanthes
克利昂 Cleon
克利美妮 Clymene
克里西帕斯 Chrysippus
克里克蘇斯 Crexus
克里廷斯 Cretines
克里昂 Creon
克里阿蘇斯 Cryassus
克里特 Crete
克里索斯托姆 Chrysostom
克里斯豐底 Cresphontes
克里塞伊斯 Chryseis
克里塞穆斯 Chrysermus
克里奧比斯 Cleobis
克里奧尼 Cleonae
克里奧尼穆斯 Cleonymus
克里奧布里娜 Cleobulina
克里奧布勒 Cleobule
克里奧布盧斯 Cleobulus
克里奧布羅都斯 Cleombrotus
克里奧布羅都斯一世 Cleombrotus I
克里奧多魯斯 Cleodorus
克里奧米尼斯 Cleomenes
克里奧米尼斯一世 Cleomenes I
克里奧米尼斯二世 Cleomenes II
克里奧米尼斯三世 Cleomenes III
克里奧奉 Cleophon
克里奧奉 Cleotimus
克里奧妮絲 Cleonice
克里奧瑪克斯 Cleomachus
克里瑞都斯 Cleoritus
克里蒂納斯 Cretinas
克里蘇斯 Croesus
克拉尼昂 Craneion
克拉托 Crato
克拉卓美尼 Clazomenae
克拉底 Crates
克拉泰達斯 Crataidas
克拉提阿斯 Crateas
克拉提魯斯 Craterus
克拉提魯斯 Cratyrus
克拉蒂努斯 Cratinus
克拉蒂帕斯 Cratippus
克拉蒂達斯 Cratidas
克拉蘇 Crassus
克洛狄斯・普爾澤 Clodius Pulcher
克洛索 Clotho
克洛納斯 Clonas
克倫德 Cleander
克朗托 Crantor
克朗儂 Crannon
克勒尼阿斯 Kleinias
克莉 Clea

克勞狄安 Claudian
克勞狄婭·昆塔 Claudia Quinta
克森尼斯 Chersonese
克萊尼阿斯 Cleinias
克萊托尼穆斯 Cleitonymus
克萊托里亞人 Cleitorians
克萊托奉 Cleitophon
克萊托迪穆斯 Cleitodemus
克萊托瑪克斯 Cleitomachus
克萊昔尼斯 Cleisthenes
克萊俄 Clio
克萊都斯 Cleitus
克萊達穆斯 Cleidamus
克瑞托 Crito
克瑞托布盧斯 Critobulus
克瑞托拉 Critola
克瑞托勞斯 Critolaus
克瑞修斯 Critheus
克瑞蒂阿斯 Critias
克瑞遜 Crison
克祿西婭 Cluisia
克祿維斯 Cluvius
克爾久斯，馬可斯 Curtius, Marcus
克黎莉婭 Cloelia
克羅努斯 Cronus
克羅拜盧斯 Crobylus
克羅美昂 Crommyon
克羅頓 Croton
克羅儂 Cromnon
克羅諾斯 Cronos
克羅諾斯 Kronos
克羅繆斯 Chromius
克麗奧佩特拉 Cleopatra
克蘇妮婭 Chthonia
利比亞 Libya
利底亞 Lydia
利查斯 Lichas
利迪阿達斯 Lydiadas
利格魯斯 Leagrus
利特斯 Laertes
利留斯 Laelius
利都斯 Laetus
利斯波迪阿斯 Laespodias
利維烏斯 Livius
努米多 Numitor
努米底亞人 Numidians
努米迪庫斯 Numidicus
努馬·龐皮留斯 Numa Pompilius
努曼夏 Numantia
呂西亞 Lycia
呂西庫斯 Lyciscus
坎尼 Cannae
坎索利亞 Consualia
坎道勒斯 Candaules
坎諾帕斯 Canopus
希皮阿斯 Hippias
希皮烏斯 Hippeius
希米努斯 Himerus
希米里烏斯 Himeraeus
希米拉 Himera
希米流斯 Himerius
希米流斯 Similius
希伯來 Hebrew
希庇斯 Hippys

希帕克斯　Hipparchus
希帕蘇斯　Hippasus
希拉尼昂 Silanion
希波　Hippo
希波尼庫斯　Hipponicus
希波克利　Hippocles
希波克拉底　Hippocrates
希波克拉蒂達斯　Hippocratidas
希波克萊德　Hippocleides
希波克盧斯　Hippoclus
希波利特　Hippolyte
希波昔尼達斯　Hipposthenidas
希波洛克斯　Hippolochus
希波庫恩　Hippocoon
希波納克斯　Hipponax
希波提　Hippotae
希波萊都斯　Hippolytus
希波達美婭　Hippodameia
希波達穆斯　Hippodamus
希波瑪克斯　Hippomachus
希流斯 Sirius
希派德　Hippades
希洛特人　Helots
希斯特　Hister
希斯提亞　Histiaea
希爾瓦努斯 Silvanus
希爾維婭 Selvia
希羅伊斯　Herois
希羅多德　Herodotus
希羅多魯斯　Herodorus
希羅狄安　Herodian
希羅迪庫斯　Herodicus
希羅菲拉斯　Herophilus
希羅菲勒　Herophile
希羅德　Herodes
希臘 Greece
庇洛普斯 Pelops
攸門尼斯　Eumenes
攸門尼斯二世　Eumenes II
攸門奈德　Eumenides
李昂 Leon
李昂芯 Leontion
李昂泰阿德 Leontiades
李昂泰達斯 Leontiadas
李昂納都斯 Leonnatus
李昂提烏斯 Leonteus
李昂蒂尼 Leontini
李昂蒂斯 Leontis
李契姆 Lechaeum
李奧 Leo
李奧尼達斯 Leonidas
李奧昔尼斯 Leosthenes
李奧波底 Leobotes
李奧查里斯 Leochares
李奧哥拉斯 Leogoras
李奧特契達斯 Leotychidas
李奧普里庇斯 Leoprepes
李奧達瑪斯 Leodamas
杜米久斯·阿享諾巴布斯　Domitius Ahenobarbus
杜西久斯　Ducelius
杜利契姆　Dulichium
杜凱利昂　Deucalion
杜瑞斯　Duris

狄西阿克斯　Dicaearchus
狄西阿契亞　Dicaearcheia
狄西歐悉尼　Dicaeosyne
狄克　Dike
狄昂　Dion
狄昂達斯　Diondas
狄奧加米亞 Theogamia
狄奧弗拉斯都斯 Theophrastus
狄奧吉尼斯 Theognis
狄奧吉奈德 Theogenides
狄奧多魯斯 Theodorus
狄奧克西尼亞 Theoxenia
狄奧克瑞都斯 Theocritus
狄奧法尼斯 Theophanes
狄奧查里斯 Theochares
狄奧迪克底 Theodectes
狄奧菲拉斯 Theophilus
狄奧菲勒斯 Theophiles
狄奧瑞安 Theorian
狄奧蒂穆斯 Theotimus
狄奧龐帕斯 Theopompus
狄爾哈強　Dyrrachium
狄穆斯　Deimus
狄穆斯　Demus
狄邁盧斯　Demylus
貝特克利 Bathycles
貝特留斯 Bathyllius
貝勒羅豐 Bellerophon
貝斯提亞 Bestia
貝隆妮絲 Beronice
貝蒂斯 Baetis
貝儂 Banon
貝薩夏 Bisaltia
貝蘇斯 Bessus
辛尼西阿斯 Cinesias
辛尼拉斯 Cinyras
辛尼松 Cinaethon
辛布里 Cimbri
辛布拉底 Scymbrates
辛米里亞人 Cimmerians
辛辛納久斯 Cincinnatius
辛納 Cinna
辛納羅斯 Cinaros
那比斯 Nabis
里米塔爾西斯 Rhoemetalces
里庫斯 Rhoecus

【八劃】

亞西弗朗 Alciphron
亞西庇 Alcippe
亞西帕斯 Alcippus
亞西拜阿德 Alcibiades
亞西諾斯 Alcinous
亞里弗朗 Ariphron
亞里米儂 Ariminum
亞里阿密尼斯 Ariamenes
亞里迪烏斯 Aridaeus
亞里迪斯 Aridices
亞里斯多德 Aristotle
亞里斯托尼庫斯 Aristonicus
亞里斯托尼穆斯 Aristonymus
亞里斯托布拉斯 Aristobulus
亞里斯托吉尼斯 Aristogenes
亞里斯托米尼斯 Aristomenes

亞里斯托米德 Aristomedes
亞里斯托克利 Aristocles
亞里斯托克里昂 Aristocreon
亞里斯托克拉底 Aristocrates
亞里斯托克莉婭 Aristocleia
亞里斯托克森努斯 Aristoxenus
亞里斯托奉 Aristophon
亞里斯托杰頓 Aristogeiton
亞里斯托法尼斯 Aristophanes
亞里斯托迪穆斯 Aristodemus
亞里斯托蒂穆斯 Aristotimus
亞里斯托瑪琪 Aristomache
亞里斯泰德 Aristeides
亞里斯特拉斯 Aristyllus
亞里斯特烏斯 Aristaeus
亞里斯提尼都斯 Aristaenetus
亞里斯塔克斯 Aristarchus
亞里斯塔哥拉 Aristagora
亞里斯塔哥拉斯 Aristagoras
亞里斯蒂帕斯 Aristippus
亞里斯頓 Ariston
亞里奧巴札尼斯 Ariobarzanes
亞里遜 Aristion
亞美尼亞 Armenia
亞述 Assyria
亞哥斯 Argos
亞特蘭提斯 Atlantis
亞索斯 Assos
亞馬遜 Amazon
亞細亞 Asia
亞傑托瑞達斯 Agetoridas
亞傑西波里斯一世 Agesipolis I
亞傑西波里斯二世 Agesipolis II
亞傑西勞斯 Agesilaus
亞傑勞斯 Agelaus
亞傑瑪克斯 Agemachus
亞傑諾爾 Agenor
亞該亞 Achaea
亞德拉斯都斯 Adrastus
亞德拉斯提婭 Adrasteia
亞歷山大 Alexander
亞歷山大・波利赫斯托 Alexander Polyhistor
亞歷山大大帝 Alexander the Great
亞歷山卓 Alexandria
亞歷克西比婭 Alexibia
亞歷薩克斯 Alexarchus
佩尼勒斯 Peneleos
佩克西 Paxi
佩克特阿斯 Pactyas
佩利安 Pelian
佩利阿斯 Pelias
佩里比亞 Perrhaebia
佩里伊西人 Perioeci
佩帕里索斯 Peparethos
佩拉 Pella
佩拉斯基亞人 Pelasgians
佩林蘇斯 Perinthus
佩洛披達斯 Pelopidas
佩迪安斯 Pedieans
佩迪紐斯 Pedinius
佩修斯 Paccius
佩庫維烏斯 Pacuvius
佩格蘇斯 Pegasus

佩特里 Patrae
佩特里烏斯 Petraeus
佩特拉斯 Patras
佩特庫盧斯 Paterculus
佩特朗 Petron
佩特瑞斯 Patris
佩特羅克利 Patrocles
佩特羅克勒阿斯 Patrocleas
佩特羅克盧斯 Patroclus
佩特羅紐斯 Petronius
佩琉斯 Peleus
佩納昔尼亞 Panathenaea
佩勒尼 Pellene
佩勒烏斯 Pallaeus
佩提西昂 Pataecion
佩普泰德 Pemptides
佩普羅米尼 Pepromene
佩瑞菲底 Periphetes
佩蒂留斯 Petillius
佩盧休斯 Pelusius
佩盧西姆 Pelusium
佩蘇 Peitho
刻里克斯 Clearchus
坦尼克斯 Tynnichus
坦朗達斯 Charondas
坦納格拉 Tanagra
坦塔盧斯 Tantalus
坦達里迪 Tyndaridae
坦達里烏斯 Tyndareus
坦達里斯 Tyndares
坦羅米尼姆 Tanromenium
奇里亞 Chaerae
奇里奉 Chaerephon
奇里法尼斯 Chaerephanes
奇里迪穆斯 Chaeredemus
奇里蒙 Chaeremon
奇里摩尼阿努斯 Chaeremonianus
奇美斯 Chemmis
奇朗 Chaeron
奇朗 Cheiron
奇朗達斯 Chaerondas
奇羅尼亞 Chaeroneia
奇羅馬恰 Cheiromacha
奈西 Nisaea
奈西妮 Mnesinoe
奈克提利亞 Nyctelia
奈克提留斯 Nyctelius
奈克蒂穆斯 Nyctimus
奈亞 Mneiai
奈阿德 Naiad
奈柯米德 Nicomedes
奈柯克利 Nicocles
奈柯克里昂 Nicocreon
奈柯克拉底 Nicocrates
奈柯波里斯 Nicopolis
奈柯法尼斯 Nicophanes
奈柯迪穆斯 Nicodemus
奈柯勞斯 Nicolaus
奈柯斯特拉都斯 Nicostratus
奈柯斯特拉提 Nicostrate
奈柯斯特拉塔 Nicostrata
奈洛克森努斯 Neiloxenus
奈科瑪克斯 Nicomachus
奈琉斯 Neileus

奈傑 Niger
奈摩昔妮 Mnemosyne
奈薩 Nysa
奈薩烏斯 Nysaeus
奈蘇斯 Nisus
妮莎里特 Mnesarete
孟菲斯 Memphis
季皮特斯 Zeipoetes
季列亞 Zeleia
季格勒 Zeigler
季菲爾 Zephyr
季諾 Zeno
宙斯 Zeus
居魯士大帝 Cyrus the Great
帖比亞人 Thibaeans
帖司庇伊 Thespiae
帖司庇修斯 Thespesius
帖司庇斯 Thespis
帖西克利 Ctesicles
帖西奉 Ctesiphon
帖西阿斯 Ctesias
帖西拜阿斯 Ctesibius
帖沙利 Thessaly
帖阿都斯 Cteatus
帖修姆 Theseum
帖修斯 Theseus
帖斯摩弗里亞 Thesmophoria
帖斯摩特提 Thesmothetae
帖斯摩特提姆 Thesmotheteum
帖塔拉斯 Thettalus
帖蒂斯 Thetis
帕夫拉果尼亞 Paphlagonia
帕加姆 Pergamum
帕台農 Parthenon
帕尼久斯 Panaetius
帕尼努斯 Panaenus
帕弗斯 Paphos
帕皮流斯 Papirius
帕皮流斯·托盧昔 Papirius Tolucer
帕皮流斯·羅曼努斯 Papirius Romanus
帕皮瑞 Papyri
帕米尼奧 Parmenio
帕米諾 Parmeno
帕西阿德 Pasiades
帕西烏斯 Persaeus
帕西斯 Perses
帕西菲 Pasiphae
帕西豐尼 Persephone
帕西豐尼 Phersephone
帕利斯特瑞努斯 Palaestrinus
帕里托尼姆 Paraetonium
帕里西姆 Pareusium
帕里姆 Parium
帕里斯 Paris
帕里薩蒂斯 Parysatis
帕拉丁姆 Palladium
帕拉米德 Palamedes
帕拉西普陶莎 Paracyptousa
帕拉廷 Palatine
帕拉斯 Pallas
帕拉盧斯 Paralus
帕昔紐斯 Parthenius
帕垂吉斯 Partridges

帕洛德 Palodes
帕美利亞 Pamylia
帕美勒斯 Pamyles
帕迪卡斯 Perdiccas
帕修斯 Perseus
帕勒尼 Pallene
帕勞阿伊人 Parauaei
帕提亞 Parthia
帕瑞休斯 Parrhasius
帕瑞安德 Periander
帕瑞克萊都斯 Pericleitus
帕瑞里 Pariere
帕達拉斯 Pardalas
帕羅斯 Paros
帕羅斯 Paros
底比斯 Thebes
底米斯 Themis
彼昔斯特拉都斯 Peisistratus
彼塔西姆 Pittaceum
彼塔庫斯 Pittacus
拉丁姆 Latium
拉古斯 Lagus
拉奴維姆 Lanuvium
拉布蘭登 Labrandean
拉立沙 Larissa
拉伊斯 Lais
拉米婭 Lamia
拉西特 Laceter
拉西德 Lacydes
拉克拉底 Lacrates
拉克瑞都斯 Lacritus
拉里亞 Raria
拉里斯 Lares
拉佩茲 Lapiths
拉奇西斯 Lachesis
拉奇斯 Laches
拉姆努斯 Rhamnus
拉昔尼斯 Lasthenes
拉波塔斯 Labotas
拉阿克斯 Laarchus
拉拜阿迪 Labyadae
拉柯尼亞 Laconia
拉查里斯 Lachares
拉倫夏・費布拉 Larentia Fabula
拉烏斯 Laius
拉斯地蒙 Lacedaemon
拉塔邁阿斯 Lattamyas
拉蒂努斯 Latinus
拉達斯 Ladas
拉達瑪蘇斯 Rhadamanthus
拉爾 Lar
拉瑪克斯 Lamachus
拉潔西 Lagisce
拉蘇斯 Lasus
披特伊薩 Pityoessa
披索伊吉亞 Pithoigia
披塔尼 Pitane
披達瑞都斯 Paedaretus
昔伊斯底 Thyestes
昔克羅普斯 Cecrops
昔庇阿 Caepio
昔里伊 Thyreae
昔里蒂斯 Thyreatis
昔塔西斯 Sitalces

昔摩特勒斯 Thymoteles
昆蒂良 Quintillian
明尼久斯 Menoetius
明尼帕斯 Menippus
明尼斯庫斯 Meniscus
果爾廷 Gortyn
林尼烏斯 Limnaeus
林西烏斯 Lynceus
林杜斯 Lindus
林諾斯 Lemnos
松契斯 Sonchis
波尼羅波里斯 Poneropolis
波布魯斯 Borborus
波伊尼 Poine
波托妮 Potone
波考瑞斯 Bocchoris
波西婭 Porcia
波利厄尼德 Polyaenides
波利尼西斯 Polyneices
波利丟西斯 Polydeuces
波利伊杜斯 Polyeidus
波利多魯斯 Polydorus
波利米斯托 Polymestor
波利西法盧斯 Polycephalus
波利克拉底 Polycrates
波利克拉蒂達斯 Polycratidas
波利克森努斯 Polyxenus
波利克森娜 Polyxena
波利克萊都斯 Polycleitus
波利克瑞特 Polycrite
波利克瑞蘇斯 Polycrithus
波利努斯 Polyaenus
波利姆尼亞 Polymnia
波利姆尼斯 Polymnis
波利姆尼斯都斯 Polymnestus
波利阿克斯 Polyarchus
波利阿努斯 Pollianus
波利拜阿斯 Polybius
波利查穆斯 Polycharmus
波利格諾都斯 Polygnotus
波利捷盧斯 Polyzelus
波利提昂 Poulytion
波利斯 Pollis
波利斯帕強 Polysperchon
波利菲穆斯 Polyphemus
波利奧西底 Poliorcetes
波利瑪瑟婭 Polymathia
波利赫妮婭 Polyhynia
波利赫斯托 Polyhistor
波利優克都斯 Polyeuctus
波里多瑞克斯 Poredorix
波拉克斯 Pollux
波披留斯·卡斯都斯 Popillius Castus
波披留斯·利納斯 Popillius Laenas
波修斯·小加圖 Porcius Cato the Younger
波修斯·加圖 Porcius Cato
波特斯 Poltys
波琉提瑞昂 Bouleuterion
波納·迪 Bona Dea
波勒 Boule
波勒瑪克斯 Polemarchus
波勒蒙 Polemon
波勒摩 Polemo

波莉婭 Boulis
波提亞 Bottiaea
波斯 Persia
波斯都繆斯・阿比努斯 Postumius Albinus
波斯都繆斯・阿格里帕 Postumius Agrippa
波普利柯拉 Poplicola
波森納，拉爾斯 Porsena, Lars
波絲都美婭 Postumia
波菲利 Porphyry
波塞登 Poseidon
波塔 Porta
波蒂迪亞 Potidaea
波達古斯 Podargus
波頓 Boton
波維阿隆 Bovianum
波德斯 Podes
波魯斯 Porus
波盧斯 Polus
波賽多紐斯 Poseidonius
法比婭 Fabia
法布拉 Fabula
法布瑞修斯・盧辛努斯 Fabricius Luscinus
法弗瑞努斯 Favorinus
法西利斯 Phaselis
法那巴蘇斯 Pharnabazus
法納西斯 Pharnaces
法勒瑞 Falerii
法爾沙拉斯 Pharsalus
法爾沙莉婭 Pharsalia
法羅斯 Pharos
芬特阿斯 Phintias
門儂 Memnon
門德 Mendes
門諾 Meno
門繆斯 Memmius
阿什里都斯 Athrytus
阿比 Abae
阿加米斯特 Agamestor
阿加西克利 Agasicles
阿加索布盧斯 Agathobulus
阿加索克利 Agathocles
阿加維 Agave
阿加薩克斯 Agatharchus
阿加薩契達斯 Agatharchidas
阿加薩契德 A gatharchides
阿加豐 Agathon
阿卡狄亞 Arcadia
阿卡納尼亞 A carnania
阿尼 Arne
阿布杜斯 Abydus
阿布達洛尼穆斯 Abdalonymus
阿布德拉 Abdera
阿皮勒斯 Apelles
阿吉里歐妮 Argileonis
阿多尼斯 Adonis
阿托莎 Atossa
阿米索達魯斯 Amisodarus
阿米塔斯 Amytas
阿西利斯 Arselis
阿西杜莎 Acidusa
阿西妮 Arsinoe

阿西奧紐斯 Alcyoneus
阿克拉加斯 Acragas
阿克曼 Alcman
阿克塔斯 Archytas
阿克興 Actium
阿克羅科林斯 Acrocorinth
阿克羅塔都斯 Acrotatus
阿利亞 Allia
阿利阿底 Althaea Alyattes
阿利遜 Alizon
阿希斯 Arses
阿庇安 Appian
阿庇斯·克勞狄斯·昔庫斯 Appius Claudius Caecus
阿庇斯·克勞狄斯·普爾澤 Appius Claudius Pulcher
阿貝拉 Arbela
阿里弗羅伊 Arrhephoroi
阿里安 Arrian
阿里庇 Arippe
阿里昂 Arion
阿里烏斯一世 Areus I
阿里特 Arete
阿里曼紐斯 Areimanius
阿里塔斐 Aretaphila
阿里塔德 Aretades
阿里奧帕古斯 Areopagus
阿里薩斯 Aresas
阿里蘇薩 Arethusa
阿奇里斯 Achilles
阿奇洛斯 Achelous
阿奇迪穆斯 Archedemus
阿奇朗 Acheron
阿奇勞斯 Archelaus
阿奇瑪克斯 Archemachus
阿奇摩魯斯 Archemorus
阿拉考西亞 Arachosia
阿拉伯 Arabia
阿拉柯米尼 Alalcomenae
阿拉柯米尼姆 Alalcomenium
阿拉都斯 Aratus
阿拉斯庇斯 Araspes
阿昔山德 Acesander
阿昔尼烏斯 Athenaeus
阿昔西勞斯 Arcesilaus
阿昔蘇斯 Arcesus
阿波羅 Apollo
阿波羅尼亞 Apollonia
阿波羅多魯斯 Apollodorus
阿波羅克拉底 Apollocrates
阿波羅奈德 Apollonides
阿波羅妮絲 Apollonis
阿波羅法尼斯 Apollophanes
阿波羅紐斯 Apollonius
阿波羅紐斯·邁斯 Apollonius Mys
阿波羅諾波里斯 Apollonopolis
阿法留斯 Aphareus
阿芙羅黛特 Aphrodite
阿金紐西 Arginusae
阿非拉紐斯 Afranius
阿契努斯 Archinus
阿契洛克斯 Archilochus
阿契蒂穆斯 Architimus
阿契達穆斯 Archidamus

阿契達穆斯二世 Archidamus II
阿契達穆斯三世 Archidamus III
阿契達邁達斯 Archidamidas
阿派斯 Apis
阿美里亞 Ameria
阿美斯特瑞斯 Amestris
阿美摩尼 Amymone
阿格米德 Agamedes
阿格里帕 Agrippa
阿格拉伊婭 Aglaia
阿格曼儂 Agmemnon
阿格勞奉 Aglaophon
阿格勞妮絲 Aglaonice
阿格瑞堅屯 Agrigentum
阿格瑞歐尼亞 Agrionia
阿特米斯 Artemis
阿特拉斯 Atlas
阿特羅波斯 Atropos
阿琉阿斯 Aleuas
阿琉斯 Aleus
阿索 Aso
阿索皮克斯 Asopichus
阿索帕斯 Asopus
阿索斯 Athos
阿紐比斯 Anubis
阿勒克西克拉底 Alexicrates
阿勒克西努斯 Alexinus
阿勒克西迪穆斯 Alexidemus
阿勒克西達 Alexida
阿勒克瑟斯 Alexis
阿勒克賽奧 Alexio
阿基米德 Archimedes
阿基亞斯 Archias
阿康蘇斯 Acanthus
阿提卡 Attica
阿提米西亞一世 Artemisia I
阿提米西亞二世 Artemisia II
阿提米修姆 Artemisium
阿提波瑪魯斯 Atepomarus
阿提阿斯 Ateas
阿提烏斯·卡庇托 Ateius Capito
阿斯克拉 Ascra
阿斯克勒皮阿德 Asclepiades
阿斯克勒皮奧多魯斯 Asclepiodorus
阿斯克勒庇斯 Asclepius
阿斯帕西亞 Aspasia
阿斯提吉斯 Astyages
阿斯提里姆 Asterium
阿斯提達瑪斯 Astydamas
阿斯塔提 Astarte
阿隆久斯 Aruntius
阿塞蒂斯 Alcestis
阿塔巴努斯 Artabanus
阿塔弗尼斯 Artaphernes
阿塔紐斯 Atarneus
阿塔澤爾西茲一世「通臂猿」 Artaxerxes I Long Hand
阿塔澤爾西茲二世尼蒙 Artaxerxes II Mnemon
阿塔盧斯一世 Attalus I
阿塔盧斯二世 Attalus II
阿塔盧斯三世 Attalus III
阿楚斯 Atreus
阿溫廷 Aventine

阿瑟納伊斯 Athenais
阿瑟諾多魯斯 Athenodorus
阿瑞烏斯 Areius
阿瑞斯 Ares
阿蒂庫斯 Atticus
阿蒂留斯 Atilius
阿蒂索 Atiso
阿蒂斯 Attis
阿達 Ada
阿達盧斯 Ardalus
阿爾巴 Alba
阿爾巴尼亞 Albania
阿爾戈 Argo
阿爾戈號 Argonauts
阿爾卡米尼斯 Alcamenes
阿爾西烏斯 Alcaeus
阿爾克米昂 Alcmaeon
阿爾克曼娜 Alcmena
阿爾卑斯 Alps
阿爾康德 Alcander
阿爾菲烏斯 Alpheius
阿爾菲諾斯 Alphinous
阿瑪西斯 Amasis
阿維狄斯·尼格里努斯 Avidius Nigrinus
阿維狄斯·奎伊都斯 Avidius Quietus
阿蒙 Ammon
阿蒙紐斯 Ammonius
阿蒲列烏斯 Appuleius
阿摩格斯 Amorgos
阿魯埃里斯 Arueris
阿穆留斯 Amulius
阿薩拉斯 Arsalus
阿薩瑪斯 Athamas

【九劃】

卻特 Chartier
品達 Pindar
哈布朗 Habron
哈布羅托儂 Habrotonon
哈布羅特 Habrote
哈立 Halae
哈吉阿斯 Hagias
哈利卡納蘇斯 Halicarnassus
哈利阿都斯 Haliartus
哈利斯 Halys
哈庇斯 Harpies
哈帕拉斯 Harpalus
哈波克拉底 Harpocrates
哈特曼 Hartman
哈得斯 Hades
哈斯德魯巴 Hasdrubal
哈瑪 Harma
哈德良 Hadrain
哈摩狄斯 Harmodius
哈摩奈德 Harmonides
哈摩妮婭 Harmonia
哈摩紐斯 Harmonius
垂托吉尼亞 Tritogeneia
垂米勒斯 Trimeles
垂西瑪克斯 Trisimachus
垂波迪修伊 Tripodiscioi
垂普托勒穆斯 Triptolemus
垂菲利亞人 Triphyllians

契米拉 Chimaera
契西阿斯 Chersias
契隆 Chilon
契奧瑪拉 Chiomara
奎伊都斯，阿維狄斯 Quietus, Avidius
奎因都斯 Quintus
奎因都斯・塞脫流斯 Quintus Sertorius
奎因都斯・龐皮狄斯・希洛 Quintus Pompaedius Silo
奎林努斯 Quirinus
奎林納利亞 Quirinalia
奎瑞蒂斯 Quiritis
屋大維 Caesar, Octavianus
屋大維烏斯 Octavius
拜占庭 Byzantium
拜布拉斯 Byblus
拜昂 Bion
柯克利 Cocles
柯普托 Kopto
柯麗 Kore
查布瑞阿斯 Chabrias
查米德 Charmides
查里布狄斯 Charybdis
查理斯 Chares
查瑞克利 Charicles
查瑞克拉底 Charicrates
查瑞克萊德 Charicleides
查瑞拉 Charilla
查瑞拉斯 Charillus
查瑞阿斯 Charias
查瑪 Zama
柏拉圖 Plato
派里伊斯 Piraeis
派里亞 Pieria
派里猶斯 Piraeus
派拉 Pyrrha
派拉斯 Peiras
派桑德 Peisander
派瑞索斯 Peirithous
派瑞德 Pierides
派魯斯 Pierus
派麗婭 Pieria
洛克里 Locri
洛克瑞斯 Locris
洛克魯斯 Locrus
洛奇婭 Locheia
洛查古斯 Lochagus
珀妮洛普 Penelope
珀曼卓亞 Poemandria
珀曼德 Poemander
科利阿斯 Colias
科利都斯 Collytus
科利提 Collyte
科孚 Corcyra
科里 Core
科里西亞洞穴 Corycian Cave
科里班底 Corybantes
科里塔斯 Coretas
科佩斯 Copais
科拉克斯 Corax
科林娜 Corinna
科林斯 Corinth
科洛努斯 Colonus
科洛奉 Colophon

科洛底 Colotes
科特斯 Cotys
科普留斯 Copreus
科瑞歐拉努斯 Coriolanus
科爾西卡 Corsica
科德魯斯 Codrus
科賽都斯 Cocytus
科羅尼 Corone
科羅尼亞 Coroneia
科羅庇 Corope
科蘇斯 Cothus
突斯西努斯 Tuscinus
約卡斯塔 Jocasta
約西法斯 Josephus
美索不達米亞 Mesopotamia
耶路撒冷 Jerusalem
英托里婭 Entoria
英迪彌恩 Endymion
英紐斯 Ennius
英達尼斯 Indarnes
英德羅密 Endrome
英諾 Ino
英黛斯 Endeis
迦太基 Carthage
迦巴 Gabba
迦利朋 Chalybon
迦勒底人 Chaldeans
迪山德 Dexander
迪弗瑞達斯 Diphridas
迪弗魯斯 Diphorus
迪西利亞 Decelea
迪西穆斯 Decimus
迪克特斯 Dictys
迪利姆 Delium
迪利昂 Delion
迪妮婭 Denaea
迪流斯 Delius
迪修斯 Decius
迪菲盧斯 Diphilus
迪達盧斯 Daedalus
迪瑪德斯 Demades
迪蒙 Daemon
迪盧斯 Diyllus
修昔底德 Thucydides
俾西尼亞 Bithynia
俾西努斯 Bithynus
哥倫美拉 Columella

【十劃】

埃及 Egypt
埃弗魯斯 Ephorus
埃克修垂亞 Ixeutria
埃克蒂努斯 Ictinus
埃克賽昂 Ixion
埃里什里 Erythrae
埃里西松 Erysichthon
埃里克色斯 Eryxis
埃里克色瑪克斯 Eryximachus
埃里克索 Eryxo
埃里克斯 Eryx
埃里芳廷 Elephantine
埃里菲諾 Elephenor
埃里瑪蘇斯 Erymanthus
埃迪曼都斯 Adeimantus

埃涅伊德 Aenied
埃傑克斯 Ajax
埃傑斯 Agis
埃傑斯 Agis II
埃傑斯三世 Agis III
埃傑斯三世 Agis IV
埃塞俄比亞 Ethiopia
埃蒂昂 Eetion
埃蒂昂尼亞 Eetioneia
埃德米都斯 Admetus
埃薩拉斯 Isaras
埃薩哥拉斯 Isagoras
娣布 Thebe
庫米 Cumae
庫瑞阿久斯 Curiatius
朗潘 Lampon
桑比庫斯 Sambicus
桑米蒂克斯 Psammetichus
桑克都斯 Sanctus
桑保拉斯 Sambaulas
桑達努斯 Sandanus
柴昔茲 Tzetzes
格尼遜克斯 Gnesiochus
格利康 Glycon
格利薩斯 Glisas
格里帕斯 Grypus
格里盧斯 Gryllus
格拉尼庫斯 Granicus
格拉埃伊 Graiae
格拉齊，該猶斯 Gracchus, Gaius
格耐烏斯 Gnaeus
格勞西亞 Glaucia
格勞西帕斯 Glaucippus
格勞西阿斯 Glaucias
格勞柯 Glauco
格勞科瑟 Glaucothea
格勞庫斯 Glaucus
格勞康 Glaucon
格勞斯 Glauce
格羅特 Grote
泰比 Tybi
泰吉利努斯 Tigellinus
泰米西阿斯 Timesias
泰坦 Titan
泰封 Typhon
泰迪烏斯 Tydeus
泰倫斯 Tiryns
泰桑德 Tisander
泰格拉尼斯 Tigranes
泰索努斯 Tithonus
泰索拉 Tithora
泰密烏斯 Timaeus
泰密婭 Timaea
泰提烏斯 Tityus
泰瑞巴蘇斯 Tiribazus
泰爾 Tyre
泰瑪吉尼斯 Timagenes
泰瑪克斯 Timarchus
泰綺思 Thais
泰蒙 Timon
泰摩克利 Timocles
泰摩克拉底 Timocrates
泰摩克森娜 Timoxena
泰摩克萊婭 Timocleia

泰摩利昂 Timoleon
泰摩查里斯 Timocharis
泰摩迪穆斯 Timodemus
泰摩修斯 Timotheus
泰摩莎 Timothea
泰摩瑪克斯 Timomachus
泰薩菲尼斯 Tissaphernes
泰羅 Tyro
海卡尼亞 Hyrcania
海布瑞斯 Hybris
海西里斯 Hysiris
海伯波里安 Hyperboreans
海克力斯 Hercules
海佩托多魯斯 Hypatodorus
海佩里亞 Hypereia
海佩底 Hypates
海佩拉 Hypera
海姆披亞 Hyampeia
海姆波里斯 Hyampolis
海帕克瑪斯 Hippalcmas
海帕波拉斯 Hyperbolus
海帕契亞 Hipparchia
海帕特 Hypate
海帕瑞德 Hypereides
海帕羅克斯 Hyperochus
海拉波里斯 Hierapolis
海拉斯 Hylas
海阿吉尼斯 Hyagnis
海倫 Helen
海倫斯坡 Hellespont
海斯塔斯庇斯 Hystaspes
海普西克里昂 Hypsicreon
海普西庇爾 Hypsipyle
海奧利達斯 Hyollidas
海瑞亞 Hyria
海達斯披斯 Hydaspes
海德里烏斯 Hidrieus
海羅 Hiero
海羅尼穆斯 Hieronymus
海羅索利穆斯 Hierosolymus
浮康紐斯・納索 Voconius Naso
烏多拉 Udora
烏拉尼奧斯 Uranios
烏拉努斯 Uranus
烏拉妮婭 Urania
烏提卡 Utica
烏爾索 Vulso
特內多斯 Tenedos
特尼斯 Tenes
特米努斯 Terminus
特米納利亞 Terminalia
特利西瑪克斯 Tlesimachus
特利波勒穆斯 Tlepolemus
特里里人 Treres
特里朋紐斯 Trebonius
特里眞 Troezen
特里納 Tereina
特里提烏斯 Tryteaus
特里斐奧多魯斯 Tryphoiodorus
特里斯 Teres
特里豐 Tryphon
特拉西米尼 Trasimene
特拉勒斯 Tralles
特拉蒙 Telamon

特林 Tellen
特契尼斯 Telchines
特洛伊 Troy
特倫久斯 Terentius
特倫斯 Terence
特琉夏 Teleutia
特留斯 Tereus
特納克蒂斯 Technactis
特勒西努斯 Telesinus
特勒西帕 Telesippa
特勒西帕斯 Telesippus
特勒西拉 Telesilla
特勒西阿斯 Telesias
特勒克盧斯 Teleclus
特勒法尼斯 Telephanes
特勒法斯 Telephus
特勒哥努斯 Telegonus
特勒斯弗魯斯 Telesphorus
特勒斯提瑞昂 Telesterion
特勒蒂阿斯 Teletias
特勒瑪克斯 Telemachus
特基里 Tegyrae
特基亞 Tegea
特提烏斯 Tyrtaeus
特普西可瑞 Terpsichore
特普西昂 Terpsion
特瑞巴利亞人 Triballians
特瑞納 Terina
特瑞頓 Triton
特瑞頓 Tritons
特蒂克斯 Tettix
特圖列安 Tertullian
特爾夏 Tertia
特瑪契 Telmarchy
特瑪區 Telmarch
特齊斯 Tethys
特潘德 Terpander
特盧斯 Tellus
特羅弗紐斯 Trophonius
特羅伊盧斯 Troilus
特羅阿德 Troad
特羅阿德 Troades
特羅格洛迪底 Troglodytes
特羅索拜斯 Trosobius
特羅喬歐斯 Trochaios
特羅斯修斯 Troscius
琉卡迪亞 Leucadian
琉卡斯 Leucas
琉西帕迪 Leucippidae
琉西帕斯 Leucippus
琉西普 Leucippe
琉克特拉 Leuctra
琉克特魯斯 Leuctrus
琉柯 Leuco
琉柯色 Leucothea
琉科可瑪 Leucocoma
琉科尼 Leuconoe
琉科尼亞 Leuconia
祖蘇斯 Xuthus
索卡努斯 Sorcanus
索弗朗 Sophron
索弗羅西妮 Sophrosyne
索休斯・塞尼西歐 Sossius Senecio
索西吉尼斯 Sosigenes

索西克利 Sosicles
索西庇斯 Sosibius
索西修斯 Sositheus
索西特勒斯 Sositeles
索克拉魯斯 Soclarus
索利 Soli
索利密 Solymi
索里西昂 Thorycion
索拉努斯，華勒流斯 Soranus, Valerius
索昔斯 Sothis
索法斯 Sophus
索芬尼斯 Sophanes
索特勒斯 Soteles
索特瑞克斯 Soterichus
索特爾 Soter
索斯庇斯 Sospis
索斯特拉都斯 Sostratus
索菲盧斯 Sophilus
索塔德 Sotades
索蒂昂 Sotion
索福克利 Sophocles
索薩斯特 Sosaster
紐埃斯 Mneuis
紐曼蒂努斯 Numantinus
納尼亞 Narnia
納西阿斯 Mnaseas
納西蘇斯 Narcissus
納克索斯 Naxos
納特妮昂 Gnathaenion
納索 Gnathon
納索尼西姆 Gnathonism
納納魯斯 Nanarus
納密阿斯 Mnamias
納麥底 Namertes
納賽吉頓 Mnasigeiton
納薩西姆 Narthacium
翁布里亞 Umbria
茱麗亞 Julia
馬人 Centaurs
馬卡 Macar
馬卡流斯 Macareus
馬可斯 Caesar, Marcus Ulpius Traianus
馬可斯 Marcus
馬可斯・伊米留斯・雷比達 Marcus Aemilius Lepidus
馬尼留斯 Manilius
馬尼索 Manetho
馬尼斯 Manes
馬尼羅斯 Maneros
馬西人 Marsi
馬西尼撒 Masinissa
馬西利努斯 Marcellinus
馬西拉斯 Macellus
馬西昂 Marcion
馬西阿斯 Marsyas
馬西斯 Mases
馬西塞利亞人 Masaesylians
馬克羅拜斯 Macrobius
馬利亞 Malea
馬利斯 Malis
馬其頓 Macedon
馬其頓尼庫斯 Macedonicus
馬奇斯 Maches
馬拉坎達 Maracanda

馬拉松 Marathon
馬舍烏斯 Mazaeus
馬查塔斯 Machaetas
馬修 Martial
馬修斯，安庫斯 Marcius, Ancus
馬修斯，科瑞歐拉努斯 Marcius, Coriolanus
馬格尼西亞 Magnesia
馬留，該猶斯 Marius, Gaius
馬塞拉斯，克勞狄斯 Marcellus, Claudius
馬塞拉斯，塞普蒂繆斯 Marcellus, Septimius
馬圖塔 Matuta
馬爾康德 Malcander
馬賽利亞人 Massylians
高乃留斯 Cornelius
高乃留斯，馬西利努斯 Cornelius, Marcellinus
高乃留斯・西庇阿・納西卡 Cornelius Scipio Nasica
高乃留斯，克洛狄斯 Cornelius, Clodius
高乃留斯・普爾澤 Cornelius Pulcher
高乃莉婭 Cornelia
高加索 Caucasus
高尼庫隆 Corniculum
高吉阿斯 Gorgias
高吉達斯 Gorgidas
高盧 Gaul

【十一劃】

勒巴杜斯 Lebadus
勒巴迪亞 Lebadeia
勒安德 Leander
勒托 Leto
勒勒吉斯 Leleges
勒蘭廷 Lelantine
曼留斯 Manlius
曼提烏斯 Manteius
曼蒂尼 Mantineia
曼蒂阿斯 Mantias
曼德朗 Mandron
培里 Perry
密久斯・福非久斯 Mettius Fufetius
密尼斯 Meinis
密安德流斯 Maeandrius
密西納斯 Maecenas
密克索利迪安 Mixolydian
密珍久斯 Mezentius
密迪阿斯 Meidias
密涅瓦 Minerval
密涅穆斯 Mimnermus
密提阿德 Miltiades
密蒂奧克斯 Metiochus
屠盧斯 Tullus
屠盧斯・賀斯蒂留斯 Tullus Hostilius
康米紐斯・蘇帕 Comminius Super
康貝西斯 Cambyses
康帕尼亞 Campania
康塔布里人 Cantabri
康楚斯庫斯 Contruscus

康瑪 Camma
康瑪吉尼 Commagene
康儂 Conon
康薩瑞昂 Cantharion
悉尼 Syene
捷吉斯 Gyges
捷利法斯 Gyliphus
捷里亞 Gyrian
捷阿羅斯 Gyaros
捷隆 Gylon
敘米 Syme
敘利亞 Syria
敘拉 Sura
敘拉古 Syracuse
敘拉庫莎 Syracusa
敘蒂斯 Syrtis
敘魯斯 Syrus
梭倫 Solon
梅西 Mese
梅西尼 Messene
梅利伊 Meliai
梅利亞 Melia
梅利莎 Melissa
梅利瑟底 Melicertes
梅利蘇斯 Melissus
梅杜莉納 Medullina
梅松尼 Methone
梅桑 Methon
梅特羅 Metroa
梅特羅多魯斯 Metrodorus
梅特羅克利 Metrocles
梅勒都斯 Meletus
梅提拉 Metella
梅提拉斯 Metellus
梅隆 Melon
梅塔吉特尼亞 Metageitnia
梅塔妮娜 Metaneira
梅塔朋屯 Metapontum
梅齊爾 Methyer
條頓人 Teutons
理普提斯 Leptis
畢布里西亞人 Bebrycians
畢西阿斯 Pisias
畢西爾 Pysior
畢里辛錫亞 Berecynthia
畢阿斯 Bias
畢索 Piso
畢索，卡普紐斯·弗魯吉 Piso, Calpurnius Frugi
畢索尼斯 Pisonis
畢勒斯蒂琪 Belestiche
畢斯久斯 Pistius
畢達哥拉斯 Pythagoras
畢頓 Biton
笛西克里昂 Dexicreon
笛克西修斯 Dexitheus
笛阿妮拉 Deianeira
笛瑪拉都斯 Demaratus
笛蒙 Demon
笛摩尼庫斯 Demonicus
笛摩多庫斯 Demodocus
笛摩米勒斯 Demomeles
笛摩奉蒂迪 Demophontidae
笛摩妮絲 Demonice

笛摩昔尼斯　Demosthenes
笛摩迪庫斯　Demodicus
笛摩迪絲　Demodice
笛摩特勒斯　Demoteles
笛摩斯特拉都斯　Demostratus
笛摩菲盧斯　Demophilus
第尼 Sthene
第尼亞 Stheneia
第尼萊達斯 Sthenelaidas
第尼盧斯 Sthenelus
第安諾 Theano
第安諾爾 Theanor
第紐斯 Sthennius
第勒尼安人 Tyrrhenians
第勒努斯 Tyrrhenus
第諾 Sthenno
紹克埃斯 Xois
莎孚 Sappho
莉伊娜 Leaena
莉維婭 Livia
荷馬　Homer
荷普萊特斯　Hoplites
荷魯斯　Horus
許努斯　Hymnus
許門　Hymen
透特 Thoth
陶魯斯 Taurus
陶羅米尼姆 Tauromenium
麥內 Mene
麥內西克穆斯 Menesaechmus
麥內克西努斯 Menexenus
麥內克拉底 Menecrates
麥內克萊達斯 Menecleidas
麥內迪穆斯 Menedemus
麥內勞斯 Menelaus
麥內菲盧斯 Menephylus
麥內瑪克斯 Menemachus
麥加巴底 Megabates
麥加克利 Megacles
麥加克萊德 Megacleides
麥加里烏斯 Megareus
麥加拉 Megara
麥加昔尼斯 Megasthenes
麥加洛波里斯 Megalopolis
麥加瑞斯 Megareis
麥尼拉斯 Menyllus
麥吉斯托 Megisto
麥吉斯蒂阿斯 Megistias
麥克西穆斯 Maximus
麥邱利 Mercury
麥羅庇斯 Meropes
麥羅普 Merope
麥羅普斯 Merops
麥蘭尼庇 Melanippe
麥蘭尼庇德 Melanippides
麥蘭尼帕斯 Melanippus
麥蘭克利尼 Melanchlaeni
麥蘭昔婭 Melantheia
麥蘭修斯 Melanthius
麥蘭蘇斯 Melanthus

【十二劃】

傑生 Jason
傑努斯 Janus

傑里安 Geryon
傑拉 Gela
傑拉達塔斯 Geradatas
傑洛 Gelo
傑留斯 Gellius
傑紐斯 Genius
傑提 Getae
傑斯久斯 Gestius
傑菲里人 Gephyraeans
傑蒂阿斯 Gyrtias
傑羅姆 Jerome
凱利尼庫斯 Callinicus
凱利克利 Callicles
凱利克拉底 Callicrates
凱利克拉蒂達斯 Callicratidas
凱利克森努斯 Callixenus
凱利努斯 Callinus
凱利帕斯 Callipus
凱利彼德 Callippides
凱利昔尼斯 Callisthenes
凱利阿斯 Callias
凱利斯托 Callisto
凱利斯特拉都斯 Callistratus
凱利瑪克斯 Callimachus
凱貝爾 Kaibel
凱撒， 該猶斯·朱理烏斯 Caesar, Gaius Julius
凱麗里 Callirrhoe
勞美敦 Laomedon
勞倫屯 Laurentum
勞倫特 Laurent
勞斯 Laus
勞達米亞 Laodameia
博斯波魯斯·色雷修斯 Bosporus Thracius
博斯波魯斯·辛米流斯 Bosporus Cimmerius
喀尼德 Carneades
喀耳刻 Circe
喀利古拉 Caesar, Gaius Julius Caesar
喬努菲斯 Chonuphis
復仇女神 Fury
提比流斯 Caesar, Tiberius Augustus
提比流斯 Tiberius
提比流斯·凱撒 Tiberius Caesar
提比瑞阿努斯 Tiberianus
提比瑞斯 Tiberis
提布 Tibur
提布拉斯 Tibullus
提米努斯 Temenus
提米斯久斯 Themistius
提米斯托吉尼斯 Themistogenes
提米斯托克利 Themistocles
提米斯特阿斯 Themisteas
提米森 Themison
提西阿斯 Teisias
提克塔米尼斯 Thectamenes
提里西阿斯 Teiresias
提昂 Theon
提洛 Delos
提納朗 Taenarum
提納魯斯 Taenarus
提奧斯 Teos
提圖斯 Caesar, Titus Flavius

Vespasianus
提圖斯 Titus
提蒙 Temon
斐尼克斯 Phoenix
斐尼帕斯 Phaenippus
斐多 Phaedo
斐利穆斯 Philimus
斐亞克斯 Phaeax
斐亞賽人 Phaeacians
斐洛 Philo
斐洛卡里斯 Philocares
斐洛尼庫斯 Philonicus
斐洛皮瑟斯 Philopeithes
斐洛伊久斯 Philoetius
斐洛米托 Philometer
斐洛米盧斯 Philomelus
斐洛考魯斯 Philochorus
斐洛克利 Philocles
斐洛克拉底 Philocrates
斐洛克特底 Philoctetes
斐洛克森努斯 Philoxenus
斐洛佩特 Philopator
斐洛坡門 Philopoemen
斐洛帕普斯 Philopappus
斐洛底 Philotes
斐洛法尼斯 Philophanes
斐洛查里斯 Philochares
斐洛美拉 Philomela
斐洛迪穆斯 Philodemus
斐洛勞斯 Philolaus
斐洛斯特拉都斯 Philostratus
斐洛塔斯 Philotas
斐洛蒂穆斯 Philotimus
斐迪穆斯 Phaedimus
斐勒巴斯 Philebus
斐勒提魯斯 Philetaerus
斐勒塔斯 Philetas
斐勒蒙 Philemon
斐隆 Philon
斐儂 Phaenon
斐德拉 Phaedra
斐德魯斯 Phaedrus
斯卡普特・海勒 Scapte Hyle
斯卡菲亞 Scarpheia
斯弗瑞達底 Sphridates
斯皮司瑞達底 Spithridates
斯托貝烏斯 Stobaeus
斯考魯斯，伊米留斯 Scaurus, Aemilius
斯克瑞波紐斯 Scribonius
斯坎曼德 Scamander
斯科蒂奧斯 Scotios
斯特克斯 Styx
斯特里弗斯 Strifes
斯特拉托 Strato
斯特拉托尼庫斯 Stratonicus
斯特拉托尼斯 Stratonice
斯特拉托克利 Stratocles
斯特拉波 Strabo
斯特拉斯 Stellus
斯特拉蒂斯 Strattis
斯特拉頓 Straton
斯特羅昔阿斯 Strouthias
斯特羅普 Sterope

斯特羅菲烏斯 Strophius
斯普流斯 Spurius
普庇烏斯，畢索 Pupius, Piso
普里尼 Pliny
普里尼斯特 Praeneste
普里安 Priam
普里坦尼斯 Prytanis
普里阿帕斯 Priapus
普里庫斯 Priccus
普里恩 Priene
普里都斯 Proetus
普里斯托 Presto
普里斯庫斯 Priscus
普拉克色特勒斯 Praxiteles
普拉克西瑟 Praxithea
普拉莎妮 Plathane
普拉提亞 Plataea
普拉蒂納斯 Pratinas
普拉頓 Platon
普契拉，茱麗亞 Pulchra, Julia
普洛蒂努斯 Plotinus
普勞都斯 Plautus
普提奧利 Puteoli
普萊阿德 Pleiades
普萊斯托納克斯 Pleistoanax
普萊斯提尼都斯 Pleistaenetus
普萊斯塔克斯 Pleistarchus
普塔尼 Putane
普祿托 Pluto
普祿西阿斯 Prusias
普祿敦久斯 Prudentius
普祿蒂斯 Plutis
普祿薩 Prusa
普爾澤，高乃留斯 Pulcher, Cornelius
普羅弗薩西亞 Prophthasia
普羅托吉尼斯 Protogenes
普羅米修斯 Prometheus
普羅米敦 Promedon
普羅克利 Procles
普羅克妮 Procne
普羅克森努斯 Proxenus
普羅克盧斯 Proclus
普羅庇利亞 Propylaea
普羅庇都斯 Propoetus
普羅帕久斯 Propertius
普羅迪庫斯 Prodicus
普羅庫盧斯 Proculus
普羅索斯 Prothous
普羅提西勞斯 Protesilaus
普羅提阿斯 Proteas
普羅提烏斯 Proteus
普羅塔哥拉斯 Protagoras
普羅潘提斯 Propontis
普蘭果 Plangon
森波隆 Symbolon
森索瑞努斯 Censorinus
森普羅紐斯．索法斯 Sempronius Sophus
森瑪克斯 Symmachus
渥克妮 Ochne
渥克斯 Ochus
猶太人 Jews
粟特 Sogdiana
腓力比 Philippi

腓尼基 Phoenicia
華倫蒂努斯 Valentinus
華勒流斯 Valerius
華勒流斯・弗拉庫斯 Valerius Flaccus
華勒流斯・安蒂阿斯 Valerius Antias
華勒流斯・托奎都斯 Valerius Torquatus
華勒流斯・利維努斯 Valerius Laevinus
華勒流斯・波普利柯拉 Valerius Publicola
華勒流斯・科納都斯 Valerius Conatus
華勒流斯・索拉努斯 Valerius Soranus
華勒流斯・傑斯久斯 Gestius
華勒麗婭 Valeria
華勒麗婭・盧帕卡 Valeria Luperca
萊克格斯 Lycurgus
萊克都斯 Lyctus
萊姆 Rhium
萊柯弗朗 Lycophron
萊柯里亞 Lycoreia
萊柯波里斯 Lycopolis
萊柯瑪斯 Lycormas
菲巴斯 Phoebus
菲比達斯 Phoebidas
菲古拉斯 Figulus
菲尼烏斯 Pheneus
菲尼斯提拉 Fenestella
菲吉阿斯 Phigyas
菲多勞斯 Pheidolaus
菲利克斯 Felix
菲利努斯 Philinus
菲利庇德 Philippides
菲利帕斯 Philippus
菲利芭 Philippa
菲利浦 Philip
菲利浦二世 Philip II
菲利浦五世 Philip V
菲利斯 Felis
菲利斯庫斯 Philiscus
菲利斯都斯 Philistus
菲利斯提昂 Philistion
菲利達斯 Phyllidas
菲杜斯 Phoedus
菲里 Pherae
菲里尼庫斯 Pherenicus
菲里克拉底 Pherecrates
菲里賽德 Pherecydes
菲拉 Phila
菲拉西 Phylace
菲拉克斯 Philarchus
菲拉克斯 Phylarchus
菲拉格魯斯 Philagrus
菲拉斯 Phayllus
菲拉蒙 Philammon
菲松 Phaethon
菲洛諾美 Phylonome
菲迪阿斯 Pheidias
菲特勒斯 Fetiales
菲紐斯 Phineus
菲勒 Phyle
菲勒烏斯 Phyleus
菲敦 Pheidon
菲斯修斯 Physcius

菲斯庫斯 Physcus
菲斯都斯　Festus
菲斯都斯 Phaestus
菲塔繆斯 Phytalmius
菲盧斯 Phellus
菲繆斯 Phemius
菲賽姆 Phicium
費比烏斯·法布瑞西阿努斯　Fabius Fabricianus
費比烏斯·麥克西穆斯　Fabius Maximus
費比烏斯·麥克西穆斯·古吉斯 Fabius Gurges Maximus
費尼阿斯 Phanias
費立 Philae
費利昂 Phalion
費利斯 Phalis
費拉瑞斯 Phalaris
費拉德法斯 Philadelphus
費勒里烏斯 Phallereus
費勒庫斯 Phalaecus
費勒隆 Phalerum
費諾克利 Phanocles
費蘭蘇斯 Phalanthus
賀廷休斯·賀塔拉斯　Hortensius Hortalus
賀拉久斯　Horatius
賀拉久斯·柯克利　Horatius Cocles
賀拉夏　Horatia
賀拉斯　Horace
賀姆瑞德　Homerid
賀塔　Horta
開俄斯 Chios,
隆古斯 Longus
隆吉努斯 Longinus
雅典 Athens
雅典娜 Athena
黑格儂　Hagnon

【十三劃】

塞尼加，盧契烏斯·安尼烏斯 Seneca, Lucius Annaeus
塞尼西歐，奎因都斯·索休斯 Senecio, Quintus Sossius
塞吉烏斯 Sergius
塞吉斯塔 Segesta
塞利努斯 Selinus
塞里福斯 Seriphos
塞拉皮斯 Serapis
塞美拉米斯 Semiramis
塞迪阿斯　Cydias
塞倫　Cyrene
塞倫努斯 Serenus
塞埃斯 Sais
塞朗 Seiron
塞朗尼斯 Seiramnes
塞浦瑞斯　Cypris
塞浦路斯　Cyprus
塞烏斯 Seius
塞特 Seth
塞琉卡斯 Seleucus
塞琉卡斯一世尼卡托 Seleucus I Nicator
塞琉卡斯二世凱利尼庫斯 Seleucus II

Callinicus
塞琉西亞 Seleucia
塞索斯特瑞斯 Sesostris
塞勒尼 Selene
塞梅勒 Semele
塞畢斯 Cebes
塞普西盧斯 Cypselus
塞普提瑞昂 Septerion
塞普蒂蒙姆屯 Septimontium
塞普蒂繆斯・馬塞拉斯 Septimius Marcellus
塞普蒂繆斯・圖斯辛努斯 Septimius Tuscinus
塞萊布里亞 Selymbria
塞隆 Cylon
塞達都斯 Sedatus
塞爾特人 Celtic
塞爾特布里亞人 Celtiberians
塞維烏斯 Servius
塞維烏斯・屠留斯 Servius Tullius
塞維留斯・瓦蒂亞・埃索瑞庫斯 Servilius Vatia Isauricus
塞維留斯・昔庇阿 Servilius Caepio
塞賓尼都斯 Sebennytus
塞薩克昔亞 Seisachtheia
塞蘇斯 Celsus
塔久斯 Tatius
塔內斯 Tanais
塔布納克利 Tabernacles
塔弗西瑞斯 Taphosiris
塔皮烏斯 Tarpeius
塔皮婭 Tarpeia
塔西佗 Tacitus
塔克西勒斯 Taxiles
塔克蒂庫斯 Tacticus
塔利婭 Thalia
塔拉休斯 Talasius
塔昆 Tarquin
塔昆紐斯 Tarquinius
塔昆紐斯・普里斯庫斯 Tarquinius Priscus
塔昆紐斯・蘇帕巴斯 Tarquinius Superbus
塔倫屯 Tarentum
塔納奎爾 Tanaquil
塔普羅巴尼亞人 Taprobanians
塔塔魯斯 Tartarus
塔瑞阿斯 Tarrias
塔魯久斯 Tarrutius
塔邁尼 Tamynae
塔蘇斯 Tarsus
塔蘭蒂尼 Tarantini
奧什拉德 Othryades
奧古斯 Augurs
奧古斯都 Augustus
奧吉阿斯 Augeas
奧托布盧斯 Autobulus
奧托弗拉達底 Autophradates
奧托利庫斯 Autolycus
奧托瑪夏 Automatia
奧考麥努斯 Orchomenus
奧西里昂 Osireion
奧西勞斯 Orsilaus
奧克西林克斯 Oxyrhynchus

奧克西阿底 Oxyartes
奧克西斯 Oxys
奧克西德拉奇 Oxydrachae
奧克努斯 Ocnus
奧克瑞西婭 Ocrisia
奧克瑞狄昂 Ocridion
奧利亞 Aulia
奧利斯 Aulis
奧里昂 Orion
奧昔亞 Orthia
奧林匹亞 Olympia
奧林皮伊姆 Olympieium
奧林皮克斯 Olympichus
奧林帕斯 Olympus
奧林蘇斯 Olynthus
奧阿斯 Auas
奧契穆斯 Ochimus
奧查萊德 Orchalides
奧迪姆 Odeum
奧特吉婭 Ortygia
奧特阿岡 Ortiagon
奧留斯 Oreus
奧索 Caesar, Marcus Salvius Otho
奧索紐斯 Ausonius
奧捷吉亞 Ogygia
奧都斯 Otus
奧琳庇阿斯 Olympias
奧菲烏斯 Orpheus
奧塞里斯 Osiris
奧瑟歐斯 Orthios
奧爾西斯 Oarses
奧維德 Ovid
奧遜努斯 Oceanus
奧德修斯 Odysseus
奧德瑞西亞人 Odryssians
奧盧斯 Aulus
奧龍斯特 Orontes
奧薩哥拉斯 Orthagoras
奧羅帕斯 Oropus
愛卡留斯 Icarius
愛奇克拉底 Echecrates
愛奇穆斯 Echemus
愛契尼 Echinae
愛契納德斯 Echinades
愛契勞斯 Echelaus
愛納克斯 Inachus
愛奧 Io
愛奧巴底 Iobates
愛奧尼亞 Ionia
愛奧拉斯 Iolas
愛奧拉達斯 Iolaidas
愛奧勒 Iole
愛奧勞斯 Iolaus
愛達 Ida
愛達斯 Idas
愛歐久斯 Iortius
新克里阿蘇斯 New Cryassus
新迦太基 New Carthage
瑟山德 Thersander
瑟伊提都斯 Theaetetus
瑟吉尼斯 Theagenes
瑟吉斯 Theages
瑟米 Thermae
瑟西帕斯 Thersippus

瑟西底 Thersites
瑟拉 Thera
瑟拉米尼斯 Theramenes
瑟拉西亞 Therasia
瑟斯比 Thisbe
瑟隆 Theron
瑟瑞達斯 Thearidas
瑙西卡 Nausicaa
瑙西克利 Nausicles
瑙西里婭 Nuceria
瑙西亞 Nausea
瑙西妮絲 Nausinice
瑙西索斯 Nausithous
瑙克拉蒂斯 Naucratis
瑙帕克都斯 Naupactus
瑙普留斯 Nauplius
義大利 Italy
該猶斯 Gaius
該猶斯·朱理烏斯·凱撒 Gaius Julius Caesar
詹第亞人 Xanthians
詹第帕斯 Xanthippus
詹第普 Xanthippe
詹蘇斯 Xanthus
賈士汀 Justin
農神 Saturn
道利亞 Daulia
道利斯 Daulis
達夫尼烏斯 Daphnaeus
達弗尼斯 Daphnis
達西爾 Darcier
達克特爾 Dactyls
達奈斯 Danais
達妮 Danae
達芳都斯 Daiphantus
達芬努斯 Daphnus
達南人 Danaans
達勞斯 Danaus
達蒂斯 Datis
達達尼亞 Dardania
達瑪辛諾 Damasenor
達瑪特里婭 Damatria
達瑪森尼 Damascene
達蒙 Damon
達摩克萊德 Damocleides
達摩克瑞塔 Damocrita
達錫勒斯 Dascyles
雷朱姆 Rhegium
雷克西瑪克斯 Rheximachus
雷克都斯 Rectus
雷亞 Rhea
雷高拉斯 Regulus
雷高拉斯，阿蒂留斯 Regulus, Atilius
雷基亞 Regia
雷塔娜 Rhetana
雷摩斯 Remus
雷蘇斯 Rhesus
圖米西安 Teumesian
圖克西姆 Tuxium
圖貝羅，伊留斯 Tubero, Aelius
圖密善 Domitian
圖密善 Caesar, Titus Flavius Domitianus
圖瑟 Teucer

寧芙 Nymphs
寧斐烏斯 Nymphaeus
寧菲斯 Nymphis
漢尼拔 Hannibal
漢諾 Hanno
瑣羅亞斯德 Zoroaster
瑪多紐斯 Mardonius
瑪西納 Macyna
瑪西婭 Marcia
瑪西斯 Masses
瑪帕莎 Marpessa
瑪拉斯 Mallus
瑪迦斯 Magas
瑪默廷人 Mamertines
瑪默庫斯 Mamercus

【十四劃】

福布斯 Phobus
福米奧 Phormio
福西利德 Phocylides
福西亞 Phocaea
福西昂 Phocion
福西斯 Phocis
福努斯 Faunus
福庫斯 Phocus
福庫斯 Phorcus
福斯弗魯斯 Phosphorus
福斯都斯 Faustus
福斯都斯・高乃留斯・蘇拉 Faustus Cornelius Sulla
福菲久斯・梅久斯 Fufetius Metius
福慕斯 Firmus
維廷巴克 Wyttenbach
維里拉利亞 Veneralia
維里斯 Verres
維庫斯 Vicus
維恩納 Vienna
維勒烏斯 Velleius
維提留斯 Caesar, Aulus Vitellius
維提留斯 Vitellius
維斯巴西安 Caesar, Titus Flavius Vespasianus
維斯巴西安 Vespasian
維塔都斯 Vittatus
維愛 Veii
維圖久斯・巴魯斯 Vetutius Barrus
維蘇威 Vesuvius
蒲魯塔克 Plutarch
蓋尼克托 Ganyctor
蓋利 Galli
蓋里屯 Garaetium
蓋亞 Gaia
蓋拉克西多魯斯 Galaxidorus
蓋拉克西姆 Galaxium
蓋拉夏 Galatia
蓋拉斯 Gallus
蜜卡 Micca
赫久斯 Hirtius
赫木斯 Hermus
赫卡提姆 Hecataeum
赫吉山德 Hegesander
赫吉托 Hegetor
赫吉西帕斯 Hegesippus
赫吉西阿納克斯 Hegesianax

赫吉西阿斯　Hegesias
赫吉昔斯特拉都斯　Hegesistratus
赫米　Hermae
赫米帕斯　Hermippus
赫米阿斯　Hermeias
赫米烏斯　Hermaeus
赫耳墨斯　Hermes
赫西尼　Hercyne
赫西安納克斯　Hesianax
赫西奧德　Hesiod
赫克托　Hector
赫克特　Hecate
赫利康　Helicon
赫利歐多魯斯　Heliodorus
赫里亞　Heraea
赫里姆　Heraeum
赫里歐波里斯　Heliopolis
赫拉　Hera
赫拉尼庫斯　Hellanicus
赫拉伊斯　Heraeis
赫拉克列昂　Heracleon
赫拉克列烏斯　Heracleius
赫拉克利　Heraclea
赫拉克利都斯　Heraclitus
赫拉克利德　Heraclid
赫拉克萊姆　Heracleium
赫拉克萊都斯　Heracleitus
赫拉克萊德　Heracleides
赫拉克萊德　Heraclides
赫拉克盧斯　Heraclus
赫拉斯　Hellas
赫迪婭　Hedeia
赫迪斯提　Hediste
赫庫巴　Hecuba
赫庫拉尼姆　Heaculaneum
赫庫拉努斯　Herculanus
赫馬紐比斯　Hermanubis
赫馬斯　Hermas
赫勒努斯　Helenus
赫斯庇瑞德　Hesperides
赫斯夏　Hestia
赫菲斯都斯　Hephaestus
赫菲斯提昂　Hephaestion
赫瑞披達斯　Herippidas
赫爾莎　Hersa
赫爾維婭　Helvia
赫瑪弗羅迪都斯　Hermaphroditus
赫蒙　Hermon
赫摩吉尼斯　Hermogenes
赫摩多都斯　Hermodotus
赫摩多魯斯　Hermodorus
赫摩波里斯　Hermopolis
赫摩勞斯　Hermolaus
赫摩蒂穆斯　Hermotimus
赫邁歐妮　Hermione
齊蘇斯　Zethus

【十五劃】

德米阿斯　Demeas
德米特　Demeter
德米特流斯　Demetrians
德米特流斯一世　Demetrius I
德米特流斯二世　Demetrius II
德西　Dirce

德西利達斯 Dercylidas
德西拉斯 Dercyllus
德拉康 Dracon
德萊阿斯 Dryas
德萊烏斯 Dryus
德萊奧庇亞人 Dryopians
德爾法斯 Delphus
德爾斐 Delphi
德魯薩斯 Drusus
德謨克利 Democles
德謨克拉底 Democrates
德謨克瑞都斯 Democritus
德謨查里斯 Demochares
德羅米契底 Dromichaetes
德羅摩克萊德 Dromocleides
慕尼契亞 Munychia
慕契亞 Murchia
摩利克瑞婭 Molycreia
摩利歐尼迪 Molionidae
摩利歐妮 Molione
摩帕哥拉斯 Molpagoras
摩洛西亞 Molossia
摩迪拉都斯 Moderatus
摩迪斯都斯 Modestus
摩斯克斯 Moschus
摩斯契昂 Moschion
摩普蘇斯 Mopsus
摩爾帕斯 Molpus
摩盧斯 Molus
歐尼伊 Orneae
歐尼西克拉底 Onesicrates
歐尼西克瑞都斯 Onesicritus
歐佐利亞 Ozolia
歐庇安 Oppian
歐庇斯 Opus
歐庇斯人 Opuntains
歐里斯底 Orestes
歐納山德 Onasander
歐斐利 Omphale
歐普塔都斯 Optatus
歐普蒂勒提斯 Optilletis
歐菲斯 Omphis
歐菲塔斯 Opheltas
歐幾里德 Euclid
歐諾西莉斯 Onoscelis
歐諾瑪克利 Onomacles
歐諾瑪克瑞都斯 Onomacritus
歐諾瑪迪穆斯 Onomademus
歐羅芭 Europa
歐羅普 Europe
歐羅瑪茲斯 Oromazes
歐羅瑪斯德 Oromasdes
歐蘇斯 Orthus
潘 Pan
潘久斯 Pontius
潘什里達斯 Panthroedas
潘吉姆 Pangaeum
潘多西亞 Pandosia
潘多拉 Pandora
潘克拉底 Pancrates
潘希瑪 Panhaema
潘沙 Pansa
潘奇亞 Panchaea
潘昔婭 Pantheia

潘昔達斯 Panthoedas
潘迪摩斯 Pandemos
潘迪歐尼斯 Pandionis
潘喬 Panchon
潘塔勒昂 Pantaleon
潘蒂卡 Pantica
潘蒂卡皮姆 Panticapaeum
潘蒂庫斯 Ponticus
潘達斯 Pontus
潘達魯斯 Pandarus
潘赫勒尼斯 Panhellenes
潘諾波里斯 Panopolis
魯弗斯 Rufus
魯米娜 Rumina
魯米納利斯 Ruminalis
魯斯久斯 Rustius
魯斯蒂庫斯，阿魯勒努斯 Rusticus, Arulenus
魯蒂留斯 Rutilius
黎比蒂娜 Libitina
黎卡昂 Lycaon
黎卡斯都斯 Lycastus
黎休斯 Lysius
黎西多奈德 Lysidonides
黎西妮婭 Licinia
黎西姆 Lyceum
黎西姆紐斯 Licymnius
黎西帕斯 Lysippus
黎西昂 Lycaeon
黎西修斯 Lysitheus
黎西紐斯・克拉蘇 Licinius Crassus
黎西紐斯・斯托洛 Licinius Stolo
黎西紐斯・盧庫拉斯 Licinius Lucullus
黎西紐斯・薩色多斯 Licinius Sacerdos
黎西瑟德 Lysitheides
黎西瑪克斯 Lysimachus
黎西瑪琪 Lysimache
黎努斯 Linus
黎坎 Lycon
黎帕拉 Lipara
黎昔克利 Lysicles
黎昔阿斯 Lysias
黎昔斯 Lysis
黎昔斯特拉都斯 Lysistratus
黎科米德 Lycomedes
黎庫斯 Lycus
黎格達米斯 Lygdamis
黎達 Leda
黎歐斯 Leios
墨米賽德 Myrmecides
墨波米妮 Melpomene
澤爾西斯 Xerxes
盧比孔 Rubicon
盧比留斯 Rubellius
盧卡尼亞 Lucania
盧卡紐斯 Lucanius
盧休斯 Lusius
盧西安 Lucian
盧西留斯 Lucilius
盧克里久斯 Lucretius
盧克里霞 Lucretia
盧坎 Lucan
盧辛努斯 Luscinus

盧帕卡 Luperca
盧契烏斯 Lucius
盧契烏斯・提久斯 Titius, Lucius
盧庫拉斯 Lucullus
盧塔久斯・卡圖拉斯 Lutatius Catulus
穆米烏斯 Mummius
穆西亞 Murcia
穆里納 Murena
穆修斯，西伏拉 Mucius, Scaevola

【十六劃】

諾紐斯 Nonius
諾瑪茲 Nomads
諾蘇斯 Cnossus
賴山卓 Lysandra
賴山德 Lysander
賴薩尼阿斯 Lysanias
賴薩諾瑞達斯 Lysanoridas
錫西厄 Scythia
錫隆 Scirum
錫盧斯 Scillus
鮑利努斯 Paulinus
鮑森 Pauson
鮑薩尼阿斯 Pausanias
默利傑 Meleager
默塔勒 Myrtale
默瑞歐尼斯 Meriones

【十七劃】

優布利德 Eubulides
優布拉斯 Eubulus
優弗拉諾 Euphranor
優弗羅西妮 Euphrosyne
優多克蘇斯 Eudoxus
優多魯斯 Eudorus
優米烏斯 Eumaeus
優西庇烏斯 Eusebius
優克西修斯 Euxitheus
優克西琵 Euxippe
優克利 Eucles
優克納穆斯 Eucnamus
優克都斯 Euctus
優克森瑟都斯 Euxynthetus
優克萊德 Eucleides
優里米敦 Eurymedon
優里克利 Eurycles
優里克拉底 Eurycrates
優里克拉蒂達斯 Eurycratidas
優里克莉婭 Eurycleia
優里庇德 Euripides
優里帕斯 Euripus
優里披拉斯 Eurypylus
優里阿納莎 Euryanassa
優里拜阿德 Eurybiades
優里迪絲 Eurydice
優里烏斯 Eulaeus
優里都斯 Eurytus
優兒吉底 Euergetes
優卑亞 Euboea
優波里斯 Eupolis
優法尼斯 Euphanes
優拜奧都斯 Eubiotus
優迪穆斯 Eudemus
優烏斯 Evius

優特弗朗　Euthyphron
優特克拉底　Euthycrates
優特披　Euterpe
優特迪穆斯　Euthydemus
優特達穆斯　Euthydamus
優特諾斯　Euthynous
優特羅皮昂　Eutropion
優密盧斯　Eumelus
優提萊達斯　Eutelidas
優斯特羅孚斯　Eustrophus
優斯塔修斯　Eustathius
優普利亞　Euploea
優達米達斯　Eudamidas
優福布斯　Euphorbus
優赫門魯斯　Euhemerus
優摩皮達斯　Eumolpidas
優摩帕斯　Eumolpus
優諾米亞　Eunomia
優諾斯都斯　Eunostus
優諾斯塔　Eunosta
優諾穆斯　Eunomus
優豐瑞昂　Euphorion
優羅帕斯　Europus
優羅塔斯　Eurotas
戴尼阿斯　Deinias
戴杜米努斯　Diadumenus
戴迪瑪都斯　Diadematus
戴哥拉斯　Diagoras
戴奧尼休斯　Dionysius
戴奧尼休斯・伊安巴斯　Dionysius Iambus
戴奧尼休斯・西庫盧斯　Dionysius Siculus
戴奧尼休斯一世　Dionysius I
戴奧尼休斯二世　Dionysius II
戴奧尼西亞　Dionysia
戴奧尼蘇斯　Dionysus
戴奧皮瑟斯　Diopeithes
戴奧吉尼阿努斯　Diogenianus
戴奧吉尼都斯　Diognetus
戴奧吉尼斯　Diogenes
戴奧吉尼斯・厄諾茅斯　Diogenes Oenomaus
戴奧多都斯　Diodotus
戴奧多魯斯・西庫盧斯　Diodorus Siculus
戴奧多魯斯・佩里吉底　Diodorus Periegetes
戴奧米亞　Diomeia
戴奧米敦　Diomedon
戴奧米德　Diomedes
戴奧克利　Deiocles
戴奧克利　Diocles
戴奧克賽帕斯　Dioxippus
戴奧妮　Dione
戴奧姆尼斯都斯　Diomnestus
戴奧杰頓　Diogeiton
戴奧契底　Diochites
戴奧斯柯瑞德　Dioscorides
戴奧斯庫瑞　Dioscuri
戴奧塔魯斯一世　Deiotarus I
戴奧塔魯斯二世　Deiotarus II
戴奧蒂穆斯　Diotimus
戴瑪克斯　Deimachus

戴儂 Deinon
戴諾米尼斯 Deinomenes
戴諾克拉底 Deinocrates
繆什 Muth
繆司 Muse
繆西昂 Museion
繆昔阿斯 Muthias
繆索紐斯 Musonius
繆蒂拉斯 Mutilus
謝雅努斯，伊留斯 Sejanus, Aelius
賽什諾斯 Cythnos
賽尼吉魯斯 Cynegeirus
賽尼斯卡 Cynisca
賽西莎 Cissoessa
賽克拉德斯 Cyclades
賽克洛庇斯 Cyclopes
賽克洛普斯 Cyclops
賽舍拉 Cythera
賽門尼德 Semonides
賽門尼德 Simonides
賽阿克薩里斯 Cyaxares
賽阿奈帕斯 Cyanippus
賽阿妮 Cyane
賽阿斯 Scias
賽迪普 Cydippe
賽浦西利茲 Cypselids
賽麥 Cyme
賽德努斯 Cydnus
賽諾波里斯 Cynopolis
賽諾薩吉斯 Cynosarges
賽諾蘇里斯 Cynosureis
邁卡里 Mycale
邁尼斯庫斯 Mynniscus
邁西亞 Mysia
邁西昂 Micion
邁西盧斯 Myrsilus
邁里娜 Myrrhina
邁里納 Myrina
邁亞 Maia
邁拉 Myra
邁拉薩 Mylasa
邁柯諾斯 Myconos
邁朗 Myron
邁烏斯 Myus
邁斯 Mys
邁森 Myson
邁森尼 Mycenae
邁隆尼德 Myronides
邁蒂勒尼 Mytilene
邁達斯 Midas
邁爾蒂斯 Myrtis
邁諾陶爾 Minotaur
邁諾斯 Minos
邁羅 Myro

【十八劃】

薩丁尼亞 Sardinia
薩比 Sabi
薩比努斯 Sabinus
薩比努斯，卡爾維休斯 Sabinus, Calvisius
薩比努斯，寧菲狄斯 Sabinus, Nymphidius
薩卡達斯 Sacadas

薩尼 Sane
薩吉利亞 Thargelia
薩吉利昂 Thargelion
薩米達斯 Samidas
薩里斯 Thales
薩佩敦 Sarpedon
薩姆奈人 Samnites
薩拉皮昂 Sarapion
薩拉米尼亞 Salaminia
薩拉密斯 Salamis
薩美茲 Psamathe
薩迪斯 Sardis
薩特 Satyrs
薩特魯斯 Satyrus
薩留斯 Salius
薩索斯 Thasos
薩馬提亞人 Sarmatians
薩勒塔斯 Thaletas
薩莉婭 Salia
薩都尼努斯 Saturninus
薩奧西斯 Saosis
薩祿斯特 Sallust
薩蒂巴贊尼斯 Satibazanes
薩蒂立埃 Satilaei
薩達納帕拉斯 Sardanapalus
薩爾曼提卡 Salmantica
薩賓人 Sabines
薩摩色雷斯 Samothrace
薩摩斯 Samos
薩穆斯 Thamus
薩繆斯 Samius
薩邁瑞斯 Thamyris
薩羅尼克 Saronic
魏吉爾 Vigil
魏拉摩維茲 Wilamowitz
魏特魯維烏斯 Vitruvius

【十九劃】

龐皮狄斯・西洛 PompaediusSil
龐皮姆 Pompeium
龐皮留斯 Pompilius
龐米尼斯 Pammenes
龐培 Pompey
龐培烏斯，奎因都斯 Pompeius, Quintus
龐培婭 Pompeia
龐菲利孔 Pamphyliacum
龐菲利亞 Pamphylia
龐福斯 Pamphos
羅多庇斯 Rhodopis
羅多普 Rhodope
羅克薩娜 Roxana
羅狄斯 Rhodius
羅馬 Rome
羅曼努斯 Romanus
羅得 Rhodes
羅圖達 Rotunda
羅瑪 Roma
羅慕拉斯 Romulus
麗蒂 Lyde
蘇尼安 Thorian
蘇尼姆 Sunium
蘇布利修斯 Sublicius
蘇布拉 Subura

蘇伊利 Suillii
蘇西阿納 Susiana
蘇克利 Socles
蘇帕 Super
蘇拉，色克久斯 Sulla, Sextius
蘇拉·菲利克斯 Sulla Felix
蘇阿斯 Thoas
蘇迪拉克利 Pseuderacles
蘇格拉底 Socrates
蘇脫紐斯 Suetonius
蘇斯 Sous
蘇爾庇修斯·佩蒂庫斯 Sulpicius Peticus
蘇爾庇修斯·蓋拉斯 Sulpicius Gallus
蘇歐莎 Thoosa
蘇薩 Susa

【二十一劃】

露西塔尼亞 Lusitania
蘭庇斯 Lampis
蘭普瑞阿斯 Lamprias
蘭普魯斯 Lamprus
蘭普薩庫斯 Lampsacus
蘭普薩斯 Lampsace
蘭普羅克利 Lamprocles

蒲魯塔克札記 IV

2014年6月初版　　定價：新臺幣850元

著　　者　Plutarch
譯　　者　席　代　岳
發 行 人　林　載　爵

叢書編輯　梅　心　怡
校　　對　呂　佳　真
封面設計　顏　伯　駿

出　版　者　聯經出版事業股份有限公司
地　　　址　台北市基隆路一段180號4樓
編輯部地址　台北市基隆路一段180號4樓
叢書主編電話　(02)87876242轉211
台北聯經書房：台北市新生南路三段94號
電　　　話：(02)23620308
台中分公司：台中市北區崇德路一段198號
暨門市電話：(04)22312023
台中電子信箱　e-mail：linking2@ms42.hinet.net
郵政劃撥帳戶第0100559-3號
郵撥電話：(02)23620308
印　刷　者　世和印製企業有限公司
總　經　銷　聯合發行股份有限公司
發　行　所：新北市新店區寶橋路235巷6弄6號2樓
電　　　話：(02)29178022

行政院新聞局出版事業登記證局版臺業字第0130號

本書如有缺頁，破損，倒裝請寄回台北聯經書房更換。　ISBN 978-957-08-4399-6 (精裝)
聯經網址：www.linkingbooks.com.tw
電子信箱：linking@udngroup.com

國家圖書館出版品預行編目資料

蒲魯塔克札記/Plutarch著．席代岳譯．初版．臺北市．
聯經．2014年6月（民103年）．I. 616面．II. 584面．III. 608面．
IV. 584面．17×23公分．（聯經經典）．　譯自：Moralia
ISBN　978-957-08-4396-5（I.：精裝）
ISBN　978-957-08-4397-2（II.：精裝）
ISBN　978-957-08-4398-9（III.：精裝）
ISBN　978-957-08-4399-6（IV.：精裝）

1.倫理學　2.道德

190　　103007859